KB203638

대원불교
학술총서

08

대원불교
학술총서
08

부처님의 위대한 제자들

제자들의 삶과 수행,
그리고 유산

나나뽀니까 장로, 헬무스 헥커 지음
비구 보디 엮음 / 김충현 옮김

운주사

발간사

오늘날 인류 사회는 4차 산업혁명을 통해 완전히 새로운 세상을 맞이하고 있습니다. 전통적인 인간관과 세계관이 크게 흔들리면서, 종교계에도 새로운 변혁이 불가피하게 되었습니다. 이런 상황에서 대한불교진흥원은 다음과 같은 취지로 대원불교총서를 발간하려고 합니다.

첫째로, 현대 과학의 발전을 토대로 불교를 현대적으로 재해석할 필요가 있습니다. 불교는 어느 종교보다도 과학과 가장 잘 조화될 수 있는 종교입니다. 이런 평가에 걸맞게 불교를 현대적 용어로 새롭게 이해할 수 있도록 하려고 합니다.

둘째로, 현대 생활에 맞게 불교를 이해할 필요가 있습니다. 불교가 형성되던 시대 상황과 오늘날의 상황은 너무나 많이 변했습니다. 이런 변화된 상황에서 부처님의 가르침을 제대로 이해할 수 있도록 하려고 합니다.

셋째로, 불교의 발전과정을 종합적으로 이해할 필요가 있습니다. 북방불교, 남방불교, 티베트불교, 현대 서구불교 등은 같은 뿌리에서 다른 꽃들을 피웠습니다. 세계화 시대에 부응하여 이들 발전을 한데 묶어 불교에 대한 총체적 이해가 가능하도록 하려고 합니다.

대원불교총서는 대한불교진흥원의 장기 프로젝트의 하나로서 두 종류로 출간될 예정입니다. 하나는 대원불교학술총서이고 다른 하나는 대원불교문화총서입니다. 학술총서는 학술성과 대중성 양 측면을 모두 갖추려고 하며, 문화총서는 젊은 세대의 관심과 감각에 맞추려고 합니다.

본 총서 발간이 한국불교 중흥에 조금이나마 기여할 수 있기를 바랍니다.

불기 2567년(서기 2023년) 7월

(재)대한불교진흥원

서문

서구 사회에서는 불법승佛法僧 삼보 가운데 부처님(불보佛寶)과 부처님 가르침(법보法寶)을 주제로 한 책들은 많이 출판되었지만 승가(승보僧寶)를 주제로 한 책들은 그리 많지 않았다. '승가'가 정확하게 어떤 의미를 지니고 있는지에 대해서도 논쟁이 있다.[1] 이런 상황에서 빨리어 경전[2]을 만나지 못한 사람들은, 짙은 구름에 둘러싸여 있는 것처럼 부처님의 제자들이 지닌 본래 면목에 대해 명확하게 알지 못한다. 부처님께서 영적 스승으로서 성공했는지 여부는 제자들을 깨달음으로 얼마나 잘 이끄셨는가에 따라 결정된다. 이 때문에 사람들이 부처님과 부처님 가르침에 대해 알고 있는 내용과 승가에 관해 알고 있는 지식의 양에는 많은 차이가 난다.

경전에서는 부처님을 "가장 위대한 지도자"[3]라고 찬탄한다. 확실히 영적인 스승으로서 부처님이 성공했는지를 판단하기 위해서는 부처님 가르침을 받은 남성과 여성 제자들이 어떤지를 살펴봐야 한다. 태양은 스스로 가지고 있는 빛뿐만 아니라 세상을 비추는 능력으로 인해 가치가 인정된다. 영적 스승으로서 부처님의 광명은 '부처님 가르침이 지닌 명확함(그 자체로 진리임, 어긋남이 없음)'과 '깨달음을 구하기 위해 찾아온 제자들을 인도해 제자들 스스로가 빛이 될 수 있도록 이끄는 능력'으로 인해 더욱 밝게 빛난다. 부처님 가르침인 법(法, 담마Dhamma)은 놀랍도록 명확하고 지적으로도 매우 정확하다.

그러나 사람들을 바꾸는 능력을 증명해 줄 제자들의 공동체(승단, 승가)가 없다면, 부처님 가르침은 인간의 중요한 관심사와는 거리가 먼 교리와 형식적인 관행에 불과할 뿐이다. 부처님 가르침은 제자들 삶에 영향을 주고 제자들을 고귀하게 만들며, 제자들을 지혜와 자비, 청정함을 갖춘 모범으로 이끌었다.

이 책은 부처님의 가장 위대한 제자 24명의 삶과 수행을 생생하게 담았다. 서양 불교 문학이 '부처님'과 '부처님 가르침'에 대해 이해하고 있는 정도와 '승가'에 대해 이해하고 있는 정도의 차이를 줄이려고 노력했다. 또 이 책은 불자출판협회(BPS)[4] 위대한 제자들을 따로따로 소개한 작은 책 시리즈 「법륜(法輪, The Wheel)」에서 시작되었다. 「법륜」에서 펴낸 첫 번째 전기는 냐나뽀니까 장로(Nyanaponika Thera)[5]가 저술한 『사리뿟따의 생애』이다. 『사리뿟따의 생애』는 한 권의 책으로 출판되었다. 1966년에 독립적인 출판 계획에 따라 처음 출판되었다. 같은 해 독일 불교 학자이자 빨리 경전 번역가인 헬무스 헥커(Hellmuth Hecker) 박사는 독일 정기 간행물인 『지식과 변화』(비센 운트 반델Wissen und Wandel, 폴 데베스Paul Debes가 1955년 창간)에 위대한 제자들의 전기를 연재하기 시작했다. 『지식과 변화』는 20년 이상 41명의 제자들 전기를 펴냈는데, 대부분은 매우 짧았다. 1970년대 후반, 불자출판협회 편집자를 맡고 있던 냐나뽀니까 존자는 헬무스 헥커 박사의 논문을 활용해 사리뿟따에 관한 연구에 이어 다른 위대한 제자들에 대한 연구를 하려고 계획했다. 그래서 1979년부터 1989년 사이에 마하목갈라나, 아난다, 앙굴리말라, 아나타삔디까, 마하깟사빠, 아누룻다 등에 관한 전기를 「법륜」 소책자로 펴냈다. 냐나뽀니까 존자 스스로도 필요성을 느꼈고, 다른 사람들의 요청도 있어 이 책들을 영어로 번역했다. 마침내 1995년 필자(비구 보디Bhikkhu Bodhi)는 「법륜」의 마지막 편인 「장로 마하깟짜야나」를 펴냈다.

헬무스 헥커 박사가 쓴 위대한 제자들에 관한 기사는 대부분 냐나뽀니까 존자가 빨리 경전과 주석서에서 찾아낸 자료들과 존자의 깊은 통찰력으로 더욱 넓고 깊어졌다. 필자는 원래 소책자로 출판된 짧은 전기들을, 위대한 제자들 모두를 기록한 책으로 펴내려고 했었다. 이 준비 과정에서 예전에 썼던 내용도 상당히 바꾸었다. 또 위대한 제자들에 관해 보다 완벽하게 전하기 위해 많은 자료들을 추가했다. 비구니 제자들에 관한 부분은 원래 빠져 있던 네 명의 제자들을 더해 소개했지만, 근거 자료를 많이 찾지는 못했다. 이 때문에 비구니 제자들에 관해서는 비구 제자들에 비해 짧게 소개할 수밖에 없었다. 또 본래 경전에서 묘사하고 있는 문장의 표현도 바꿔야 했다.

필자는 거의 모든 경전 구절을 다시 번역했는데, 「법륜」에는 오늘날 독자들에게는 낯설게 보일 수도 있지만, 아주 오래된 번역 표현을 많이 인용했다. 시 형식의 기록을 많이 넣기 위해 테라가타(장로게경)와 테리가타(장로니게경)에서 많은 게송들을 인용했다. 특별히 출처를 표시하지 않은 경전 구절 번역들은 케네스 로이 노먼[6]이 출간한 장로게경 1장과 2장의 게송들을 사용했다.

필자는 여러 권의 소책자로 출판되었던 「법륜」을 한 권으로 다시 펴내겠다고 처음 제안한 불자출판협회 조수 아이야 냐나시리에게 감사를 드린다. 또 성실하고 정확하게 원고를 입력해 준 사비스리 찬드라라트네 부인에게도 감사를 드린다. 이 책을 펴내도록 해준

위즈덤 출판사, 특히 편집 과정에서 좋은 책을 펴낼 수 있도록 많은 도움을 준 새라 맥클린톡에게 감사드린다.

비구 보디(Bhikkhu Bodhi)[7]

편저자 서문

부처님과 가르침, 제자들

종교를 설립한 창시자로서의 부처님은 신성한 영감을 받은 예언자나 구원자, 육신을 빌려 출현한 신이라고 주장하지 않으셨다. 부처님께서는 가르침, 법(진리, 담마)이라는 틀 안에서 스승의 역할, 즉 궁극의 해탈을 향하는 길을 열어 주는 위대한 스승으로서의 역할을 했다. 빨리 경전에서 만날 수 있는 초기 가르침에서는, 부처님 스스로 이룬 깨달음과 제자들이 이룬 깨달음은 본질적으로 다르지 않았다. 부처님과 제자들의 목표는 열반이었다. 부처님과 제자들이 추구한 열반은 스스로를 얽어매고 있는 모든 것에서 자유로운 마음의 해탈과, 탄생과 죽음을 끝없이 반복하는 윤회로부터의 해탈이라는 점에서 일치했다.

부처님과 제자들의 차이점은, 첫째 깨달음을 이룬 시점이 달랐고, 두 번째는 깨달음을 통해 갖게 된 개별적 특징이 달랐다. 시간적 순서로 볼 때 부처님께서는 열반의 길을 발견했으며, 제자들은 부처님의 가르침을 통해 열매를 얻은 이들이다. "비구들이여, 여래如來[1]께서는 아직 일어나지 않은 길(도道)을 만든 분이시고, 아직 생겨나지 않은 길을 생겨나게 하신 분이며, 아직 설해지지 않은 길을 설하시는 분이시다. 그분은 길을 아시는 분, 길을 찾으신 분, 길을 완벽하게 보시는 분이다. 비구들이여, 그 제자들은 이제 그 길을 따라가며 머물고 후에 그 길을 성취한다. 비구들이여, 이것이 여래, 아라한, 정등각자와 지혜[2]를 통해 해탈에 이른 수행승과의 차이점이다(원만히 깨달은 님의 경, 정등각자경正等覺者經, 상윳따니까야 22:58)."

가르침(교教)을 펴신 '깨달으신 분(부처님)'은 제자들이 다 이해하지 못할 만큼 광범위한 수행 방편과 지혜를 지니신 분이었다. 부처님의 인지 능력은 특정한 신통력(초자연적인 능력), 많은 존재들로 이루어진 세계에 대해 꿰뚫어 아는 지식, 지각 능력이 있는 존재[3]들이 지니고 있는 다양한 정신적 능력(근기)에 대한 철저한 이해까지 실로 방대하다.[4] 부처님께서 지닌 그러한 능력은 '부처님의 가르침'을 세상에 펴서 수많은 존재들을 고통에서 벗어날 수 있도록 이끌기 위한 사명을 실현하는 데 반드시 필요한 능력이다.

부처님께서 처음 법의 바퀴를 굴리셨을 때(초전법륜初轉法輪), 목적은 중생을 열반으로 이끄는 것이었다. 이 때문에 부처님 가르침은 본래 부처님 자신과 가르침을 듣는 사람들 사이에 스승과 제자 관계를 형성하고 있었다. 부처님께서는 완전히 깨달은 스승(대사大師, 위대한 스승)이시다. 부처님 가르침은 특별한 수행 과정을 거쳐야 한다는 명령이었다. 제자가 되기로 한 사람들은 부처님 가르침을 따르고 조언을 받아들임으로써 수행 과정을 밟았다. 부처님께서는 성스러운 가르침의 여정이 끝날 때, 꾸시나라의 사라쌍수에서 열반을 앞두고 이렇게 선언하셨다. "완전한 분인 여래를 바르게 공경하는 것은 겉으로 드러나는 행위에 의한 것이 아니라, 흔들림 없이 온전하게 진리(법)를 닦는 것이다."[5]

부처님 제자가 되는 것은 믿음(신信)[6]으로 시작된다. 불교에서 믿음은 일방적인 주장(검증이 가능한 범위를 벗어난 주장)에 대해 의심을 하지 않고 무조건 동의하는 것이 아니라, 부처님 가르침을 받아들이고 믿어 실천 수행할 준비가 되어 있다는 뜻이다. 부처님께서는 지각을 지닌 존재들의 본래 성품에 관해 가장 깊고 가장 중요한 진실을 깨달아 궁극적인 목표에 이르는 길을 제시할 수 있는 분이다. 부처님 깨달음에 대해 믿는다는 것은, 불교에서 삼보三寶, 즉 세 가지 보물에 완전하게 나를 맡기고 의지하는 과정이다. 삼보는 스승이자 영적인 지도자이신 부처님(불佛), 존재들이 지닌 실상(實相, 있는 그대로의 본래 모습)을 그려내고, 해탈에 이르는 완전무결한 길인 가르침(법法), 지혜롭고 영적으로 청정한 공동체를 구현해 낸 고귀한 수행자들의 참모임인 성스러운 승가(성승가聖僧伽)[7]를 의미한다.

믿음은 반드시 실천으로 이어지고 수행에 참여하게 된다. 수행이란 구체적으로 부처님께서 제자들을 위해 펴신 지침을 삶에서 실천하는 것을 의미한다. 부처님께서 제시하는 수행 지침들은 제자들의 상황과 근기에 따라 크게 다르다. 재가신도들에게 더 적합한 수행 방편이 있고, 출가수행승들에게 적합한 방편도 있다. 선택은 제자들의 몫이다. 부처님께서 제시한 수행 지침들은 각기 다른 출발점을 갖고 있지만, 결국은 모두 보편적(언제 어디에서나 누구에게나 진리라는 의미)이면서 특별하며, 틀림없이 최종 목표인 해탈로 인도한다. 이것이 바로 괴로움을 소멸하는 도道로서의 팔정도八正道이다. 팔정도는 계(戒, 바른 말, 바른 행위, 바른 의지), 정(定, 바른 정진, 바른 마음챙김, 바른 집중), 혜(慧, 반야, 바른 견해, 바른 의도) 삼학三學과 함께 괴로움을 소멸하는 길로 이끈다.

부처님을 스승으로 받아들이고 길을 따르려고 하는 사람들이 '법을 듣는 제자들(성문聲聞)'이다. 부처님 제자는 출가수행승과 재가신도라는 관습적인 구분을 없앴다. 불교를 따르는 전통적인 비구와 비구니, 우바새(優婆塞, 남자 재가신도)와 우바이(優婆夷, 여자 재가신도)라는 '사부대중(네 모임)'으로 나눈다. 대승불교 전통을 따르는 후기 문헌에서는 '성문聲聞'을 보살에 못 미치는 수행의 단계로 표현하기도 하지만, 초기 불교 경전에서는 그런 구별이 없다. '법을 듣는 제자들'이라는 단어는 부처님을 스승으로 받아들이는 이들을 가리켰다. 따라서 '법을 듣는 제자들'은 부처님을 그들의 스승으로 선언하여 널리 알린 사람들, 법을 널리 알린 사람들을 뜻한다. 초기 문헌에서 '법을 듣는 제자들'은 부처님 제자를 가리켰다. 특히 당시 수없이 많았던 여러 수행자를 따르는 각 계파의 제자들을 가리키는 이름으로도 사용했다.

평범한 제자와 성스러운 제자

부처님을 따르는 이들은 넓게 보면 두 가지로 나눌 수 있다. 평범한 제자가 있고, 고귀한 제자가 있다. 그들을 나누는 차이점은 외모와 삶의 방식이 아니라 내면, 마음의 수준이다. 이러한 차이는 불교 전통 전체의 기초가 되는 세계관과 이 책을 구성하는 전기를 통해 더욱 분명하게 알 수 있다.

불교 경전 편찬자들이 지닌 세계관은 현대 과학이 말하는 우주관과 매우 다른 세 가지 원리가 있다.

첫 번째로, 생명을 지닌 중생들의 우주는 여러 층이 있는데, 세 개의 주요한 영역인 '계界'가 있다. 각 '계'에는 부수적인 영역인 '지地'가 있다. 가장 많은 영역은 감각 욕망 영역(욕계欲界)이다. 지옥·축생(동물)·귀신·인간·아수라, 여섯 감각 욕망 하늘(욕계육천欲界六天: 사천왕천四天王天, 제석천帝釋天, 야마천夜摩天, 도리천忉利天, 타화천他化天, 타화자재천他化自在天) 등 11개의 세계로 이루어져 있다. 욕계 위에는 미세한 물질의 영역인 색계色界가 있다. 색계는 명상을 통해 이르게 되는데, 선정禪定 수행을 통해 도달하는 18개의 하늘 세계(색계 십팔천)가 있다. 색계에서는 물질적인 측면은 사라진다. 그곳 중생들은 지상에서 일반적으로 느낄 수 있는 것보다 훨씬 더 강렬한 행복과 능력을 즐길 수 있다. 마지막으로, 불교 우주관의 정점을 이루는 것은 무색계無色界이다. 4개의 무색계선無色界禪에 해당하는 사선천四禪天이 있다. 여기서 물질은 완전히 사라지고 여기에 머무는 수행자는 순수한 정신적 구성체이다.

두 번째 원리는 환생에 관한 것이다. 불교에서는 무명과 갈애를 제거하지 못해 깨달음을 이루지 못한 이들은 반드시 삼계에 다시 태어난다고 주장한다. 윤회는 시작을 알 수 없으며, 자신의 의식을 죽음에서 새로운 탄생으로 이끌어가는 무명과 갈애에 의해 진행된다. 이처럼 끊임없는 탄생과 죽음의 연속을 윤회輪廻라고 하며, 존재의 순환을 되풀이하는 것을 뜻한다.

세 번째 원리는 환생하는 세계를 결정하는 조건이다. 부처님께서 업, 특히 의지를 가지고 행하는 행위라고 설하신 그것이다. 부처님 가르침에 의하면 도덕적으로 결정된 모든 의지 행위는 피할 수 없는 인과응보의 법칙에 묶이게 된다. 행위는 의식의 절규 안에서 보報를 만든다. 그렇게 쌓인 업의 씨앗이 피어나기에 좋은 외부 조건과 만날 때 열매(果)가 열린다. 업은 자신이 다시 태어나는 특정한 세계를 결정한다. 또 중생의 고유한 능력과 성향, 삶의 기본 방향을 결정한다. 업이 작용하는 방식은 윤리적인 방식이다. 바르지 못한 업(불선업不善業), 즉 탐욕, 분노, 미혹(어리석음)에서 비롯된 행위는 좋지 않은 환생으로 이어지고 고통과 괴로움을 낳는다. 바른 업(선업善業), 즉 보시와 자비, 지혜에서 비롯된 행위는 행복과 좋은 삶으로 이끈다.

윤회에서 겪는 모든 경험은 무상하고 불만족스럽기 때문에 초기 불교의 궁극적인 목표는 생멸 자체에서 벗어나는 것이었다. 더 이상 탄생, 늙음, 죽음이 없는 무조건적 상태인 열반을 얻는 것이었다. 열반은 부처님께서도 고귀한 수행의 결과로 도달한 목표이며, 제자들에게 끊임없이 제시한 목표이기도 하다. 두 가지 종류의 제자는 이 목표로 구별할 수 있다. 두 제자들 가운데 훨씬 많은 평범한 제자들은 여전히 세속에 살아가며 업을 짓고, 범부凡夫로서 살아간다.

평범하게 살아가는 제자들은 삼보三寶에 귀의해 법을 닦는 데 헌신할 수 있다. 간절하게 해탈을 성취하기를 원하지만, 해탈에 이를 수 있는 경지에 도달하지 못했다. 아직 부처님 가르침을 제대로 만나지도 못했고, 정신적 속박을 제거하지도 못했다. 해탈에 이르러 다시는 윤회하지 않을 수 있을 정도로 깊이 들어가지도 못했다. 평범한 제자들이 하는 수행은 영적 능력을 충분히 성숙시켜 출세간의 도(세속적인 세계를 뛰어넘는 성스러운 길)에 들어가기 위한 준비 단계이다. 성스러운 길에 접어들기까지는 어디로 환생할지 모른 채 윤회의 세계를 떠돌아다녀야 한다. 쉽게 고통과 번뇌에 물들고, 바르지 못한 업을 지을 수 있다. 지옥이나 아귀, 동물계로 환생하기도 한다.

평범한 제자들과는 달리 '부처님 가르침을 잘 배운 성스러운 제자(아리야 사와까)[8]들'이 있다. 세속을 뛰어넘어 다시 돌아오지 않는 경지에 이르렀으며, 많게는 일곱 번 더 태어나면 궁극적인 목표, 즉 열반에 이르는 것이 확실한 경지를 성취한 제자들이다. 평범한 제자를 성스러운 제자로 끌어 올리는 것은 마음 깊은 곳에서 일어나는 근본적인 변화이다. 마음의 변화는 인지적 관점과 심리적 관점이 있다.

인지적 측면에서는 '법의 눈을 얻는 것(득법안得法眼)'과 '법을 꿰뚫는 것(법현관法現觀)'에 대한 돌파구를 성취하는 것이다.[9] 사람의 운명을 영원히 바꾸는 그러한 사건은 보통은 수행을 위해 필요한 조건들을 다 갖춘 제자에게 나타난다. 제자들이 '관법수행(觀法修行, 통찰수행)'을 한 후에 일어난다.[10] 현상의 참된 본성에 대한 깊은 통찰력이 무르익어 지혜의 능력(반야般若, 빤냐)이 성숙해 가면서 모든 조건이 갖추어졌을 때 무명이라는 안개가 단번에 흩어진다. 이때 제자들은 인因과 연緣에 따라 만들어진 생명이라는 제한적인 요소들에서 벗어나 불사不死, 즉 해탈을 엿볼 수 있게 된다. 열반의 모든 과정에서 필요한 전제 조건이자 최후의 조건이다.

이러한 시야가 열릴 때 제자들은 부처님 가르침을 진정으로 상속하게 된다. 경전에서는 그러한 제자를 "법을 본 사람, 법에 도달한 사람, 법에 들어가고 법을 이해하는 사람, 모든 의심과 번뇌를 극복하고 스승의 가르침으로 자급자족하는 사람"이라고 설명한다(맛지마니까야 74).[11] 비록 그 시야는 여전히 흐릿하고 불완전할지라도, 제자는 궁극적인 진리에 접근한다. 끊임없는 수행을 통해, 비구 비구니 제자들은 이 경지에서 '네 가지 성스러운 진리(사성제四聖諦)'를 완벽하게 깨닫는다. 이것을 올바른 깨달음(정각正覺)'[12]이라고 하는데, 여기에 도달하는 것은 시간문제일 뿐이다.

제자들이 경험하는 또 다른 변화는 심리적인 변화이다. 번뇌煩惱라고 하는 '바르지 못한 정신적인 요소들'을 완전히 제거하는 상태를 경험하게 된다. 번뇌는 일반적으로 10개의 족쇄(속박)로 나눌 수 있다. 번뇌가 중생을 윤회에 묶어 놓기 때문에 족쇄라고 한다. 경전에서는 예외적으로 본생에 닦은 지혜가 빼어난 제자가 한 번에 열 가지 족쇄를 모두 끊을 수 있다고도 한다. 이런 제자들은 세속의 단계에서 해탈에 이른 아라한의 단계로 단번에 도약할 수 있다. 그러나 보통은 네 가지 다른 깨달음의 과정을 거쳐 번뇌를 하나하나 순차적으로 끊어낸다. 여기에 이른 제자들을 고귀한 제자들이라고 하는데, 예류·일래·불환·아라한 네 단계로 구분한다. 각각의 단계는 두 가지로 이뤄져 있다. 제자들이 번뇌를 끊어내는 수행을 하는 '도道'라는 단계와 완전히 족쇄를 풀어내고 이루는 '열매(과果)'의 단계가 있다. 이를 각각 네 가지 쌍, 여덟 가지 성스러운 경지를 성취한 제자들(사쌍팔배四雙八輩), 즉 성스러운 승가라고 한다. "이분들은 네 쌍의 대장부요 여덟 무리의 성자들이니, 이분들이 부처님 제자들인 승가이다."

깨달음에 들어가는 첫 번째 단계는 예류과(預流果, 수다원須陀洹)라고 한다. "법의 흐름(법류法流)"에 들어섰기 때문에 예류과라고 한다. 예류과는 법에 대해 처음 눈을 뜰 때 이루어지며, 가장 낮은 단계에 있는 세 가지 번뇌, 즉 족쇄를 끊어낸다. 첫 번째 족쇄는 유신견有身見으로 '오온으로 이루어진 몸이 자아'라고 착각하는 견해이다. 오온에 갇힌 자아가 영원할 것이라고 집착하는 잘못된 견해이다. 두 번째 족쇄는 부처님과 부처님 가르침을 그대로 받아들이지 못하고 의심하는 번뇌가 있는데, 이를 의견疑見이라고 한다. 또한 계율과 의례 의식에 집착하는 족쇄(계금취戒禁取)가 있다. 이 족쇄는, 형식적인 계율과 의식(종교 의례와 고행에 집착하는 수행도 포함된다)을 통해 해탈을 성취할 수 있다고 믿어 집착하는 것이다. 이 세 가지 족쇄를 끊어 예류과에 이른 이들은 악한 곳(행복이 없는 곳), 지옥과 축생계, 아귀계 등에서 벗어난다. 그런 사람은 인간 세계나 천상계에 태어나며, 많아야 일곱 번만 더 환생하면 궁극적인 해탈에 도달한다. 예류과는 유신견, 계율과 의식에 대한 집착(戒禁取), 의심(疑) 이 세 가지 족쇄가 완전히 풀린 성취를 이룬 제자를 가리킨다.

깨달음의 네 가지 단계 가운데 두 번째는 일래과(一來果, 사다함斯多含)이다. 인간계나 욕계 육천에서 한 번만 더 환생하면 궁극적인 목표에 도달한다. 일래과는 예류과에서 이미 제거한 번뇌 이상을 끊어 없애지 못한다. 그러나 탐욕과 분노(미움)와 어리석음(미혹, 무명無明)이라는 세 가지 근원적인 번뇌를 약하게 만든다.

세 번째는 돌아오지 않는다는 뜻인 불환과(不還果, 아나함阿那含)로서, 근원적인 두 가지 번뇌, 즉 탐욕과 분노를 끊어낸다. 이 두 가지 번뇌는 마음을 가장 혼란하게 하며 잘 끊어내기 어려운 족쇄이다. 중생을 욕계에 묶어 놓는 주된 번뇌이기 때문에 이름처럼 불환과에 이른 이들은 다시 환생하지 않는다. 그런 사람은 고귀하고 성스러운 천상계 가운데 하나인 정거천淨居天에 환생한다. 정거천은 불환과에 이른 이들만이 갈 수 있으며, 그곳에서 이 세상에 다시 오지 않고 궁극적인 열반을 얻는다(바란다면 경, 맛지마니까야 6).

성스러운 제자가 성취하는 네 번째이자 마지막 단계는 아라한阿羅漢이다. 불환도에 이른 이들이 완전히 끊어내지 못하고 남아 있는 다섯 가지 미세한 번뇌를 제거함으로써 성취하는 단계이다. 마지막까지 남은 다섯 가지 번뇌는 첫째, 욕계에 대한 집착인 색탐色貪이다. 두 번째는 무색계에 대해 집착하는 탐욕인 무색계탐無色界貪이다. 세 번째는 자신을 높이고 다른 이들을 낮추어 보는 자만(만慢)이다. 네 번째는 들뜬 마음인 도거掉擧이다. 그리고 마지막은 어리석은 마음인 무명無明이다.[13] 이 다섯 가지 족쇄를 모두 끊어냄으로써 아라한에 이른다. 무명은 모든 번뇌 가운데 돛대처럼 가장 뿌리 깊고 단단한 족쇄이다. 사성제를 완전히 깨달아 아라한과에 이르게 되면 무명이 사라지고 나머지 모든 번뇌도 함께 끊어낼 수 있다. 그러면 마음은 '모든 번뇌를 다한 마음으로 이룬 해탈(무루심 해탈無漏心 解脫)', '번뇌를 다한 지혜로 이룬 해탈(무루지 혜해탈無漏智 慧解脫)'을 성취한다. 이 상태를 부처님께서는 '청정한 수행을 통한 가장 위대한 성취'라고 하셨다.

아라한은 불교 공동체 전체의 완벽한 모범이며, 초기 불교에서 완벽한 성취를 이룬 제자이다. 부처님께서도 해탈을 이루셨다는 의미에서 스스로를 '아라한'으로 표현하셨다. 아라한은 번뇌를 완전히 끊었으므로 부처님과 동등하다고 선언하셨다. 아라한에게는 더 이상 달성해야 할 과제가 없으며 이미 이룬 해탈에서 후퇴하지 않는다. 부처님의 해탈은 이미 성스러운 도를 완성하여 존재의 성품을 완전히 깨달아 모든 속박을 끊는 것이었다. 아라한은 평생 동안 고요하고 안정된 마음으로 열반을 깨닫고 적멸 가운데 머문다. 그러다 수명이 다해 몸이 부서지면서 다시 환생하지 않고 윤회를 끝낸다. 아라한에게 죽음은 다른 사람들처럼 또 다른 생으로 가는 문이 아니다. 업과 과보로 생겨난 오온이 없는 열반이다. 집착의 자취인 오온마저도 '남김없이 다 끊어내고 이루는 열반'이라는 뜻의 무여열반無餘涅槃으로 가는 문이다. 이것이 부처님께서 설하신, 괴로움을 완전히 없앤 상태이며, 시작도 없는 생사生死의 종말이다.

고귀한 제자들

초기불교에서는 고따마 부처님, 석가모니 부처님 등 오직 한 분 부처님만을 인정했다. 대체로 '여러 부처님'이라는 개념은 대승불교가 등장하기 전에 생겨난 혁신적인 개념이다. 그러나 가장 오래된 시대의 가르침을 담고 있는 빨리 니까야에서는 그러한 가정을 받아들이지 않는다. 경전에서는 여러 차례 고따마 부처님 이전에 출현했던 여섯 분 부처님에 대해 언급하고 있으며, 어떤 경전(디가니까야 14경)[14]에서는 고따마 부처님께서 과거 부처님들에 대해 상세하게 설하고 있다. 또 다른 경전(디가니까야 26경)[15]에서 부처님께서는 법이 무너지는 암흑의 시대, 진정한 법의 빛을 다시 밝힐 미륵彌勒이라는 부처님이 출현할 것이라고 선언하셨다. 상좌부 학파(장로들의 가르침)의 후기 문헌에서는 과거 부처님이 스물일곱 분으로 늘어난다. 고따마 부처님께 미래에 깨달음을 이뤄 '부처님'이 될 것이라고 예언(수기受記)해 주신 부처님은 과거 스물네 번째 부처님이신 연등불燃燈佛'이다.[16]

역사적으로 모든 부처님의 구체적인 역할은, 잃어버렸던 열반에 이르는 길을 다시 발견하고 널리 알리는 것이었다. 불교에서 역사는 창조에서 종말까지 일직선으로 펼쳐지지 않는다. 광대한 우주에서 탄생과 종말이 중첩하며 전개된다. 세계는 발생하고 진화하고 붕괴되고 소멸하며(생주이멸生住異滅), 옛 체계의 잿더미에서 새로운 세계가 생겨난다. 이러한 배경을 바탕으로 중생은 시공간을 초월하여 삼계에서 환생을 거듭한다. 윤회하는 과정에서 모든 존재는 고통에 시달린다. 태어날 때의 괴로움으로 시작해 늙고 병들고 죽는 고통으로 끝난다. 삶은 일시적이고 불안정하며, 영원히 변하지 않고 존재하는 실체는 없다(무상하다). 그러나 윤회라는 어두운 미로 가운데서 주기적으로 특별한 존재가 생겨난다. 인간세계에서, 중생을 윤회에 얽어매 놓은 여러 가지 족쇄들을 풀어주고, 누구나 지혜를 통해 완전한 행복, 평화, 무한한 자유를 의미하는 열반으로 갈 수 있는 길을 제시하는 분이다. 이 존재가 부처님이다.

부처님께서는 열반으로 가는 길을 다시 발견하셨을 뿐만 아니라 가르침(교敎)을 세우셨다. 헤아릴 수 없고 끝없는 중생들에게 법을 배우고 목표를 향해 갈 수 있는 기회를 주신다. 열반에 이르는 길을 가도록 돕기 위해 모든 부처님은 수행 공동체인 승가를 세우셨다. 승가는 출가하여 스스로를 절제하는 완전한 계율을 짊어지고, 청정한 범행梵行, 성스러운 삶을 받아들이며 스스로를 이겨내는 비구와 비구니로 이루어진 수행 공동체이다. 모든 부처님께서는 자유롭게 법을 가르치고 네 부류의 제자(비구, 비구니, 청신사, 청신녀) 모두에게 해탈의 길을 열어주신다. 가르침은 누구에게나 열려 있다. 윤회하면서 더 높은 곳으로 태어나도록 이끌어주신다. 악순환에서 벗어날 수 있도록 인도해주신다. 깨달음을 이룬 고귀한 제자의 첫 번째 성취인 예류과에 도달하지 못한 사람에게도 부처님께서 세상에 출현하신 일은 상서로운 일이다. 삼보三寶에 귀의해 부처님과 승가에게 공양을 올리고 가르침을 들으며 닦아 가장 숭고한 공덕의 씨앗을 심는다. 공덕의 씨앗이 무르익으면 선한 세계에 다시 태어나게 하고, 이 중생들이 미래 부처님과 만나 다시 법을 듣게 해준다. 수행의 힘이 완전히 성숙하면 해탈의 길과 열매를 얻게 해준다.

모든 부처님들께서는 고귀한 제자들 가운데 몇몇 제자들을 특정한 분야에서 가장 뛰어난 제자로 임명하셨다. 우선 승가 전체를 이끄는 두 명의 비구를 상수제자上首弟子로 삼으셨다. 상수제자는 부처님과 함께 수행승들을 가르치고, 승가 전체를 함께 관리한다. 한 명은 지혜가 가장 빼어나며, 다른 제자는 수행의 공덕으로 성취한 신통력을 사용하는 데 가장 뛰어난 제자이다. 우리 시대 부처님이신 고따마 부처님께서 가르침을 펴실 때, 두 상수제자 자리는 아라한인 사리불(舍利弗, 사리뿟따)과 대목건련(大目犍連, 마하목갈라나)이 차지했다. 모든 부처님께서는 또 한 명의 비구를 선택해, 항상 부처님 곁에서 보좌하는 시자侍子로 임명하셨다. 시자는 필요한 모든 것을 챙기고, 부처님과 일반 대중 사이의 중재자 역할을 했다. 부처님께서 법을 설하시는 자리에는 항상 함께 있도록 하셨다. 고따마 부처님을 수행하는 이 자리는 가르침을 보존하는 역할을 함으로써 '법을 보존하는 보물창고'라고 알려진 아난다(아난阿難) 존자가 맡았다.

그러나 가장 고귀하고 중책을 맡았던 제자들이라고 해서 다른 제자들보다 뛰어나다거나 더 위대하다고 할 수는 없다. 부처님께서는 경전을 통해 80가지 분야에서 각각 으뜸인 제자들을 꼽으셨다(으뜸품, 앙굿따라니까야 1:14). 비구 47명, 비구니 13명, 남자 재가신도 10명, 여자 재가신도 10명을 각각의 분야에서 가장 뛰어나다고 하셨다. 여러 분야에서 으뜸인 제자가 있기도 하지만, 각각의 분야에서 최고의 제자를 꼽으셨다. 예를 들어, "감미로운 목소리를 가진 제자(묘음제일妙音第一)들 가운데 으뜸은 라꾼따까 밧디야(라바나발제羅婆那跋提)"였다. 영감靈感을 가진 이들 가운데 으뜸가는 제자(가르침을 듣고 그 자리에서 아름다운 게송으로 표현하는 데 으뜸가는 제자)는 왕기사(붕기사鵬耆舍)다. 믿음을 지니고 출가한 제자 가운데서 가장 으뜸가는 제자는 랏타빨라(라타파리羅吒婆羅)이다. 비구니 승가도 두 상수제자(수석 비구니)가 이끌고 있었는데, 지혜가 으뜸인 케마(참마讖摩)와 신통력이 가장 뛰어난 웁빨라완나(연화색蓮華色) 비구니가 그들이다. 계율을 잘 지키고 지니는 제자 가운데(지율제일持律第一) 으뜸은 빠따짜라(파타차라波陀遮羅) 비구니였다. 열심히 정진하는 데 으뜸인 제자는 쏘나(수나輸那)이고 본생을 기억하는 데 가장 으뜸인 제자(숙명제일宿命第一)는 밧다 까삘라니(발타가비라拔陀迦比羅) 비구니였다.

재가신도들 중에서도 각 분야의 으뜸인 제자들을 꼽으셨는데, 보시를 하는 제자들 가운데 으뜸은 아나타삔디까(급고독 장자給孤獨長者), 법을 설하는 데 가장 으뜸은 찟따(질다質多) 장자를 꼽으셨다. 알라위(베나레스에서 168km쯤 떨어져 있는 고대 인도 국가) 출신의 핫타까 장자는 자비로운 마음으로 대중을 잘 받아들이는 데 으뜸인 재가신도 제자였다. 여성 재가신도 가운데 보시로 가장 으뜸인 제자는 위사카이고,

부처님 가르침을 가장 많이 들었던 여성 재가신도 가운데 으뜸은 쿳줏따라이다. 또한 자애가 가득한 마음으로 머무는 이 가운데 으뜸은 사마와띠이다.

이 경전에는 어떤 제자가 어떤 분야에서 으뜸인지에 대해서만 간결하게 묘사하고 있다. 부처님께서 이렇게 으뜸인 제자들을 꼽으신 이유를 알기 위해서는 빨리어 주석을 살펴봐야 한다. 주석에는 전해진 이야기들이나 다소 과장된 표현들이 있어, 경전보다 후대에 작성한 것임을 알 수 있다. 그래도 사리뿟따 존자와 같은 위대한 제자들이 본생에서부터 얼마나 오랫동안 수행해 왔는지, 어떻게 깨달음을 성취했는지에 대해 충실하게 기록하고 있다.

제자들에 관한 이야기는, 구체적인 내용들은 다르지만 같은 형식으로 기록하고 있다. 과거세의 부처님께서 가르침을 펴시던 시절, 제자들은 부처님께서 한 제자를 특정 분야에서 가장 뛰어나다고 칭찬해 주시는 모습을 본다. 그 장면을 본 제자는 서원을 세운다. 바로 그 부처님 아래에서 가장 뛰어난 제자가 되기보다는 미래 부처님 시대에 자신도 그렇게 되기를 바란다. 발원發願과 원력願力으로 위대한 제자가 될 것을 다짐한다. 부처님께 예경을 드리고 공양을 올린다. 세존께서는 미래를 내다보시고 고따마 부처님 아래에서 그의 염원이 이뤄질 것임을 아신다. 서원誓願이 이뤄질 것이라는 수기授記를 주신다. 두 상수제자인 사리불과 대목건련은 고따마 부처님 이전 18번째 부처님이신 최상견 부처님(最上見佛, 아노마닷시 부처님) 아래에서 처음 서원을 세웠다. 다른 위대한 제자들의 경우 과거 15번째 부처님이신 연화상 부처님(蓮華上佛, 빠두뭇따라 부처님) 아래에서 서원을 세웠다.

발원을 하고 수기를 받은 제자는 서원을 이루기 위해 공덕과 지혜를 쌓고 정진해야 한다. 산스크리트어 용어 '파라미타(바라밀波羅密)'에 해당하는 빨리어로 '빠라미(pāramī)'라고 쓰는 '열 가지 숭고한 수행'을 해야 한다. 초기 불교에서는 보시 바라밀, 지계, 출리(出離, 이욕離欲), 지혜, 정진, 인욕, 진실, 결심(결의決意), 자애, 평온의 열 가지 빠라미를 제시한다.[17] 반면 대승(大乘, 마하야나) 불교에서 육바라밀은 궁극적으로 부처님이 되는 보살의 특별한 수행이다. 후기의 상좌부 교리(주로 빨리어 주석으로 남아 있음)에서는 육바라밀이 어느 정도의 깨달음을 성취한 벽지불(빳쩨까 붓다), 아라한 등 모든 수행승들이 반드시 닦아야 하는 수행으로 자리 잡았다.[18]

부처님과 벽지불, 아라한의 차이는 바라밀을 수행해야 하는 기간과 완전하게 수행하는 데 필요한 내용들이다. 부처님이 되려는 사람은 최소한 사 아승기겁(四阿僧祇劫)과 십만 겁[19] 동안 바라밀을 닦아야 하며, 처음에도 중간에도 마지막에도 완벽하게 수행해야 한다. 벽지불이 되려면 십만 대겁 동안 바라밀을 성취해야 한다. 아라한은 최종 성취를 이루는 방식에 따라 달라진다. 상수제자가 되기를 열망하는 사람은 일 아승기겁과 십만 대겁 동안 수행해야 한다. 위대한 제자가 되기 위해서는 십만 겁 동안 수행해야 한다. 그리고 더 낮은 경지의 아라한은 그에 상응하여 더 짧은 기간 수행해야 한다.[20]

위대한 제자들은 깨달음을 성취하는 데 필요한 수행기간이 놀랍도록 짧고 빠르며, 순식간에 깨달음을 이루는 경우도 있다는 공통점을 보여준다. 사리뿟따는 처음 만난 스승 앗사지 존자가 설해준 게송을 들으면서 예류과에 이르렀다. 대가전연(大迦旃延, 마하깟짜야나)은 궁정 바라문으로 있으면서 부처님 설법을 듣고 아라한을 이루었다. 케마는 화려한 옷을 입은 왕비로 아라한의 지위를 얻었다. 그처럼 빠르게 깨달음을 이룬 것에 대해 얼핏 보면 과장이나 영웅적인 무용담으로 받아들일 수 있다. 그러나 위대한 제자들이 오랜 본생에서부터 수행해 온 과정을 알면, 그렇게 갑작스럽게 깨달음을 이룬 것이 우연이 아님을 받아들일 수 있게 된다. 순식간에 깨달음을 성취했다고 해도 수행을 통해 점차적으로 이루어가는 영정 성장 과정을 뛰어넘은 것이 아니다. 헤아릴 수 없이 오랜 세월 동안 깨달음을 성취하기 위해 필요한 모든 수행과 공덕을 쌓아왔다. 수없이 많은 생을 광대한 우주에서 윤회하며 키워 온 씨앗이 무르익은 결과이다. 제자들은 자신도 모르는 사이에 본생에서부터 수없이 많은 공덕을 쌓고 지혜를 길러왔기 때문에, 부처님과 부처님 가르침을 처음 만난 자리에서 어느 정도의 깨달음을 성취할 수 있었다.

부처님의 위대한 제자들

『부처님의 위대한 제자들』은 24명의 제자들에 관한 전기傳記를 모아 놓은 책이다. 세상을 떠난 냐나뽀니까 장로가 「사리뿟따의 생애」를 저술했고, 나는 「마하깟짜야나의 생애」를 썼다. 다른 제자들에 관한 전기는 모두 헬무스 헥커 박사가 저술했다.

이 책을 펴낸 까닭은 가능한 한 많은 사람들에게 도움이 되기를 바라서였다. 이 책의 목적은 단지 제자들에 관한 자료를 모으는 데 있지 않다. 제자들의 삶을 통해 초기 불교와 부처님 가르침, 수행

과정, 수행의 성취, 승가의 모습에 관심 있는 분들에게 영감을 주고 싶었다. 이 책이 담고 있는 위대한 제자들의 전기는 역사적 진실을 전하기 위해 노력한 결과물이다. 재판을 예로 들면 이 책을 쓴 학자들은 냉철하게 객관적인 판결을 해야 하는 판사의 역할을 하지 않았다. 일어난 일에 대해 공감하는 증인이나 변호인의 관점에서 자료들을 모았고 기록했다. 우리에게는 경전이나 주석서에 기록된 모든 일들이 실제로 일어났는지는 중요하지 않았다. 초기 불교 공동체에서 영적인 삶에 대해 어떻게 기록하고 있는지를 살펴보는 일이 더 중요했다. 위대한 제자들과 삶에 대해 경전 자체가 우리에게 알려주고 있는 사실들을 충실하게 기록했다. 저자들은 제자들에 대한 전기를 쓰기 위해 스스로의 성찰과 의견을 토대로 경전을 선택하고 인용했다.

따라서 이 책을 가장 잘 이해하는 방법은, 객관적인 태도를 유지하며 학문의 대상으로 보기보다는 명상 수행하는 방식으로 접근하는 것이다. 부처님께서는 고귀한 제자에 대해 명상을 하는 것이 수행에서 반드시 필요한 방편이라고 설하셨다. 중요한 수행 방편으로 권하신 "여섯 가지 마음챙김"[21] 중 하나인 참다운 모임(승가)에 대해 계속 생각하는 수행(승수념僧隨念, 승가를 계속해서 생각함)이다.[22] 자아를 깨트리고 청정함과 지혜에 도달한 고귀한 분들을 생각하는 것은, 아직 해탈에 이르지 못한 제자들에게 큰 격려가 된다. 고귀한 제자들은 스스로 모범이 됨으로써, 우리에게 '부처님 가르침'은 해탈에 이를 수 있도록 이끌어 주는 능력이 있다는 확신을 심어주고 있다. 그들의 삶은 부처님 가르침이 제시하고 있는 해탈과 깨달음이라는 이상이 단순한 환상이 아니라는 사실을 일깨워준다. 우리 스스로 가지고 있는 약점과 맞서 싸우고 실제로 성취할 수 있다는 확신을 준다. 제자들의 삶을 살펴보면 그 위대한 분들도 처음에는 우리를 괴롭히고 있는 것과 같은 고통과 장애, 어려움에 휩싸인 평범한 상태로 출발했음을 알 수 있다. 그러나 부처님과 가르침을 믿고 정진을 함으로써, 당연하게 받아들였던 모든 한계를 뛰어넘어 진정한 깨달음과 해탈에 도달할 수 있었다.

이 책에서는 불교 전체 전통의 근원이 되는 위대한 제자들의 삶과 수행, 특성에 대해 살펴보았다. 본생의 배경과 수행 초기 경험, 깨달음을 위한 용맹정진, 성취와 가르침, 부처님을 따르며 펼친 활약을 모았다. 널리 알려진 몇몇 제자들의 경우에는 어떻게 열반에 들었는지도 기록했다. 이런 내용들은 불교의 가르침이나 수행과 마찬가지로 전부 불교를 이루고 있다. 위대한 제자들이 남긴 유산은 그저 무성하게 넘쳐나는 고대 역사의 한 조각이 아니다. 인류 역사에서 중요한 그 순간에 우리에게 전해준 생생하게 빛나는 유산이다. 위대한 제자들은 그들의 삶을 보여줌으로써, 우리도 스스로를 뛰어넘어 깨달음에 이를 수 있는 능력을 지니고 있다는 사실을 증명해 냈다.

우리가 이 책에 어떤 제자들의 전기를 담아야 하는지 선정할 때 가장 중요하게 생각한 기준은, 그들이 성취한 깨달음의 위상과 부처님 가르침 시대를 통해 보여준 위대한 행적들이었다. 또 우리가 선정한 제자들과 관련한 원천 자료를 얼마나 확보할 수 있는지, 활용할 수 있는지도 고려해야 했다. 경전이나 주석서들에 위대한 제자들에 관한 자료와 기록이 많을 것이라고 기대했다. 그러나 그들이 성취한 영적인 탁월함이나 승단에서 수행한 중대한 역할에 비추어보면 자료가 예상보다 많지는 않았다. 부처님의 위대한 제자들에는 비구와 비구니, 청신사, 청신녀들이 포함된다. 스승에게서 많은 칭찬을 받았지만 눈에 띄는 자료와 정보가 거의 전해지지 않은 경우도 많았다. 예를 들면 우빨리 존자는 비나야(율律)에 관한 한 가장 빼어난 제자(지계제일持戒第一)였으며 제1차 결집회의에서 비나야삐따까(율장律藏) 편찬을 담당했다. 그러나 우빨리 존자의 생애에 관한 정보는 한 쪽도 채우기 어려운 분량이었다. 원본 자료가 부족한 문제는 비구니와 재가 여신도의 경우에도 심각했다. 남자 제자들도 마찬가지였는데, 부처님과 가장 밀접하게 활동한 비구들을 제외하면 다른 제자들에 관한 자료는 침묵에 가까울 만큼 양이 적었다. 모든 존재는 고정된 실체가 아니며 무상하다는 가르침(무아無我)을 깨달은 초기 불교도들은 근원적으로 "무아인 사람들"의 전기를 기록하는 데 특별히 신경 쓰지 않았던 것으로 판단된다.

이처럼 많은 한계와 장애가 있었지만 경전과 주석서들에서 위대한 제자 스물네 명에 대해 연구하기에 충분한 자료를 모았다. 책의 처음 6장은 장로와 비구로 시작한다. 첫 두 장에서는 45년 동안 가르침을 확립하는 데 부처님과 완벽하게 함께한 사리불과 대목건련의 전기를 담았다. 마하가섭은 스승께서 완전한 열반에 드신 후 사실상 승가를 이끌며 선견지명을 통해 부처님 가르침을 보존했다. 부처님의 사촌이자 시봉을 맡은 시자 아난다는 상상하기 어려울 정도의 엄청난 기억력으로 부처님 설법이라는 방대한 보배를 보존했다. 세월이 흘러서도 부처님 가르침이 후대에 전해질 수 있도록 위대한 역량을 발휘했다. 부처님의 또 다른 사촌인 아누룻다는 천안통天眼通에서 가장 뛰어난 능력을 성취했다. 대가전연(마하깟짜야나)은 스승께서 설하신 짧은 법문을 가장 잘 풀이하고 설명할 수 있는 제자였다.

때로는 위대한 제자들의 전기 가운데 두 곳 이상에서 같은 일들에 대한 설명이 반복되기도 한다. 예를 들면 사리뿟따와 목갈라나가 처음 진리와 만나게 된 상황이나, 마하깟사빠와 아난다의 생애에서 제1차 결집회의를 준비하는 과정이 겹친다. 그러나 우리는 제자들의 생애가 온전하게 전해지기를 바랐기 때문에 같은 내용들이 반복되어도 그대로 실었다. 이렇게 반복해서 기록한 상황들은 다른 제자들의 생애에 대해서도 더 완전하게 알 수 있도록 도움을 주었다.

다음 장은 비구니와 재가신도를 포함한 열두 명의 뛰어난 여자 제자들의 생애를 기록했다. 예민한 독자들은, 여자 제자들은 한 장에 실으면서 나머지 9장을 남자 제자들에게 할애한 데 대해 남성과 여성을 차별하는 것 아니냐고 항의할 수 있다. 편집자로서는 성적 균형 감각이 없어서가 아니라, 남아 있는 자료의 분량에 차이가 있었기 때문에 어쩔 수가 없었다. 이 책을 함께 저술한 저자들은 남자 제자들에 관한 기록들만큼 여자 제자들에 대한 자료가 있기를 기대했다. 하지만, 여자 제자들에 관한 자료는 부처님께 귀의하도록 한 사건과 깨달음의 경험에 관한 짧은 기록들이 거의 전부였다. 때로는 슬프게도 그렇게 짧은 자료들조차 없는 경우도 있었다. 예를 들어 웁빨라완나(연화색蓮華色)는 비구니 승단에서 두 번째 상수제자였다. 그런데도 그녀의 삶에 관한 주석서 기록들은 거의 전적으로 본생에 대한 이야기를 주로 다루고 있을 뿐이었다. 비구니 승가의 제자로서 그녀에 대한 역사적 자료는 몇 가지만, 그것도 아주 짧게 남아 있었다.

여성 제자들을 소개한 장에는 깨달음에 이르지 못한 여자 재가신도 한 명이 포함되어 있다. 꼬살라국 빠세나디왕(바사익왕)의 왕비 말리까가 그 주인공이다. 말리까 왕비는 예류과에 이르지 못했다. 도덕적으로 타락해서 지옥에 환생하기도 했지만, 모든 면에서 가장 모범적으로 부처님과 승가에 헌신한 제자였다. 여성 제자들의 장에 마지막으로 등장하는 이씨다씨 비구니는 부처님의 직계 제자가 아니었을 것으로 판단된다. 테리가타(장로니게경長老尼偈經)에 등장하는 그녀의 게송들은 부처님께서 열반에 드신 후 백여 년이 지나 지은 게송일 수도 있다. 그러나 이씨다씨의 이야기가 정본 테리가타에 등장하고 매우 뛰어난 내용이어서 여성 제자들과 함께 다루었다.

여성 제자들에 이어서 위대한 제자 80명에 들지 못하는 제자가 등장한다. 그는 거의 신화와 같은 삶을 살았는데, 앙굴리말라(앙굴리마라鴦窶利摩羅) 비구가 주인공이다. 젊은 시절 가장 사악하고 잔혹한 연쇄살인자였지만 부처님의 가르침으로 범죄자에서 성스러운 출가생활을 했다. 나중에는 임산부를 지키는 성자가 되었다. 다음 장에서는 부처님께서 가장 좋아하셨던 사원을 보시하였으며, 여러 면에서 이상적인 재가신도를 대표하는 장자 아나타삔디까(급고독 장자給孤獨長者)의 생애와 업적에 대해 기록했다. 마지막으로 우리는 특별한 재가신도 찟따 장자와 찟따 비구 등 네 제자에 관한 짧은 이야기들을 전한다.

문헌 자료

위대한 제자들 관련 자료들은 중세 인도 아리안어(현재는 빨리어)로 보존된 테라와다(상좌부上座部) 경전인 빨리 경전 모음에서 가져왔다. 빨리 경전을 모은 경장經藏은 모두 세 가지로 편집 구성되어 있다. 부처님 설법을 모은 숫따 삐따까(경장經藏), 계율을 모은 비나야 삐따까(율장律藏), 경장과 율장에 대해 논리적으로 해설을 해 놓은 논문을 모아 놓은 아비담마 삐따까(논장論藏)이다. 아비담마 삐따까에는 우리 목적과 거의 관련이 없는 철학적 분석에 관한 논문들이 많이 포함되어 있다. 비나야 삐따까에서는 계율 자체보다는 계율을 제정한 배경이 되는 내용들을 주로 가져왔다.

숫따 삐따까는 연구의 토대가 되었다. 경전을 모아 놓은 경장은 네 가지로 이루어져 있다. 긴 설법을 모아 놓은 디가니까야(장부 아함長部 阿含), 중간 길이 설법인 맛지마니까야(중부 아함中部 阿含), 부처님 가르침을 56개 주제 별로 모아 놓은 상윳따니까야(상응부 아함相應部 阿含, 잡아함雜阿含) 그리고 1에서 11까지 차례대로 숫자에 맞춰 편집한 짧은 경전인 앙굿따라니까야(증지부 아함增支部 阿含)가 있다. 우리는 앙굿따라니까야 첫 번째 경에서 부처님께서 80명의 제자들을 으뜸이라고 선포하신 '제일의 품(으뜸 품)'을 찾았다.

네 가지 주요 모음 경전 외에도 숫따 삐따까에는 쿳다까니까야(소부 아함小部 阿含)라는 다섯 번째 경전 모음이 있다. 쿳다까니까야는 이름 그대로 짧은 설법들을 모아 놓은 경전이지만 분량이 가장 많다. 이 다양한 경전 모음에서 우리는 위대한 제자들의 삶과 관련된 4개의 특별한 내용을 찾았다. 또 264명의 장로들에 관한 1,279개의 게송으로 이뤄진 테라가타(장로게경長老偈經)도 쿳다까니까야에 포함된다. 테리가타(장로니게경長老尼偈經)는 73명의 비구니 장로 게송 494개를 담고 있다. 초기 불교 승가 장로들은 장로게경과 장로니게경을 통해 자신들을 출가 수행자로 이끈 사건과 깨달음의 성취, 법에 대한 통찰을 그려내고 있다. 이 게송들은 (대부분 다른 경전들에서도 비슷한 내용들이 있고) 수행에 대한 교훈을 담고 있다. 그렇지만 자신들의 삶에 대해서는 상세하게 소개하지 않았다. 그럼에도 우리는 그들이 노래한 게송들에서 제자들의 성격을 엿볼 수 있었다.

이 책의 주요한 연구 자료가 된 쿳다까니까야(소부) 가운데 세 번째 모음은 자타카(본생담本生譚)이다. 자타카에 있는 게송들만 따로 보면 이해하기 어렵다. 자타카 전체를 모아 놓은 주석서는 547개의 "본생 이야기"와 함께 게송들이 실려 있어 이해하기 쉽다. 자타카에 수록된 이야기들은 미래에 고따마 부처님인 보살이 불성佛性을 이루기 위해 본생에서 공덕을 쌓아가는 모험을 기록하고 있다.

인도인들 특유의 화려한 상상력의 영향을 받은 본생 이야기는 전설과 우화를 법을 전하는 수단으로 사용하고 있으며, 불교 윤리에 대한 교훈을 전하고 있다. 자타카 본생의 처음과 끝맺는 이야기는 위대한 제자들의 삶을 연구하는 데 도움이 된다. 이야기 '첫 부분'은 부처님께서 법을 설하시는 과정에서 일어난 일들과 관련이 있다. 이런 일들은 대부분 제자들의 본생에서 발생한 아주 오래전 대화들로 이어진다. '끝맺는 이야기'에서 부처님께서는 현재 제자들의 본생에 관해 말씀해 주신다. (예를 들면 "목갈라나는 본생에 코끼리였고, 사리뿟따는 원숭이였으며, 나 자신은 현명한 자고새였다.") 자타카에서 우리는 제자들이 현생을 살게 된 윤회의 배경을 찾을 수 있다.

소부 경전의 네 번째는 전부 게송으로 구성되어 있고, 비교적 후기에 등장하므로 많이 활용하지는 않았다. 이 경전은 비유경(譬喩經, 아빠다나)이다. 부처님 가르침으로 아라한을 이룬 비구와 비구니가 본생에 쌓은 공덕에 대해 노래하고, 때로는 마지막에 해탈을 성취한 내용을 담고 있다. 크게 두 부분으로 되어 있다. 각각 10개의 이야기가 있는 55개의 장으로 이루어진 테라아빠다나(장로비유경長老譬喩經)와, 훨씬 더 짧은 각각 10개의 이야기를 담은 4개의 장으로 된 테리아빠다나(장로니비유경長老尼譬喩經)이다.

경전 다음으로 중요한 빨리어 주석서들은 매우 중요한 자료들이다. 경전에 대한 많은 주석서 가운데 4개는 자타카에 관한 주석이다. 앙굿따라니까야에 있는 으뜸 품(제일의 품)의 주석서가 여의성취소(如意成就疏, 증지부주增支部註)이다. 이 주석서는 가장 위대한 빨리어 주석가로 손꼽히는 삼장법사인 붓다고싸(불음佛音) 존자가 저술했다. 스리랑카 왕도인 아누라다뿌라에 있던 마하위하라(대사원大寺院)에 보존되어 오다가 현재는 존재하지 않는다. 고대 싱할라어[23]로 쓴 주석서이기도 하다. 제일의 품, 으뜸 품은 부처님께서 각각의 분야에서 가장 뛰어난 제자가 누구인지 선언하신 내용을 담고 있다. 각각의 이야기는 비슷한 방식으로 이루어져 있다. 본생에서 그 당시 부처님 제자가 되기 위해 서원을 세우는 것으로 시작하고, 성스러운 공덕을 쌓은 본생 이야기가 전해진다. 그런 다음 그 제자가 부처님과 만나게 되는 현생 이야기가 이어진다. 대체로 그 이야기들은 부처님께서 위대한 제자로 임명하는 것으로 끝난다. 때로는 부처님 곁에 가장 가까이 있으면서 가르침을 받고 수행을 하며, 깨달음을 성취하는 과정, 법을 전하는 내용들이 이어지기도 한다.

제자들의 삶을 기록한 주석서 가운데 흥미로운 두 가지 주석서가 있다. 테리가타와 테라카타에 대해 해설해 놓은 주석이다. 이것들은 둘 다 빠라맛타디빠니(승의등명勝義燈明)라는 제목을 가지고 있다. 붓다고싸보다 백여 년 뒤에 남인도에서 활동한 바다라띳타의 스승인 앗짜리야 담마빨라(법호논사法護論師)가 썼다. 두 책은 분명히 더 오래 전에 기록된 문헌을 근거로 마하위라 사원의 주석서에 있는 내용을 더하고 있다. 이 두 주석은 앙굿따라니까야 주석서에 있는 자료들을 부분적으로 그대로 가져와 사용했는데, 때로는 흥미롭게 바꾸기도 했다. 아빠다나(비유경)에서 상당히 많은 내용을 인용하기도 했으며, 제자들이 특정한 게송을 읊게 되는 사건에 대해서도 설명하고 있다.

상상의 요소들이 많이 들어 있기는 하지만, 쓸 만한 자료들을 많이 찾은 책은 담마빠다(법구경) 주석서였다. 이 주석서는 붓다고싸가 저술한 것으로 널리 알려졌지만, 현대 학자들 가운데는 동의하지 않는 사람도 있다. 그들은 담마빠다에 있는 게송들은 부처님께서 특정한 상황에서 설하셨다는 사실에 주목해 붓다고싸가 저술했는지 의문을 제기했다. 주석의 목적은 부처님께서 게송을 설하시도록 만든 사건의 과정을 서술하는 것이다. 그런데 주석서에서는 전체 사건들의 과정을 넘어 시간을 거슬러 올라가 과거의 이야기까지 담고 있다. 본생 이야기까지 등장하는 주석들은 부처님과 그의 제자들과 관련한 업의 내용에 대해서도 전하고 있다. 이 때문에 붓다고싸가 주석을 달았다고 보기 어렵다는 것이다.

저술 방법

주석서에 전해지는 배경이 되는 이야기들을 제외하면 원래 자료들에는 위대한 제자들의 생애를 하나로 정리해 놓은 내용들이 없다. 실제로, 빨리 경전 전체에서 부처님의 생애를 탄생부터 열반에 이르기까지 한 번에 정리한 자료는 없다. 빨리어 자료들 가운데 가장 빨리 작성된 부처님 생애는 자타카 주석서의 서문인 자타카 니다나(본생인연本生因緣)로 보인다. 제자들의 생애에 관해서는 으뜸 품 주석서가 비교적 완전한 정보를 주었다. 그런데 여기에서는 부처님 제자로서의 삶보다는 과거 환생 역사에 더 중점을 둔 내용을 담고 있다. 또 다른 주석서에서는 전체적인 삶보다는 특정한 사건에 대해 설명하는 데 그쳤다. 따라서 이 책을 구성하는 제자들의 전기는 경전과 주석서 등에서 조각조각 찾아낸 자료들에 저자들의 성찰과 해석을 더해 묘사하려고 노력했다.

거기에 빨리 경전 편집자들은, 현대 전기물이나 사건 기사에서 보는 것처럼, 일관된 흐름을 가지고 책을 편집하지 않았기 때문에 어려움이 있었다. 고대에는 기록보다는 구전으로 경전을 전했고 여러 가지 사건을 한꺼번에 처리했기 때문에 매끄럽고 우아한 글쓰기가 필요하지 않았다. 기억하는 능력을 고려해 경전을 편집했다. 그럼에도 고대 문헌들이 조각조각 기록하고 있는 사건들은 각각이 매우 강렬한 고유의 색과 빛을 품고 있다. 때문에 너무 매끄럽게 연결해 덧붙인 이야기들이 그 찬란한 빛들의 아름다움을 가리지 않았기를 바랄 뿐이다.

자료들을 모으고 정리하면서 가능한 한 많은 내용을 담으려고 했지만, 특정한 내용을 선택할 때는 기준을 세웠다. 빨리 경전 편집자도 경전을 정리하면서 같은 원칙을 세웠을 것으로 생각한다. 제자들의 인격을 가장 잘 드러내는 사건이나 일화를 선택했고, 승가 공동체에서 모범이 되거나 수행과 깨달음의 특성을 나타내는 이야기들을 골랐다. 제자들의 본생에 관한 정보도 제공하고 싶었다. 본생 이야기는 확실히 전설에 가까운 내용들이 많기는 하지만, 제자들의 삶에 깊은 영향을 준 초기 불교 사회의 모습을 어느 정도 알 수 있기 때문이다. 이런 자료들은 대체로 자타카(본생담)나 아빠다나(비유경) 같은 후기 경전에서 가져온 것이었지만, 너무 많이 활용하지는 않았다. 니까야처럼 역사적인 근거를 포함하고 있는 자료들을, 그저 배경으로 삼았다는 인상을 줄 수도 있지 않을까 염려했기 때문이다. 테라가타(장로게경)와 테리가타(장로니게경)의 게송들도 사용했다. 이 게송들은 제자들의 전기에서 특정한 사건을 설명하기 위해 사용했고, 전체 삶을 살펴보는 데에도 활용했다.

『부처님의 위대한 제자들』은 위대한 제자들이 어떤 삶을 살았고, 어떻게 수행했으며, 어떻게 깨달음을 성취해 가는지를 담고 싶었다. 따라서 이 책은 위대한 제자들과 영적인 교감을 하며 수행의 한 방편으로 삼아 읽을 때 가장 효과가 있을 것이다. 소설을 읽는 마음으로 읽기보다는 부처님 가르침을 담고 있는 보물 창고를 만나고 있다는 생각으로 읽어주기를 원한다. 위대한 제자들과 도반이 되고, 위대한 제자들의 삶과 가르침에 대해 깊이 생각하며 읽기를 바란다. 위대한 제자들이 오늘을 사는 우리에게 전하는 보편적인 가치와 진리를 발견하려고 한다면 더 없이 훌륭한 독서가 될 것이다. 책 내용 자체에 마음을 뺏기지 말고, 이 책을 읽는 이유와 목적을 계속 되새기는 것이 좋을 것이다. 흥미와 낭만은 이 책의 목적이 아니다. 초기 불교의 이상을 성취해 완벽한 깨달음을 이룬 성스러운 제자들 이야기를 생생하게 그려냄으로써, 읽는 사람들의 마음이 영적으로 성장해 가기를 바란다.

옮긴이의 말

부처님께서 깨달음을 이루시고 법의 수레바퀴를 굴리신 목적은 명확하다. 모든 생명의 행복과 온 세상의 평화다. 깨달음은 그 자체로 궁극의 목표가 아니다. 모든 생명의 행복과 온 세상의 평화를 구현하기 위한 방편이다.

부처님께서 완전한 열반에 드신 이후 제자들은 온전하게 가르침을 보존하고 전하는 데 전력을 기울였다. 제자들은 부처님과 함께한 성스러운 여정을 그렇게 이어갔다. 제자들은 흔들리지 않는 청정한 믿음을 바탕으로 스승의 가르침이 생명을 갖고, 가르침이 탄생한 목적을 실현할 수 있도록 찬란한 정진을 아끼지 않았다.

부처님 가르침은 탐욕과 갈등으로 점철되어 약탈적 성장과 소비가 가득한 세계를 빛나고 아름다우며 평화롭게 일궈갈 수 있는 굳건한 토대가 되어 주었다. 시대를 이어가며 대륙을 넘나들고 사상의 한계를 뛰어넘고 인간과 다른 생명들의 차별을 없애 가며 오늘날까지 눈 있는 사람, 귀 있는 사람들에게 그 숭고한 목표, 행복과 평화를 깃들게 했다. 그럼으로써 고귀한 제자들은 부처님의 성스러운 여정을 오늘날에도 지속하고 있다.

부처님 가르침이 처음 세상에 등장했을 때, 당시 인도 사회를 지배하던 사상가들, 권력층들은 하늘이 무너지는 것과 같은 충격을 받았을 것이다. 자신들이 수천 년을 이어오며 쌓아 왔던 모든 가치가 흔들렸을 것이다. 부처님 당시에도 진리를 받아들이고 삶을 바꾼 제자들도 있었고, 끝내 거부하고 받아들이지 못한 이들도 있었다. 오늘날 우리 시대에 탐욕과 폭력에 물들어 욕구를 충족해 온 사람들에게도 부처님 가르침은 여전히 충격일 것이다.

혼돈과 갈등, 전쟁과 기후 재앙, 불평등과 자본의 공격, 인공지능의 폭주, 행복과 평화를 향한 노력이 혼재된 시대, 이럴 때 우리는 어디에서 길을 찾아야 하는가. 『부처님의 위대한 제자들』에 답이 있다. 부처님과 제자들은 인류 전체가 함께 평화롭고 행복할 수 있는 길을 제시해 놓으셨다. 상상하기 어려운 정진을 통해, 스스로를 다스려 성취한 결과를 아낌없이 회향해, 누구나 갈 수 있는 길을 닦아 놓으셨다. 그 치열하고 고통스럽고 아름답기까지 한 제자들의 삶과 수행을 오롯이 만날 수 있는 책이다. 『부처님의 위대한 제자들』을 쓰고 엮은 이들은 명상 수행하는 마음으로 이 책을 읽기를 바랐다. 사리뿟따와 마하목갈라나, 마하깟짜야나, 아나타삔디까 등 지금까지 접해 왔던 제자들의 삶과 수행에 관해 더할 수 없이 풍성하게 기록해 놓았다. 제자들의 삶과 수행은 그 자체로 경전이 된다. 이 책을 보시는 분들은 본보기가 되는 위대한 제자들을 만나면서 보다 수월하고 정확하게 수행의 길을 갈 수 있을 것이다. 수천 년 전에 먼저 길을 가신 분들의 삶을 통해 희망이 가득한 앞날을 열어 갈 수 있을 것이다.

이 책을 옮겨서 펴낼 수 있게 해 주신 대한불교진흥원에 깊이 감사드린다. 두서없고 장황한 원고들을 잘 꾸려서 좋은 책으로 내 주신 운주사에도 감사를 드린다. 무엇보다 수십 년 정진해서 이룬 성과들을 인터넷을 통해 제한 없이 활용할 수 있게 해 주신 선지식들께 머리 숙여 경의를 표한다.

한 분이라도 『부처님의 위대한 제자들』을 통해 터럭만큼이라도 마음과 삶에 변화가 생기기를 발원드린다.

2023년 6월

김충현 예경

일러두기

1. 빨리어 한글 표기는 한국빠알리성전협회의 전재성 박사와 초기불전연구원의 각묵 스님, 대림 스님 표기를 섞어 썼다. 맛지마니까야, 테라가타, 테리가타, 비나야삐따까, 숫타니파타, 자타카를 인용할 때는 전재성 박사 표기를 따랐다. 상윳따니까야, 앙굿따라니까야, 디가니까야, 우다나, 위방가를 인용할 때는 각묵 스님과 대림 스님 표기를 따랐다.

2. 빨리어 문헌 출처는 한글로 풀어쓴 경전 이름과 한문 경전 이름을 섞어 사용했다.
   예: 부끄러움과 두려움이 없는 자 경(상윳따니까야 16:2)
   대반열반경大般涅槃經(디가니까야 16)

3. 교리 용어는 우리말로 먼저 풀어쓰고 한문 용어 순서로 표기했다.
   예: 부끄러움과 두려움(참괴慚愧)
   네 가지 걸림 없는 지혜(사무애해지四無碍解智)

4. 본생 이야기(본생담, 본생경, 자타카) 다음에 붙은 숫자는 경전 번호이다.

5. 각주는 역주와 원문각주(원래 저자들이 달아놓은 각주)를 구분해 표기했다. 원문각주에서 경전의 출처와 인용 등만을 표기해 놓은 각주는 그대로 옮겼거나, 상세하게 옮겨 역주로 표기했다.

6. 여러 차례 교리 용어에 대한 각주를 반복해서 달아 놓은 경우가 많다. 사리뿟따와 마하목갈라나 등 여러 제자들에 대한 전기에서 각각 등장하는 용어에 대해 다시 주를 달았다. 여러 차례 반복해서 읽음으로써 익숙해졌으면 하는 의도이기도 하고, 앞으로 다시 가서 각주를 찾는 번거로움과 읽는 흐름이 끊기지 않도록 하기 위해서이다.

7. 원문에서 경전 내용을 인용하면서 요약해 놓은 내용을 그대로 옮긴 경우도 있지만, 필요하다고 판단한 경우에는 경전 원문 내용을 더 옮겨 놓은 곳들도 있다.

8. 경전과 문헌 이름을 표기하면서 『부처님의 위대한 제자들』처럼 책을 나타내는 기호를 사용하지 않았다. 또 경전 이름은 가급적 빼놓지 않고 반복해서 표기했다. 경전 이름을 많이 읽으면서 자연스럽고 친숙하게 받아들일 수 있기를 바랐기 때문이다.

9. 우리에게 익숙하고 널리 알려진 사리불, 대목건련 등 고유명사들은 일부는 사리불, 대목건련 등으로, 일부는 사리뿟따, 마하목갈라나, 일부는 사리뿟따(사리불), 마하목갈라나(대목건련) 등으로 표기했다.

10. 원서에 있는 주석 외에 옮긴이가 따로 붙인 주석은 〔역주〕로 표시했다.

인용한 경전과 자료들

1. 담마상가니(Dhammasaṅgaṇī, 법의 갈무리, 법집론法集論) 1~2, 각묵 스님 옮김, 초기불전연구원, 2016.
2. 담마빠다(Dhammapada, 법구경法句經), 현진스님 편집 번역, 봉숭아학당奉崇雅學堂, 2015.
3. 디가니까야(DīghaNikāya, 장부아함長部阿含) 1~3, 각묵 스님 옮김, 초기불전연구원, 2007.
4. 맛지마니까야(MajjhimaNikāya, 중부아함中部阿含), 전재성 역주, 한국빠알리성전협회, 2009.
5. 법구경 이야기(담마빠다 앗따까타Dhammapada Aṭṭakathā, 법구경 주석서) 1~3, 무념·응진 역, 옛길, 2008.
6. 비나야삐따까(Vinayapiṭaka, 율장律藏), 전재성 역주, 한국빠알리성전협회, 2020.
7. 숫타니파타(SuttaNipāta), 전재성 역주, 한국빠알리성전협회, 2008.
8. 상윳따니까야(SaṁyuttaNikāya, 상응부아함相應部阿含, 잡아함雜阿含) 1~6, 각묵 스님 옮김, 초기불전연구원, 2021.
9. 앙굿따라니까야(AṅguttaraNikāya, 증지부아함增支部阿含) 1~6, 대림 스님 옮김, 초기불전연구원, 2006.
10. 우다나(Udāna, 우러나온 말씀, 자설경自說經), 각묵 스님 옮김, 초기불전연구원, 2021.
11. 위방가(Vibhaṅga, 법의 분석) 1~2, 각묵 스님 옮김, 초기불전연구원, 2018.
12. 자타카전서(Jātaka, 부처님 본생 이야기), 전재성 역주, 한국빠알리성전협회, 2023.
13. 청정도론(淸淨道論, 위숫디막가Visuddhmagga) 1~3, 대림 스님 옮김, 초기불전연구원, 2004.
14. 테라가타(Theragāthā, 장로게경長老偈經), 전재성 역주, 한국빠알리성전협회, 2017.

15. 테리가타(Therīgāthā, 장로니게경長老尼偈經), 전재성 역주, 한국빠알리성전협회, 2019.

1. 사리뿟따(사리불)

— 지혜제일, 법을 수호하는 대장군 —

냐냐뽀니까 장로

서막

스리랑카에 있는 많은 사찰에는 부처님 양 옆에 두 비구(스님)상이 있다. 한쪽 어깨에 가사를 두르고 합장을 한 채 경건하게 서 있다. 두 스님상 발밑에는 신심 깊은 불자들이 공양 올린 꽃들이 놓여 있다.

그들이 누구인지 묻는다면, 누군가는 깨달음을 이룬 분의 제자, 아라한을 성취한 두 명의 가장 뛰어난 제자인 상수제자 사리불(舍利弗, 사리뿟따)과 대목건련(大目犍連, 마하목갈라나)이라고 답할 것이다. 사리불은 부처님 오른편에, 대목건련은 왼편에 서 있는데, 그들이 서 있는 자리는 두 제자의 삶을 상징적으로 보여주고 있다. 19세기 중반(1851년) 산치 대탑이 열렸을 때 두 개의 돌로 만든 사리함과 유물들이 발견되었다. 북쪽에 있던 함에는 마하목갈라나의 사리가, 남쪽에 있던 함에는 사리뿟따의 사리가 들어 있었다.[1] 그들은 수많은 세월이 흐르는 동안 누워 있었고, 2천 년이 넘는 역사는 인간의 삶이 얼마나 덧없는 것인지를 극적으로 보여주고 있었다. 그 사이 로마 제국이 흥했다 사라졌고, 고대 그리스의 영광은 아득한 추억이 되었다. 새로운 종교들은 종종 피와 불로 그들의 이름을 지구상에 새겼지만, 마침내 테베(나일문명 발상지)와 바빌론(메소포타미아문명 발상지)의 전설과 섞이게 되었다. 그리고 상업의 물결은 문명의 위대한 중심지를 동양에서 서양으로 옮겨 갔다. 그 사이 부처님 가르침을 한 번도 들어본 적이 없는 세대가 태어났고 세상을 떠났다. 그러나 성스러운 제자들의 유해가 누구의 방해도 받지 않으며 누워 있는 동안, 부처님 가르침이 전해진 곳이라면 어디에서든지 위대한 제자들로 추앙받았다. 두 제자의 기록은 처음에는 입에서 입으로 오랜 세월 전해져 왔다. 그 뒤에는 어떤 종교보다 방대하고 상세한 경전인 불교 경장과 율장, 논장에 기록되어 전해졌다. 상좌부 불교 국가(남방 불교 지역)들에서 스스로 깨달음을 이룬 분(부처님) 다음으로 불교도들이 가장 존경하는 이들이 바로 두 제자이다. 그들의 이름은 부처님과 마찬가지로 불교 역사 자체를 이루고 있다. 그러한 과정에서 그들의 삶에 많은 이야기들이 더해졌다. 부처님과 부처님 가르침, 승가에 헌신적이었던 두 제자의 삶을 생각하면 자연스러운 일이다.

그들을 향한 존중은 당연한 것이기도 하다. 부처님처럼 직계 제자들이 잘 섬기고 따른 종교 지도자는 거의 없다. 사리뿟따는 부처님 가르침에 대해 완벽하고 넓고 깊게 이해했다. 교리를 가르칠 수 있는 능력은 부처님 다음으로 탁월했다. 그의 삶을 그려낸 몇 가지 이야기만 살펴보아도 그 능력을 알 수 있다. 삼장(경장, 율장, 논장)에는 사리뿟따가 살아온 여정에 대한 직접적인 설명이 없지만, 그의 삶을 기록한 여러 경전과 주석서들의 이야기를 모아보면 충분히 확인할 수 있다. 사리뿟따의 삶에서 일어난 일들은 단순한 사건 이상의 의미를 지닌다. 사리뿟따는 부처님 삶과 성스러운 여정에 밀접하게 얽혀 그 안에서 중요한 역할을 해냈고, 어떤 경우에는 스스로 주도적인 역할도 해냈기 때문이다. 그는 스승이었고 수행자들이 따르는 모범이었으며, 친절하고 사려 깊은 친구였다. 그를 따르는 수행자들이 수행을 할 수 있는 여건을 제공한 수호자였고, 부처님 가르침을 충실하게 담보해 냈다. 사리뿟따는 그런 역할들로 인해 '법을 수호하는 대장군'이라는 칭호를 얻었다. 사리뿟따는 스스로가 그렇게 살았던 것처럼 항상 인내와 굳건한 신심이 가득한 특별한 사람이었다. 생각과 말, 행동이 겸손하고 올곧은 사람이었다. 그가 일생을 통해 베푼 자비와 친절에 대해 모든 사람이 감사와 존중을 표했다. 모든 애착과 망상의 번뇌에서 벗어난 아라한들 중에서도, 별이 총총한 하늘에서 가장 빛나는 보름달 같은 수행자였다.

사리뿟따는 심오한 지성과 숭고한 품성을 지닌 수행자였으며, 위대한 스승의 진정한 제자였다. 우리는 최선을 다해 그의 삶을 기록했다. 책을 읽는 여러분들이 우리의 이 불완전한 기록에서 벗어나 깨달음에 도달한 완벽하고도 위대한 인물에 대해 어느 정도 알게 되기를 바란다. 또 그러한 사람이 도반들에게 어떻게 행동하고 말했는지에 대해 어느 정도 알 수 있게 된다면 더 바랄 것이 없다. 사리뿟따의 생애에 대해 읽는 분들이, 인간이라는 존재가 어떻게 변해 갈 수 있는지 확신하고, 함께 정진하고 깨달음을 이룰 수 있다고 믿게 된다면 우리는 더 없이 보람을 느낄 것이다.

진리를 향한 열망

어린 시절에서 출가까지

이야기는 인도 라자가하(왕사성王舍城)[2]에서 멀지 않은 곳에 자리한 바라문들의 마을, 우빠띳사(우파제사優波提舍)와 꼴리따(구율타拘律陀)[3]에서 시작된다. 고따마 부처님께서 세상에 출현하기 전 우빠띳사 마을[4]에 사는 바라문 여인 루빠사리[5]가 잉태를 했으며, 꼴리따 마을에서도 같은 날 목갈리[6]라는 바라문 여인이 잉태를 했다. 두 가문은 7대를 이어 친하게 지내 왔다. 아이를 가진 첫 날부터 가족들은 어머니가 될 두 여인에게 지극한 정성을 기울였고, 10개월 후 두 여인은 같은 날 아이를 낳았다. 루빠사리의 아이에게 이름을 주던 날 그 마을에서 가장 중요한 가문에 태어났기 때문에 우빠띳사라는 이름을 지어 주었다. 그리고 같은 이유로 목갈리의 아들도 꼴리따라는 이름을 받았다.

소년들은 자라면서 훌륭한 교육을 받았으며 모든 학문에 통달했다. 각각 500명의 젊은 바라문들이 두 소년을 따랐다. 그들이 운동을 하거나 여흥을 즐길 때 우빠띳사에게는 500대의 가마가, 꼴리따에게는 500대의 마차가 따라다녔다.

마침 왕사성(라자가하) 영취산 정상에서는 해마다 '산정축제山頂祝祭'가 열렸다. 축제장에는 두 청년을 위한 자리가 따로 마련되었으며,

축제가 열리는 날 행사를 보기 위해 자리를 함께했다. 웃을 때가 되면 웃었고, 흥미진진한 구경거리가 있으면 그들은 함께 흥분했다. 그리고 추가로 볼거리들을 위한 비용을 내었으며, 그렇게 이틀째 축제를 즐기고 있었다. 그러나 축제 사흘째, 기이한 생각들이 마음에 그림자를 드리웠고, 더 이상 함께 웃거나 흥분할 수 없었다. 자리에 앉아 연극과 춤을 보고 있는 동안 잠시 '죽음'이라는 망령이 마음속 시야에 나타났고, 스스로의 내면을 엿보고 나서는 축제를 즐길 수 없었다. 두 청년은 침통한 마음으로 스스로에게 물었다. "여기서 볼 만한 것이 무엇인가? 이 사람들은 모두 백 년이 되기 전에 죽게 될 것이다. 우리는 모두를 구원해 줄 가르침을 구하러 가야 하는 것 아닌가?"

그들은 축제 사흘째 되는 날 그러한 생각을 마음에 두고 앉아 있었다. 꼴리따는 친구가 수심에 잠겨 침울하게 있는 것을 보고 물었다. "무슨 일인가? 우빠띳사여! 오늘은 다른 날처럼 행복하지도 즐거워 보이지도 않네. 무슨 고민이 있는지, 어떤 생각을 하고 있는지 내게 말해 보게."

"꼴리따여, 나는 이 무의미한 볼거리들을 즐기는 것은 아무런 이득이 없다고 생각하네. 내 시간을 이런 축제에 낭비하는 대신 윤회에서 벗어날 수 있는 길을 찾아야 하네. 그런데 꼴리따여, 그대도 이 축제가 즐겁지만은 않아 보이네."

꼴리따는 이렇게 답했다. "내 생각도 그대와 꼭 같네." 친구가 자신의 생각과 같다는 것을 알고 우빠띳사는 말했다. "우리 생각이 옳은 것 같네. 그러나 구원의 가르침을 얻으려면 반드시 해야 하는 일이 있다네. 집을 떠나 고행을 하는 수행자가 되어야 한다네. 그런데 우리는 어떤 스승 밑에서 고행을 해야 하는가?"

당시 왕사성(라자가하)에는 많은 제자를 거느린 산자야[7]라는, 떠돌아다니며 수행하는 수행자(유행승遊行僧)[8]가 있었다. 우빠띳사와 꼴리따는 그의 문하에 출가하기를 결정하고, 그들을 따르는 각각 500명의 젊은 바라문 청년들과 함께 산자야 문하로 출가했다. 그들이 제자가 되자 산자야의 명성은 높아졌고, 후원도 크게 늘었다.

출가한 지 얼마 되지 않아 두 친구는 산자야의 모든 교리를 배웠다. 두 친구는 산자야를 찾아 물었다. "스승이시여, 스승께서 지금까지 가르쳐 주신 것이 전부입니까? 아니면 무엇인가 더 있습니까?"

산자야가 답했다. "그대들이 지금까지 배운 내용이 전부이다. 그대들은 내 가르침을 완벽하게 다 이해했다." 이 말을 듣고 그들은 속으로 생각했다. "만일 이것이 사실이라면, 산자야 스승 아래서 수행자의 삶을 이어 가는 것은 소용이 없다. 구원의 가르침을 구하기 위해 출가했지만, 그에게서는 찾을 수 없다. 인도는 광대하다. 우리가 마을과 마을, 도시를 찾아다닌다면 반드시 우리가 구하는 진리를 전해 줄 스승을 만나게 될 것이다." 그리고 그때부터 현명한 수행자나 바라문이 있다는 소식을 들을 때마다 그들을 찾아가 만나고 배웠다. 그러나 우빠띳사와 꼴리따를 향해 질문하는 사람들에게는 모든 것에 답해 줄 수 있었지만, 그 둘의 질문에 대답할 수 있는 사람은 없었다.

그렇게 인도 전역을 여행한 후 그들은 왕사성으로 돌아왔다. 거기서 그들은 누군가 먼저 '불사不死의 가르침'[9]을 만나게 되면 서로에게 알려 주기로 약속을 했다. 두 젊은이의 깊은 우정에서 비롯된 형제애의 약속이었다.

그들이 그 약속을 한 지 얼마 후 세존께서는 라자가하를 향해 출발하셨다. 부처님께서는 얼마 전에 깨달음을 이루신 이후 첫 번째 우기 안거를 마쳤다. 이제 천하를 다니며 법을 전할 때가 된 것이다. 깨달음을 이루기 전 빔비사라왕에게 목표를 달성한 후 라자가하로 돌아가겠다고 약속했었고, 이제 그 약속을 지키기 위해 길을 나섰던 것이다. 그래서 세존께서는 가야에서 출발해 법을 설하시면서 마침내 라자가하에 도착했다. 빔비사라왕은 '웰루와나(대나무 숲 사원, 죽림정사竹林精舍)'[10]를 지어 보시했고, 세존께서는 그곳에 머무셨다.

부처님께서 법을 널리 펴기 위해 처음 세상으로 보낸 예순한 명의 아라한 가운데 앗사지(아설시阿說示, 마승馬勝)[11]라는 장로가 있었다. 앗사지는 고따마 보살이 수행할 때 보살을 모시던 다섯 수행자였으며, 처음 법을 들은 다섯 제자 중 한 사람이었다. 어느 날 아침 앗사지가 라자가하에서 탁발을 하고 있을 때 우빠띳사는 그가 발우를 손에 들고 조용히 집집마다 찾아다니는 모습을 보았다.[12] 앗사지 존자의 위엄 있고 평온한 모습에 놀란 우빠띳사는 이렇게 생각했다. '나는 이런 수행자를 본 적이 없다. 거룩한 님(아라한)이나 거룩한 경지(아라한과)로 가는 분이 있다면, 저 분은 아라한이나 아라한으로 가는 길에 있는 이들 중 한 분임에 틀림없다. 저분에게 바른 길에 관해 여쭤 봐야 하는 것 아닌가?' 그러나 우빠띳사는 또 생각했다. '지금은 탁발을 하러 가는 수행자에게 질문을 할 때가 아니다. 나는 올바른 길을 구하고 있으니 지금은 조용히 저분을 따라가는 것이 옳을 것이다.' 그리고 조용히 뒤를 따랐다.

그런 다음 장로가 탁발을 마치고 조용히 공양할 곳을 찾자 우빠띳사는 자신이 앉기 위해 가져 온 자리를 펼쳐 장로에게 자리를 마련해 주었다. 앗사지 장로가 공양을 마치자 우빠띳사는 그의 제자처럼 공손하게 물병에 담은 물을 올렸다. 정중하게 인사를 드린 후 우빠띳사는 이렇게 말했다. "존자시여, 당신은 한없이 고요하고, 얼굴빛은 청정하고 밝습니다. 당신은 어떤 분에게서 가르침을 받고 있으신지요? 당신은 어느 분께 출가하셨습니까? 당신의 스승은 어느 분이시고, 어느 분의 가르침을 따르고 있습니까?"

아사지가 대답했다. "석가족의 아들, 위대한 수행자입니다. 저는 그분 세존께 출가했고, 그분이 펼치신 가르침을 따르고 있습니다."

"존자의 스승께서는 무엇을 가르치시며 무엇을 설하시는지요?" 우빠띳사가 묻자 앗사지는 생각에 잠겼다. '이렇게 방랑하는 사문들은 대부분 부처님 가르침을 거스른다. 부처님 가르침이 얼마나 심오한지를 이 청년에게 알려 주어야겠다.' 앗사지 존자는 이렇게 답했다. "벗이여, 나는 수행의 길에 들어선 지 얼마 되지 않았습니다. 출가한 지도 얼마 안 되었을 뿐만 아니라 스승님의 가르침과 계율을 만난 지도 얼마 되지 않았습니다. 부처님 가르침(법法)에 관해 자세하게 설명해 드릴 수가 없습니다."

이에 우빠띳사는 이렇게 말했다. "존자시여, 저는 우빠띳사라고 합니다. 많거나 적거나 법에 대해 설해 주십시오. 그 뜻을 알려 주십시오. 온갖 방편을 다하여 그 의미를 깨우치는 것은 저의 몫이 될 것입니다." 그리고 게송으로 덧붙여 간청했다.

말씀해 주실 것이 많건 적건
오직 그 의미만을 저에게 알려 주십시오
오직 바라는 것은 그 의미를 깨우치는 일
많은 말은 제게 필요하지 않습니다

이에 대해 장로 앗사지는 게송으로 답하였다.

원인이 있어 생겨나는 이 모든 것들에 대해
여래께선 그 원인을 일러 주셨나니
또 이 모든 것들이 멸한다는 것까지
대사문께서는 설하셨습니다.[13]

이 게송의 처음 두 구절을 듣고서 우빠띳사는 번뇌를 끊어 청정하고 때 묻지 않은 진리의 눈을 얻음으로써 열반에 이르는 첫 걸음인 예류도에 이르렀고, 뒤 두 구절을 듣고는 이미 예류과預流果를 이루었다.

우빠띳사는 곧바로 알아차렸다. '이제 해탈에 이르는 길을 찾았다!' 그리고는 장로에게 말했다. "존자시여, 진리에 대해 더 이상 자세히 설명해 주시지 않아도 됩니다. 이것으로 충분합니다. 그런데 위대한 스승께서는 어디에 계십니까?"

"지금 죽림정사에 계십니다."

"그러면 존자시여, 먼저 가십시오. 제게는 진리를 만나면 같이 나누기로 약속한 친구가 있습니다. 그 친구에게 알려 함께 위대한 스승님께 가겠습니다." 우빠띳사는 존자 발밑에 예경을 드리고 유랑 수행자들이 머물고 있는 숲으로 돌아갔다.

꼴리따는 가까이 오는 친구의 모습을 보자 곧바로 알아차렸다. '오늘 내 친구의 모습이 사뭇 달라 보인다. 틀림없이 해탈에 이르는 길을 찾았구나!'

꼴리따는 물었고 우빠띳사는 이렇게 대답했다.

"그렇다네, 친구여, 열반에 이르는 길을 찾았다네!" 그러고 나서 장로 앗사지를 만났던 일을 전부 이야기해 주고 자신이 들은 게송을 전해 주었다. 게송이 끝났을 때 꼴리따 역시 예류과를 성취했다. 그리고는 이렇게 물었다.

"벗이여, 위대한 스승께서는 어디 계신가?"

"지금 죽림정사에 머무신다고 나의 스승 앗사지 장로가 말씀하셨네."

"우빠띳사여, 그렇다면 죽림정사로 가서 위대한 스승을 만나 뵙도록 하세." 꼴리따가 말했다.

그러나 늘 스승을 존경하던 사리뿟따는 친구에게 이렇게 말했다.

"친구여, 우선 우리를 가르치시던 산자야 님께 불사不死의 길을 찾았다고 전해야 하네. 그분께서 이 사실을 받아들인다면 진리를 꿰뚫어 볼 수 있을 것이고, 그렇지 못하더라도 우리를 믿으니까 함께 위대한 스승을 뵈러 갈 것이네. 부처님 가르침을 들으면 그분도 도道와 과果를 성취할 수 있지 않겠는가."

그래서 두 친구는 산자야에게 가서 이렇게 말했다.

"스승이시여, 부처님께서 세상에 출현하셨습니다! 그분의 법은 잘 설해져 있으며 그분을 따르는 승가는 바른 도를 지키고 있으니 위대한 스승을 뵈러 저희와 함께 가시지요."

"그대들은 지금 무슨 소리를 하고 있는가?"라고 말하며 산자야는 그들과 함께 가기를 거절했다. 오히려 그 두 사람에게 자기 집단의 공동지도자가 되어 준다면 크나큰 이익과 명성을 얻게 될 것이라고 설득했다. 그러나 그들은 결심을 굽히지 않고 이렇게 말했다.

"저희는 영원히 제자의 자리에 머물게 되더라도 개의치 않습니다. 다만 스승께서는 함께 갈 것인지 아닌지를 결정하셔야 합니다."

그러자 산자야는 생각했다. '저들은 아는 것이 많으니 내가 뭐라고 말해도 듣지 않겠군.' 그리고는 이렇게 대답했다. "자네들은 가도 좋지만 나는 가지 않겠네."

"어찌하여 못 가십니까, 스승님."

"나는 많은 제자들의 스승이 아닌가. 내가 지금 다시 누군가의 제자로 들어간다면, 큰 물통이 조그만 물병으로 변하는 것이나 마찬가지라네. 이제 와서 누구의 제자로 살아갈 수는 없다네."

그들은 간청했다. "그렇게 생각하지 마십시오. 스승이시여!"

"그냥 내버려두게. 자네들은 가도 좋지만 나는 갈 수가 없네."

"스승이시여, 부처님께서 이 세상에 출현하셔서 많은 사람들이 그분에게로 구름처럼 모여들어 무리를 이루고 향과 꽃으로 예경을 드리고 있습니다. 우리도 그분에게 가야 합니다. 이제 어떻게 하려고 그러십니까."

이 말에 산자야는 다음과 같이 물었다.

"이 세상에 현명한 사람이 많은 것 같은가, 아니면 어리석은 사람이 많은 것 같은가?"

“어리석은 사람은 많지만 현명한 사람은 많지 않습니다.”

“그것이 사실이라면, 현명한 자들은 현명한 수행자 고따마에게 갈 것이고 어리석은 자들은 어리석은 나에게 올 테지. 자, 이제 자네들은 이만 가보게. 나는 가지 않겠네.”

두 친구는 이런 말을 남기고 떠났다. “스승이시여, 언젠가는 당신이 실수했음을 알게 될 것입니다.” 이들이 떠난 후 산자야의 제자들 사이에 분열이 일어나 그의 사원은 거의 텅 비어 버렸다. 텅 빈 사원을 둘러보던 산자야는 뜨거운 피를 토했다. 그의 제자들 중 500명이 우빠띳사와 꼴리따를 따라갔으나 그중에 이백오십 명은 산자야에게 되돌아갔다. 두 친구는 원래부터 자기들을 따르던 이백오십 명을 이끌고 죽림정사에 도착했다

그때 부처님께서는 사부대중에 둘러싸여 법을 설하고 계셨다. 두 사람이 들어오는 것을 보자 세존께서는 비구들에게 말씀하셨다.

“저기 오고 있는 우빠띳사와 꼴리따는 짝을 이루어 장차 나의 두 상수제자, 가장 뛰어난 제자들이 될 것이다.”

두 친구는 부처님 가까이 다가가서 지극한 예경을 드리고 한쪽에 앉았다. 자리를 잡은 후 이렇게 세존께 여쭈었다.

“세존이시여, 저희들을 거두시어 세존 문하에 출가하도록 허락해 주십시오. 저희들이 구족계를 받도록 허락해 주십시오!”

그러자 세존께서 말씀하셨다. “잘 왔다, 비구들이여. 가르침은 참으로 잘 설해졌다. 고苦를 멸하기 위해 청정한 삶을 영위하도록 하라!” 이 말씀만으로 부처님께서는 두 존자에게 구족계를 허락하셨다.

그러고 나서 부처님께서 듣는 이들의 근기를 고려하며 설법을 계속하셨다. 그 자리에서 우빠띳사와 꼴리따를 제외하고 모든 이들이 아라한과를 성취하였다. 하지만 두 친구는 그 자리에서 자신들의 도과道果를 더 높이지는 못했다. 상수제자로서 세존을 받들어야 할 두 사람의 타고난 숙명을 따르기 위해서는 더 오래 준비를 해야 했다.

두 친구가 부처님 승단에 들어간 이후부터 경전과 주석서에서는 우빠띳사를 사리뿟따로, 꼴리따를 마하목갈라나로 불렀다. 목갈라나 존자는 집중적인 수행을 위해 마가다국의 깔라왈라뿟따 마을에 가서 탁발하며 지냈다. 그가 구족계를 받은 지 7일째 되는 날, 맹렬히 정진하고 있던 중 피로와 혼침昏沈이 엄습했다. 그러나 부처님의 독려로 피로를 물리쳤다. 스승께서 설명해 주시는 '몸과 세상을 이루는 요소를 주제로 하는 명상 수행'에 관해 듣는 동안 예류과를 성취했다. 이어 점차적으로 보다 높은 깨달음(일래과 - 불환과 - 아라한과)을 성취함으로써 완벽한 상수제자의 자격을 갖추었다.

한편 사리뿟따 존자는 계속 스승 곁에 머물고 있었다. 스승의 처소 근처에 있는 멧돼지 동굴에서 수행하며 라자가하로 가서 탁발을 했다. 그가 구족계를 받은 지 보름이 지났을 때, 세존께서는 사리뿟따의 조카인 유행승 디가나카(장과長瓜)에게 설법을 해주셨다. 그때 사리뿟따는 부처님 뒤에 서서 부채질을 해드리고 있었다. 마치 남을 위해 마련한 음식을 나누어 먹듯이 스승의 법문을 주의 깊게 음미하며 귀를 기울이고 있었다. 사리뿟따는 마침내 부처님 제자가 얻을 수 있는 최고의 지혜에 도달하여 아라한과와 네 가지 걸림 없는 지혜(사무애해四無礙解)[14]를 한꺼번에 성취했다. 그리고 그의 조카 디가나카는 법문이 끝났을 때 예류과에 들었다.

더러는 이런 의문을 가질는지 모르겠다. "사리뿟따는 매우 지혜로운 분이 아니던가. 그렇다면 그런 그가 어찌 목갈라나보다 늦게 아라한과를 성취했을까?" 주석서에는 그만큼 준비할 것이 많았기 때문이라고 풀이하고 있다. 가난한 사람이 어디든 가려 한다면 당장에 길을 떠날 수 있다. 그러나 왕이 떠나려면 엄청난 준비를 해야 하기에 시간이 필요하다. 그와 같이 부처님의 상수제자가 되기 위해서도 많은 시간이 필요했던 것이다.

바로 그날 땅거미가 질 무렵, 부처님께서는 모든 제자를 불러 모아서 새로 입문한 두 장로에게 상수제자上首弟子의 지위를 내리셨다. 이에 대해 비구들 몇이 불만을 품고 이런 이야기를 나누었다. "스승께서는 상수제자의 자리를 먼저 출가한 제자들, 말하자면 오비구들이나 야사가 이끄는 쉰다섯 명의 비구들에게 주셨어야 했다. 그것도 아니라면 서른 명의 길상제자(吉祥弟子, 밧다와 함께 출가한 서른 명의 비구들) 무리에게, 아니면 가섭(깟사빠) 삼형제들에게 주셨어야 했다. 그런데 스승께서는 이 훌륭한 장로들을 다 제쳐놓고 가장 늦게 입문한 이들에게 상수제자 자리를 주셨다."

세존께서는 그들이 무슨 이야기를 하고 있는지 물으신 다음 이렇게 설명해 주셨다. "나는 어떤 제자도 편애하지 않고 각자 서원한 대로 성취하게 해준다. 예를 들어서 안냐 꼰단냐(아약교진여阿若憍陳如)는 본생에 한 번의 수확기 동안에 아홉 번이나 공양을 올렸는데, 그때 그는 상수제자가 되고자 서원하지 않았다. 그의 서원은 누구보다 먼저 아라한의 경지에 도달하는 것이었다. 안냐 꼰단냐는 그래서 가장 먼저 아라한을 성취했다. 그러나 사리뿟따와 목갈라나는 여러 겁 전에 아노마닷시 부처님(최상견불最上見佛) 시대에 상수제자가 되고자 원을 세웠다. 이제 그 서원이 성취될 조건이 무르익은 것이다. 그러니 나는 그들이 서원했던 바를 성취토록 한 것이지 그들을 편애해서 그렇게 한 것은 아니다."

본생부터 이어 온 서원

부처님께서 '사리뿟따와 목갈라나가 본생부터 상수제자가 되겠다는 서원을 세웠으며 여러 생에 걸쳐 정진해 왔다'고 말씀하신 것은 불교 사상의 근본 원리를 강조하신 것이다. 즉 현재 생에서 이룬 우리의 정체성과 공덕은 단순히 짧은 이번 생 동안 이루어진 것이 아니라, 과거의 수많은 환생을 통해 축적된 경험으로 만들어진 깊은 샘과 같은 것이다.

따라서 위대한 제자 사리뿟따 이야기는 전설처럼 이어 온 사건들과 함께 먼 과거에서부터 시작된다. 그 전설은 상상으로 만들어낸 허구가 아니다. 역사적 사실로 축소되기에는 너무 심오하고 보편적인 내용을 담고 있다. 실제로 있었던 사실들을 성스러운 이야기로, 성스러운 이야기를 영적인 이상을 향한 수행담으로 바꾸어 전해야 한다.

이 특별한 전설은 '헤아릴 수 없이 오랜 겁(아승기겁阿僧祇劫, 무량겁無量劫)'을 더한 십만 겁 전에 시작되었다.[15] 그 본생에서 미래의 사리뿟따 존자가 되는 '사라다'가 부유한 바라문 가문에서 태어났다. 동시에 미래의 목갈라나는 '시리왓다나'라는 이름으로 부유한 장자 가정에서 태어났다. 두 집안은 서로 가깝게 지냈고 소년들도 함께 놀며 가장 가까운 친구로 자랐다.

사라다는 아버지가 세상을 떠나고 막대한 재산을 상속받았다. 그러나 머지않아 죽음의 고독을 피할 수 없다는 생각이 들자, 모든 재산을 버리고 해탈의 길을 찾기로 결심했다. 사라다는 친구 시리왓다나에게 함께 구원의 길을 찾자고 권했다. 그러나 여전히 세상에 강하게 집착했던 시리왓다나는 거절했다. 사라다의 결심은 확고했다. 그는 모든 재산을 버리고 집을 나와 머리를 풀어 헤친 채 사문이 되어 고행을 하며 살았다. 곧 큰 어려움 없이 명상과 신통력을 성취했고, 그를 따르는 제자들도 생겼다. 그가 은거하던 처소에는 많은 고행자들이 모여들었고, 공동체를 이루었다.

이때 현세의 고따마 부처님으로부터 과거 열여덟 번째 부처님인 최상견 부처님께서 출현하셨다. 어느 날 최상견(아노마닷시) 부처님께서 명상에서 깨어 세상을 살펴보다 금욕주의 수행자였던 사라다와 제자들을 보셨다. 고행자들의 무리를 방문하면 많은 사람들에게 큰 이익이 될 것임을 아시고 승단을 떠나 홀로 사라다의 거처로 향했다. 사라다는 찾아온 분의 상호가 매우 특별하다는 사실과 완전히 깨달은 분이라는 것을 알았다. 겸손한 태도로 그의 자리를 내어드렸고, 제자들이 탁발해 온 공양을 올렸다.

그 사이에 니사바와 아노마라는 두 상수제자가 모든 번뇌를 끊은 십만 명의 아라한과 함께 찾아왔다. 수행자 사라다는 예경을 다해 꽃으로 장식된 커다란 양산으로 아노마닷시 부처님께 드리우는 햇빛을 가려드렸다. 아노마닷시 부처님께서는 선정에 들어 지각과 느낌과 모든 마음 작용을 완벽하게 끊어낸 상태인 멸진정滅盡定[16]에 드셨다. 부처님께서는 칠 일 동안 선정에 들어 머무셨고, 사라다는 일주일 내내 꽃 양산을 높이 들고 부처님 뒤에 서 있었다.

아노마닷시 부처님께서는 칠 일째 되는 날 선정에서 나오시어 두 상수제자에게, 고행자들을 위해 법을 설하겠다고 하셨다. 상수제자들이 말씀을 전했고, 부처님께서는 직접 법을 설하셨다. 설법이 끝났을 때 사라다가 이끄는 고행자들은 아라한과를 이루었다. 그리고 부처님 승단으로 출가할 것을 청해 승낙을 받았다. 그러나 사라다는 아라한은 물론이고 어떤 성취도 이루지 못했다. 사라다는 상수제자인 니사바의 강론을 들으며 그가 보여 준 위의에 감탄했고, 미래에는 부처님의 상수제자가 되어야겠다는 서원을 세웠다.

모든 일들이 끝나고 사라다는 아노마닷시 부처님께 다가가 무릎을 꿇고 고했다. "부처님이시여, 제가 일주일 동안 꽃 양산을 씌워 드리며 올린 공덕으로 저는 천신들을 다스리거나 대범천大梵天에 오르거나 또 다른 선한 과보 받기를 원하지 않습니다. 오직 미래에 완전히 깨달은 분의 상수제자가 되기를 원할 뿐입니다."

그리고 미래를 내다보고 그렇게 될 것을 아셨다. 사라다에게 이렇게 수기를 주셨다. "그대의 서원은 반드시 이루어질 것이다. 먼 훗날 1아승기겁과 10만 겁 세월이 흐른 뒤에 고따마 부처님이 세상에 출현하시고, 그대는 상수제자가 되어 '진리의 수호자', '사리뿟따'가 될 것이다."

아노마닷시 부처님께서 자리를 떠나신 후 사라다는 친구 시리왓다나에게 가서 '함께 고따마 부처님의 두 상수제자가 되자.'고 설득했다.

시리왓다나는 큰돈을 보시해 장엄한 탁발 장소를 건립했으며, 준비를 마치고 세존과 제자들을 모셨다. 시리왓다나는 일주일 동안 부처님과 제자들에게 공양을 올렸다. 축제와 같은 일주일 동안의 공양 행사가 끝나고, 모든 수행자들에게 값비싼 가사를 올렸으며, 그는 부처님께 다가가 말씀드렸다.

"저는 이 공덕으로 친구 사라다를 첫 번째 상수제자로 삼으실 고따마 부처님의 두 번째 상수제자가 되기를 서원합니다." 부처님께서는 미래를 내다보고 그 서원이 이루어질 것을 아시고, 시리왓다나에게 수기를 주셨다. 시리왓다나는 위대한 능력을 지닌 수행자로 고따마 부처님의 두 번째 상수제자가 될 것이며, 이름은 목갈라나가 될 것이라고 하셨다.

두 친구는 각각 수기를 받은 후 여러 가지 선한 공덕을 지었다. 재가신도였던 시리왓다나는 승가에 필요한 것이 무엇인지 살펴 공양을 올렸고, 여러 가지 자비를 실천했다. 세상을 떠나 시리왓다는 욕계천(欲界天, 감각 영역 하늘 세계)에 환생했다. 사라다는 거룩한 네 가지 마음가짐(사범주四梵住, 사무량심四無量心)[17]을 성취해 범천의 세계에 다시 태어났다.

사리뿟따의 본생

이 이후부터 그들의 삶에 관련된 이야기는 없다. 두 친구는 탄생과 죽음을 반복하며 윤회의 세계를 떠돌았다. 그들은 과거 24번째 부처님 세상에서 '최고의 깨달음을 이루겠다고 서원한 존재'와는 엇갈린 길을 갔음이 분명하다. 그분이 바로 우리 역사에서 깨달음을 이루신 고따마 부처님이 되실 '보디삿따(보살菩薩)'였다. 자타카에는 고따마 부처님께서 본생에 550여 번 보살로 수행한 행적이 등장한다. 고따마 부처님 본생에서 사리뿟따는 중요한 역할을 했는데, 부처님 제자들 가운데 아난다에 이어 가장 많이 등장한다. 대표적으로 몇 가지만 간추려 소개하고자 한다. 그런데 윤회를 하면서 어떤 존재로 환생하는지는 특별한 의미가 없다. 짐승(축생)에서 인간과 천계로, 천계에서 인간과 짐승으로 얼마든지 윤회를 반복할 수 있기 때문이다. 우리는 다양한 존재로 환생하는 본생의 삶을 통해, 사리뿟따와 보살의 관계가 때에 따라 다르다는 사실을 알 수 있다. 그처럼 매우 다양한 관계를 통해 연구 틀을 잡아갈 수 있었다.

보살과 사리뿟따는 여러 본생에서 동물로 환생했다. 보살은 어느 본생에서 두 아들을 둔 우두머리 수사슴이었다. 늙어서 아들들에게 두 무리의 사슴 떼를 이끌도록 했다. 아들 가운데 한 사슴(사리뿟따)은 아버지 사슴의 가르침대로 그 무리를 번창하게 이끌었다. 또 다른 아들 사슴은 부처님을 질투하는 사촌 데바닷따가 될 운명이었는데, 아버지 사슴의 가르침을 무시하고 무리를 재앙으로 몰아넣었다.[18]

보살은 현명한 토끼의 본생 이야기(316)에서 다시 한 번 스승으로 등장한다. 보살은 원숭이(사리뿟따), 자칼(목갈라나), 수달(아난다)에게 계율과 보시에 대해 가르친 현명한 토끼였다. 천신의 왕인 제석천왕帝釋天王은 굶주린 바라문으로 변장해 진리를 향한 토끼의 굳센 의지를 시험했다. 현명한 토끼는 배고픈 바라문을 위해 자신의 육신을 불구덩이에 던질 준비가 되어 있었다. 미래의 두 제자는 여러 차례 보살의 생명을 구해주는 결정적인 도움을 주기도 했다. 위대한 존재가 영양으로 있을 때 올무에 걸렸는데, 친구인 딱따구리(사리뿟따)와 거북이(목갈라나)가 그를 구하기도 했다. 사냥꾼(데바닷따)이 거북이를 잡았을 때는 사슴과 딱따구리가 거북이를 구해주었다(사슴 꾸룽가의 본생 이야기 206).

그러나 보살은 항상 운이 좋지만은 않아서 자타카에는 비극적인 존재로 살았던 삶도 등장한다. 현명한 자고새의 본생 이야기(438)에서는, 자고새였던 보살이 젊은 바라문들에게 베다(힌두교의 경전)를 가르쳤는데, 사악한 수행자(데바닷따)가 그를 잡아먹었다. 자고새의 친구였던 사자(사리뿟따)와 호랑이(목갈라나)가 찾아와 사악한 수행자 수염에 자고새 깃털이 묻어 있는 것을 보았다. 사자와 호랑이는 끔찍한 일이 일어났음을 알았고, 사자는 자비를 베풀려 했지만 호랑이가 사악한 수행자를 죽여 시체를 구덩이에 던져버렸다. 이 일로 두 제자의 기질이 매우 달랐음을 알 수 있다. 사리뿟따는 사자처럼 강하지만 온화하고 부드러웠다. 목갈라나는 깨달음을 얻은 수행자로서 현생에서는 악의가 없는 사람이었지만, 여전히 호랑이의 난폭함을 간직하고 있었다.

다른 자타카에서는 보살과 사리뿟따가 각각 동물과 사람으로서, 은혜를 베풀고 은혜를 받은 사람으로 역할이 바뀌기도 한다. 보살은 전투마였으며, 사리뿟따는 그를 탄 장수였는데, 사리뿟따가 보살을 도와주었다(훌륭한 말 보자의 본생 이야기 23). 사리뿟따가 베나레스의 왕이었을 때 보살은 왕을 모시는 뛰어난 흰 코끼리였다(어리석은 자의 본생 이야기 122). 보살이 자고새였을 때 사리뿟따는 지혜로운 수행자였으며, 보살의 스승이었다(비둘기 깃털에 얽힌 본생 이야기 277). 또 다른 생에서는 보살은 사람이고 사리뿟따는 동물이었다. 그때 보살은 홍수가 나자 사악한 왕자(데바닷따)와 뱀(사리뿟따), 쥐(목갈라나), 앵무새(아난다) 등 세 마리의 동물을 구해 준 은둔 수행자였다. 세 마리의 동물은 보물을 올리며 감사의 뜻을 전했지만, 사악한 왕자는 질투심으로 보살을 처형하려 했다(진실한 말에 얽힌 본생 이야기 73).

미래의 영적 영웅은 때로는 천신으로 환생하기도 했다. 보살이 한때 천신 삭까(제석천)였을 때, 사리뿟따는 달의 신 짠다, 목갈라나는 태양의 신 수리야였다. 그들은 여러 천신들과 함께 큰 부자였지만 구두쇠로 악명이 높은 빌랄리꼬시야를 찾아가 방편을 써서 자비를 베풀며 살아가도록 했다(인색한 부자 빌라리꼬시야 본생 이야기 450). 대부분의 본생에서 보살은 미래의 제자들을 돕지만, 때로는 사리뿟따가 보살을 돕기도 했다. 보살과 사리뿟따는 한때 반신半神인 용왕의 왕자로 태어났다. 보살은 잔인한 바라문에게 사로잡혀 사람들 앞에서 재주를 부리며 살아야 했다. 그때 형이었던 사리뿟따가 그를 찾아내 굴욕적인 운명에서 구출했다(용왕 부리닷따 본생 이야기 543).

한때 보살은 덕 높은 빠두마 왕자였다. 부왕이 그를 절벽에서 내던졌을 때 산신이었던 사리뿟따가 그를 구해 안전한 곳으로 인도하기도 했다(빠두마 왕자의 큰 본생 이야기 472). 자타카에서 보살과 사리뿟따는 대부분 인간의 몸으로 태어난다. 그때마다 보살은 영웅이었고, 덕과 지혜가 으뜸이었다. 사리뿟따는 친구, 제자, 아들 또는 형제로서 종종 보살의 은인 역할을 한다. 어떤 생에서 보살은 바라나시 국왕이었고 사리뿟따는 마부였다. 서로 경쟁 관계에 있었던 말리까 국왕(아난다)을 태운 마차와 길을 가다 마주쳤다. 그때 바라나시 국왕을 태운 마부(목갈라나)와 사리뿟따는 서로 자신의 왕이 얼마나 덕이 높은지 비교했다. 목갈라나는 자신이 모시는 왕보다 사리뿟따가 모시는 왕이 더 위대한 것을 알고 길을 내주었다. 사리뿟따의 왕은 선인과 악인 모두에게 자비를 베풀었고, 목갈라나의 주인은 선인에게는 상을 내렸지만 악인에게는 벌을 주었던 것이다(훈계에 얽힌 본생 이야기 151).

잘 알려진 인욕수행자 칸띠바딘 본생 이야기(313)에서 보살은 성스러운 "인욕의 가르침을 전하는 수행자"였다. 사악한 깔라부왕(데바닷따)은 그를 핍박하고 고문했다. 깔라부왕이 보살의 인내심을 시험하기 위해 팔다리를 잘랐을 때 왕의 장군(사리뿟따)은 보살의 상처를 치료하며 복수하지 말라고 애원한다.

아주 긴 본생 이야기에서 보살은 고행을 했고, 사리뿟따는 함께 수행을 했다. 그렇게 함께 수행하며 살았던 경험은 두 사람의 기질로 새겨졌고, 마음 깊숙이 뿌리내린 성품은 마지막 윤회에서 출가수행승의 삶을 살게 했다. 보살은 어느 때 왕실 바라문의 아들인 핫티빨라였다. 당시 왕에게는 아들이 없었는데, 핫티빨라가 왕위 계승자로 지명되었다. 핫티빨라는 이 상황이 매우 위험하다는 사실을 알았으며 금욕주의 수행자가 되기로 결정했다. 세 형제와 함께 수행을 하기로 했는데, 그때 맏형이 미래의 사리뿟따였다(핫티빨라 본생 이야기 509). 감각기관에 얽힌 본생 이야기(423)에서 보살은 일곱 명의 상수제자를 거느린 수행자였다. 그중 맏형인 사리뿟따를 포함한 여섯 명의 제자들은 자신들의 사원을 세우기 위해 보살을 떠났다. 그러나 보살의 시자였던 아누싯사(아난다)만 남았다. 이 본생 이야기는 마지막 윤회에서 부처님과 아난다의 관계를 미리 알려주고 있다.

보살이 출가 수행자가 되기로 결심할 때마다 사리뿟따가 찬성한 것은 아니었다. 보살이 왕위를 버리고 고행에 나서기로 했을 때 장남(사리뿟따)과 작은 아들(라훌라)이 결사적으로 반대했으며, 보살은 아들들에 대한 집착을 끊어내고 출가했다(수따소마왕의 작은 본생 이야기 525). 또 다른 생에서는 보살이 출가하기로 결심했는데 마음이 흔들렸다. 이 생에서 사리뿟따는 나라다(Narada)라는 수행자였다. 왕이었던 보살은 출가를 했는데, 왕비가 많은 사람을 이끌고 끝까지 따라왔다. 사리뿟따는 신통력을 발휘해 보살이 출가할 수 있도록 도왔다(마하자나까의 본생 이야기 539).

그렇게 고따마 부처님과 사리뿟따 두 성인은 업業의 바람에 휩쓸려 이 생에서 저 생으로, 이 세계에서 저 세계로 윤회를 거듭하며 옮겨 다녔다. 그러나 두 사람의 방랑은 맹목적인 세속의 삶과는 달랐다. 목적도 없고 방향도 없는 윤회가 아니었다. 그들의 윤회를 이끈 것은 헤아릴 수 없이 오랜 과거에 세웠던 서원이었다. 수없이 많은 생을 거치며 십바라밀十波羅蜜을 실천하고 공덕을 쌓았다. 두터운 우정과 신뢰를 바탕으로 아주 친밀한 관계가 되었으며, 그렇게 헤아릴 수 없이 오랜 세월 동안 열망해 왔던 서원을 실현할 때가 되었다. 그 결과 보살은 이천 오백여 년 전 중인도에서 사람과 하늘의 스승인 고따마 붓다로 마지막 환생을 했으며, 사리뿟따는 법을 수호하는 장수, 법의 대장군으로 태어났다.

사리뿟따, 그!

가장 뛰어난 상수제자 사리뿟따

대전기경大傳記經에서 부처님께서는 91겁 전의 부처님인 비바시毘婆尸 부처님 등 과거 일곱 분의 부처님에 관해 설하셨다. 부처님들의 명호와 태어난 시대, 계급과 가문, 수명, 제자들에 대해 상세하게 말씀하셨다. 또 과거 일곱 분의 부처님들께 속하는 두 명의 상수제자 이름도 설하셨다. 한 쌍의 상수제자에 대해서는 "가장 뛰어난 한 쌍의 제자, 가장 훌륭한 쌍"이라고 설명하셨다.

또 다른 빨리 경전(예를 들면 상윳따 니까야 47:14)[19]에서 세존께서는 과거 모든 부처님들께는 사리뿟따와 목갈라나 같은 한 쌍의 상수제자가 있었고, 미래에 오실 모든 부처님도 마찬가지라고 선언하셨다. 그 법문을 통해 우리는 '상수제자'라는 직책이 부처님 가르침에서 핵심적으로 중요한 자리를 차지하고 있음을 알 수 있다. 두 명의 비구를 상수제자로 임명한 것은 우리 시대 부처님이신 고따마 부처님께서 임의로 결정한 것이 아니다. 시대를 뛰어넘어 과거 모든 완전한 깨달음을 이룬 분들이 그렇게 하셨고, 미래 모든 부처님들이 따르게 되는 승가의 체계였다. 부처님께서 가르침을 펴신 시대에 상수제자들은 크게 세 가지 역할을 맡았다. 세존의 가르침이 보다 많은 인간과 천신, 중생의 영혼을 변화시키고 해탈에 이르도록 곁에서 돕는 것이 첫 번째 역할이다. 두 번째는 다른 제자들의 모범이 되어 수행을 이끄는 역할을 했다. 세 번째는 세존께서 안거에 들었거나 급한 일을 위해 홀로 길을 떠나셨을 때, 승가를 관리하는 책임을 맡았다.

상수제자를 임명한다고 해도 부처님께서는 승가에서 항상 최상의 권위를 갖는다. 상수제자의 임명이 "권위를 나누는 것"을 뜻하지는 않았다. 세존께서는 유일한 가르침의 원천이자 길을 일러주시는 분이며, "사람들을 길들이는 위없는 마부(무상사無上士, 조어장부調御丈夫)"이시다. 그러나 왕이 신하에게 국정의 각 분야를 맡겨 나라를 이끄는 것처럼, 법왕法王이신 부처님께서는 각각의 분야에서 가장 뛰어난 제자들에게 책임을 맡기셨다. 당연히 제일 어려운 과제는 가장 효과적으로 해결할 수 있는 통찰력과 능력을 갖춘 두 명의 상수제자가 해결해야 했다. 따라서 상수제자들은 특권과 영예를 갖는 것이 아니라 교단의 여러 분야에서 무거운 책임을 지는 것이다. 그들은 부처님의 자비의 짐을 나누어졌다. 또한 부처님과 가장 가까이에 있으면서 법이 "잘 유지되고 번창하고 널리 퍼지고 많은 사람들이 따르고, 부처님 가르침이 하늘과 인간 사이에 널리 잘 전해질 수 있도록 돕는 것"이 상수제자의 역할이었다(대반열반경大般涅槃經, 디가니까야 16, 탑묘경塔墓經, 상윳따니까야 51:10).

부처님께서는 항상 상수제자를 두 명으로 세우셨다. 상수제자가 갖춘 근기가 책임져야 하는 역할을 감당해 낼 수 있어야 했기 때문이었다. 부처님께서는 모든 바라밀을 원만하고 완벽하게 갖추신 분이고, 모든 면에서 가장 완벽한 성스러운 분(정변지正遍知)이시다. 그러나 거기에 이르지 못한 사람은 비록 깨달음을 이뤄 아라한과를 얻었다고 해도 성품과 재능이 다르므로 맡아서 해야 할 일들도 다르다. 따라서 부처님께서는 중요한 일들을 맡겨 처리하기 위해 항상 두 명의 상수제자를 두셨다. 한 명은 오른쪽에 한 명은 왼쪽에 자리하게 된다. 오른쪽에 있는 제자는 위대한 지혜(대지혜大智慧)를 갖춘, 지혜제일 제자로 부처님과 가장 가까운 제자였다. 고따마 부처님께는 사리뿟따 존자가 있었다.

부처님께서 가르침을 펼치신 시대에 사리뿟따의 특별한 임무는 가르침을 체계화하고, 그 내용을 자세히 분석하는 것이었다. 궁극적인 진리에 대한 깊은 통찰력과 법계法界에 대한 예리한 분석과 판단 능력을 지녀야 했다. 부처님께서 설하신 가르침이 품고 있는 미묘한 의미를 이끌어 내고, 그 의미에 대해 상세하게 설명해 주는 역할이 그의 책임이었다. 그런 역할까지 부처님께서 몸소 하실 일은 아니었다.

부처님의 왼편에 서 있는 다른 상수제자는 영적인 능력인 신통력神通力을 자유자재로 발휘할 수 있었다. 고따마 부처님 승가에서 이 직위는 마하목갈라나 존자가 맡았다. 신통력은 남을 지배하거나 자기 권위를 높이는 수단이 아니라, 무아無我를 완벽하게 깨달았을 때 발휘할 수 있는 힘이다. 마음과 물질의 관계를 미묘하게 지배하고 있는 근원적인 힘에 대한 깊은 명상, 삼매(三昧, 선정禪定)에 통달했을 때 성취하는 지혜이다. 부처님 가르침, 즉 법이 궁극적 목표로 하는 이상은 자비이다. 신통력은 부처님 가르침이 이 세계에 널리 퍼질 수 있도록 장애물을 제거한다. 또 말만으로는 제도할 수 없는 존재들을 변화시키는 데 사용하는 힘이다.

사리뿟따 존자가 상수제자로서 해야 하는 첫 번째 중요한 임무, 법을 체계화하는 일에 대해서는 다음 장 “법의 수레바퀴를 굴리는 사람"에서 살펴볼 것이다. 여기서 우리는 사리뿟따와 목갈라나가 상수제자로서 함께 성취한 일들을 살펴볼 것이다. 그들이 어떻게 수행자들에게 모범이 되고 교사의 역할을 했는지, 또 승가 운영을 책임지고 부처님을 보좌했는지에 대해서도 알아볼 것이다.

부처님께서는 제자들에게 두 상수제자를 모범으로 삼아 따라야 한다고 하셨다. "비구들이여, 믿음이 있는 수행승이라면 '나도 사리뿟따와 목갈라나처럼 되기를!' 이렇게 바라는 마음으로 발원해야 한다. 사리뿟따와 목갈라나는 내 비구 제자들의 모범이고 표준이다(발원경發願經, 앙굿따라니까야 2:12:1)."

사리뿟따와 목갈라나는 수행을 하는 제자들이 반드시 갖추어야 할 계戒, 정定, 혜慧 삼학三學에 정통했다. 여기에 두 상수제자는 부처님 가르침을 분석하고 언어로 전달할 수 있는 능력을 지니고 있었기 때문에 젊은 수행승들을 이끌고 지도하는 이상적인 교사가 되었다. 두 상수제자가 부처님 가르침을 잘 분석해서 전하는지, 서로 어떤 역할을 나누어 했는지에 대해 부처님께서는 삿짜위방가 숫따(진리분석경, 분별성제경分別聖諦經, 맛지마니까야 141)에서 이렇게 설하셨다.

"비구들이여, 사리뿟따와 목갈라나를 본받고 그들과 함께 나아가라.
이 두 비구는 현명한 비구이며,
청정한 삶을 살며 수행하는 비구들을 도와주는 이들이다.
비구들이여, 이를테면 사리뿟따는 낳아준 친어머니와 같고 목갈라나는 길러준 유모와 같다.
비구들이여, 사리뿟따는 예류과로 인도하고
목갈라나는 최상의 진리로 인도한다."

맛지마니까야 주석서는 이 구절을 이렇게 설명하고 있다. "사리뿟따는 수행을 위해 출가한 제자들 모두에게 물질적으로도 도움을 주었고, 진리로 향해 나아갈 수 있도록 도와주었다. 그들이 아프면 돌보아주었으며, 명상 수행을 가르쳤다. 그들이 예류과에 도달해 더 낮은 단계로 떨어지지 않을 것을 알게 되면 그들 스스로 더 높은 단계로 나아가는 수행을 할 수 있도록 이끌어주었다. 제자들은 그렇게 해서 더 높고 성스러운 깨달음을 향해 나아갈 수 있게 되었다."

사리뿟따는 이제 제자들의 미래를 염려하지 않았으며, 새로운 제자들을 가르치고 이끌었다. 그러나 목갈라나는 제자들이 아라한에 이를 때까지 그들을 돌보고 가르침을 멈추지 않았다. 그가 그렇게 한 것은 부처님께서 "비구들이여, 아무리 작은 배설물이라고 해도 역한 냄새가 난다. 이와 같이 번뇌나 집착이 티끌만큼이라도 남아 있다면 나는 칭찬할 수 없다."고 설하신 것에 철저하게 공감했기 때문이다.

사리뿟따는 제자들을 가르치면서 예류과에 도달할 때까지 수백 번 수천 번 훈계하고 이끌 만큼 무한한 인내심을 발휘했다고 전한다. 제자가 예류과에 도달한 후에야 그를 보내고 다른 제자들을 가르쳤다. 사리뿟따의 가르침을 받아 아라한과를 성취한 제자들은 아주 많았다. 그러나 맛지마니까야 주석서는 '사리뿟따가 대부분의 제자들을 오직 예류과에 도달할 때까지만 이끌었지만, 어떤 제자들은 더 높은 단계에 이르도록 도왔다.'고도 한다. 자설경(自說經, 우다나, 우러나온 말씀) 주석서에는 "예류과에 도달한 비구는 더 높은 단계인 일래과와 불환과, 아라한과를 성취하기 위한 수행을 하면서 사리뿟따 존자의 도움을 받았다."고 설명한 내용도 있다. 라꾼따까 밧디야 장로[20]가 예류과를 넘어 아라한에 도달할 수 있었던 것은 사리뿟따의 존자의 가르침 덕분이었다.

사리뿟따와 마하목갈라나는 상수제자로서 세존의 직접적인 지도 아래 승가 관리를 함께 했고, 세존께서 안 계시면 세존을 대신해 운영했다. 짜뚜마 마을에서 설하신 경(맛지마니까야 67)은 부처님께서 자신의 책임을 바르게 알지 못하던 사리뿟따 존자를 책망하심으로써, 상수제자들이 어떤 역할을 해야 하는지 강조하신 일이 있었음을 전하고 있다. 어느 때 사리뿟따와 목갈라나가 구족계를 준 많은 수행승들이 처음으로 부처님을 친견하기 위해 찾아왔다. 그때 세존께서는 짜뚜마 마을(싸끼야족이 살던 마을) 아말라끼 숲에 머물고 계셨다. 새로 도착한 비구들은 이미 그곳에 머물고 있던 비구들과 큰 소리로 떠들며 잠자리를 준비하는 등 시끄럽게 했다. 부처님께서는 소란을 들으시고 기존에 있던 비구들을 불러 무슨 일이냐고 물으셨고, 새로 온 비구들이 소란을 일으켰음을 알게 되셨다. 세존께서는 새로운 비구들에게 이렇게 말씀하셨다. "물러가거라, 비구들이여, 그대들은 나와 함께 있을 수 없다."

새로 출가한 수행승들은 그 자리에서 물러날 수밖에 없었다. 그런데 마을에 살던 싸끼야족 재가신도들이 중재를 해서 다시 돌아올 수 있었다. 부처님께서는 사리뿟따에게 말씀하셨다. "사리뿟따여, 내가 그 비구들을 보냈을 때 무슨 생각을 하였느냐?"

사리뿟따가 대답했다. "세존께서 비구 무리들을 내치시는구나. '세존께서는 이제 고요하게 지금 여기에서 안온하게 지내시려고 하신다. 우리도 이제 고요하게 지금 여기에서 안온하게 지내야겠다.' 이렇게 생각하였습니다."

"그만해라, 사리뿟따여! 다시는 그런 생각을 하지 않도록 하라!" 부처님께서 말씀하셨다. 그런 다음 목갈라나에게 같은 질문을 하셨다. 목갈라나 존자가 아뢰었다. "세존께서 그 비구 무리들을 보내셨을 때 '세존께서는 이제 고요하게 지금 여기에서 안온하게 머무실 것이다. 나와 사리뿟따 존자가 비구 승가를 돌보아야겠다.' 이렇게 생각하였습니다."

"잘 말하였다, 목갈라나여, 잘 말하였다!" 스승이 말씀하셨다. "내가 비구 승가를 돌보아야 하고, 내가 아니라면 사리뿟따와 목갈라나가 그렇게 해야 한다."

처음 승가의 계율을 제정해 달라고 청했던 제자도 사리뿟따 존자였다. 사리뿟따는 어느 때 부처님께, 왜 과거 어떤 부처님의 청정한 삶은 오래가지 않았으며, 어떤 부처님의 청정한 삶은 오래 유지될 수 있었는지에 대해 여쭈었다. 부처님께서는 '널리 법을 설하지 않고, 학습계목과 의무계목(바라제목차婆羅提木叉)을 제정해 낭송하도록 하지 않은 부처님 가르침은 오래가지 못했다.'고 답하셨다. 반면에 '법을 널리 설하고 바라제목차를 제정하여 낭송하도록 한 부처님 가르침은 오래 유지되었다.'고 하셨다. 사리뿟따는 자리에서 일어나 예경을 드리고, "이제 세존께서 법을 선포하시고 계율을 제정하시고 바라제목차를 내려 주시어 법이 영원히 지속될 수 있도록 하실 때입니다."

그러나 부처님께서는 이렇게 답하셨다. "기다려라, 사리뿟따여, 기다려라. 여래는 그렇게 해야 할 적절한 때를 안다. 어떤 번뇌를 일으키는 조건들이 참모임(승가) 안에 나타날 때까지 스승은 제자들에게 학습계율을 시설하지 않고 의무계율을 부과하지 않는다(승단추방죄법, 비나야 삐따까 3:9-10)."

사리뿟따는 부처님 가르침이 오래 지속되지 못할까 염려했지만 부처님께서는 절대적으로 필요할 때까지 계율을 제정하고 싶지 않으셨던 것이다. 부처님께서는 당시 승가의 수행승들은 아무리 단계가 낮다고 해도 예류과에 이르러 번뇌를 일으키지 않았기 때문에(사리뿟따는 이 사실을 알지 못했을 것이다) 아직은 계율을 제정할 필요가 없다고 설명하셨다.

부처님께서는 대체로 긴급한 상황이 생겼을 때마다 두 상수제자들에게 일처리를 맡기셨다. 그러한 경우 중 하나가 부처님 사촌이며 야망이 컸던 데바닷따가 승단에 분열을 일으켜 젊은 제자들을 이끌고 승단을 떠났을 때였다. 부처님께서는 사리뿟따와 목갈라나에게 그 일을 해결하도록 하셨다. 데바닷따는 자신이 따로 계율을 정해 승가를 운영하겠다고 선언했다. 승가를 분열시킨 후 자신을 추종하는 500명의 젊은 수행승들과 함께 영취산으로 갔다. 부처님께서는 사리뿟따와 목갈라나를 영취산으로 보내 다시 데려오도록 하셨다. 데바닷따는 두 장로가 오는 것을 보고 그들이 부처님을 등지고 자신에게 합류할 것이라고 생각했다. 따뜻하게 맞이한 후 마치 그들이 이제 자신의 중요한 제자가 된 것처럼 대했다. 저녁에 데바닷따가 홀로 쉬고 있을 때, 두 장로는 비구들에게 법을 설함으로써 예류도에 이르게 하고 세존께 돌아가도록 설득했다(데바닷따와 승가의 분열, 비나야삐따까 2:199-200).

사리불과 대목건련은 또 한때 끼따기리에 살던 앗사지(사리불에게 처음 진리를 전해 출가하게 한 스승 앗사지 장로와는 다른 비구)와 뿌납바수 비구가 이끌던 여섯 무리 비구(육군비구六群比丘)들이 계목을 위반했을 때도 일을 처리했다. 그들은 저녁에 먹고, 마을의 어린 소녀들과 함께 노래하고 춤을 추며, 승단의 위엄을 훼손하면서 평신도들과 어울렸다. 거듭된 훈계에도 불구하고 이들은 고치지 않았다. 두 상수 제자는 징계를 따르기를 거부하는 그들을 끼따기리 마을에서 쫓아내는 한시적인 퇴출 조치(승단에서 추방하는 징계, 구출갈마驅出羯磨)를 행하기 위해 끼따기리로 파견되었다.

사리뿟따와 목갈라나 존자는 끼따기리 마을로 가 세 차례 승가회의를 열고, 그들이 끼따기리 마을에 살아서는 안 된다는 판결을 내렸다(앗사지와 뿌납바수를 따르는 자들의 비행, 비나야삐따까 2:11-12, 가정을 오염시키는 것에 대한 학습계율, 비나야삐따까 3:182-183).

도움을 주는 사람, 사리뿟따

사리뿟따는 비구들 중에서도 도반들을 돕는 데 탁월한 제자였다. 부처님께서는 천비경(天臂經, 상윳따니까야 22:2)에서 위대한 제자에 대해 이렇게 설하셨다. "비구들이여, 사리뿟따는 현명한 이로서, 청정한 수행을 하는 비구들을 도와주는 이다." 주석서에서는 사리뿟따가 '다른 비구들을 돕는다'는 의미에 대해 이렇게 설명하고 있다. "사리뿟따가 제자들을 돕는다는 것은 '물질적으로 호의를 베푸는 것'과, '정신적으로 도움을 주는 것(법으로 호의를 베풀어 깨달음에 이르도록 돕는 것)'을 가리킨다."

주석서는 사리뿟따가 물질적인 호의를 다른 비구들에게 어떻게 베풀었는지에 대해 상세하게 해설해 놓았다. 그는 다른 비구들처럼 이른 아침 시간에 탁발을 나서지 않았다. 다른 비구들이 모두 탁발을 나갔을 때 사원 전체를 다니며 더러워진 곳이 있으면 모두 청소했다. 쓰레기를 다 치웠으며, 침대, 의자, 그릇이 어지럽게 널려 있으면 정리했다. 부처님 가르침을 따르지 않는 외도外道 수행자들이 왔을 때 사원이 더럽다고 비구들을 흉보지 않도록 최선을 다했다.

청소를 마치면 병실을 찾아 아픈 이들을 위로하고, 필요한 것이 없는지 살폈다. 사미(沙彌, 신참 수행승)를 데리고 다니며 환자들을 돌보았고 약을 구하러 다녔다. 약을 구하면 사미에게 건네주며 이렇게 말해 주었다. "환자들을 돌보는 일은 세존께서도 칭찬하시는 일이다. 선한 이들이여, 가서 환자들을 돌봐 주거라." 사미들을 병실로 돌려보낸 후에야 탁발을 하거나, 초대한 신도들 집으로 가 공양을 하고 사원으로 돌아왔다.

사리뿟따는 사원에 머물 때면 늘 이런 생활을 유지했다. 세존과 길을 나섰을 때는, 상수제자라고 해서 신발을 갖춰 신지 않았으며, 해를 가리는 우산을 들지도 않았으며, 앞장서 걷지도 않았다. 어린 사미들에게 자신의 발우와 가사를 맡겨 먼저 길을 떠나게 했으며, 자신은 늙거나 아주 어리거나 몸이 좋지 않은 사람들을 돌보고 상처에 연고를 발라 주었다. 그런 다음 몸이 불편한 이들과 함께 길을 나섰다.

어느 때 사리뿟따는 다른 이들을 돌보다가 다른 수행승들이 먼저 도착해 쉬고 있는 곳에 뒤늦게 도착했다. 적당한 숙소를 얻지 못하고 가사를 덮어 겨우 이슬을 피하며 밤을 지새우게 되었다. 세존께서는 다음날 제자들을 모아 놓고, 연장자를 공경하는 일이 어떤 덕성을 지니고 있는지 본생 이야기를 들려주셨다.

옛날 히말라야 산기슭에 세 친구, 곧 코끼리와 원숭이, 자고새가 서로 존중하지도 않고 예의 없이 지냈다. 그러다 세 친구는 서로 존중하고 예의를 지키며 살면 어떨까 하고 이야기를 나누었다. 세 친구는 가장 연장자인 자고새를 따르기로 결정했고, 예의를 지키며 살았다(자고새 본생 이야기 37). 세존께서는 이어 "수행승들이여, 법랍의 순서(출가한 순서)에 따라 인사, 환영, 합장, 경배, 최상의 자리, 최상의 물, 최상의 탁발식을 받는 것을 허용한다(최상의 자리와 최상의 물과 최상의 탁발식, 비나야삐따까 2:160-162)."

사리뿟따는 도반들에게 물질로 호의를 베풀었을 뿐만 아니라 법으로 호의를 베풀어 정신적으로 도움을 주기도 했다. 어느 때 사미띠굿따 비구가 나병으로 고생하고 있을 때 사리뿟따는 그를 찾아가 이렇게 말했다. "도반이여, 오온五蘊이 지속되는 한 모든 감각은 고통에 머문다. 오온이 존재하지 않을 때 더 이상의 괴로움도 없다."[21] 이와 같이 사리뿟따는 감각(느낌)을 선정 수행의 화두로 삼아 바르게 보라고 조언한 후에 떠났다. 사미띠굿따 비구는 장로의 조언을 따라 지혜를 이루었고, 아라한과를 성취했으며 육신통六神通을 깨달았다(테라가타 81).[22]

부처님의 가장 위대한 후원자 급고독 장자(아나타삔디까)가 아팠을 때 사리뿟따 장로가 법을 설해 줌으로써 병을 낫게 해 준 내용이 급고독장자경(아나타삔디까 경, 상윳따니까야 55:26)에 전한다. 사리뿟따는 심한 고통에 시달리고 있는 위대한 재가신도 아나타삔디까를 찾았다. 그에게 몸이 무너져 죽은 뒤에 지옥 등 비참한 곳으로 떨어질 만한 나쁜 자질이 없다고 상기시켜 주었다. 또 예류도를 성취하기 위한 네 가지 요소[23]를 지니고 있으며, 삼보와 성스러운 계율에 대해 변함없고 청정한 믿음을 지니고 있음을 일깨워 주었다. 또한 아나타삔디까가 성스러운 팔정도를 분명하게 자각하고 실천하고 있어, 확실하게 진리와 깨달음, 해탈의 결실을 맺을 것이라고 일러 주었다. 아나타삔디까는 고통이 가라앉았고 바로 그 자리에서 회복되었다. 감사의 표시로 사리뿟따에게 공양을 올렸다.

사리뿟따가 가르침을 충분하게 전하지 않은 일이 있어, 부처님께서 가볍게 책망하신 일도 있었다. 다난자니(타연陀然) 바라문이 임종을 앞두고 있을 때 사리뿟따 존자가 그를 방문했다. 장로는 바라문이 범천에 집착하고 있음을 알고 다난자니에게 범천의 네 가지 거룩한 마음가짐(사무량심四無量心, 자비희사慈悲喜捨)에 대해서만 설해 주었다. 깨달음에 이르는 지혜의 길을 가르치지 않고 설법을 마쳤다(범지타연경梵志陀然經, 맛지마니까야 97).

사리뿟따 존자가 다난자니 바라문에게 법을 설한 후 돌아왔을 때 부처님께서 그에게 물으셨다. "사리뿟따여, 어찌하여 할 일이 더 있는데도 바라문 다난자니의 생각을 낮은 하늘 세계(범천)에 머무르게 한 채 자리에서 일어나 떠났는가?" 사리뿟따가 대답했다. "저는 생각했습니다. 바라문 다난자니는 브라흐마 세계(범천계)를 믿고 있었습니다. 저는 바라문 다난자니에게 '하늘 세계 동료들에게 가는 길을 가르쳐주면 어떨까?'라고 생각했습니다."

"사리뿟따여, 바라문 다난자니는 죽었다." 부처님이 말씀하셨다. "그리고 그는 범천계에 다시 태어났다."

이 이야기는 윤회를 끝낼 수 있었던 사람이 그보다 더 낮은 범천계에 환생하는 것이 바람직하지 않다는 것을 알려주는 흥미로운 내용이다. 예를 들면 부처님께서도 세 가지 밝은 지혜 경(삼명경三明經, 디가니까야 13)에서 범천계로 가는 길에 대해서만 설하기도 하셨지만, 다난자니 바라문의 경우에는 더 높은 가르침을 받아도 된다고 보셨을 것이다. 사람의 근기를 꿰뚫어 보시는 부처님의 특별한 지혜를 다 갖추지 못한 사리뿟따는 이 사실을 모르고 있었다. 결과적으로 다난자니는 궁극적인 목표에 도달하기 위해 범천계에서 오랜 시간을 보내고, 다시 인간으로 환생해야 했다.

어느 때 찬나 장로가 병들어 크게 아팠다. 사리뿟따 존자는 마하쭌다 장로와 함께 병문안을 갔다. 병든 장로의 고통을 본 사리뿟따는 그에게 필요한 약과 음식을 구해 주려 했다. 그러나 찬나 장로는 생을 끝내기로 결정했다고 말했다. 그들은 그런 생각을 버리라고 설득했지만 소용이 없었다. 사리뿟따와 마하쭌다 장로가 떠난 후 장로 찬나는 칼을 사용해 스스로 세상을 등졌다. 나중에 부처님께서는 장로 찬나에게 허물이 없다고 하셨다. 장로는 죽어서 아라한과를 얻었고 궁극의 열반에 들었기 때문이었다. 이 이야기는 찬나를 위해 설하신 경(맛지마니까야 144)과 찬나 경(상윳따니까야 35:87)에서 찾아볼 수 있다.

아나타삔디까(급고독 장자)가 임종을 앞두고 사리뿟따 존자에게

"자비심을 내어" 찾아와 줄 것을 청했다. 사리뿟따는 즉시 아난다와 함께 아나타삔디까에게 병문안을 갔다. 사리뿟따는 그에게 안의 감각 영역(육근六根), 밖의 감각 영역(육경六境), 여섯 감각 의식(육식六識), 여섯 감각 접촉(육촉六觸), 여섯 감각 느낌(육감六感), 여섯 세계(육계六界: 땅, 물, 불, 바람, 공간, 의식 세계), 오온五蘊 등에 얽매이지 말아야 한다고 설해 주었다. 간략하게 정리하면 보고, 듣고, 느끼고, 생각하는 모든 것에 대한 집착을 버려야 한다고 강조했다. 아나타삔디까는 이 심오한 법문에 감동하여 눈물을 흘리며, 이전에는 이런 가르침을 들어본 적이 없다고 말했다.

얼마 지나지 않아 아나타삔디까는 세상을 떠나 도솔천에 다시 태어났다. 어느 날 밤, 세상 사람들이 잠든 사이에 천신이 된 아나타삔디까가 제따와나 사원으로 찾아와 세존께 예경을 드리고 한쪽으로 물러섰다. 아나타삔디까는 상수제자를 찬탄하는 게송을 읊었다.

사리뿟따는 지혜와 계행
고요함(선정)을 두루 원만하게 갖추었나니
저 언덕에 도달한 비구가 있다면
잘해야 그분과 동등할 정도입니다[24]

다음날 부처님께서는 무슨 일이 일어났는지 제자들에게 말씀해 주셨지만 누가 찾아왔었는지는 밝히지 않았다. 그러자 아난다가 스승에게 아뢰었다. "그 젊은 천신은 분명히 아나타삔디까였을 것입니다. 장자는 사리뿟따 존자를 믿고 따랐습니다." 부처님께서는 아난다의 짐작이 옳았다는 것을 확인해 주셨다.

사리뿟따 존자는 이런 방식으로 깨달음에 이르도록 주변 사람들을 도왔다. 위대한 지도자이자 탁월한 영적 조언자였던 그는 다른 사람들을 이끄는 역할을 해 냈다. 동시에 인간의 마음에 대해 정확하고 바르게 이해했을 뿐만 아니라, 따뜻한 자비심도 지니고 있었다. 그의 가르침을 받은 사람들에게 큰 힘이 되어 주었다.

사리뿟따는 그가 책임지던 수행승들에게 육체적·정신적 도움을 주었다. 친절한 가르침으로 그들을 이끌었으며 열심히 정진하는 이들에게는 격려하고 성원해 주었다. 사리뿟따는 완벽한 친구였으며 완벽한 스승이었다. 큰 일이든 작은 일이든 항상 사람들을 도울 준비가 되어 있었다. 스스로 청정하고 원만하게 계행을 갖추고 있어 다른 사람들이 덕성을 갖추고 있는지 바로 알아 볼 수도 있었다. 다른 사람의 내면에 잠재해 있는 덕성을 계발하도록 이끄는 데도 탁월했다. 그 덕성이 꽃을 피우면 가장 먼저 알아보고 칭찬을 아끼지 않았다. 그는 냉철하게 완벽함을 추구한 사람이 아니었다. 누구보다 섬세하고 사랑스러운 자질을 지녔으며, 깨달음에 이르도록 열정적으로 이끌어 준 스승이었다.

분노를 완전히 끊어 낸 성스러운 분, 사리뿟따

법구경 주석서 게송 389~390에는 상수제자가 지닌 위대한 품성, 관대함과 인욕을 보여주는 이야기가 있다. 세존께서 머물고 계시던 제따와나 사원(기수급고독원) 근처에서 여러 사람들이 모여 사리뿟따의 고귀한 덕을 칭송하고 있었다. "우리 거룩한 장로님은 놀라운 인내심을 가지고 있어서 사람들이 욕하고 때려도 화를 내지 않습니다."

"절대 화를 내지 않는다는 그 사람은 누구입니까?" 그릇된 견해를 가진 바라문이 질문했다. 다른 사람들이 그를 차갑게 노려보며, "우리의 장로이신 사리뿟따 존자님입니다."라고 말했다. 그러자 바라문은 자신이 사리뿟따 존자를 화나게 해 보겠다고 말했다. 사람들은 "할 수 있다면 해 보시오!"라고 했다. 바라문은 이렇게 말했다. "내가 그를 화나게 해 보겠소. 나는 어떻게 하면 화나게 할 수 있는지 알고 있소."

사리뿟따 존자가 탁발을 하러 성에 들어왔을 때 바라문은 뒤에서 다가와 등을 주먹으로 세게 때렸다. 사리뿟따 존자는 "무슨 일이지?"라며, 뒤를 돌아보지도 않고 그대로 길을 갔다.

양심에 가책을 느낀 바라문은 장로의 발 앞에 엎드려 용서를 구했다. 사리뿟따 존자는 "왜 그러십니까?"라며, 부드럽게 물었다. 바라문은 참회하며 답했다. "당신의 인내심을 시험하기 위해 제가 당신의 등을 때렸습니다." "잘 알겠습니다. 그대를 용서하겠습니다."

그때 바라문이 "존자시여, 저를 용서하신다면, 저희 집에서 공양을 하시지요."라고 초대했다. 장로가 말없이 동의하자, 바라문은 사리뿟따의 발우를 받아들고 집으로 모시고 가서 공양을 올렸다.

바라문이 사리뿟따 존자를 때리는 모습을 본 사람들은 분노했다. 몽둥이와 돌멩이를 들고 바라문 집으로 가 그를 죽이려고 했다. 그들은 발우를 들고 앞장 선 바라문과 함께 사리뿟따 존자가 오는 것을 보고 소리쳤다. "존자시여, 발우를 돌려받으시고 바라문을 돌려보내십시오!"

"무슨 일입니까?" 장로가 물었다. 그들은 답했다.

"저 바라문은 존자님을 때렸습니다. 저희들이 응분의 대가를 치르게 해 교훈을 줄 것입니다!"

존자가 말했다. "그게 무슨 말입니까? 저 바라문이 그대들을 때렸습니까? 저를 때렸습니까?"

"존자님을 때렸습니다."

"그렇지요. 그는 저를 때렸고, 저는 용서했습니다. 다들 돌아가십시오." 그렇게 사람들을 돌려보냈고, 바라문도 집으로 보냈다. 위대한 장로는 아무 일도 없었다는 듯 사원으로 돌아갔다.

사리뿟따 존자는 인욕하는 마음만큼이나 위대한 겸양의 미덕도 갖추었다. 그는 다른 사람이 지적하면 마지못해 받아들이는 것이 아니라 항상 감사하는 마음으로 받아들였다.

수시마 경(상윳따니까야 2:29) 주석서에서 사리뿟따 존자가 지닌 겸양의 미덕을 확인할 수 있다. 한 번은 장로의 가사 한 귀퉁이가 아래로 늘어져 있었는데, 갓 출가한 일곱 살짜리 수행승이 그것을 지적했다. 사리뿟따는 즉시 가사를 정돈하고 합장하며 "그렇습니다. 스승이시여!"라고 말했다.

이 일과 관련해 밀린다빵하(미란타왕문경彌蘭陀王門經)에 다음과 같은 게송이 있다.

오늘 일곱 살짜리가 나를 바로 잡아 주었고
나는 겸허하게 그 가르침을 받아들였다

진심어린 마음으로
항상 그를 스승으로 존중하며 받들 것이다
(밀린다빵하 397)

사리뿟따 존자가 처음 부처님 가르침을 알려 준 앗사지 존자에게 항상 예경을 드린 것은 당연한 일이었다. 사리뿟따가 스승을 어떻게 모셨는지는 나룻배 경(숫타니파타 제2품 제8경)과 주석서에 상세하게 전한다. 사리뿟따는 앗사지 장로와 사원에 함께 머물 때면, 항상 세존께 예경을 드리고 바로 앗사지 장로에게 예경을 드리러 찾았다. "이 존귀한 분이 나의 첫 번째 스승이시다. 이 분을 통해 나는 부처님 가르침을 알게 되었다." 앗사지 존자가 다른 사원에 머물 때는 그가 있는 곳을 향해 서서 오체투지를 하고 합장을 하며 예경을 드렸다.

이 일로 오해가 생겼다. 다른 비구들이 앗사지 장로가 있는 곳을 향해 예경을 드리는 사리뿟따를 비판했다. "사리뿟따는 아직도 바라문처럼 행동한다."[25] 세존께서는 비구들에게 이렇게 설하셨다.

"그렇지 않다, 비구들이여. 사리뿟따는 여섯 방향에 예배를 드린 것이 아니다. 처음 그에게 법을 전해 준 스승에게 지극한 예를 올린 것이었으며, 스승으로 섬긴 것이다. 사리뿟따는 스승을 공경하는 것일 뿐이다." 부처님께서는 나와 숫따에서 게송으로 이렇게 설하셨다.

누군가에게 배워 진리를 알게 되었다면
마치 천신天神이 인드라(제석천帝釋天)를 섬기듯 그를 대하라

많이 배운 사람은 섬김을 받으면
기쁜 마음으로 그에게 진리를 밝혀 보인다

사리뿟따 존자가 진심으로 감사할 줄 알고 보답할 줄 아는 성품을 지녔다는 사실을 확인할 수 있는 이야기가 담마빠다에 있다. 장로 라다와 관련된 이야기이다. 장로 라다는 출가하기 전 사왓티에 살던 가난한 바라문이었다. 라다는 제따와나 사원에서 풀도 뽑고 청소를 하는 등 허드렛일을 하고 지냈다. 라다는 비구가 되고 싶었지만, 선뜻 나서 출가할 수 있도록 도와주는 수행승이 없었다. 어느 날 세존께서 세상을 살피시다 라다를 보셨고, 그가 아라한이 될 것임을 아셨다. 세존께서는 비구들을 불러 모으셨다. 그리고 가난한 라다가 공덕을 지은 것을 기억하고 있는 비구가 있는지 물으셨다. 사리뿟따 장로가 "라자가하에서 탁발을 할 때 이 불쌍한 바라문이 자신이 먹으려고 구걸한 한 숟가락의 음식을 준 일이 있습니다."고 말씀드렸다. 세존께서는 사리뿟따에게 라다를 출가시키도록 하셨다. 사리뿟따는 라다에게 비구계를 주어 출가시켰다. 사리뿟따는 해야 할 일과 하지 말아야 할 일에 대해 반복해서 가르쳤다. 라다는 가르침에 순종하고 공손하게 받아들였으며, 얼마 지나지 않아 아라한과를 이루었다. 그 때 비구들은 사리뿟따가 감사할 줄 알고 보답할 줄 안다고 극찬했으며, 스스로 충고를 받아들일 줄 아는 사람이 그와 같은 제자를 얻었다고 말했다.

이에 대해 세존께서는 사리뿟따가 도움 받은 일에 고마워하고 보답한 것은 처음이 아니고, 본생에서도 그런 일이 있었다고 말씀하시며, 알리나찟따의 본생 이야기(156)를 설하셨다. 본생에서 사리뿟따는 상처를 입은 코끼리였는데, 그를 치료해 준 목수들에게 보답하기 위해 일생을 바쳤다.

사리뿟따 존자의 인욕과 겸손은 그가 거짓 사실로 비방을 받았을 때 진가를 발휘했다.[26] 제따와나에 머물고 있을 때였다. 우기 안거가 끝날 무렵 장로는 유행을 떠나기 위해 스승께 작별인사를 드렸다. 장로가 제자들과 함께 길을 나서자 많은 비구들이 배웅했다. 사리뿟따는 이름이 잘 알려진 비구들 이름을 부르며 작별인사를 했다. 이때 이름이 잘 알려지지 않은 수행승이 있었는데, 사리뿟따 존자가 자신의 이름을 불러주기를 바랐다. 그러나 사리뿟따 존자는 그를 알아보지 못해 이름을 따로 불러 주지 못했다. 그 비구는 낙심했다. "다른 비구들에게는 이름을 불러 주며 작별 인사를 하면서도 내 이름은 불러 주지 않았다." 사리뿟따 존자에게 앙심을 품었다. 그때 사리뿟따 존자의 가사가 얼굴을 스치고 지나가자 화가 일어났다. 비구는 부처님께 가서 사리뿟따 존자 험담을 했다. "세존이시여, 사리뿟따는 '내가 바로 상수제자다.'라고 혼자 생각하고 가다가 제 귀가 다칠 정도로 때렸습니다. 그리고는 사과 한마디 없이 길을 떠났습니다." 부처님께서는 비구를 보내 사리뿟따를 불러들였다. 한편 마하목갈라나와 아난다는 비구의 중상모략이 드러날 것을 알고 모든 대중들을 불러 모았다. "어서들 모이십시오. 존자들이시여! 사리뿟따 장로가 부처님 앞에서 사자후를 토할 것입니다."

세존께서 사리뿟따를 불러 그 일에 대해 물으셨을 때 장로는 때린 일이 없다고 설명하는 대신 이렇게 사자후를 토했다. "세존이시여,

제가 몸에 대한 명상이 확고하게 서 있지 않았다면 저는 동료 비구에게 상처를 주고 사과를 하지 않고 유행을 떠날 수 있었을 것입니다." 계속해서 사리뿟따는 사자후를 토했다. 자신이 분노와 나쁜 마음을 품지 않고 있음을, 마치 땅이 온갖 더러운 것을 피하지 않고 받아들이는 것에 비유했다. 사리뿟따는 '뿔 잘린 황소가 사람을 해치지 않는 것', '불가촉천민이 이 마을 저 마을로 겸손한 마음으로 구걸을 하며 다니는 것', '바람이 모든 것을 날려버리는 것', '물이 모든 것을 다 씻어주는 것', '불이 모든 것을 다 태워버리는 것' 등 비유를 들어 자신의 청정함에 대해 역설했다. 그는 또 '사람들이 뱀과 개의 시체를 싫어하듯 깨끗하지 못한 자신의 몸을 혐오하며, 사람들이 기름이 새고 있는 구멍 난 냄비를 사용하듯 자신도 구멍이 나서 새고 있는 몸에 머물고 있다.'고 말씀드렸다. 사리뿟따가 아홉 가지 직접적인 비유로 자신의 청정함에 대해 설명하자, 지진이라도 난 듯 아홉 번이나 땅이 크게 흔들리며 진리에 응답했다. 모든 비구들이 감동을 받았다.

장로가 스스로의 청정한 계행을 선언하자, 거짓으로 그를 비난했던 비구는 참회했다. 바로 세존의 발 앞에 엎드려 자신의 거짓 비방을 인정하고 참회했다. 그러자 부처님께서는 "사리뿟따여, 이 어리석은 이를 용서해서 그의 머리가 일곱 조각으로 갈라지지 않도록 하라."고 말씀하셨다. 사리뿟따는 "세존이시여, 이 존귀한 비구를 용서합니다." 라고 대답하였다. 그리고 그 비구에게 다가가 공손하게 합장하며 말했다. "제가 혹시 스님 마음을 상하게 한 일이 있거든 저를 용서해 주시기 바랍니다." 이렇게 그들은 화해했다. 다른 비구들은 감탄으로 가득 차 이렇게 말했다. "사리뿟따 존자의 덕행을 보십시오. 거짓으로 모략한 이 비구에게 분노하거나 미워하지 않았습니다. 그에게 몸을 숙이고 합장하며 오히려 용서를 구했습니다."

부처님께서는 다음과 같이 말씀하셨다. "사리뿟따의 마음은 대지와 같고 기둥과 같으며 고요한 연못과 같으니라." 이어서 게송을 읊으셨다.

아라한의 인욕은 대지와 같아 성내어 상대방을 자극하지 않는다
마음은 성문의 기둥[27]처럼 견고하고 칭찬과 비난에도 동요가 없으며
고요하여 맑은 호수와 같다
이러한 아라한에게 다시 태어남은 없다
(담마빠다 게송 95)

잘 마무리되지 않은 사건도 있었다. 사리뿟따를 비방한 비구가 잘못을 인정하지 않았기 때문이다. 그는 꼬깔리까라는 이름의 비구로 부처님께 다가가 두 상수제자를 비방했다. "사리뿟따와 목갈라나는 사악한 욕망에 사로잡혀 있습니다."

세존께서는 이렇게 답하셨다. "그렇게 말하지 말거라, 꼬깔리까여! 그렇게 말하지 말라! 사리뿟따와 목갈라나에 대해 청정한 마음을 가져라. 그들은 자애롭고 지혜롭다." 잘못된 길을 선택한 꼬깔리까는 부처님 말씀에 귀를 기울이지 않았다. 계속해서 거짓 비방을 했고, 얼마 지나지 않아 온몸에 종기가 나 피와 고름이 흘렀다. 결국 그 병으로 죽어 지옥에 태어났다.

이 사건은 꼬깔리까 경이라는 이름으로 상윳따니까야 6:10, 앙굿따라니까야 10:89에 실려 있다. 딱까리야의 본생 이야기(481)에도 전한다. 두 사건은 참회의 중요성을 일러주고 있다. 사리뿟따와 목갈라나는 비구 꼬깔리까에게 어떠한 악의도 품지 않았다. 꼬깔리까 비구가 그들에게 사과를 했든 하지 않았든 아무런 차이가 없었을 것이다. 잘못을 저지른 비구가 참회를 하고 사과했다면 그 스스로에게 이익이 있었을 것이고, 악한 과보를 피할 수 있었을 것이다. 악은 해를 준 사람에게 향하게 되므로, 꼬깔리까는 자신의 행위로 인해 스스로 심판과 형벌을 받았다.

사리뿟따의 도반과 친척

사리뿟따 존자는 감사하는 마음과 자애심, 남을 돕는 마음과 인내심을 두루 갖춘 훌륭한 성품을 지녔기 때문에 수행자로 살아가는 동안 많은 도반들과 깊은 우정을 유지했다. 어려서부터 친구이자 도반이었던 목갈라나와 평생 가장 가까운 사이로 지냈다. 부처님께서 열반하시던 그 해에 세상을 떠나면서 각자의 길을 갔다. 그러나 사리뿟따가 목갈라나와만 깊은 우정을 맺은 것은 아니었다. 사라나무 꽃이 만발한 고씽가 숲 큰 경(우각사라림경牛角娑羅林經, 맛지마니까야 32) 주석서는 사리뿟따가 아난다 존자와 얼마나 깊은 우정을 나누었는지 상세하게 전하고 있다. 사리뿟따는 아난다에 대해 "세존을 시봉하는 것은 내가 했어야 하는 일인데 아난다가 하고 있다."며 고마워했다. 아난다는 세존께서 사리뿟따를 상수제자로 삼으셨기 때문에 존경했다. 아난다는 어린 수행자들에게 새로 사미계를 주고 사리뿟따에게 데려가 비구계를 받게 하는 경우가 많았다. 사리뿟따 역시 그런 일이 많았기 때문에 공동 제자가 500명에 달했다.

아난다는 아주 좋은 가사나 공양물을 받을 때마다 사리뿟따에게 주었고, 사리뿟따 또한 특별한 공양물을 받으면 아난다에게 주었다. 한 번은 어떤 바라문이 아난다에게 매우 값진 가사를 공양했다. 아난다는 부처님 허락을 받아 사리뿟따가 돌아오기를 기다리며 열흘 동안 간직하고 있었다. 후대 주석서에서 주석가들은 이 일에 대해 다음과 같이 기록하고 있다. "우리는 아직 아라한에 도달하지 못한 아난다가 사리뿟따에게 깊은 존경심을 품었던 사실을 이해할 수 있다. 그러나 모든 번뇌를 끊고 아라한에 이르렀던 사리뿟따가 아난다에게 애정을 가지고 있었던 사실에 대해서는 의문이 든다. 이에 대해 우리는 이렇게 해석한다. '사리뿟따가 아난다에게 보였던 정은 세속적인 애착이 아니라 아난다의 공덕을 아끼고 사랑했었을 것이다.'"

부처님께서는 언젠가 아난다에게 "너도 사리뿟따를 좋아하느냐?" 이렇게 물으셨다. 아난다가 대답했다. "세존이시여, 어리석지 않고 악하지 않고 마음이 전도되지 않은 사람이라면 어느 누가 사리뿟따를 좋아하지 않을 수 있겠습니까! 사리뿟따는 큰 지혜를 지니고 있으며, 넓은 지혜를 지니고 있으며, 명석한 지혜가 있으며, 예리한 지혜가 있으며, 전광석화같이 빠른 지혜가 있으며, 모든 것을 꿰뚫어 아는 지혜가 있습니다. 사리뿟따는 바라는 것이 없으며 만족할 줄 알며, 홀로 머물며 수행하기를 좋아하고, 재가자들과 사귀기를 좋아하지 아니하며, 용맹정진하기를 좋아하고, 남의 말에 귀 기울이며, 잘못을 저지른 이에게 자상하고 온화하게 훈계를 해서 바르게 이끌어 주기도 합니다(수시마 경, 상윳따니까야 2:29).”

테라가타(장로게경 1040)에서 아난다는 사리뿟따가 세상을 떠났을 때 어떤 심경이었는지 고백하고 있다. “고귀한 도반, 사리뿟따가 떠나니 세상이 온통 캄캄하구나.”[28]

아난다는 또 도반이 떠나고 세존께서도 열반에 드신 후, 자신에게 남은 벗은 ‘몸에 대한 마음챙김’ 밖에 없다고 고백하고 있다.[29] 아난다는 사리뿟따가 열반에 들었다는 소식을 듣고 큰 슬픔에 빠졌다. 쭌다경에서는 그 장면을 매우 감동적으로 그려내고 있다.[30]

사리뿟따는 말 그대로 참된 친구였다. 그는 다른 이들이 어떤 장점을 지니고 있는지, 어떻게 도와주어야 하는지 잘 알았다. ‘허물을 지적해 주는 친구가 참된 친구’라는 부처님 말씀대로, 사리뿟따는 직설적이고 비판적으로 친구들의 잘못을 지적하기도 했다. 앙굿따라니까야에서는, 아누룻다 존자가 아라한과를 성취하기 위한 마지막 관문을 통과한 것은 사리뿟따가 솔직하게 비판을 해 준 덕분이었다고 기록하고 있다.

> 어느 날 아누룻다 존자가 사리뿟따 존자를 만나러 갔다. 정중하게 예를 갖추어 인사를 하고 나서 아누룻다 존자가 말했다. “도반 사리뿟따 존자여, 저는 인간의 눈을 뛰어넘어 청정한 천안통으로 일천 세계를 볼 수 있습니다. 저의 정진력은 굳건하여 멈춤이 없습니다. 저의 마음챙김은 빈틈이 없어 흐트러지지 않습니다. 몸은 고요하고 동요하지 않습니다. 마음은 삼매에 들어 한 곳에 집중하고 있습니다. 그럼에도 마음은 번뇌에서 해방되지 않았고

집착을 벗어나지 못하고 있습니다."
사리뿟따 존자는 이렇게 답하였다. "도반 아누룻다여, 그대가 천안통에 대해 그렇게 생각하는 것 자체가 그대에게 자만이 남아 있다는 뜻입니다. 그대가 '정진력이 확고하고, 마음챙김이 흐트러지지 않고, 그대의 몸이 고요하고, 그대의 마음이 삼매에 들었다고 생각하는 것'은 그대가 들떠 있다(도거悼擧)는 것을 의미합니다. 그대가 '마음이 번뇌에서 해탈하지 못하고 있다.'고 생각하는 것은 후회後悔하고 있다는 뜻입니다. 그대가 자만과 들떠 있음과 번뇌에 마음을 두지 않고 궁극적인 해탈에 마음을 집중한다면 그것이야 말로 참으로 좋은 일일 것입니다(아누룻다 경, 앙굿따라니까야 3:128)."

아누룻다 존자는 사리뿟따의 충고를 받아들여, 오래지 않아 번뇌의 소멸을 이루고 아라한과를 성취했다.

사리뿟따 존자에게 도움을 청하는 이들이 그렇게 많았던 것을 보면 그는 도반들에게 언제나 도움을 주는 진정한 도반이었음이 분명하다. 사라나무 꽃이 만발한 고씽가 숲 큰 경(맛지마니까야 32)은 많은 도반들이 어떻게 사리뿟따 존자의 인품에 빠져드는지를 생생하게 보여준다. 어느 날 저녁 장로 마하목갈라나, 마하깟사빠, 아누룻다, 레와따, 아난다 이렇게 다섯 명이 사리뿟따에게 법을 듣기 위해 찾아갔다. 사리뿟따는 그들을 반기며 말했다. "이 고씽가 사라나무 숲은 환희롭습니다. 달빛이 이렇게 환하고, 꽃이 가득 피었으니 마치 천상의 향기가 풍기는 것 같습니다. 아난다여, 어떤 수행승들이 고씽가 사라나무 숲을 더 빛나게 합니까?"

사리뿟따는 다른 도반들에게도 같은 질문을 했고, 비구들은 각자 성취한 경지에 따라 대답했다. 마지막으로 사리뿟따는 다음과 같이 자신의 생각을 말했다.

"마음을 잘 다스리는 스님이 있습니다. 아침 일찍 성취하고자 하는 경지를 닦아 성취하고, 낮에 어떤 경지를 성취하고자 하면 곧바로 그것을 닦아 성취하며, 저녁에 어떤 경지를 성취하고자 하면 곧바로 거기에 들 수 있습니다.
그것은 마치 왕이나 재상의 옷장에 여러 가지 옷이 가득 차 있어서 아침이나 낮이나 저녁에 어떤 옷을 입고 싶어 하든, 그때그때 원하는 옷을 마음대로 입을 수 있는 것과 같습니다. 이는 마음을 잘 다스려 흔들리지 않고 제어하여 자신의 마음에 휘둘리지 않는 수행승도 마찬가지입니다. 그러한 수행승은 아침이나 낮이나 저녁에 머물고자 하는 마음이나 경지에 들고자 하면 그는 바로 그 시간에 마음대로 성취할 수 있습니다. 도반 목갈라나여, 이런 스님이 이 고씽가 사라나무 숲을 빛낼 수 있습니다."

그런 다음 그들은 부처님께 가서 주고받은 대화를 말씀드렸다. 부처님께서는 그들이 주고받은 모든 대화를 대해 승인하시고, "사리뿟따여, 식사를 마친 뒤 탁발에서 돌아와 결가부좌하고 몸을 곧게 세우고 앞으로 주의를 기울이고, '집착을 버림으로써 나의 마음이 해탈할 때까지 이 결가부좌를 풀지 않을 것이다.'라고 결심하는 수행승이 있다면 사리뿟따여, 이러한 수행승이 고씽가 사라나무 숲을 밝힐 수 있을 것이다."라고 설하셨다.

이 이야기를 통해 우리는 사리뿟따가 뛰어난 지성을 지녔고 승가에서 높은 자리에 있었음에도 다른 사람들에게 자기 생각을 강요하는 독단적인 사람이 아니었음을 알 수 있다. 아름다운 사라나무 숲의 풍경이 불러일으킨 도반들의 생각을 자연스럽게 고양시켜 주었다. 사리뿟따의 감성은 매우 섬세해 자신도 아름다운 자연 풍광에 잘 감응할 수 있었고, 도반들에게서도 그러한 감응을 잘 이끌어낼 수 있었다.

사리뿟따가 다른 스님들, 목갈라나, 아난다, 아누룻다뿐 아니라 마하꼿티따, 우빠와나, 사밋디, 사윗타, 부미자 등과 나눈 대화도 전한다. 사리뿟따는 또한 고귀한 수행자들(깨달음을 이룬 수행자들), 특히 부처님께서 칭찬하신 비구들은 반드시 만났다. 그런 수행자 가운데 부루나 존자(富樓那 尊者, 뿐나 만따니뿟따)가 있었다. 부처님께서 승가 대중 앞에서 그를 칭찬하시기 전에는 만난 일이 없었다. 사리뿟따는 어느 때 자신이 머물고 있는 곳에 뿐나가 왔다는 것을 알고, 자신이 누구인지 밝히지 않은 채 만났다. 청정에 이르는 수행의 여러 단계와 열반의 관계에 대하여 심오한 토론을 했다. 사리뿟따가 했던 질문에서 그 유명한 역마차 비유 경(맛지마니까야 24)이 나왔다. 이 경전에서 사리뿟따와 뿐나 존자가 여러 가지 청정의 단계에 대해 나눈 대화는 불교 역사에서 빛나는 위대한 주석서의 근간이 되었다. 아짜리야 붓다고사(불음佛音)가 쓴 주석서 청정도론淸淨道論이 바로 그 저술이다.

부처님께서는 사리뿟따에게 법을 설하시는 것을 좋아하셨다. 세존께서는 "법을 수호하는 법의 대장군" 사리뿟따에게 많은 법을 설하셨다. 세존께서는 절반 경(상윳따니까야 45:2)에서 아난다에게 "고귀한 우정, 고귀한 도반 관계, 고귀한 인간관계, 이 셋이 청정범행(淸淨梵行, 청정한 수행자의 삶)의 전부이다."라고 설하셨다. 상수제자 사리뿟따의 삶 자체가 이 법문의 가장 좋은 본보기가 될 것이다.

사리뿟따는 라자가하 근처에 있는 우빠띳사 마을의 바라문 가문에서 태어났다. 아버지는 왕간따이고 어머니는 루빠사리였다. 아버지에 관련된 기록이 없는 것으로 보아, 그가 어렸을 때 세상을 떠난 것으로 보인다. 남자 형제로 쭌다, 우빠세나, 레와따 셋이 있었고, 여자 형제로는 짤라, 우빠짤라, 시수빠짤라 셋이 있었다. 여섯 남매는 모두 출가해 아라한과를 이루었다.

쭌다는 비구가 된 후에도 승단에서는 사미沙彌 쭌다라고 불렀다. 마하쭌다 장로와 구분하기 위해서였다. 사리뿟따가 입적할 때 시봉을 든 제자가 쭌다였으며, 상수제자의 발우와 가사를 가지고 열반 소식을 세존께 전해드린 제자도 쭌다였다. 순타경純陀經에 그 이야기가 전하는데, 뒤에 살펴보도록 하겠다.

사리뿟따가 "어머니 사리의 아들"이라는 뜻인 것처럼 우빠세나는 "아버지 왕간따의 아들"이라는 뜻에서 왕간따뿟따라는 이름으로 불렸다. 부처님께서는 우빠세나에 대해 "모든 면에서 청정한 믿음을 내게 하는 비구들 가운데 으뜸"[31]이라고 하셨다. 육처상응경(六處相應經, 상윳따니까야 35:69)에서는 그가 뱀에 물려 사망했다고 전한다.

레와따는 형제 가운데 막내였다. 어머니는 막내아들의 출가를 막기 위해 아주 어렸을 때 결혼시켰다. 결혼식 날 레와따는 늙어서 쇠약해진 120세가 된 신부의 할머니를 보았다. 그 자리에서 세속적인 삶에 혐오를 느꼈고, 결혼식 도중에 빠져나와 출가하고 계를 받았다. 레와따는 출가한 지 몇 년 후 부처님을 만나 뵈러 가던 길에 카디라와나(아선약수阿仙藥樹, 인도와 미얀마에서 자라는 아카시아나무 숲)에서 우기를 보내며 아라한과를 이루었다. 그 이후 그는 레와따 카디라와니야(아카시아나무 숲에 사는 레와따)라는 이름을 얻었다. 부처님께서는 그를 "숲에서 두타행을 하는 수행자 가운데 으뜸"이라고 하셨다.

오빠들을 따라 출가하려고 했던 짤라, 우빠짤라, 시수빠짤라 세 자매는 결혼해서 자녀들을 낳은 후에 비구니가 되었다. 아들을 하나씩 두었는데, 각자 어머니 이름을 따라 짤라 또는 짤리, 우빠짤라, 시수빠짤라라고 불렀다. 세 아들은 모두 외삼촌인 레와따 카디라와니야에게 출가해 계를 받았다. 레와따 존자는 조카들에게 정진하도록 격려하는 게송을 테라가타(게송 42)에 남겼고, 주석가들은 사리뿟따 존자도 조카들을 칭찬했다고 설명했다. 짤라와 우빠짤라, 시수빠짤라가 출가했을 때, 마라魔羅가 조롱하며 유혹하려고 했다. 그러나 세 비구니 수행자는 훌륭한 답변으로 마라를 물리쳤으며, 그 내용이 테리가타(장로니게경)와 비구니 상응경(比丘尼 相應經)에 전한다.

자녀들과는 반대로 사리뿟따의 어머니는 여러 해 동안 부처님 가르침과 제자들에게 적대적인 태도를 유지한 완고한 바라문이었다. 담마빠다(법구경) 주석서는 사리뿟따가 여러 스님들과 함께 고향 마을 날라까에서 탁발을 하는 도중에 어머니의 집을 찾았던 일을 상세하게 전하고 있다. 어머니는 자리를 내어주고 음식을 주었지만,

"남이 먹던 음식 찌꺼기나 얻어먹는 녀석아!"라고 모욕적인 말을 했다. 어머니는 계속해서 비방했다. "쉰 쌀겨 죽도 못 얻어먹으면서 이 집 저 집을 돌아다니며 국자에 묻은 찌꺼기나 핥아먹겠구나! 겨우 이 꼴을 보여주려고 80만금이나 되는 재산을 포기하고 출가했느냐. 너는 내 신세를 망쳤다. 어서 먹기나 해라!" 그녀는 사리뿟따를 따라온 다른 스님들에게 음식을 주면서 "흠, 당신들이 바로 내 아들을 종으로 만든 사람들이구려, 어서 먹기나 하시오."라고 비난을 퍼부었다.

어머니의 비난이 욕설이 계속되었지만 사리뿟따는 한마디도 하지 않았다. 조용히 공양을 마치고 아무 말 없이 사원으로 돌아갔다. 부처님께서는 그 자리에 있었던 아들 라훌라를 통해 사건을 알게 되었다. 모든 비구들이 장로의 큰 인내심에 감탄했으며, 대중들 가운데서 부처님께서는 게송으로 사리뿟따를 칭찬하셨다.

화를 내지 않고 해야 할 일을 성실하게 하는 사람
계율을 잘 지키고 모든 번뇌에서 자유로운 사람
자기 자신을 잘 조복한 사람
이번이 마지막 몸인 사람(더 이상 윤회하지 않는 사람)
그를 일컬어 브라만(아라한)이라 한다
(담마빠다 게송 400)

사리뿟따는 죽음에 임박해서야 어머니를 부처님께 귀의하게 할 수 있었다. 그 이야기는 다음에 하겠지만 이 사건은 위대한 장로가 얼마나 겸손했으며 참을성이 강했는지, 또 너그러운 품성을 지니고 있었는지를 다시 한 번 일깨워 준다.

선정을 이룬 수행자, 사리뿟따

고따마 싯다르타 왕자는 깨달음의 길을 찾아 처음 출가했을 당시 널리 알려진 명상 수행자 알라라 깔라마와 웃다까 라마뿟따 문하에서 선정 수행을 했다. 알라라 깔라마에게서는 '아무것도 없는 세계(무소유처無所有處)'와 '앎을 가진 것도 아니고 앎을 가지지 않은 것도 아닌 선정(비상비비상처정非想非非想處定)'을 성취했다(성스러운 구함의 경, 맛지마니까야 26). 사리뿟따는 스승과 달리 깨달음을 향한 여정에서 선정 수행에 정통했던 사람들을 따르지 않았다. 철학적 담론과 지적 분석에 뛰어났던 사람들이 갔던 길을 따랐다. 그가 법을 보게 된 것도 명상 수행을 통해서가 아니었다. 사리뿟따는 모든 현상이 다 연기緣起에 의해 생겨났다는 진리를 직관적으로 이해했다. 그럼에도 불구하고 사리뿟따는 일단 부처님의 제자가 되자 곧바로 명상의 모든 단계를 통달했다. 명상 수행을 완전한 깨달음에 이르기 위한 방편으로 활용했다.

부처님께서는 차례대로 경(맛지마니까야 111)에서 수행승들에게 사리뿟따가 예류과에서 아라한과를 성취해 가는 과정을 상세하게 설하셨다. 세존께서는, '사리뿟따가 궁극적인 깨달음을 이루기 위해 보름 동안 정진하면서 선정의 단계에서 하나씩 일어나고 머무르고 사라지는 정신적 현상들에 대해 하나씩 통찰해 나아갔다.'[32]고 하셨다.

사리뿟따는 계속해서 아홉 가지 단계의 선정[33]을 닦아 나갔다. 그는 궁극적인 두 가지(스스로 성취하기에는 너무 미묘한 두 단계)를 제외하고, 각각의 선정 단계들을 성취해 나갔다. 그 과정에서 각각의 선정 단계를 이루고 있는 구성요소들을 분석하고 명확하게 통찰했다. 그 구성요소들이 어떻게 생겨나고 유지되고 사라졌는지에 대해 명상했다. 세존께서는 계속해서 "사리뿟따는 집착하지 않고, 싫어하지 않고, 의존하지 않고, 편견을 갖지 않고, 묶이지 않고 자유로운 마음으로 지냈다. 이것이 최상의 해탈이라고 분명히 알았다. 그리고 그는 '더욱 널리 닦아야 할 것이 더 이상 없다.'고 생각했다."고 설하셨다. 사리뿟따는 마침내 마음의 장벽들을 제거해 나가면서, 지각과 느낌의 소멸(멸수상정滅受想定) 단계를 성취할 때까지 높은 단계를 향해 계속 나아갔다.

사리뿟따가 아라한과에 이르기 위한 마지막 관문을 통과한 것은 부처님께서 법을 설하실 때 뒤에 서서 부채질을 해드리고 있을 때였다. 어느 때 부처님께서는 사리뿟따의 사촌인 유행승 디가나카에게 법을 설하고 계셨다.

부처님께서는 여섯 감각 기관(육근六根)이 여섯 감각 대상(육경六境)과 접촉해 일어나는 '느낌(수受)'을 주제로 법을 설하셨다. 먼저 몸에 대한 욕망과 애착, 구속에서 벗어날 수 있게 관찰하도록 하셨다. 그런 다음 즐거운 느낌과 괴로운 느낌, 괴롭지도 즐겁지도 않은 느낌에 대해 설명하셨다. 모든 느낌은 무상하고 형성된 것이고 조건에 의해 생겨난 것이고, 변화하는 것이고 쇠퇴하는 것이고, 사라지는 것이고 소멸하는 것이라고 설하셨다. 사리뿟따는 부채질을 해드리면서 설법을 들으며, 이렇게 생각했다. '세존께서는 이런 것들에 대해 직접적으로 알고 난 뒤에 포기하는 것에 대해 말씀하신다. 그분께서는 이런 것들에 대해 직접적으로 알고 난 뒤에 버리라고 말씀하신다.' 사리뿟따는 그렇게 생각하다가 문득 깨달음에 이르렀고(돈오頓悟), 집착을 떠났으며, 번뇌에서 자유로운 해탈을 성취했다.

사리뿟따는 테라가타 게송을 통해 아라한과를 성취했던 과정에 대해 이렇게 회상했다.

눈을 갖춘 분 깨달은 분
세존께서는 무지한 자를 위해 가르침을 설하셨으니
가르침이 설해질 때에
내가 간절히 원하여 귀를 기울였다

그때 경청한 일은 헛되지 않아서
일체의 번뇌를 여의고 나는 해탈했으니
그것은 본생의 삶에 관한 것도 아니요
하늘눈(천안통天眼通)에 관한 것도 아니었다
(테라가타 995~996)

사리뿟따는 부처님 제자들 가운데 법을 이해하는 데 가장 뛰어났다. 하지만 아라한과에 도달한 다른 제자들처럼 초자연적인 지혜와 신통력을 얻으려고 하지는 않았다. 사리뿟따는 계속해서 테라가타 게송을 통해, 가장 뛰어났던 목갈라나처럼 신통력을 성취하기를 서원誓願하지 않았다고 노래했다. 그러나 이 게송에 대해 주석서에서는, 사리뿟따가 신통력을 얻으려고 일부러 애쓰지는 않았지만 상수제자로서 성취해야 하는 아라한과에 도달하자 자연스럽게 신통력이 "성취되었다."고 풀이했다.

타인의 마음을 읽는 것(타심통)도
신통(신족통)도
중생들이 업에 따라 죽고 다시 태어남에 관한 것(천안통)도
천이통도(귀의 청정에 관한 것도)
실로 나의 서원에는 없었다
(테라가타 997)

무애해도(無礙解道 2:212)의 '신통력에 관한 연구 편'에서는 사리뿟따가 "불가사의한 삼매의 능력(정편만신변定遍滿神變)"을 지녔다고 기록하고 있다. 이 신통력은 생명 현상들이나 자연 현상을 제어할 수 있는 능력이었다. 사리뿟따의 신통력을 잘 보여주는 내용이 우다나(우러나온 말씀, 자설경自說經)에 전한다. 어느 때 사리뿟따가 목갈라나와 함께 비둘기가 많은 협곡에 있는 승원에 살고 있을 때 일어난 일이다. 사리뿟따 존자는 새로 삭발하고 보름달이 뜬 날 밤 야외에서 가부좌를 틀고 앉아 삼매에 들어 있었다. 그때 머리 위로 날아가던 야차夜叉 둘 가운데 하나가 내려와 악의를 품고 존자의 머리를 세게 때렸다. 깊은 선정에 들어 있던 사리뿟따 존자는 아무런 해를 입지 않았다.

그때 마하목갈라나 존자가 천안통으로 그 일을 보고 사리뿟따 존자에게 다가가 물었다. "도반이여, 괜찮습니까? 편안하십니까?

괴롭히는 것은 없습니까?" 사리뿟따 존자가 답했다. "괜찮습니다, 도반 목갈라나여. 그런데 머리가 약간 아픕니다." 그러자 존자 마하 목갈라나는 이렇게 찬탄했다. "놀랍습니다, 도반 사리뿟따여. 참으로 놀랍습니다. 존자께서는 참으로 큰 신통력과 위신력을 지니셨습니다. 도반 사리뿟따여! 조금 전에 어떤 야차가 그대의 머리를 때리고 지나갔습니다. 그 힘은 큰 코끼리를 쓰러뜨릴 수 있고, 큰 산을 허물어 버릴 수 있었습니다. 그런데 사리뿟따 존자께서는, '도반 목갈라나여, 저는 괜찮은데 머리가 약간 아플 뿐입니다.'라고 말하고 지나갔습니다."

사리뿟따 존자는 오히려 목갈라나에게 찬탄을 보냈다. "경이로운 일입니다. 도반 목갈라나여, 참으로 놀라운 일입니다. 목갈라나 존자께서는 어떤 야차도 볼 수 있는 크나큰 신통력과 위신력을 지니셨습니다. 저는 흙먼지 도깨비(쓰레기 더미 등을 돌아다니는 아귀와 같은 아주 작은 귀신)도 보지 못하였습니다."

한편 세존께서는 두 장로의 대화를 천이통으로 들으시고 사리뿟따를 찬탄하시며, "우러나온 말씀"을 읊으셨다.

바위산과 같이 확고하여 흔들리지 않는 이는
애착을 불러일으키는 것에 집착하지 않고
분노하기 마련인 것에 화내지 않는다
이렇게 마음을 닦는 이에게
어찌 고통이 찾아오겠는가
(야차의 공격 경, 우다나 4:4)

사리뿟따가 가장 높은 목표에 확실하게 도달한 후에는, 선정 수행은 더 높은 성취를 위한 방편이 아니었다. 그가 깨달음을 이루었다는 사실을 증명하는 자연스러운 표현이었다. 떨쳐버림 경(상윳따니까야 28:1)에서 아난다 존자는 사리뿟따에게 하루를 어떻게 보냈는지에 대해 여러 번 물었다. 사리뿟따는 첫 번째 선정의 여러 단계에 들어 머물면서 하루를 보냈다고 대답했다. 그러면서 '나'라는 개념에서 완전히 자유롭다고 덧붙였다. "'나는 초선初禪을 이루어야겠다', '초선을 이루었다', '초선에서 나왔다'는 생각이 일어나지 않았다."고 말했다.

어느 때 사리뿟따는 아난다에게 이미 익숙해져 있는 인식대상들, 땅에 대해서는 땅이라는 인식이 없는 미묘한 삼매를 얻을 수 있는지에 대해 설명했다. 물에 대해서도 '이것이 물'이라는 인식이 없는 삼매, 불에 대해 '이것이 불'이라는 인식이 없는 삼매, 바람에 대해서 '이것이 바람'이라는 인식이 없는 삼매에 대해 말해 주었다. 대상에 대한 인식이 일어나지 않았다고 했다. 이 세계와 저 세계에 대해서도 인식이 없는 삼매란 무엇인지 알려 주었다. 그러나 그처럼 친숙한 대상들에 대해 인식을 갖지 않는다고 해서 인식이 없는 것은 아니라고 덧붙였다. 사리뿟따가 말한 유일한 인식은 바로 '존재의 소멸이 열반'이라는 인식이었다(사리불경, 앙굿따라니까야 10:7).[34]

이 이해하기 어려운 성취는 사리뿟따 존자가 정기적으로 수행한 "공에 머무르는 삼매(공에 들어 머묾, 공성주空性住)"[35]일 것이다. 탁발음식의 정화에 대한 경(맛지마니까야 151)에서, 세존께서는 어느 때 사리뿟따가 감관이 청정하여 고요하고 피부에서 광채가 나는 것을 보시고 어떤 수행을 하고 있는지 물으셨다. 사리뿟따는 "공을 닦는 수행을 자주 하고 있다."고 답하였다. 이에 부처님께서는 "공에 머무는 것"은 고귀한 이가 마땅히 닦아야 하는 수행이라고 하시며, 상세하게 설명하셨다. 주석서에서는 이 "공에 머무름"이야말로 "공해탈空解脫에 초점을 맞춘 아라한과阿羅漢果와 같은 것"이라고 해석했다. 마하깟사빠 존자는 "사리뿟따가 공성 삼매에 들었을 때 천신들도 찬탄하며 하늘에서 내려왔다."고 게송으로 칭송했다.

이들 많은 하늘 사람들은
신통력을 갖추고 명성을 이루었는데
그 수만 명의 하늘 사람들
모두가 천신의 무리에 속한다

그들 천신들이 지혜로운 가르침의 대장군 영웅
위대한 명상 수행자 삼매에 드는 분
사리뿟따에게 예경드리며
합장을 하고 서 있다

인간 가운데 준마 그대에게 귀의합니다
인간 가운데 최상의 지혜를 갖춘 그대에게 귀의합니다
그분에 의지해 우리가 선정에 들어도
그 선정이 어떠한지 우리는 알지 못합니다
(테라가타 1088-1090)

사리뿟따는 선정 수행을 통해 이룬 삼매에 능숙했으며, 지혜를 통해 단련된 정확한 분석 능력도 갖추고 있었다. 부처님 비구 제자들 가운데 사리뿟따는 "큰 지혜를 가진 이들 가운데 으뜸"이었으며, 지혜를 쓰는 데에도 사리뿟따보다 위대한 분은 오직 세존뿐이었다. 네 가지 걸림 없는 지혜(사무애해四無碍解)를, 구족계를 받은 지 보름 만에 성취했다는 사실만으로도 사리뿟따의 지혜가 얼마나 뛰어났는지 알 수 있다.

"도반들이여, 저는 구족계를 받은 지 보름 만에 이치에 맞고 맥락에 맞게, 의미에 대한 분석적 앎을 깨우쳤습니다. … 원리에 대한 분석적 앎을 깨우쳤습니다. … 언어에 대한 분석적 앎을 깨우쳤습니다. … 지식에 대한 분석적 앎을 깨우쳤습니다. 나는 그것을 여러 가지 방법으로 설명하고 가르치고 밝히고 공언하고 확립하고 드러내고 분석하고 명확하게 하였습니다. 누구든지 의심이나 의혹이 있으면 제게 질문하십시오. 제가 진리에 밝은 우리의 스승님을 대신해서 설명해 드리겠습니다. 우리가 깨달아야 하는 진리에 밝은 우리의 스승께서 함께하고 계십니다(분석경, 앙굿따라니까야 4:173)."[36]

네 가지 걸림 없이 완전하게 아는 지혜 가운데 첫 번째는 의미에 대해 걸림 없이 깨우친 지혜(의무애해義無礙解)이다. 부처님 가르침이 함축하고 있는 분명한 의미와 목적, 필요성과 파급효과, 결과에 대한 특별한 통찰력이다. 두 번째, 원리에 대해 걸림 없이 깨우친 지혜(법무애해法無礙解)는 사성제와 팔정도 등 교리 자체와 교리들의 상호 연관성에 대해 깨우친 지혜이다. 또 그러한 교리들로 인해 어떤 결과들이 발생하는 지에 대해 아는 특별한 통찰력이다. 세 번째는 사무애해辭無礙解인데, 언어와 문법과 어원에 대해 남김없이 아는 능력이다. 네 번째 변무애해辯無礙解는 법을 설할 때 다른 사람들의 이해를 돕기 위해 앞의 세 가지 지혜들을 잘 활용하는 능력이다.

사리뿟따는 사무애해를 성취함으로써 스스로 법을 이해하는 데 탁월했을 뿐만 아니라 다른 수행승들에게도 법을 가르치고 설명하는 데에서도 아주 빼어났다. 이렇게 사리뿟따는 모든 면에서 다재다능했기 때문에 차례차례 경(맛지마니까야 111)의 결론에서 부처님께서는 사리뿟따에 대해 이렇게 칭찬하셨다. "사리뿟따는 세존의 아들로, 마음에서 생겨났고 가르침에서 생겨났다. 사리뿟따는 위없는 진리의 수레바퀴를 진실로 바르게 굴리고 있다." 사리뿟따는 세존께서 법의 수레바퀴를 굴리신 성스러운 여정에서 가장 잘 보좌한 상수제자였다.

"고귀한 계戒와 고귀한 집중(삼매, 정定)과 고귀한 지혜(혜慧)를 모두 성취하여 완성한 사람을 꼽는다면 당연히 사리뿟따라고 할 것이다. 세존의 참된 아들이 누구인지 생각해본다면 세존의 가르침에서 생겨났고 가르침에 의해 만들어졌으며, 재물의 상속자가 아니라 가르침의 상속자는 마땅히 사리뿟따라고 해야 할 것이다. 비구들이여, 사리뿟따는 여래가 법의 수레바퀴를 굴리는 것과 같이 진실로 바르게 굴리고 있다."

법륜을 굴리는 제자, 사리뿟따

사리뿟따 존자의 설법과 거기에서 나오는 기록들은 부처님 가르침에 버금갈 만큼 방대하고 다양한 교리적 체계를 갖추고 있다. 사리뿟따는 부처님 가르침에 대한 풍부한 자료들을 명료하게 정리해 제시하는 특별한 방편을 활용했다. 사리뿟따는 이렇게 해서 수행승들에게 지적인 자극을 주었으며, 실질적인 정진을 할 수 있도록 도와주었다. 테라와다(상좌부) 불교 전통에서는 매우 중요한 여러 경전들을 처음으로 제시하고 설한 사람이 사리뿟따라고 여기고 있다. 또한 매우 중요한 삼대 주석서도 그의 가르침에서 비롯되었으며, 아비담마(논장論藏)의 결정판을 편찬하는 책임을 맡았던 것으로 간주하고 있다. 이제 사리뿟따의 업적을 하나하나 살펴보겠다.

사리뿟따가 설한 경전들

법을 설하는 제자로서의 사리뿟따 존자의 능력을 가장 잘 보여주는 두 경전이 널리 알려진 코끼리 발자국에 비유한 큰 경(대상적유경大象跡喩經, 맛지마니까야 28)과 올바른 견해의 경(정견경正見經, 맛지마니까야 9)이다.

코끼리 발자국에 비유한 큰 경은 빼어난 경전이다. 사리뿟따는 이 경전에서 먼저 코끼리의 발자국이 다른 모든 동물의 발자국을 담을 수 있는 것처럼, 거룩한 네 가지 진리(사성제四聖諦)가 모든 바른 법을 다 포함한다고 설한다. 이어 네 가지 진리 중에서 괴로움의 거룩한 진리(고성제苦聖諦)에 대해 설명한다. 태어남, 늙음, 죽음, 슬픔, 고통, 근심, 절망이 괴로움인데, 간략하게 말하면 이 모든 것은 오온이라고 풀이해 나간다. 이어 오온 하나하나에 대해 상세하게 설명을 이어 나가는데, 물질의 모양, 느낌, 지각, 의지 형성, 의식(색수상행식色受想行識)으로 이루어진 오온을 열거한다. 결국 오온은 내부를 이루는 원소들과 외부 세계를 이루는 원소들로 구성되어 있는데, 이것들은 모두 자아에 속하지도 않고, 자아를 구성하지도 않는다고 한다. 이렇게 오온 모두를 관하면 오온에 끌리지도 않고 집착도 끊어낼 수 있다고 단언한다.

사리뿟따는 계속해서 아무리 견고하게 보이는 외부 세계라 할지라도 자연에서 일어나는 큰 변화로 파괴될 수밖에 없으며, 실상은 무상하다는 사실을 일깨워준다. 이 사실을 깨달을 때, 다시는 갈망과 애착에 의해 생겨난 이 작은 몸에 대해 '나'라고 집착하거나 '나의 것'이라고 집착하며 미혹하지 않게 된다고 설명한다.

이러한 사실을 깨달은 수행자라면 남에게 욕을 먹고 비난을 받거나 폭행을 당해도 냉정하게 분석하고 평온을 잃지 않을 것이다. 그렇게 집착하지 않는 사람은 욕설이나 험담이 주는 괴로움은 소리가 귀와 접촉해 일어난 것일 뿐이고, 본래는 인연화합으로 생겨난 현상일 뿐이라는 사실을 깨닫는다. 또 그렇게 고통을 일으키는 모든 경험은 무상하다는 사실을 안다.

이렇게 함으로써 선정 수행을 하는 사람이 자신의 모든 경험 역시 오온에 의해 생겨난 것임을 깨닫게 해 준다. 또한 그러한 모든 경험이 무상하고 실체가 없음을 이해할 수 있도록 도와준다.

사리뿟따는 계속해서 이렇게 설한다. "그렇게 하면 마음은 활기차게 되고 기뻐하게 되며 확고해지고 집중이 되어 매를 맞아 다쳐도 '본래 몸은 이렇게 다칠 수밖에 없는 속성을 지니고 있다.'라고 생각하게 됩니다." 사리뿟따 존자가 고성제를 설명하기 위해 오온을 말하고, 괴로움의 근원을 설명한 이 내용을 이해하고 잘 수행한 제자들은 이제 괴로움의 근원을 알고, 괴로움에서 벗어날 수 있는 길을 알게 된다. 세존께서 톱의 비유 경(맛지마니까야 21)에서 설하신, "자신의 생명마저도 돌보지 않고 인욕심으로 모든 고난을 견디라."는 가르침을 받아들이고 따르게 될 것이다.

그러나 사리뿟따 장로는 "만일 어떤 수행자가 불법승 삼보를 항상 마음에 담고 있는데도 평정심을 유지하지 못한다면 절망에 빠진다. 삼보를 염송하는데도 마음이 흔들린다면 그 사실을 부끄럽게 여길 것이다. 반대로 인욕을 잃지 않고 견딘다면 무량한 행복을 느끼게 될 것이다."라고 말한다. 그리고 "이런 정도로도 그는 많은 것을 성취한 것이다."라고 덧붙인다.

사리뿟따는 같은 분석 방법을 지수화풍 가운데 물, 불, 바람, 이 세 가지 요소에 대해서도 똑같이 사용하고 있다. 몸과 몸을 이루는 구성 요소들에 대해, 마치 집이 벽돌과 목재, 기와 등으로 이루어져 있어서 따로 떼어 놓으면 집이 될 수 없는 것과 같다고 설명한다. 사리뿟따는 이런 방식으로 차례대로 오온이 서로 의존적으로 생겨나는 인연을 밝히며 스승의 가르침을 인용한다. "연기를 보는 자는 법을 보고, 법을 보는 자는 연기를 본다."는 세존의 설법을 들어 연기법緣起法에 대한 설명을 이어 나간다. "오온에 대한 탐욕과 갈애,

집착이 고통을 생겨나게 한다. 탐욕과 갈애, 집착을 끊으면 고통이 소멸된다." 사리뿟따는 이러한 사실을 이해한 수행자에 대해 "이 정도를 깨달았다면 그는 많은 것을 성취한 셈이다."라고 말한다. 그리고 사성제를 설명함으로써 경전을 마무리한다. 이 담론은 엄숙하고 장엄한 화음이 아름답게 어우러진 명곡名曲과 같다.

사리뿟따의 두 번째 대표 경전은 올바른 견해의 경(정견경正見經)이다. 이 경전은 올바른 견해에 대해 설명하고 있는 빼어난 걸작이다. 마치 정교한 해설을 해 놓은 주석서를 보는 것처럼 체계적으로 가르침을 정리해 놓았다. 후대의 주석서에서는 이 경전에 대해 "부처님 가르침을 모아 놓은 다섯 가지 니까야 가운데 사성제四聖諦를 32번, 아라한의 경지를 32번 설명한 경전은 정견경이 유일하다."라고 평가하고 있다.

사리뿟따는 정견경에서 연기법에 대해 독창적으로 설명하고 있다. 연기법에 대해 약간의 변형을 주어 설명하고 있으며, 그 내용들은 매우 유익하다. 선업善業과 악업(불선업不善業), 갈애를 통해 생겨나는 물질적인 자양분, 접촉의 자양분, 의지의 자양분, 의식의 자양분 등 네 가지 자양분[37]과 십이연기에 대해 설명해 놓았다. 모두 사성제를 설명하기 위해 사용하고 있으며, 각각의 항목들에 대해서도 충분히 상세하게 설명해 놓았다. 그 결과 사성제를 이해하는 데 크게 도움을 주는 경전이다. 많은 불교국가들에서 오늘날에도 부처님 가르침을 전하기 위해 널리 활용하고 있는 경전이다.

사리뿟따와 관련된 또 다른 경전은 평등한 마음 품(앙굿따라니까야 2:4:1~10) 가운데 족쇄경足鎖經이다. 이 경은 평등한 마음을 가진 천신들[38]에게 설한 것으로, 높이 평가받고 있다. 주제는 고귀한 깨달음의 처음 3단계, 즉 예류과, 일래과, 불환과를 이룬 수행자들이 더 환생해야 하는지, 욕계와 색계, 무색계 가운데 어디로 환생하게 되는지를 밝히고 있다. 설법은 매우 짧지만, 가르침을 듣기 위해 모인 수많은 천신들에게 특별한 영향을 미쳤다. 많은 천신이 아라한과를 얻었으며, 예류과를 성취한 천신들은 셀 수 없이 많았다고 한다.

평등한 마음 경은 사실, 천계의 모든 중생들에게 큰 영향을 준 몇 안 되는 경전 가운데 하나이다. 자세한 설명도 없고 매우 짧아서 이해하기 어려운 경전이지만 수백 년 동안 높이 평가받아 왔고 연구가 이어졌다. 아라한 마힌다[39]가 스리랑카에 도착한 첫날 저녁 이 경전을 설했다고 한다. 스리랑카의 유명한 역사서인 마하왕사(대사大史)에는 이때 수많은 천신들이 설법을 듣고 법의 깨달음을 이뤘다고 기록하고 있다.

많은 사람들이 평등한 마음 경을 높이 평가하고 큰 영향을 받은 까닭은, 더 높은 경지를 향해 가는 수행자가 스스로 어떤 환생을 하게 되는지 판단하는 데 도움을 주기 때문일 것이다. 높은 깨달음의 단계에 이른 천신들은 자신이 머물고 있는 천상계가 최종적이고 변하지 않으며, 다시는 욕계에 돌아오지 않을 것으로 여긴다. 그러나 언젠가는 환생하게 마련이다. 사리뿟따 존자는 이 경전을 통해 그들이 어떤 경지에 있는지 판단하는 기준을 제시해 주었다. 또 이 경전은 올바른 길에 아직 들어서지 못한 범부 중생들에게도 어떻게 바르게 정진해야 하는지에 대한 가치 있는 방향을 제시해 주었다.

사리뿟따 존자가 설한 또 다른 두 편은 디가니까야 33, 34경으로,

합송경(合誦經, 부처님 말씀을 함께 외워야 하는 경)과 십상경(十上經, 부처님 가르침을 숫자대로 정리한 경)이다. 두 경전은 모두 숫자 1에서 10까지(한 가지로 구성된 법, 두 가지로 구성된 법, 세 가지로 구성된 법…) 법수法數에 따라 용어들을 편집해 놓았다. 10에서 편집을 멈춘 이유는 열 가지를 넘어서는 교리 항목이 매우 적었을 것이고, 열 가지 이하가 되어야 기억하기 쉬웠기 때문이었을 것이다. 사리뿟따는 부처님께서 함께 계신 자리에서 십상경을 설했다. 부처님께서는 잘 설했다고 칭찬하셨다.

십상경은 교리 용어를 1에서 10까지 숫자에 따라 배열해 놓았다. 교리 용어가 지닌 실질적인 의미를 이해하기 쉽게 도움이 되도록 10가지 항목에 맞춰서 분류해 놓았다. 예를 들면 다음과 같다.

(1) 모든 것에 이익이 되고 바른 도 닦음에 도움이 되는 법, 매우 중요한 법(많은 것을 만드는 법, 방일하지 않는 것, 성법成法)

(2) 닦아야 하는 법(몸에 대한 마음챙김, 수법修法)

(3) 철저히 알아야 하는 법(번뇌를 일으키는 감각접촉, 각법覺法)

(4) 버려야 하는 법(내가 존재한다는 자아의식, 멸법滅法)

(5) 퇴보에 빠진 법(무상한 것에 대해 영원하다고 여기는 것, 퇴법退法)

(6) 수승함에 동참하는 법(지혜로운 집중, 여리작의如理作意, 증법增法)

(7) 꿰뚫어 알기 어려운 법(도가 뒤따라오는 마음의 삼매, 난해법難解法)

(8) 일어나게 해야 하는 법(확고부동한 지혜, 생법生法)

(9) 최상의 지혜로 알아야 하는 법(모든 중생들은 음식으로 생존한다는 것, 즉 조건(연緣)으로 생존한다는 법, 지법知法)

(10) 실현해야 하는 것(확고부동한 마음의 해탈, 증법證法)[40]

가장 중요한 것은 무엇인가? 모든 선한 법을 닦는 데 방일하지 않음이며(마음챙김이며) … 버려야 하는 것은 무엇인가? "내가 존재한다."는 아만심이다. … 깨달아야만 하는 것은 무엇인가? 확고부동한 마음의 해탈이다. …

이 경전은 부처님께서 가르침을 펴신 교화 시기 후기에 편집되었을 것이다. 그 당시는 이미 많은 교리가 있었으며, 세심하게 설하신 가르침들을 잘 전하기 위해 체계화할 필요가 있었다. 또 이렇게 모아서 체계화한 경문들이 부처님 가르침의 정수가 무엇인지 이해하는 데 큰 도움이 되었다.

십상경은 위대한 영웅(마하비라)으로 이름 높은 자이나교 창시자 니간타 나따뿟따가 세상을 떠난 직후 사리뿟따 존자가 설한 경전이다. 경전은 마하비라가 죽은 후 자이나교도들 사이에서 불화와 갈등이 생겼으며, 자이나교 교리에 대해서도 서로 엇갈리는 주장을 하는 등 분열이 일어났다고 전한다. 사리뿟따 존자는 자이나교 내부에서 일어난 갈등을 불교 교단 구성원들을 향한 교훈으로 삼았다. 사리뿟따 존자는 "부처님께서 설하신 법을 모두 함께 합송해야 하고, 많은 사람에게 이익과 행복이 될 수 있도록 청정범행이 오래도록 지속되어야 한다."고 강조했다. 주석가들은 합송경을 설한 목적에 대해 '잘 설해 놓으신 법(설시선교說示善巧)'을 대중들이 함께 한마음으로 노래함으로써 화합하도록 하기 위함이라고 설명하고 있다.

사리뿟따 존자는 서문에서 게송으로 왜 이 경전을 설하게 되었는지 말하고 있다.

이제 나는 하나에서 열까지 (숫자를) 더해 가며
모든 매듭을 풀어내는 가르침을 설할 것입니다
이는 열반을 이루고
고통을 벗어나기 위해서입니다

이 두 경전은 가려 뽑은 교리에 대해 쉽게 찾아볼 수 있는 역할을 했다. 많은 경문을 다 외우지 못한 수행승들이 수없이 많은 가르침을 빠르게 찾아보고, 쉽게 기억하고 이해하여 받아들일 수 있게 해 주었을 것이다. 이 두 경전을 통해 우리는, 사리뿟따 존자가 법을 영원히 보존하기 위해 최선을 다했다는 사실과 법을 온전하게 전했다는 사실을 잘 알 수 있다. 사리뿟따는 경전들과 함께 의석(義釋, 간단한 설명) 등 '교리 공부를 위한 보조 방편'을 사용했다.

사리뿟따가 설한 주석서들

사리뿟따 존자가 한 또 다른 설법은 뒤에 싣도록 하고, 그가 설한 것으로 판단되는 더 큰 규모의 경전들에 대해 살펴보도록 하겠다.

첫 번째는 쿳다까니까야(소부小部)인데, 이 경전은 빨리 삼장 가운데 유일하게 주석서 성격을 띠고 있다. 주석서 가운데 마하닛데사(대의석大義釋)는 숫타니파타(경집經集) 가운데 의품義品에 대해 주석을 달아놓은 해설서이다. 쭐라닛데사(소의석小義釋)는 피안도품(彼岸道品, 피안으로 가는 길 품)과 서각경(犀角經, 무소의 뿔 경)에 대한 해설서인데, 숫타니파타에 포함된다.

앗타까왁가(의품)와 빠라야나왁가(피안으로 가는 길 품)는 숫타니파타 마지막에 배치되어 있고, 가장 오래된 경전이다.

우다나(우러나온 말씀, 자설경自說經)는 쏘나 장로가 의품을 암송했다고 전한다. 앙굿따라니까야에서는 우바이 난다마따라가 피안으로 가는 길 품을 암송했다고 전한다. 이러한 기록에 비추어보면 두 경전은 출가수행승과 재가신도들 모두 높이 평가하고 있음을 알 수 있다.

세존께서는 숫타니파타를 통해 적어도 다섯 차례에 걸쳐 이 두 경전에 대해 설명하셨다. 당시 교단에서 이 두 경전을 오랫동안 존중해 왔다는 사실과, 많은 옛 언어(古語)와 간결한 옛 문체로 이루어져 있다는 사실로 미루어, 아주 초기에 주석이 곁들여졌음이 틀림없다. 초기 주석이 후대에 숫타니파타에 포함된 것도 명확해 보인다.

사리뿟따 존자가 이 두 경전을 설했다는 기존 학설은 정확할 것이다. 오늘날 우리가 빨리 경전에서 볼 수 있는 문장 형식들을 제외하고는 핵심 내용들은 사리뿟따 존자가 설명한 것이라고 봐야 한다.

의석(닛데사)은 단어 설명, 문장의 맥락 해설, 부처님께서 직접 설하신 내용을 인용한 부분, 같은 뜻을 지닌 단어를 사용한 설명 등 언어학적 자료를 포함하고 있다. 이러한 부분들은 사리뿟따 존자가 수행승들을 위한 체계적인 교육에도 큰 관심을 가지고 있었다는 사실과 일맥상통한다.

대의석大義釋은 의석義釋 마지막 부분에 배치된 사리불경舍利弗經에 대한 주석을 포함하고 있다. 이 경전은 장로문경長老問經이라고도 한다. 사리불경은 스승에 대한 찬탄과 사리불이 부처님께 여쭌 질문으로 시작한다. 대의석(마하닛데사)에서는, 세존에 대한 찬탄 부분이 도리천에서 법을 설하고 돌아오시는 부처님을 칭송하는 내용이라고 설명했다. 뒷부분에는 사리뿟따가 여쭈었던 질문과 부처님께서 설해 주신 것이 분명한 가르침이 이어진다.

무애해도無礙解道는 니까야를 인용해 수행 방법을 체계적으로 제시한 논서論書이다. 수준 높은 불교 연구 자료로, 사리뿟따 존자의 마음만큼이나 폭넓은 내용을 담고 있다. 이 책은 길고 짧은 서른 편의 논문으로 이루어져 있다. 제일 먼저 72가지 지혜智慧에 대해 길게 주석한 지론智論이 펼쳐진다. 두 번째로 올바르지 못한 견해(사견邪見)를 다루고 있는 견론見論이 이어진다. 지론과 견론은 체계적이고 섬세하며 완벽하게 마음을 꿰뚫는 사리뿟따의 성품을 잘 보여주고 있다.

무애해도는 전체적으로 교리 용어를 많이 포함하고 있는데, 지론도 마찬가지이다. 숫따삐따까(경장經藏) 가운데 오래된 경전들에서 간략하게 언급해 놓은 교리 용어와 가르침에 대해 자세하게 설명하고 있다. 예를 들면 '호흡에 대한 마음챙김(안반수의론安般守意論)', '자비에 대한 명상(자비론慈悲論)', '통찰력을 키우는 여러 가지 수행법(비파사나론毗婆舍那論)' 등 여러 가지 명상 수행법에 대해 상세하게 설명해 놓아, 실천 수행에 큰 도움을 준다.

지론 중간 부분에서는 다양한 방식으로 여러 주제들에 관해 해설해 놓고 있다. 여래의 위대한 자비심을 찬탄하는 게송들을 만날 수 있다. 지론을 구성하는 문장은 놀랍도록 아름답다. 무애해도를 설명해 놓은 주석서인 현양정법론顯揚正法論을 저술한 대명(大名, 마하나마)[41] 장로는 사리뿟따 존자가 무애해도를 설했다고 확신했으며, 주석서 첫머리에 위대한 존자를 예찬하는 게송을 적어 놓았다. 무애해도에서는 사리뿟따 존자가 두 차례 나온다. '신통력에 관한 장(신변론神變論)'에서는 사리뿟따 존자가 '널리 퍼져 나가는 삼매의 불가사의한 신통력(정편만신변定遍滿神變)'을 성취했다고 기록하고 있다. 또 '위대한 지혜를 다루고 있는 논문, 대지혜론大智慧論'에서는 "사리뿟따만큼 지혜로운 이는 부처님과 비교할 수 있을 정도의 지혜를 성취한 사람이다."라고 전한다.

사리뿟따가 설한 아비담마(논장論藏)

사리뿟따 존자는 부처님 가르침을 수호하고 널리 전하는 데 아비담마를 편찬함으로써 가장 중요한 기여를 했다. 법집론(法集論, 담마상가니, 법을 갈무리해 놓은 논서)에 대한 주석서는 붓다고사 존자가 저술한 의탁월론(義卓越論, 승의론소勝義論疏)이다. 부처님께서는 도리천忉利天에 오르시어 팔만 사천 세계에서 모인 천신들에게 아비담마를 설하셨다고 전한다. 도리천에 모인 천신들의 우두머리는 도솔천에 환생한 부처님 어머니 마야 왕비였다. 마야 왕비는 도솔천兜率天에서 도리천으로 내려와 법문을 들었다고 한다.

부처님께서는 세 달 동안 천신들에게 아비담마를 설하셨으며, 매일 잠깐 동안 인간세계로 내려와 탁발을 하시고는 했다. 탁발을 하시는 동안 사리뿟따를 만나 그날그날 설하신 아비담마 부분의 "방법"을 전하셨다. 의탁월론에서는 이렇게 해설해 놓고 있다. "부처님께서는 바닷가에 서서 바다를 가리키는 것처럼, 분별지(분석적 지혜)를 지닌 상수제자에게 수행 방편을 전하셨다. 부처님께서 설하신 수천 가지 수행 방편을 사리뿟따 존자는 매우 확실하게 이해했다. 그 후 장로는 자신이 배운 것을 500명의 제자들에게 전했다."

앗타살리니는 한 걸음 더 나아가 다음과 같이 설명하고 있다. "사리뿟따는 아비담마의 순서를 정했고, 발취론(發趣論, 빳타나)의 숫자 순서도 결정했다. 장로는 이렇게 가르침의 본래 뜻을 해치지 않으면서 법을 배우고 기억하고 연구하고 가르치기 쉽도록 했다."

앗타살리니는 또 사리뿟따가 아비담마 정본 구성에 다음과 같은 기여를 했다고 설명했다.

(1) 논의의 제목(논모論母)과 그 뒤에 붙어 있는 42쌍의 대구對句로 구성해 놓은 '경장經藏의 논모論母'를 설했다. 둘은 일곱 개 논서의 서문 역할을 한다.

(2) 법집론(法集論, 담마상가니, 법을 갈무리해 놓은 논서) 네 번째 부분인 주석(註釋, 앗툿다라깐다, 의미를 드러냄)을 설했다.

(3) 아비담마를 염송하기 위한 가르침의 순서, 즉 가르침의 길을 정했다.

(4) 발취론의 숫자 부분의 배열을 정했다.

세존께서는 차례차례 경(맛지마니까야 111)에서, "사리뿟따가 보름 동안 선정에 들어 사유, 숙고, 희열 등의 성취를 차례대로 통찰해 나갔다."고 설하셨다. 이러한 사리뿟따의 성취와 분석은 법집론에 기록한, 선정 의식에 관한 상세한 분석의 토대가 되었다.

사리뿟따 존자가 가르침에 대해 얼마나 잘 이해하고 있는지, 또 얼마나 잘 설명하고 있는지에 대해 세존께서는 깔라라경(상윳따니까야 12:32)에서 이렇게 설하셨다.

"비구여, 사리뿟따는 법계(法界, 법의 요소)를 잘 꿰뚫었기 때문에[42] 내가 만일 그에게 하룻밤, 낮과 밤, 또는 이틀 밤낮으로, 심지어 칠일 밤낮 동안 여러 단어와 방법으로 질문한다고 해도, 사리뿟따는 다양한 단어와 여러 가지 방법으로 설명할 것이다."

또 전륜경(轉輪經, 앙굿따라니까야 5:132)에서는 사리뿟따 장로를 전륜성왕의 태자에 비유해 설하기도 하셨다.

"비구들이여, 전륜성왕의 태자는 다섯 가지 특성(덕)을 갖추고 아버지가 굴린 수레바퀴를 정의롭게 굴린다. 다섯 가지 특성은 무엇인가? 의미를 알고, 법을 알고, 적당함을 알고, 때를 알고, 그가 다스려야 하는 백성들을 안다.
이와 같이 비구들이여, 사리뿟따는 다섯 가지 특성을 갖추었으며, 내가 굴린 위없는 법의 바퀴를 올바르게 굴린다. 사리뿟따가 굴린 법의 바퀴는 사문도 바라문도 천신도 마라도 범천도, 이 세상 그 누구도 멈출 수 없다. 비구들이여, 사리뿟따가 갖춘 다섯 가지 특성(덕)은 무엇인가? 사리뿟따는 의미를 알고, 법을 알고, 적당함을 알고, 시기를 알고, 법을 들어야 할 대중을 안다."

법을 가르치는 스승으로서 사리뿟따의 위대한 명성은 그가 세상을 떠난 후에도 오랫동안 이어져 불자들에게 전해졌다. 약 300년 후의 경전인 미란타왕문경(彌蘭陀王問經, 밀린다빵하)에서 밀린다왕은 나가세나 장로를 사리뿟따 존자와 비교하며 이렇게 말했다. "부처님 가르침을 전하면서 사리뿟따 존자를 제외한다면 스님과 같이 잘 답해줄 수 있는 분은 없었습니다(미란타왕문경 420)."

사리뿟따 존자의 명성은 주옥같은 가르침으로 인해 여전히 드높다. 그의 설법은 스승이신 부처님의 가르침과 함께 가장 오래된 불교 문헌에 간직되어 있으며, 오늘날에도 생생하게 살아 있다.

피안彼岸을 향하여

상수제자의 열반

이제 우리는 부처님께서 반열반(般涅槃, 완전한 열반)에 드신 그 해에 이르렀다. 세존께서는 웨살리(비사리毘舍離)성 근처 벨루와가마(상수촌椽樹村) 마을에서 우기雨期 안거를 마치고 제따와나 사원(기원정사)이 자리한 사왓티(사위성舍衛城)로 돌아오셨다(대반열반경大般涅槃經, 디가니까야 16).

그곳에서 법의 대장군 사리뿟따 장로는 세존께 예경을 올리고 그의 처소로 갔다. 제자들이 인사를 하고 떠나자 청소를 하고 가죽 방석을 깔았다. 그리고 발을 씻은 후 결가부좌를 하고 아라한과 선정에 들었다.

사리뿟따는 미리 정해 놓은 시간에 선정에서 깨어나 이런 생각을 했다. '깨달음을 이루신 분이 먼저 열반할 것인가, 아니면 그분의 상수제자가 먼저 열반에 들 것인가?' 상수제자들이 먼저 열반에 들 것을 알았고, 자신의 삶이 일주일밖에 남지 남았음을 알게 되었다.

그런 다음 '나는 어디에서 열반에 들어야 하는가?'에 대해 생각했다. '라훌라는 도리천에서 열반에 들었고, 안냐 꼰단냐 장로는 히말라야에 있는 육아호(六牙湖, 여섯 개 어금니를 가진 코끼리 호수, 여섯 개 어금니를 가진 코끼리는 자타카에 나오는 부처님 본생이다)에서 입멸했다. 나는 어디로 가야 하는가?' 이렇게 생각했다.

이렇게 되풀이하여 생각하다 어머니를 떠올렸다. '어머니는 일곱 명의 아라한을 자식으로 두었으면서도 부처님과 가르침과 승가를 믿지 않으신다. 어머니는 삼보에 대한 신심을 이룰 만한 근기를 지니고 있을까, 없을까?'

그렇게 살피다 어머니가 예류과預流果를 성취할 만한 근기를 지니고 있음을 알았다. 그리고 스스로에게 물었다. '어머니는 누구로부터 가르침을 받아 진리를 깨달을 수 있을까?' 어머니를 깨달음으로 인도할 수 있는 사람은 자신밖에 없음을 알게 되었다. 또 이런 생각이 떠올랐다. '내가 지금 어머니를 깨달음으로 인도하지 않는다면 사람들은 이렇게 비방할 것이다. 예를 들어, 사리뿟따가 고요한 마음의 천신들(등심천等心天)에게 법을 설한 날, 많은 천신이 아라한을 얻었고, 더 많은 천신들은 예류과, 일래과, 불환과를 이루었다. 어느 때에는 사리뿟따가 삼보에 귀의하면 얼마나 환희로운지에 대해 설하자 그 말을 듣고 많은 사람들이 예류과에 들었으며, 수천에 달하는 가족들이 천상계에 태어나기도 했다. 그런데도 자기 어머니는 정견正見으로 인도하지 못했다!'고 할 것이다. 그러니 어머니가 삿된 견해에서 벗어나도록 해드리고, 내가 태어났던 바로 그 방에서 반열반에 들어야겠다.'

사리뿟따는 그렇게 결심한 후, 바로 그날 스승께 허락을 얻어 고향 날라까로 가기로 결정했다. 그리고 시자인 쭌다 장로에게 부탁했다. "나의 친구 쭌다여, 우리 오백 명의 비구들에게 발우와 가사를 챙겨 떠날 준비를 해 달라고 전해 주오. 나는 날라까로 가겠소." 쭌다 장로는 사리뿟따의 청을 들어주었다.

오백 명의 비구들은 숙소를 정리하고 발우와 가사를 챙겨 사리뿟따 장로에게 왔다. 사리뿟따는 자신이 머물던 처소를 정돈하고, 낮에 있던 곳을 청소했다. 그런 다음 문 앞에 서서 바라보며 생각했다. '이제 이곳을 보는 것도 마지막이구나. 다시 돌아오는 일은 없을 것이다.'

오백 명의 비구들과 함께 세존을 찾아뵙고 예경을 드린 후 이렇게 아뢰었다. "스승이시여, 세존이시여, 위없는 분이시여, 허락해 주시옵소서. 저는 이제 열반에 들어야 할 때가 왔습니다. 저의 수명은 이제 다하였습니다."

세존이시여, 위없는 바른 깨달음을 이룬 분이시여
저는 곧 이 삶에서 풀려날 것입니다
다시는 오고 가는 것이 없을 것이니
세존을 뵙는 것은 이번이 마지막입니다

제게는 남은 시간이 얼마 없습니다
지금부터 7일이 지나면
모든 짐을 벗어 버리고
이 몸을 누이게 될 것입니다
스승이시여, 청을 들어 주시옵소서
세존이시여, 허락해 주시옵소서
마침내 제가 열반에 들 때가 되었습니다
이제 저는 더 이상 살고자 하는 마음을 내려놓았습니다

이때 세존께서 "그리 하라. 그대는 이제 열반에 들어도 좋다."고 허락하셨다면 외도들은 세존께서 죽음을 예찬했다고 비판할 것이었다. 반대로 "열반에 들지 말라."고 하셨으면 윤회를 계속하는 것을 허락했다고 비판할 것이었다. 경전에서는 이 때문에 세존께서 "그대는 어디에서 입멸에 들 것인가?"라고만 물으셨다고 기록하고 있다.

사리뿟따는 "마가다국 날라까 마을, 제가 태어난 방에서 열반을 맞이하겠습니다."라고 말씀드렸다.

그러자 세존께서 말씀하셨다. "사리뿟따여, 그대가 적절한 때가 되면 그리하도록 하라. 다만 승단에 있는 그대의 형과 동생은 더 이상 그대와 같은 비구를 만날 기회가 없을 것이다. 그들에게 마지막으로 법을 설해 주어라."

그런 다음 위대한 장로는 불가사의한 능력을 모두 보여주며 법을 설했다. 최상승의 진리에서 세간의 진리에 이르기까지 오르내리며 직설적으로 법을 설하기도 하고, 비유를 들어 설하기도 했다. 설법을 마치고 스승의 발 앞에 경의를 표했다. 세존의 다리를 끌어안고 이렇게 말했다. "저는 세존께 엎드려 예경을 드리기 위해 헤아릴 수 없는 세월(무량겁) 동안 십바라밀을 원만하게 닦아 왔습니다. 제 서원誓願은 이루어졌습니다. 앞으로는 만나 뵐 일도, 곁에서 모실 일도 없습니다. 제 모든 인연은 이제 다했습니다. 저는 이제 늙지 않고 죽지 않고 평화롭고 행복하고 따뜻하며 안온한 곳, 수십만에 이르는 부처님들이 가셨던 곳, 열반이라는 성으로 들어갑니다. 세존이시여, 그동안 제가 했던 행동이나 말이 세존을 기쁘게 해드리지 못했다면 저를 용서해 주십시오! 이제 가야 할 시간입니다."

세존께서는 언젠가 이렇게 말씀하신 일이 있었다. "사리뿟따여, 그대의 말이나 행동에 책망할 것은 없다. 그대는 위대한 지혜, 크고 넓은 지혜를 이루었으며, 전광석화처럼 빠른 지혜를 갖추었고, 예리하고 꿰뚫는 지혜를 이루었도다(자자경自恣經, 상윳따니까야 8:7)."

세존께서는 이번에도 같은 말씀을 하셨다. "사리뿟따여, 그대를 용서하노라. 그러나 그대의 말이나 행동이 내 마음을 불편하게 한 일은 없었다. 사리뿟따여, 이제 그대가 적절한 때라고 생각되면 마음먹은 대로 행하라." 물론 세존께서 상수제자를 꾸짖는 것처럼 보였던 경우도 있었다. 그러나 사실은 새로운 접근 방식을 제시하셨고, 문제를 해결하는 새로운 방식을 보여 주셨던 것이다.

세존께서 허락하시고 사리뿟따가 예경을 마치고 일어나자마자 대지가 포효하고 바다에 이르기까지 크게 흔들렸다. 대지가 마치 이렇게 말하는 것 같았다. "수미산과 수미산 둘레와 히말라야 산맥을 떠받치고 있는 나로서도 오늘 이처럼 쌓인 위대한 공덕은 감당할 수 없다." 이어서 천둥이 하늘을 가르고 먹구름이 몰려왔으며 큰 비가 내렸다.

세존께서는 이렇게 생각하셨다. '법의 대장군이 떠나도록 허락해야겠다. 앉아 있는 내게 예경을 올렸으니 서 있는 내게도 예경을 올릴 수 있도록 해야겠다.' 세존께서는 법상法床에서 일어나 여래께서 머무시는 거처(여래향실如來香室)로 가시어 금강좌 위에 자리하셨다. 사리뿟따는 여래향실을 오른쪽으로 세 바퀴 돌며 세존의 앞에서 뒤에서 오른쪽에서 왼쪽에서 절을 올리고 생각했다. '제가 아노마닷시 부처님 발아래 엎드려 부처님을 뵙고자 한 것이 아승기겁(阿僧祇劫, 무수겁無數劫, 헤아릴 수 없이 오랜 세월)에 더하고도 십만 겁 전이었습니다. 저의 서원이 이루어져 드디어 세존을 뵈었습니다. 그때 세존을 처음 뵈었고 오늘 마지막으로 뵙습니다. 이제 다시 뵐 기회는 없을 것입니다.' 사리뿟따는 합장하고 예경을 드린 후 세존의 모습이 보이지 않을 때까지 뒷걸음으로 물러섰다. 대지는 감당할 수 없어 또 한 번 바다에 이르기까지 크게 흔들렸다.

세존께서는 비구들에게 말씀하셨다. "떠나도록 하라, 비구들이여. 그대들의 장로와 함께 가거라." 이 말씀을 하시니, 사부대중이 모두 제따와나를 떠나고 세존께서는 홀로 머무셨다. 사왓티 주민들도 그 소식을 듣고 향과 꽃을 손에 들고 떠났다. 애도의 뜻을 표하는 의미로 머리카락을 적시고 통곡하며 장로 뒤를 따랐다.

사리뿟따는 "누구도 죽음으로 가는 이 길은 피할 수 없습니다." 이렇게 말하며 무리를 타일러 제따와나로 돌아가도록 했다. 그를 따라온 비구들에게도 이렇게 말했다. "스승님을 홀로 계시게 하지 마십시오." 그렇게 그들을 돌려보낸 후 자신의 제자들만 데리고 길을 갔다. 그럼에도 불구하고 몇몇 사람들은 계속해서 따라가며 이렇게 한탄했다. "우리의 고귀한 스님께서는 전에도 여행을 떠났다 돌아왔습니다. 그러나 이 길은 영원히 돌아올 수 없는 길입니다!" 장로는 그들에게 이렇게 말했다. "친구들이여, 마음에 잘 새겨 챙기십시오! 정신적인 것이든 물질적인 것이든, 모든 것은 연기緣機에 의해 생겨나고 반드시 소멸하게 됩니다." 그리고 그들을 돌려보냈다.

여행을 하는 칠일 동안 사리뿟따는 모든 마을에서 하루씩만 머물며 지체하지 않음으로써, 되도록 많은 사람들에게 법을 설해 주었으며 마지막 모습을 볼 수 있게 해 주었다. 저녁 무렵 고향 날라까에 도착한 사리뿟따는 마을 입구에 있는 보리수나무 근처에 멈춰 섰다. 때마침 장로의 조카 우빠레와따가 마을 밖으로 나왔다가 사리뿟따를 보았다. 조카는 장로에게 다가가서 예경을 드렸다.

장로가 물었다. "할머니는 집에 계시느냐?"

"예, 존자시여."

"그러면 가서 우리가 왔다는 사실을 전하여라. 그리고 할머니가 왜 왔느냐고 하시거든 하루 동안 마을에 머물 것이라 하고, 내가 태어났던 방을 청소해 주시고, 500명의 비구들을 위한 숙소를 마련해 달라고 말씀드려라."

우빠레와따는 할머니께 가서 "삼촌이 왔습니다."라고 전했다.

"지금 어디에 있느냐?"

"마을 입구에 있습니다."

"혼자더냐, 아니면 다른 이들과 함께 왔더냐?"

"500명의 비구와 함께 왔습니다."

할머니는 "왜 왔다고 하더냐?"고 물었고, 우빠레와따는 사리뿟따 존자가 해 준 말을 전했다. 할머니는 생각했다. '사리뿟따는 왜 나에게 그렇게 많은 사람들을 위해 머물 곳을 마련해 달라고 했을까? 젊어서 출가 수행자가 되었는데, 나이가 드니 다시 돌아오고 싶은 것인가?' 그러면서도 어머니는 사리뿟따를 위해 그가 태어났던 방을 청소하고, 비구들을 위한 숙소를 마련했으며, 불을 밝힌 후 다시 우빠레와따를 사리뿟따에게 보냈다. 사리뿟따는 비구들과 함께 집에 와 태어났던 방으로 들어갔다. 자리에 앉은 후 비구들에게 숙소로 가서 쉴 것을 권했다. 사리뿟따는 당시로서는 중병인 이질을 앓고 있었다. 비구들이 물러간 후 사리뿟따의 병환이 급격하게 악화되어 극심한 고통이 밀려 왔다. 피가 섞인 설사를 담아내는 그릇이 쉴 새 없이 들락거렸다. 사리뿟따의 어머니, 바라문 루빠사리는 '아들의 병이 매우 심각한 상태구나.' 이렇게 생각하며 자신의 방 문기둥에 기대어 서 있었다.

경전은 그때, 사천왕四天王이 "법의 대장군, 그분은 지금 어디에 계실까?"라고 서로에게 물었다고 전하고 있다.[43] 사천왕은 사리뿟따가 날라까 마을 태어났던 방 침대에 누워 죽음을 기다리고 있음을 알고 존자를 뵈러 가기로 했다.

사천왕은 사리뿟따에게 가 예경을 드렸다.

"그대들은 누구십니까?"

"저희는 사천왕입니다. 존자시여."

"어떻게 오셨습니까?"

"존자님을 살펴드리려고 왔습니다."

사리뿟따가 말했다. "순리에 맡겨 주십시오. 여기도 돌봐줄 사람이 있습니다. 돌아가셔도 됩니다."

사천왕이 떠나고 제석천왕이 왔으며, 제석천왕이 떠나고 대범천이 찾아왔다. 사리뿟따는 모두 돌려보냈다.

바라문 여인, 어머니 우빠사리는 사천왕과 대범천 등이 찾아왔다 돌아가는 것을 보며 스스로에게 이렇게 물었다. "내 아들을 찾아와 병문안을 하고 물러간 이들은 대체 누구일까?" 존자가 누워 있는 방으로 가 작은 아들인 쭌다에게 사리뿟따의 병세를 물었다. 쭌다는 장로에게 "위대한 우바이(여성 재가신도)가 왔습니다."라고 전했다.

사리뿟따가 물었다. "이 시간에 어쩐 일이십니까?"

"너를 만나기 위해 왔다. 제일 처음 너를 찾아온 이는 누구였더냐?"

"사천왕이 가장 먼저 왔습니다. 우바이여."

"네가 사천왕보다 더 위대한 것이냐?"

사리뿟따가 답했다. "사천왕은 사원을 지키는 이들과 같습니다. 우리 스승 세존께서 출현하신 후 그들은 보검을 들고 세존을 수호해 왔습니다."

"그들이 떠난 후, 찾아온 이는 누구였느냐?"

"천신의 왕 제석천이었습니다."

"그렇다면 너는 제석천보다 위대한 것이냐?"

사리뿟따가 대답했다. "제석천은 갓 출가해 수행자들을 보좌하는 사미와 같습니다. 우리 스승께서 도리천에서 돌아오실 때 제석천은 발우와 가사를 들고 함께 땅으로 내려왔습니다."

"제석천이 돌아가고 찾아와 광채로 방을 가득 채운 이는 누구였느냐?"

"우바이여, 당신이 섬기는 대범천이었습니다."

"내 아들아, 네가 나의 주인 대범천보다 위대한 것이냐?"

"그렇습니다. 우바이여, 세존께서 태어나셨을 때 네 명의 대범천이 황금 그물로 받았다고 합니다."

바라문 여인은 생각했다. '내 아들이 이렇게 위대하다면, 내 아들이 섬기는 스승은 도대체 얼마나 위대한 것인가?' 그녀가 이런 생각을 하고 있는 동안 마음에서 갑자기 환희심이 일어나 온몸을 가득 채웠다.

장로는 생각했다. '어머니 마음에 희열이 일어났다. 이제 어머니에게 법을 전할 때가 되었다.' 그리고 말했다. "우바이여, 무슨 생각을 하고 계셨습니까?"

어머니는 답했다. "내 아들의 덕이 그렇게 높은데 그 스승의 덕은 얼마나 위대할까라고 생각했다."

사리뿟따가 답했다. "제 스승께서 탄생하실 때, 위대한 출가를 하셨을 때, 깨달음을 이루셨을 때, 처음으로 법륜을 굴리셨을 때, 팔만 사천 세계가 진동을 하고 크게 흔들렸습니다. 그분처럼 계행, 선정, 지혜, 해탈, 해탈지견을 갖춘 사람은 아무도 없습니다." 그런 다음 어머니에게 위대한 분께 올리는 예경에 대해 자세히 설명했다. "그러한 까닭에 그분 세존께서는…"[44] 이렇게 부처님의 덕성을 바탕으로 어머니께 부처님 가르침을 전해 주었다.

사랑하는 아들이 전한 법문이 끝났을 때, 바라문 여인은 확고하게 예류과를 성취했으며 이렇게 말했다. "오, 사랑하는 아들 우빠띳사야, 왜 그랬느냐? 왜 그렇게 오랜 세월 동안 감로와도 같은 불사不死의 지혜를 나에게 전해 주지 않았느냐?"

장로는 생각했다. '이제 어머니, 바라문 여인 루빠사리께서 낳아주고 키워주신 은혜를 갚았다. 이제 되었다.' 그리고 "이제 돌아가셔도 괜찮습니다. 어머니." 이렇게 말하며 돌려보냈다.

어머니가 돌아가고 나서 쭌다에게 물었다. "쭌다여, 지금은 어느 때인가?"

"존자시여, 이른 새벽입니다."

"비구들을 모두 이리로 오라 하게."

비구들이 모였을 때, 쭌다에게 일으켜 앉게 해 달라고 부탁했다.

장로는 비구들에게 말했다. "형제들이여, 44년 동안 그대들과 함께 살았고, 함께 유행遊幸했습니다. 형제들이여, 내 행동이나 내 말이 그대들을 불쾌하게 한 것이 있거든 나를 용서해 주시오."

대중이 답했다. "존자시여, 저희는 그림자처럼 존자님의 뒤를 따랐지만, 단 한 번도 불쾌하게 하지 않으셨습니다. 존자시여, 오히려 저희를 용서해 주십시오."

그 후에 장로는 가사로 몸을 감싸고 얼굴을 덮어 오른쪽으로 누웠다. 그런 다음 존자는 스승께서 반열반에 들어 수행했던 것처럼, 순차적으로 아홉 단계의 선정에 들었다. 다시 역순으로 아홉 단계의 선정(구차제정九次第定)에 들었다. 그 후에 다시 초선에서 사선까지 선정에 들었다.[45] 사선정에 들었을 때 지평선 위로 태양이 떠오르는 순간 아무것도 남김없이 무여열반에 들었다. 때는 인도 태양력으로 10월에서 11월에 해당하는 깟띠까 달 보름날이었다.

방에 머물던 어머니, 바라문 여인은 이렇게 생각했다. '내 아들은 지금 어떨까? 왜 아무 소리도 들리지 않는가?' 그녀는 장로의 방으로 가 아들의 다리를 주물렀다. 그가 떠난 것을 알고 발아래 엎드려 크게 통곡했다. "아, 사랑하는 나의 아들이여, 나는 이전에 너의 덕성을 제대로 알지 못했구나. 그 때문에 수백 명의 비구들을 맞이하고 공양을 올리는 선업(복덕)을 쌓지 못했다! 사원을 짓는 공덕도 짓지 못했다!" 해가 완전히 뜰 때까지 이렇게 한탄했다.

해가 뜨자 금 세공사를 불러 보물 창고를 열게 하고 금을 가득 담은 항아리를 준비했다. 금 세공사에게 금을 주어 장례를 준비하도록 했다. 마을 한가운데에 좋은 나무 기둥을 세우고 누각을 짓게 했다. 모두 500채의 높이 솟은 탑과 법당, 500채의 누각을 세우도록 했다. 지붕은 모두 황금으로 장엄했다. 그런 다음 인간과 신이 함께 성스러운 장례를 시작했다.

대중들은 일주일 동안 성스러운 장례를 치른 후 여러 가지 향나무 장작더미를 쌓아올렸다. 사리뿟따 존자의 법구(유해)를 장작더미 위에 올려놓고 향기 나는 뿌리 다발로 장작더미에 불을 붙였다. 화장이 진행되는 밤 동안 대중은 진리에 대한 설법을 들었다. 장로 아누룻다가 향기 나는 물로 다 타고 남은 장작불을 껐다. 쭌다 사미는 사리뿟따의 사리를 모아 천으로 감쌌다.

쭌다 사미는 생각했다. "여기서 더 이상 지체할 수 없다. 나는 완전한 깨달음을 이룬 분에게, 형이자 법의 대장군 사리뿟따 존자가 열반에 들었다는 사실을 전해 드려야 한다." 그는 사리를 싼 보따리와 사리뿟따의 발우와 가사를 가지고 사왓티로 떠났다. 도중에 있는 마을에서 하룻밤씩만 밤을 보내고 길을 재촉했다.

이 모든 일들은 염처경念處經 가운데 순타경純陀經 주석서에 기록되어 있다. 대반열반경大般涅槃經 주석에도 나란히 실려 있다. 이 이야기는 쭌다 경(상윳따 니까야 47:13)에서 가져왔다.

순타경純陀經

한때 세존께서는 아나타삔디까(급고독 장자)가 세워 보시한 사원, 사왓티의 제따와나 사원(기수급고독원)에 머물고 계셨다. 그때 사리뿟따 존자는 마가다국 날라까 마을에 머물고 있었는데 중병에 걸려 괴로워하고 있었다. 출가한 지 얼마 되지 않은 쭌다[46]가 모시고 있었다.

그리고 사리뿟따 존자는 병으로 세상을 떠났다. 그 후 쭌다는 사리뿟따 존자의 발우와 가사를 가지고 사왓티의 제따와나 사원으로 갔다. 쭌다는 아난다 존자에게 다가가 인사를 하고, 한 쪽에 앉아 이렇게 고했다. "사리뿟따 존자께서 열반에 들었습니다. 여기 존자의 사리와 발우, 가사를 가지고 왔습니다."

"도반 쭌다여, 이 일은 세존께 고해야 합니다. 세존을 뵙고 알려드리도록 합시다."

"예, 존자시여." 쭌다가 말했다.

그들은 세존을 뵈러 가서, 예경을 드리고 한쪽에 앉았다. 그리고 아난다 존자가 세존께 다음과 같이 고했다.

"세존이시여, 쭌다 사미가 소식을 가지고 왔습니다. '사리뿟따 존자가 완전한 열반에 들었습니다. 여기 사리와 발우, 가사를 가져왔습니다.' 세존이시여, 저는 사리뿟따 존자가 완전한 열반에 들었다는 소식을 듣고 온몸이 넝쿨처럼 약해졌습니다. 제 주변의 모든 것이 흐릿해졌고, 모든 것이 더 이상 분명하게 보이지 않았습니다."[47]

"아난다여, 어떠한가? 사리뿟따가 열반에 들면서 그대에게서 계행戒行의 무더기, 삼매의 무더기, 지혜의 무더기, 해탈의 무더기, 해탈지견의 무더기를 가져가 버리기라도 했는가?"

"그렇지 않습니다, 세존이시여, 사리뿟따 존자가 열반에 들었을 때 저의 계행의 무더기, 삼매의 무더기, 지혜의 무더기, 해탈의 무더기, 해탈지견의 무더기를 가져가지 않았습니다. 그러나 세존이시여, 사리뿟따 존자는 저에게 길을 일러주었고, 교사였으며, 일깨워주고 격려하고 분발하게 하고 기쁨을 주었습니다. 법을 가르치는 데 피로한 줄 몰랐으며, 도반들에게 큰 도움을 준 이였습니다. 저희는 존자가 법을 가르쳐 준 것이 얼마나 활기차고 즐겁고 도움이 되었는지 기억합니다."

"아난다야, 우리에게 가까이 있고 소중한 모든 것은 본래 우리와 헤어져야 한다는 것을 내가 이미 너에게 가르쳐 주지 않았느냐? 태어나고, 존재했고, 합쳐지고, 흩어지는 대상이 되는 것 가운데 어떻게 그것이 떠나지 말아야 한다고 해야 하는가? 그런 일은 있을 수 없다. 아난다여, 예를 들면 단단한 줄기를 속에 품고 튼튼하게 서 있는 큰 나무의 큰 가지가 꺾이듯, 사리뿟따도 이제 이 위대하고 굳건한 승가를 떠났다. 아난다여, 태어났고 존재했고 형성된 것은 모두 흩어지기 마련이니 어찌 떠나지 말라고 하겠느냐. 그런 일은 있을 수 없다."

"그러므로 아난다여, 너는 자신을 섬[48]으로 삼고(자등명), 자신을 귀의처(자귀의)로 삼아 머물며, 남을 귀의처로 삼아 머물지 말라. 법을 섬으로 삼고(법등명), 법을 귀의처로 삼아(법귀의) 머물고, 다른 것을 귀의처로 삼아 머물지 말라."

주석서에서는 다음과 같이 전한다. 세존께서는 손을 내밀어 사리뿟따의 사리가 담긴 보자기를 가져다 올려놓으시고 비구들에게 말씀하셨다.

"비구들이여, 지혜가 크고, 명석하고, 빠르고, 예리한 지혜를 가진 분의 사리를 보라. 그는 바라는 것이 적어 만족하며, 홀로 있기를 좋아하고, 어울리기를 좋아하지 않으며, 언제나 활력이 넘쳤다. 여기 도반들에게 선을 권하고 악을 꾸짖은 그의 사리를 보라."

부처님께서는 이어서 위대한 제자를 찬탄하시며 게송을 읊으셨다.

비구들이여
오백 생 동안 출가하여
마음을 기쁘게 하는 감각적 쾌락을 버리고
육근을 잘 다스려
갈애와 욕망을 완전히 끊어 내고
열반에 든 사리뿟따에게 예경을 드려라

비구들이여
대지와 같아 인욕忍辱하였으며
자신의 마음을 완전히 다스렸고
자비롭고 친절하며

번뇌의 불길을 꺼 항상 평온했던 사람
열반에 든 사리뿟따에게 정중하게
예경을 드려라

비구들이여
의지할 데 없이 가난한 거지의 아들처럼
자만을 버리고 겸손한 마음을 지니고
한 손에 발우를 들고 이 집 저 집 다니며
탁발을 하던 사람 사리뿟따는 그런 사람이었다
열반에 든 사리뿟따에게 정중하게
예경을 드려라

비구들이여
뿔이 부러진 황소처럼
마을이나 숲에서 아무도 해치지 않은 사람
자신을 완전히 다스린 사람
그가 바로 사리뿟따였다
열반에 든 사리뿟따에게
예경을 드려라

세존께서는 이렇게 사리뿟따 존자의 공덕을 찬탄하시고, 사리를 봉안할 탑을 세우라고 당부하셨다.

그 후 부처님께서는 장로 아난다에게 라자가하로 가고 싶다고 말씀하셨다. 아난다는 비구들에게 알렸고, 세존께서는 많은 비구들과 함께 라자가하로 가셨다. 라자가하에 도착하셨을 때 마하목갈라나 존자도 열반에 들었다(사리뿟따 열반 이후 보름이 지난 뒤였다). 세존께서는 마하목갈라나의 사리를 봉안할 사리탑도 세우게 하셨다.

그리고는 라자가하를 떠나 갠지스 강을 향해 왓지국 욱까쩰라에 이르셨다. 세존께서는 욱까쩰라 갠지스 강 언덕에 제자들과 함께 앉아 사리뿟따와 마하목갈라나가 열반에 든 일과 관련해 욱가지라경(郁伽支羅經, 상윳따니까야 47:14)을 설하셨다.

욱가지라경郁伽支羅經

한때 세존께서는 사리뿟따와 목갈라나가 세상을 떠난 지 얼마 되지 않아 왓지국 욱까쩰라 갠지스 강 언덕에 계셨다. 그때 세존께서는 비구들에게 둘러싸여 앉아계셨다.

세존께서는 조용히 비구들을 둘러보시고 말씀하셨다.

"비구들이여, 사리뿟따와 목갈라나가 열반에 들었으므로 이 자리가 참으로 공허한 것 같지만, 나의 회중은 비어 있지 않으며, 사리뿟따와 목갈라나가 어디로 갔는지에 대해 걱정할 이유도 없다."

"나에게 사리뿟따와 목갈라나 한 쌍의 상수제자가 있었듯, 과거의 아라한, 세존, 정등각자들께서도 한 쌍의 빼어난 상수제자를 두셨다. 나에게 사리뿟따와 목갈라나 한 쌍의 고결한 상수제자가 있었듯, 앞으로 오실 아라한, 세존, 정등각자들께서도 고결한 두 상수제자를 두실 것이다."

"비구들이여, 두 상수제자들이 스승의 가르침을 그대로 실천하고, 스승의 조언을 그대로 따른다는 것은 경이로운 일이다. 비구들이여, 제자들의 입장에서 보면 사부대중이 그들을 사랑하고 존경하며 추앙하는 것은 참으로 놀라운 일이다. 비구들이여, 그들이 세상을 떠났는데 여래께서 애도하지도 않고 한탄하지도 않는다는 사실이 매우 경이로운 일이다. 생겨난 것은 머물고 부서지기 마련인데 어찌 떠나지 말라고 하겠는가? 그것은 있을 수 없는 일이다."

"그러므로 비구들이여, 스스로 섬이 되고 스스로에게 귀의하라. 밖에서 귀의할 곳을 구하지 말라. 법을 섬으로 삼고, 법을 귀의처로 삼아 다른 귀의처를 찾지 말라."

그 심오하고 감동적인 가르침은 부처님께서 궁극적이고 완전한 열반에 드실 때까지 이어졌다. 스승의 깊은 사랑을 받은 상수제자였고, 법의 대장군이 된 청년 우빠띳사 이야기는 이렇게 끝이 난다. 사리뿟따 존자는 태양력 10월에 시작하여 11월에 끝나는 깟띠까 달(음력 10월) 보름날에 열반했다. 마하목갈라나는 보름이 지난 후인 초승달이 뜬 날에 뒤따랐다. 경전에 따르면 반년이 지난 후 부처님께서는 완전한 열반에 드셨다.

부처님과 사리뿟따, 목갈라나 이 위대한 세 인물의 만남은 신과 인간에게 축복을 가져다 준 상서로운 일이었다. 그러한 일이 순전히 우연으로 이루어진 것일까? 나가세나 장로가 설한 밀린다빵하에서 그 질문에 대한 답을 찾을 수 있다.

"왕이시여, 사리뿟따 장로는 수없이 많은 생을 지나오면서 부처님의 아버지, 할아버지, 삼촌, 형제, 아들, 조카, 친구였습니다."

그렇게 헤아릴 수 없이 오랜 세월 서로를 이어주던 윤회는 마침내 막을 내렸다. 덧없는 사건의 연속에 불과했던 시간은 그들에게 영원이 되었고, 지루하게 반복되던 탄생과 죽음은 영원히 죽지 않는 분들에게 자리를 내어주었다. 그리고 마지막 삶에서 그들은 세상을 환하게 비춰 준 등불이 되었다. 그 등불, 영원히 빛나기를!

사리뿟따의 설법

사리뿟따 존자가 설한 것으로 알려진 경전들은 계율에서부터 심오한 교리, 선정 수행에 이르기까지 청정범행과 관련된 폭넓은 주제를 다루고 있다. 각 경전의 주제에 대한 간략한 설명과 목록을 정리해 보았다. 경전이 배열된 순서는 설법이 설해진 시간대 별 순서도 아니고 선후관계를 고려한 것도 아니다. 그러나 부처님께서 가르침을 펴시던 시기 중 언제 있었던 일인지를 알 수 있는 특정한 사건들을 기록한 경전도 있다. 급고독경(給孤獨經, 아나타삔디까 경)이 그러한데, 위대한 재가신도 급고독 장자(아나타삔디까)가 세상을 떠나기 직전에 설한 경전이다.

맛지마니까야(중부 아함中部 阿含)

법의 상속자 경(법사경法嗣經, 맛지마니까야 3)

부처님께서 "법의 상속자"와 "세속의 상속자"에 대해 설하시고 여래향실로 들어가신 후, 사리뿟따는 세존께서 홀로 머물고 계실 때 제자들은 어떻게 행동해야 하는지, 어떤 행동을 하지 말아야 하는지에 대해 설명했다. 제자들은 스승을 따라 홀로 고요히 수행해야 하며, 세존께서 버려야 한다고 하신 법을 포기해야 하며, 절제하며 홀로 있기를 좋아해야 한다고 설했다. 사리뿟따는 마음속 열여섯 가지 번뇌의 해악(옷감에 대한 비유의 경, 맛지마니까야 7)[49]에 대해 설명하고, 번뇌를 끊어낼 수 있는 중도中道의 가르침이 바로 팔정도의 진리라고 설하셨다.

흠 없음 경, 더러움 없음 경(무예경無穢經, 맛지마니까야 5)

경전에서는 네 종류의 사람을 제시하고 있다. 죄를 짓고 죄를 지었다고 아는 사람, 죄를 짓고도 알지 못하는 사람, 죄를 짓지 않고 그 사실을 아는 사람, 죄가 없으면서도 그 사실을 모르는 사람, 이렇게 네 종류의 사람을 열거한다.[50] 그러면서 알고 있는 사람이 더 나은 사람이라고 하며, 그 까닭을 설명하고 있다. 계율과 선정 수행을 통해 영적으로 한층 더 나은 수행자가 되기 위해서는 자기 성찰이 중요하다는 사실을 일깨워주고 있다.

바른 견해의 경(정견경正見經, 맛지마니까야 9)

사리뿟따는 존자는 고귀한 제자가 번뇌를 알고 번뇌가 일어남을 알며, 번뇌의 소멸을 알고 번뇌의 소멸에 이르는 길을 잘 알면, 올바른 견해를 지니고, 올바른 가르침을 성취한다고 설하고 있다.

코끼리 발자국 비유에 관한 큰 경(대상적유경大象迹喩經, 맛지마니까야 28)

움직이는 모든 생명의 발자국은 모두 코끼리 발자국 안에 놓이듯이, 유익한 법(선법善法)은 모두 네 가지 성스러운 진리(사정제)에 포함된다는 것을 설하고 있다. 괴로움의 성스러운 진리, 괴로움이 일어남의 성스러운 진리, 괴로움의 소멸에 이르는 성스러운 진리, 괴로움의 소멸로 인도하는 도 닦음의 성스러운 진리가 네 가지 성스러운 진리라고 설명했다.

교리문답에 대한 큰(긴) 경(대구희라경大拘稀羅經, 맛지마니까야 43)

사리뿟따 존자는 부처님 제자 가운데 논리적으로 분석하는 비구 가운데 제일인 마하꼿티따 장로[51]의 여러 질문에 답한다. 사리뿟따는 수준 높은 질문에 명료하고 심오한 답을 해 주고 있다. 이 문답은 교리적 용어에 대한 분석, 지혜와 바른 견해(정견), 미묘한 선정 수행에 이르기까지 폭넓은 내용을 담고 있다.

구니사경(瞿尼師經, 맛지마니까야 69)

숲속에서 지내는 수행자가 지켜야 하는 규율과 수행에 관해 설명하고 있다. 마하목갈라나 존자의 질문에, 사리뿟따는 숲속에서 지내는 수행자와 마찬가지로 마을과 마을 근처에 머무는 수행자들에게도 같은 의무가 적용된다고 확인해 주었다.

다난자니 경(범지타연경梵志陀然經, 맛지마니까야 97)

사리뿟따는 바라문 다난자니에게, 재가신도가 세속에서 지켜야 하는 도리와 생활, 의무 때문에 계율을 범해서는 안 된다고 설하고 있다. 다음 생에서 받아야 하는 고통스러운 과보를 벗어날 수도 없다고 설명하고 있다. 다난자니가 임종을 앞두었을 때 장로에게 방문을 요청했다. 사리뿟따는 범천에 가려면 네 가지 성스러운 마음(사범주四梵住, 사무량심四無量心), 즉 자비희사慈悲喜捨를 닦아야 한다고 설했다. 부처님께서는 다난자니를 더 높은 수준의 깨달음으로 인도하지 않았다고 해서 장로를 가볍게 꾸짖었다.

행하고 행하지 말아야 할 경, 계발해야 할 것과 계발하지 말아야 할 것의 경(맛지마니까야 114)

경전에서는 부처님께서 비구들이 수행해야 하는 것과 수행하지 말아야 하는 것, 사용해야 하는 것과 사용하지 말아야 하는 것에 관해 간략하게 설하셨다. 이어 사리뿟따가 상세하게 설명하고 있다. 행위와 말과 뜻(신구의身口意 삼업三業)에 대한 설명이다. 마음의 태도와 여섯 가지 감각 대상, 비구들이 사용하는 가사와 음식 거처 등과 관련한 설명이 이어진다.

아나타삔디까를 가르친 경(교급고독경敎給孤獨經, 맛지마니까야 143)

사리뿟따는 임종을 앞둔 아나타삔디까에게 가서 여섯 감각 기관(육근六根)으로 시작해 모든 집착을 벗어나 마음을 자유롭게 하라고 권한다. "그런즉 장자시여, 장자께서는 이렇게 스스로 수행해야 합니다. '나는 눈에 집착하지 않을 것이다. 내 의식은 눈에 의존하지 않을 것이다.' 그러므로 장자여, 그대는 이렇게 스스로를 닦아야 합니다." 이와 함께 나머지 귀·코·혀·몸·뜻 등 다섯 감각 기관(오근五根), 여섯 가지 감각 대상(육경六境), 여섯 가지 의식(육식六識), 여섯 가지 접촉(육촉六觸)으로 생겨나는 여섯 가지 느낌(육수六受), 여섯 가지 요소(육대六大, 지수화풍공식地水火風空識), 오온(五蘊 색수상행식色受想行識), 사무색계四無色界에 대해서도 같은 방식으로 상세하게 일러주었다. 또한 이 세상과 저 세상으로부터 자유롭게 벗어날 것, 보고, 듣고, 느끼고, 생각하는 모든 것에서 자유롭게 벗어날 것(출리出離)을 권하고 있다. 계속해서 마음이 접촉하고 찾고 추구하는 모든 것으로부터 자유로울 수 있도록 수행할 것을 권유했다. 요약하자면, 죽음을 앞두고 있는 사람의 마음을 묶어두고 있는 것, 즉 감각 기관의 작용을 시작으로 해서 모든 경험에 대해 집착하지 않고 자유로울 수 있도록 수행해야 한다는 의미이다.

이렇게 점점 범위를 넓혀가며 아주 강한 어조로 자유롭게 벗어나는 수행(출리 수행)을 권하는 사리뿟따의 설법은 죽음을 향해 가는 재가신도의 마음에 깊이 스며들었다. 마음을 가라앉혀 주었고 모든 얽매임에서 해탈하게 했으며, 벅찬 감동을 주었을 것이다. 분명히 빼어난 스승이었던 사리뿟따는 의도적으로 그렇게 법을 설했을 것이다. 경전은 아나타삔디까가 '전에는 이런 법문을 들어본 적이 없다.'며, 심오한 가르침에 감동해 눈물을 흘렸다고 기록하고 있기 때문이다. 아나타삔디까는 곧 입멸에 들어 도솔천에서 천신으로 다시 태어났다.

디가니까야(장부 아함長部 阿含)

확신경(確信經, 디가니까야 28)

사리뿟따가 위없는(무상無上, 비할 데 없는) 가르침을 부처님 앞에서 찬탄하는 웅대한 찬가이다. 부처님과 부처님 가르침을 향한 흔들림 없고 청정한 믿음을 노래하고 있다. 경전 첫 부분은 대반열반경에서도 만날 수 있다.

합송경(合誦經, 디가니까야 33)

말라족들이 사는 빠와 마을에서 세존께서는 등이 아프시다며, 사리뿟따로 하여금 비구들에게 법문을 들려주게 하셨다. 사리뿟따는 세존께서 설하신 법을 모두가 함께 합송해야 한다고 전했다. 그렇게 함으로써 청정범행이 길이길이 전해지고 오래 머물게 해야 한다고 설했다. 그것이 많은 사람의 이익을 위하고 많은 사람의 행복을 위하는 길이라고 설명했다. 한 가지에서 열 가지까지 법수法數대로 차례대로 법을 설했다.

십상경(十上經, 디가니까야 34)

사리뿟따 존자는 법수를 "하나씩 더하여 열까지 늘려가며 모든 매듭을 풀어버리는 법"을 설한다. "열반을 증득하고 괴로움을 소멸시키기 위해서"였다.

앙굿따라니까야(증지부 아함增支部 阿含)

평등한 마음 품(등심품等心品, 앙굿따라니까야 2:4:1~10) 가운데 족쇄경足鎖經은 아직 완전한 깨달음을 이루지 못하고 족쇄에 묶여 있는 예류도를 성취한 자, 일래도를 성취한 자, 불환도를 성취한 자들에 대한 설법이다. 그리고 아직 그들에게 남아 있는 환생이 어디에서 이루어질 것인가에 대해 설명하고 있다.

사람품

몸으로 체험한 자 경(앙굿따라니까야 3:21)에서는 훌륭하고 고결한 사람 즉 성자(聖者, 예류도 이상을 성취한 사람들)에 대해 세 부류의 사람이 있다고 설한다. 세 부류의 고귀한 성자들은 몸으로 깨달음을 이룬 사람(신내증자身內證者), 견해를 성취한 사람(견지자見至者), 믿음으로 해탈을 이룬 사람(신해탈자信解脫者)이다.

티 없음 품 가운데 장사경(앙굿따라니까야 4:79)

사리뿟따는 장사를 하는 사람들 가운데 어떤 사람은 왜 실패하고, 어떤 사람은 왜 성공하는지, 또 어떤 사람은 노력하는 것 이상으로 장사가 잘 되는지에 대해 세존께 여쭙는다. 부처님께서는 그 이유 가운데 하나가 수행자들에게 공양을 올리는 것 때문이라고 답하신다.

쇠퇴경(衰退經, 앙굿따라니까야 4:158)

유익한 마음 상태를 잃어버리고 쇠퇴하는 네 가지 특성에 대해 설명하고 있다. 자신에게서 다음의 네 가지 특성이 나타나면 유익한 마음 상태가 쇠퇴했다는 것을 확실하게 알 수 있다고 한다. '세존께서 그러한 상태가 되면 쇠퇴했다.'고 하셨음을 전한다. 네 가지 특성은 탐욕이 커지고, 분노가 커지며, 어리석음이 커지고, 옳고 그름을 보는 지혜의 눈을 갖지 못하는 것이다. 반면에 탐욕, 분노, 어리석음이 감소하고 지혜의 눈을 갖는다면 유익한 마음의 상태에서 쇠퇴하지 않는다고 한다. 이 역시 '세존께서 쇠퇴가 아니라고 하셨다.'고 설명한다.

목갈라나 경, 사리불 경(앙굿따라니까야 4:167-168)

네 가지 도를 닦음에 대해 설하고 있다. 도 닦음에는 '도 닦음도 어렵고 최상의 지혜도 더딘 것, 도 닦음은 어려우나 최상의 지혜는 빠른 것, 도 닦음은 쉬우나 최상의 지혜가 더딘 것, 도 닦음도 쉽고 최상의 지혜도 빠른 것' 네 가지가 있다고 하였다.

자기존재경(自己存在經, 앙굿따라니까야 4:172)

부처님께서는 자기 존재(자성自性)를 획득하는 네 가지 유형에 대해 간략하게 설하신다. 사리뿟따는 다시 부처님께 상세한 내용에 대해 여쭙는다. 부처님께서 이에 대해 상세하게 설하신 법문 내용은 위에 언급했던 평등한 마음 품에 있다.

분석경(分析經, 앙굿따라니까야 4:173)

사리뿟따는 도반들에게 구족계를 받은 지 보름 만에 '네 가지 걸림 없는 지혜(사무애해四無礙解)'를 성취했다고 말한다. 부처님께 그 사실을 확인해 주실 것을 요청드린다.

마하꼿티따 경(앙굿따라니까야 4:174)

사리뿟따 존자가 '네 가지 걸림 없는 지혜(사무애해)를 얻은 비구들 가운데 으뜸'이라는 마하꼿티따 존자와 토론한 내용을 담고 있다. 사리뿟따 존자는 "여섯 가지 감각 접촉의 기반이 완전히 사라지고 소멸함으로써 사량분별[52]이 소멸하고 적멸이 있다(사량분별로부터 벗어나는 것은 갈애와 자만, 사견으로부터 벗어난다는 의미이다)."고 설명한다.

우빠와나 경(앙굿따라니까야 4:175)

영지靈知와 덕행(계행)으로 윤회의 괴로움을 벗어나야 한다는 설법이다.[53]

열반경(涅槃經, 앙굿따라니까야 4:179)

중생들이 현생에서 열반을 성취하는 까닭과 얻지 못하는 까닭에 대한 설법이다.

질문하기 경(앙굿따라니까야 5:165)

사람들이 남에게 질문을 하는 다섯 가지 이유에 대한 설법이다. 다섯 가지 이유는 '어리석음, 악한 의도, 남에게 모욕을 주기 위함, 잘 알고자 함, 내 질문에 바르게 설명하지 못하면 내가 바르게 설명하기 위함'이다.

책망경(責望經, 앙굿따라니까야 5:167)

비구가 도반을 질책하고자 하면 안으로 다섯 가지(적당한 때에 말하고, 사실대로 말해야 하며, 온화한 말로 하고, 그에게 유익하게 되기를 바라는 마음으로 말하고, 자애로운 마음으로 말해야 할 것) 법을 갖추고 해야 한다.

복됨 경, 고통스러움 경(앙굿따라니까야 6:14-15)

수행승이 복되게 임종하는 까닭과 고통스럽게 임종하는 까닭을 설한 경이다.

나무더미 경(앙굿따라니까야 6:41)

사리뿟따는 신통력을 가진 수행승이 원한다면 나무 더미를 (땅과 같은) 딱딱한 것(딱딱한 상태는 땅의 요소), 물, 불, 청정한 것, 청정하지 못한 것으로 인지할 수 있다고 설하고 있다. 나무는 이 요소들을 다 갖추고 있기 때문이다.

존경함 경(앙굿따라니까야 7:66)

사리뿟따는 존경하고 존중하는 것이 해로움을 극복하고 유익함을 발전시키는 데 도움이 될 것이라고 설한다. 스승과 법, 승가, 수행, 선정, 불방일不放逸과 친절한 환영歡迎에 대해 존중하는 마음을 가지고 있어야 한다는 의미이다. "스승을 존중하지 않는 비구는 법을 존중하지 않는다. 스승과 법을 존중하지 않는 비구가 승가를 존중한다는 것은 있을 수 없다. 스승과 승가와 수행을 존중하지 않는 비구가 선정 삼매를 존중하는 것은 있을 수 없다. 스승과 승가와 수행, 선정 삼매를 존중하지 않는 비구가 불방일을 존중하는 것은 있을 수 없다. 스승과 승가와 수행, 선정 삼매, 불방일을 존중하지 않는 비구가 친절한 환영을 존중하는 것은 있을 수 없다."

가까이함 경(앙굿따라니까야 9:6)

사람과 의복, 탁발음식, 거처, 마을과 성읍, 지방과 지역에 대해 가까이 해야 하는 것과 가까이 하지 말아야 할 것 두 가지로 나누어 설하고 있다.

안거를 마침 경(앙굿따라니까야 9:11)

어떤 비구가 거짓으로 사리뿟따를 모함했을 때(안거가 끝나고 만행을 떠나려 할 때 어떤 비구가 '사리뿟따가 자신을 모욕하고 용서를 구하지 않고 떠나려 한다.'고 거짓으로 고했다.) 사리뿟따는 세존 앞에서 사자후를 토한다. 사리뿟따는 '뿔이 잘린 황소가 잘 길들여지고 잘 제어되어 여기저기를 다니지만 뿔로 어떤 사람도 해치지 못하는 것' 등 아홉 가지 비유를 들며 거짓 모함이라는 사실을 천명한다.

꼿티따 경(앙굿따라니까야 9:13)

사리뿟따가 마하꼿티따 존자와 함께 청정범행(거룩한 삶)을 사는 목적에 대해 토론하는 내용을 담은 경이다.

사밋디 경(앙굿따라니까야 9:14)

사리뿟따 존자가 사밋디 존자에게 법의 본질에 대해 질문하고, 사밋디 존자가 답하자 훌륭한 답이라고 칭찬하는 내용을 담았다.

돌기둥 경(앙굿따라니까야 9:26)

이 경전은 사리뿟따와 맞선 데바닷따에 대해서도 사리뿟따가 세심하게 배려하고 있음을 보여 주고 있다. 데바닷따를 추종하던 짠디까뿟따 존자는 데바닷따로부터 들은 법문 내용을 이해하지 못하고 잘못 전달했다. 이때 사리뿟따는 데바닷따 법문은 '실은 이러이러한 내용'이라며, 제대로 이해할 수 있도록 바르게 잡아 주었다.

열반경(涅槃經, 앙굿따라니까야 9:34)

사리뿟따는 '열반은 행복'이라 말하고, 열반이 행복인 이유에 대해 설명하고 있다.

사리불경(舍利弗經, 앙굿따라니까야 10:7)

사리뿟따는 자신이 성취한 선정 삼매에 대해 아난다에게 설명해 준다. 사리뿟따는 '자신에게는 존재의 소멸인 열반이라는 인식만이 있었다.'고 말한다.[54]

행복경1(幸福經1, 앙굿따라니까야 10:65)

사리뿟따 존자는 유행승 사만다까니에게 '다시 태어나는 것이 괴로움이고, 다시 태어나지 않는 것이 행복'이라고 설한다.

행복경2(幸福經2, 앙굿따라 니까야 10:66)

사리뿟따 존자는 유행승 사만다까니에게 '부처님 가르침(법)과 계율을 싫어하는 것이 괴로움이고 기뻐하는 것이 행복'이라고 설한다.

날라까빠나 경(앙굿따라니까야 10:67-68)

유익한 법들이 향상되고 쇠퇴하는 까닭에 대해 설한다.

힘 경(앙굿따라니까야 10:90)

사리뿟따는 '나의 번뇌는 다했다.'고 번뇌의 소멸을 천명하는 비구(아라한)가 갖추고 있는 열 가지 능력에 대해 설하고 있다.

상윳따니까야(상응부 아함相應部 阿含)

인연 상윳따(상윳따니까야 12)

외도경(外道經, 상윳따니까야 12:24)

괴로움이 자신에 의해 일어나거나 타인에 의해 만들어진다는 외도 수행승들의 주장에 대해, 괴로움은 '감각접촉을 조건(연緣)으로 생긴다.'고 설명하고 있다.

부미자 경(상윳따니까야 12:25)

즐거움과 괴로움(낙고樂苦)도 '감각접촉을 조건으로 생긴다.'고 설하고 있다.

생겨난 것 경, 되어 있는 것 경(상윳따니까야 12:31)

존재들은 음식(자양분, 조건)을 연으로 해서 생겨난 것이라는 법설

깔라라 경(상윳따니까야 12:32)

부처님께서 사리뿟따에게 아라한과를 성취했을 때 생기는 지혜(구경究竟의 지혜)를 드러냈느냐고 물으신다. 사리뿟따는 스스로 아라한과를 성취했다고 드러낸 것은 (즉 구경의 지혜를 드러낸 것은) '어떤 원인으로 태어남이 있는데, 그 원인이 다한 것을 알았기 때문'이라고 고한다. 그리고 원인이 다한 것을 알았기에 '태어남이 다했으며, 청정범행이 성취되었고, 다시는 어떤 존재로도 돌아오지 않을 것을 꿰뚫어 알았다.'고 말씀드린다. 이러한 까닭으로 사리뿟따는 자신이 구경의 지혜를 성취했다고 고한다. 이 때문에 그는 아라한과를 성취했음을 공식적으로 선언하는 말인 "생은 소멸되었고 청정한 삶은 이루어졌다. 해야 할 일은 다 마쳤고, 다시는 윤회하지 않는다."라고 선언한 것이다.

부처님께서는 계속해서 '생김(生), 존재(유有), 느낌(수受)이 어떻게 일어나는지 물으신다. 사리뿟따는 즐거운 느낌, 괴로운 느낌, 괴롭지도 즐겁지도 않은 느낌이 무상하다고 꿰뚫어 알았다고 말씀드린다. 그는 세 가지 느낌 모두에서 무상과 괴로움을 보았기 때문에 그 안에 어떤 쾌락적 만족도 일어나지 않는다고 말씀드린다.

무더기(온蘊) 상윳따(상윳따니까야 22)

나꿀라삐따 경(상윳따니까야 22:1)

사리뿟따는 나꿀라삐따 장자에게 '몸도 병들고 마음도 병든 상태'와 '몸은 병들었어도 마음은 병들지 않은 상태'에 대해 설명하고 있다.

데와다하 경(상윳따니까야 22:2)

사리뿟따는 먼 지방으로 떠나는 비구들에게 끄샤뜨리야와 바라문 현자賢者들이 던지는 질문에 정확하게 답하는 방편을 설하고 있다. 오온에 대한 욕망과 탐욕을 없애는 것이 부처님 가르침의 핵심이라고 설명하고 있다.

계경戒經, 잘 배움 경(상윳따니까야 22:122-123)

사리뿟따는 집착(취착取著)의 대상이 되는 오온에 대해 무상하다고 성찰하는 것이 얼마나 중요한지 설하고 있다. 계를 지키고 잘 배운 비구가 '오온이 무상하고 괴로움이고 무아라고 지혜롭게 마음에 새긴다면 예류과를 성취한다.'고 설명한다. 나아가 예류과와 일래과, 불환과에 든 수행자가 이렇게 성찰하면 다음 단계를 성취할 것이라고 말한다. 아라한과에 든 이들도 이렇게 하면 지금 여기에서 행복하게 머물게 되고 마음챙김과 알아차림을 갖출 수 있다고 한다.

현상이 일어남 경(상윳따니까야 22:126)

무명無明과 밝은 지혜(명지明智)에 대해 설하고 있다.

사리불(사리뿟따) 상윳따(상윳따니까야 28)

사리불상응 28:1-9

떨쳐버렸음 경(상윳따니까야 28:1)에서 멸진정경(滅盡定經, 상윳따니까야 28:9)까지 아홉 개의 경전이다. 사리뿟따 존자는 이 아홉 경전을 통해 자신이 초선정에서 멸진정에 이르기까지 아홉 가지 선정의 단계를 모두 성취했다고 말하고 있다. 그러면서 '나는 각각의 선정을 성취했다.'는 생각이 없었다고 한다. 즉 '나'라는 생각이 없었다고 한 것이다.

수찌무키 경(상윳따니까야 28:10)

어느 때 사리뿟따 존자는 라자가하에서 탁발을 마치고 담벼락 근처에서 공양을 하고 있었다. 그때 수찌무키(깨끗한 얼굴)라는 여자 유행승이 다가왔다. 그녀는 사리뿟따 존자에게 외도 수행자들이 하는 것처럼 '공양을 할 때 한 방향을 쳐다보거나 사방을 쳐다보면서 공양을 하는지' 물었다. 사리뿟따는 그녀의 질문에 대해 '그러한 방식으로 공양을 하는 것은 미천한 지식과 삿된 생계 수단'이라고 설명한다. 그리고 자신은 법답게 탁발을 해서 음식을 구한다고 덧붙였다. 깊은 감명을 받은 수찌무키는 라자가하 이 거리 저 거리로, 이 광장에서 저 광장으로 다니면서 "고따마의 제자인 사문들은 법답게 음식을 먹습니다. 비난받지 않고 음식을 먹습니다. 그들에게 탁발음식을 공양하십시오!"라고 선언했다.

육처六處 상윳따(상윳따니까야 35)

꼿티따 경(상윳따니까야 35:232)

사리뿟따 존자는 마하꼿티따 존자에게 감각과 그 대상들이 족쇄가 아니라 욕망과 탐욕이 족쇄라고 설명한다.

잠부카다까 상응(잠부카다까 相應, 상윳따니까야 38)

사리뿟따 존자는 조카인 유행승 잠부카다까('잠부 열매를 먹는 자'라는 뜻)가 질문한 열반, 아라한 등에 대해 설명해 준다.

열반경涅槃經, 아라한경阿羅漢經(상윳따니까야 38:1-2)

사리뿟따는 잠부카다까에게 열반이란 탐욕과 성냄 어리석음을 여읜(멸진滅盡) 상태이며, 아라한 역시 탐진치를 끊어 없앤 상태라고 설명하고 있다.

설법자경(說法者經, 상윳따니까야 38:3)에서 행하기 어려운 경(상윳따니까야 38:16)까지 열 네 개의 경전을 통해 누가 이 세상에서 법을 설하며, 도를 잘 닦고, 진리를 밝히는 분인지에 대한 질문에 답하고 있다.

거룩한 삶(청정범행)의 목적에 대해서도 설하고 있으며, 진정으로 안식安息을 얻은 이에 대해서도 설명하고 있다. 또 느낌과 번뇌, 무명, 갈애 등에 대해 설한다. 부처님 가르침(법과 율) 가운데 참으로 행하기 어려운 것은 출가 즉 출세간법에 이르게 하는 법이라고 설하고 있다.

기능(근根) 상윳따(상윳따니까야 48)

동쪽 콧타까 경[55](상윳따니까야 48:44)

부처님께서 사리뿟따에게 '불사不死의 경지, 열반에 이르게 하는 것은 오근五根, 즉 믿음, 정진, 마음챙김, 삼매, 지혜, 이 다섯 가지라고 믿느냐?'고 물으셨다. 사리뿟따는 단지 세존에 대한 신앙이 아니라 스스로의 수행과 체험으로 알게 되었다고 말씀드린다.

동원림경東園林經(상윳따니까야 48:48)에서 아빠나 경(상윳따니까야 48:50)까지

이 세 경전에서는 구경의 지혜를 천명하는 다섯 가지 기능, 즉 믿음의 기능, 정진의 기능, 마음챙김의 기능, 삼매의 기능, 지혜의 기능에 대해 설명하고 있다.

예류預流 상윳따(상윳따니까야 55)

예류과경 등(預流果經 等, 상윳따니까야 55:55-58)

예류과에 들기 위한 네 가지 구성요소(사예류지四預流支)에 대해 설하고 있다. 참된 사람을 섬기고, 정법을 배우며, 지혜롭게 마음을 잘 살피고, 출세간법에 이르게 하는 법(계율)을 닦는 것이 그 네 가지이다.[56]

2. 마하목갈라나(대목건련)

– 신통제일, 승단의 수호자 –

헬무스 헥커

유년시절

마가다 왕국의 수도 왕사성(王舍城, 라자가하) 근처 꼴리따(구율타拘律陀)라는 작은 마을에서 부처님의 두 번째 상수제자가 될 운명을 지닌 아이가 태어났다. 부모는 마을 이름을 따서 아들 이름을 꼴리따라고 지었다. 꼴리따 가문은 인도 고대 베다 예언자인 무드갈라의 직계후손으로 꼽히는 목갈라나(목건련目犍連) 가문에 속했는데, 이 가문은 당시 가장 저명한 바라문 가문이었다. 꼴리따 마을 주민들은 모두 바라문이었으며, 종교에 대한 태도와 사회 관습에서 극도로 보수적이었다. 꼴리따의 아버지는 가장 저명한 가문 출신이었는데, 집안은 대대로 마을을 이끄는 지도자를 맡았다. 가장 높은 계급에 속하면서 가장 존경받는 가문 출신이던 꼴리따의 아버지는 작은 규모의 나라를 다스리는 왕과 같은 존재였다. 꼴리따는 마을에서 최상위 계급에 속했으며 부유하게 자랐기 때문에 삶의 아픔을 모르고 성장했다. 꼴리따는 바라문의 전통을 이어 받았으며, 사후 세계는 실제로 존재한다는 사실, 업과 업의 과보를 믿도록 교육 받았다. 이러한 신념은 바라문들의 일상생활에 스며들었다. 바라문들의 삶을 지배했으며, 그들이 지내는 모든 의례와 의식의 형식과 내용을 결정했다.

꼴리따 가족은 이웃 마을 다른 바라문 가족과 아주 절친하게 지냈다. 꼴리따가 태어난 바로 그날, 이웃 마을에서도 우빠띳사(사리불舍利弗)라는 아들이 태어났다. 아이들은 자라서 금세 친구가 되었고 얼마 지나지 않아 떼려야 뗄 수 없는 사이가 되었다. 두 소년은 놀이를 즐길 때나 공부를 할 때나 모든 것을 함께 했다. 항상 같이 있었고, 굳건한 우정은 삶이 끝날 때까지 이어졌다.

두 소년의 기질은 아주 달랐다. 우빠띳사는 대담했으며 모험을 즐겼고 진취적이었다. 꼴리따는 성취한 것을 잘 보존하고 잘 가꾸어 더욱 풍성하게 만드는 성향이었다. 가족에서 위치도 달랐다. 꼴리따는 외아들이었지만 우빠띳사는 세 명의 형제와 세 명의 누이가 있었다. 두 소년은 성격이 크게 달랐지만 전혀 다투지 않았고 부딪히지 않았다. 항상 우호적인 관계를 유지했고 확고한 믿음과 자기희생적인 헌신을 이어갔다.

두 청년의 우정은 그들이 이성에 거의 관심을 두지 않았을 정도로 삶의 대부분을 차지했다. 그러면서도 부유하고 높은 계급에 속하는 다른 바라문 청년들처럼, 두 친구는 청춘을 만끽했고, 건강했으며 삶의 기쁨에 푹 빠져 있었다. 둘은 각각 친구들의 모임을 이끌었다. 그들이 강으로 갈 때면 꼴리따가 이끄는 친구들은 말을 타고 갔고,

우빠띳사 일행은 가마를 타고 갔다.

당시 라자가하 영취산에서는 해마다 사람들이 좋아하는 공연과 즐길 거리를 선보이는 '산정 축제山頂 祝祭'가 성대하게 열렸다. 두 친구는 축제를 손꼽아 기다렸으며, 축제가 열리자 전통 민속 공연과 즐길 거리가 어우러지는 행사를 보기 위해 편한 곳에 자리를 잡았다. 축제 첫날 공연에 흠뻑 빠져 큰 소리로 함께 웃으며 흥에 겨워 즐겼다. 둘째 날에도 모든 공연을 빼놓지 않고 즐겼다. 그러나 이상하게도 두 친구는 완전히 만족할 수 없었고, 깊은 상실감을 느꼈다. 그럼에도 새로운 공연을 알리는 소식에 셋째 날에도 자리를 예약했다.

둘째 날 밤 이상한 생각에 마음이 무거워졌고 잠을 이루지 못했다. 꼴리따는 침대에서 몸을 뒤척이며 계속 스스로에게 물었다. '이런 것들이 우리에게 무슨 소용이 있겠는가? 여기에 볼 만한 가치를 지닌 것이 있는가? 방종하고 쾌락만을 추구하는 삶이 무슨 도움이 되겠는가? 이 매력적인 배우들은 모두 늙고 병들 것이다. 그들은 삶의 무대를 떠나 갈애에 이끌려 계속 윤회할 것이며, 우리 또한 윤회를 거듭하게 될 것이다. 자신의 문제도 해결하지 못하는 이들이 어떻게 우리를 도울 수 있겠는가? 하루빨리 해탈의 길을 찾아야 한다!'

우빠띳사도 비슷한 고민에 사로잡혀 불면의 밤을 보내며 깊은 생각에 잠겼다. 그들이 낮에 보았던 연극이, 윤회 이야기를 소재로 삼아 고대 신화와 전설을 얼마나 과장했고 극적으로 꾸며 냈는지 깊이 생각해 보았다. 연극은 윤회를 우스꽝스럽고 허무맹랑한 것으로 표현함으로써, 사람들이 현재의 삶에만 관심을 갖도록 유도하고 있었다. 가짜로 꾸며낸 연극이 헛된 환상을 이용해 진실을 억누르는 것 같았다.

다음날 아침 새로운 공연을 보기 위해 자리를 잡고 앉았을 때, 꼴리따가 말했다. "우빠띳사여, 무슨 일이 있는가? 그다지 행복해 보이지 않는데, 무슨 일인가?" 우빠띳사가 답했다. "어제 잠자리에 들어 계속 나 자신에게 물었다네. 눈과 귀를 즐겁게 하는 이 축제가 무슨 소용이 있을까? 어떤 가치도 찾을 수 없었다네. 헛된 환상으로 유혹하고 공허하게 만드는 덧없는 삶의 환상에서 벗어나기 노력해야 하는 것은 아닐까? 이런 생각이 내 마음을 짓누르고 있다네. 그런데 꼴리따여, 그대도 오늘은 우울해 보이네." 꼴리따는 이렇게 대답했다. "나도 같은 생각을 하고 있었네, 이 헛된 축제에 더 이상 있을 이유가 없다고 생각했네. 우리는 해탈의 길을 찾아야 한다네."

우빠띳사는 친구가 같은 생각을 하고 것을 알고 기뻐하며 말했다. "그동안 가치 없는 일에 시간을 낭비할 만큼 했네. 우리가 해탈의 가르침을 간절히 원한다면 집과 재산을 뒤로하고 출가해 세속과 욕망에서 벗어나 하늘을 나는 새처럼 훨훨 날아올라야 하네."

두 친구는 수행자의 삶을 살기로 결정했다. 오늘날에도 마찬가지지만, 인도에서는 출가 수행자들이 떠돌아다니며 영적인 스승, 즉 자유로운 해탈의 지혜로 그들을 인도해 줄 스승(구루)을 찾아 다녔다. 두 친구는 그들을 따르는 동료들에게 출가 결심을 알렸고, 동료들도 마음을 같이하고 함께 영적인 구도에 나서기로 했다. 가족들에게 작별 인사를 하고 바라문을 상징하는 신성한 옷을 벗어 던졌으며, 머리카락과 수염을 자르고 출가 사문이 입는 짙은 갈색 옷으로 갈아입었다. 그들이 속한 계급을 상징하는 모든 표식과 특권을 버리고 어떤 계급에도 속하지 않는 고행자가 되었다.

해탈을 향한 발걸음

미래에 부처님이 될 싯다르타 왕자가 결혼하던 무렵, 그동안 세속적인 삶에 깊이 젖어 있었던 두 친구 꼴리따와 우빠띳사는 마음의 평화와 해탈을 향한 고행을 시작했다. 고따마 싯다르타 왕자가 얼마 후에 그랬던 것처럼, 그들은 출가했던 동료들과 함께 영적 스승을 찾아 수행을 시작했다.

그 당시 인도 북부에는 악마(마군魔羅)적 관점에서부터 신을 넘어서는 관점까지 다양한 견해를 가르치는 영적 스승과 철학자들이 많았다. 그들은 각각 도덕주의와 운명론, 물질주의를 가르쳤다. 두 친구 모두 그런 가르침들이 공허하다는 것을 일찍 알았고, 아무런 매력도 느끼지 못했다. 그런데 라자가하에 그들을 사로잡은 한 명의 스승이 있었다. 그는 빨리 경전에서 육사외도라고 기록했던 산자야 벨랏타뿟따였다. 꼴리따와 우빠띳사가 그의 문하로 들어가자 산자야의 명성은 매우 높아졌다.

경전에는 산자야가 구체적으로 무엇을 가르쳤는지 기록하지 않았다. 다만 몇 가지 정보를 통해 그가 가르친 내용과 의미에 대해 추측할 수 있다. 산자야는 특정한 주제에 대해 확고하게 독단적인 교리를 폈던 다른 고행주의자들과 달랐다. 당시 사상가들은 존재와 관련한 문제에 대해 단정적인 주장들을 쏟아냈지만, 산자야는 그러한 주장들에 대해 강한 의문과 비판적인 견해(회의론)를 가지고 있었다.

그는 동시대 철학자들이 토론하던 중요한 주제에 공개적으로 의문을 제기했다. 당시 그들은 다음과 같은 문제들에 대해 토론을 했다. '우리가 살고 있는 감각적인 세계 너머에 또 다른 세계가 있는가? 물질로 이루어진 몸이 죽으면 순수하게 정신으로 이루어진 존재로 변해 또 다른 세계에 탄생하게 되는가? 현생에서 한 선행과 악행은 다음 생에 선과 악이라는 과보로 나타나게 되는가? 마지막으로 여래나 세존은 사후에 어떤 운명을 갖게 되며, 우리는 여래의 죽음 이후를 어떻게 받아들이고 설명해야 하는가?'

이 시기의 인도 사상가들은 그러한 질문을 받을 때마다 긍정, 부정, 부분 긍정 및 부분 부정, 긍정도 부정도 아닌 네 가지 유형의 답변이 가능하다고 생각했다. 그러나 산자야는 이 질문과 관련해 어떤 것도 해결책으로 받아들일 수 없다고 가르쳤다. 동시대 철학자들이 제시한 해법은 모두 해결할 수 없는 모순이나 이율배반을 포함하고 있으므로 이러한 문제에 대한 어떤 판단도 삼가야 한다고 그는 주장했다.

여기서 주목해야 할 것은, 자주 등장하는 빨리어 경전에서 여래의 사후에 관한 네 가지 역설 가운데 긍정도 부정도 아닌 입장만이 산자야의 견해와 같다는 사실이다(맛지마니까야 63경, 72경)[1].

다른 금욕주의자들은 항상 네 가지 논리적 대안(예, 아니오, 예와 아니오, 예도 아니고 아니오도 아님) 가운데 하나를 답으로 내세웠지만, 산자야는 그 어느 것에도 동의하지 않았다. 특히 '사후세계에는 영혼도 없고 업의 법칙도 없으며, 마음으로 만들어진 몸도 없다'는 증명할 수 없는 주장에 대해 자신의 주장을 분명히 하지 않았다. 그런 점에서 그는 당대의 유물론자들과 분명히 달랐다. 오히려 이런 주제들이 해결할 수 없는 문제라는 사실을 고려해 어떠한 편견도 갖지 않아야 한다고 주장했다. 또 조금이라도 치우치지 않는 공평한 입장을 유지해야 한다고 가르쳤다. 이 사실에 비추어 그는 확고한 불가지론(不可知論, 신의 존재에 대한 진위 여부는 알 수 없고, 사물의 본질 등에 대해서도 완벽한 인식이 가능하지 않다는 철학적 관점)을 주장했음을 알 수 있다. 또 세상에는 '완벽한 있음'과 '완벽한 없음'도 없으며, 모든 존재는 시간 속에서 끝없이 '있음'과 '없음'을 반복하며 생겨난다는 변증법적 사유를 지니고 있었다. 그가 회의론(懷疑論, 인간은 이 세계에 관해 확실한 인식을 가질 수 있다는 가능성에 회의를 갖는 관점)을 발전시키려고 노력했음을 알 수 있다.

사문과경(沙門果經, 디가니까야 2)에는 마가다국 아자따삿뚜왕(아사세왕)이 산자야와 나눈 대화를 부처님께 아뢰는 장면이 등장한다. 이 대화는 불교도들이 부처님 가르침을 서술하는 방식은 아니지만, 산자야가 어떤 주장을 펼치고 있는지, 그의 철학적 입장은 어떤지를 살펴볼 수 있다.

> 세존이시여, 어느 날 저는 산자야 벨랏티뿟따에게 이렇게 물었습니다.
> "산자야 존자여, 제게 출가생활에서 이룰 수 있는 즉각적인 결실에 대해 자신 있게 말씀해 주실 수 있습니까?"
> 이렇게 물었을 때 산자야는 다음과 같이 말했습니다.
> "만일 당신이 '저세상이 있소?'라고 내게 묻고 내가 '저세상은

있다.'고 생각한다면 나는 '저세상은 있다.'고 대답해야 할 것입니다. 그러나 나는 이러하다고도 하지 않으며, 그러하다고도 하지 않으며, 다르다고도 하지 않으며, 아니라고도 하지 않으며, 아니지 않다고도 하지 않습니다. 그리고 '환생한 존재가 있는가? 좋은 행위와 나쁜 행위의 과보가 있는가? 여래는 사후가 있는가?' 등 이 모든 물음에 대해 나는 같은 대답을 할 것입니다."

세존이시여, 저는 참으로 산자야 벨랏티뿟따에게 지금 여기에서 바로 볼 수 있는 출가생활의 결실에 대해 물었는데, 그는 애매모호하게 답했습니다.

꼴리따와 우빠띳사는 처음에 산자야의 철학이 단순히 답을 회피하는 이상의 무엇이 있다고 느꼈을 것이다. 그들이 부처님을 만나지 못했더라면, 분명히 독단주의와 변증법에 빠져 있지 않은 산자야에게 끌렸을 것이다. 그러나 두 친구는 얼마 지나지 않아 그들이 진정으로 구하고자 했던 답을 산자야는 결코 내놓을 수 없다는 사실을 확인했다. 즉 모든 생명이 갖고 있는 고통을 근원적으로 치료할 수 있는 방편이 그에게는 없었다. 나아가 꼴리따와 우빳띳사는 그들이 살아 왔던 본생으로 인해 실제로 다른 세계가 있음을 직감적으로 느꼈을 것이다. 또한 의도적으로 하늘 세계에 환생하는 이들(천신)도 있을 것이라는 사실을 무의식적으로 알고 있었을 것이다. 그들은 회의론에 빠져 있던 산자야보다 많은 것을 알고 있었던 것이다.

어느 날 두 친구는 산자야에게 가서 이미 가르쳤던 것 이상의 무엇인가를 가르쳐 줄 수 있는지 물었다. 산자야는 "그동안 내가 가르쳤던 것이 전부다. 그대들은 내 가르침을 모두 알고 있다."고 답했다. 이 대답을 듣고 그들은 산자야를 떠나기로 결정했고, 다른 스승을 찾아다녔다. 그들이 출가했던 것은 '존재의 본질에 대해 인간은 경험 이상의 것을 알 수 없다.'는 헛된 불가지론 때문이 아니라, 궁극적으로 고통에서 해탈하는 길을 찾기 위해서였다.

그리하여 그들은 다시 진리를 찾아 떠도는 수행자의 삶을 살았다. 북쪽에서 남쪽으로, 동쪽에서 서쪽으로, 인도 전역을 여러 해 동안 돌아다녔다. 흙모래 먼지와 고통스러운 더위, 비바람을 견뎠다. 인도인들 영혼에 깊숙이 자리 잡은 생각이 여정을 이어갈 수 있도록 힘을 보태줬다. "나는 태어남, 늙음, 죽음, 슬픔, 비탄, 고통, 절망에 빠졌다. 괴로움에 빠져서 괴로움에 짓눌렸다. 이제 나는 이 모든 고통에서 벗어나는 길을 분명하게 알아야겠다."[2]

여행을 하면서 그들은 특히 현명하다고 이름 높은 고행자들과 바라문들을 만났다. 그들과 함께 신과 세상, 극락과 지옥, 삶의 의미와 해탈에 대해 종교적 입장에서 토론을 했다. 그러나 산자야의 회의론을 배워 날카롭고 비판적 사고를 성취한 그들은 얼마 지나지 않아 이러한 모든 주장이 얼마나 공허한지, 그 철학자들이 쌓은 지식이 얼마나 많은 맹점을 가지고 있는지 깨달았다. 그들 중 누구도 꼴리따와 우빠띳사의 질문에 답할 수 없었지만, 두 친구는 어떤 질문에도 훌륭한 대답을 할 수 있었다.

기록에는 그들의 다른 스승이 누구인지는 나와 있지 않다. 그러나 그들은 위대한 명상 능력을 지닌 예언자들, 바와리(사왓티에 머물던 바라문), 고따마 싯다르타가 사무색정四無色定을 배운 알라라 깔라마,

웃따까 라마뿟따 같은 철학자와 신비로운 현자들을 분명히 만났을 것이다. 그들의 수행 여정에서 한 가지는 분명했다. 부처님을 만나기 전까지 두 사람은 세간을 뛰어넘은 해탈에 이르는 길은 흔적조차 찾지 못했다. 무엇 때문이었을까?

부처님 시대에 영적 구도자들은 깊은 명상을 통해 내면의 평화와 평정심을 이루고, 존재의 의미에 대한 궁극적인 통찰력(지혜)을 성취한다는 두 가지 목표를 추구했다. 존재의 의미를 알고자 했던 수행자들은 대체로 지적인 사색을 했으며 명상 수행을 멸시했다. 명상을 통해 내면의 평화를 얻고자 했던 이들은 대부분 자신의 성취에 만족했으며 그것이 궁극적인 목표라고 믿었다. 부처님의 가르침이 없었던 시기, 그들은 명상을 통해 평화를 이룰 수 있을 것이라는 사실을 전혀 의심하지 않았다. 안온하고 숭고한 목표였지만, 여전히 세속적이며 생사를 떠돌아야 하는 윤회는 업의 과보였을 뿐이었다. 그들이 명상을 성취하면 욕계(감각적 세계)보다 더 높은 범천(천신들의 세계)으로 환생하게 된다. 그곳에서는 욕계보다 상상할 수 없을 정도로 수명이 길다. 하지만 결국에는 업의 힘이 다하게 되어 또 다른 곳으로 환생할 것이다. 수행자들은 결국 과거에서처럼 윤회에 갇혀 벗어나지 못하게 될 것이다. 명상 수행자로서 본생을 살았던 보살(고따마 싯다르타)뿐만 아니라 꼴리따와 우빠띳사에게도 자주 있었던 일이었을 것이다. 이것은 존재하는 모든 생명이 숙명처럼 지니고 있는 불행이자, 존재를 감옥에 가두는 무지(어리석음, 무명)에서 비롯된 것이다. 신비주의자들처럼 문 밖에 자리를 잡고 앉아 머물며 그곳이 행복하고 평화로운, 진정한 고향이라고 착각하며 살아간다. 머릿속으로만 생각하는 사상가들처럼 존재의 불행과 무지를 외면한 채 생각에만 사로잡혀 길을 잃는다.

비록 두 친구는 본생에서 수행했던 선정에 대한 기억은 없었지만, 선정 수행을 통한 희열과 과보가 최종 목표가 아닐 것이라는 사실은 직관적으로 알고 있었다. 고통스러운 윤회를 거듭하면서 갖게 되는 일시적인 위안일 뿐이라는 사실도 인식하고 있었다. 존재들이 어떻게 윤회를 거듭하는지, 윤회라는 복잡한 그물 안에서 서로 어떻게 얽혀 있는지에 대해 알기 위해 구도의 여정을 이어갔다. 부처님께서 출현하기 이전, 그들은 삼매의 경지에 들었다가 즐기고 다시 상실하는 과정을 반복하고 있었을 것이다. 부처님도 깨달음을 성취하기 전 몇 년 동안 해탈을 이루기 위해 전력을 다했다. 그들이 부처님을 만날 때까지 구도의 여정을 멈출 수 없었던 것은 내부에 자리하고 있었던 알 수 없는 열망 때문이었을 것이다.

뒷날 깨달음을 이루고 부처님이 되실 보살(고따마 싯다르타)조차도 구도의 마지막 과정에서 선정 수행과 지혜를 융합하는 방편을 찾아야 했다. 따라서 두 친구가 자신들만의 힘으로 해탈에 이르는 미묘한 열쇠를 찾을 수 있을 것이라고 기대하기는 어려웠다. 그들은 부처님처럼 풍부한 선정 수행 경험도 없었고, 부처님처럼 존재에 대한 폭넓은 지혜를 갖추지도 못했기 때문이다. 돌이켜보면 두 친구는 제자리에서 빙빙 돌기만 하고 있었다. 그러한 상황은 현실과 타협하지 않으며 치열하게 수행하고 진리를 향한 멈출 수 없는 갈증이, 마침내 깨달으신 분께로 그들을 인도할 때 끝날 것이었다.

진리를 만나다

두 친구는 부처님에 대해 전혀 알지 못한 채 떠돌며 수행하는 생활을 그만두고 고향 마가다국으로 돌아왔다. 마흔 살 무렵이었다. 여러 번 실망을 맛보았지만 여전히 희망을 버리지 않았다. 진정한 불멸(해탈)의 길을 먼저 찾은 사람이 다른 사람에게 알려주기로 약속하고, 따로따로 수행 길을 떠났다. 이제 그들을 이끌어 줄 영적 스승을 만날 확률이 두 배가 되었다.

이런 일이 있기 얼마 전, 부처님께서는 바라나시(오늘날의 베나레스)에서 처음 진리의 수레바퀴를 굴리셨다(초전법륜初轉法輪). 첫 번째 우기안거雨期安居를 마친 후 예순 명의 아라한 제자들을 보내 세간의 안락과 행복을 위해 진리(법)를 선포하도록 하셨다. 부처님께서는 라자가하(왕사성王舍城)로 가셨고, 얼마 지나지 않아 마가다국 빔비사라왕이 부처님께 귀의했다. 왕은 죽림정사를 지어 부처님께 헌정했다. 꼴리따와 우빠띳사가 라자가하로 돌아와 산자야 제자로 있을 때, 부처님께서는 죽림정사(竹林精舍, 웰루와나 위하라)에 머물고 계셨다.

어느 날 꼴리따는 처소에 머물고 있었고 우빠띳사는 마을로 탁발을 나섰다. 우빠띳사가 오후에 돌아왔는데, 꼴리따는 친구에게 무엇인가 변화가 있음을 알아차렸고, 경외감이 들었다. 우빠띳사가 그렇게 행복해 하는 모습을 본 적이 없었다. 우빠띳사는 완전히 바뀌었고, 얼굴은 숭고한 광채로 빛났다. 꼴리따는 간절하게 물었다. "불멸의 길을 찾았는가?" 우빠띳사가 답했다. "그렇다네. 친구여, 불멸의 길을 찾았다네." 그런 다음 마을에서 있었던 일을 전해 주었다. 마을에서 그는 아라한에 이르렀거나 아라한의 길을 가고 있음이 분명한 수행자에게 깊은 감명을 받았다. 그는 수행자에게 다가가 말을 걸었다. 수행자는 자신이 '앗사지(아설시阿說示, 마승馬勝)'이며, '깨달은 분'이신 싸끼야족 출신 수행자 고따마의 제자라고 했다. 우빠띳사는 앗사지에게 그분의 가르침을 전해 달라고 간청했다. 앗사지는 '자신이 법에 들어선 지 얼마 되지 않아 상세하게 설명할 수는 없지만, 스승의 가르침을 간략하게 전해 줄 수는 있다.'고 겸손하게 말했다. 우빠띳사는 그 가르침만으로도 충분할 것이라고 말했다. 앗사지는 스승에게 들은 가르침을 짤막한 게송으로 낭독했다. 그 게송은 수백 년, 수천 년 동안 부처님 가르침이 전해진 곳이면 어디에서든 널리 알려진 게송이었다.

원인이 있어 생겨난 것
여래께서는 그 원인에 대해 설해 주셨습니다
또한 그렇게 생겨난 것들이 모두 사라진다는 진리
대사문께서는 그 진리도 설하셨습니다

앗사지가 이 게송을 일러주었을 때 우빠띳사에게는 청정하고 번뇌를 여읜 법견法見, 즉 "생겨난 모든 것은 반드시 소멸한다"는 견해가 일어났고, 그 자리에서 예류과(預流果, 수다원須陀洹)를 성취했다. 우빠띳사가 꼴리따에게 게송을 전해 주었을 때 꼴리따도 같은 경험을 했다. 그처럼 갑작스럽게 다가온 깨달음의 경험은 우리를 당황스럽게 할 수도 있다. 특히 너무도 모호하고 수수께끼 같은 말로 갑작스럽게 다가왔을 때는 더욱 그렇다. 그러나 궁극적인 진실을 일깨우는 법의 힘은, 제자들이 이해하는 능력이 뛰어나고 성실할수록 큰 힘을 발휘한다. 오랫동안 사색과 출가수행을 하고 무상과 불멸에 대해 깊이 성찰하면서 궁극적인 해탈을 위해 모든 것을 던질 준비가 된 사람들에게는 더욱 그렇다. 앗사지가 들려준 간결한 네 구절의 게송은 체계적인 설명보다 오히려 더 많은 진실을 드러낼 수 있었다. 우빠띳사와 꼴리따는 충분히 그럴 자격이 있었다. 궁극적인 해탈을 한결같은 마음으로 열망해 왔다. 인연에 의해 생겨난 모든 존재(유위有爲)와 궁극적인 깨달음을 통한 해탈(무위無爲)을 구별하는 법을 배웠고, 그들의 능력은 충분히 무르익었다. 그들에게 부족했던 것은 직관적으로 꿰뚫어 아는 열쇠뿐이었다. 앗사지의 게송이 그것을 제공했다. 마음의 눈을 가리고 있던 장막을 재빠르게 걷어냈고, 순식간에 불멸에 대한 첫 번째 지혜를 주었다. 그들은 네 가지 성스러운 진리(사성제四聖諦)를 꿰뚫어 알았다. 인연에 의해 생겨나지 않은 무생(無生, 무위無爲), 즉 열반의 도를 보았다. 반드시 소멸할 수밖에 없는 무상無常의 도리를 넘어섰다. 그들은 이제 예류도(윤회에서 벗어나는 길인 출세간법이 시작되는 단계)에 들어섰으며, 얼마 지나지 않아 궁극적인 목표에 도달할 것이다. 그들은 이제 예류과預流果에 굳건하게 머물며 궁극적인 목표를 곧 성취할 수 있을 것이라고 확신했다.[3]

꼴리따는 그 강력한 게송을 들은 후 즉시 위대한 수행자, 여래께서 어디에 머물고 있는지 물었다. 멀지 않은 곳, 죽림정사에 머문다는 소식을 듣고 바로 가보고 싶었으나 우빠띳사가 만류했다. “우선 우리의 스승 산자야 님께 불멸의 길을 찾았다고 말을 전하도록 하세. 그분이 납득한다면 반드시 진리를 향해 갈 것이네. 그러나 한 번에 받아들이지 못한다고 해도 우리를 믿으시니 세존을 뵈러 갈 때 함께 갈 것이네. 그분도 부처님으로부터 직접 법을 듣게 된다면 분명하게 이해하게 될 것이네."

두 친구는 예전 스승에게 가서 말했다. "스승님, 완벽한 깨달음을 이룬 분이 출현하셨습니다. 그분의 가르침은 훌륭하고, 그의 제자들은 완전히 청정한 삶을 살고 있습니다. 그분을 뵈러 저희와 함께 가시지요." 그러나 산자야는 거절하고 자신의 수행 공동체를 함께 이끌자고 제안했다. 그는 "제안을 수락하면 많은 이익과 명성을 누리고 최고의 존경을 받을 것"이라고 말했다. 하지만 두 친구는 동요하지 않고 단호하게 말했다. "저희는 제자로서 영원히 머물러도 개의치 않지만 이미 마음을 굳혔습니다." 하지만 산자야는 결단을 내리지 못하고 갈팡질팡하며 이렇게 한탄했다. "나는 갈 수 없다! 오래도록 나는 많은 제자들을 가르치는 스승이었다. 내가 다시 제자의 입장이 된다면 큰 호수가 조그만 샘으로 변하는 것과 같다." 산자야의 내면에서는 서로 어긋나는 두 가지 마음이 다투고 있었다. 한편으로는 진리에 대한 갈망이 있었고, 다른 한편으로는 자신의 우월한 지위를 유지하려는 열망이 있었다. 그러나 결국 자신의 지위를 버리지 못하고 남게 되었다.

당시 산자야에게는 500여 명의 제자가 있었다. 우빠띳사와 꼴리따가 부처님께 가기로 했다는 사실을 제자들이 알고 모두 자청해서 함께 가고 싶어 했다. 그러나 스승 산자야는 가지 않는다는 사실을 알고 절반은 산자야에게 남았다. 산자야는 많은 제자들을 떠나보내고 비통과 절망에 사로잡혔으며, 경전에 기록된 대로 "그의 입에서 뜨거운 피가 뿜어져 나왔다."고 한다.[4]

깨달음을 향하여

이제 두 친구는 250명에 달하는 동료들을 이끌고 죽림정사에 이르렀다. 부처님께서 마침 제자들에게 법을 설하고 계셨는데, 그들이 오는 것을 보고 말씀하셨다. "비구들이여, 두 친구 꼴리따와 우빠띳사가 오고 있다. 그들은 내 상수제자로서 최상의 한 쌍의 제자, 최상의 한 쌍의 현인賢人이 되리라!" 도착한 일행은 부처님 발 앞에 엎드려 절을 하며 합장한 손을 이마에 대고 예경을 드렸다. 두 친구가 아뢰었다. "세존이시여, 저희가 세존께 나아가 구족계를 받을 수 있도록 허락해 주시겠습니까?" 그러자 세존께서 답하셨다. "잘 왔다, 비구들이여. 법은 잘 설해졌으니, 그대들은 고통을 여의기 위해 청정한 수행자의 삶을 살도록 하라!" 부처님께서는 이 짧은 답으로 두 친구와 함께 따라 온 수행자들에게 구족계를 주시었다.[5]

경전에서는 그때부터 우빠띳사를 그의 어머니 사리의 아들이라는 뜻을 지닌 사리자(舍利子, 사리뿟따, 사리불)라고 불렀다. 꼴리따는 가나까 목갈라나 바라문, 고빠까 목갈라나 바라문[6]과 성이 같았기 때문에 "위대한 목건련"이라는 뜻을 지닌 대목건련(大目犍連, 마하목갈라나)으로 불렀다.

모두가 구족계를 받은 이후 부처님께서는 250명의 제자들에게 법을 설하셨다. 이미 예류과에 도달한 사리뿟따와 목갈라나를 제외한 다른 제자들도 해탈로 향하는 첫 발걸음인 예류과에 이르렀다. 사리뿟따와 마하목갈라나는 최상의 목표, 아라한을 이루기 위해 따로 떨어져 수행을 계속했다.

사리뿟따는 라자가하 가까이에서 스승 곁에 남았다. 영취산에 있는 멧돼지 동굴에서 선정 수행을 했다. 부처님 가르침을 듣기 위해 종종 라자가하로 탁발을 나섰다. 스승에게 들은 것을 스스로 마음속에 새기고 모든 법의 근본 원리를 완벽하게 꿰뚫어 이해했다. 그는 보름 만에 '모든 번뇌를 완벽하게 끊어 없앤 아라한의 지혜, 누진지漏盡智'를 성취했다.

목갈라나는 그 무렵 마가다국 깔라왈라뭇따 마을 근처 숲에서 지냈다. 좌선을 하거나 가볍게 걸으며(경행徑行, 행선行禪) 용맹정진했지만, 강렬한 의지를 가지고 있었음에도 자주 졸음이 밀려왔다. 몸을 똑바로 세우고 머리를 꼿꼿이 하려고 애썼지만 계속 고개가 숙여졌고, 의지의 힘으로 겨우 눈을 뜰 수 있었다. 극도로 더운 기후, 고행을 하며 오랜 세월 떠돌아 약해진 몸, 그동안 겪었던 내면의 긴장이 한꺼번에 그를 짓눌렀다. 수행의 마지막 단계에서 그의 몸은 지쳐갔다. 제자들을 염려하시는 위대한 스승, 깨달으신 분은 목갈라나를 지켜보고 계셨다. 천안통으로 새로 출가한 이 비구의 어려움을 알아차렸고, 신족통으로 목갈라나 앞에 오셨다. 목갈라나는 자신 앞에 서 계신 스승을 보고 지친 몸과 마음을 회복했다.

스승께서 물으셨다.

"목갈라나여, 그대는 졸고 있지 않느냐? 목갈라나여, 그대는 졸고 있지 않느냐?"

"그렇습니다. 세존이시여!"

"자 목갈라나여, 그대에게 어떤 인식(생각)이 일어나 거기에 집중할 때 혼침(昏沈, 마음이 작용할 때 맑지 못하고 혼미하여 몽롱한 상태)이 생기면 그런 인식을 갖지 말아야 한다. 그러면 혼침이 사라질 수도 있다. 그렇게 해도 졸음이 사라지지 않는다면, 그대가 듣고 배운 대로 가르침을 성찰하고 마음으로 깊이 새겨야 한다. 그러면 혼침을 제거할 수도 있다. 그래도 혼침이 계속된다면 그대가 듣고 배운 대로 가르침을 독송해야 한다. 그래도 사라지지 않는다면 귓불을 잡아당기고 손으로 사지를 문질러야 한다. 자리에서 일어나 물로 눈을 씻은 후 사방을 둘러보고 별과 별자리를 쳐다봐야 한다. … 그대는 빛에 대한 인식을 가져야 한다. 낮에 빛을 본 것처럼 밤에도 빛에 대한 인식을 떠올려 마음을 밝게 유지해야 한다. 감각 기능들을 안쪽으로 향하게 하여 마음이 밖으로 향하지 않도록 해야 한다. 그렇게 하면서 앞과 뒤를 바르게 인식하면서 경행(徑行, 몸과 마음을 안정시키기 위해 조용히 걸음)을 분명하게 해야 한다. 혼침을 제거할 수도 있다. 그래도 혼침이 사라지지 않는다면, 마음을 잘 챙기고 알아차려 가부좌를 하거나 사자처럼 오른편으로 누워도 된다. 그리고 다시 깨어나 '나는 쉬고 눕는 즐거움, 자는 즐거움에 빠지지 않을 것이다.' 이렇게 생각하면서 빨리 자리에서 일어나야 한다."

"그렇게 목갈라나여, 그대는 이렇게 수행해야 한다."[7]

이 경전을 통해 부처님께서는 혼침昏沈을 극복하는 방편을 단계적으로 일러 주셨다. 첫 번째이자 가장 좋은 방편은 졸게 하거나 졸음을 일으키는 생각에 주의를 기울이지 않는 것이다. 그러나 이것은 가장 어려운 방법이다. 성공하지 못하면 활력을 주는 생각을 불러일으키는 것도 좋다. 빼어난 가르침을 깊이 살펴보거나 마음으로 가르침을 암송해도 된다. 정신 요법이 도움이 되지 않으면 예를 들어 귀 잡아당기기, 몸 흔들기, 팔다리를 문질러 혈액 순환이 되게 하기, 찬물로 눈을 상쾌하게 하기, 광대한 별이 빛나는 밤하늘을 보기 등의 방법들로 몸을 깨워야 한다. 졸음을 물리치는 데 조금은 도움이 된다.

이러한 조치가 아무 소용이 없다면 마음속에 빛을 떠올려, 전체를 빛으로 가득 채워도 된다. 내면을 채운 빛에 대한 인식을 통해 감각기관인 눈으로 알게 되는 낮과 밤이라는 분별을 버릴 수 있다. 즉 낮과 밤이라는 감각적 인식에 집착하지 않을 수 있다. 세존께서 이렇게 일러 주신 까닭은 목갈라나가 이미 과거에 경험했던 수행 방편이었기 때문이다. 이것을 '빛에 대한 지각(광명상光明想)이라고 한다. 빛에 대한 지각을 닦는 수행은 네 가지 삼매 수행 방편 가운데 하나로, "지견청정智見清淨을 마음에 깊이 새겨야 한다."고 경전[8]에서 제시하고 있다.

그래도 안 되면 마음챙김을 하며 걸으면서 몸의 움직임에 집중하여 졸음을 없애도록 노력해야 한다. 끝으로 이런 일곱 가지 조치도 효과가 없으면 누워 있을 수 있다. 잠시 쉬었다가 상쾌한 기분이 되면 즉시 일어나서 졸음이 돌아오지 않도록 해야 한다.

부처님의 가르침은 여기서 그치지 않고 계속 이어진다.

"목갈라나여, 그대는 '나는 자만심으로 거들먹거리며 신도 집에 가지 않으리라.' 이렇게 공부해야 한다. 만일 비구가 자만에 취해 거들먹거리며 신도 집에 갔는데, 그 집안에 해야 할 일이 많아 비구가 온 것을 알지 못하면 비구는 이렇게 생각하기 마련이다. '누가 지금 이 집에서 나를 소외시켰는가. 이 집 사람들은 나를 싫어하는 것 같다.' 비구가 이런 생각을 하게 되면 아무것도 얻지 못해 의기소침해진다. 의기소침하면 마음이 들뜨고, 들뜨면 스스로를 제어하지 못하고, 단속하지 못하면 마음은 삼매에서 멀어지게 된다.

더 나아가 목갈라나여, '나는 논쟁을 일으키는 말을 하지 않을 것이다.' 이렇게 수행해야 한다. 논쟁의 여지가 있으면 말이 많아지게 된다. 말이 많아지면 흥분하게 되고, 흥분하게 되면 자제력을 잃게 될 것이다. 자제력을 잃게 된다면 삼매에서 멀어진다."

여기서 부처님께서는 흥분(도거掉擧)과 불안으로 이끄는 두 가지 행위를 지적한다. 첫째, 비구가 자신의 지위에 대해 자만심을 갖고 재가신도가 존경해 주기를 바라는 경우이다. 평신도가 자신의 일에 몰두해 비구를 존경하는 마음을 밖으로 드러내지 않으면, 비구는 혼란스러워하고 삼매에서 멀어진다. 두 번째는 비구가 세속적인 논쟁을 즐겨하며 논쟁에서 이기기 위해 다른 의견을 제기하는 경우이다. 이렇게 되면 비구는 정신적 능력을 유익하지 못하고 효율적이지도 않은 일에 소비한다. 비구가 감각을 제어하지 못하거나 쉽게 마음이 들뜨거나 산만하면 수행을 게을리 하고 주의를 기울이지 못한다.

수행을 하더라도 마음의 통일과 내적 평화를 얻을 수 없다.

세존께서 그에게 혼침(몽롱함)과 도거(흥분)를 극복하는 방편을 일러 주신 후 목갈라나가 여쭈었다.

"세존이시여, 비구는 어떻게 갈애를 제거해서 해탈을 성취하고, 구경(究竟: 궁극의 경지)의 평온(유가안은瑜伽安隱)[9]을 이루고, 구경의 청정범행을 닦으며 구경의 목적을 성취하고 천신과 인간 중 으뜸이 될 수 있나이까?"

"목갈라나여, 여기 비구는 '모든 법에 대해 집착하고 얽매여서는 안 된다.'라고 배운다. 비구가 '모든 법에 대해 집착하고 얽매여서는 안 된다.'고 배울 때 그는 모든 법을 최상의 지혜로써 꿰뚫어 안다. 모든 법을 최상의 지혜로 안 뒤 모든 법을 철저하게 이해한다. 그가 모든 법을 철저하게 안 뒤에는 어떤 느낌을 경험하게 되더라도, 그것이 즐거운 느낌이든 괴로운 느낌이든 괴롭지도 즐겁지도 않은 느낌이든 그 느낌들에 대해 무상無常하다고 관찰하며 머문다. 탐욕이 빛바램을 관찰하며 머문다. 소멸을 관찰하면서 머문다. 그는 세상의 어떤 것에도 집착하지 않는다. 집착하지 않기 때문에 두려움도 없다. 두려움이 없기 때문에 번뇌의 완전한 소멸, 열반을 이룬다. 그는 이렇게 안다. '태어남은 다했다. 청정범행은 성취되었다. 할 일을 다 해 마쳤다. 다시는 어떤 존재로도 태어남은 없다.'"

졸고 있음 경(앙굿따라니까야 7:58)에서 기록한 대로 목갈라나는 스승께 특별한 가르침을 받았다. 목갈라나는 마음에 일어나는 장애에 대항해 격렬하게 싸우면서 용맹정진을 시작했다. 오랜 고행 생활을 해 오는 동안 그는 이미 다섯 가지 장애[10] 가운데 첫 번째와 두 번째 장애인 감각적 욕망(탐욕, 욕욕欲欲)과 분노(진애瞋恚)를 억제할 수 있었다. 이제 그는 부처님 가르침을 통해 세 번째와 네 번째 장애인 혼침과 도거를 이겨내기 위해 정진했다. 이러한 장애를 극복함으로써 물질적 세계를 초월한 선정의 경지에 도달할 수 있었고, 현실의 실상(實相, 본래 모습, 본질)을 꿰뚫어 아는 지혜를 열었다.

그는 먼저 희열(희喜)과 행복(낙樂)이 있는 첫 번째 선정을 이루었다. 그러나 세속적인 생각들이 점점 일어나 주의를 빼앗고 감각 기관이 인식하는 수준으로 그를 끌어내렸다. 이때 부처님께서 신통력으로 다시 그를 도우러 오셨으나 지난번과 같은 세세한 가르침을 주시지는 않았다. 곤경에서 벗어날 수 있도록 간단한 설법을 하셨을 뿐이다. 세존께서는 첫 번째 선정에 들었다고 해서 마음을 놓아서는 안 되며, 완벽하게 초선을 닦아야 한다고 하셨다. "마음을 완전히 초선에 안주할 수 있도록 하며, 초선과 마음을 하나로 만들어야 하고, 마음이 초선에서 삼매에 들게 하라." 목갈라나는 이 가르침을 따라 정진해 완벽한 초선의 경지에 들었고, 더 이상 세속적인 생각에 휘둘리지 않았다.

이렇게 하여 첫 번째 선정에 확고하게 자리를 잡고, 다음으로 두 번째 선정에 들었다. 목갈라나는 이에 대해 "'성스러운 침묵'이라는 생각이 마음에 일어났다."고 했다(꼴리따 경, 상윳따니까야 21:1). 성스러운 침묵이라고 한 것은 모든 생각과 추론追論이 완전히 침묵했기 때문이다.[11] 목갈라나는 네 번째 선정으로 나아갔고, 네 가지 물질 없는 선정(무색정無色定)을 이루었다. 또한 생각과 느낌이 소멸된 단계인 상수멸정想受滅定에 이르기까지 계속 나아갔다. 그런 다음 현상적인 모양에 집착하지 않고 감각을 소멸하여 '표상 없는 마음의 삼매(무상심정無相心定, 아라한의 삼매)'를 성취했다.[12]

그러나 이 선정 단계 역시 궁극적인 것은 아니었다. 여기서도 그는 자신의 놀라운 경험에 대해 미묘한 애착을 일으켰다. 가장 청정한 마음의 모습에 대한 집착이었다. 그러나 목갈라나는 세존의 가르침을 받아 마지막이자 가장 극복하기 어려운 장애를 뛰어넘었다. 넓고 깊은 궁극의 단계를 성취하고 완전한 마음의 해탈과 지혜의 해탈을 이루었다. 존자 목갈라나는 아라한이 되었다.

사리뿟따처럼 목갈라나는 마음에 의한 해탈과 지혜에 의한 해탈을 모두 성취한 아라한이 되었다.[13] 모든 아라한은 무지와 괴로움으로부터 완전히 해방된다는 점에서는 같다. 하지만 성취한 선정 단계에 따라 두 가지로 구분된다. 여덟 가지 해탈[14]을 이룬 아라한을 양면으로 해탈했다고 한다. 무색정에 도달해 육신에서 해탈한 사람은 아라한도를 통해 모든 번뇌에서 해탈한다. 팔해탈八解脫을 완전한 경지까지 이루지는 못했지만 지혜를 통해 모든 번뇌를 파괴한 사람들은 지혜로써 해탈에 이르렀다(혜해탈慧解脫)고 한다.

목갈라나는 선정의 단계들을 다 성취했을 뿐 아니라, 신통의 기초가 되는 신족통(神足通, 여의족如意足)을 열심히 닦았다. 그래서 그는 신통력(신통지神通智, 최상의 지혜)에 통달했다. 그는 스스로 "부처님의 가르침으로 큰 신통의 지혜를 얻은 제자"라고 선언할 수 있는 제자였다.

목갈라나가 이 모든 성취를 이루기까지 단 7일이 소요되었다. 극적인 시련, 투쟁, 승리로 가득 찬 7일 동안 일어난 위대한 내면의 변화였다. 그 짧은 기간 목갈라나의 결의는 매우 강렬했고 깊이는 실로 어마어마했을 것이다. 그렇게 활동적인 정신과 그토록 광범위한 재능을 가진 사람이, 모든 족쇄를 없애기 위해 진정으로 용맹한 노력을 기울여야 했을 것이다. 그토록 방대한 내면의 경험이 7일이라는 짧은 시간에 압축해 일어나기 위해서는 시간과 공간도 완전히 용해되었을 것이다. 부처님께서도 깨달음을 이루신 첫날 밤 과거 91겁을 회상하셨다고 한다. 목갈라나도 신통력을 원만하게 성취하는 동안 과거 헤아릴 수 없는 세월을 마음의 눈앞에 불러냈을 것이다. 여기서 헤아릴 수 있는 시간이라는 개념은 완전히 붕괴된다. 감각이라는 감옥에 갇힌 평범한 사람에게 일주일은 7일에 지나지 않는다. 그러나 법의 실상을 꿰뚫어 본 사람에게는 한 순간이 영원일 수도 있다.

목갈라나는 뒤에 도반들에게 빠른 이해(빠르고 직관적인 지혜, 속통달速通達)를 통해 1주일 만에 아라한이 되었지만 더 이상 나아가기가 어려웠다(고행도苦行道)고 고백했다. 스승의 도움이 필요했다고 했다.

사리뿟따도 보름 만에 빠른 이해를 통해 아라한에 도달했는데, 그의 성취는 순조로웠다(낙행도樂行道). 목갈라나는 부처님께서 개별적으로 집중적으로 지도하고 영감을 주었기 때문에 사리뿟따보다 더 빨리 목표에 도달했다. 목갈라나가 이해해야 하는 범위도 사리뿟따에 비해 좁았다. 사리뿟따는 홀로 깨달음을 향해 나아갔고 성취했으며, 성취한 지혜의 폭은 목갈라나보다 방대했다.

가장 위대한 두 제자

한 나라를 다스리는 왕에게 국방장관과 재무장관, 내무장관이 필요한 것처럼, 완전히 깨달은 분에게도 두 명의 상수제자와 개인적으로 보좌하는 제자가 필요했다. 부처님께서도 상수제자와 시자가 필요한 이유를 한 나라를 통치하는 것과 비교하셨다. 모든 설법을 기억할 수 있는 아난다를 법의 보물창고를 지키는 창고지기(재무장관)로, 사리뿟따를 "아이를 돌보는 보모(내무장관)"로, 목갈라나를 승단을 지키는 수호자(국방장관)으로 표현하셨다.

부처님과 아난다는 끄샤뜨리야(귀족계급)에 속했고, 사리뿟따와 목갈라나는 바라문 출신이었다. 이러한 공통점은 그들의 삶을 통해서도 엿볼 수 있다. 아난다는 시자로 임명되면서부터 그림자처럼 부처님을 따랐고 평생을 함께했다. 마찬가지로 목갈라나는 사리뿟따와 거의 따로 떨어져 지내지 않았으며 항상 함께했다. 부처님께서 만년에 육체적으로 피곤함을 느낄 때면 이 세 제자에게 대신 법을 설하게 하셨다. 목갈라나는 까삘라왓투(가비라성迦毗羅城)에서 여섯 가지 감각적 욕망(육욕六欲)에 휩쓸리지 않기 위해 감각 기관을 바르게 제어하는 것을 주제로 매우 긴 법문을 했던 일이 있었다.[15]

사리뿟따와 마하목갈라나가 아라한을 성취한 후, 세존께서는 둘을 상수제자로 삼을 것이라고 승단에 선포하셨다. 몇몇 비구들은 투덜거리기 시작했다. 왜 스승께서는 초전법륜에 함께 했던 다섯 비구나 야사(와라나시 부자 상인의 아들로 초기에 출가한 비구), 가섭(迦葉, 깟사빠) 삼형제(우루웰라에서 불을 섬기던 교단을 운영하다 귀의한 비구들) 등 "초기

제자들"을 상수제자로 삼지 않으셨는지 여쭈었다. 왜 그들을 두고 뒤늦게 승단에 들어온 제자들을 상수제자로 세웠는지 궁금해 했다. 이에 대해 부처님께서는 상수제자는 각자 쌓아 온 복덕에 따라 수확을 하는 자리라고 답하셨다. "사리뿟따와 목갈라나는 영겁의 세월 동안 점차적으로 지혜를 닦았다. 부처님 상수제자가 되겠다는 서원을 세우고 수행하며 서원을 이루기 위해 정진해 왔다." 두 상수제자는 모두 부처님과 다른 계급 출신이었고, 출신 지역도 달랐다. 그들이 성스러운 제자들 가운데 상수제자가 된 것은 업의 법칙에 따른 결과였다.

부처님께서는 여러 차례 두 상수제자를 칭찬하셨다.

> "비구들이여, 신심 깊은 청신녀가 사랑하는 외아들에게 바르게 원한다면 이렇게 해야 한다. '사랑하는 아들아, 장자 찟따나 알라위의 핫타까처럼 되어야 한다.'라고. 비구들이여, 그들은 재가신도들 가운데 모범이고 표준이기 때문이다. 또 이렇게 원해야 한다. '아들아, 네가 출가를 해 비구 수행승으로 살고자 한다면, 사리뿟따와 목갈라나처럼 되어라.'라고 원해야 한다. 비구들이여, 사리뿟따와 목갈라나는 내 비구 제자들의 모범이고 표준이기 때문이다 (외동아들 경, 상윳따니까야 17:23)."
>
> "비구들이여, 사리뿟따와 목갈라나를 따라 마음 밭을 일구어라. 그들은 지혜로운 이들로서, 청정한 삶을 사는 수행자들에게 도움을 준다. 사리뿟따는 친어머니와 같고 목갈라나는 양어머니(유모)와 같다. 사리뿟따는 도반들을 예류과로 인도하고, 목갈라나는 최상의 진리로 이끈다(진리에 대한 분석의 경, 맛지마니까야 141)."

부처님께서 상수제자들을 칭찬하신 끝 구절을 통해 두 사람의 특징을 알 수 있다. 사리뿟따는 어머니처럼 제자들에게 해탈의 길에 들어설 수 있도록 인도한다. 네 가지 거룩한 진리(사성제)를 상세하게 설하고, 가르치고, 설명해 준다. 가장 근원적인 족쇄를 끊고 첫 번째 관문에 들어서서 예류과를 성취할 수 있도록 도와준다. 이런 방식으로 제자들이 무익한 윤회를 벗어나 안전한 지대로 갈 수 있도록 강하게 이끌어 준다. 목갈라나는 세존께서 그를 도우셨던 것처럼 비구들이 더 높이 올라가 최상의 진리로 다가갈 수 있도록 인도해 아라한과를 얻도록 돕는다. 목갈라나는 유모처럼 비구들이 힘을 가질 수 있도록 키우고 자라게 해 준다.

이런 역할을 완전하게 깨달은 분은 홀로 해내셨지만, 사리뿟따와 목갈라나는 각각 나누어 해냈다. 두 상수제자는 모두 심해탈과 혜해탈을 이루었지만, 사리뿟따는 혜해탈을 중요시했고, 목갈라나는 선정을 통한 심해탈을 강조했다. 이 때문에 사리뿟따는 제자들을 '법에 대한 분명한 이해(진리를 꿰뚫어 아는 것, 법현관法現觀)'로 이끌어, 존재의 본성을 이해하도록 해 주었다. 반면에 마하목갈라나는 미묘하고 구불구불한 마음의 미로를 매우 잘 알고 있었기 때문에, 선정 수행을 통해 남아 있는 모든 번뇌와 족쇄를 끊을 수 있도록 인도하는 데 집중했다. 이런 특성들은 법의 아들들이 부처님의 친아들인 라훌라를 가르칠 때 확연하게 드러났다. 새로 출가한 라훌라는 모든 비구들처럼 두 명의 스승 아래서 수행했다. 사리뿟따는 지혜를 가르치는 스승이, 목갈라나는 선정 수행을 이끌어 준 스승이 되었다.

어느 때 사리뿟따는 친구에게 '신통력으로 보아 목갈라나는 거대한 히말라야 산맥과 같고, 자신은 작은 돌멩이와 같다.'고 했다. 목갈라나는 이에 대해 '지혜의 힘으로 보면, 사리뿟따는 큰 소금 통이고 자신은 소금 통에 들어 있는 작은 소금 알갱이와 같다.'고 했다(단지 경, 상윳따니까야 21:3). 지혜의 여러 단계에 관해 부처님께서는 "나만이 생각하고 답할 수 있는 질문이 있지만, 사리뿟따는 그렇게 할 수 없다. 사리뿟따만이 명확하게 답할 수 있는 질문이 있지만 목갈라나는 그렇지 않다."고 하셨다. 그리고 "제자들 가운데 오직 목갈라나만이 해결할 수 있는 문제가 있지만 다른 제자들은 그렇지 못하다."고 하셨다(싸라바사슴의 본생 이야기 483). 이렇게 두 상수제자는 부처님과 다른 제자들 사이를 이어주는 다리와 같았다.

데바닷따가 자신이 승단을 이끌고 싶다고 선언했을 때, 부처님께서는 상수제자들에게도 승단을 이끌도록 부촉하지는 않았다고 하셨다.[16] 가장 뛰어난 제자인 사리뿟따와 목갈라나, 그리고 가장 타락한 제자인 데바닷따 사이에는 제각기 다른 성취와 덕행을 이룬 여러 제자들이 있었다. 특히 상수제자를 비방했던 제자들은 데바닷따를 추종하고 있었다. 어느 때 꼬깔리까라는 비구가 세존께 '사리뿟따와 목갈라나가 삿된 마음을 품고 있다.'고 비방했다. 실제로 데바닷따도 두 상수제자를 비방했다.

그러나 세존께서는 이렇게 말씀하셨다. "그런 말을 하지 말라, 꼬깔리까여. 그런 말을 하지 말라, 꼬깔리까여. 사리뿟따와 목갈라나에 대해 마음을 청정히 하라. 사리뿟따와 목갈라나는 지혜를 갖춘 사람들이니라." 그러나 꼬깔리까는 부처님의 단호한 훈계에도 계속해서 상수제자들을 비방했다(꼬깔리까 경, 상윳따니까야 6:10).

경전에 따르면 데바닷따와 꼬깔리까는 지옥에 태어나 가장 극심한 고통을 받았고, 사리뿟따와 목갈라나는 최고의 희열, 열반을 이루었다.

빨리 경전에는 승가 공동체를 이끄는 스승을 도우며 함께한 두 상수제자에 관한 기록이 많이 남아 있다. 상수제자들은 승가의 발전과 이익을 위해 지칠 줄 모르고 일했다. 승가 내부의 화합과 안정, 계율을 유지하기 위한 노력은 특별히 주목해 살펴보아야 한다. 그들은 부처님의 명을 받아 '여섯 무리 비구(육군비구六群比丘)'로 널리 알려진 무리들을 승단에서 추방했다. 이들의 무모하고 터무니없는 행동은 갠지스 계곡에서 부처님 가르침에 대한 평판을 심하게 떨어뜨렸다. 비나야삐따까(율장律藏)는 '여섯 무리 비구'들이 저지른 잘못된 행동 때문에 부처님께서 많은 계율을 제정해 공포해야 했던 일들을 기록하고 있다. 그들이 저지른 중대한 사건이 끼따기리 설법의 경(맛지마니까야 70)에 기록되어 있다. 그들은 '적절한 시간에 공양을 해야 한다.'고 부처님께서 제정한 계율을 어겼다. 그들이 그릇된 행동으로 여러 차례 계율을 어기자, 부처님께서는 마침내 사리뿟따와 목갈라나를 덕이 높은 비구들과 함께 보내 끼따기리[17] 근처에 머물고 있던 육군비구를 추방하도록 하셨다. 그 후 그들 대부분은 승단을 떠났다(앗싸지와 뿌납바쑤를 추종하는 자들의 비행, 비나야삐따까 2:12-14).

두 명의 위대한 제자가 함께 해 낸 가장 중요한 임무는 데바닷따를 따라 잘못된 길을 간 비구들을 부처님 품으로 다시 인도하고 올바른 수행 생활을 하도록 한 것이었다. 그 당시 그들을 타일러 다시 데려오면서, 사리뿟따는 마음을 읽고 마음의 작용을 읽고 사유를 읽는 능력에 대해 설하며, 수행승들을 훈계했다. 목갈라나는 선정 수행을 통해 성취한 신통력의 기적에 대해 설했다(비나야삐따까 2:199-200). 어떤 경우에는 한 비구가 부처님께 와서 '사리뿟따 존자가 자신을 무례하게 대했다.'고 불평했다. 목갈라나와 아난다는 법과 계율을 바로 세우기 위해 모든 비구들을 불러 모아, 사리뿟따 존자가 위엄 있게 훈계하도록 했다.

두 상수제자는 사원에서 자주 같은 거처에서 함께 머물렀으며, 도반들에게 도움을 줄 수 있는 방편에 관해 많은 대화를 나눴다. 그 한 예가 더러움(흠)[18] 없음 경(맛지마니까야 권5)이다. 더러움 없음 경은 사리뿟따 존자가 목갈라나 존자의 질문에서 영감을 받아 설한 위대한 법문이다. 설법이 끝나갈 무렵 목갈라나는 사리뿟따의 법문을 머리를 장식하는 연꽃 화환, 자스민 화환, 장미 화환에 비유하며 찬탄했다. 또 보름달이 뜬 밤 고씽가[19] 사라나무 숲에 목갈라나, 깟사빠, 아누룻다, 레와따, 아난다 장로 등 이름 높은 제자들이 모였을 때 나눈 대화도 있다. 사리뿟따 존자는 그들에게 각자 생각하는 이상적인 비구(고씽가 사라나무 숲을 밝힐 수 있는 제자)가 어떤 사람인지 설명해 달라고 요청했다(맛지마니까야 32). 목갈라나는 이렇게 대답했다.

벗이여, 사리뿟따여, 여기 두 명의 수행승이 있는데
그들은 더욱 높은 단계의 가르침에 대해 논하고
서로에게 질문을 하고 답을 하는데 그칠 줄 모르고
가르침에 따라 대화를 계속 이어 갑니다
그런 수행승들이 이 고씽가 사라나무 숲을 밝힐 수 있습니다 뒤에 부처님께서는 목갈라나가 실제로 법을 아주 잘 설할 수 있는 제자라고 확인해 주셨다. 감각의 영역을 뛰어 넘어선 경험을 통해 법을 설할 때 깊어지고 폭이 넓어지게 마련이다. 깊은 선정과 진리에 대한 성찰을 깊이 있게 수행하여 의식을 넓힐수록 설법은 더욱 설득력을 갖는다. 또한 최고의 지혜를 성취한 이가 법을 설하면 파급력이 더욱 강해진다.

부처님께서는 자주 상수제자들이 법을 전하는 데 크게 기여했으며, 근기들도 빼어나다고 칭찬하셨다. 자설경(自說經, 우다나)에 눈에 띄는 기록이 있다. 사리뿟따와 목갈라나가 세존 곁에서 가부좌를 틀고 흔들림 없는 삼매에 들어 있었다. 부처님께서는 먼저 사리뿟따를 칭찬하시며 이렇게 설하셨다.

단단한 바위산이
확고하고 흔들리지 않듯이
어리석음을 깨트려 없앤 비구는
산처럼 흔들리지 않는다

이어 목갈라나를 칭찬하시며 이렇게 설하셨다.

몸에 대한 마음챙김을 확립하고
여섯 가지 감각 접촉을 일으키는
여섯 가지 감각 장소(육처六處, 눈귀코혀몸뜻)를 잘 다스려
항상 삼매에 든 비구는

자신의 열반을 알고 있도다

부처님께서 사리뿟따보다 목갈라나의 뜻을 칭찬하신 경우는 단 한 번이었다. 한때 부처님께서는 계를 받은 지 얼마 되지 않은 수행승들이 위의를 지키지 않은 채 예의 없는 행동을 했을 때 그들을 물리치셨다. 그리고 사리뿟따와 목갈라나에게 그들을 보냈을 때 어떤 생각을 했는지 물으셨다. 사리뿟따는 "'세존께서 지금 여기에서 고요히 지내시며 안온을 누리시려고 한다. 우리도 그렇게 하리라.' 이렇게 생각했습니다."라고 고했다. 부처님께서는 다시는 그와 같이 생각해서는 안 된다고 책망하셨다. 부처님께서는 목갈라나에게도 같은 질문을 하셨다. 목갈라나는 "'세존께서 지금 여기에서 고요히 안온한 삶을 영위하려 하신다.' 이제 존자 사리뿟따와 내가 승가를 이끌어야겠다." 라고 말씀드렸다(사리뿟따 전기 참조).

부처님께서는 "장하다 목갈라나여, 승단을 내가 이끌거나 사리뿟따나 목갈라나가 이끌 것이다." 이렇게 목갈라나를 칭찬하셨다(짜뚜마에서 설한 경, 맛지마니까야 67).

마하목갈라나의 신통력

초기 서구 불교학자들은 대체로 기독교 독단주의에 대한 합리적 대안으로 불교를 꼽았다. 불교는 본질적으로 종교가 지닌 전통적인 덫에 걸리지 않은 정신 윤리의 실천 강령이었다. 그들은 신통력 같은 기적들이 불교에는 필요하지 않은 것으로 판단했다. 물론 초기 불교에서 초자연적인 능력과 사건에 대해 기독교처럼 중요시하는 것은 아니다. 그렇다고 해서 불교에서 신통력이나 기적을 완전해 배제해야 한다는 주장은, 부처님 가르침을 있는 그대로 받아들이는 것이 아니다. 외부의 기준에 맞춰 불교의 신통력을 해석하는 것에 불과하다. 실제로 빨리 경전에서는 부처님과 아라한 제자들이 보여준 신통력이 자주 등장한다. 그렇다고 해서 그런 장면들에 대해 후대에서 제멋대로 끼워 넣었다고 보는 것은 개인적인 편견일 뿐이며 근거도 없다. 부처님께서는 신통력을 "가르침의 기적"에 비유하셨다. 신통력의 가치를 폄하하기 위한 것이 아니었다. 신통력을 이루기 위해 얼마나 힘든 수행을 해야 하는지를 강조하기 위해서였다. 경전을 전반적으로 살펴보면 신통력에 대한 명확한 판단을 할 수 있다. 초자연적인 힘의 획득은 영적 성취자의 경지와 완전성을 향상시키는 긍정적인 역할을 한다.

경전에는 많은 아라한들이 성취한 여섯 가지 신통력(육신통六神通)이라고 하는 일련의 초자연적인 능력이 등장한다. 이 가운데 여섯 번째, 번뇌를 완전히 끊어 소멸하는 지혜(누진통漏盡通)는 출세간의 깨달음이며 다시는 번뇌가 일어나지 않는 경지이다. 모든 아라한이 공통적으로 가진 신통력이고 궁극적인 해탈을 확신하는 능력이다. 그러나 다른 다섯 가지 신통력은 모두 세간적인 능력이다. 아무 곳이나 자유자재로 오갈 수 있고 자유롭게 변신할 수 있는 지혜(신족통神足通), 신성한 귀의 지혜(천이통天耳通), 남의 마음을 아는 지혜(타심통他心通), 신성한 눈의 지혜(천안통天眼通), 본생을 아는 지혜(숙명통宿命通)가 그 다섯 가지이다.

이러한 능력은 명상 수행에 정통한 신비주의자들과 외도 수행자들도 가질 수 있었지만, 진정한 깨달음을 이루었다는 증거는 아니다. 그러한 신통력은 해탈을 위해 필요한 조건도 아니었고, 해탈의 지표도 아니었다. 경전에서 만날 수 있는 가장 악한 수행자였던 데바닷따조차도 수행 초기에 신통력을 이루었으나, 부처님께 대항해 신통력을 사용할 때 그 능력을 잃어버렸다.

부처님께서는 신통력에 집착하는 것이 얼마나 위험한 일인지 잘 알고 계셨다. 개인적인 욕망을 채우기 위해 마음이 불타오르는 사람들에게는 무서운 함정이 될 수 있었다. 특히 '나'에 집착하는 사람들에게는 남을 지배하고 싶어 하는 욕망을 키워주기 때문이었다. 그러나 "나(我)"와 "내 것(아소我所)"의 실상을 꿰뚫어보고 자비로움이 충만한 사람들은 신통력을 활용해 부처님 가르침을 널리 전할 수 있었다. 이 때문에 부처님께서는 이 세간적인 신통력들에 대해 이렇게 설명하셨다. "수행이 정점에 이르렀을 때 성취하는 출가 생활의 결실(사문과沙門果)"이라고 설하셨다(사문과경沙門果經, 디가니까야 2). 또 계율을 잘 지킴으로써 얻는 유익 가운데 하나로 여기셨다(원한다면 경, 맛지마니까야 6). 부처님께서는 스스로 신통력을 완전히 성취했으며, 원했다면 영원히 살 수 있었을 것이라고 선언하셨다.[20] 부처님께서 완전한 열반에 드신 이후 1세대 제자들은 여전히 다섯 가지 신통력을 매우 중요하게 여겼다. 스승을 잃은 승단은 영적인 지도자를 선택하는 기준으로 '열 가지 청정한 믿음의 원리(십종덕행十種德行)'를 중요하게 생각했다.[21]

여섯 번째 신통력은 번뇌를 소멸하는 지혜(누진통漏盡通)이며, 출세간적인 능력이다. 다른 다섯 가지 세간적인 신통력은 내적 통찰(선정)의 결과다. 경전에서 부처님께서는 항상 사선정四禪定을 가르쳐 주신 후에야 오신통을 알려 주셨다. 확고하게 사선정 삼매에 들어야 신통력이 생겨난다. 사선정 삼매에 제대로 들지 못한 상태에서는 마음이 오염된 생각과 기분에 의해 더러워지며, 흐려지며, 신통력을 실행할 수 없다. 사선정의 삼매에 확고하게 자리 잡아 머물면 마음은 청정하고, 깨끗하고, 흠이 없고, 번뇌가 사라지고, 유연하고, 활발하고, 안정되고 흔들림이 없는 상태에 이르게 된다. 보이지 않는 장막에 가린 지혜를 환하게 밝힐 수 있고, 신통력을 성취할 수 있다. 부처님과 목갈라나처럼 깊이 감춰진 차원(미묘한 영역)에 들어간 사람들은 공간과 시간에 대한 경험이 끝없이 확장될 것이다. 시야는 모든 경계와 한계를 초월하여 광대하고 무한하게 뻗어나갈 것이다.

부처님께서는 특히 "신통력을 이루기 위한 방편으로 네 가지 성취수단(사여의족四如意足)을 닦아야 한다."고 강조하셨다. 경전에서는 사여의족에 대해 이렇게 소개하고 있다.

> "여기 비구들이여, 비구들은 적극적인 의욕(열의)으로 선정을 닦아 자유자재한 능력을 성취하는 욕여의족(欲如意足, 욕신족欲神足), 정진으로 선정을 닦아 자유자재한 능력을 성취하는 정진여의족(精進如意足, 정진신족精進神足), 마음을 평온하게 하여 선정을 닦아 자유자재한 능력을 성취하는 심여의족(心如意足, 심신족心神足), 사유하고 관하여 선정을 닦아 자유자재한 능력을 성취하는 사유여의족(思惟如意足, 사유신족思惟神足)을 수행해 신통의 기반을 닦아야

한다(이 언덕 경, 상윳따니까야 51:1)."

여기서 네 가지 개별적인 정신적 요소들이 선정을 계발하는 중요한 요인이 된다. 네 가지 요소는 열반을 성취하려는 열의, 정진(精進, 노력), 목표를 향한 마음가짐, 조사하여 길을 알아냄(검증)이다(분석 경, 상윳따니까야 51:20). 선정에 들었다고 해서 신통을 성취하는 것은 아니다. 삼매를 통해 신통을 성취하기 위해서는 '의도적인 정진과 노력(근행勤行)'이 반드시 필요하다. 이러한 힘은 방대한 정신적 힘을 축적하며, 신통력을 언제 어떻게 사용해야 하는지 결정한다.

신통력, 초자연적인 능력이 지닌 전통적인 가치를 바르게 평가하려면, 우리가 감각을 통해 물질세계를 인식한다(현대 물리학자들은 힘의 발현發現이라고 부른다)는 사실을 이해해야 한다. 그렇게 인식한 물질세계는 우리가 경험하는 영역 가운데 아주 작은 부분이라는 사실도 알아야 한다. 견고하고 감각적인 대상 너머에는 이해할 수도 없고 거의 상상조차 할 수 없는 차원에 속하는 힘의 파동이 있다. 우리가 경험하는 물질세계보다 더 광대한 현실은 우리 앞에 언뜻언뜻 드러나기도 한다. 우리가 가지고 있는 합리적이고 일관된 세계관을 뚫고 나와 종종 '심령 현상', '기적', '경이로움'으로 등장한다. 자연이 지닌 규칙적인 질서가 붕괴하는 경우는 매우 드물다. 이 때문에 우리는 친숙한 질서에 대해 절대적이고 무너질 수 없는 법칙이라고 여기는 경향이 있다. 그렇게 되면 분명한 증거가 있고 설득력이 있다고 하더라도, 우리의 제한된 감각 능력을 초월하는 것은 무엇이든 무시한다. 그러나 지혜로운 사람이 경험하는 우주는 보통 사람이 아는 것보다 훨씬 더 넓다. 현명한 사람들은 다른 사람들이 존재한다고 생각조차 하지 않는 실제 차원을 인지할 수 있다. 그들은 마음과 물질의 근원적인 관계와 실상을 꿰뚫어 봄으로써 모든 것을 통제하고 있는 세계관, 즉 우리에게 익숙한 세계관의 한계를 깨트릴 수 있다.

마하목갈라나 존자는 네 가지 능력(사여의족, 사신족)을 가장 잘 닦아 성취한 비구였고, 부처님께서는 "신통을 가진 자들 가운데서 마하목갈라나가 으뜸이다."라고 선언하셨다(으뜸품, 앙굿따라니까야 1:14). 물론 다른 유명한 제자들 중에도 신통력이 매우 뛰어난 제자들이 있었지만, 대개는 한두 가지 신통력만 지니고 있었다. 예를 들어, 비구 아누룻다와 비구니 사꿀라는 천안통을 지녔다. 비구 소비따와 비구니 밧다 까삘라니는 숙명통을 이루었다. 비구 사가따는 불을 다루는 데 신통한 능력이 있었다. 쭐라 빤타까(주리반특가周利槃特迦)는 마음으로 이루어진 몸을 만드는 데 탁월했다(여러 몸으로 자유자재하게 변화하는 능력이 탁월했다). 삘린다 왓차는 "신들이 좋아하고 마음에 들어 하는 자(천상의 존재와 의사소통하는 데)" 가운데 으뜸이었다. 가장 신통력이 뛰어난, 그 누구도 마하목갈라나 존자만큼 신통력을 성취하지 못했다. 비구니들 가운데 신통력이 가장 뛰어난 우빨라 완나도 상대가 되지 못했다.

이제 경전이 기록하고 있는 목갈라나의 신통력에 대해 알아볼 것이다. 순서에 관계없이 경전에 있는 일화를 통해 목갈라나가 보여준 신통력을 살펴보겠다.

남의 마음을 아는 지혜(타심통他心通)

어느 때 포살일布薩日에, 부처님께서는 비구 대중 앞에 고요하게 앉으셨다. 아난다는 밤이 되어 부처님께 승가가 지켜야 하는 규율인 계목(해탈계)[22]에 대해 설해 주실 것을 청했지만 부처님께서는 침묵을 지키셨다.[23] 마침내 동이 트자 부처님께서는 "이 대중은 청정하지 못하다."라고만 하셨다. 그래서 목갈라나는 대중들의 마음을 모두 들여다보았고, 한 비구를 보았다. 그는 "부도덕하고 사악하고 불결하고 의심스러운 행동을 하고… 속이 썩고 음탕하고 부패한" 사람이었다. 목갈라나는 그 비구에게 세 번이나 떠나라고 말했다. 세 번째에도 그 비구가 움직이지 않자, 목갈라나는 그의 팔을 잡고 강당 밖으로 내보내고 문을 잠갔다. 그런 다음 세존께 다시 계목을 설해 주실 것을 간청했다. 회중이 이제 다시 청정해졌기 때문이다.

어느 때 부처님께서 모두가 아라한인 500명의 비구들과 함께 계셨다. 목갈라나가 합류해 그들의 마음을 살폈다. 모두가 아라한을 성취했고 모든 번뇌에서 해탈한 것을 보았다. 그때 승단에서 가장 뛰어난 시인 왕기사(바기사婆耆舍) 존자가 상황을 깨닫고 자리에서 일어나 부처님 앞으로 가서 게송으로 목갈라나를 칭송했다.

산허리에 앉아 계신 부처님은 성자시니
괴로움을 넘어서 저 언덕에 도달하신 분이로다
삼명三明을 구족하고 죽음마저 제거한
제자들이 이런 그분을 섬기고 있도다

큰 신통력 구족한 목갈라나가 있어
마음으로 에워싸서
그들의 마음을 꿰뚫어서 살펴보니
그들은 해탈하여 다시 윤회하지 않으리라
그들은 이와 같이 모든 요소 갖췄으며
괴로움의 저 언덕에 도달한 성자요
여러 가지 다 갖추신 고따마 부처님을 섬기도다
(목갈라나 경, 상윳따니까야 8:10)

목갈라나 존자의 신통력에 관한 세 번째 기록은 아누룻다 존자와 관계가 있다. 어느 때 아누룻다 존자가 홀로 선정에 들어, 괴로움의 소멸로 바르게 인도하는 네 가지 근본적인 수행(사념처四念處)을 어떻게 해야 할지 생각하고 있었다. 그때 목갈라나가 아누룻다의 마음을 꿰뚫어보고 신통력으로 그의 앞에 나타나, 네 가지 마음챙김의 확립을 닦는 방편에 대해 자세히 설해 주었다(한적한 곳 경, 상윳따니가야 52:1-2).

성스러운 귀의 지혜(천이통天耳通)

어느 날 저녁 사리뿟따가 목갈라나를 만나러 갔다. 사리뿟따는 목갈라나의 얼굴이 놀랍도록 평온한 것을 보고 "오늘 하루를 고요하게 선정에 들어 보냈느냐?"고 물었다. 목갈라나는 "하루를 (천안통과 천이통으로) 감각 기관에 머물며 거칠게 보냈지만, 법에 관한 대화를 나누었다."고 답했다. "누구와 함께 법에 관한 대화를 나누었느냐?"는 물음에 "세존과 함께 법에 관한 대화를 나누었다."고 했다. 사리뿟따는 "우리는 라자가하(왕사성)에 있고 스승께서는 지금 아주 멀리 사왓티(사위성) 제따 숲의 아나타삔디까 원림(기수급고독원)에 머물고 계십니다. 목갈라나 존자가 신통력으로 세존께 갔습니까? 세존께서 오셨습니까?"라고 물었다. 목갈라나는 "세존께서 오신 것도 아니고 내가 간 것도 아닙니다. 세존께서 나와 대화를 하시기 위해 천안통과 천이통을 청정하게 하셨고, 나도 천안통과 천이통을 맑게 하였습니다."라고 답했다. 그러자 사리뿟따는 "존자는 크나큰 신통력을 지니고 있고, 그 위력도 위대하니 원하기만 한다면 일 겁이라도 살 수 있을 것"이라고 찬탄했다(단지 경 상윳따니까야 21:3).

목갈라나는 천이통으로 인간이 아닌 존재, 즉 신, 영혼 등의 목소리를 듣고 소식을 받을 수도 있었다. 예를 들어, 한 천신이 데바닷따가 부처님께 악의를 품고 대항하려는 사실을 목갈라나에게 경고해 주기도 했다.[24]

성스러운 눈의 지혜(천안통天眼通)

목갈라나는 천안통으로 부처님을 멀리서도 볼 수 있었다. 경전에서는 목갈라나가 천안통을 사용하는 경우를 여러 차례 전하고 있다. 어느 때 사리뿟따가 명상을 하고 있을 때 야차(夜叉, 약카)가 다가와 머리를 세게 내리쳤다. 목갈라나는 이것을 보고 친구에게 기분이 어떠냐고 물었다. 귀신을 본 적이 없는 사리뿟따는 몸은 괜찮았지만 머리가 약간 아팠다고 말했다. 목갈라나는 사리뿟따가 수행에 집중하는 힘이 뛰어나다고 찬탄했다. 사리뿟따는 목갈라나가 본 악귀를 자신은 볼 수 없었다고 했다(우다나, 자설경自說經 4:4).

한번은 목갈라나가 천안통으로 빠세나디왕(바사익왕)이 비유리(릿차위)족과의 전투에서 어떻게 패했는지, 그리고 어떻게 다시 군대를 모아 그들을 무찔렀는지를 보았다. 목갈라나는 이 사실을 부처님과 비구들에게 알렸는데, 몇몇 비구들이 신통력에 대해 거짓으로 자랑하고 있다고 비난했다. 그러나 부처님께서는 스스로 보신 것과 목갈라나가 본 것이 같았다고 설명하셨다(비나야삐따까 3:108-109).

무엇보다 목갈라나는 천안통으로 업의 법칙과 과보가 어떻게 작용하는지를 관찰했다. 악행을 저질러 동료에게 해를 끼친 사람들은 비참한 아귀로 환생해 헤아리기 어려운 고통을 겪었다. 자비와 덕행을 베푼 사람들은 천계에 태어났다. 여러 차례 천안통으로 그러한 결과를 본 목갈라나는 빨리 경전에 기록을 남겼다. 하나는 지옥의 일(아귀사餓鬼事, 뻬따왓투) 51권이고, 다른 하나는 천계의 일을 기록한 천궁사(天宮事, 위마나왓투) 85권이다. 이 두 경전을 통해 우리는 목갈라나 존자가 업의 작용뿐만 아니라 저 너머의 세계를 보았던 것을 알 수 있다. 사례가 너무 많아 여기서 다 다룰 수는 없지만 한 가지는 꼭 살펴봐야 한다.

어느 때 목갈라나는 비구 락카나와 함께 라자가하 영취산 근처에 머물고 있었다. 락카나는 우루웰라 깟싸빠와 함께 출가한 바라문 천 명 가운데 한 명이었다. 어느 날 마을로 탁발을 가다 산에서 내려왔을 때 목갈라나가 길 한 중간에서 미소를 지었다. 함께 가던 락카나가 까닭을 물었지만 '지금은 말할 때가 아니라.'고 했다. 부처님께서 계신 곳에서 설명할 계획이었다. 뒤에 세존께 찾아갔을 때 락카나 비구는 다시 한 번 까닭을 물었다. 목갈라나는 "비참한 몰골을 한 귀신들이 허공을 날아다니며 독수리와 까마귀, 솔개들에게 쫓겨 다니고 몸을 뜯기고 고통을 당하는 것을 보았다."고 말했다. 부처님께서는 목갈라나가 본 것은 분명한 사실이라고 확인해 주셨다. 부처님께서도 과거에 본 사실이 있지만 믿지 못하는 사람들이 있었기 때문에 말을 하지 않았을 뿐이라고 하셨다. 부처님께서는 모든 것을 꿰뚫어 아는 지혜로 그 귀신들이 과거 어떤 업의 결과로 현재 비참한 처지에 놓이게 되었는지 설명하셨다(뼈 경, 상윳따니까야 19:1, 비나야삐따까 3:105).

자유자재로 오가는 지혜(신족통神足通)

목갈라나는 "힘센 사람이 팔을 구부렸다 펴는 순간"만큼이나 빠르게 인간 세계를 떠나 천상계에 갈 수 있었다. 그는 이 능력을 사용해 다른 비구들을 가르치고 승가의 일을 살폈다. 그는 도리천에서 천신들에게 예류과에 들기 위한 수행에 대해 가르쳤다. 가르침을 설한 후 천신들의 우두머리인 제석천이 세존께서 설하신 갈애의 소멸에 관한 가르침을 바르게 이해했는지 시험했다(갈애를 부숨에 대한 작은 경, 맛지마니까야 37). 부처님께서 도리천에서 세 달 동안 아비담마를 설하셨을 때, 목갈라나는 도리천으로 올라가 승가의 일을 보고했고, 가르침을 구했다(싸라바 사슴의 본생 이야기 483). 목갈라나 존자는 욕계천뿐만 아니라 범천계의 신들도 방문했다. 범천(梵天, 브라흐마)은 자신의 세계에 올 수 있는 수행자는 없다고 믿고 있었는데, 목갈라나 존자가 나타난 것이다. 목갈라나는 범천과 문답을 주고받았다. 범천은 목갈라나의 설법을 듣고, 본래 자기 자신이 가지고 있던 견해가 옳지 않았다는 사실을 인정하는 일도 있었다(어떤 범천경, 상윳따니까야 6:5). 또 어느 때는 이전에 비구였다가 입적한 띳사라는 범천에게 가서 예류과를 성취할 수 있는 수행과 궁극적인 해탈을 이루는 길에 대해 설해 주었다(띳사 경, 앙굿따라니까야 7:53).

마음으로 만든 신통의 지혜(마음으로 물체를 옮기는 능력)

목갈라나는 또한 물질을 마음대로 다루는 신통력도 있었다. 세존께서 사왓티성 동쪽에 있는 원림(동원東園, 뿝바라마)에 있는 녹자모 강당(鹿子母講堂, 미가라마뚜 빠싸다)에 머물고 계실 때 일이었다. 함께 있던 수행승들은 게을렀고 사소한 일에 몰두했다. 이 사실을 알게 된 부처님께서는 목갈라나에게 '신통력을 써서 그들의 마음을 흔들어 안주하지 않고 수행에 전념할 수 있게 하라.'고 당부하셨다. 목갈라나는 이에 엄지발가락으로 지그시 녹자모 강당을 밀었다. 사원 전체가 지진이라도 난 것처럼 흔들렸다. 수행승들은 이 일에 깊은 감동을 받아 세속적 이익을 떨쳐버리고 다시 부처님의 가르침을 받아들이게 되었다. 부처님께서는 '목갈라나가 이처럼 위대한 신통력을 갖게 된 것은 네 가지 성취수단(사여의족四如意足, 사신족四神足)을 많이 닦았기 때문'이라고 설명하셨다(목갈라나 경, 상윳따니까야 51:14).

어느 때 목갈라나는 천계로 제석천(帝釋天, 삭까)을 찾아갔다. 목갈라나는 제석천이 다소 경박하고 방자하게 살고 있는 것을 보았다. 제석천은 천상의 감각적 쾌락에 사로잡혀 가르침을 잊고 있었다. 목갈라나는 제석천의 허영심을 없애기 위해 발끝으로 제석천이 자랑하던 궁전을 흔들었다.[25] 이 일은 제석천에게 큰 충격을 주었다. 제석천은 얼마 전 부처님께서 간략하게 설해 주신 갈애의 소멸에 대한 가르침을 떠올렸다. 그 가르침은 부처님께서 목갈라나가 아라한에 도달할 수 있도록 격려해 주시며 설하셨던 법문과 같았다.

어느 때 부처님과 제자들이 머물던 지역[26]에 기근이 들어 필요한 만큼 탁발을 할 수 없었다. 그때 목갈라나가 '신통력으로 땅을 뒤집어 땅속에 있는 먹을 것을 찾아 비구들에게 주어도 되는지'를 세존께 여쭈었다. 그러나 부처님께서는 그렇게 하면 많은 생명을 해치게 되므로 그렇게 하지 말라고 하셨다. 그러자 목갈라나는 다시 '웃따라꾸루로 가서 수행승들이 탁발을 하도록 허락해 주실 것'을 청했다. 부처님께서는 이것 역시 허락하지 않으셨다. 결국 신통력을 사용하지 않고도 모두가 기근에서 살아남았다(비나야삐따까 3:7). 이 일이 부처님께서 목갈라나의 청을 들어주시지 않은 유일한 경우였다.

목갈라나는 단숨에 멀리 떨어진 곳에서 물건을 가져오는 신통력도 발휘했다. 한번은 사리뿟따에게 열병이 들어, 히말라야 산에서 연뿌리와 연 줄기를 가져와 약으로 써야 하는 일이 생겼다. 목갈라나는 '힘센 사람이 팔을 굽히고 펴는 동안'만큼이나 짧은 순간에 제따와나 사원에서 하밀라야산으로 가 약재를 가져왔다. 또 아나타삔디까 장자를 위해 제따와나에 심을 보리수나무의 씨앗을 구해오기도 했다. 그러나 라자가하에서는 승가의 세속적 평판을 위해 신통력을 발휘하도록 요청을 받자 거절했다. 당시 '한 부자가 귀한 전단나무로 발우를 만들어 대나무 꼭대기에 높이 걸어놓고 신통력이 있다면 내려서 가져가 보라.'고 했다. 마하목갈라나 존자는 도반인 삔돌라 바라드와자(사자후를 지닌 제자 가운데 으뜸인 존자)에게 그 일을 하도록 했다. 삔돌라 바라드와자 존자는 신통력을 발휘해 발우를 내려 사원으로 가지고 갔다. 그러나 부처님께서는 삔돌라를 꾸짖었다. "출가 수행자가 재가 신도들에게 자신의 능력을 과시하기 위해 신통력을 사용해서는 안 된다."고 하셨다(비나야삐따까 2:110-112).

몸을 마음대로 바꾸는 지혜(신변통神變通)

지금까지 빨리 경전을 통해서만 목갈라나의 신통력을 살펴봤지만, 주석서에는 가장 강한 신통력이 기록되어 있다. 청정도론에는 목갈라나가 난도빠난다라고 하는 용왕을 신통력으로 물리친 내용이 담겨 있다. 이 이야기를 빼놓으면 목갈라나 신통력이 지닌 위대한 힘을 제대로 모르고 지나치게 된다(청정도론淸淨道論 12장).

한번은 부처님께서 500명의 비구들과 함께 난도빠난다 용왕 궁전 위를 지나 삼십삼천을 향해 가셨다. 화가 난 용왕이 왕관으로 수미산을 덮어 온 세상을 어둠으로 물들였다. 밧디야 존자와 라훌라 존자, 여러 비구들이 나서 용을 길들이겠다고 청했다. 부처님께서는 용왕이 매우 난폭하고 위험한 줄 아시고 허락하지 않으셨다. 마지막으로 목갈라나가 청을 드리자 허락하셨다. 목갈라나는 거대한 용왕으로 변신해 난도빠난다 용왕과 불을 뿜으며 치열한 싸움을 했다. 목갈라나는 전투를 하면서 몸을 자유자재로 바꾸고 나타내는 신통력을 발휘해 난도빠난다 용왕을 밀어붙였다. 싸움이 끝나갈 무렵 목갈라나는 용왕의 천적인 금시조(金翅鳥, 가루다)로 변하여 난도빠난다 용왕의 항복을 받아냈다. 장로는 다시 스님 모습으로 돌아와 난도빠난다 용왕을 세존께 데려가 귀의하도록 했다.

마하목갈라나의 본생

목갈라나는 자신의 본생에 관해 마군(마라)을 질책한 경(맛지마니까야 50)에서 단 한 차례만 말했다. 이 경전은 나중에 상세히 살펴볼 것이다.

부처님 본생에 관한 이야기인 자타카는 미래의 부처님이신 보살과 목갈라나가 여러 차례 본생을 공유했다고 전하고 있다. 보살과 목갈라나는 적어도 31번의 본생에서 함께했고, 그 가운데 30번은 목갈라나와 사리뿟따가 함께 살았다. 세 사람은 본생에서부터 매우 친밀하게 지냈다. 부처님과 목갈라나가 함께한 31번의 본생은 윤회하는 모든 존재가 지나온 무한한 삶의 극히 일부이지만, 우리는 그 본생들을 통해 목갈라나의 삶과 성품을 엿볼 수 있다.

자타카를 통해 우리는 목갈라나가 부처님과 매우 가깝게 지냈다는 사실을 알 수 있다. 목갈라나와 사리뿟따는 종종 보살과 형제로 살았다(488, 509, 542, 543). 친구이기도 했고(326), 신하(401)로 살기도 했다. 때로는 고행자로서 보살의 제자(423, 522)였거나 스승(539)이기도 했다. 보살이 왕이었을 때 사리뿟따는 왕자였고 목갈라나는 장군이었다(525). 부처님께서 천신들의 왕인 제석천이었을 때 사리뿟따는 달의 신, 목갈라나는 해의 신이었다(450).

두 번째로 주목해야 하는 사실은 사리뿟따와 목갈라나의 관계이다. 자타카를 보면 그들은 윤회하는 과정에서 높은 지위와 낮은 지위를 번갈아 살았다. 동물로 환생했을 때 차이가 더 컸고, 사람이나 천신으로 윤회했을 때는 격차가 적었다. 동물로 태어났을 때 그들은 꽤 차이가 있었으며, 사리뿟따는 더 큰 동물로 자주 윤회했다(160, 187, 215, 476에서는 백조로만 태어났다). 그들은 뱀과 쥐(73), 새와 거북이(206, 486), 사자와 호랑이(272, 361, 438), 원숭이와 코끼리(37), 원숭이와 자칼(316), 사람과 자칼(490)로도 함께 살았다. 사람으로 태어났을 때는 사리뿟따가 항상 목갈라나보다 높은 지위에 있었다. 왕자와 신하(525), 왕의 신하와 노예의 아들(544), 왕으로 환생한 보살의 마부와 아난다 왕의 마부(151) 등으로 윤회하기도 했다. 목갈라나가 달의 신이었을 때 사리뿟따는 지혜로운 수행자 나라다였다. 그러나 둘 다 수행자이거나 천신이었을 때는 동등한 지위를 타고났다. 사리뿟따가 달의 신이었을 때 목갈라나는 고귀한 태양의 신(450)이었다. 사리뿟따는 한때 용들의 왕이었고 목갈라나는 그들의 천적인 금시조의 왕이었다(545).

자타카에서 사리뿟따 없이 목갈라나가 환생한 유일한 경우는 천신들의 왕인 제석천을 맡고 있을 때뿐이었다. 그 당시 목갈라나는 제석천으로서 인색한 사람 앞에 나타나 보시의 덕을 행할 수 있도록 가르쳐 더 좋은 곳으로 태어나게 했다(78). 사리뿟따와 목갈라나는 인간으로 살았을 때 많은 돈을 땅에 묻은 인색한 상인으로 살기도 했다. 죽은 후에 둘은 그들이 보물을 묻었던 곳 근처에서 뱀과 쥐로 다시 태어났다(73).

목갈라나가 자칼로 태어난 경우는 한 번이었다. 자칼로 태어난 목갈라나는 코끼리 시체를 보고 식탐 때문에 시체 뱃속으로 들어갔다. 먹을 수 있을 만큼 코끼리 살을 먹었지만 다시 빠져 나올 수 없었고, 극단적인 공포를 겪어야만 했다. 본능적인 탐욕이 갖는 위험을 상징하는 일화였다(490).

끝으로 꾸루 왕국 사람들이 오계를 청정하게 지키는 내용을 담은 자타카(276)에서 목갈라나는 곡물 창고 관리인이었고, 사리뿟따는 왕궁의 돈을 관리하던 재무 대신이었다. 그들은 남의 것을 훔치지 말라는 계율을 철저히 지켰다.

목갈라나의 게송

부처님 제자들 가운데 많은 아라한들이 테라가타(장로게경)에 게송을 남겼다. 목갈라나 존자도 게송을 남겨 수없이 많은 우여곡절을 극복한 스스로의 삶을 자축했다. 그가 남긴 게송은 68개(1152-1220)로, 테라가타에 게송을 남긴 제자들 가운데 두 번째로 많았다. 목갈라나가 남긴 게송에서 가장 중요한 주제는 환생의 유혹을 마주했을 때 평정심을 잃지 않았던 것이다. 세상의 고통은 그에게 고통을 줄 수 없었다. 그는 모든 고통과 존재가 갖는 불안을 뛰어넘었고 평화롭게 살았다. 목갈라나가 남긴 게송은 죽음의 군대와 용기 있게 맞서 싸우는 청정한 수행자의 삶을 찬탄하는 네 개의 게송으로 시작한다.

숲에 살며 탁발하는 수행자로서
버린 이삭이 발우에 들어와도 만족하며
안으로 마음을 잘 다스려
죽음이라는 악마의 군대를 물리치리라

숲에 살며 탁발하는 수행자로서
버린 이삭이 발우에 들어와도 만족한다
코끼리가 갈대 집을 무너뜨리는 것처럼
죽음이라는 악마의 군대를 물리치리라
(테라가타 1152~1153)

다음 이어지는 두 게송은 "탁발하는"이라는 단어를 "인욕하는(수행을 위해 항상 정진하는)"으로 바꿨을 뿐 다른 내용은 다 같다.

이어지는 게송들은 목갈라나를 유혹하려는 기녀들을 일깨우는 내용을 담고 있다. 기녀들을 훈계하는 내용과 육신에 대해 적나라하게 표현해 놓은 게송들은 독자들에게 다소 충격을 줄 수도 있다(1156~1169). 그러나 부처님께서도 육신에 대한 가르침을 설하실 때는 그런 표현을 사용하셨다. 삶에 대해 혐오를 일으키기 위한 것이 아니라, 욕망의 세계에서 가장 강력한 힘을 발휘하는 탐욕과 싸우기 위한 것이었다. 이어지는 두 게송은 사리뿟따 존자의 열반에 관해 노래하고 있다(1170~1171). 아직 아라한에 이르지 못한 아난다는 사리뿟따 존자의 열반 때문에 두려움과 공포에 사로잡혔다. 목갈라나는 인연으로 생겨난 모든 존재가 무상함을 꿰뚫어 알고 침착하게 사리뿟따의 열반을 받아들였다.

목갈라나는 두 편의 게송을 통해 스스로 이루었던 선정에 대해 찬탄하고 있다(1179~1180).

벼락이 떨어지는
웨바라산과 빤다와산[27] 동굴에서
위없는 세존의 아들은
깊은 선정에 들었다

안정과 적멸에 들어
외진 곳에 머무는 성인聖人
위없는 깨달음을 이룬 분의 상속자로서
대범천에게 예경을 받는다

목갈라나는 이어 마하깟사빠 존자가 탁발을 하러 갔을 때 멸시하던 바라문을 훈계하는 게송들을 남겼다. 바라문이 마하깟사빠 존자를 멸시하고 해치려 하는 행위가 얼마나 위험한 결과를 초래하는지 일러 주고, 거룩한 수행자들을 공경하도록 훈계를 하고 있다(1180~1186). 그런 다음 사리뿟따 존자를 찬탄하는 게송을 남겼다(1188~1189). 주석가들은 사리뿟따를 칭송하는 게송 뒤에 이어지는 네 개의 게송은 사리뿟따가 목갈라나를 찬탄한 것이라고 설명하고 있다(1190~1193).

이어 목갈라나는 사리뿟따를 칭송하는 게송으로 보답하고 자신이 이룬 수행을 되돌아보고 수행자로서 삶의 목표를 완전하게 성취한

데 대해 스스로 기뻐한다(1195~1198).

수천억의 나를
찰나에 만들어 내리라
나는 신변神變에 정통하고
또한 신통력을 이루었다

삼매와 세 가지 밝은 지혜 두루 갖춰[28] 궁극에 도달한 자
목갈라나 성을 가진 자로서
집착이 없는 가르침에 확고하고 감관이 정립되었으니
코끼리가 악취 나는 넝쿨을 끊어내듯 모든 속박을 끊었다

스승을 섬기어
나에게서 세존의 가르침이 실현되었으니
이제 무거운 짐은 내려놓았고
다시 윤회하는 길을 완전히 끊어 없앴다

출가해 이루고자 서원했던 목표,
내가 성취하고자 했던 목표가 있었는데
그것을 이루었고
모든 결박을 끊었다

남은 게송들은 마군(마라)을 질책한 경(맛지마니까야 50)에 있는

것과 같은 데, 이제 그 내용을 살펴보겠다.

마하목갈라나의 마지막 나날들

부처님께서 완전한 열반(반열반般涅槃, 빠리닙바나)에 드시기 반년 전, 깟띠까 달(우기 마지막 한 달, 10~11월, 가제월迦提月) 보름날, 죽음이 두 상수제자를 갈라놓았다. 사리뿟따가 많은 제자들이 둘러싼 가운데 고향 집 태어났던 방에서 세상을 떠나는 동안 목갈라나는 멀리 떨어져 있었다. 살아 있는 동안 두 사람은 떼려야 뗄 수 없는 사이였다. 하지만 그들이 아라한과를 각자 다른 곳에서 성취한 것처럼 서로 다른 곳에서 세상을 떠났다.

사리뿟따가 세상을 떠난 직후 목갈라나는 악마, 죽음의 신인 마라(악마 빠삐만, 파순波旬)와 기이한 만남을 가졌다. 마왕 빠삐만을 만났다는 것은 목갈라나의 죽음이 임박했음을 예고하는 것이었다. 어느 날 밤 장로가 숲에서 경행(산책)을 하는 동안 마라가 그의 뱃속으로 미끄러지듯 들어갔다. 목갈라나는 산책에서 돌아와 처소에 앉아 콩자루처럼 무거워진 자신의 배에 집중했다. 목갈라나는 배 안에 들어앉아 있는 악마를 발견했고, 침착하게 마라에게 나가라고 말했다. 마라는 자신이 그렇게 빨리 발견되었다는 사실에 놀랐으며, 부처도 그렇게 빨리 알아차리지 못했을 것이라고 생각했다. 목갈라나가 마라의 생각을 읽고 다시 떠나라고 명령했다. 마라는 목갈라나의 입을 통해 밖으로 나와 오두막 문 앞에 섰다. 목갈라나는 마라에게 그날뿐만 아니라 아주 오래전에도 그를 알았다고 했다. 그들은 아주 오래고도 깊은 업연業緣으로 얽혀 있었던 것이다.

목갈라나는 이어 그 업연을 알려주었다. 그들이 처음 만난 때는 현겁(賢劫, 부처님께서 가장 많이 출현하시는 좋은 세상)에서였다. 다섯 부처님 가운데, 첫 번째 부처님인 구류손불(拘留孫佛, 까꾸싼다) 부처님 시절이었다. 구류손 부처님에게는 위두라와 싼지와라는 두 상수제자가 있었다. 그때 목갈라나는 두씨라는 악마(마라)였다. 악마(마라)는 대범천이나 제석천처럼 영원한 존재가 아니었다. 악마의 우두머리이자 저승을 다스리는 왕으로서 윤회를 통해 끝없이 환생하는 존재였다. 그 당시 마라 두씨에게는 깔리라는 여동생이 있었다. 깔리가 나은 아들은 현생의 마라가 되었다. 따라서 지금 목갈라나를 찾아와 그의 오두막 앞에 서 있는 마라(빠삐만)는 목갈라나의 조카였다. 그 당시 악마였던 목갈라나가 한 소년을 붙잡아 구류손 부처님 상수제자인 아라한 위두라의 머리에 돌을 던지게 했다. 피가 흐를 만큼 위두라의 머리가 찢어졌다.

위두라는 머리에서 피를 흘리며 구류손 부처님 뒤를 따랐는데, 부처님께서 뒤를 돌아보시며 이렇게 말씀하셨다. "이 마라는 참으로 분수를 모르고 절제하지 못하는구나(이렇게 말씀하신 까닭은 마라도 스스로 절제할 수 있기 때문이었다)." 부처님께서 이렇게 말씀하시고 마라 두씨를 바라보셨다. 악마 두씨는 몸이 녹아 가장 큰 지옥(아비지옥 阿鼻地獄)에 떨어졌다. 얼마 전까지만 해도 악마 두씨는 지옥을 다스리던 왕이었지만, 그는 지옥에 떨어져 엄청난 고통을 받아야 했다. 그는 아라한을 다치게 한 업보로 지옥에서 수천 년 동안 극심한 고통을 받은 것이다. 목갈라나는 인간의 몸에 물고기 머리를 하고 대 지옥에서

만 년 동안 혼자 고통을 받으며 살아야 했다. 지옥 옥졸들이 심장을 쇠못 두 개로 찌를 때마다 세월이 천 년 흘렀다는 사실을 알면서 고통을 받았다. (100명의 옥졸들이 달궈진 쇠꼬챙이를 들고, 50명은 발쪽으로 가고 50명은 머리 쪽을 향해 온몸을 찌르며 500년을 간다. 끝까지 갔다가 다시 500년 동안 찌르면서 온몸을 부수고 돌아와 심장에서 만난다. 그러면 천 년이 지난 것이다.)

목갈라나는 마라와의 만남으로 윤회에 대한 두려움이 잠시 일었지만 그는 완전한 해탈을 이루었다. 얼마 지나지 않아 목갈라나는 죽을 때가 된 것을 알았다. 목갈라나는 아라한으로서 억지로 영겁토록 수명을 연장할 수 있었지만, 그럴 이유가 없었다. 담담하게 무상의 법칙을 받아들였다.

마하목갈라나의 열반

부처님께서는 많은 제자들이 지켜보는 가운데 완벽한 선정에 들어 평화롭게 세상을 떠나셨다. 사리뿟따도 고향집에서 그를 따르는 비구들이 지켜보는 가운데 평온하게 세상을 떠났다. 아난다는 백스무 살이 되어 열반했지만, 누구에게도 장례 부담을 안겨 주고 싶지 않았다. 아난다는 불을 관하는 선정 삼매에 들어 불길 속으로 사라졌다. 스승과 두 제자의 고요한 열반을 생각해 보면 위대한 목갈라나 역시 평화로운 가운데 고요하게 세상을 떠났을 것이라고 생각할 수 있다. 그러나 목갈라나의 최후는 매우 달랐다. 끔찍한 죽음을 맞이했지만 확고하고 고요한 그의 마음을 흔들지는 못했다.

목갈라나는 친구 사리뿟따가 떠난 지 보름이 지난 가을, 깟띠까 달(10~11월) 초승달이 뜬 날 열반을 맞이했다. 부처님의 완전한 열반은 두 상수제자가 죽은 지 반년 뒤 웨싸카 달(5월) 보름날 밤이었다. 부처님께서는 여든 살, 사리뿟따와 마하목갈라나는 여든 네 살에 세상을 떠났다.

목갈라나의 죽음은 법구경 주석서와 본생담(자타카) 주석서에 기록되어 있다. 이 두 기록의 주요 내용은 같지만 세부 내용은 조금씩 다르다. 입으로 전달되는 과정에서 조금씩 다르게 꾸며졌기 때문이다. 여기서는 법구경 주석서의 해설을 소개하는데, 본생담 주석서와 다른 내용은 괄호 안에 넣었다.

부처님께서는 빼어난 교사로 수많은 사람들을 해탈에 이르는 문으로 인도하셨다. 이 때문에 마가다국에서 이름난 고행주의자들은 경쟁관계에 있던 부처님과 승단에 귀의했다. 나체 고행주의 수행자들은 명예를 잃은 데 분개해 그 책임을 마하목갈라나 존자에게 돌렸다. 그들은 목갈라나가 신통력으로 도솔천을 다녀와 자신들의 평판을 떨어뜨렸다고 생각했다. 목갈라나가 '계율을 지킨 부처님 제자들은 극락왕생해 행복한 삶을 살고 있지만, 자신들을 포함한 비도덕적인 종파의 추종자들은 지옥에 떨어져 비참하게 고통을 받고 있다'는 사실을 세상에 퍼뜨렸다고 믿었다. 고행주의자들은 대중들에게 인기가 떨어지자 매우 분노해 목갈라나를 없애고 싶었다. 자신들 불행의 원인이 스스로에게 있다는 사실을 받아들이지 않고 외부로 비난을 돌렸다. 부처님의 위대한 제자 목갈라나에게 시기와 증오를 집중했다.

고행주의자들은 자신들이 직접 목갈라나를 제거하는 것은 꺼려했다. 사악한 목표를 이루기 위해 다른 사람들을 고용하는 데는 거리낌이 없었다. 추종자들을 선동해 금 천 냥을 걷어 위대한 제자의 생명을 거둬달라며 도적단에게 주었다.

당시 목갈라나는 라자가하 바깥 이씨길리 산 중턱 숲에 있는 검은 바위[29] 근처 오두막에서 혼자 지내고 있었다. 마라를 만난 후 죽음이 다가왔다는 것을 알았다. 해탈의 즐거움을 누린 그는 몸이 장애로 다가왔고, 영원히 살기 위해 신통력을 사용하고 싶지 않았다. 그러나 도적들이 접근하는 것을 보았을 때 자신을 죽이러 온다는 것을 알았고 신통력을 사용해 열쇠 구멍으로 빠져나갔다. 도적들은 빈 오두막에 도착했고 여기저기 찾아봤지만 목갈라나를 찾을 수 없었다. 다음날에도 목갈라나를 죽이기 위해 찾아왔지만, 장로는 하늘로 솟아올라 지붕을 뚫고 탈출했다. 다음 달에 다시 왔지만 장로를 잡지 못했다. (본생담 주석서에서는 도적들이 6일 동안 연속 찾아왔다가 7일째 목갈라나를 잡은 것으로 기록되어 있다.)

목갈라나가 그들을 피했던 것은 죽음이 두려웠기 때문이 아니었다. 신통력을 사용해 도적들을 피한 까닭은 몸을 보호하기 위해서가 아니었다. 도적들이 살생이라는 무서운 업을 짓고 그 과보를 받지 않도록 하기 위해서였다. 그들이 다시 한 번 생각하고 살생을 하지 않도록 시간을 주어 가혹한 운명을 피할 수 있도록 해 주고 싶었다. 도적들은 그러나 돈을 향한 탐욕이 너무 강해 끈질기게 다음 달(본생담에서는 7일째)에 또 찾아왔다. 이번에는 그들의 끈기가 "보상"을 받았다. 목갈라나가 과거 생에 자신이 지은 강력한 업의 힘을 느끼고 육신을 지키려고 하지 않았기 때문이다.

갑작스럽게 그가 죽음을 받아들이기로 한 것은 먼 과거 생에 저질렀던 끔찍한 행위 때문이었다. 아주 오래전 과거 생에서 목갈라나는 부모를 죽음에 이르도록 했다. (본생담 주석서에서는 목갈라나가 마지막 순간에 정신을 차려 부모를 살려준다.) 그 극악한 업으로 무수한 세월 동안 지옥에서 윤회를 거듭했지만 그 업으로 인한 과보를 완전히 다 받은 것은 아니었다. 업의 힘이 아직 남아 있었고, 그가 치명적인 위험에 처했을 때 업의 힘이 한순간에 밀어닥쳐 과보를 받게 된 것이었다. 목갈라나는 그가 저지른 업의 과보를 순순히 받아들일 수밖에 없었다. 도적들은 오두막으로 쳐들어와 그를 쓰러뜨리고 "온몸의 뼈를 쌀 알갱이만큼 잘게 부스러뜨렸다." 그리고 그가 죽었다고 여긴 도적들은 시신을 덤불 뒤에 던져버리고 보상을 받기 위해 달려갔다.

그러나 목갈라나의 육체적·정신적 능력은 매우 강했고, 아직 죽음에 굴복하지 않았다. 의식을 되찾아 삼매의 힘으로 하늘을 날아 세존께 찾아가, 열반에 들겠다고 말씀드렸다. 부처님께서는 승가에 마지막 법을 설하라고 하셨다. 그는 공중으로 솟아올라 온갖 신통력을 보이며 법을 설했다. 그런 다음 그는 세존께 삼배를 올리고 검은 바위로 돌아가 반열반에 들었다. (본생담 주석서에서는 마지막 설법을 했다는 사실은 생략하고 목갈라나가 부처님 발아래서 바로 세상을 떠났다고 기록하고 있다.)

인생의 마지막 격동의 국면에서 갑자기 익어버린 과거의 업은 그의 몸에는 영향을 주었지만, 마음을 흔들지는 못했다. 그는 더 이상 자신을 경험적 자아와 동일시하지 않았기 때문이다. 다른 사람들이 '목갈라나'로 받아들인 오온의 집합체는 목갈라나 스스로에게는 무생물처럼 낯선 존재였다(테라가타 1172~1173).

오온으로 이루어진 존재를
자기라고 보지 않고 낯선 이로 아는 이들
(오온으로 이루어진 몸에 집착하지 않는 이들)
그들은 미묘하고 수승한 진실을 꿰뚫어 안다
화살로 털끝을 꿰뚫는 것처럼

인연에 의해 생겨난 존재를
자신이 아니라 다른 것으로 아는 이들
그들은 미묘하고 수승한 진실을 꿰뚫어 안다
화살로 털끝을 꿰뚫는 것처럼

목갈라나의 열반은 초자연적인 능력이나 신통력이 업, 즉 도덕적 인과 법칙을 이길 수 없음을 증명해 주었다. 오직 부처님만이 육신에 작용하는 업의 과보를 통제할 수 있다. 따라서 그 어떤 상황도 부처님께서 예정보다 이르게 완전한 열반에 드시게 할 수는 없었다.

부처님께서는 두 상수제자가 열반에 든 이후 제자들에게 다음과 같이 설하셨다.

"과거에 존귀한 분들, 완전한 깨달음을 이룬 분들, 세존이신 분들에게도 사리뿟따와 목갈라나와 같이 훌륭한 제자가 있었다. 앞으로도 존귀한 분들, 완전한 깨달음을 이룰 분들, 세존, 성인聖人이 되실 분들에게도 내게 사리뿟따와 목갈라나가 있었던 것처럼 훌륭한 제자가 있을 것이다.
비구들이여, 미묘하고 불가사의한 일이로다! 여래를 따르고 여래의 가르침을 따르고 사부대중의 도반이 되어, 그들에게 사랑 받고 존경 받으며 존중 받은 제자들을 생각해 보라."

사리뿟따와 마하목갈라나는 너무도 훌륭한 제자여서, 그들이 열반에 든 후 부처님께서는 승가가 텅 빈 것처럼 느껴진다고 하셨다. 그런 훌륭한 제자들이 있다는 것도 놀랍지만, 뛰어난 제자들이었음에도 불구하고 두 사람이 세상을 떠났을 때, 세존께서는 슬퍼하거나 애도하지 않으셨다는 것도 경이로운 일이었다.[30]

그러므로 부처님께서는 수행승들에게 두 위대한 제자의 고귀한 덕을 본받아 다른 귀의처를 찾지 말라고 하셨다. 법을 귀의처로 삼고, 스스로 귀의처가 되도록 정진하라고 하셨다. 세존께서는 제자들에게 네 가지 알아차림 수행(몸과 느낌과 마음과 법을 관찰하는 선정수행)에 정진하라고 당부하셨다. 반드시 성취하겠다는 서원을 세우고 성스러운 팔정도를 따라 수행하는 이들은 윤회를 채우고 있는 어둠의 영역을 반드시 넘어설 것이다. 그렇게 부처님께서는 우리에게 확고하고 청정한 믿음을 주셨다.

3. 마하깟사빠(마하가섭)

- 승단의 아버지 -

헬무스 헥커

마하깟사빠의 유년시절

부처님께서는 완전한 열반에 드시기 전 후계자를 정하지 않으셨다. 비구들에게 법과 계율을 스승으로 삼도록 하셨다. 해탈을 향해 가는 모든 길은 부처님께서 펼치신 45년 동안의 가르침에 담겨 있었고, 거기에서 찾을 수 있었기 때문이다. 후계자를 선택하시지는 않았지만, 세존께서 열반하신 이후 승단은 홀로 고요하게 청정범행을 이어가는 장로를 더욱 공경하게 되었다. 장로는 꾸미지 않아도 위엄을 갖추고 있었으며, 빛을 발했다. 비구들은 모두 장로를 존경했다. 빨리어 주석서에서 "부처님을 닮은 제자"[1]라고 표현한 그 인물이 바로 위대한 가섭, 존자 대가섭(大迦葉, 마하깟사빠, 마하가섭摩訶迦葉)이었다.

스승을 잃은 승단에서 마하깟사빠가 두각을 나타나게 된 데에는 몇 가지 이유가 있었다. 마하깟사빠는 고대 인도에서 전륜성왕(또는 위대한 성인)을 상징하는 32가지 특징 가운데 일곱 가지를 갖추었다. 그가 선정을 통해 이룬 성취와 깨달음은 부처님께서도 찬탄하셨다.[2] 특히 부처님께서 가사袈裟를 물려준 유일한 제자였다. 마하깟사빠는 또 "청정한 믿음의 토대가 되는 열 가지 법(십종덕행)"[3]이 가장 뛰어난 제자이기도 했다. 또한 수행에 전념했던 수행자의 표상이었다. 그는 부처님께서 완전한 열반에 드신 후, 경전을 모으는 제1차 결집에서 제자들을 대표해 회의를 소집하고 주재했다. 승가에서 존경받던 위대한 장로가 오랜 세월이 흘러 한국과 중국, 일본의 선종 불교에서 첫 번째 스승(조사祖師)으로 꼽힌 것도 이런 이유에서였을 것이다.

상수제자 사리뿟따와 목갈라나처럼 마하깟사빠도 바라문 집안에서 태어났다. 마하깟사빠는 고따마 싯다르타가 태어나기 몇 년 전 바라문 까삘라와 아내 쑤마나데위의 아들로 마가다국 마하띳타 마을에서 태어났다. 어렸을 때 이름은 삡팔리였다. 아버지는 16개의 마을을 다스리는 왕이었기 때문에 풍요로운 환경에서 남부러울 것 없이 자랐다. 그러나 어려서부터 출가를 하고 싶어 했으며, 결혼을 원하지 않았다. 부모가 계속해서 결혼을 재촉하자 "부모님께서 살아 계신 동안은 자신이 모시겠지만, 돌아가신 후에는 고행자가 될 것"이라고 말했다. 그러나 부모님은 강력하게 결혼을 권했고, 마침내 어머니를 달래기 위해 원하는 신붓감을 찾으면 결혼하겠다고 했다.

삡팔리는 결혼을 피하기 위해 금 세공인들에게 의뢰해 아름다운 처녀 상을 금으로 만들었다. 처녀 상을 고운 옷과 장신구로 꾸며 부모님께 보여주며 "만일 이 상과 똑같은 처녀를 찾아 준다면, 저는 집에 남아 생을 보내겠습니다."라고 말했다. 어머니는 매우 총명했으며 이렇게 생각했다. '내 아들은 확실히 본생에 많은 공덕을 지었으며, 이 상과 같은 여인과 함께였을 것이다.' 어머니는 여덟 명의 바라문에게 많은 선물을 주고 금으로 만든 처녀 상을 보여주며 똑같은 여인을 찾아와 달라고 부탁했다. 바라문들은 먼저 당시 미인들이 많기로 소문난 맛다국으로 가기로 결정했다. 맛다국 사갈라 마을에서 금으로 만든 상처럼 아름다운 소녀를 찾았다. 그 아름다운 소녀는 부유한 바라문의 딸로 삡팔리보다는 4살 어린 16살이었으며, 이름은 밧다 까삘라니였다. 까삘라니 부모는 결혼 제안에 응했고, 바라문들은 기쁜 소식을 전하기 위해 마가다국으로 돌아왔다.

그러나 까삘라니 역시 결혼을 원하지 않았다. 삡팔리와 마찬가지로 수행자의 삶을 살기를 갈망했고, 출가하여 고행자가 되기를 바랐다. 까삘라니와 삡팔리가 수행자의 삶을 열망했던 것은 우연의 일치가 아니었다. 본생에서부터 지어 온 강력한 업의 힘의 결과였다. 그들이 본생에서부터 이어온 업의 힘은 현생에서 과보로 나타났다. 젊어서는 결혼으로 그들을 이어주었고, 나중에는 출가를 위해 단호하게 결별하도록 작용했다. 세존께 귀의해 함께 수행하며 성스러운 최상의 열매를 맺음으로써 영적 수행이 완성되었을 때, 그들은 보다 높은 수준의 결합으로 단단하게 맺어졌다.

삡팔리는 계획이 어긋나 부모님이 황금상과 꼭 같은 소녀를 찾았다는 소식에 매우 괴로워했다. 결혼을 피하기 위해 소녀에게 편지를 보냈다. "밧다여, 반드시 평범한 이와 결혼하여 행복한 가정을 꾸리기 바라오. 저는 고행자가 될 것이니 후회하지 않기 바랍니다." 밧다 까삘라니 역시 같은 생각을 가지고 있었기 때문에 똑같은 내용으로 편지를 보냈다. 그런데 부모들은 미리 그런 편지가 오고 갈 것을 염려했고, 중간에 가로채 서로 반갑게 맞이하는 내용으로 바꿔버렸다.

결국 밧다는 마가다국으로 갔고 젊은 한 쌍은 결혼했다. 그러나 금욕적인 고행수행자가 되려는 열망을 지닌 두 사람은 독신 생활을 유지하기로 합의했다. 결의를 다지기 위해 매일 밤, 잠자리에 들기 전 각자 꽃을 놓고 이렇게 서원했다. "어느 한 쪽에 있는 꽃이 시들면 그쪽에 있는 사람이 정욕을 일으켰다고 생각할 것입니다." 그들은 잠에 들어 혹시 몸이 닿을까 두려워 밤새도록 깨어 있었다. 낮 동안에도 서로에게 미소조차 짓지 않았다. 부모님이 살아 있는 동안 그들은 세속적인 즐거움을 멀리했으며 가업을 돌보지도 않았다.

삡팔리의 부모가 세상을 떠나고, 젊은 부부가 막대한 재산을 관리하게 되었다. 상황이 변하자 그들은 출가수행자가 되고 싶은 열망이 더욱 강해졌다. 어느 날 삡팔리가 농장을 다니며 살피고 있는데, 늘 봐왔던 장면들이 새롭게 다가왔다. 삡팔리는 농부들이 밭을 갈 때 많은 새들이 밭고랑에 몰려들어 벌레를 잡아먹는 것을 보았다. 농부들에게는 너무나 흔한 광경이었지만 그는 깜짝 놀랐다. 그에게 부를 안겨 주던 수확이 다른 생명을 해치는 일이었다는 사실에 강한 충격을 받았다. 그의 재산은 땅속에 살고 있는 수많은 벌레와 작은 생명들이 희생된 결과였다. 그는 이렇게 생각하며 한 일꾼에게 물었다.

"이 악한 업의 과보는 누가 감당해야 합니까?"

"주인님 스스로 감당해야 합니다."[4]

업과 과보에 대해 알고 충격을 받은 뻽팔리는 집으로 돌아와 생각했다. '이렇게 생명을 해치는 일에 죄책감을 가지고 평생 살아야 한다면, 재산이 무슨 의미가 있는가? 모든 재산을 밧다에게 넘겨주고 출가해 고행자로 지내야겠다.'

그런데 그때 밧다 역시 뻽팔리처럼 집에서 이전에 자주 보았던 일들이 새롭게 보이는 비슷한 체험을 했다. 하녀들이 참깨를 말리기 위해 널어놓았는데 벌레들이 몰려들었고, 까마귀와 여러 새들이 벌레들을 잡아먹었다. 밧다가 하녀들에게 이렇게 많은 생명들이 희생된 일에 대한 도덕적 책임이 누구에게 있느냐고 물었고, 하녀들은 그 업의 과보는 밧다에게 있다고 대답했다. 밧다는 생각했다. '내가 이렇게 많은 악행을 저지르고 있다면 천 번을 산다고 하더라도 윤회라는 바다에서 빠져 나올 수 없을 것이다. 뻽팔리가 돌아오는 대로 그에게 모든 재산을 넘기고 출가해야겠다.'

두 사람은 서로 같은 생각을 하고 있음을 알고, 시장으로 가 주황색 옷[5]과 진흙 그릇을 사왔고, 서로의 머리를 깎아 주었다. 그렇게 그들은 금욕주의 수행자들과 비슷한 차림을 하고 원을 세웠다. "깨달음을 이룬 분(아라한)이 어디에 계시든지 찾아가 가르침을 받으리라!" 그들은 아직 부처님이나 부처님 가르침을 만나지 못했지만 진정으로 지혜롭고 성스러운 사람을 만나 '출가제자'로서 수행해야 한다는 것을 본능적으로 알고 있었다. 발우를 어깨에 짊어지고 하인들 몰래 장원을 떠났다. 그런데 그들이 관리하던 다음 마을에 도착했을 때 농부들과 가족들을 만나게 되었다. 농부들은 통곡하며 두 고행자의 발 앞에 엎드려 외쳤다. "오, 존귀한 분이시여! 왜 저희를 두고 떠나려

하십니까?"

"우리가 출가수행자의 삶을 시작하게 된 것은 온 세상이 불타고 있는 집(삼계화택三界火宅)이라는 진실을 보았기 때문입니다." 삡팔리와 밧다는 그들에게 자유를 주고, 계속 울고 있는 이들을 뒤로하고 밧다와 함께 길을 떠났다.

깟사빠가 앞장서고 밧다는 뒤를 따라 갔다. 깟사빠는 문득 생각했다. "내 바로 뒤에서 따라 오고 있는 밧다 까삘라니는 매우 아름다운 여인이다. 어떤 사람들은 십중팔구 이렇게 생각할 것이다. '그들은 고행자이지만 여전히 서로를 떠나서는 살 수 없어 함께 길을 가고 있다. 얼마나 보기 흉한 일인가!' 사람들이 잘못 생각하거나 나쁜 소문을 퍼뜨린다면 그들 자신에게 해를 끼치게 될 것이다. 우리가 그런 빌미를 주는 것은 옳지 않다. 따로 길을 가는 것이 옳을 것이다." 갈림길에 이르렀을 때 깟사빠는 생각한 것을 그녀에게 말했다. 그녀는 이렇게 답했다. "그렇습니다. 수행자들에게 여성은 장애가 됩니다. 사람들이 우리가 계를 어겼을 것이라고 의심하고 비방할 수도 있으니, 헤어지는 편이 나을 것입니다. 당신은 당신의 길을 가고 저는 저의 길을 가겠습니다."

그런 다음 그녀는 정중하게 그의 주위를 세 번 돌고 그의 발에 입을 맞춘 후 손을 가리키며 이렇게 말했다. "오른쪽 길로 가십시오. 저는 왼쪽 길로 가겠습니다." 그리하여 그들은 헤어져 각자의 길을 갔고, 고통으로부터의 궁극적인 해방이라는 높은 목표를 향해 나아갔다. 경전에서는 부부의 계행과 덕행의 힘이 땅을 흔들었고, 하늘에서는 천둥소리가 울렸으며, 세상의 끝에 있는 산들도 울었다고 전한다.

밧다 까삘라니

먼저 밧다 까삘라니의 발길을 따라가 보자. 밧다의 발걸음은 사왓티로 향했고, 그녀는 제따와나 사원에서 부처님 설법을 듣게 되었다. 당시에는 여성 수행자인 비구니 승단이 없었기 때문에 제따와나에서 멀지 않은 곳에 있던 여성 고행자 집단에서 생활했다. 비구니 수행자로 출가할 때까지 거기에서 5년을 머물렀다. 얼마 지나지 않아 그녀는 성스러운 삶의 목표인 아라한과에 이르렀다. 부처님께서는 밧다가 본생을 회상할 수 있는 비구니 가운데 최고라고 칭찬하셨다. 빨리어 주석서와 자타카에는 그녀가 깟사빠와 결혼하기 이전 기록이 있다.

어느 날 밧다는 마하깟사빠를 찬탄하고 스스로 이룬 성취에 대해 이렇게 게송을 읊었다(테리가타, 장로니게경 63~66).

부처님 아들 법의 상속자 마하깟사빠는
선정에 잘 들어
본생을 알고
천상과 지옥을 두루 다 본다

아라한을 성취하여 윤회를 끊고
바른 지혜를 이루었으니
이러한 세 가지 밝은 지혜로써
세 가지 신통을 이룬 고귀한 분이시다[6]

밧다 까삘라니도 그와 같이
세 가지 밝은 지혜를 이뤄 죽음을 물리쳐
마왕과 그 군대를 이기고
최후의 몸을 성취했다

우리 두 사람은
세상의 고통을 보고 출가해
모든 번뇌를 부수고
청량한 적멸에 들어 열반을 이루었다

아라한을 성취한 비구니로서, 밧다는 주로 젊은 비구니들을 이끌고, 계율을 가르치는 데 전념했다. 비구니 계율 분석서(빅쿠니비방가)에는 밧다와 관련해 비구니에 대한 특정 계율을 제정한 사례들이 기록되어 있다.

밧다 까삘라니는 두 차례나 마하깟사빠에게 좋지 않은 감정을 품었던 비구니들의 질시를 견뎌야 했다. 비구니 툴라난다는 법을 잘 배웠고 훌륭한 설법을 할 수 있는 수행자였지만, 마음이 따뜻하기보다는 냉철한 지식을 갖춘 비구니였던 것으로 보인다. 비나야(율장律藏)에도 나와 있지만, 그녀는 고집이 셌으며 스스로를 바꿀 준비가 되어 있지 않았다. 밧다가 대중들에게 인기가 많은 법사가 되었을 때, 툴라난다를 따르던 비구니 가운데 일부가 밧다를 좋아했다. 툴라난다는 밧다를 질투했다. 의도적으로 밧다에게 폐를 끼쳤다. 이 때문에 세존께서는 툴라난다를 질책했다.[7] 또 한 번은 밧다가 사왓티를 방문했을 때 임시로 머물 곳을 마련해 달라고 툴라난다에게 요청했다. 툴라난다는 방사를 내 주었으나, 질투심으로 방사를 다시 빼앗았다.[8] 밧다는 아라한으로서 툴라난다의 행동에 흔들리지 않았으며 초연하게 자비심을 가지고 그들을 바라보았다.

마하깟사빠와 밧다 까삘라니의 본생

마하깟사빠와 밧다 까삘라니는 십만 대겁 전 과거 15번째 부처님인 연화상(蓮華上, 빠두뭇따라) 부처님 아래서 위대한 제자가 되겠다고 서원했다. 연화상 부처님께서는 당시 항사와띠 지역 근처 녹야원에 주석하셨다. 미래의 대가섭은 웨데하라는 부유한 지주였고, 밧다는 아내였다. 어느 날 웨데하는 사원에 갔는데 연화상 부처님께서 마하니싸바라는 장로에 대해 '내 제자들 가운데 세 번째로 뛰어난 제자이자, 고행을 하는 제자 가운데 으뜸'이라고 선언하신 바로 그 순간 자리에 앉았다. 평범한 재가신도였던 웨데하는 크게 감명을 받았고, 다음날 부처님과 승단 수행자 모두를 집으로 초청해 공양을 올렸다.

부처님과 비구들이 공양을 하는 동안 웨데하는 마하니싸바 장로가 거리를 다니며 탁발을 하는 것을 보았다. 밖으로 나가 집으로 가서 공양을 함께 하자고 권했지만 장로는 거절했다. 그러자 웨데하는 장로의 발우를 가져가 음식을 가득 채워 다시 가져다주었다. 집으로 돌아와 부처님께 장로가 공양을 거절한 까닭을 물었다. 부처님께서 설하셨다. "재가신도여, 우리는 그대가 집으로 초청한 공양을 수락했지만, 그 장로는 탁발을 통해 얻은 음식으로만 생활한다. 우리는 사원에 살고 있지만 그는 숲속에서만 산다. 우리는 머리 위에 지붕을 얹고 살지만 그는 밖에서 잔다." 웨데하는 이 말씀을 듣고 "기름을 뿌린 등불이 활활 타오르는 것처럼" 기뻐하며 생각했다. "나는 왜 단지 아라한에 만족하려 했는가? 나는 먼 훗날 부처님 밑에서 수행하는 제자들 가운데 '두타행을 하는 제자 가운데 으뜸(고행제일)'가는 제자가 되고야 말 것이다."

그런 다음 그는 부처님과 비구들을 집으로 초청해 일주일 동안 공양을 올리고 승단 전체에 가사를 올리며, 연화상 부처님 발 앞에 엎드려 자신의 서원을 아뢰었다. 부처님께서는 미래를 내다보시고 서원이 성취될 것임을 알았다. 그런 다음 웨데하에게 이렇게 일러주셨다. "지금부터 십만 겁이 지난 후에 고따마라는 이름을 가진 부처님이 세상에 출현할 것이다. 그 부처님 아래 그대는 마하깟사빠(마하가섭)라는 세 번째 상수제자가 될 것이다." 밧다는 부처님께서 한 비구니에게 '본생을 기억하는 비구니 가운데 으뜸'이라고 선언하신 비구니에게서 영감을 받았다. 자신도 미래 부처님 아래서 그런 제자가 되고자 하는 서원을 세웠다. 부처님께서는 그녀의 서원 또한 이루어질 것이라고 선언하셨다. 그들은 평생 계율을 지키며 계행과 덕행을 쌓아 죽은 후에 다시 천상에 태어났다.

마하깟사빠와 밧다 까삘라니의 그 다음 본생은 훨씬 후의 일로, 고따마 부처님으로부터 과거 여섯 번째 부처님인 비바시 부처님(비바시불毗婆尸佛, 위빳씨 부처님) 시대였다. 당시 그들은 가난한 바라문 부부였다. 너무 가난해서 겉옷이 한 벌만 있었기 때문에 부부가 번갈아 옷을 입고 한 명씩만 외출할 수 있었다. 이 때문에 사람들은 그 바라문을 "옷이 한 벌밖에 없는 사람(일의자一衣者)"라고 불렀다. 지금 우리는 사람이 그렇게 가난하게 산다는 것을 이해하기 어렵다. 하지만 그렇게 가난하게 살면서도 부부의 마음이 가난하지 않았다는 사실은 더더욱 상상하기 어려울 것이다. 나중에 깟사빠와 밧다가 될 두 사람도 마찬가지였다. 가난한 바라문 부부로 살았지만 그들의 삶은 매우 조화롭고 행복했으며, 가난 때문에 불행하지 않았다.

어느 날 비바시 부처님께서 특별히 법을 설하셨는데, 부부는 동참하고 싶었지만 겉옷이 한 벌뿐이어서 함께 갈 수 없었다. 아내는 낮에 남편은 밤에 설법을 들으러 가기로 했다. 바라문은 설법을 들으며 보시 공덕의 가치를 마음에 깊이 새겼고, 자기가 가진 유일한 외투를 부처님께 공양 올리고 싶었다. 그렇게 결심을 했지만 걱정이 생겼다. '우리 부부가 가진 단 한 벌인데 아내와 먼저 상의를 해야 하리라. 옷 없이 어떻게 생활할 수 있을까? 이 옷을 대신할 것을 구할 수 있을까?' 그러나 모든 걱정을 털어내고 부처님 발아래 옷을 바쳤다. 공양을 올리고 박수를 치며 기뻐서 이렇게 외쳤다. "나는 승리했다! 나는 이겼다!" 그때 왕이 천막 뒤에서 법문을 듣고 있었는데, 그의 환호를 듣고 이유를 알아보고 바라문에게 옷을 보냈다. 그리고 왕실 스승으로 임명했다. 부부의 어려움은 끝났다.

그는 무아 보시를 실천했고 그 덕행 과보로 천계에 다시 태어났다. 천계를 떠나서는 한 나라의 왕이 되었다. 수행자들을 아낌없이 지원했고, 백성들에게는 큰 덕을 베풀었다. 밧다는 왕비였다.

밧다는 어느 때 본생에서 보살(미래의 부처님)의 제자였으며, 수행자가 되기를 바라는 바라문 청년의 어머니였다. 깟사빠가 남편이었고 아난다가 아들이었다. 밧다는 아들이 고행자가 되기 전에 세속의 삶을 알기를 원했다. 그러나 아들에게는 세속의 삶에서 느낄 수 있는 모든 극심한 고통이 한순간에 닥쳐왔다. 그를 가르치던 스승의 노모가 그를 열렬히 사랑했고, 심지어 그를 위해 아들을 죽이려고까지 했다. 이 무모한 열정을 만난 그는 세속적 삶에 대해 깊은 혐오감을 갖게 되었다. 그의 부모는 출가를 허락했다(혐오진언에 얽힌 본생 이야기 61).

또 다른 생에서는 깟사빠와 밧다가 고따마 부처님, 아누룻다, 사리뿟따, 마하목갈라나가 될 네 아들을 둔 바라문 부부였다. 네 아들 모두 고행자가 되기를 원했다. 처음에는 허락하지 않았지만, 뒤에는 금욕 생활의 과보와 유익함을 깨닫고 출가를 허락했다. 부부도 출가해 금욕 수행자가 되었다(핫티빨라의 본생 이야기 509).

또 다른 생에서 친구였던 두 촌장은 그들이 낳은 아이가 서로 다른 성이면 결혼을 시키기로 마음먹었다. 그리고 두 촌장은 자녀들을 결혼시켰다. 그러나 그들의 본생에서 두 자녀는 모두 범천계의 신이었다. 따라서 감각적 쾌락에 대한 욕망이 없었고 부모의 허락을 받아 금욕적인 삶을 이어갔다(싸마의 본생 이야기 540).

밧다가 본생을 통해 저지른 단 하나의 잘못이 있었다. 당시 두 부처님이 출현하셨는데, 밧다는 지주의 아내였다. 어느 날 밧다가 시누이와 말다툼을 했는데, 바로 그때 벽지 부처님(벽지불辟支佛, 빳쩨까 붓다)께서 탁발을 위해 집으로 찾아왔다. 시누이가 벽지 부처님께 공양을 올렸는데 밧다는 시누이를 화나게 하려고 부처님 발우를 들어 음식을 버리고 진흙을 채워 넣었다. 그 순간 후회가 밀려와 밧다는 발우를 다시 가져와 향기로운 물로 씻어내고 맛있는 음식을 가득 담아 벽지 부처님께 다시 공양을 올리며 참회했다.

밧다가 지은 업의 과보는 암흑과 광명이 함께했기 때문에 다음 생에서 그녀는 매우 부유하고 아름답게 태어났지만 몸에서는 역겨운 냄새를 풍겼다. 그녀의 남편인 미래의 깟사빠는 그 냄새를 견디지 못하고 떠났다. 그래도 그녀가 매우 아름다웠기 때문에 구혼자들이 이어졌지만 모두 그녀의 곁을 떠났다. 그녀는 절망에 가득 차 더 이상 살 가치가 없다고 느꼈다. 재산을 처분하기 위해 장신구를 녹여 황금 벽돌을 만들었고, 완전한 열반에 드신 깟사빠 부처님(가섭 부처님) 사리탑을 짓는 데 올리기 위해 사원에 보시했다. 정성을 다해 황금벽돌 보시를 올리자 몸에서 다시 향기가 나고 첫 남편인 깟사빠가 다시 찾아왔다.

밧다는 현생 바로 직전 두 번의 생에서 베나레스의 여왕이었으며, 여러 빳쩨까 부처님을 외호하고 공양을 올렸다. 벽지 부처님들의 열반에 깊은 감동을 받는 밧다는 여왕으로서의 삶을 포기하고 히말라야산에서 선정 수행을 하며 지냈다. 밧다는 출가와 선정 수행의 공덕으로 범천계에 다시 태어났으며, 깟사빠도 그러했다. 범천계에서 살았던 그들은 인간계에서 삡팔리 깟사빠와 밧다 까삘라니로 환생했다.

이 이야기에서 우리는 두 사람이 본생에 범천계에서 청정한 삶을 살았고, 여러 차례 출가했음을 알 수 있다. 그러니 이번 생에서 금욕 생활을 유지하고 모든 것을 포기한 채 부처님의 가르침을 따라 아라한과를 이룬 것은 당연한 결과였다.

마하깟사빠, 세존을 뵙다

이제 마하깟사빠로 돌아간다. 그는 밧다와 헤어진 후에 어디로 갔을까? 앞서 말한 것처럼 두 수행자가 헤어질 때, 부부의 출가 공덕의 위대한 힘이 땅을 크게 흔들었다. 부처님께서는 그때 죽림정사(竹林精舍, 웰루와나)의 부처님 처소(여래향실如來香室, 간다꾸띠)에 계셨다. 땅이 흔들린 것을 아셨고, 뛰어난 제자가 찾아오고 있는 징조였음도 아셨다. 누구에게도 알리지 않고 미래의 제자를 만나기 위해 30여 리 길을 홀로 걸으셨다. 부처님께서 제자를 손수 맞이하기 위해 떠난 이 자비로운 여행은 뒤에 수많은 사람들의 칭송을 받았다(큰 검은 개에 얽힌 본생 이야기 469).[9]

부처님께서는 홀로 길을 나서 라자가하와 나란다 사이에 있던 다자탑多子塔 옆, 보리수[10] 아래 앉아 미래의 제자가 오기를 기다리셨다. 평범한 수행자처럼 앉아 있지 않고 부처님으로서의 장엄함과 광명을 보이셨다. 사방 80미터를 덮는 광명을 내셔서 숲 전체가 큰 빛에 휩싸였으며, 위대한 성인이 갖춘 32가지 모습(32상)을 드러내셨다. 깟사빠는 찬란한 광채 속에 앉아 계신 부처님을 보고 생각했다. "내게 스승이 되실 분이 있다면 바로 지금 내가 뵙고 있는 이 분, 세존이실 것이다." 깟사빠는 부처님께 다가가 발 앞에 엎드려 이렇게 외쳤다. "세존이시여, 세존께서는 저의 스승이시고 저는 세존의 제자입니다!"

세존께서 말씀하셨다. "깟사빠여, 알지도 보지도 못하는 사람이 그대처럼 참된 마음을 가진 이에게 '나는 안다, 나는 본다.'고 거짓으로 말한다면 머리가 터질 것이다. 그러나 깟사빠여, 나는 알았으므로 '나는 안다.'고 말하고, 보았기 때문에 '나는 본다.'고 말한다." 그리고 부처님께서는 깟사빠에게 첫 설법을 하시며 세 가지 가르침을 내리셨다.

"깟사빠여, 그대는 스스로 이렇게 정진해야 한다. 장로 비구들과 신참 비구, 중진 비구들에 대해 강한 부끄러움과 두려움(참괴慚愧)을 가져야 한다."
"깟사빠여, 그대는 이렇게 정진해야 한다. '내가 유익한 가르침을 듣는다면 그 모든 법을 마음 깊이 새기고 지니며, 온 마음을 다해 마음이 조금도 향하지 않고 귀 기울여 그 법을 들을 것이다.' 이렇게 수행해야 한다."
"그대는 이렇게 수행해야 한다. '편안함이 함께한 몸에 대한 마음챙김 수행을 소홀히 하지 않을 것이다.' 이렇게 스스로 정진해야 한다."[11]

주석서에서는 깟사빠가 이 세 가지 가르침(교계敎戒)을 받음으로써 부처님께 귀의해 출가한 것도 되고, 구족계具足戒를 받은 것도 되었다고 해석했다. 그리고 스승과 제자는 라자가하를 향해 길을 떠났다. 도중에 부처님께서는 잠시 쉬어가기 위해 나무 아래로 향하셨다. 마하깟사빠는 낡은 헝겊 조각으로 만든 가사를 네 겹으로 접어 자리를 만들어 세존께 올렸다. "제가 오래도록 이익이 되고 복이 될 수 있도록 이 자리에 앉아 주십시오."라고 권해드렸다. 부처님께서는 깟사빠가 만든 자리에 앉으셔서 말씀하셨다. "깟사빠여, 해진 헝겊으로 만든 그대의 가사로 꾸린 이 자리가 부드럽구나." 깟사빠가 다시 고했다. "세존이시여, 세존께서는 자비를 베푸시어 이 가사를 받아 주시옵소서."

"그러면 깟사빠여, 그대는 이 삼베로 만든 낡은 내 가사를 입겠느냐?" 깟사빠는 환희로 가득 차 다시 말씀드렸다. "세존이시여, 저는 당연히 세존께서 주시는 삼베로 된 분소의 가사를 입겠나이다."

부처님과 가사를 바꿔 입은 일은 마하깟사빠 존자에게는 더 없이 큰 영예였으며, 다른 어떤 제자도 그 영광을 누릴 수 없었다. 주석서는 부처님께서 가사를 바꿔 입은 까닭은, 깟사빠가 비구 승단에 출가하면서부터 엄격한 수행인 두타행을 할 수 있도록 동기를 부여하신 것이라고 설명하고 있다. 깨달음을 이룬 후 부처님께서는 극단적인 고행을 "고통스럽고 무지하며 무익한" 길이라고 금하셨지만, 중도의 원리와 조화를 이루는 고행, 두타행頭陀行은 인정하셨다. 참된 중도는 쉽고 편안한 길이 아니라 갈애를 버리고 고난과 불편함을 참아야 하는 외롭고 험난한 길이다. 그러므로 부처님께서는 마음에 일어나는 가장 미묘한 갈애의 뿌리를 제거하기 위해 진정으로 정진하고 있는 제자들에게는 고행을 허락하셨다. 그때의 고행은 '특별히 단순한 삶과 만족하는 삶, 포기하는 삶, 정진의 힘을 지니고 살아가는 수행'인 두타행이었다. 그러한 제자들에게는 오히려 '두타행을 하겠다.'고 서약하게 하셨고, 두타행을 실천하는 제자들을 격려하셨다. 경전에서는 몇 가지 엄격한 계율을 지킨 제자들을 반복해서 칭찬한다. 두타행은 다음과 같다. '상의, 하의, 겉옷 세 벌로 이뤄진 가사만 사용하고, 더 많은 가사는 거절한다. 분소의로 만든 가사만 입고, 재가신도가 공양하는 가사는 거절한다. 탁발을 해서 모은 음식으로만 식사를 하고 식사 초대는 받지 않는다.[12] 숲에서만 생활하고 마을에 있는 사원에서 살지 않는다.' 주석서에서는 이런 고행이 열세 가지로 늘어나는데, 선정 수행 생활을 다루고 있는 청정도론에서 상세하게 설명하고 있다.

부처님께서 깟사빠에게 주신 가사는 화장터에서 주운 수의로 만들어졌다. 깟사빠에게 그 가사를 입을 수 있느냐고 하신 것은 온전하게 금욕적인 수행을 할 수 있는지를 암묵적으로 물으신 것이다. 깟사빠가 확고하게 가사를 입을 수 있다고 고했을 때 그는 "예, 세존이시여, 스승께서 제게 바라시는 수행을 할 수 있습니다."라고 답한 것이다. 바로 그때부터 깟사빠는 엄격한 금욕 생활을 유지하기로 서약했다. 나이가 들어서도 젊었을 때 했던 것과 똑같이 수행했다. 뒤에 부처님께서는 '엄격한 금욕 수행(두타행)을 한 비구들 가운데 마하깟사빠가 으뜸'이라고 선언하셨다. 깟사빠는 이로써 과거 십만 겁 전부터 품어 온 서원을 성취했다.

깟사빠가 본래 이루고자 했던 서원, 즉 아라한에 이르고 마음 깊숙이 자리한 번뇌를 여읜 해탈을 성취한 것은, 부처님께 출가하고 가사를 바꿔 입은 지 7일 만이었다. 깟사빠는 오랜 세월이 지나 아난다에게 이때 일을 전하면서 다음과 같이 선언했다. "도반이여, 나는 빚진 사람[13]으로서 7일 동안은 탁발을 해서 백성들이 주는 공양을 했지만, 8일째에 아라한의 궁극의 지혜(구경의 지혜)를 성취했소(의복 경, 상윳따니까야 16:11)."

마하깟사빠와 세존

우리는 마하깟사빠 존자와 부처님 사이에 깊고 깊은 관계가 있음을 이미 보았다. 초기 경전에 따르면 그 관계는 본생에서부터 이어져 왔다. 자타카에는 마하깟사빠 존자가 보살(미래의 고따마 부처님)과 함께 가족이나 가까운 사람으로 살았던 본생이 19번 나온다. 깟사빠는 여섯 번 이상 부처님의 아버지(155, 432, 509, 513, 524, 540)로 살았고, 두 번은 형제(488, 522)였다. 친구나 교사로 살았던 본생도 여러 번이었다. 이번 생에서 처음 만난 사이가 아니었기 때문에 깟사빠는 스승을 처음 만나자마자 그토록 강한 확신을 가질 수 있었다. 평생을 스승께 헌신할 수 있었던 것도 같은 이유에서였다.

깟사빠 말년에 부처님과 이 위대한 제자는 많은 대화를 나누었다. 스승은 깟사빠에게 세 번이나 비구들을 지도하도록 권유했다. "깟사빠여, 비구들을 가르쳐라(가르치고 훈계하라, 교계教戒). 깟사빠여, 비구들에게 법을 설하라. 깟사빠여, 내가 하거나 그대가 비구들에게 법문을 해야 한다(교계경教戒經, 상윳따니까야 16:6)." 아라한이라고 해도 모두 부처님 가르침을 효과적으로 잘 전할 수 있는 능력이 있는 것은 아니었다. 부처님께서 이렇게 권하신 것은 깟사빠가 뛰어난 능력을 지니고 있었기 때문이다.

주석서에서는 부처님께서 왜 사리뿟따나 마하목갈라나 대신 마하깟사빠를 그렇게 높이 평가하셨는지에 대해 풀이하고 있다. 부처님께서 그렇게 하신 까닭은 사리뿟따나 목갈라나가 부처님보다 오래 살 수 없을 것을 알고 계셨기 때문이라고 해석한다. 부처님께서는 깟사빠가 당신보다 더 오래 살 것을 아셨다. 다른 비구들보다 마하깟사빠의 위상을 확고하게 높여서, 세존께서 완전한 열반에 드신 후 승단이 그의 가르침을 잘 따르도록 하셨다는 것이다.

부처님께서 깟사빠에게 세 차례나 비구들에게 법을 설하라고 권하셨을 때 처음에는 받아들이지 않았다. 처음 권하셨을 때 '몇몇 비구들에게 법을 전하기가 어렵다.'고 고했다. 그들은 '가르침을 잘 받아들이지 않으며, 다루기 힘들며, 훈계를 존중하지 않는다.'고 말씀드렸다. 또 두 비구[14]가 자신들이 "얼마나 법을 잘 설하는지 자랑하며, '누가 더 많은 법을 말할 수 있는지, 더 멋지게 설할 수 있는지, 더 오래도록 말할 수 있는지 내기를 하자.'라고 하는 것을 보았다."고 아뢰었다. 부처님께서는 두 비구를 불러 엄격하게 훈계하시고 두 비구의 유치한 자만심을 내려놓도록 일깨워 주셨다. 깟사빠가 두 비구의 일을 부처님께 보고드린 것은 결국 두 비구에게 유익한 일이 되었다. 깟사빠가 그렇게 한 것은 다른 비구들을 비판하기 위해서가 아니었다.

부처님께서 두 번째로 권유하셨을 때에도 깟사빠는 법을 설하기 어렵다고 고했다. 훈계하기 어려운 성품들을 지니고 있으며, 인욕하지 못한다고 말씀드렸다. 또한 비구들의 상태에 대해 비유를 들어 말씀드렸다. "지금 비구들은 달과 같은 원만한 아름다움(유익한 법들에 대한 믿음, 신信)이 없고, 둥근 모습이 이지러지고(부끄러움이 없음), 빛이 흐려졌으며(창피함과 두려움이 없음), 땅에 가까이 내려왔고(정진을 하지 않음), 작아졌습니다(지혜가 없음)."라고 아뢰었다(교계경2敎戒經2, 상윳따니까야 16:7).

부처님께서는 세 번째로 비구들을 지도하도록 권유하셨고, 깟사빠는 같은 이유로 다시 꺼려진다고 고했다. 이번에는 부처님께서 깟사빠에게 마음을 바꾸라고 다시 권하지 않으셨다. '지금의 비구들이 두타행을 하지 않기 때문에 그렇다.'고 설명하셨다.

"깟사빠여, 예전 장로 비구들은 숲에서 머물며 탁발음식만 먹고 살았으며, 오직 세 가지 분소의만을 입었다. 원하는 것이 적었으며 만족하고 지냈고, 홀로 고요하게 지내며 정진했다. 그러한 장로들이 사원을 방문했을 때 기꺼이 환영을 받았고, 법답게 수행 정진하는 삶으로 칭송을 받았다. 신참 비구들은 두타행을 하는 장로 비구들을 본받으려고 했으며, '그러한 장로 비구들에게는 오랜 세월 유익하고 행복이 있을 것이다.'라고 생각했을 것이다."
"그러나 깟사빠여, 지금은 사원을 방문했을 때 존중 받는 이들은, 검소하고 청정한 삶을 사는 비구가 아니라, 이름이 널리 알려지고 인기가 많으며 많은 물건을 공양 받는 이들이다. 이러한 수행승들이 환영과 존경을 받으며, 젊은 수행승들은 그들을 따라하려고 하고, 그들에게는 오랫동안 해가 될 것이다. 그러므로 오늘날 수행에 몰두하지 않는 수행승들은 젊은 수행승들의 삶에 해를 끼칠 것이며, 젊은 수행승들은 그들에게 물든다."[15]

어느 때 깟사빠는 부처님께 이렇게 여쭈었다. "전에는 수행 계목이 더 적었지만 더 많은 비구들이 구경의 지혜(아라한도)를 깨달았습니다. 그런데 지금은 수행 계목이 더 많지만 어찌하여 아라한도를 깨달은 비구들은 더 적습니까?" 부처님께서는 이렇게 답하셨다.

"깟사빠여, 그 까닭은 이와 같다. 중생들 근기가 떨어지고(하열해지고) 바르고 참된 법이 사라질 때 그렇게 된다. 그러면 수행 계목은 더 많아지고 참된 지혜에 이르는 이는 더 적어진다. 그러나 정법과 유사한 법이 세상에 일어나기 전에는 바르고 참된 법이 사라지지 않을 것이다. 거짓된 법이 세상에 일어날 때 참된 법은 사라진다. 그러나 깟사빠여, 참된 법을 사라지게 하는 것은 흙, 물, 불, 공기의 네 가지 요소가 아니다. 배는 짐을 많이 실으면 가라앉지만, 바르고 참된 법은 그렇게 사라지지 않는다. 깟사빠여, 다섯 가지 해로운 일들이 나타나면 바르고 참된 법을 어지럽히고 사라지게 한다.

다섯 가지 해로운 일들은 이러하다. 비구와 비구니, 우바새와 우바이가 스승(부처님)을 존중하지 않고 순응하지 않으며 머문다. 법과 승단, 수행, 선정 삼매를 존중하지 않고 순응하지 않으며 머문다. 깟사빠여, 이렇게 되면 바르고 참된 법을 어지럽히고 사라지게 한다. 그러나 부처님과 법과 승단, 수행, 선정 삼매를 존중하고 순응하면 바르고 참된 법을 확고하게 하고 어지럽히지 않고 사라지지 않게 한다(정법과 유사한 법 경, 상윳따니까야 16:13)."

우리는 이 경전을 통해 '재가신도 역시 법을 지키는 수호자여야 한다'는 사실을 깨달아야 한다. 특히 법이 출가수행승들 사이에서 쇠퇴하더라도, 재가신도들이 여전히 법을 존중하고 수행한다면 법은 영원하리라는 확신을 가져야 한다.

마하깟사빠와 관련한 다른 설법들은 부처님께서 높이 찬탄하고 칭찬하신 그의 엄격한 수행(두타행)을 다루고 있다. 그러나 부처님의 성스러운 여정 후반부에서는 깟사빠가 늙어 거칠고 낡아빠진 헝겊옷을 입는 것이 성가시게 될 것이라고 상기시키셨다. 그러므로 부처님께서는 그에게 재가신도들이 공양 올린 가사를 입고 음식을 먹으며 마을 가까이에 살라고 제안하셨다. 그러나 깟사빠는 이렇게 대답했다. “저는 그렇게 청빈하게 정진했던 삶을 다른 이들에게도 권했습니다. 저는 바라는 것 없이 만족하며 외딴 곳에 살았고, 용맹정진했습니다. 저는 다른 이들에게도 그렇게 하도록 권했습니다.”

부처님께서 물으셨다. “그대는 무엇 때문에 그런 두타행을 하며 살고 있는가?” 깟사빠는 다음과 같이 말씀드렸다. “두 가지 이유가 있습니다. 저는 지금 바로 현생에서 행복한 삶을 보내고 있기 때문입니다. 그리고 저의 삶에 대해 듣고 본받을 생각을 하는 후대 수행승들에 대한 자비 때문입니다.” 그러자 부처님께서 말씀하셨다. “잘 말하였다, 깟사빠여, 많은 이들의 안녕과 행복을 위해, 세상을 향한 자비로움으로 천신과 인간들의 이익과 복됨을 위해, 삼베로 만든 다 떨어진 분소의를 입거라. 탁발을 하며 걸식행을 이어가도록 하라. 숲에서 머물러라(늙음 경, 상윳따니까야 16:5).”

부처님께서는 “비구들이여, 깟사빠는 수행승들에게 적합하지 않은 행위를 하지 않는다. 필요한 것들을 얻지 못한다고 해도 흔들리지 않는다. 필요한 것들을 얻어도 집착하거나 탐욕을 내지 않으며, 마음을 빼앗기지 않고, 그것에 묶이는 위험을 보고 벗어남을 꿰뚫어 알면서 사용한다. 비구들이여, 나는 깟사빠나 깟사빠처럼 두타행을 하는 수행승들을 본보기로 삼아 그대들을 가르치고 훈계할 것이다. 그대들도 그렇게 되고자 실천 수행해야 한다(만족 경, 상윳따니까야 16:1)."

부처님께서는 마하깟사빠가 재가신도들을 대하는 것도 본받아야 한다고 설하셨다.

"깟사빠는 탁발을 하러 가거나 초대를 받아 공양을 하러 갔을 때 '신도들이 넉넉하게 좋은 음식을 내 오거나, 마지못해 존중하는 마음 없이 보시하지 않기를 바라는 마음으로 신도 집을 방문한다.' 깟사빠는 '신도들이 넉넉하게 보시하거나 존중하는 마음으로 공양을 올리면 좋겠다.'는 생각조차 하지 않았지만, 그는 언제나 멀리서 은은하게 빛을 비추는 달[16]과 같이 재가신도들의 집을 방문한다."

"깟사빠가 재가신도를 방문할 때 그의 마음은 집착하지 않고, 그물에 걸리지 않고, 속박되지 않는다. 그는 오히려 이렇게 생각한다. '이익을 원하는 사람은 이득을 얻게 되기를! 공덕을 바라는 사람은 공덕을 짓게 되기를!' 그는 다른 사람의 이익을 마치 자신의 이익인 것처럼 흡족해하고 기뻐한다. 그러한 비구는 재가신도들 집을 방문하기에 적합하다."

"깟사빠는 스스로가 인정을 받거나 칭찬 받기 위해서가 아니라, 신도들에게 세존의 가르침을 알게 하고, 그 가르침을 실천할 수 있도록 법을 설한다. 그는 법이 본래부터 수승함에 의지하여 법을 설하고 연민과 동정, 자비심을 내어 법을 설한다(달의 비유 경, 상윳따니까야 16:3에서 간추림)."

마하깟사빠가 이룬 가장 위대한 성취는 세존께서 그가 이룬 선정 삼매를 인가해 주신 것이다. 세존께서는 깟사빠가 '부처님께서 이루신 것처럼 감각적 욕망들을 완전히 떨쳐버리고 해로운 법(불선법不善法)

을 떨쳐버린 뒤 일으킨 생각(심尋)과 지속적인 고찰(사伺)이 있으며, 희열(희喜)과 행복(낙樂)이 있는 초선정에 들어 머문다.'고 하셨다. 또한 깟사빠는 '부처님처럼 여섯 가지 신통력을 성취했으며, 번뇌가 없는 마음의 해탈(심해탈)과 지혜에 의한 해탈(혜해탈)을 이룬 제자'라고 찬탄하셨다(삼매와 최상의 지혜 경, 상윳따니까야 16:9). 부처님께서는 이 경전에서 '깟사빠가 이룬 선정 삼매 성취는 세존께서 성취한 삼매에 필적한다.'고 하셨다. 이것이 바로 마하깟사빠의 성품이다. 그는 깊은 선정 삼매에 들었던 덕분에 외부의 어떤 상황에도 방해받지 않았다. 아주 적은 욕망과 아주 적은 물질, 사람들과 번잡하게 어울리지 않은 채 두타행을 평생 실천하며 지낼 수 있었다.

마하깟사빠는 장로게경(테라가타)에 남긴 게송을 통해 반복해서 선정 삼매의 평화를 찬탄한다. 그는 풍족한 세속의 생활에서 풍요로운 두타행으로 출가한 사람이었다. 재가신도 시절에는 화목하고 재산도 매우 많았다. 출가해서는 범천계에서 지낸 본생에서보다 훨씬 풍요로운 선정 삼매에 머물렀다. 마하깟사빠는 일부 경전에서 매우 엄격한 수행자로 비추지만, 그 타고난 성정이 각박한 것으로 받아들여서는 안 된다. 때로 엄격한 말로 다른 이들을 훈계한 까닭은 바른 수행을 할 수 있게 이끌어 주기 위해서였다. 아난다와 마하깟사빠의 관계에 대해 살펴볼 때 그 사실을 알게 될 것이다.

마하깟사빠, 천신을 만나다

여러 경전과 주석서 등에서는 마하깟사빠가 두 차례 천신을 만났다고 한다. 이런 기록들을 통해 우리는 마하깟사빠의 정신적인 독립성을 볼 수 있다. 또 인간보다 높은 차원에 살고 있는 존재(천신)들이 보낸 호의까지 거절하며 엄격한 수행(고행) 생활을 지속한 그의 강력한 의지를 알 수 있다.

첫 번째는 라자라는 천녀天女와의 만남이다. 그녀는 자신이 천상의 행복을 누리게 된 까닭을 기억하고 있었다. 본생에 가난하게 살고 있었으면서도 신심信心을 다해 마하깟사빠 장로에게 공양을 올렸다. 그리고 그분이 깨달은 진리를 자신도 알 수 있게 되기를 발원했다. 천녀 라자는 그 사실을 기쁜 마음으로 되새기며 집으로 돌아가다 뱀에게 물려 죽었고, 바로 장엄한 빛에 휩싸여 도리천에 환생했다.

천녀 라자는 감사한 마음으로 이런 일을 기억하고 있었으며 위대한 장로를 섬기고 싶었다. 땅으로 내려온 라자는 장로가 머물던 방을 쓸고 물그릇을 채워 놓았다. 3일째 되는 날 위대한 장로는 자신의 처소에서 빛의 모습을 한 천녀 라자를 보았다. 라자에게 왜 그렇게 했는지 물었다. 까닭을 들은 마하깟사빠는 라자에게 떠나달라고 요청했다. 후대 수행자들이 '마하깟사빠 장로는 천녀의 시봉을 받았다.'며 이야깃거리로 삼을 것을 염려해서였다. 그러나 그의 간청은 아무 소용이 없었다. 라자는 크게 슬퍼하며 하늘로 날아올랐다. 어떤 일이 있었는지 알고 계시던 부처님께서는 그녀에게 '장로를 시봉한 것은 얼마나 큰 공덕을 쌓은 것인지, 그로 인해 크게 행복을 누릴 것'임을 일러 주시며 위로해 주셨다. 이와 함께 두타행은 깟사빠가 당연히 해야 하는 일이라고 일러 주셨다.[17]

다른 천신과의 만남은 마하깟사빠가 라자가하(왕사성) 근처 삡팔리

동굴에서 7일 동안 선정[18] 수행을 하던 때의 일이었다. 7일째 되는 날 선정에서 깨어나 라자가하로 탁발을 갔다. 그때 제석천을 모시는 500명의 천녀들이 그에게 공양을 올리려 했다. 천녀들은 500명분을 준비해 장로에게 '공양을 받아 가피를 내려달라.'고 간청했다. 깟사빠는 가난한 이들이 공양을 받을 기회를 주고 싶어서 거절했다. 몇 번이고 간청을 했지만 계속 거절하자 결국 떠났다. 천신들의 왕 제석천은 그들의 노력이 헛되자 장로에게 공양을 올리고 싶은 강한 욕망을 느꼈다. 제석천은 공양을 거절당하지 않도록 베 짜는 노인으로 변해 기다렸다. 장로가 다가오자 공양을 담은 발우를 올렸다. 마하깟사빠가 발우를 받아 든 순간 쌀에서 아주 진한 향기가 났다. 마하깟사빠는 베 짜는 노인이 사람이 아니라 제석천이라는 사실을 알고 이렇게 꾸짖었다. "꼬시까(교시가憍尸迦, 제석천이 사람이었을 때의 성姓)여, 그대는 큰 잘못을 저질렀습니다. 그대는 가난한 사람들이 공덕을 지을 수 있는 기회를 빼앗았습니다. 다시는 그런 일을 하지 마십시오." 제석천이 답했다. "우리에게도 공덕을 지을 기회가 필요합니다. 지금 제가 당신의 눈을 속여 공양을 올렸는데, 공덕이 있습니까, 없습니까?" "벗이여, 그대의 공양은 공덕이 있습니다." 제석천은 하늘로 올라가 장엄한 소리로 게송을 읊었다.

오 공양이여
깟사빠 장로님께 올린
최상의 공양이여
(법구경 주석서 56번 게송 이야기)

마하깟사빠의 제자들

마하깟사빠 존자처럼 선정 수행에 전념했던 수행자가 적극적으로 많은 제자들을 받아들이고 이끌었을 것이라고 기대할 수는 없다. 경전에서 기록하고 있는 제자들은 몇 명 되지 않는다.

깟사빠가 제자들에게 설한 가르침은 많지 않다. 그 가운데 하나가 수행승이 자기 성취를 과대평가하는 것을 경계한 내용이다. "여기 한 비구는 자신이 가장 궁극의 지혜인 아라한과를 성취했다고 선언한다. 그러면 스승(여래)이나 '다른 사람의 마음을 아는 데 능숙한 제자'가 그를 세심하게 관찰하고 집요하게 묻고 반복해서 질문한다. 그러면 그 수행승은 당황하고 혼란스러워 한다. 질문하는 이는 이제 그 수행승이 '자만심으로 스스로를 과대평가하여 성취하지 못한 것을 성취했다.'고 말한 것을 꿰뚫어 안다. 그런 다음 그 비구의 마음을 주의 깊게 살펴본다. 그가 많이 배운 자(다문多聞)이고, 배운 것을 잘 지니고 잘 정리한 수행승이라는 것을 꿰뚫어 안다. 그 수행승은 그렇게 가르침을 많이 배우고 잘 받아 지니고 말로써 친숙하게 되고 마음으로 숙고하고 견해로써 잘 꿰뚫는다. 그래서 그 비구는 결국 자신의 성취를 과대평가해서 깨달음에 이르렀다고 말했음을 꿰뚫어 안다. '그 비구는 다섯 가지 장애(오개五蓋)를 극복하지 못했고, 도중에 멈췄다.'는 것을 안다(구경의 지혜 경, 번뇌를 다 소멸한 아라한 경지에 이른 지혜 경, 앙굿따라 니까야 10:86)."

경전에서는 이름이 알려지지 않은 비구나 비구들에게 설한 몇몇 가르침을 전하고 있다. 이런 가르침들을 제외하면, 마하깟사빠와 사리뿟따, 아난다와의 관계에 대해서만 기록하고 있다. 자타카에는 사리뿟따가 본생에 깟사빠 아들로 산 것이 두 번(509, 515), 형제로 살았던 삶이 두 번(326, 488) 나온다. 사리뿟따는 한때 깟사빠의 손자(450)였으며 친구(525)이기도 했다. 마하깟사빠는 테라가타(장로게경)에 남긴 게송에서, '수만 명의 범천이 하늘에서 내려와 사리뿟따에게 예경드리고 찬탄한다.'고 노래한다.[19]

깟사빠 상윳따(대가섭 품)에는 마하깟사빠와 사리뿟따가 주고받은 두 차례의 대화가 기록되어 있다. 사리뿟따가 저녁에 선정에서 깨어나 마하깟사빠를 찾아갔다. 사리뿟따가 물었다.

> "깟사빠여, 열심히 정진하지 않고, 해로운 법에 대한 부끄러움과 두려움이 없으면 깨달음을 이룰 수 없고, 열반을 얻을 수 없으며, 최상의 평온을 이룰 수 없습니다. 열의를 가지고 있고 해로운 법에 대해 부끄러워하고 두려워하는 마음(참괴慚愧)이 있으면 깨달음을 이루고 열반을 얻으며 최상의 평온을 성취할 수 있다고 했습니다. 그러한 성취를 할 수 있는 사람은 어떤 사람이고, 어떤 사람이 그러한 성취를 할 수 없습니까?"
>
> "도반 사리뿟따여, 여기 이 비구는 이렇게 생각합니다. '아직 나에게 일어나지 않은 나쁘고 해로운 법들이 일어나면 손해가 될 것이다.' 그러면서도 열심히 수행하지 않습니다. 또 '지금 내 안에 일어난 나쁘고 해로운 법들을 없애지 못하면 나에게 손해가 될 것이다.' 이렇게 생각하면서도 부끄러워하고 두려워하는 마음을 일으키지 않습니다. 그러면 그는 최상의 평온을 성취할 수 없습니

다. 또 그는 이렇게 생각합니다. '내게 선한 법이 일어나지 않으면 나에게 손해가 되리라. 이미 일어난 선한 법이 사라지면 나에게 손해가 될 것이다.' 이런 경우에 그 비구가 잘못된 행위에 대해 부끄러워하거나 두려워하지 않는다면, 그는 깨달음을 이룰 수 없고, 열반을 이룰 수 없으며, 최상의 평온을 얻을 수 없습니다. 그러나 그 비구가 올바른 수행을 열심히 하고, 잘못된 행위에 대해 부끄럽고 두려워한다면 그는 깨달음을 이룰 수 있습니다. 그러한 비구는 열반을 이룰 수 있으며, 최상의 평온을 얻을 것입니다(수치심 없는 자 경, 부끄러움과 두려움이 없는 자 경, 상윳따니까야 16:2).

또 한 번은 사리뿟따가 마하깟사빠에게 여래가 사후에 존재하는지, 사후에 존재하지 않는지, 또는 사후에 존재하기도 하고 존재하지 않기도 하는지 물었다. 마하깟사빠는 여래께서는 설명하지 않으셨다며 이렇게 답했다.

"세존께서는 왜 설명하지 않으셨겠습니까? 유익하지도 않고 청정범행의 시작에도 미치지 못하고(성스러운 삶의 일부도 아니요), 번뇌를 떠난 것도 아니며, 탐욕의 소멸로 인도하지 못하고, 평온과 바른 지혜로 이끌지도 못하며, 깨달음과 열반에 이르지 못하기 때문입니다."

"도반이여, 그렇다면 세존께서는 무엇을 설명하셨습니까?"

"도반이여, 세존께서는 이것은 괴로움이다, 이것은 괴로움의 근원이다, 이것은 괴로움의 소멸이며, 괴로움의 소멸에 이르는 길(고집멸도苦集滅道, 사성제四聖諦)이라고 설하셨습니다. 네 가지 성스러운 진리는 이익을 주고 성스러운 삶의 근본에 속하며, 고요함으로 인도하고, 최상의 지혜로 이끌고, 바른 깨달음으로 인도하며, 열반에 이르도록 해 주기 때문입니다(사후경死後經, 상윳따니까야 16:12)."

우리는 왜 사리뿟따가 이러한 질문을 했는지 설명할 수 없다. 그러나 이 대화가 깟사빠가 출가한 직후에 이뤄졌으며, 아라한에 이르기 전이었음을 고려하면, 사리뿟따가 그를 시험하기 위해 그런 질문을 한 것이 아닐까 생각된다. 아니면 그 자리에 함께했을 다른 수행승들을 위해 그런 질문을 했을 것이다.

소뿔 모양의 사라나무 큰 경(고씽가 사라나무 숲 경, 맛지마니까야 32)은 사리뿟따 존자가 주도하고 마하깟사빠와 다른 이름난 제자들이 참여했던 토론 내용을 담고 있는 경전이다. 당시 장로들은 부처님과 함께 고씽가 숲에 머물고 있었고, 맑은 달밤에 그들은 법에 대해 토론하기 위해 사리뿟따에게 다가 왔다. 사리뿟따가 먼저 말한다. "고씽가 사라나무 숲이 참으로 좋습니다. 달빛이 맑은 밤이고, 사라나무는 만개했고, 마치 천상의 향기가 풍기는 것 같습니다." 그런 다음 그는 함께 자리한 위대한 장로들인 아난다, 레와따, 아누룻다, 마하깟사빠, 마하목갈라나 존자들에게 어떤 수행자들이 그 숲을 더 찬란하고 아름답게 하는지 물었다. 마하깟사빠는 다른 이들처럼 자신의 경지에 맞게 이렇게 답했다.

"벗이여 사리뿟따여, 여기 수행승은 스스로 숲에 살며 숲에 사는 것을 찬탄합니다. 탁발을 하며 탁발을 칭찬합니다. 스스로 분소의를 입었으며, 분소의 입는 것을 칭찬합니다. 그는 스스로 세 벌 옷만을 지니며 세 벌 옷만을 입는 것을 칭찬합니다. 욕심이 적으며, 만족하고, 교제하지 않으며, 이러한 자질 하나하나를 칭찬합니다. 스스로 계행을 갖추고, 삼매를 갖추며, 지혜를 갖추고, 해탈을 갖추며 이러한 모든 성취를 찬탄합니다. 사리뿟따여, 이런 수행자가 고씽가 사라나무 숲을 더욱 빛나게 해 줍니다."

마하깟사빠는 본생에 아난다 존자와 밀접한 관계였다. 아난다는 두 번은 그의 형제였으며(자타카 488, 535), 한 번은 그의 아들(450)이었고, 한 번은 아들을 살해한 적도 있었으며(540), 이번 생에서는 그의 제자이기도 했다.[20] 깟사빠 상윳따에도 그들 사이에 있었던 두 번의 대화가 나온다. 사리뿟따와의 대화가 교리적인 논점에 관한 것이었던 반면, 아난다와의 대화는 실질적인 문제들에 관한 것이었다.

첫 번째는 아난다가 깟사빠에게 비구니들의 숙소까지 함께 가자고 요청했을 때였다(처소경處所經, 상윳따니까야 16:10). 깟사빠는 청을 거절하고 아난다 혼자 가도록 권유했다. 아난다는 깟사빠가 비구니들에게 법을 설해 주기를 바라는 마음에서 다시 같이 가 달라고 요청했다. 깟사빠는 할 수 없이 함께 비구니 거처로 갔다. 그러나 일은 아난다가 예상했던 것과는 상당이 다른 방향으로 흘러갔다. 깟사빠의 설법이 끝난 후 비구니 툴라띳사가 목소리를 높여 공격적으로 말했다. "깟사빠시여, 어떻게 부처님 가르침을 가장 많이 들은(다문제일) 아난다 존자 앞에서 법에 대해 설하셨습니까? 이것은 바늘 장사꾼이 바늘을 만드는 사람에게 바늘을 팔고 싶어 하는 것과 같습니다." 분명히 이 비구는 깟사빠가 설한 엄격하고 비판적인 법문보다는 아난다의 부드러운 법문을 좋아했다.

깟사빠는 비구니들의 항의를 받고 아난다에게 물었다. "도반 아난다여, 나는 바늘상인이고 당신은 바늘을 만듭니까, 아니면 내가 바늘을 만들고 당신이 바늘상인입니까?"

아난다가 대답했다. "너그러이 봐 주십시오. 존자시여. 그녀는 어리석은 여인입니다."

"주의하시오, 도반 아난다여, 그렇지 않으면 승가가 그대를 검증할 수도 있소.[21] 도반 아난다여, 세존께서 승가 앞에서 '비구들이여, 나는 감각적인 욕망들을 완전히 떨쳐버리고 해로운 법(불선법不善法)들을 떨쳐 버린 뒤, 일으킨 생각(심尋)과 지속적인 고찰(사伺), 떨쳐 버렸음에서 생긴 희열(희喜)과 행복(낙樂)이 있는 초선에 들어 머문다. 비구들이여 '아난다도 그렇게 얻을 수 있다.' 이렇게 드러내셨습니까?" 아난다가 답했다. "그렇지 않습니다. 존자시여." 깟사빠가 다시 말했다. "그런데 도반이여, 세존께서는 직접 비구 승가에게 '깟사빠는 그렇게 할 수 있다.'라고 하셨습니다."[22]

여기서 우리는 아난다가 중간에 화해를 위해 나섰지만 마하깟사빠 존자는 그 상황에 대해 올바르지 않고 적절하지 않았다고 생각했음을 알 수 있다. 아난다는 항상 여성들에게 사랑을 받았으며, 비구니 승가 설립을 강력하게 주장했었다. 이로 인해 툴라띳사는 아난다에 대해 애착도 지니고 있었다. 툴라띳사가 아난다를 향해 품은 감정은 아난다의 말처럼 일반적인 말로 지나칠 수 있는 것이 아니었다. 이 때문에 깟사빠는 언뜻 보기에는 다소 강하게 대응했다. "주의하시오, 도반 아난다여, 그렇지 않으면 승가가 그대를 검증할 수도 있소." 깟사빠는 아난다에게 비구니들을 돌보는 데 너무 나서지 않도록 경고하고 싶었다. 비구니들이 아난다를 너무 따르면 다른 사람들이 의심할 수 있기 때문이었다. 따라서 깟사빠의 경고는 모든 번뇌를 다 소멸한 아라한으로서, 아직 아라한과를 성취하지 못한 아난다를 위한 진지한 조언이었을 것이다. 이어서 깟사빠는 '부처님께서 칭찬한 성취는 아난다가 아니라 자신의 것'이라고 강조함으로써, 두 장로의 영적 지위가 매우 다르다는 사실을 지적했다. 아난다에게 아라한과를 성취할 수 있도록 독려하기 위함이었다. 그러나 결국 비구니 툴라띳사는 승단을 떠났다.

마하깟사빠 존자와 아난다가 주고받은 또 다른 대화는 의복경(衣服經, 상윳따니까야 16:11)에 기록되어 있다. 한때 아난다 존자는 많은 비구들과 함께 라자가하 남쪽에 있는 산(닥키나기리, 남산南山)으로 유행을 떠났다. 그 무렵 아난다 존자의 상좌 비구 30명이 가사를 벗어던지고 재가신도로 돌아갔다. 아난다는 여행을 마친 후 라자가하 대나무 숲에 있는 마하깟사빠 존자를 만나러 갔다. 아난다가 예경을 올리고 자리에 앉자 깟사빠는 이렇게 말했다.

"도반 아난다여, 세존께서 '세 명 이상이 함께 신도 집에서 음식을 받으면 안 된다.'는 계율 항목을 정하신 이유가 무엇입니까?"

"존자시여, 세 가지 이유가 있습니다. 행실이 좋지 않은 사람들을 억제하기 위함이며, 선량한 비구들이 편안하게 머물 수 있도록 하기 위해서이며(사악한 바람을 가진 비구들이 편을 만들어 승가를 분열시키지 않도록 하기 위해서이며), 신도 집에 대한 자비 때문입니다(신도 집에 부담을 주지 않기 위해서입니다.)."

"그런데, 도반 아난다여, 어찌하여 감각 기관을 절제하지 않고 적당한 음식의 양을 알지 못하는 '깨어 있지 못한 젊은 비구들'과 함께 여행을 가셨습니까? 사람들은 그대가 곡식을 짓밟고, 신도 집에 피해를 주면서 유행했다고 생각할 것입니다. 그대를 따르던 모임은 부수어졌고, 그대의 젊은 상좌들은 떨어져 나갔소. 그런데 이 아이[23]는 그것조차 모르다니!" "깟사빠 존자시여, 제 머리는 하얗게 세었습니다. 그런 제가 지금까지도 마하깟사빠 존자로부터 '아이'라는 말을 듣는 것에서 벗어날 수 없단 말입니까?"

존자 마하깟사빠는 조금 전에 했던 책망을 다시 되풀이했다. 아난다가 그 책망을 받아들임으로써 둘 사이의 상황은 정리되었다. 아난다는 단지 '아이'라고 표현한 것에 대해서만 거부감을 나타냈다. 아난다는 마하깟사빠에게 훈계를 듣고 제자들이 더 엄격하게 계율을 지킬 수 있도록 이끌었을 것이다. 그런데 이 문제가 비구니 툴라난다 때문에 복잡해졌다. 툴라난다는 승가를 떠난 툴라띳사와 함께 어울리며 검은색 양털로 깔개를 만들어 사용하던 '흑양비구니黑羊比丘尼'[24] 무리 가운데 한 명이었다. 그녀는 마하깟사빠 존자가 아난다를 '(아이)젊은이'라고 불렀다는 데 분개했다. 그녀는 '마하깟사빠 존자는 출가하기 전에 외도外道였는데, 어떻게 아난다와 같은 성자를 비판할 수 있느냐.'고 했다.[25] 툴라난다 비구니는 그렇게 계율의 문제를 개인적인 비방, 중상모략에 가까운 개인에 대한 비난으로 돌려버렸다. 깟사빠는 본래 다른 수행자 집단에서 수행하지 않았고, 홀로 고행자로 지내왔는데도 툴라난다는 그렇게 비난했던 것이다. 툴라난다는 툴라띳사처럼 승가를 떠났다.

마하깟사빠 존자는 툴라난다의 비방을 듣고 아난다에게 말했다. "내가 고향을 떠난 이후로 나에게는 세존, 아라한, 완전한 깨달은 분 이외에 다른 스승이 없었습니다." 그런 다음 그는 부처님과의 첫 만남에 관해 들려주었다.

세존의 완전한 열반(반열반般涅槃, 무여열반無餘涅槃) 이후

마하깟사빠 존자와 아난다의 관계에 대해 아직 살펴봐야 하는 것은 부처님께서 완전한 열반에 드신 후의 상황이다. 마하깟사빠는 부처님 열반 이후 승가에서 주도적인 역할을 했다. 부처님께서 열반에 들 당시 가장 널리 알려진 다섯 제자 가운데 아난다와 아누룻다 두 제자만 함께 하고 있었다. 사리뿟따와 마하목갈라나는 그에 앞서 이미 열반했다. 마하깟사빠는 여러 수행승들과 함께 말라족이 사는 빠와(부처님께서 쭌다에게 공양을 받으신 곳)마을에서 꾸시나라(구시나라拘尸那羅)로 가는 길이었다. 마하깟사빠는 길을 가다 나무 그늘 아래 쉬고 있었다. 바로 그때 벌거벗은 수행자가 천상계에서만 자란다고 하는 만다라화(曼陀羅華, 인드라의 천계에 있는 네 가지 꽃 가운데 하나. 천상계에 핀다고 하는 성스럽고 흰 연꽃)를 들고 그곳을 지나갔다. 마하깟사빠는 만다라

화가 지상에 나타난 것으로 미루어 무엇인가 큰 일이 생겼음을 알았다. 그는 나체 수행자에게 부처님에 대한 소식을 들었는지 물었고, 수행자는 이렇게 답했다. "고따마 부처님께서는 일주일 전에 반열반에 들었습니다. 저는 그곳에서 이 만다라화를 주웠습니다."

마하깟사빠와 함께 있던 수행승들 가운데 오직 아라한들만이 침착하게 고요함을 유지했다. 아직 욕망에서 완전히 벗어나지 못한(깨달음에 이르지 못한) 수행승들은 땅에 엎드려 통곡했다. "세존께서는 너무 일찍 반열반에 드셨습니다! 세간의 눈[26]이 너무 빨리 우리에게서 사라졌습니다!" 그러나 결혼한 다음에 출가했던 '늦깎이 수밧다' 비구가 도반들에게 이렇게 말했다. "도반들이여, 이것으로 충분합니다. 비탄에 잠기지 말고 슬퍼하지 마십시오. 우리는 위대한 고행자에게서 해방되었습니다. 우리는 그가 '이것은 그대에게 합당하고 그것은 부적절하다.'라고 말함으로써 끊임없이 고민했습니다. 이제 우리는 좋아하는 일을 할 수 있고 좋아하지 않는 일을 할 필요가 없을 것입니다." 마하깟사빠 존자는 늦깎이 수밧다 비구의 냉담한 말에 즉시 반응하지 않았다. 그 자리에서 그 비구를 질책하거나 파문함으로써 생길 불협화음을 피하고 싶었을 것이다. 그러나 마하깟사빠는 부처님 다비를 마친 후 '법과 계율을 보존하기 위해 장로 회의를 소집해야 한다.'고 요청했다. 그러면서 그 자리에서는 비구들에게 '인연에 의해 생겨난 모든 존재(조건이 있는 모든 것)는 무상하니 더 이상 애도하지 말고 기억하라.'고 권했을 뿐이다. 그런 다음 비구들을 이끌고 꾸시나라를 향해 길을 재촉했다.

그때까지 꾸시나라 촌장들은 부처님 다비를 시작할 수 없었다.

아누룻다 존자가 '천신들은 다비를 미루기를 원한다.'고 했다. 천신들은 마하깟사빠 존자가 도착해 스승의 법구(法軀, 존체尊體)에 마지막 예경을 드릴 때까지(세존의 발에 절을 할 때까지) 다비를 미루기를 원했다. 마하깟사빠가 도착해 합장을 한 채 장작더미 주위를 오른쪽으로 세 번 돌고 나서 머리로 절하며 여래의 발 앞에 예경을 드렸다. 함께 온 수행승들이 함께 예경을 드리자 부처님 법구를 모신 장작더미는 저절로 불이 붙어 타올랐다.

다비를 마친 후 여러 나라 국왕들이 보낸 사신들과 몰려든 재가신도들이 서로 여래의 사리를 가져가겠다고 하면서 갈등이 생겼다. 존자 마하깟사빠는 아누룻다와 아난다 등처럼 침착함을 유지했다. 결국 도나 바라문(도나는 바라문이었지만 부처님 설법을 듣고 불환과不還果를 성취했다고 한다.)이 나서서 중재해 사리는 여덟 등분으로 공평하게 잘 나누었다. 도나 바라문은 사리를 담았던 사리함으로 큰 탑을 세우겠다며 가져갔다.

존자 마하깟사빠는 자신에게 배분된 스승의 사리를 마가다국 아자따삿뚜 왕에게 보냈다. 그렇게 하고 나서, 스승의 유산인 법과 계율을 보존해야겠다는 생각을 했다. 앞서 '늦깎이 수밧다' 비구가 부처님 반열반 소식을 듣고 승가의 계율에 도전하고, 계율 폐지를 옹호했기 때문이었다. 마하깟사빠는 이 상황을 부처님께서 반열반에 드신 직후 법과 계율을 보존할 방편을 마련해 놓아야 한다는 경고로 받아들였다.

'늦깎이 수밧다' 비구의 행태가 널리 퍼지고 그 주장에 동조하는 비구들이 생긴다면, 부처님께서 살아 계셨다 해도 순식간에 승가와 가르침이 쇠퇴하고 무너질 것이었다. 마하깟사빠는 이러한 사태를

막기 위해 장로 회의를 열어 법과 계율을 암송하고 후대를 위해 보존해야 한다고 제안했다.[27]

마하깟사빠는 라자가하에 모인 수행승들에게 알렸고, 동의를 받았다. 그들은 마하깟사빠에게 결집을 위해 500명의 장로들을 뽑아달라고 요청했다. 요청에 따라 500명의 장로들이 선출되었는데, 모두가 아라한이었다. 아난다는 아직 아라한과를 성취하지 못해, 결집회의에 참여할 수 없었다. 그러나 아난다는 부처님의 모든 설법을 들었고 기억하고 있었다. 법과 계율을 결집하기 위해서는 반드시 아난다가 있어야 했다. 단 회의가 시작되기 전까지 반드시 아라한과를 성취해야 했다. 아난다는 결집이 시작되기 전 아라한과에 이르렀고, 첫 번째 결집을 위한 500명의 장로회의에 참석할 수 있었다.[28] 결집회의가 진행되는 동안 다른 수행승들은 라자가하에서 우기 안거에 들지 못하도록 했기 때문에 다른 곳으로 떠나야 했다.

첫 번째 결집회의에서는 가장 먼저 계율에 관해 가장 으뜸인 장로(지계제일持戒第一) 우빨리 존자가 계율을 낭송했다. 두 번째로 부처님께서 설하신 경전을 모아야 했다. 아난다 존자는 마하깟사빠 존자의 질문을 받고 모든 경전을 낭송해 오부 니까야(상윳따, 디가, 맛지마, 앙굿따라, 쿳다까 니까야)를 모았다.

끝으로 승가에 관한 몇 가지 특별한 사안이 논의되었다. 아난다는 '부처님께서 열반에 드시기 전 작고 사소한 학습계율은 비구들이 원한다면 폐기해도 좋다고 말씀하셨다.'라고 전했다. 그런데 아난다는 '부처님께서 말씀하신 사소한 학습계율이 어떤 것들인지 여쭤보았느냐?'는 장로들의 질문에, 그렇지 않았다고 인정했다. 여러 장로 수행승들은 이 사안에 대해 여러 의견을 내 놓았다. 합의가 이루어지지 않았기 때문에 마하깟사빠는 회중에게 제안을 했다. "우리가 사소한 학습계율을 폐기한다면 재가신도와 대중들 가운데 '승가는 스승의 열반 이후 학습계율을 더 이상 배우지 않는다.'고 질책하는 자가 있을 것입니다." 이렇게 말하며 마하깟사빠는 그러한 점을 고려해 이미 정해진 계율은 폐기하지 않고 예외 없이 그대로 지켜나가자고 제안했고 그대로 결정되었다(1차 결집회의는 7개월 동안 진행되었다. 이 때 아자따삿뚜왕의 보시 공양으로 장로 수행승들은 탁발을 나가지 않고 결집에만 집중할 수 있었다.).

제1차 결집회의 이후 승가는 마하깟사빠 존자를 더욱 존경했으며, 존자는 승가를 실질적으로 이끄는 지도자가 되었다. 또한 당시 승가에서 마하깟사빠가 가장 연장자였다는 사실도 지도자로 인정받는 한 계기가 되었을 것이다.[29] 마하깟사빠는 약간의 세월이 흐른 뒤, 법과 계율을 보존하는 상징으로 부처님의 발우를 아난다에게 넘겨 주었다. 승가에서 부처님을 계승한 가장 위대한 제자로 인정받았던 마하깟사빠는 아난다를 가장 뛰어난 후계자로 선택했다.

마하깟사빠가 입적한 연대와 상황에 대한 빨리어 문헌은 남아 있지 않지만, "가르침의 주인(법대사法大師)"에 관한 산스끄리뜨어(범어梵語) 기록이 남아 있다. 이 전기는 북방(티베트, 한국, 중국, 일본 등 아시아 북방) 불교에 근거한 것인데, 깟사빠 장로의 최후(열반)에 관해 흥미로운 내용을 전하고 있다. 이 기록에 따르면, 제1차 결집회의 이후 깟사빠는 자신의 사명을 완수했음을 깨닫고 구경의 열반에 들기로 결심했다. 그는 아난다에게 법을 전하고 성지(聖地, 부처님께서 열반에 드신 곳)를 향해 마지막 예경을 드리고 왕사성으로 들어갔다. 아자따삿뚜왕에게 죽음이 임박했음을 알리고 싶었지만 왕은 잠들어 있었고, 깟사빠는 왕을 깨우기를 원하지 않았다.

마하깟사빠는 그리하여 혼자 세존께서 깨달음을 이루신 곳, 보드가야 근처에 있는 계족산(鷄足山, 꾹꾸따빠다기리) 정상에 올랐다. 동굴 안에 가부좌를 틀고 앉아 미래 부처님인 미륵부처님이 오실 때까지 그의 몸을 온전하게 유지하기로 결정했다. 깟사빠가 미륵부처님께 전해 드릴 고따마 부처님 가사는, 세존께서 처음 만난 자리에서 주신 분소의였다. 그런 다음 깟사빠는 열반에 들었으며, 멸진정滅盡定을 성취했다. 땅이 진동하고 천신이 그의 몸에 꽃을 뿌렸으며 산이 그의 유해를 덮었다.

그 후 얼마 지나지 않아 아자따삿뚜왕과 아난다는 마하깟사빠를 보기 위해 계족산으로 갔다. 산이 일부 열려 깟사빠의 유해를 보여주었다. 왕은 다비를 원했지만, 아난다는 미륵부처님이 오실 때까지 그의 법구가 온전하게 있어야 한다고 알려 주었다. 그러자 산이 다시 닫히고 아자따삿뚜왕과 아난다는 자리를 떠났다. 중국 불교에서는 마하깟사빠가 열반에 든 곳이 바로 중국 남서부에 있는 계족산이라고 한다. 중국에는 계족산을 순례하던 많은 수행자들이 미륵 부처님이 오시기를 기다리며 선정에 든 자세로 앉아 있는 깟사빠의 법구를 보았다는 이야기가 전한다.

마하깟사빠의 게송

마하깟사빠 존자의 게송은 테라가타 1057번에서 1096번까지 40개이다. 이 게송들은 위대한 장로의 성품과 덕성을 그리고 있다. 고행 수행과 적은 것으로도 만족하는 성품(소욕지족少欲知足), 자신과 다른 수행승에 대한 그의 엄격함, 독립적인 영성과 자립, 홀로 수행하기를 즐기며 대중들에 애착하지 않음, 선정과 삼매에 정진한 수행 등이 고스란히 담겨 있다. 게송들은 특히 경전에 나오지 않는 내용, 자연의 아름다움을 향한 감성적인 내용들도 그려내고 있다.

여기에서는 리즈 데이비즈(1843~1922, 영국의 불교학자, 빨리성전협회 창설)와 케이 알 노먼(영국의 언어학자이자 불교학자, 빨리성전협회 회장 역임)이 번역한 게송들 가운데, 골라서 살펴보도록 하겠다. 마하깟사빠는 먼저 수행승이 갖춰야 하는 네 가지 근본[30]수행 생활에 대해 노래하고, 적은 것에도 만족할 줄 아는 삶을 살라고 권하고 있다.

산에 있는 내 처소에서 내려와
탁발을 하러 마을로 들어왔다
나병환자가 음식을 먹고 있는 것을 보고
공손하게 그의 곁에 다가가[31] 섰다(1060)

그는 문드러진 손으로
음식 한 조각을 내게 주었다

음식이 발우에 떨어질 때
그의 손가락도 함께 떨어졌다(1061)

나는 담장 아래 앉아
그가 준 음식을 먹었는데
먹을 때나 먹고 난 후에도
나에게 혐오가 일어나지 않았다[32](1062)

탁발음식 남은 것을 음식으로
썩은 오줌을 약으로 나무 아래를 처소로
분소의를 옷으로 삼아 이러한 것들을 숙달한 분
네 방향을 지닌 분이다[33](1063)

마하깟사빠는 늙어서도 왜 힘들게 바위산을 매일 오르내리느냐는 질문에 이렇게 노래하고 있다.

어떤 사람들은 바위산의 가파른 비탈을 올라가면서
지쳐가지만(목숨을 잃기도 하는데)
세존께 유산을 물려받은 상속자 깟사빠는 바르게 꿰뚫어 알고
마음챙김으로 성취한 신통력으로 바위산을 공중에 떠서 오른다
(1064)

하루하루 탁발을 마치고 돌아와

바위산에 올라
깟사빠는 두려움과 공포를 잘 버리고[34]
집착 없이 선정에 든다(1065)

하루하루 탁발을 마치고 돌아와
바위산에 올라
깟사빠는 갈애로 불타오르는 이들 가운데서 불을 끄고[35]
집착 없이 선정에 든다(1066)

하루하루 탁발을 마치고 돌아와
바위산에 올라
깟사빠는 해야 할 일을 마치고 번뇌를 여의어
집착 없이 선정에 든다(1067)

사람들은 마하깟사빠 존자에게 "왜 그 나이에도 숲과 산에서 살아가기를 바라는지" 묻는다. "왜 죽림사원이나 다른 사원에서 살기를 좋아하지 않는지" 묻는다.

사향 장미나무(까레리) 꽃이 만발한
이곳은 나에게 즐거움을 준다
코끼리 울음소리는 더 없이 사랑스럽고
바위산들은 나에게 기쁨을 준다(1068)

짙푸른 구름으로 물든 봉우리
맑고 시원하게 흐르는 시냇물
붉은 투구풍뎅이[36]로 덮여 있는
그 바위산들은 나에게 기쁨을 준다(1069)

짙푸른 구름 위로 솟아 오른 봉우리, 탑과 같고
가장 아름다운 누각 우뚝 서 있는 것 같은
코끼리 울음소리 사랑스러운 곳
그 바위산들은 나에게 기쁨을 준다(1070)

내리는 비로 젖은 아름다운 산기슭
선인들 발길이 이어지는 곳
공작새 울음소리 메아리치는 곳
그 바위산들은 나에게 기쁨을 준다(1071)

선정을 닦고 싶어 하고
평안과 마음챙김을 열망하는 나에게 알맞은 곳이다
비구로서 궁극의
깨달음과 해탈을 이루고자 수행하는 나에게 알맞은 곳이다
(1072)[37]

마음에 집중하는 비구로서
평안(안락)함을 열망하는 나에게 알맞은 곳이다

정진을 하려는 의지가 굳은 비구로서
속박으로부터 안은(安隱, 열반)함을 이루려는 나에게 알맞은 곳이
다(1073)

푸른 아마 꽃[38] 같고
구름 덮인 가을 하늘 같은 깃털 옷 입은 새들이
무리지어 날아다니는
그 바위산들은 나에게 기쁨을 준다(1074)

세상 사람들로 붐비지 않지만
사슴 떼들
새 떼들과 함께 살고 있는
그 바위산들은 나에게 기쁨을 준다(1075)

맑은 물 흐르고
원숭이와 사슴이 사는 넓은 골짜기
쎄왈라(물이끼처럼 생긴 수초) 덮여 있는
그 바위산들은 나에게 기쁨을 준다(1076)

다섯 가지 악기[39]가 잘 어우러진 음악도
나에게 큰 기쁨을 주지 못하니
마음을 통일해
법(진리)을 통찰하는 것이 나에게 알맞다(1077)

마하깟사빠는 이어지는 게송에서는 사자후를 토했다.

부처님 국토[40]가 다할 때까지
부처님을 제외하고
두타행의 덕성에서 나는 가장 빼어나니
나와 같은 이는 찾을 수 없다(1093)

스승을 섬기어
나에게서 부처님 가르침이 실현되었고
무거운 짐[41]은 내려놓았고
중생이 윤회하는 길은 제거되었다(1094)

연꽃이 물에 젖지 않듯이
옷에도 침상에도 음식에도
오염되지 않는 고따마 부처님은 헤아릴 길 없으니
버림으로써(출가함으로써) 삼계를 넘어서시었다(1095)

그 위대한 성자(현자賢者)는
마음챙김의 토대를 목으로 삼고 믿음을 팔로 삼으며
지혜를 머리로 삼아
항상 적멸에 들어 유행한다(1096)

4. 아난다(아난)

– 세존의 시자, 법의 보고 –

헬무스 헥커

아난다, 세존의 시자

부처님의 위대한 제자들 가운데 아난다 존자는 특별한 위상을 차지하고 있다. 그의 특별한 지위는 태어나기 전부터 시작되었다. 아난다는 싸끼야족(석가족釋迦族) 끄샤뜨리야(귀족, 무사계급) 출신이다. 경전은 아난다가 부처님처럼 도솔천에서 내려와 부처님과 같은 날 태어났다고 기록하고 있다. 아버지는 부처님의 아버지 숫도다나(정반왕淨飯王) 왕의 형제인 아미또다나(감로반왕甘露飯王)왕이었다. 부처님과 아난다는 사촌형제로 싸끼야국 수도인 까삘라왓투(가비라성迦毘羅城)에서 함께 자랐다. 아난다의 아버지 아미따도나왕은 또 다른 위대한 제자 아나율(阿那律, 아누룻다)의 아버지이기도 했다. 아난다와 아누룻다는 어머니가 달랐을 것으로 판단된다.

아난다는 37살 때 아누룻다와 데바닷따 등 여러 싸끼야족 왕자들과 함께 출가했다. 벨랏타씨싸 존자[1]가 스승이 되어 비구계를 가르쳤다. 아난다는 열성적이고 성실한 제자였다. 첫 번째 우기 안거 기간에 예류과에 들었다. 아난다는 후에 도반들에게 "법을 설하는 제자들 가운데 으뜸"이라고 세존께서 칭찬하신 설법제일 부루나(富樓那, 뿐나 만따니뿟따) 존자[2]에게 큰 도움을 받았다고 밝혔다. 부루나 존자는 새로 출가한 수행승들에게 불법佛法을 가르치고 '오온'과 '나(我)'의 관계에 대해 깊이 있는 가르침을 주었다. 아난다는 뿐나 만따니뿟따 존자의 설법을 듣고 무상無常과 괴로움(고苦), 무아에 대해 깊은 지혜를 이룰 수 있었고 예류과를 성취했다.[3]

아난다는 언제나 수행자로서의 삶에 만족했다. 해탈의 길로 들어섰고 수행자가 되는 축복을 받았으며, 같은 생각을 하는 도반들과 함께 수행하는 기쁨을 알고 있었다. 출가 첫해 아난다는 완벽하게 마음을 청정하게 하는 데 집중했다. 승가 생활에 쉽게 녹아들었고, 서서히 굳건하게 선정 수행을 할 수 있는 능력과 지혜를 개발해 나갔다.

부처님과 아난다가 모두 55살이 되었을 때, 부처님은 비구들을 모아 놓고, 이렇게 말씀하셨다. "나는 20년 동안 승가를 이끌면서 많은 수행자들을 만났지만 시자로서 누구도 완벽한 이는 보지 못했다. 그동안 시자들은 제멋대로 행동하는 일이 많았다. 이제 쉰다섯 살이 되었으니 진실하고 믿을 수 있는 시자가 필요하다." 즉시 장로들이 차례로 시자가 되겠다고 자청했으나, 부처님께서는 받아들이지 않으셨다. 그러자 장로들은 공손하게 한편에 물러서 있던 아난다에게 시자를 맡아달라고 권했다.

아난다는 수행승으로서 흠잡을 데 없는 생활을 해 왔기 때문에 부처님 시자를 맡는 것은 당연했다. 모두들 그에게 '왜 부처님께 시자를 맡겠다고 예를 표하지 않았느냐?'고 물었다. 아난다는 '부처님께서는 누가 가장 그 자리에 적합한지 정확하게 알고 계셨다.'고 답했다. 세존을 너무도 믿고 있었기 때문에 부처님 시자가 되고 싶었어도 소원을 말씀드릴 생각조차 하지 않았다. 부처님께서는 아난다가 자신을 기쁘게 할 것이며, 시자로 아난다를 선택한 것은 최상의 길이었다고 선언하셨다. 아난다는 스승께서 자신을 선택한 사실에 대해 자랑스러워하는 대신 여덟 가지 요청을 드렸다.

처음 네 가지 요청은 다음과 같다.

1) 부처님께 가사袈裟를 받지 않겠다(부처님 후계자가 되지 않겠다. 부처님 권위에 기대어 호가호위하지 않겠다).

2) 부처님께서 받으신 공양을 나누어주시거나 넘겨주시지 말 것(재물을 탐하지 않겠다).

3) 부처님 처소에 같이 살지 않겠다(문고리 권력이 되는 것을 경계하겠다. 사적으로 뵙지 않겠다).

4) 부처님께서 초대받은 재가신도 집에 함께 가지 않겠다(법을 설하러 가시거나 공양을 받으러 가시거나 동행하지 않겠다).

다음 네 가지는 다음과 같다.

1) 아난다를 초대한 재가신도의 집에는 부처님께서 꼭 함께 가주실 것(재가신도들 가운데에는 부처님께 직접 말씀을 드리지 못하고 아난다에게 대신 말하는 이들이 있다. 그러니 그런 이들을 위해 직접 만나서 이야기를 들어 주시기를 간청했다).

2) 멀리서 부처님을 친견하러 온 재가신도들을 꼭 만나주실 것(늘

부처님과 함께하는 제자들과 달리 재가신도들은 쉽게 만나기 어렵다. 그럼에도 불구하고 왔다는 것은 그만큼 간절함이 크다는 것이니 그 간절함을 높이 사서 그들의 이야기를 들어 주시기를 간청했다).

3) 언제라도 이해하기 어려운 부분이 있어 질문을 드리면 답변해 주실 것.

4) 자신이 없을 때 부처님께서 설하신 법은 개인적으로 요청드려도 다시 설해 주실 것.

아난다는 앞의 네 가지 청이 이뤄지지 않는다면 '사람들은 아난다가 스승과 가까이 생활함으로써 누릴 물질적 이득만을 보고 시자가 되었다.'고 수군거릴 것이라고 말씀드렸다. 뒤의 네 가지 요청을 말씀드리지 않는다면, 사람들이 '아난다가 시자 소임을 맡아 하면서 스스로의 수행에는 소홀했다.'고 수군거릴 것이라고 말씀드렸다.

부처님께서는 아난다의 요청을 들어주셨는데, 법에 어긋나지 않았기 때문이었다. 그때부터 아난다는 25년 동안 세존의 변함없는 동반자, 수행자, 조력자였다. 25년을 시자로 지내면서 그는 스스로의 수행을 위한 정진을 멈추지 않았다. 출가하고 18년 동안 시자가 되기 전까지 번뇌를 끊고 해탈을 이루기 위해 수행한 것과 다르지 않았다.

나는 스물다섯 해 동안이나
(예류과를 성취한) 학인學人으로서 새김[4]을 확립했고
감각적 쾌락의 욕망에 대한 지각이 일어나지 않았다
여법如法하고 훌륭한 가르침을 보라(테라가타 1045)

나는 스물다섯 해 동안이나
학인學人으로서 새김을 확립했고
분노에 대한 지각이 일어나지 않았다
여법如法하고 훌륭한 가르침을 보라(테라가타 1046)

이 게송에서 말하고 있는 25년은 부처님의 시자였던 기간이지 수행자로서 정진했던 삶 전체가 아니다. 이 기간 동안 그는 여전히 계속 성장해야 했고 "배울 것이 있는 수행자(유학有學)"[5]로서 스스로 성장해야 했다. 그러나 그는 이미 예류과를 성취한 수행자로서 감각적 쾌락에 대한 탐욕이나 분노를 일으키는 마음이 없었다. 무엇보다 부처님 곁에서 늘 헌신적으로 모시기 위해서는 자신의 해탈을 이루기 위한 수행에만 전념할 수 없었다. 그런 사람만이 깨달으신 분의 변함없는 동반자이자 시자 자리를 맡을 수 있었다.

아난다, 그 위대한 성품

아난다를 칭송하는 기록은 많은 빨리 경전에서 찾아볼 수 있다. 예를 들어, 한번은 꼬살라국 바사익(波斯匿, 빠세나디)왕이 아난다 존자를 만나 몸과 말과 마음의 올바른 행실 기준에 대해 질문을 했다. 아난다는 일관된 지혜로 질문에 답했고, 왕은 크게 기뻐하며 값비싼 옷을 보시했다. 후에 아난다는 세존을 뵙고 이 일을 보고 드렸고, 세존께서는 전체 비구들에게 이렇게 설하셨다. "비구들이여, 꼬살라국 빠세나디 왕은 큰 복을 받았다. 아난다를 만날 기회를 얻었고, 아난다에게 보시할 기회를 가진 것은 꼬살라국 빠세나디왕의 행운이었다(외투에 대한 경, 맛지마니까야 88)!"

아난다는 법을 가르치는 스승으로서도 매우 뛰어났다. 부처님께서는 스스로 몸이 좋지 않으실 때 주저 없이 아난다에게 법을 대신 설하도록 하셨다. 까삘라왓투에서 부처님 친족이던 싸끼야 사람들과 있었던 일이다. 싸끼야 사람들이 새로운 별장을 짓고 부처님과 수행승들께 그곳에서 첫날밤을 지내며 축복해 달라고 초대했다. 부처님께서는 여러 날 밤 많은 법문을 하신 후 아난다 존자에게 이렇게 말씀하셨다. "아난다여, 싸끼야족들에게 보다 높은 수행법에 대해 설해 주거라. 나는 허리가 좋지 않아 쉬어야겠다." 아난다는 가장 기초가 되는 계율에서부터 아라한과에 이르는 궁극적인 지혜에 이르기까지 법을 설했다. 그가 법문을 끝내자 부처님께서 일어나 말씀하셨다. "선재로다, 아난다여, 선재로다! 그대는 싸끼야 사람들에게 보다 높은 수행방편에 대해 잘 설해 주었다."

아난다가 제자들에게 법을 설할 때 부처님께서 계시지 않는 경우도 종종 있었다. 부처님께서는 법에 대해 매우 간결하게 설하시고 자리를 떠나시는 경우가 많았다. 수행승들이 가르침의 뜻을 되새기고 잘 정리해서 스스로 알아낼 수 있도록 그렇게 하셨다. 부처님께서 간단하게 설하신 법은 수행승들이 쉽게 이해하기 어려운 경우가 많았다. 그럴 때 수행승들은 배움이 뛰어난 장로들에게 자세히 설명해 달라고 청하고는 했다. 대개는 수행승들은 논의제일論議第一 대가전연大迦旃延 존자에게 물었다. 존자가 없을 때에는 아난다 존자에게 부탁했다. "스승과 지혜가 뛰어난 도반들은 아난다를 높이 평가하고 찬탄했기 때문이었다." 그러면 아난다는 부처님께서 간결하게 설하신 가르침을 충분히 풀어서 잘 설명했다. 다시 수행승들은 부처님을 찾아뵙고 아난다가 설명해 준 내용을 다시 아뢰었다. 부처님께서는 항상 이렇게 답하셨다. "수행승들이여, 아난다는 현명하고 큰 지혜를 가졌다. 그대들이 나에게 와서 그 뜻을 물었다면, 나는 아난다가 답했던 것과 똑같이 답했을 것이다. 그러므로 수행승들이여, 아난다가 설명한 그 내용을 마음에 잘 새겨야 한다(세상의 끝에 도달함 경, 상윳따니까야 35:116 / 비법경非法經, 앙굿따라니까야 10:115)."

아난다는 부처님께서 '살아 있는 법의 화신'이라고 칭찬할 만큼 법에 대해 정통했다. 한 번은 어떤 재가신도가 부처님께 스승과 승가에 예경을 드린 후, 법을 향해서는 어떻게 예경을 드려야 하는지 여쭈었다. 물론 이때는 법이 책(경전)으로 모아지기 전이었다. 부처님께서는 이렇게 답하셨다. "선남자여, 법을 공경하려면 법의 보고寶庫인 아난다를 공경하라." 또 한 번은 어떤 재가신도가 아난다를 공양에 초대하고, 값진 천을 선물로 보시했다. 아난다는 이것을 사리뿟따에게 전해 드렸고, 사리뿟따는 그것을 부처님께 올렸다. 부처님만이 모든 복의 근원이었기 때문이다. 또 한 번, 아난다가 부처님의 질문에 답하고 떠난 후, 부처님께서는 다른 비구들에게 이렇게 말씀하셨다. "아난다는 여전히 법을 배우는 수행자(유학有學)이지만 아난다만큼 지혜로운 이는 찾기 쉽지 않다(시중듦 경, 앙굿따라니까야 3:78)."

세존께서는 완전한 열반에 드시기 전에 이렇게 말씀하셨다. "끄샤뜨리야, 바라문, 장자, 비구, 비구니, 재가신도들이 전륜성왕을 만나 기뻐하는 것처럼, 비구, 비구니, 우바새, 우바이도 아난다를 만나

기뻐한다. 이들이 아난다를 보러 간다면 그를 보는 것만으로도 그들은 흡족해 한다. 만일 아난다가 법을 설하면 법을 설하는 것만으로도 그들은 기뻐한다. 만일 아난다가 침묵하고 있으면 그들은 흡족해 하지 않는다(대반열반경大般涅槃經, 디가니까야 16)."

아난다는 많은 칭찬을 들었고 명성이 높았으며 부처님께 인정을 받았다. 그 때문에 질투와 시기를 받았을 것이라고 생각하기 쉽다. 하지만 전혀 그렇지 않았다. 아난다는 적이 없는 사람이었기 때문이다. 이처럼 아난다가 누린 큰 행운은 우연히 찾아온 것이 아니었다. 수없이 많은 본생에서부터 닦아 왔고 성취한 공덕이었다. 아난다는 평생을 법에 합당하게 완벽한 삶을 살았다. 높은 명성이 그에게 해를 끼칠 수 없었다. 아난다는 모든 것이 다 부처님 가르침 덕분이라는 것을 알고 있었으며, 교만하거나 안일한 마음을 가질 수 없었다. 교만하지 않은 사람은 적이 없으며, 시기를 받지도 않는다. 아난다의 이복동생인 아누룻다(아나율 존자)처럼 완전히 자기 내면에 몰두해 대중들과 가까이 하지 않는 사람은 적이 생길 틈이 거의 없다. 그러나 아난다는 부처님과 많은 제자들, 신도들 사이에 있었다. 마음이 좁은 사람들의 적개심과 분노에 끊임없이 노출되어 있었다. 그러면서도 적이 없었고, 그와 다투려고 했던 사람도 없었다. 그들과 갈등과 긴장도 없이 살았다. 기적에 가까운 일이었다. 아난다만이 지닌 특별한 품격과 품성 덕분이었다.

아난다도 선의로 비판을 받거나 때때로 훈계를 받기도 했지만 전혀 다른 문제였다. 개인의 행동을 고쳐주기 위해 친근하게 지적하거나 경고하거나 실질적인 견책은 더 높은 수준의 깨달음을 향해 가는

데 도움이 될 수 있다. 그러한 비판을 받아들인다면 내면으로도 더욱 명료하게 성장하고, 사람들로부터 더 큰 존경을 받을 수도 있다. 그러나 아난다가 지적을 받은 경우는 사회적 행동이나 사소한 계율에 관련된 사항이었다. 아난다의 수행이나 법에 대한 이해와 관련한 비판이나 훈계는 없었다. 다음과 같은 경우가 그러했다.

한번은 부처님께서 복통을 앓으셨을 때 아난다가 죽을 끓여 올렸다. 전에도 죽을 드시고 나은 경우가 있었다(아난다는 깨와 쌀, 콩을 준비해 집안에 보관해서 집안에서 요리해 세존께 올렸다). 부처님께서는 그러나 "수행승들이 집에서 식사 준비를 하는 것은 옳지 않다."고 훈계하셨다. 이 일이 있은 후 '수행승들이 스스로 요리하는 것은 계율에 어긋나는 것'이 되었다(비나야삐따까 마하박가 제6장, 약의 다발).[6] 아난다는 그 이후로 계율을 철저히 지켰는데, 지켜야 할 필요성을 충분히 이해했기 때문이었다.

한번은 아난다가 탁발을 하러 가면서 대가사(大袈裟, 상가띠, 대의大衣, 승가리僧伽梨, 두 겹으로 된 가사)를 제대로 갖춰 입지 않았다. 도반들은 부처님께서 '수행승이 마을에 갈 때는 항상 세 가지 옷[7]을 제대로 갖춰 입어야 한다.'고 설하신 계율을 아난다에게 일러 주었다. 아난다는 이 지적을 진심으로 받아들였고, 단순한 실수였다고 설명했다. 두 가지 일은 간단한 계율과 관련된 것이었기 때문에 쉽게 해결되었다. 아난다처럼 기억력이 가장 뛰어난 사람이 이런 일들을 쉽게 잊어버렸던 것은 완벽하게 예류과에 이르지 못했기 때문이었다. 부처님께서는 비구들에게 일상생활의 작은 일에도 항상 주의를 기울이라고 권유하셨다. 계율은 깨달음을 이루기 위한 근본이기 때문이었다.

마하깟사빠 존자가 아난다 존자를 훈계한 일이 두 번 있었다. 어느 때 아난다가 비구니들에게 법을 설하기 위해 함께 가 달라고 깟사빠에게 요청했다. 깟사빠는 망설였지만 결국 함께 갔다. 설법이 끝나고 나자 고집 센 비구니 툴라띳사가 '현명한 성자인 아난다 존자는 한마디도 하지 않고, 처음부터 끝까지 깟사빠가 법을 설했다.'고 비난했다. 비구니는 아난다 앞에서 "깟사빠가 법을 설한 것은 마치 바늘 장사꾼이 바늘을 만드는 사람에게 바늘을 파는 것과 같다."고 조롱했다. 아난다는 깟사빠에게 그녀를 용서해 달라고 청했다. 그러나 깟사빠는 아난다에게 승가가 나서서 계율 위반을 조사하지 않도록 행실을 조심하라고 훈계했다(처소경處所經, 상윳따니까야 16:10). 비구니들에게 법을 가르치다가 잘못하면 개인적인 애착이 생길 수 있는 위험을 상기시킨 훈계였다. 또 '아난다가 그러한 위험성을 잊고 있다'는 사실을 일깨워 주었다. 이러한 지적은 아난다에게 크게 도움이 될 것이었다.

두 번째 사건은 부처님께서 열반에 드신 후의 일이었다. 아난다는 제자 30명과 함께 승단을 나서 유행을 떠났다. 깟사빠는 젊은 비구들을 바르게 돌보지 않았다고 아난다를 꾸짖었다. 아난다의 제자 비구들은 스스로의 감각을 제대로 통제하지 못했으며, 너무 많이 먹었고 마음챙김과 이해력에 대한 깨달음이 부족했다. 그러므로 깟사빠는 아난다에게 "들판의 곡식을 함부로 짓밟았으며, 재가신도들에게 피해를 주었고, 상좌들도 떠나가는 사람"이라고 훈계했다. 깟사빠는 특히 아난다에게 "이 어린아이는 그런 것도 모른다."고 지적했다.[8]

아난다는 "어린아이"라는 다소 강한 질책에 '백발이 되었는데도 깟사빠가 여전히 아이 취급을 한다.'고 반발했다. 아난다는 스스로의 능력을 과대평가했을 것이다. 또 제자들이 아직 세속의 때를 다 벗지 못한 상태였다는 사실을 놓쳤을 수도 있다. 아난다는 깟사빠의 질책이 객관적으로 정당한지 부당한지 논쟁하지 못했다. 결과적으로 그는 아직 아라한과를 성취하지 못했고, 번뇌를 완전히 끊어내지 못했다. '어린아이'라는 표현에만 불만을 가졌다. 그러나 어떤 사람은 '깟사빠와 같은 아라한은 아난다에게 어떻게 하면 가장 도움이 될지 알고 있었을 것'이라고 해석하고 있다. 어쨌든 깟사빠는 두 경우 모두 진심어린 애정을 담아 아난다를 훈계했다. 이 두 수행자는 항상 좋은 관계를 유지하고 있었다.

또 다른 수행승 우다이가 아난다를 비판한 일이 있었다. 아난다는 어느 때 '세존께서는 아라한이고 정등각이신데, 얼마나 많은 세계에 세존의 목소리를 듣게 하실 수 있습니까?'라고 여쭌 일이 있었다. 세존께서는 '삼천대천세계[9]에까지 그리고 삼천대천세계 너머에까지 세존의 목소리를 듣게 할 수 있다.'고 답하셨다. 또 '여래는 삼천대천세계를 빛으로 덮을 수 있으며, 삼천대천세계에 살고 있는 중생들이 그 빛을 보고 여래의 목소리를 들을 수 있다.'고 하셨다.

아난다는 이 말씀을 듣고 기뻐하며 우다이 존자에게 이렇게 말했다. "스승께서 이렇게 큰 신통력과 큰 위신력을 지니셨으니, 이것은 참으로 나에게 큰 이득입니다. 이것은 참으로 큰 이득입니다." 이 말을 들은 우다이가 비난했다. "도반 아난다여, 그대의 스승께서 이러한 큰 신통력과 큰 위신력을 가지신 것이 그대에게 무슨 소용이 있습니까?" 아난다는 항상 부처님만을 바라보고 있었고, 자신의 참된 이익, 즉 자신의 수행 성취(깨달음)에 대해서는 잊고 있었던 것이다.

그러나 부처님께서는 바로 아난다를 두둔해 주셨다. "우다이여, 그렇게 말하지 말라. 우다이여, 그렇게 말하지 말라. 아난다가 해탈을 이루지 못하고 욕망을 다 버리지 못한 채 죽음을 맞이하면 나에 대한 청정한 믿음 때문에 일곱 번 범천에 태어날 것이며, 범천의 왕이 될 것이며, 다시 일곱 번 남섬부주(南贍部洲, 잠부디빠, 여기서는 인도를 가리킴)를 다스리는 왕이 될 것이다. 그러나 우다이여, 비록 아난다가 지금까지 아라한을 성취하지 못했지만 이번 생에서 완전한 해탈을 성취하게 될 것이다(정복경征服經, 앙굿따라니까야 3:80)."

부처님께서는 아난다를 앞에 두고 '지금 생에서 깨달을 수 있다.'고 선언하셨다. 아난다에 대한 무한한 신뢰의 표현이다. 부처님께서는 아난다가 가르침을 많이 듣고 알고 있다고 해서 수행을 게을리 하지 않았다는 사실을 알고 계셨다. 부처님의 선언은 아난다가 얼마나 성실하게 수행에 정진하고 있는지 확인해 주신 것이다. 아난다가 자신을 향해 게으르다고 자책하거나, 다른 사람으로부터 비판을 받아도 아난다를 옹호하는 것이 올바르다는 사실을 보여주셨다. 아난다가 결국 현재 생에서 궁극적인 해탈에 이르게 될 것을 확인해 주셨다. 여래께서는 제자들이 게으르지 않고 성실하게 정진할 때만 그러한 선언을 하셨다.

부처님께서 먼저 나서시며 아난다에게 훈계하신 경우가 한 번 있었는데, 그때가 아난다에게는 가장 소중한 시간이었다.[10] 어느 때 부처님께서는 아난다로 하여금 비구들에게 가사를 지을 때 사용하는 천을 나누어주는 일을 감독하라고 지시하셨고, 아난다는 원만하게 잘 처리했다. 부처님께서는 아난다가 신중하다고 칭찬하시며, 다른 비구들에게 아난다가 바느질을 아주 잘한다고 말씀하셨다. 아난다는 이음매를 여러 가지로 잘 만들 수 있었다.[11] 훌륭한 수행승은 옷 가장자리를 지혜롭게 재단해서 옷감을 적절하게 사용했다. 재가신도가 공양한 물건을 소홀하게 다루었거나 낭비했다는 비난을 받지 않았다.

후에 부처님께서 고향 근처에 머무실 때 한 사원에 수행승들이 머무는 처소가 많은 것을 보시고, 아난다에게 이 사원에 비구들이 많이 살고 있는지 물으셨다. 아난다는 그렇다고 여쭙고 "세존이시여, 이제 가사를 준비해야 할 때입니다."라고 말씀드렸다. 여기에서 아난다는 '수행승들은 가사를 잘 관리해야 한다.'는 부처님 가르침을 언급했다. 아난다는 승가에 널리 알려진 그의 재봉 기술을 가르치기 위해 일종의 재봉 수업을 마련한 것으로 보인다. 이 때문에 아마도 수행승들이 저녁 시간에 함께 모여 옷을 짓게 되었을 것이다. 아난다는 그러나 이 수업으로 수행승들이 '마치 가족들처럼 모여 잡담을 할 수 있게 된다.'는 생각을 미처 하지 못했다. 부처님께서는 수행승들이 함께 모여 세속적인 친교에 빠져 즐기는 위험성에 대해 매우 단호한 어조로 훈계하셨다. "교제를 즐기고 교제에서 만족을 찾고 교제의 즐거움에 탐닉하는 수행자는 칭찬을 받을 자격이 없다. 그런 비구는 출가(출리出離)의 희열, 홀로 머물며 수행하는(독거獨居) 희열, 고요함(평정平靜)의 희열, 깨어남(각성覺醒)의 희열을 얻을 수 없다(공에 대한 큰 경, 맛지마니까야 122)."

다른 이들과 어울리면서 즐거움을 찾는 사람은 혼자 머물며 수행에 몰두해 성취할 수 있는 진정한 행복에 다가갈 수 없다. 선정에 든다해도 그 성취는 깨지기 쉬우며, 쉽게 흔들리고 잃어버리게 된다.

다른 이와 사귀기를 좋아하는 사람은 궁극적인 해탈에 이르기가 훨씬 더 어렵다. 부처님께서는 "집착하는 것은 본래 무상하기 때문에 괴로움이 생긴다."는 가르침으로 훈계를 마치셨다.[12] 연기에 의해 생겨난 모든 것은 영원히 변하지 않는 실체로 존재할 수 없다는 가르침(법)은 언제나 어디에서나 모든 사람에게 진리이다(존재의 무상함은 보편적 진리이다).

부처님께서는 이어서 아난다에게 깨달음과 열반으로 이끄는 수행의 올바른 여덟 가지 길에 대해 자세히 설명하셨다. 아난다는 선정삼매의 근기가 뛰어났다. 때문에 세존께서는 팔정도 가운데 정견正見·정사유正思惟·정어正語·정업正業·정명正命·정념正念·정정진正精進 일곱 가지는 건너뛰고, 마지막 항목인 정정正定, 올바른 선정에 대해서만 설하셨다. 가장 높은 목표인 감정의 소멸(멸수상정滅受想定, 완벽하게 청정하고 고요한 선정 삼매)에 대해 상세하게 설명하셨다. '홀로 머물며 마음을 잘 다스리기 위해 정진하는 사람만이 이 목표를 이룰 수 있다.'고 강조하셨다.

나아가 부처님께서는 '아난다에게 지극한 마음으로 스승을 공경해야 한다. 지극한 마음으로 스승을 공경하는 제자들을 오랜 세월 이익과 행복으로 이끌기 위해서이다.'라고 하셨다. 또한 '제자들이 잘 듣고, 귀를 잘 기울이고, 지혜로운 마음을 일으키고, 빗나가지 않아야 한다.'고 강조하셨다. 스승을 대하는 지극한 마음은 '스승의 가르침을 따라 최상의 성취를 해야만 증명할 수 있다.'고 하셨다. 부처님께서는 아난다가 아직도 다 끊어내지 못한 세속적인 마음(오욕락五欲樂)[13]을 단번에 끊어낼 수 있도록 설하셨다. 부처님께서는 다음과 같은 비유로 가르침을 마무리하셨다. "그러므로 아난다여! 그대가 오래도록 복되고 행복할 수 있도록 나를 거스르지 말고 온순한 마음으로 나를 대하라. 나는 옹기장이가 생 진흙을 다루는 방식으로 그대들을 다루지 않을 것이다. 아난다여, 나는 그대들에게 훈계하고 계속해서 훈계하며 가르침을 줄 것이다. 그대들 가운데 견실堅實한 자는 그것을 견뎌낼 것이다."[14]

옹기장이 비유는 아난다의 본생 가운데 간다라 자타카(간다라왕의 본생 이야기 406)에 잘 설해져 있다. 거기서 아난다는 위데하(고대 인도 중부 16개 나라 가운데 하나)국 왕이었다. 그는 고행자가 되기 위해 왕위를 포기했다. 보살(고따마 부처님 본생)도 간다라국 왕이었으며 왕위를 포기했다. 어느 날 위데하의 고행자(아난다)가 음식 맛을 내기 위해 소금을 지니고 있었다는 사실이 드러났다. 간다라의 고행자(보살, 부처님)가 꾸짖었다. "그대는 위데하 왕국의 광활한 국토도 포기하고 고행을 하며 집착으로부터 자유를 얻었다. 그런데 소금 한 알에 집착하는 갈애가 생겼다. 왕국의 모든 재물까지도 버렸지만 지금은 겨우 양식에 집착해 다시 모으기 시작했다." 강한 질책을 받은 위데하의 고행자(아난다)는 간다라 고행자(보살)에게 '훈계를 하면서 사람을 다치게 해서는 안 된다.'고 답했다. '훈계를 할 때는 무딘 칼로 베는 것과 같이 질책하되 거친 말로 해서는 안 된다.'는 것이었다. 보살은 이렇게 대답했다. "진정한 친구라면 생 진흙으로 만들고 아직 굽지 않아 아주 약한 옹기를 다루는 옹기장이처럼 말할 이유가 없다. 진정한 친구라면 강하게 질책해 일깨워 주어야 한다. 끊임없이 훈계하고 건전하게 비판해야 불에 구운 옹기처럼 강하게 만들 수 있기 때문이다." 위데하의 고행자 아난다는 간다라의 고행자 보살에게 용서를 구하며, "스승께서는 자비심으로 항상 저를 더 멀리 나아갈 수 있도록 인도해 주십시오."라고 청했다.

그 당시는 옹기가 대중적으로 널리 사용되던 그릇이었다. 누구나 옹기장이와 옹기의 비유를 쉽게 이해할 수 있었다. 불에 굽지 않은 옹기를 예로 든 것은 제자들을 섬세하고 아주 조심해서 다루어야 하기 때문이었다. 옹기장이는 아직 완전히 마르지 않은 진흙 옹기를 매우 부드럽게 다루어야 했다. 불에 구워낸 다음에는 금이 갔거나 갈라졌는지 여러 차례 시험하고, 완벽하게 잘 구워졌을 때만 내놓는다. 부처님께서는 그렇게 몇 번이고 반복해서 제자들을 가르치고 이끄셨다. 참되고 뛰어난 근기를 지닌 제자들만이 아라한도와 아라한과에 이를 수 있었다.

위데하의 고행자 아난다는 본생에서 보살의 훈계가 큰 힘이 되어 범천계로 환생했다. 지금 생에서도 아난다는 부처님의 훈계를 행복한 마음으로 받아들였다. 가르침에 만족하고 마음에 새겼으며, 모든 고통을 완전히 끊어낼 때까지 잘 따랐다.

세존과 함께한 성스러운 여정

명성이 드높았던 아난다가 지닌 큰 공덕 가운데 하나는 부처님을 시봉하는 시자(侍子, 우빳타까, 단월檀越), 즉 개인적인 수행원이었다는 사실이다. 부처님께서는 아난다에 대해 모든 시자들 가운데 가장 뛰어났으며, 아난다를 시자로 뽑은 일은 최상의 선택이었다고 말씀하셨다.[15] 그러나 '시봉(시중드는 사람)'이라는 한 단어만으로는 아난다 존자가 했던 역할을 충분하게 설명하지 못한다. '비서' 또는 '보조, 도우미'와 같은 호칭은 세부적인 일들에서 세존을 가장 친밀하게 보좌했던 사실을 제대로 표현하지 못한다. 반면에 '아래서 모시는 사람(종복)'이라는 용어도 아난다가 해낸 역할을 충분하게 설명하지 못한다. 아난다는 세존께서 체계적으로 지시하신 사항들을 승가를 위해 원만하게 처리했다. 종복 역할만 해서는 할 수 있는 일이 아니었다. 또 아랫사람이라는 측면을 너무 강조해서는 세존과 아난다의 친밀했던 관계를 설명하지 못한다.

아난다는 장로게경(테라가타)에 남긴 게송(1047~1049)에서 부처님을 섬겼던 방식을 이렇게 노래하고 있다.

나는 스물다섯 해 동안이나
자애로운 몸의 행위[16]로 모시며
세존을 모셨다
떠나지 않는 그림자처럼

나는 스물다섯 해 동안이나
자애로운 말의 행위[17]로 모시며
세존을 모셨다
떠나지 않는 그림자처럼

나는 스물다섯 해 동안이나

자애로운 정신적 행위[18]로 모시며
세존을 모셨다
떠나지 않는 그림자처럼

우리는 세상의 어떤 기록이나 문헌에서도 아난다가 했던 것처럼, 위대한 분의 가장 가까이에서 항상 함께하며 지극하게 모신 사람은 찾아볼 수 없을 것이다. 아난다는 오랜 세월 그가 할 수 있는 최선을 다해 세존을 지극하게 모셨다. 세수를 하기 위한 물과 이빨을 닦기 위한 나무 칫솔을 준비해 드렸다. 세존께서 앉으실 자리를 정돈했고, 발을 씻겨 드렸으며, 등을 주물러 드렸다. 세존께서 더우실까 부채를 부쳐드렸고, 처소를 청소했으며, 세존의 가사를 수선해 드렸다. 항상 곁에서 모시기 위해 세존의 처소 가까이에서 잠을 잤다. 세존께서 사원을 순례하실 때면 항상 모시고 함께 다녔다. 법회 후에는 수행생활을 위해 항상 지녀야 하는 물품을 흘리고 간 비구가 있는지 확인했다. 부처님 지시 사항을 전달했으며, 때로는 한밤중에도 필요한 일이 있으면 수행승들을 모이게 했다. 부처님께서 병이 들면 약을 구해 드렸다. 한 번은 중병에 걸린 수행승을 도반들이 외면하자 부처님과 함께 깨끗하게 씻겨 주고 요양할 수 있는 곳으로 데려간 일도 있었다. 이렇게 아난다는 일상에서도 수없이 많은 일들을 해냈다. 인자한 어머니나 현명한 부인처럼 깨달음을 이루신 사촌 형제, 세존의 몸을 보살펴 드렸다.

아난다는 부처님과 수천 명의 수행승들 사이에서 원활한 의사소통을 할 수 있도록 역할을 다했다. 아난다는 사리뿟따, 목갈라나와 함께 수행공동체에서 수행승들 사이에 일어나는 인간관계나 문제들을 해결하기 위해 노력했다. 꼬삼비에 있는 미음정사(美音精舍, 고시따라마)에서 생겼던 수행승들 사이의 분쟁이나 데바닷따가 일으킨 승가의 분열 등 여러 사건이 생겼을 때도 중요한 역할을 했다. 아난다는 승가와 수행승들 사이에 생긴 의심을 해소하고 질서를 유지하는 역할을 했다. 수행승들이 부처님을 뵐 수 있게 해 주었다. 다른 종파의 수행자들에게는 부처님 가르침을 전했다. 아난다는 누구도 거부하지 않았으며, 스스로를 장벽이 아니라 세존과 수행승, 신도들을 이어주는 다리라고 여겼다. 세존께서 싸끼야족이 사는 짜뚜마 마을에 계실 때의 일이다. 수행승들이 매우 시끄럽고 큰 소리로 떠들자, 세존께서는 아난다에게 그 까닭을 물으셨다. 아난다는 그 이유를 상세하게 보고드렸고, 세존께서는 적절한 조치를 취하셨다. 아난다는 부처님을 대신해 시끄러운 비구들을 불러 모아 그들의 행동을 책망하고 내보냈다.

뒤에 그 비구들은 홀로 머물며 마음을 청정하게 유지하기 위해 열심히 수행정진을 이어갔다. 우기 안거가 끝났을 무렵 그들은 세 가지 밝은 지혜(삼명지三明智)를 성취했다.[19] 세존께서는 아난다를 시켜 그 비구들을 다시 한 번 불러 모으셨다. 그들이 왔을 때 세존께서는 흔들림 없는 삼매에 들어계셨다.[20] 비구들은 세존께서 드신 삼매의 깊이를 깨닫고 자리를 잡고 앉아, 그들도 흔들림 없는 삼매에 들었다. 네 시간이 지난 초저녁에 아난다는 한쪽 어깨가 드러나게 윗옷을 입고 세존을 향해 합장하고, 그 비구들과 담소를 나누시도록 요청드렸다. 세존과 그 비구들 모두 흔들림 없는 삼매에 들어 있었기 때문에 아난다의 청을 들을 수 없었다. 네 시간이 더 지나 한밤중이 되어 다시 요청드렸다. 세존께서는 역시 침묵하셨다. 세 번째로 새벽에 아난다가 다시 요청 드렸을 때 세존께서는 삼매에서 나와 아난다에게 답하셨다. "아난다여, 그대가 알았더라면 그렇게 말하지 않았을 것이다. 나와 이 500명의 비구들은 모두 흔들림 없는 삼매에 들어 좌정하고 있었느니라(자설경自說經, 우다나, 우러나온 말씀 3:3)." 이 일로 우리는 아난다에게는 끈기와 인내가 있지만 한계도 있음을 알 수 있다. 그 일을 계기로 아난다는 아무리 일을 많이 해도 계속 정진해야겠다고 결심했다. 아난다가 홀로 수행하기 적합한 명상 주제에 대해 세존께 여쭙는 장면이 니까야에는 두 번 나온다. 어느 때 세존께서는 아난다에게 오온에 대해 수행하라고 하셨고, 또 다른 때에는 여섯 감각 기관(육근六根, 안이비설신의眼耳鼻舌身意)을 잘 관찰하라고 하셨다.[21]

아난다가 다른 이들을 위해 부처님께 요청드린 일도 있었다. 기리마난다 비구와 팍구나 비구가 병들었을 때는 세존께 그들을 위한 설법을 요청드렸다. 급고독 장자(아나타삔디까)가 제따와나(기원정사) 사원에 큰 보리수를 둘러 싼 건물을 짓도록 허락해 주실 것을 청한 사람도 아난다였다.

이렇게 아난다는 부성애와 모성애를 다 갖춘 사려 깊은 수행승이었다. 그가 지닌 조직 능력, 중재 능력, 정리 능력은 본생에서 삭까(제석천왕)를 보좌할 때부터 발휘되었다. 아난다는 본생에 천신과 브라만계에서 몇 번 살았는데, 항상 삭까 천왕의 중요한 조력자이자 보좌관이었다. 특히 하늘의 수레를 모는 마부 마딸리(31, 469, 535, 541)이기도 했고, 공예의 천신 윗사깜마(489)였으며, 비의 신 빳준나(75)이기도 했고, 음악의 천신 빤짜시카(450)로 살기도 했다.

아난다와 관련해서 특히 중요하게 보아야 하는 것은 스스로를 희생해서 부처님을 지키려 했던 강력한 의지를 지니고 있었다는 사실이다. 데바닷따가 부처님을 해치기 위해 야생 코끼리를 풀어놓았을 때, 세존이 죽거나 다치게 하지 않으려고 스스로 죽을 각오로 몸을 던졌다. 부처님께서 세 번이나 물러나라고 하셨지만 자리를 지켰다. 그의 의지는 스승께서 신통력으로 그 자리에서 물러나게 하셨을 때에야 꺾였다(자타카 533). 이 일로 아난다의 명성은 더욱 높아졌다. 부처님께서는 제자들에게 아난다가 이미 네 차례나 본생에서 똑같이 자신을 희생하려 했었다고 설하셨다. 먼 옛날에 백조(502, 533, 534)나 노루(501)와 같은 짐승으로 살았던 본생에서도 덫에 걸렸을 때 보살과 함께 있었다. 또 보살이 먼저 어머니 원숭이를 위해 스스로를 희생한 다음 아난다(222)가 희생하기도 했다.[22] 아난다는 본생에서 부처님을 지극하게 모시며 미래의 부처님이신 보살의 생명을 세 차례나 구하기도 했다. 본생 이야기를 통해 우리는 아난다가 얼마나 위대한 덕을 갖추었으며 아름다운 성품을 지녔는지 잘 살펴볼 수 있다. 또 아난다가 부처님과 얼마나 오랜 세월 친밀한 관계를 유지해 왔는지도 잘 알 수 있다.

법을 가장 많이 듣고 완전하게 지닌 제자

부처님께서 각각 으뜸으로 꼽은 제자들 가운데 아난다 존자만이 다섯 가지 면에서 으뜸이라고 하셨다. 다른 제자들은 한 가지나 두 가지 능력에서 으뜸이라고 하셨지만, 아난다는 다섯 가지 범주에서 으뜸인 제자라고 하셨다.

1. 부처님 법을 많이 들은 제자 가운데 으뜸(다문제일多聞第一)
2. 마음챙김(새김) 있는 제자들 가운데 으뜸
3. 행동거취가 가장 분명한 제자들 가운데 으뜸(총명한 제자 가운데 으뜸)
4. 의지가 확고한 제자들 가운데 으뜸(활력을 가진 제자들 가운데 으뜸)
5. 시중드는 제자들 가운데 으뜸

사실 아난다가 으뜸인 다섯 가지 특징은 모두 마음챙김(사띠, 새김, 정념正念)[23]에서 비롯된다는 것을 알 수 있다. 마음챙김은 마음의 힘과 기억의 힘, 회상과 생각을 지배하는 능력이다. 언제든지 주인이 되는 마음의 기능이다. 간단히 말해서 마음챙김은 신중함과 질서정연함, 자제력, 통제력, 자기 규율이다. 좁은 의미에서 마음챙김은 기억하는 능력이다. 아난다는 경이로울 정도의 기억 능력을 지니고 있었다. 한 번만 들어도 모든 것을 즉시 기억할 수 있었다. 부처님 설법을 한 음절도 빠뜨리지 않고 6만 단어까지 완벽하게 외울 수 있었다. 부처님께서 설하신 네 구절로 된 게송(사구게四句偈)은 1만5천 개나 암송할 수 있었다. 그처럼 위대한 일을 해 낼 수 있는 능력을 지니고 있다는 사실이 믿기지 않을 것이다. 그러나 우리 기억능력이 제한을 받는 것은 쓸데없는 것들이 마음을 채우고 있기 때문이다. 우리는 스스로 수십 만 개의 쓸모없는 것들로 마음을 괴롭히며 마음의 주인으로 살지 못하고 있다. 부처님께서는 우리가 마음의 주인이 되지 못하고 지혜를 성취하지 못하는 것은 다섯 가지 장애나 이들 가운데 한 가지 장애 때문이라고 하셨다. 이를 오개五蓋라고 한다. 다섯 가지 장애는 탐욕(감각적 욕망), 분노(악의惡意), 무기력(해태懈怠, 혼침昏沈), 들뜸과 후회(도거掉擧), 법과 정진에 대한 의심疑心이다(상가라와 경, 앙굿따라 니까야 5:193).

아난다는 "아직 수행을 더 해야 하는 단계(유학有學, 높은 계, 높은 마음, 높은 지혜를 수행함, 아라한과는 무학無學)"에 있었다. 때문에 다섯 가지 장애를 버리고 법을 듣는 데 온전하게 집중할 수 있었다. 스스로를 위해서는 어떤 것도 바라지 않았다. 주저하지 않고 부처님께서 설하시는 법을 그대로 들을 수 있었으며, 받아들일 수 있었다. 바르게 보여주고, 올바르게 구성하며, 분류하는 방법을 알았다. 다양하게 설하신 법문 가운데 공통되는 요소들을 알아냈다. 자신감 있고 숙련된 기록원처럼 기억이라는 어두운 복도에서도 자신이 가야 할 길을 찾을 수 있었다.[24]

이 모든 능력이 "많이 들었다."는 것에 포함된다. 그런 의미에서 아난다는 자신을 지우고 "진리를 담는 그릇"이 되었다. 많은 진리를 들었다. 스스로 진리에 어긋나는 것을 모두 제거했다. 그는 위대한 스승의 "입에서 태어났다." 깨달은 분의 가르침에 의해 이루어졌기 때문에 참된 수행을 할 수 있었다. 그러므로 가장 많이 들었던 제자 아난다는 가장 겸손하고 가장 진실한 진리의 수호자였다. 그가 마음에 품고 행한 선한 일들은 모두 자신의 능력 때문에 가능한 것이 아니었다.

스승에게서 들은 법法 때문이었다. 아난다는 참으로 겸손했다.

이렇게 "많이 듣고(많이 배우고) 마음을 닦는" 특별한 기질은 아난다가 지닌 위대한 다섯 가지 능력 가운데 하나였다. 경전에서는 제자들 모두 이러한 기질을 지녔다고 기록하고 있다(상윳따니까야 14:15).[25] 그러나 부처님께서는 그런 면에서 아난다와 비교할 만한 제자는 찾기 쉽지 않다고 하셨다(앙굿따라니까야 3:78).[26]

고씽가 사라나무 숲 법문의 큰 경(맛지마니까야 32)에서 사리뿟따가 아난다에게 이렇게 물었다. "세존의 시자시여, 세존과 가장 가까이 계시는 아난다께서는 어서 오십시오. … 도반이여, 아난다여, 어떤 수행승들이 이 고씽가 사라나무 숲을 밝힐 수 있습니까?"

아난다가 답했다. "도반이여, 사리뿟따여, 많이 배우고 배운 것을 기억하고 배운 것을 쌓아나가는 수행승이 있습니다. 그는 처음도 훌륭하고 중간도 훌륭하고 마지막도 훌륭한 가르침, 내용을 갖추고 형식이 완성된 가르침을 설합니다. 지극히 원만하고 오로지 청정하고 거룩한 삶을 가르치는 그러한 원리들을 많이 배우고 기억합니다. 언어로써 습득하고 정신으로 탐구하고 올바른 견해로써 꿰뚫었습니다. 그는 경향(번뇌; 탐욕, 성냄, 의혹, 자만, 존재에 대한 탐욕, 무지)을 제거하기 위하여 사부대중에게 원활하고 유창한 언어로써 가르침을 말합니다. 도반이여, 사리뿟따여, 이러한 수행승이 이 고씽가 사라나무 숲을 밝힐 수 있습니다."

아난다가 으뜸인 두 번째 능력인 마음챙김(새김, 정념正念)은 부처님께 들은 가르침을 마음에 잘 간직하고, 수행 실천하는 것을 뜻한다. 세 번째 특별한 능력인 '행동거취[27]가 가장 분명한 제자(총명한 제자)

가운데 으뜸'에 대해서는 해석의 여지가 많다. 그러나 고대 주석가들은 부처님 설법을 마음으로 잘 연결하고 일관된 흐름을 놓치지 않는 능력이라고 해석했다. 또 부처님 설법의 의미와 중요성, 담고 있는 뜻을 잘 이해했기 때문에 행동거취가 가장 분명한 제자(총명한 제자) 가운데 으뜸이라고 했다. 아난다는 질문 때문에 부처님 설법을 낭송하는 것이 중단되어도, 그 지점을 놓치지 않고 중단한 내용부터 정확하게 다시 낭송을 이어갈 수 있었다.

네 번째 확고한 의지가 으뜸이라는 것은 부처님 설법을 연구하고, 외우고, 제자들에게 다시 낭송해 주며, 스승을 모시는 일을 활기차고 지칠 줄 모르게 해낸다는 의미이다. 다섯 번째이자 마지막 능력은 부처님을 완벽하게 시봉한 시자로서의 특별한 기질이다.

다섯 가지 뛰어난 능력을 두루 갖춘 아난다는, 승가에서 특별한 위상을 지니고 있었다. 석가모니 부처님께서 가르침을 널리 펴신 시대에 아난다는 "법의 보물창고를 지키는 창고지기, 법을 보존하는 보물창고"라는 매우 특별하고 위대한 칭호를 받았다. 창고지기는 재산을 모으고 늘리고 지키며, 필요한 곳에 잘 분배하는 책임을 지는 자리이다. 그가 바르지 않고 무책임하면 정부의 수입은 줄어들어 국가가 파산한다. 슬기로우면 나라의 재물을 지혜롭게 사용할 수 있고, 국가가 번영하고 평화를 누린다.

부처님께서 가르침을 펴신 시대, 즉 부처님의 성스러운 여정에서 재산(부富)은 부처님의 가르침, 법法이다. 가르침이 널리 퍼지고, 영원하도록 보존하는 것이 법을 보존하는 보물창고, 법의 창고지기가 해야 하는 역할이다. 특히 부처님께서 완전한 열반에 드신 이후에는 가르침을 잘 보존해 후대에 충실하게 전해야 한다. '법을 보존하는 보물창고'라는 임무는 가장 중요했다. '법을 보존하는 보물창고, 법의 창고지기'라는 칭호를 받은 아난다는 부처님 가르침을 그대로 온 세상에 널리 전했다. 아난다는 그 임무를 충실하게 해냄으로써 스스로를 "세간의 눈"이라고 당당하게 선언했다.

많이 배우고 가르침을 받아 지닌(수지受持)
지혜가 있는 깨달으신 분의 제자
그러한 분을 사귀어야 하리(선지식을 섬겨야 하리)
가르침에 대해 완전하게 알고 싶다면

많이 배우고 가르침을 받아 지닌
위대한 선인의 보물로 안내하는 이
일체 세상의 눈
(범천과 인간에 대해 올바르게 꿰뚫어 알아 지혜의 눈을 갖춘 분)
그 학식이 많은 분은 존경받을 만하리라
(장로게경 1036~1037)

세존께서는 가르침을 지키고 보존하는 수호자로, 그러한 역할을 완벽하게 해 낼 수 있는 특별한 능력을 지닌 제자 아난다를 선택하셨다. 가르침에 대한 헌신 덕분에 아난다는 세존께서 45년 동안 펼치신 수많은 가르침을 받아들이는 데 가장 이상적이었다. 아난다는 경이로운 기억 능력으로 세존께서 설하신 그대로 정확하게 기억하고 암송할 수 있었다. 세존의 가르침을 체계적이고 올바른 순서대로 충실하게 보존했다. 세존께서 의도하신 그대로 가르침의 구조를 설명할 수 있었다. 확고하고 흔들림 없이 자신의 제자들에게 가르침을 충분하게 전달했다. 적절하게 수행할 수 있도록 법을 전했다. 아난다 자신이 그랬던 것처럼, 제자의 제자들 그 제자의 제자들에게 법이 끊이지 않고 전해질 수 있도록 헌신했다.

부처님 가르침은 팔만 사천 개로 이루어진 법의 무더기(법온法蘊)[28]로 이루어져 있다. 아난다는 게송을 통해 그 모든 가르침을 온전하게 받아들였다고 선언했다.

부처님에게서 팔만 이천 개
수행승들에게서 이천 개를 받아
팔만 사천 개의 법문을
나는 받아 지니고 있다
(테라가타 1030)

아난다는 부처님을 모시는 시자들 중 가장 가까이에서 가장 중요한 일들을 수행했다. 자연스럽게 많은 관심을 받았고, 많은 사람들과 만나야 했다. 흠잡을 데 없는 행동, 스승과 수행 공동체에 대한 지칠 줄 모르는 열정, 변함없는 친절함, 인내심을 가지고 모든 사람들을 대했다. 또 누구든지 어떤 일이든지 기꺼이 도왔기 때문에 모범이 되었다. 아직 일어나지 않은 갈등은 아난다 앞에서는 생기지 않았다. 이미 발생한 갈등은 적절하게 잘 해결했다. 아난다에게는 적이 없었다. 바른 품성과 모범적인 처신으로 강력하고 깊은 영향을 주었다. 부처님의 충실한 동반자로서 그는 같은 시대를 살았던 사람들에게 강렬한 인상을 남겼다.

아난다는 한 나라의 왕이 일을 처리하는 것처럼 항상 상황을 주도하면서도 신중하게 잘 처리했다. 부처님의 일상과 승가에서 일어나는 모든 일을 바르게 처리하고 정리했다. 비범한 기억력으로 스스로의 경험에서 많은 것을 배울 수 있었다. 대부분의 사람들이 기억력이 부족해 실수를 반복하지만, 그는 한 번 저지른 실수는 되풀이하지 않았다. 한 번밖에 만나지 않았던 사람들도 정확하게 알아볼 수 있었다. 언제 다시 만나더라도 형식적으로 대한다는 인상을 주지 않고 잘 대처했다. 아난다는 매우 신중하고 자연스럽게 상황을 이끌어 나갔기 때문에, 합리적인 사람들이라면 누구나 그에게 동조할 수밖에 없었다.

아난다와 여성 제자들

아난다는 친절함과 자비심을 타고났다. 이 때문에 특히 비구와 청신사, 비구니와 청신녀 사부대중 모두의 복지에도 특별한 관심을 가졌다. 아난다가 없었다면 불교 교단에는 비구와 청신사, 청신녀 세 대중만 있었을 것이다. 비나야삐따까에 기록된 대로 그는 비구니 승단을 세우는 데 큰 기여를 했다(비나야삐따까 2:253, 앙굿따라니까야 8:51).[29]

싸끼야족의 여러 귀족들이 인도에서 가장 널리 알려진 친족(고따마 싯다르타)을 따라 출가했다. 그들의 아내와 자매, 딸들도 깨달은 분에게 귀의해 수행하겠다는 서원을 세웠다. 싸끼야족 여성들은 부처님을 길러준 어머니 마하빠자빠띠 고따미(구담미瞿曇彌)를 앞세워 출가를 하려고 했다. 고따미는 부처님을 찾아뵙고 비구니 승단을 세울 수 있도록 허락해 달라고 간청했다. 마하빠자빠띠는 세 차례나 간청했지만, 부처님은 세 번 모두 거절하셨다. "고따미여, 여인으로서 여래께서 설하신 가르침과 계율에 따라 집에서 집 없는 곳으로 출가하는 데 힘쓰지 마시오."

비구들과 함께 까삘라왓투(카필라바스투)에서 머무시던 부처님은 수백 킬로미터나 떨어진 웨살리로 떠나셨다. 마하빠자빠띠는 싸끼야족 여인들과 함께 그 뒤를 바짝 따랐다. 웨살리에 도착했을 때 그녀는 사원 문 밖에 서 있었다. "그녀의 발은 부어올랐고, 온몸은 먼지로 뒤덮였고, 눈물을 흘리며 울고 있었다." 아난다가 왜 슬퍼하는지 물었다. 그녀는 비구니 승단을 세울 수 있도록 해 달라는 간청을 부처님께서 세 번이나 거절하셨다고 답했다.[30]

아난다는 자비심을 내어 중재하기로 결정했다. 스승을 찾아뵙고 세 차례나 여성들의 출가와 비구니 승단 설립을 요청드렸지만 들어주지 않으셨다. "아난다여, 그만두어라. 여래께서 설하신 가르침과 계율에 따라 여성들이 출가해 수행자가 될 수 있도록 애쓰지 말라." 아난다는 여성들의 출가를 직접 요청드리는 대신 다른 방법을 사용했다. 간접적인 방법을 사용하기로 했다. 스승께 이렇게 여쭈었다. "세존이시여, 여인들이 여래께서 설하신 가르침과 계율에 따라 출가해서, 흐름에 든 경지(예류과預流果)나 한 번 돌아오는 경지(일래과一來果)나

돌아오지 않는 경지(불환과不還果)나 거룩한 경지(아라한과阿羅漢果)를 성취하는 것이 가능하겠나이까?"

부처님께서는 가능하다고 답해 주셨다. 그러자 아난다는 다시 한 번 간청드렸다. "세존이시여, 여인들이 그렇게 하는 것이 가능하다면, 세존이시여, 더구나 마하빠자빠띠 고따미는 세존의 생모가 돌아가시고 나서 세존께 모유를 먹이고 길러 주셨습니다. 그러므로 세존께서는 그녀들이 출가해 여래의 법과 계율에 따라 수행할 수 있도록 허락해 주십시오."

여기서 아난다는 두 가지 사실을 들어 여인들이 출가할 수 있도록 요청드렸다. 첫째, 여성들도 비구니 수행자로 최상의 깨달음을 이루고 아라한에 이를 수 있다는 사실에 호소했다. 둘째, 아난다는 마하빠자빠띠가 어린 시절의 부처님을 돌보고 길렀다는 개인적인 인연을 강조했다. 이는 부처님께서 양어머니가 해탈에 이를 수 있도록 도와야 한다는 좋은 이유가 되었다. 아난다가 비구니 승단을 세울 수 있도록 허락해 달라며 제시한 명분은 받아들여졌다. 부처님께서는 특별한 예방 조치와 계율을 따르는 조건으로 비구니 승단 설립을 허용하셨다.

이 일을 보고 아난다의 지혜로움과 끈기가 부처님 마음을 바꾸었다고 생각하는 사람들이 있을지 모른다. 깨달으신 분은 항상 위없는 지혜로 모든 존재의 실상實相을 꿰뚫어 아신다. 이 때문에 뒤에 바꿀 마음을 처음부터 갖지 않으신다. 따라서 깨달으신 분이 마음을 바꾼다는 일은 있을 수 없다. 비구니 승단 설립은 모든 부처님들이 다 마주했던 일이었다. 부처님께서 처음 여인들의 출가를 허락하지 않으신 것은 비구니 승단 설립을 막기 위한 것이 아니었다. 처음부터 쉽게 허락하지 않으심으로써, 비구니 승단이 교단 전체에 큰 위험을 가져올 수 있다는 사실을 경고하셨던 것이다. 부처님께서는 비구니 승단 설립을 허락하시면서, 비구니들이 반드시 지켜야 하는 여덟 가지 계율(여덟 가지 공경의 원리, 팔경법八敬法)을 제정하셨다. 이것이 여성들에게는 구족계가 될 것이며, 이를 받아들인다면 여성들의 출가를 허락하겠다고 하셨다. 여덟 가지 공경의 원리는 승가에서 가장 엄격하게 비구와 비구니를 구분하는 방편이었다. 그럼에도 세존께서는 "비구니 승가가 세워졌기 때문에 본래 천 년 동안 존속할 정법이 오백 년만 지속될 수 있을 것"이라고 선언하셨다.[31]

부처님께서 비구니들이 지켜야 할 여덟 가지 공경의 원리를 말씀하신 후, 아난다는 비구니를 이끌 스승은 어떤 자격을 갖추어야 하는지 여쭈었다. 세존께서는 비구니를 이끌 스승으로 '아라한을 성취한 제자들'로 한정하지 않으셨다. 아직 아라한에 이르지 못한 아난다 같은 수행승들도 여덟 가지 조건을 갖추면 비구니들을 지도할 수 있었다. 여덟 가지 자격은 다음과 같다.

첫째, 비구니의 스승은 계를 잘 지켜야 한다. 바른 행실을 갖추고 작은 허물에 대해서도 두려워하며, 계율을 받아 지녀 수행해야 한다.

둘째, 법에 대해 아주 많은 지식을 가지고 있어야 한다.

셋째, 계율 특히 비구니 계율을 잘 알고 있어야 한다.

넷째, 유쾌하고 친절하게 말을 잘 해야 하며, 정확한 발음으로 법의 의미를 분명히 전달해야 한다.

다섯째, 비구니들에게 영감을 주고 수행의 동기를 부여하고 비구니들을 격려하며 비구니들에게 법을 가르칠 수 있어야 한다.

여섯째, 항상 비구니들의 환영과 호감을 받아야 한다. 즉, 비구니들을 칭찬할 때뿐만 아니라 비판을 할 때도 비구니들로부터 존중을 받아야 한다.

일곱째, 비구니와 함께 음행을 해서는 안 된다.

여덟째, 출가한 지 20년이 지난 수행자여야 한다(교계경敎戒經, 앙굿따라니까야 8:52).

아난다는 비구니 승단 설립에 중요한 역할을 했으며, 이제 비구니 수행자들이 성스러운 길로 나아갈 수 있도록 돕고 싶었다. 이 때문에 아난다는 어려움을 겪기도 했다. 비구니들이 마하깟사빠 존자를 존중하지 않고, 아난다 편을 든 일이 두 차례 있었다. 그 두 비구니는 모두 승단을 떠나 세속으로 돌아갔다. 이로써 그녀들은 더 이상 스승 아난다와 공적이고 순수한 영적 관계를 유지하지 못했음을 드러냈다.

아난다를 더 큰 곤경에 처하게 한 일이 꼬삼비에서 있었다. 이름이 알려지지 않은 비구니가 아프다는 핑계를 대고 아난다의 병문안을 요청했다. 사실 그녀는 아난다에게 반해 유혹하고 싶었지만, 아난다는 침착하게 상황을 잘 마무리했다. 아난다는 그 비구니에게 "육신은 음식(영양營養), 갈애(渴愛, 갈망渴望), 자만自慢에서 생겼지만, 이 세 가지를 오히려 청정한 수행의 방편으로 활용할 수 있다."고 설명했다. "음식에 의지해 음식을 버려야 한다. 현재 먹는 음식에 의지해 지혜롭게 받아들이면서 이전에 업業이 되었던 음식을 버려야 한다. 또한 현재 먹는 음식을 갈망하는 갈애도 버려야 한다. 갈애에 의지해 갈애를 버려야 한다. 이미 생겨난 현재의 갈애를 의지해 윤회의 뿌리가 되는 과거의 갈애를 버린다. 현재에 갈망하는 갈애도 버려야 한다. 자만에 의지해 자만을 버려야 한다. 즉 생겨난 현재의 자만에 의지해, 윤회의 뿌리가 되는 과거의 자만을 끊는다. 현재에 생겨난 자만을 갈망하는 갈애도 버려야 한다."

그렇게 해서 그 비구니는 음식을 거룩한 삶을 영위할 수 있는 방편으로 삼았다. 갈애는 거룩한 삶에 대한 열망으로 승화시켰다. 자만은 모든 번뇌를 끊어낼 수 있는 자극으로 활용했다. 이렇게 해서 그 비구니는 적절하게 음식과 갈애, 자만을 초월했다. 그러나 몸이 생겨난 네 번째 원인, 성행위는 완전히 다른 문제였다. 세존께서는 성행위를 '열반으로 가는 다리를 부수어 버리는 것'이라고 하셨다. 어떤 방식으로도 성행위는 거룩한 삶에 이르는 방편으로 사용할 수 없었다.

그러자 그 비구니는 침대에서 일어나 아난다 앞에 엎드려 자신의 잘못을 고백하고 참회했다. 아난다는 참회를 받아들였다. 또 승단에서 잘못을 범한 것을 잘못을 범했다고 인정한 다음, 법답게 참회하는 것이 올바른 처신이라고 말해 주었다. 법답게 참회하고 앞으로 그러한 잘못을 하지 않도록 단속하는 수행승은 성스러운 계율을 더 잘 지킬 수 있기 때문이었다(비구니경比丘尼經, 앙굿따라니까야 4:159). 아난다는 적절한 때에 맞춰 적절한 용어를 찾아내고, 적절한 가르침을 전했다. 아난다가 지닌 위대한 능력을 잘 보여주는 사례이다.

아난다와 여성들의 관계에서 발생한 또 다른 사건은 바사익왕의 왕비들과 관련된 일이었다. 왕비들은 법을 듣고자 하는 열망이 강했으나, 부처님 가르침을 듣기 위해 사원에 갈 수 없었다. 왕의 여인들은 새장에 갇힌 새처럼 궁궐에 갇혀 있었으니 참으로 불행한 일이었다.

왕비들은 왕에게 부처님 법을 가르칠 수 있는 스님을 궁전으로 초대해 달라고 요청했다. 왕은 어떤 분을 원하는지 물었다. 왕비들은 의논 끝에 만장일치로 법을 보존하는 보물창고인 아난다 존자를 원했다. 왕의 청을 들은 세존께서는 허락하셨고, 그때부터 아난다는 정기적으로 왕비들에게 법을 가르치러 궁전에 갔다. 아난다가 법을 가르치던 어느 날 왕관 보석 하나를 도난당했다. 모두가 보석을 찾기 위해 나섰고, 왕비들은 매우 당황스러웠다. 너무 화가 나서 평상시처럼 공부에 집중하지 못했다. 아난다는 까닭을 알고 나서, 용의자들을 모두 모아 조용하게 보석을 돌려줄 기회를 주면 어떻겠느냐고 왕에게 권했다. 아난다는 궁궐 정원에 천막을 치고 큰 물동이를 놓게 했다. 사람들에게 혼자 들어가 아무도 모르게 보석을 물동이에 넣도록 했다. 도둑은 천막 안에 혼자 들어가 훔친 보석을 물동이에 넣었다. 왕은 보석을 되찾았고 도둑은 처벌 받지 않았으며, 궁전은 평화를 되찾았다. 이 일로 아난다의 명성이 크게 높아졌다. 스님들은 아무도 다치지 않고 지혜롭게 평화를 되찾은 아난다를 칭찬했다.

부처님께서 완전한 열반에 드시기 얼마 전 아난다는 여성에 대해 여쭈었다.

"세존이시여, 여인들과 어떤 관계를 유지해야 합니까?"

"아난다여, 쳐다보지 말거라."

"쳐다보게 된다면 어찌 해야 합니까, 세존이시여."

"말을 하지 말라."

"말을 하게 된다면 어찌해야 합니까?"

"마음챙김을 확립해야 한다(대반열반경大般涅槃經, 디가니까야 16:5:9)."

이 질문은 세존의 완전한 열반이 곧 다가왔음을 알고 여쭈어본 것이다. 그만큼 아난다에게는 중요한 문제였을 것이다. 아난다 자신은 25년 동안 욕망을 극복해왔기 때문에, 욕망을 끊어야 한다는 가르침은 필요하지 않았다. 그러나 남녀 사이에 성性에 관한 욕망이 문제를 일으킨 사건을 몇 차례나 보았다. 또 젊은 수행승들과 토론을 하며, 관능적 욕망을 극복하고 완전하고 청정하며 거룩한 삶(수행자로서의 삶)을 사는 것이 얼마나 힘든 일인지 알고 있었을 것이다. 또 비구니 승단이 설립되었기 때문에 부처님 법이 위태로워졌다는 부처님 경고를 되새겼을 것이다. 그 당시 수행승들과 후대의 수행승들에게 이성 문제에 대한 부처님의 마지막 말씀을 전하고 싶었을 것이다.

아난다와 도반들

아난다와 가장 친한 도반은 사리뿟따 존자였다. 이복동생인 아누룻다 존자와는 그다지 친밀하게 지내지 않았던 것으로 보인다. 아누룻다는 홀로 수행하기를 즐긴 반면 아난다는 사람들을 좋아했기 때문이다. 사리뿟따는 스승을 가장 많이 닮았으며 부처님과 같은 방식으로 법을 설할 수 있었다. 부처님께서는 오직 사리뿟따와 아난다에게만 '법의 대장군, 법을 보존하는 보물창고'라는 명예를 주셨다. 참으로 놀라운 일이다. 사리뿟따는 '법의 대장군(佛法大將軍)이었고, 아난다는 '법의 창고지기(법의 보물창고를 지키는 이)'라는 칭호를 받았다. 사리뿟따와 아난다는 서로 보완하는 역할을 하고 있었다. 사리뿟따는 사자처럼 용맹하고 적극적으로 제자들을 이끌어가는 스승이었다. 아난다는 법을 지키는 수호자로서 살림을 맡아 끌어가는 역할을 했다. 이런 점에서 아난다는 마하목갈라나와 더 닮았다. 마하목갈라나는 어머니처럼 승가를 보살피며 지키는 역할을 수행했다.

아난다와 사리뿟따는 종종 함께했다. 그들은 재가신도인 아나타삔디까가 중병에 걸렸을 때 함께 가서 법을 전했다(맛지마니까야 143, 상윳따니까야 55:26). 꼬삼비에서는 비구들 사이에 일어난 논쟁을 함께 정리하기도 했다(앙굿따라니까야 4:221). 둘은 또 법에 대한 의견도 많이 나누었다. 두 사람은 매우 친밀하게 지내왔기 때문에 사리뿟따가 열반에 들었을 때, 아난다는 오랜 선정 수행을 해 왔음에도 마치 심연에 빠진 듯 절망했다.

사방이 다 흐릿해졌고
법들도 분명하게 나타나지 않는다
선한 벗(고귀한 도반)이 떠난 뒤에는
모든 것이 암흑처럼 깜깜하다
(테라가타 1040)

아난다는 온몸에 힘이 빠졌다. 법조차도 그 순간만큼은 아난다를 버린 듯했다. 사리뿟따의 열반이 가져 온 충격이었다. 그러자 부처님께서 아난다를 위로하셨다. '사리뿟따의 열반이 계율과 선정, 지혜, 해탈, 해탈지견을 아난다에게서 빼앗아갔는지 생각해 보라.'고 하셨다. 아난다는 가장 중요한 것이 변하지 않았다는 사실을 인정해야만 했다. 아난다는 사리뿟따가 도반들에게 큰 도움을 준 동반자였다고 아뢰었다. 부처님께서는 과거에 '사랑스럽고 마음에 드는 모든 것과는 헤어지기 마련이고, 없어지고 달라지기 마련'이라고 가르치셨던 것을 일깨워 주셨다. 부처님께서는 아난다를 더 높은 성취로 이끄셨다. 사리뿟따의 열반은 '크고 단단한 나무의 가장 큰 가지가 꺾어진 것과 같다.'고 하셨다. 그러면서 비구들에게 '스스로를 섬으로 삼고 귀의처로 삼아 다른 사람에게 의지하지 말라.'고 하셨다. '법을 섬으로 삼고 귀의처로 삼아 다른 것을 귀의처로 삼아 머물지 말라.'고 하셨다(쭌다경, 상윳따니까야 47:13).

아난다 존자는 도반들과 법에 대해 많은 토론을 했으며, 그 내용이 경전에 전한다. 몇 가지만 추려서 살펴본다.

어느 날 아난다는 왕기사(붕기사鵬耆舍) 존자와 함께 왕궁으로 갔다. 아난다는 왕비들에게 법을 가르쳤다. 왕기사 존자는 그때 출가한 지 얼마 되지 않았으며, 애욕이 강한 기질이었던 듯하다. 화려한 옷을 차려입은 왕비들을 보자 욕정이 끓어올랐다. 그때 스스로 출가를 결심하고 당연하게 받아들였던 수행승의 독신 생활이 갑자기 납덩어리처럼 무겁게 느껴졌다. 가사를 벗어던지고 쾌락에 빠져들고 싶은 욕망이 마음을 어지럽혔다. 아난다 존자와 조용히 대화를 나눌 수 있는 기회가 왔을 때, 자신이 처한 어려움에 대해 고백했다. 왕기사는 아난다에게 도움을 청했다. 왕기사 존자는 승가에서 가장 뛰어난 시인이었다. 아난다의 성姓인 '고따마'로 부르며 이렇게 게송으로 노래했다.

감각적 쾌락을 향한 욕망에 타오르고

나의 마음은 온통 불길에 휩싸였으니
오 고따마여, 자비를 베풀어
욕망의 불길을 끄는 법을 말해 주시오
(테라가타 1235)

아난다도 게송으로 답했다.

지각이 전도顚倒되어
그대의 마음이 불길에 휩싸였으니
감각적 쾌락에 대한 탐욕을 일으키는
아름답다고 느끼는 대상을 피하라

몸에 대해 부정不淨하다고 알아 마음을 집중하고
삼매를 닦아야 하리
몸에 대한 새김을 확립하고
몸에 끌리지 말고 싫어해 떠나는 수행에 전념하라

즐겁고 영원하다고 보이는 인상을 끊는 선정을 닦고
망상을 일으키는 탐욕을 버려야 한다
망상을 부수어 버리면
그대는 평화를 누리리라(적멸寂滅에 들리라)
(테라가타 1236~1238)

인식이 전도[32]되었기 때문에
그대의 마음은 불이 붙었다오
애욕을 유발시키는
아름다운 표상을 제거하시오

형성된 것들을 모두 자기 것이 아니며
괴로움이라고 보고 자아가 아니라고 보시오
큰 애욕의 불을 완전히 꺼 버리시오
다시는 거듭 불타게 하지 마시오

마음을 통일하고 한끝으로 잘 집중(삼매)하여
더러움(부정상不淨想)을 통해 마음을 닦으시오
몸에 대한 마음챙김을 닦고
염오染汚에 많이 몰입하시오

표상 없음[33]을 닦고
자만의 잠재성향을 버리시오
그래서 자만을 관통하면
평화롭게 되어 유행할 것이오
(아난다 경, 상윳따니까야 8:4)

아난다는 왕기사에게 '그의 인식이 겉으로 보이는 여성적인 매력에 집중되었다.'고 지적해 주었다. 이 때문에 '감각적 쾌락에 대한 탐욕이 불타오르도록 연료를 공급했다.'고 설명해 주었다. '외모에 대해 아름답다고 느끼는 집착이 끊임없이 욕망을 부채질하고 있다.'고 일러 주었다. 실제로는 아름답지 않고 청정하지 못한 몸에 대해 아름답다고 집착하고 있다는 것이다. 몸이라는 것이 실상은 아름다운 대상이 아니어서 감각적 쾌락을 향한 욕망을 채울 수 없어 상실감으로 이어질 수밖에 없다. 수행 생활을 지루해 하고 싫어하는 마음을 낼 수밖에 없다. 왕기사는 아름답고 사랑스러워 보이는 몸에 대해 묵묵하고 고요하게 관찰(관조)해야 했다. 선정 수행이라는 칼날로 몸을 가르고, 겉으로 아름답게 보이는 몸 안쪽에 자리한 더러움과 고통스러움을 꿰뚫어 보아야 했다. 이렇게 하면 욕망이 가라앉아 세속적 쾌락의 유혹에 흔들리지 않고 굳건하게 설 수 있다.

찬나 비구는 법에 대한 확신이 없어 괴로워했다. 부처님께서 법을 펴실 때에도 지나치게 자만하고 오만했다. 세존께서는 완전한 열반에 드시기 직전에도 찬나와의 인연을 중시해, 걱정하셨다.[34] 세존께서 완전한 열반에 드신 후에 찬나는 다른 수행승들에게 조언을 구했지만 만족할 만한 성취를 이루지 못해 몹시 절박했다. 오온五蘊이 무상한 것은 깨달았지만 무아無我에 대한 지혜는 부족했다. 찬나는 열반이 소중한 자아를 파멸할까 두려워했으며, 더 나아가지 못했다. 그래서 아난다에게 조언을 구하러 찾아갔다. 아난다는 먼저 찬나가 자만과 오만을 버리고 진지하게 법에 대한 가르침을 받기 위해 찾아온 사실에 대해 기쁘다고 말해 주었다.

아난다는 부처님께서 깟짜나곳따에게 설하셨던 법을 전해 주었다. 부처님께서는 '모든 것은 있다', '모든 것은 없다'는 극단적인 견해를 뛰어넘어 중도中道[35]에 의해 법을 설한다.'고 하셨다. 아난다의 설명이 끝날 무렵, 찬나는 예류도와 예류과에 이르렀다. 찬나는 스승과도 같은 현명한 도반이 있다는 사실에 크게 환희가 일었다. 찬나는 마침내 해탈에 이르는 길에 접어들었다. 법에 대해 흔들리지 않는 청정한 믿음을 갖고 법에 머물 수 있게 되었다(찬나 경, 상윳따 니까야 22:90).

세존과의 대화

불교 경전을 진리에 대한 온화하고 조화로운 대화라고 본다면, 경전 전체가 아난다와 세존과의 대화로 이루어져 있다고 해도 지나치지 않다. 아난다는 부처님께서 법을 설하실 때 항상 곁에 있었다. 아난다가 없을 때 설하신 몇몇 가르침들은 나중에 다시 아난다가 있을 때 반복해서 설하셨다.[36]

부처님께서는 종종 아난다 존자가 질문하면 법을 설하셨다. 아난다의 영적 성장과 법회에 참석한 모든 수행승들을 위해서였다. 법을 듣는 제자들은 부처님 홀로 계속해서 설하시는 것보다, 아난다와 부처님께서 법에 관해 주고받을 때, 가르침을 더 잘 받아들이고 이해할 수 있었다. 부처님과 아난다 사이에 오고간 대화는 사실 다른 제자들을 위한 가르침인 경우가 많았다.

부처님께서는 몇 차례 어떤 특정한 지역에 가셨을 때 미소를 지으셨다. 특별한 설법을 하시기 위해서였다. 깨달으신 분은 이유 없이 웃지 않는다는 사실을 알아차린 아난다는 즉시 까닭을 여쭈었다. 그러면 부처님께서는 그 지역에서 있었던 본생담(本生譚, 자타카)에

관해 상세하게 설하셨다.[37]

부처님과 아난다 사이의 대화는 아난다의 질문으로 시작하는 경우가 훨씬 많았다. 어느 때 아난다는 꽃의 향기 가운데 바람을 좇지 않고 거슬러 퍼지는 향기가 있는지 여쭈었다. 부처님께서는 '삼보三寶에 귀의하고 계율을 지키며 보시를 하는 자의 향기는 바람을 거슬러 퍼진다.'고 하셨다(향기경香氣經, 앙굿따라니까야 3:79).

또 다른 때, 아난다는 비구 승가가 평온하게 머물 수 있는 방법에 대해 여쭈었다. 부처님께서는 다음과 같이 답하셨다.

1) 비구가 자신은 계를 구족하지만 남에게는 계에 대해서 비난하지 않을 때이다.

2) 비구가 자신에 대해서는 깊이 생각하지만 남에 대해서는 깊이 생각하지 않는 경우이다(자신이 행한 것과 행하지 않은 것에 몰두하면서 다른 사람이 행한 것과 행하지 않은 것에 대해 몰입하지 않는 경우이다).

3) 비구가 높은 마음인 네 가지 선(사선四禪)을 원하는 대로 얻고, 힘들이지 않고 얻고, 어렵지 않게 얻을 때이다.

4) 궁극적으로 아라한에 이를 수 있다면 행복한 승가 생활을 할 수 있다.

그러므로 수행 생활을 하면서 성스러운 길에 들어가는 첫 번째 필요조건은 남을 비판하거나 다른 이들에게 관심을 갖는 데 신경을 쓰기보다는, 자기 자신에게 엄격하게 대하는 것이다(아난다 경, 앙굿따라니까야 5:106).

어느 때 아난다가 여쭈었다. "세존이시여, 계율의 목적과 공덕은 무엇입니까?" 부처님께서는 "후회하지 않는 것이 계율의 목적이고 이익이다. 자책과 죄책감에서 벗어나 바른 지혜를 이루는 것이다."라고 답하셨다. 아난다는 더 나아가 "바른 지혜의 목적과 공덕은 무엇입니까?"라고 다시 여쭈었다. 부처님께서는 "바른 생각과 선한 행동은 기쁨(희열)을 주고, 더 나아가면 행복을 느끼고, 열반을 향해 나아가기 위해 정진할 수 있는 동기를 준다."고 답하셨다. 세존께서는 궁극적인 목적은 무엇이냐고 다시 여쭙는 아난다에게 이렇게 설하셨다. "행복의 목적과 이익은 삼매다. 삼매의 목적과 이익은 있는 그대로 꿰뚫어 알고 보는 것(여실지견如實知見)이다. 있는 그대로 알고 보는 것의 목적과 이익은 모든 번뇌와 탐욕을 끊어 부수는 것이다. 이렇게 해탈에 이르게 된다(어떤 목적 경, 앙굿따라니까야 10:1)." 아난다는 이런 방식으로 계속해서 법에 대한 여러 관점을 세존께 여쭈었다.

때때로 아난다는 자신의 견해를 부처님께 아룀으로써 자신의 바르지 않은 견해를 고쳐 주시도록 했다. 어느 때 아난다는 "세존이시여, 좋은 도반을 사귀는 것은 성스러운 삶(청정범행)의 절반에 해당하는 것 같습니다."라고 여쭈었다. 뜻밖에도 부처님께서는 동의하지 않으셨다. "아난다여, 그렇게 말하지 말라! 고귀한 우정은 성스러운 삶의 절반이 아니다. 훌륭한 도반을 사귀는 것은 성스러운 삶의 전부이다." "중생들은 나를 좋은 친구로 삼아 생로병사와 근심, 고통, 절망으로부터 벗어난다. 아난다여, 이러한 사실을 보더라도 좋은 도반을 사귀는 것은 성스러운 수행 생활의 전부인 것을 알 수 있다(절반 경, 상윳따니까야 45:2)."

아난다가 세존께 말씀드린 견해 가운데 가장 유명한 것은 대인연경(大因緣經, 디가니까야 15)에 기록되어 있다. "경이롭습니다. 세존이시여. 이 연기緣起는 참으로 심오합니다. 그리고 참으로 심오하게 드러납니다. 그러나 이제 제게는 분명하고 또 분명한 것으로 드러납니다." 이에 대해 부처님께서는 동의하시 않으셨다. "그렇지 않다 아난다여, 그렇게 말하지 말라.[38] 이 연기는 참으로 심오하다. 참으로 심오하게 드러난다. 중생들은 이 법을 깨닫지 못하고 꿰뚫어 보지 못하기 때문에 생사生死 윤회 고리에 갇혀, 해탈의 길을 찾지 못한다." 세존께서는 이어서 여러 가지 방편으로 아난다에게 연기에 대해 설하셨다.

아난다가 한 번은 웨살리(바이샬리) 성에서 비유리족 청년들이 궁술 수련을 하면서 놀라운 솜씨를 뽐내는 것을 보았다. 아난다는 무사 계급 출신이었다. 때문에 그들의 궁술이 얼마나 대단한 경지에 이르렀는지 알 수 있었을 것이다. 세존을 뵙고 청년들의 활 솜씨가 얼마나 깊은 인상을 주었는지 아뢰었다. 세존께서는 비유를 들어 법을 설하셨다. "사성제를 깨닫고 꿰뚫어 아는 것이 일곱 가닥으로 쪼개진 머리카락을 화살로 맞춰 꿰뚫는 것보다 더 어렵다(머리카락 경, 상윳따니까야 56:45)."

또 한 번은 유명한 바라문이자 부처님 제자인 자눗소니(생문生聞)가 흰색으로 장엄한 수레를 몰고 가는 것을 보았다. 사람들이 자눗소니의 수레가 범천의 수레처럼 으뜸가는 마차라고 외쳤다. 아난다는 이 일을 부처님께 아뢰고 여쭈었다. "세존이시여, 이 법과 율에서도 신령스러운 마차(범천의 마차)를 드러내 밝힐 수 있습니까?" 세존께서는 "아난다여, 신령스러운 마차는 바로 성스러운 여덟 가지 길(팔정도八正道)을 두고 한 말이다. 그리고 그것은 법의 마차라고도 하고 전쟁에서의 위없는 승리(무상전승無上戰勝)라고도 한다."라고 설하셨다. 그리고 계송으로 비유를 들어 설명하셨다.

"믿음과 지혜는 마차이다. 양심은 몰이막대, 마음은 멍에에 묶는 끈, 계율은 마차의 장신구, 선정禪定은 차축車軸, 정진精進은 바퀴, 인욕은 갑옷과 방패이다(바라문 경, 상윳따니까야 45:4)."

아난다의 본생 이야기

아난다는 십만 겁 전 생에서 연화상(빠두뭇따라) 부처님 때 처음으로 부처님의 위대한 제자가 되려고 서원했다. 빠두뭇따라 부처님은 당시 항사와띠 성을 다스리던 난다왕의 아들이었다. 아난다는 스승의 이복형제로 태어나 부왕이 하사한 영지領地를 다스리던 수마나꾸마라 왕자였다. 어느 때 연화상 부처님께서 십만 명의 수행승들과 함께 항사와띠에 머물고 계실 때였다. 수마나꾸마라 왕세자는 국왕의 명으로 국경 지대에서 일어난 반란을 진압하기 위해 갔다. 왕세자가 반란을 진압하자, 아버지인 국왕은 아들에게 상을 주고 싶었다. 왕세자는 상으로 '우기 3개월 동안 안거 기간에 부처님과 승단을 초청해 공양할 수 있도록 해 달라.'고 청했다.

왕자는 그때 연화상 부처님 시자였던 '수마나'라는 장로 비구에게 깊은 감명을 받았고, 안거 기간 동안 그를 유심히 살펴봤다. 석 달이 지나서 부처님과 승가에게 공양을 마친 자리에서, 부처님 발에 절을 하고 수행승이 되기를 서원했다. 부처님께서는 미래를 내다보며 10만 겁 후에 고따마 부처님 가르침으로 서원이 이루어지리라고 말씀하셨다. 그날부터 이미 수마나꾸마라 왕자는 발우와 가사를 들고 고따마 부처님 뒤를 따라 걷는 모습을 미리 내다볼 수 있었다.

본생담을 살펴보면, 아난다의 본생에서 중요한 특징을 발견할 수 있다. 가장 눈에 띄는 것은 본생의 아난다는 미래의 고따마 부처님인 보살과 아주 친밀한 관계에 있었다는 사실이다. 그는 여러 차례 보살의 형제, 아들, 아버지, 조수, 동료 및 친구였다. 아래에서 살펴볼 세 가지 본생에서는 원만한 덕행德行을 쌓기 위해 스스로 용맹정진했다. 아난다는 본생에 신이나 동물이었던 것은 몇 번뿐이었고, 대부분은 인간이었다는 것을 알 수 있다. 대조적으로 아누룻다는 대부분 천신이었으며, 데바닷따는 대부분 동물로 살았다.

찟따와 쌈부따의 본생 이야기 498

본생에서 아난다는 아완띠국에서 보살의 이종사촌 형제로 불가촉천민으로 태어났다. 당시 청소 일을 하던 형제는 계속 천한 신분으로 살 수 없다고 판단했다. 바라문이라고 출신을 속이고 딱까실라 대학에서 공부했다. 신분이 탄로 난 그들은 동료 학생들에게 심한 구타를 당했다. 어떤 친절하고 현명한 사람이 학생들의 폭행을 멈추게 한 후, 천민(불가촉천민不可觸賤民, 찬달라) 형제에게 고행자가 될 것을 권했다. 형제는 권유를 따라 숲으로 들어가 고행을 하며 지냈다. 얼마 지나지 않아 형제는 죽었다. 형제는 속임수를 썼던 과보로 암사슴 새끼로 태어났다가 사냥꾼의 화살에 죽었다. 그 다음 생에서는 물수리의 새끼로 태어났으며, 다시 사냥꾼에게 목숨을 잃었다.

이제 인간 이하 존재로의 환생은 끝났다. 아난다는 왕의 아들로, 보살은 왕족의 아들로 태어났다. 세속적 의미에서 아난다가 더 높은 위치에 있었지만 보살은 더 뛰어난 능력을 타고났다. 보살은 천민과 암사슴, 물수리로 살았던 본생을 다 기억하고 있었지만, 아난다는 불가촉천민으로 살았을 때만 기억할 수 있었다. 어머니의 지극한 보살핌과 사랑을 받으며 열여섯 살이 되었다. 보살은 수행자가 되었고, 아난다는 왕이 되었다. 뒤에 왕을 찾아간 보살은 수행의 행복과 감각 세계의 불행(고통)에 대해 설명했다. 왕이었던 아난다는 그 사실을 깨달았지만, 늪에 빠진 코끼리처럼 그를 사로잡고 있는 욕망을 버릴 수 없었다고 인정했다.

보살은 다시 왕으로서 부당한 세금을 걷지 않고, 수행승에게 공양을 올리며, 덕행을 베풀며 살아가라고 조언했다. 세속적인 쾌락을 향한 열망이 생겼을 때, 그 무력했던 아기를 보살피고 왕이 되도록 해준 어머니를 떠올려 보라고 충고했다. 아난다는 그의 말에 크게 감동받아 결국 수행자가 되기로 결심했다. 아난다와 보살은 그 생을 마친 후 범천계에 올라갔다.

강가말라의 본생 이야기 421

보살은 가난한 집안에서 태어나 일꾼으로 힘든 삶을 살고 있었지만, 계율을 지키며 매우 성실하게 살고 있었다. 그 결실로 왕으로 아난다에게 태어났다. 한편 아난다는 아내와 함께 물을 나르며 생계를 이어가고 있었다. 그는 전 재산인 동전 반냥을 담벼락에 숨겨 놓고 있었다.

도시에 큰 축제가 열렸다. 아내는 아난다에게 축제를 즐기라며 돈이 있는지 물었고, 동전 반냥이 있지만 멀리 떨어진 곳에 숨겨 놓았다고 답했다. 아내는 자신에게도 동전 반냥이 있으니 꽃과 향, 음료를 사서 축제를 즐기자고 권했다. 아난다는 한낮의 더위에도 불구하고 축제를 즐길 수 있다는 기대에 들떠 숨겨 놓은 돈을 가지러 갔다. 매우 더웠지만 왕궁 뜰을 지나며 축제를 즐길 수 있다는 기쁨에 노래를 불렀다. 왕이 그 모습을 보고 기뻐하는 이유를 물었다. 아난다는 축제를 즐기기 위해 숨겨 놓은 보물을 가지러 간다고 답했다.

왕은 숨겨 놓은 보물이 십만 냥쯤 되는지 물었다. 아난다는 그렇지 않다고 답했고, 다시 왕이 오만 냥쯤 되는지 묻자, 아니라고 답했다. 결국 아난다가 아내와 자신의 돈을 합쳐 한 냥이라고 답했다. 왕은 한 냥을 줄 테니 더위로 몸을 상하지 말고 그 돈으로 여기서 축제를 즐기라고 제안했다. 아난다는 감사하지만, 자신의 동전을 가지러 가겠다고 했다. 왕은 더 많은 돈을 주겠다고 제안했지만 아난다는 굽히지 않았다. 왕은 계속해서 막대한 양의 돈을 제안하다 결국 왕국의 반을 주겠다고 말했다. 그때서야 아난다는 그렇게 하겠다고 답했으며, 왕국은 둘로 나뉘었다. 아난다는 '한 냥짜리 왕'이라는 별명을 얻었다.

어느 날 두 왕은 사냥을 갔다. 보살이었던 왕은 피곤해서 아난다 무릎에 누워 잠이 들었다. 그때 아난다에게 혼자 왕국을 다스리려는 욕망이 일었다. 칼을 빼들고 왕을 해치려 했지만, 은인을 죽이려는 사악한 욕망을 뉘우치고 칼을 거두었다. 그러나 두 번 세 번 거듭해서 욕망이 일었다. 아난다는 계속 일어나는 욕망으로 인해 극악무도한 일을 저지를 수도 있다는 생각에, 칼을 버리고 왕을 깨웠다. 그리고 용서를 구했다. 보살은 용서하고, 아난다에게 왕국 전체를 물려주고 신하로 살겠다고 했다. 아난다는 권력을 향한 욕망을 완전히 끊어냈으며, 수행자가 될 것이라고 말했다. 아난다는 욕망이 어떻게 일어나고 어떻게 커져 갔는지를 보았으며, 뿌리째 뽑아내고 싶었다. 히말라야로 들어가 수행을 했으며, 보살은 세상에 남았다.

더 좋은 것에 얽힌 본생 이야기 282

보살은 베나레스를 다스리던 의로운 왕이었다. 왕이 지녀야 하는 보시, 지계를 잘 실천했고, 포살을 지켰다. 신하 중 한 명이 왕비에게 흑심을 품고 음모를 꾸미다 발각되었다. 의롭던 왕은 그를 사형시키는 대신 가족과 함께 추방했고, 재산도 가져갈 수 있게 해 주었다. 신하는 추방되어 이웃 나라로 갔으며, 그 나라 왕의 신하가 되었다. 그는 새로 섬기게 된 왕에게, '베나레스의 왕은 너무 무르고 온화해 쉽게 나라를 빼앗을 수 있다.'고 부추겼다. 이웃 나라 왕이었던 아난다는 베나레스의 힘을 잘 알고 있었기 때문에 거절했다. 그러자 신하는 다시 '그렇다면 시험 삼아 베나레스국의 한 마을을 점령해 보자.'고 꼬드겼다. 신하는 '베나레스의 왕이라면 자기 나라를 쳐들어간 군인들을 잡아도 벌을 주지 않고 오히려 은혜를 베풀 것'이라고 했다. 베나레스의 왕은 도적들을 잡아도 배가 고프다고 하소연하면 처벌하는 대신 돈을 주는 사람이었다.

이렇게 여러 차례 베나레스 왕을 시험한 아난다는 결국 간사한 신하의 말을 믿게 되었다. 군대를 이끌고 베나레스를 점령하기 위해 쳐들어갔다. 보살인 베나레스 왕은 전쟁을 원하지 않았다. 베나레스 국 대장군은 전쟁을 해서라도 나라를 지켜야 한다고 간청했지만, 보살은 살생을 원하지 않는다고 말했다. 아난다에게 '자신을 감옥에 가둬달라.'고 하고서는 스스로 감옥에 갇혔다. 베나레스 왕은 탐욕에 묶여 사악한 행위를 저지르고 있는 아난다를 향한 연민과 자비심으로 명상을 하며 감옥에서 지냈다.

결국 아난다는 보살에게 용서를 구하고 왕국을 되돌려주며 영원한 동맹으로 지내겠다고 맹세했다. 왕의 자리를 되찾은 보살은 신하들에게 남에게 해를 끼치지 않은 행위의 중요성에 대해 이야기했다. 침략자들과 전쟁으로 맞서지 않고 평화롭게 해결했기 때문에 수백 명의 군인들이 목숨을 유지할 수 있었다고 말했다. 베나레스 왕은 왕위를 버리고 수행자가 되었으며, 범천계로 환생했다. 아난다는 계속해서 왕으로 남았다.

세존과 함께한 마지막 여정

아난다와 부처님의 관계를 가장 잘 보여주는 경전이 대반열반경(大般涅槃經, 디가니까야 16)이다. 대반열반경은 부처님의 완전한 열반을 기록해 놓았다. 특히 아난다에게 가장 고통스러웠을 부처님과의 이별에 대해 상세하게 기록하고 있어, 아난다의 애틋하고 절절한 마음을 살펴볼 수 있다. 부처님의 완전한 열반은 정법이 쇠퇴하는 첫 번째 징조가 시작되는 계기였다. 부처님께서 열반에 드신 후 새로운 부처님이 세상에 출현하실 때까지 정법은 점차 약해지고 사라져 갈 것이었다. 대반열반경은 사람들에게 부처님 가르침을 만나고 수행할 수 있는 기회를 주기 위한 경전이다. 이와 함께 대반열반경은 아난다가 어떤 사람이었는지 잘 보여 주기도 한다. 아난다의 발자취를 따라 대반열반경 내용을 살펴보도록 한다.

대반열반경 첫 번째 암송(暗誦, 바나와라)[39]은 마가다국 수도 라자가하에서 시작된다. 7년 전 승단을 분열시키려는 데바닷따의 시도는 실패했다. 아사세(阿闍世, 아자따삿뚜)왕은 여전히 마가다국을 다스리고 있었다. 그 무렵 꼬살라국 바사익왕이 무너졌고, 싸끼야족은 비극적인 최후를 맞이했으며, 아난다는 가까운 친족들을 많이 잃었다. 당시 히말라야 산맥 근처 갠지스 강 북쪽에는 유명한 끄샤뜨리야(무사계급)로 이뤄진 세 부족이 살고 있었다. 그들은 꼴리야, 말라, 왓지족이었다. 세 부족은 모두 아자따삿뚜왕으로부터 독립해서 살고 있었다. 아자따삿뚜왕은 왓지국을 무너뜨려 마가다국에 합병시키고 제국을 이루려고 하고 있었다.

부처님께서는 승가에 합류하지 않았던 싸끼야족의 파멸을 막을 수는 없었다. 싸끼야족은 꼬살라국 위두다바(비유리)왕에게 행한 업의 과보를 피할 수 없었다.[40] 부처님께서는 간접적으로 왓지족과 말라족을 도우셨다. 부처님 생애 말년을 둘러싼 정치적 배경이었다.

아자따삿뚜왕은 신하 왓사까라(우사禹舍)를 부처님께 보내 왓지족과 전쟁을 할 것이라는 사실을 미리 알리도록 했다. 왓사까라가 왕의 명령을 전하는 동안 아난다 존자는 부처님 뒤에 서서 부채질을 하고 있었다. 깨달은 분은 아난다에게 몸을 돌려 왓지족이 살아가는 방식과 상황에 대해 일곱 가지 질문을 하셨다. 아난다는 '왓지 사람들은 정기적으로 회의를 열고, 화합하고, 법을 파괴하지 않고 잘 지키며, 연장자들을 존경하고 존중하며, 여자들을 강제로 취하지 않고, 탑묘를 존중하고 법답게 올린 공양을 거둬들이지 않으며, 모든 아라한과 수행자들을 법답게 살피고 보호하며 편안하게 살게 한다.'고 말씀드렸다. 부처님께서는 왓지 사람들이 지키고 있는 일곱 가지 공덕으로 왓지국이 쇠퇴하지 않고 번영할 것이라고 하셨다. 이 일곱 가지 항목은 얼마 전 부처님께서 왓지족에게 일러 주신 것이었다. 아자따삿뚜왕의 신하인 왓사까라는 '이러한 공덕 가운데 한 가지라도 잘 지키면 왓지는 존속할 수 있을 것'이라고 답했다. 왓지 사람들이 이 일곱 가지 규칙을 지키는 한, 안으로부터 불화를 일으키거나 배신을 하지 않는 한, 아자따삿뚜왕이 그들을 정복하는 것은 불가능할 것이라고 확신했다.

왓사까라는 이런 확신을 가지고 왕에게 왓지족과 전쟁을 하는 것은 아무 소용이 없을 것이라고 보고했다. 그 당시 인도인들은 영적인 힘에 큰 확신을 가지고 있었다. 때문에 왓지족이 도덕적으로 뛰어난 생활을 하고 있다는 암시를 받은 것만으로도 전쟁을 일으킬 수 없었다. 아자따삿뚜왕은 부처님께서 열반한 뒤에야 왓지국을 점령할 수 있었다. 왓지족이 도덕적으로 타락했기 때문이었다.

매우 정치적이었던 왓사까라와의 대화 후, 부처님께서는 당시 라자가하 지역에 있던 비구들을 모이게 하셨다. 부처님께서는 승가가 퇴보하지 않고 "향상"[41] 할 수 있는 일곱 가지 법들을 설하셨다. "비구들은 정기적으로 자주 모여야 한다. 화합하여야 한다. 새로운 계율을 만들지 말고 공인되어 온 학습계목들을 지켜야 한다. 출가한 지 오래된 장로비구들을 존중하고 그들의 조언에 귀를 기울여야 한다. 윤회의 원인이 되는 갈애가 생겼더라도 갈애의 지배를 받지 않아야 한다. 숲속의 거처, 즉 수행처에 큰 관심을 가지고 있어야 한다. 항상 마음챙김을 닦아야 한다. 그렇게 함으로써 마음이 맞는 사람들이 모이고, 이미 성스러운 삶을 살고 있는 사람들은 행복할 수 있다."

부처님께서는 비구들에게 일곱 가지 법을 설하신 후 승가가 퇴보하지 않고 향상할 수 있는 일곱 가지 법들을 여러 가지로 설하셨다. 마지막으로, 설하신 일곱 가지 법들의 의미에 대해 간결하게 정리해 주셨다. "이것이 계율이며, 이것이 삼매이며, 이것이 지혜이다. 계율을 철저히 닦아서 생긴 지혜는 큰 결실이 있고 큰 이익이 있다. 삼매를 철저히 닦아서 생긴 지혜는 큰 결실이 있고 큰 이익이 있다. 지혜를 철저히 닦아서 생긴 마음은 번뇌들로부터 바르게 해탈한다. 번뇌들은 바로 감각적 욕망에 의한 번뇌이며, 존재(무엇이 되고자 하는 욕망)로부터 일어나는 번뇌이고, 무명(어리석음)에서 생기는 번뇌들이다."

이렇게 당부를 하신 부처님께서는 마지막 여정을 시작하셨다. 부처님께서는 항상 법을 받아들일 준비가 된 사람들이 있는 곳, 갈등을 풀어야 하는 곳, 무차별적인 폭력을 막을 수 있는 곳으로 나아가셨다. 이 마지막 여정에서 부처님께서는 처음으로 암발랏티까를 지나 날란다 마을로 가셨다. 뒤에 날란다 마을에는 세계 최대의 불교 대학이 자리 잡았다. 날란다 마을 근처에는 사리뿟따가 태어난 고향 마가다국 날라까 마을이 있었다.

사리뿟따는 날란다 마을에서 세존께 마지막 예경을 드리고 작별을 했다. 사리뿟따는 열반에 들기 전 어머니에게 법을 전하고 싶었다.

이 위대한 제자는 작별을 고하면서 다시 한 번 세존께 찬탄을 드렸다. "세존이시여, 바른 깨달음에 관한 한 세존을 능가하고 세존을 초월하는 사문이나 바라문은 이전에도 없었고, 앞으로도 없을 것이며, 지금도 없습니다."

부처님께서는 많은 수행승들과 함께 암발랏티까, 날란다, 빠딸리, 꼬띠가마, 나디까 마을을 지나 웨살리로 가시어 암바빨리 숲에 머무셨다.[42] 부처님께서 왓지족들의 일곱 가지 덕을 칭찬하심으로써 아자따삿뚜왕의 침략을 막아낸 왓지국의 수도가 웨살리였다. 부처님께서는 웨살리에서 아주 심한 병(사대四大의 조화가 극도로 무너져 생긴 병)에 걸리셨다. 세존께서는 신도들과 승가에게 알리고, 제자들을 다시 한 번 모아야 했다. 아직 열반에 들 때가 아니었다. 부처님께서는 몸이 쇠약해졌기 때문에 병에 걸리셨지만, 영적으로는 원만하고 완벽하셨다. 정진의 힘으로 병을 다스리고 생명을 굳세게 하여 머무셨다.

아난다는 부처님께서 병에 걸리셨다는 사실에 낙담해 제대로 생각을 정리할 수 없었다. 그래도 '세존께서 비구 승가를 두고 아무런 분부도 없이 반열반에 드시지는 않을 것이라는 안심이 있었다.'고 말씀드렸다. 그러나 부처님께서는 이를 받아들이지 않으셨다. "아난다여, 비구 승가는 나에게 무엇을 더 바라는가? 아난다여, 나는 안과 밖이 없이(법을 남김없이 다 드러내었고, 사람을 차별하지 않고) 법을 설하였다. 여래는 강제로 법을 억누르지 않는다.[43] '비구 승가를 거느린다.'거나 '비구 승가는 나의 지도를 받는다.'고 생각하는 자는 비구 승가에 대해 무엇인가를 당부할 것이다. 그러나 여래에게는 그런 생각이 없으니, 비구 승가에 당부할 것은 없다." 계속해서 말씀하셨다. "나는 이제 늙어 노후하고 긴 세월을 보냈다. 노쇠했으며 여든 살이 되었다. 아난다여, 나는 삶의 끝자락에 이르렀고, 마치 낡은 수레가 가죽끈에 묶여서 겨우 움직이는 것처럼 힘들게 육신을 유지하고 있다. 표상 없는 마음의 해탈(무상심해탈無相心解脫)에 들어 머무는 그런 때에는 여래의 몸은 더욱더 편안해진다."[44] 그러나 스승은 아난다에게 다시 가르침을 설하시며, 제자의 슬픔을 치료하는 훌륭한 약을 주셨다. "그러므로 아난다여! 그대 자신의 섬이 되라, 그대 자신의 귀의처가 되라. 법을 섬으로 삼고, 법을 귀의처로 삼아 다른 귀의처를 찾지 말라."

대반열반경 세 번째 암송은 부처님께서 비를 피하기 위해 안거에 들었던 웨살리에서 있던 일들을 기록하고 있다. 어느 날 비가 그친 후, 부처님께서는 아난다에게 짜빨라 탑묘塔廟[45]에서 명상을 하며 하루를 보내겠다고 말씀하셨다. 세존께서는 자리에 앉으셔서, 평화로운 풍경을 바라보시며 아난다에게 '웨살리에 아름다운 탑묘가 많다.'고 하셨다. 세존께서 아름다운 풍경에 대해 말씀하신 까닭은 분명한 의도가 있으셨기 때문이다.

부처님께서 말씀하셨다. "네 가지 성취수단(사여의족四如意足)[46]을 이룬 사람은 누구든지, 그것들을 방편(수레)과 기초로 삼아 굳건히 하고 부지런히 닦기만 하면 일 겁을 머물 수도 있고, 영겁토록 머물 수도 있다. 여래는 이 모든 것을 성취했으니 원하기만 하면 일 겁을 머물 수도 있고 영겁토록 살 수 있을 것이다." 부처님께서는 이렇게 암시를 주셨지만, 당시 아난다는 마라(魔羅, 마왕魔王, 중생들에게 불행을 가져와 죽게 하는 자)에게 마음이 빼앗겨 있었다. 때문에 아난다는 부처님께서 분명한 암시를 주시고 분명한 빛을 드러내셨어도 그 뜻을 꿰뚫어 보지 못했다. 세존께 모든 중생을 향한 자비심을 내어 일 겁 동안 세상에 머물러 달라고 간청하지 않았다. 부처님께서는 이러한 암시를 여러 차례 반복하셨다. 아난다는 세존의 뜻을 여전히 알아차리지 못했다.

평상시였다면 그렇게 신중했을 아난다는 이때 올바른 생각(정념正念)을 유지하지 못했다. 이런 일들은 전에도 있었지만 아주 사소한 일들이었다. 그 당시 부처님과 동행하는 즐거움에 빠져 세존의 뜻을 정확히 받아들이지 못했던 것은 아닐까? 아름다운 황혼, 평화로운 숲의 풍광이 더해진 세존과의 동행에 마음이 빼앗겼던 것은 아닐까? 당시 아난다의 태도는 '세존께서 더 오래 세간에 머물러 주시기를 바랐던' 자신의 가장 큰 소망과 일치했을까?

마라의 방해가 없었다면 더 오래 중생들 곁에 머무르시라고 세존께 요청드렸을 것이고, 부처님께서는 중생에 대한 자비심으로 그렇게 하셨을 것이다. 그러나 마라는 세존께서 더 오래 머무실수록 많은 중생들이 그의 손아귀에서 벗어날까 두려웠다. 세존께서 완전한 열반에 드시면, 세존의 가르침과 모든 역사의 흔적을 덮고 싶어 했다. 빨리 경전에서 가장 극적이고 신비로운 이 장면은, 우리의 상상력을 끝없이 자극하고 있다.

아난다가 끝내 세존께 중생을 위해 더 머물러 주십사 하고 요청드리지 않자, 세존께서는 아난다에게 '조금 떨어져 있으라.'고 하셨다. 아난다는 예경을 드리고 가까운 나무 아래 앉았다. 그때 마라 빠삐만(사악한 자, 마라의 별명)이 세존께 다가가 곁에 섰다. 마라는 45년 전 부처님께서 깨달음을 이루신 직후에 있었던 대화와 약속을 상기시켰다. 당시 마라는 세존께 가르침을 펴지 말고 완전한 열반에 드시라고 권했다. 부처님께서는 비구와 비구니, 우바새와 우바이를 철저하게 수행시키고 가르칠 때까지 세상을 떠나지 않을 것이라고 답하셨다. 마라는 지금 모든 것이 이루어졌으니 열반에 드시겠다는 약속을 지키라고 재촉했다.

부처님께서 답하셨다. "마라여! 그대는 조용히 있어라. 오래지 않아 여래는 완전한 열반에 들 것이다. 지금부터 세 달이 넘지 않아 여래는 완전한 열반에 들 것이다." 그렇게 세존께서는 바른 마음챙김과 밝은 지혜를 지니시고 더 이상 수명을 연장하지 않겠다고 결정하셨다. 그러자 땅이 크게 울었으며, 하늘에서는 천둥번개가 내리쳤다. 생명의 기반이었던 자연적인 요소를 포기하시자 그 요소들이 크게 감응한 결과였다.

아난다는 지진이 일어나고 천둥번개가 내리치자 크게 놀랐다. 세존께 그 까닭을 여쭈었다. 세존께서는 여덟 가지 원인이 있다고 하셨다. 첫 번째는 큰 힘이 움직이기 때문이라고 하셨다.[47] 두 번째는 초자연적인 힘(신통력)을 지닌 수행승이나 바라문이 선정의 성취를 이룰 때이다. 세 번째는 보살이 어머니 태 안으로 들어왔을 때(잉태되었을 때)이다. 네 번째는 보살이 탄생했을 때이다. 다섯 번째는 깨달음을 이루셨을 때이다. 여섯 번째는 법을 처음으로 설하셨을 때(초전법륜 初轉法輪)이다. 일곱 번째는 여래께서 더 이상 수명을 연장하지 않기로 결정하셨을 때이다. 여덟 번째는 여래께서 반열반에 드셨을 때이다. 이로써 우리는 가장 존귀한 분이신 세존과 우주 전체가 얼마나 긴밀하게 연결되어 있었는지를 알 수 있다.

세존께서는 이어 여덟 가지 모임(팔회중八會衆)[48], 여덟 가지 단계의 삼매(팔승처八勝處), 여덟 가지 해탈(팔해탈八解脫)에 대해 설하셨다. 이는 얼핏 보면 자연스럽게 이어지는 가르침은 아닌 듯하다. 학자들은 이에 대해 여덟 가지 지진의 원인에 대한 법문과 여덟 가지 모임·삼매·해탈에 대한 법문 과정에서 경문에 삽입된 것으로 추정하고 있다. 사실 이 계속되는 법문들은 부처님의 완전한 열반에 대해 아난다가 의연하게 대처할 수 있도록 설해 주신 것이었다. 아난다는 아직까지 세존의 완전한 열반에 대해 막연하게 느끼고 있을 뿐 정확하게 이해하지 못하고 있었다. 이 상황에 대해 아난다가 정확하게 알고 이해할 수 있도록 계속 법을 설하셨다. 부처님의 완전한 열반은 빠르게 다가오고 있었다. 세존께서는 아난다가 흔들리지 않기를 바라셨다.

부처님께서는 아난다를 깨달음의 길에 접어들도록 도우신 후 45년 전 마라에게 약속했던 일을 들려주셨다. 당시 부처님께서는 마라에게 법이 잘 확립될 때까지 완전한 열반에 들지 않겠다고 말씀하셨던 일을 자세하게 들려주셨다. 그리고 마라가 나타났고 '마라에게 3개월 동안만 더 생명을 유지하겠다.'고 선언하신 사실도 들려주셨다. 그것이 바로 지진의 원인이었다.

이제 아난다는 한순간의 망설임도 없이 영겁토록 남아 주시기를 깨달은 분께 간청했다. 부처님께서는 지금은 여래에게 간청할 적당한 시간이 아니라고 하셨다. 아난다가 세 번째 간청드렸을 때 부처님께서는 "아난다여, 그대는 여래의 깨달음에 대한 믿음이 있는가?"라고 물으셨다. 아난다가 그렇다고 아뢰자, "아난다여, 어찌하여 세 번이나 여래를 성가시게 하느냐?" 물으셨다.

세존께서는 아난다가 기회를 놓쳤다고 분명하게 선언하셨다. '여래가 분명한 암시를 주었음에도 남아 있기를 청하지 않았기 때문에 잘못을 범했다.'고 말씀하셨다. 아난다가 세존의 뜻을 알아차리고 머물러 주시기를 간청했다면 '두 번은 거절했을 것이지만 세 번째는 허락하였을 것'이라고 하셨다. 또 '지금 웨살리 짜빨라 탑묘에서 뿐만 아니라 여러 차례 기회를 주었다.'고 하셨다. 세존께서는 라자가하에서도 '라자가하는 아름답다, 영취산은 아름답다.'고 하시며 '계속 머물 수 있다.'고 암시를 주셨다. 라자가하 니그로다 숲에서, 웨살리 우데나 탑묘와 고따마까 탑묘에서, 녹야원에서 등 열다섯 차례나 영겁토록 머물 수 있다고 암시를 주셨다. 그때마다 아난다가 침묵을 지켰다고 상기시켜 주셨다.

마지막으로 세존께서는 무상함에 대해 설하셨다. "나는 전에 사랑스럽고 마음에 드는 모든 것은 무상해서 헤어지고 없어지고 변하기 마련이라고 가르쳤다. 아난다여, 태어나고 존재하고 형성된 것은 모두 부서지기 마련이다. 절대로 부서지지 말라고 한다 해도 있을 수 없는 일이다. 여래는 지금부터 3개월이 넘지 않아 반열반에 들 것이라고 분명하게 말하였다. 다시 돌이킨다는 것은 결코 있을 수 없다." 그리고 웨살리에 있는 비구들을 다 모으라고 하셨다.

세존께서는 그동안 법의 수레바퀴를 굴리시면서 깨달음에 이르는 길을 분명하게 설하셨다. 모인 비구들에게 깨달음의 가르침을 배우고 실천하라고 하셨다. "중생들의 이익과 행복을 위해 청정범행이 오래도록 유지되고 전해질 수 있도록 하라. 이것이 세상을 향해 자비를 베푸는 길이며, 신과 인간의 이익과 행복을 위한 길이다." 설법 말미에 세존께서는 "지금부터 3개월 안에 여래의 반열반이 있을 것"이라고 선언하시고, 게송으로 설하셨다.

이제 내 나이 다 찼으며
내 삶은 얼마 남지 않았다
그대들을 뒤로하고 떠나리니
나는 내 자신을 의지처로 삼았다

비구들이여, 정진을 멈추지 말고
마음챙김을 확고히 하고 계를 잘 지켜라
깊이 생각하고
굳은 각오로 마음을 잘 보호하라

법과 계율 안에서
정진하며 머무는 이는
윤회에서 벗어나고
고통을 끝낼 것이다

대반열반경 네 번째 암송에서, 세존께서는 다시 여정을 시작하셨다. 세존께서는 길을 떠나시며, "아난다여, 이것이 여래가 웨살리를 보는 마지막이 될 것이다."라고 선언하셨다. 세존께서는 여정 도중 반다가마에 머무시면서, 전에 설하셨던 법을 다시 한 번 반복해 설하셨다. 네 가지 법, 즉 성스러운 계율, 성스러운 삼매와 성스러운 지혜, 성스러운 해탈을 깨닫지 못하면 오랜 세월 윤회를 거듭한다고 하셨다. 이 네 가지를 깨달아야 윤회를 끝낼 수 있다고 하셨다. 반열반을 향한 마지막 여행에서 자주 그러셨듯이, 계율을 철저히 닦아 이룬 삼매(선정)와 삼매를 철저히 닦아 성취한 지혜에 대해 강조하셨다.

다음 마을 보가나가라에 머무시며 세존께서는 비구들을 불러 설하셨다. 수행승들이 법과 계율의 권위를 지키기 위해서는 어떻게 해야 하는지 일러 주셨다. '어떤 비구가 세존 앞에서 듣고 세존 앞에서 받아 지닌 율이고 법'이라고 한다면 '일단 인정도 하지 말고 반박하지도 말라.'고 하셨다. 그 '비구가 말한 교법教法을 경經과 율律에 비추어 확인해 보아야 한다.'고 강조하셨다. '경과 율에서 그 비구의 말을 찾을 수 없다면, 잘못 배웠다고 결론지어야 한다.'고 선언하셨다. 이 훈계는 부처님 가르침을 충실하게 전하는 데 매우 중요한 기준이 되었다. 오늘날까지도 부처님께서 설하신 것인지, 부처님 반열반 후 제자들이 모은 경전인지, 거짓 경전인지를 구별하는 근거가 되고 있다.

부처님께서는 보가나가라를 떠나 히말라야 산맥에서 가장 가까운 곳에 사는 끄샤뜨리야 말라족들이 사는 빠와로 가셨다. 경전에는 기록되어 있지 않지만 그 사이에 사왓티에 머무셨을 수도 있다. 사리뿟따의 열반 소식을 사왓티에서 전해 들으셨기 때문이다. 싸끼야족들의 이웃인 말라족들이 사는 빠와 마을에서 금세공인(대장장이)의 아들 쭌다가 부처님과 수행승들을 초대해 공양을 올렸다. 대장장이 아들 쭌다는 수까라 맛다와(부드러운 돼지고기)[49]라는 음식을 올렸다. 부처님께서는 쭌다에게 이 음식을 자신에게만 제공하고, 수행승들에게는 다른 음식을 공양하라고 하셨다. "이 세상에서 여래를 제외하고는 누구도 이 음식을 먹고 바르게 소화시킬 수 없다."고 하시며 남은 음식은 깊은 구덩이를 파고 묻으라 하셨다. 이 공양을 드신 후 부처님께서는 극심한 이질痢疾에 걸렸지만, 흔들림 없이 고통을 감내하며 여행을 이어가셨다. 도중에 아난다에게 피곤하니 쉬어야겠다며 가사를 접어 자리를 만들라고 하셨다. 자리에 앉으신 뒤 아난다에게 근처 개울에서 물을 가져오라고 하셨다. 아난다는 많은 수레가 개울을 지나면서 물이 혼탁해졌다며 조금 떨어져 있는 강물을 떠오겠다고 아뢰었다. 부처님께서 세 차례나 개울물을 떠오라고 하시자 아난다가 시냇가로 가서 혼탁한 물이 맑아지는 것을 보았다. 아난다에게 이런 생각이 들었다. '여래의 큰 신통과 위력은 참으로 경이롭고 놀랍구나. 그 혼탁한 물이 내가 다가가자 맑은 물이 되었다.'

세존께서 꾸시나라에서 말라로 가시는 길이었다. 말라족 출신으로 알라라 깔라마의 제자였던 뿍꾸사 말라뿟따가 세존께 다가와 예경을 드리고 곁에 앉았다. 뿍꾸사는 세존의 선정 삼매에 깊은 감화를 받았다. 부처님께 귀의한 마지막 청신사(재가신도)가 되었다. 뿍꾸사는 황금색 옷 두 벌을 보시했다. 부처님께서는 한 벌은 당신께, 한 벌은 아난다에게 보시하라고 하셨다. 아난다는 거절하지 않고 보시를 받아들였다. 그리고 한 벌을 세존께 입혀드렸다. "세존이시여, 여래의 피부색이 청정하고 맑아, 황금색 가사가 빛이 바래 광채가 죽은 듯합니다." 이렇게 말씀드렸다. 세존께서는 '여래의 피부색이 유난히 맑고 빛나는 때는 깨달으신 날과 반열반에 드시는 날'이라고 말씀하셨다.

세존께서는 다음날 밤 자정 반열반에 드실 것이었다.

세존께서는 많은 비구 승가와 함께 까꿋타(구손拘孫) 강으로 가셔서, 목욕을 하고 물을 마시고 망고 숲으로 가셨다. 아난다를 불러 이렇게 말씀하셨다.

"대장장이 아들 쭌다는 '자신이 올린 음식 때문에 세존께서 반열반에 드셨다고 자책할지도 모른다.' 그러니 이렇게 말해 주어 걱정하지 않도록 하라. '여래께서는 그대가 올린 음식을 마지막으로 드시고 반열반에 드셨으니, 이는 그대의 공덕이고 그대의 행운입니다. 모든 곳에서 두루 큰 과보를 가져오는 공양이 있습니다. 여래께서 드시고 위없이 바른 깨달음을 이루신 공양과 반열반 하신 공양입니다. 도반 쭌다여, 그대는 이 공덕으로 장수하고, 행복할 것이며, 명성을 얻을 것이고, 천상에 태어날 것입니다.' 이렇게 말해 자책감을 없애 주어야 한다."고 당부하셨다.

대반열반경 다섯 번째 암송은 부처님께서 아난다에게 꾸시나라 근처 말라족들이 사는 사라나무 숲으로 가자고 하신 데서 시작한다. 사라나무 숲에 도착해 아난다는 큰 사라나무 두 그루 사이에 머리가 북쪽으로 향하도록 침상을 준비했다. 한 쌍의 사라나무는 때 아닌 꽃을 가득 피우고 세존의 몸 위에 꽃비를 내렸다. 꽃비와 함께 천상의 전단향 가루가 향기를 내며 세존의 몸에 흩날렸고, 천상의 음악이 울려 퍼졌다. 세존께서 말씀하셨다. "아난다여, 꽃비와 천상의 전단향 가루, 천상의 음악으로 여래를 가장 공경하고 존중하며 바른 예경을 올리는 것이 아니다. 아난다여, 비구 비구니, 청신사 청신녀가 출세간 법을 따르고 합당하게 법을 따라 행하며, 합당하게 도를 닦는 것이

여래께 올리는 최상의 존경과 존중이다."

바로 그때 우빠와나(우파마나優波摩那, 백정白淨) 존자가 세존 앞에서서 부채를 부쳐드리고 있었다. 부처님께서 우빠와나 존자에게 비키라고 하셨을 때 아난다는 '왜 부처님께서 그렇게 하셨는지' 궁금해했다. 부처님께서는 '온 누리에서 수많은 천신들이 참으로 드문 부처님의 마지막 반열반을 보기 위해 사방에서 모여 들었다. 그런데 큰 위신력을 지닌 비구 우빠와나가 앞을 가리고 있어서, 부처님께서 반열반에 드실 때 천신들이 친견할 수 없어 비키라고 했다.'고 설명하셨다. 우빠와나가 지닌 영적인 광채는 천신들이 꿰뚫어 볼 수 없는 위신력을 지니고 있었을 것이다.

아난다는 부처님께 천신들에 대해 더 상세히 말씀해 주실 것을 요청드렸다. 애욕에서 벗어나지 못한 천신들은 울부짖으며 통곡하고 있었지만, 애욕에서 해탈한 천신들은 마음을 평온하고 침착하게 하고 있다는 사실을 알게 되었다. 아난다는 '세존께서 반열반에 드시면 세존을 친견하고 예경 드리지 못할 것'이라고 말씀드렸다. 세존께서는 이렇게 당부하셨다. "아난다여, 믿음을 가진 선남자가 친견해야 하는 네 가지 성스러운 장소가 있다. 부처님께서 태어나신 탄생지(룸비니, 람비니嵐毗尼), 깨달음을 이루신 정등각지(붓다가야, 보리가야菩提伽耶), 처음으로 법륜을 굴리신 초전법륜지(사르나트, 녹야원鹿野苑), 반열반에 드신 열반지(꾸시나라, 구시나라拘尸那羅)가 성스러운 네 곳이다. 누구든지 성지를 순례하고 친견하는 청정한 믿음을 가진 이들은 몸이 무너져 죽은 뒤 모두 좋은 곳(선처善處), 천상 세계에 태어날 것이다."

상황에 어울리지 않은 것처럼 보이는데, 아난다는 부처님께 여인을 어떻게 대해야 하는지 여쭈었다. 이어서 여래의 사리를 어떻게 모셔야 하는지 여쭈었다. 세존께서는 단호하게 답하셨다. "아난다여, 여래의 존체를 공경하는 것에는 관심을 두지 말라. 아난다여, 그대들은 아라한과를 얻기 위해 힘써야 한다. 여래에 청정한 믿음을 지닌 끄샤뜨리야, 바라문, 장자, 현자들이 여래의 존체를 수습할 것이니라." 그러자 아난다는 재가신도들이 여래의 영결식을 어떻게 치러야 하는지 다시 여쭈었다. 부처님께서는 화장하는 방법에 대해 상세하게 설하시고, 불탑을 세워야 한다고 말씀하셨다. 탑을 세워 공경해야 하는 분들이 있는데, 여래, 아라한, 정등각, 벽지 부처님, 여래의 제자 전륜성왕의 탑은 세울 만하다고 하셨다. 탑을 참배하는 이들에게는 큰 공덕이 있을 것이라고 하셨다.

아난다는 슬픔에 잠겨 옆방으로 들어가 문틀에 기대어 울며 서 있었다. 아난다는 스스로 아직 더 닦아야 하는 수행자(유학有學)임을 알았다. 자비를 베풀어주신 스승께서 곧 세상을 떠나실 것도 알았다. 25년 동안 가장 가까이 세존을 모신 결실은 무엇으로 남았을까? 아난다가 홀로 울고 있던 이 장면은 후대 불교 미술에서 자주 등장한다.

부처님께서는 아난다가 보이지 않자, 비구들에게 어디 있는지 물으셨다. 어떤 비구에게 '도반 아난다여, 스승께서 그대를 부르십니다.'라고 말하며 불러 오라 하셨다. 아난다는 세존께 다가가 절을 올리고 한쪽 곁에 앉았다. "슬퍼하지 말라, 아난다여. 내가 모든 것은 변하고 무상하다고 여러 차례 말하지 않았느냐? 생겨난 것이 어찌 무너지지 않을 수 있겠느냐? 아난다여, 그대는 오랜 세월 자애로운 몸의 업과 자애로운 말의 업과 자애로운 마음의 업으로 세심하고 진실하게 온 힘을 다해 여래를 시봉해 왔다. 아난다여, 그대는 참으로 큰 공덕을 지었다. 계속 정진하라. 곧 모든 번뇌에서 벗어나게 될 것이다!" 부처님께서는 이어서 아난다가 오래전 본생에서도 부처님을 섬기고 많은 공덕을 지은 일에 대해 말씀해 주셨다(빨라싸나무에 얽힌 본생 이야기 307).

세존께서는 아난다에게 두 번째로 '곧 아라한과를 얻을 것'이라고 수기를 주셨다. 다시 한 번 비구들을 향해 몸을 돌리시고 아난다를 칭찬하셨다. "과거 모든 세존들에게는 각각 최상의 시자들이 있었다. 예를 들면 나에게 아난다가 있는 것과 같다. 미래 모든 세존들에게도 최상의 시자들이 있을 것이니, 나에게 아난다가 있는 것과 같다."

"비구들이여, 만일 어떤 비구들이 아난다를 보기 위해 다가가면 그를 보기만 해도 흡족해 한다. 아난다가 법을 설하면 그가 법을 설하는 것만으로도 흡족해 한다. 만일 아난다가 침묵한다면 비구들은 기뻐하지 않는다. 그리고 비구니와 청신사와 청신녀도 그러하다. 아난다가 가르치는 모든 모임은 항상 기뻐하고 그가 법을 설하는 것을 더 듣고 싶어 한다. 아난다는 전륜성왕에게서만 볼 수 있는 놀랍고도 비범한 자질을 지니고 있다."

여기서 우리는 부처님께서 종종 경전에서 그리하셨던 것처럼, 두 가지 의도에서 아난다를 크게 칭찬하셨음을 알 수 있다. 우선 아난다를 크게 칭찬하심으로써 다른 수행승들에게 아난다가 얼마나 뛰어난 제자인지를 선언하셨다. 다른 한편으로는 아난다가 마지막 관문을 뚫어 아라한과를 성취할 수 있도록 격려하신 것이다.

부처님께서 아난다를 칭찬하신 후, 아난다는 반열반 하실 곳에 관해 말씀드렸다. '여기 조그마하고 척박한 볼품없는 도시 꾸시나라보다는 사왓티, 라자가하, 꼬삼비, 와라나시 같은 큰 도시에서 열반에 드시는 것'이 어떨지 여쭈었다. 아난다가 언급한 도시들 중 부처님 고향 까삘라왓투가 빠졌다는 사실에 주목해야 한다. 까삘라왓투는 얼마 전 바사익왕의 뒤를 이은 비유리(毘琉璃, 위두다바)왕이 공격해 모든 것이 파괴되었기 때문이다. 아난다는 '부처님께서 다시는 웨살리에 가지 않을 것'이라고 말씀하셨기 때문에 웨살리도 언급하지 않았다. 아난다는 '큰 도시에서 부처님 장례 의식을 치름으로써, 그 지역에 사는 재가신도들이 여래의 존체를 잘 수습할 수 있을 것'이라고 생각했다. 그러나 반열반을 앞둔 부처님께서는 꾸시나라가 조그마하고 척박하며 볼품없는 도시가 아닌 까닭에 대해 상세하게 설명하셨다. 부처님께서는 오래 전 이 꾸시나라에서 여섯 번의 본생 동안 전륜성왕인 대선견(大善見, 마하수닷사나)으로 사셨다. 지금 반열반에 드시며 몸을 버리시는 것이 일곱 번째이자 마지막이었다. 장엄하고 웅장한 왕국은 파괴되었고 사라졌다. 때문에 부처님께서 꾸시나라에서 반열반에 드심으로써, 모든 것은 무상하다는 것을 다시 한 번 일러주시기에 적합했다.

부처님께서는 전륜성왕 마하수닷사나에 대해 설하심으로써 아난다에게 마지막이자 위대한 가르침을 주셨다. 그 후 부처님께서는 아난다로 하여금 꾸시나라에 사는 말라족들을 불러, 마지막 (반열반) 시간에 친견하게 하라고 당부하셨다. 그때 꾸시나라에 있던 수밧다(수발타須跋陀)라는 유행승遊行僧이 부처님께서 반열반에 드실 것이라는 소식을 들었다. 수밧다는 부처님께서 세상에 출현하시는 것이 참으로 드물다고 생각했다. 더 늦기 전에 부처님께 법을 듣기를 원했다. 아난다를 찾아가 세존을 친견할 수 있게 해 달라고 요청했다. 아난다는 반열반을 앞둔 세존께서 힘들어하실까 염려해 청을 들어주지 않았다. 스승을 염려한 아난다는 수밧다의 청을 세 차례나 거절했다. 부처님께서 그들의 대화를 들으시고 수밧다에게 가까이 올 것을 허락하셨다. 수밧다는 다음과 같이 여쭈었다. "지금 제자들을 이끌고 가르치는 사람들은 모두 깨달음을 얻었다고 주장하지만 그들의 가르침은 서로 모순됩니다. 누가 진정한 깨달음을 이룬 것입니까?" 부처님께서는 수밧다가 던진 질문에 대해 "어떤 자들이 최상의 지혜를 지녔든 지니지 못했든 나는 그대에게 법을 설할 것"이라고 말씀하시고 법을 설하셨다. "성스러운 여덟 가지 길(팔정도八正道)이 있는 곳에만 참된 사문(청정범행)이 있다. 비구들이 바른 길을 간다면 세상에 아라한, 참된 성인이 텅 비지 않을 것이다. 수밧다여, 나는 오십여 년 출가수행자로서 살며 바른 법을 설하였다. 법을 가까이해야 성스러운 삶(청정범행)을 살 수 있다."

이 짧은 설법은 수밧다가 여러 가지 부처님 가르침을 이해하고 출가를 결심하기에 충분했다. 수밧다는 출가를 허락해 달라고 간청드렸다. 부처님께서는 외도였던 자가 출가를 원하고 구족계 받기를 바란다면, 네 달 동안의 견습 기간을 거쳐야 가능하다고 말씀하셨다. 수밧다는 스스로 4년 동안의 견습 기간을 거쳐 출가하겠다고 다짐했다. 부처님께서는 예외를 두어 수밧다를 그 자리에서 받아들이셨다. 수밧다는 부처님의 마지막 비구 제자가 되었고, 오래지 않아 아라한이 되었다.

대반열반경 여섯 번째 암송은 부처님의 마지막 가르침으로 시작된다. 부처님께서는 첫째, 수행승들에게 '여래의 반열반 후에는 더 이상 스승이 없다는 생각을 하지 말라.'고 당부하셨다. "내가 떠난 후에는 법과 계율이 그대들의 스승이 될 것이다."라고 설하셨다. 경전에 기록된 부처님의 이 유훈遺訓은 오늘날까지도 승가에 매우 중요한 규범이 되고 있다. 둘째, '여래의 반열반 이후 수행승들은 지금처럼 아무에게나 '도반道伴이라고 불러서는 안 된다.'고 하셨다. 출가한 지 오래된 비구(구참 비구)는 새로 출가한 비구(신참 비구)에게 이름을 부르거나 성을 부르거나 '도반'이라고 불러야 한다. 후배 수행승들은 선배 수행승들을 '존자尊者'나 '장로長老'라고 불러야 한다. 이 유훈은 승가에서 수행승들의 개인적 자질보다는 연장자를 존중해야 한다는 것을 확인해 주었다. 세 번째는 '승가가 원한다면 사소한 학습계목들은 폐지해도 좋다.'고 하셨다. 네 번째이자 마지막 유훈은 찬나 비구[50]에게 가장 강한 처벌(범단벌梵壇罰)[51]을 하라는 것이었다. 아난다는 어떤 것이 가장 강한 처벌인지 여쭈었다. 부처님께서는 '찬나 비구가 스스로 참회하지 않는 한 찬나에게 말하거나 조언하거나 가르쳐서도 안 된다.'고 하셨다.

아난다가 완성해야 할 일차적인 외적 지침을 설하신 후, 부처님께서는 다시 비구들에게 물으셨다. 부처님과 법, 승가, 도道, 도 닦음(도행道行)에 대해 질문할 것이 있는지 물으셨다. '스승께서는 우리 앞에 계셨다. 그러나 우리는 세존께 제대로 여쭈어 보지 못했다.'라고 자책하지 말고 질문을 하라고 하셨다. 세 번을 물으셨지만, 질문하는 비구가 없었다.

아난다는 "이 비구 승가에는 '부처님과 법, 승가, 도, 도행에 대해 의심이 있거나 혼란이 있는 이가 없다.'는 청정한 믿음이 있습니다."라고 아뢰었다. 부처님께서는 다시 한 번 아난다의 견해를 바로 잡아 주셨다. 아난다는 아직 '의심하는 이가 아무도 없다'는 사실을 확실히 알 수 없었기 때문이었다. 비구들이 질문을 드리고 싶지 않았거나, 최후의 순간에 '궁금한 것이 있다'는 사실을 인식하지 못했을 수도 있었다. 오직 완벽한 지혜를 이루신 분만이 '부처님과 법, 승가, 도, 도행에 대해 의심이 있거나 혼란이 있는 이가 없다.'고 말할 수 있었다. 그런데 실제로도 아난다가 말씀드린 그대로였다. 부처님께서는 이렇게 아난다의 믿음이, 완전한 깨달음을 이루신 부처님 지혜와 다르다는 사실을 보여 주셨다. 그 자리에 함께한 500명의 비구들 가운데 가장 낮은 이가 예류과였던 아난다였고, 아난다는 의심할 여지없이 해탈에 이를 것이 확실했고, 정등각을 향해 나아가고 있었기 때문이다.

다시 한 번 스승은 비구들에게 마지막 작별의 말씀을 남기셨다. "비구들이여, 이제 그대들에게 당부하노니 모든 형성된 것들은 반드시 소멸한다. 방일하지 말고(불방일不放逸, 게으르지 않게, 열심히 진지하게, 주의 깊게 알아차리게) 목표를 이루기 위해 정진하라!"

세존께서는 마지막 유훈을 하신 후, 초선에서 사선정에 이르셨다. 사선정에서 나오신 후 공무변처, 식무변처, 무소유처, 비상비비상처에 드셨다가 나오셨다. 그리고 모든 인식과 느낌이 소멸하는 상수멸相受滅에 이르셨다. 부처님께서 선정에 머무시는 동안 아난다가 아누룻다에게 말했다. "존자시여, 세존께서는 반열반하셨습니다." 같은 날 출가했지만 더 이상 아누룻다를 '도반'이라고 부르지 않고 '존자'라고 불렀다. 그러나 아누룻다는 신성한 눈(천안天眼)으로 아난다를 일깨워 주었다. "도반 아난다여, 세존께서는 아직 반열반하시지 않았습니다. 상수멸에 드신 것입니다." 아누룻다처럼 아라한만이 세존께서 현재 머무시는 미묘한 상태를 인식할 수 있었다. 그 후 부처님께서는 거꾸로 상수멸에서 초선에 이르기까지 선정 삼매에 드셨다. 다시 초선, 이선, 삼선을 지나 사선에 드셨다. 사선에서 나오신 뒤 바로 반열반하셨다.[52]

세존께서 반열반에 드신 그 순간 땅이 크게 흔들리고 천둥이 크게 울었다. 부처님께서 깨달음을 이루신 후 가르침을 펴시도록 권유했으며, 윤회를 벗어난 대범천 사함빠띠는 "세상 모든 존재들은 무상하다. 여래께서도 이처럼 반열반 하시는구나!"라는 게송을 읊었다. 천신의 왕 삭까(인드라)는 게송으로 이렇게 노래했다. "형성된 것들은 참으로 무상해 일어났다가 사라진다. 일어났다가는 소멸하니 이들의 가라앉음이 행복이로다." 아누룻다 존자는 "고요함으로 가신 부처님"을 찬탄하는 게송을 지었다. 아난다는 한탄하는 게송을 읊었다.

모든 덕을 다 갖추신
정등각께서 반열반하셨을 때
땅이 크게 흔들리니 두려웠고
땅이 크게 흔들리니 모골이 송연했네

아직 애정(세존에 대한 애정)에서 완전히 벗어나지 못한 비구들은(예류자와 일래자) 모두 아난다처럼 한탄했다. 아누룻다 존자가 그들을 위로했다. '무상無常은 변하지 않는 법칙'이라고 일깨워 주었다. 천신들 가운데 애정을 벗어난 이들은 평정심을 유지하고 있다고 말했다.

아누룻다는 아난다에게 법에 관해 말하며 남은 밤 시간을 보냈다. 출가수행자로 살아온 43년 동안 매우 달랐던 두 형제 사이에 법에 관한 대화는 단 한 번도 없었던 것 같다. 아누룻다는 이제 위로가 절실한 이복동생 아난다에게 마음을 다해 위로해 주었다. 아침이 되자 가까운 제자들 사이에서 자연스럽게 지도자의 역할은 아누룻다가 맡았다. 아누룻다는 아난다에게 말라족 사람들에게 부처님 반열반을 알려주라고 요청했다.

아난다에게서 부처님 반열반 소식을 들은 말라족은 꽃과 향 등 장례의식에 필요한 모든 것을 갖추어 사라나무 숲으로 향했다. 말라족들은 세존 반열반 일곱째 날이 될 때까지 춤, 노래, 음악, 화환과 향으로 세존의 존체에 예경드렸다. 말라족들이 왜 축제처럼 엿새를 보냈는지 의아할 수도 있다. 그러나 그들이 슬퍼해야 할 이유는 없었다. 그들이 슬퍼하고 한탄하며 날들을 보냈어도 아무것도 바뀌지 않았을 것이다. 그들은 춤과 노래로 스승에 대한 존경과 존중을 나타냈다. 부처님께서 세상에 출현하셨고 법을 설하셨으며, 인도를 두루 다니시며 중생들을 위해 가르침을 펴셨고, 법을 보존하기 위해 승가를 세우셨던 성스러운 여정을 노래했다.

일곱째 날 세존의 법구를 화장하기 위해 장작더미를 쌓았다. 말라족 수장 여덟 명이 세존의 법구를 옮기고 불을 붙이려고 했다. 그러나 그렇게 할 수 없었다. 아누룻다는 천신들이 그들을 막고 있다고 말해 주었다. 부처님 마지막 여정에 함께하지 못했고, 수행자들과 함께 꾸시나라로 오고 있는 마하깟사빠 존자가 도착하지 않았기 때문이었다. 깟사빠 존자가 도착해 세존의 법구를 모신 장작더미를 오른쪽으로 세 번 돌아 예경을 드렸다. 법구를 오백 겹으로 감싼 천의 발쪽을 열고 절을 올렸다. 그러자 장작더미에 저절로 불이 붙었고 여래의 법구는 오직 사리만 남을 때까지 타올랐다. 재도 먼지도 남지 않았다.

부처님의 반열반 소식은 인도 전역으로 전해졌다. 마가다, 웨살리, 까삘라왓투, 알라깝빠, 라마가마, 웨타디빠, 빠와에서 모두 사신을 보냈다. 사신들은 사리탑을 세워 모실 수 있도록 세존의 사리를 나누어 줄 것을 요청했다. 꾸시나라 말라족은 부처님께서 그들의 땅에서 반열반 하셨기 때문에 사리를 나누어줄 수 없다고 고집을 부렸다.

그때 도나 바라문이 중재에 나섰다. 가장 위대한 평화를 이루신 분의 사리를 두고 싸움이 일어난다면 옳지 않다고 말했다. 공평하게 여덟 개 나라에 사리를 골고루 나누어 모시는 것이 어떻겠느냐고 제안했다. 모두가 마음을 열고 제안을 받아들여, 여덟 개의 사리함에 담아 나누었다. 도나 바라문은 사리를 모셨던 함을 가져가겠다고 요청해 사리함을 받았다. 삡팔리 숲에 사는 끄샤뜨리야인 모리야족은 뒤늦게 자신들도 사리를 모시겠다고 했지만, 타고 남은 숯밖에 없었다. 이렇게 해서 사리를 모신 여덟 곳과 사리함을 모신 한 곳, 숯을 모신 한 곳 해서 모두 열 곳에 부처님 사리탑이 세워졌다.

세존의 완전한 열반 이후

아난다는 스승이 떠나신 후의 상황을 게송으로 남겼다.

친구인 선지식(사리뿟따)이 세상을 떠나고
스승 또한 반열반 하신 나에게
몸에 대한 마음챙김 같은[53]
그만한 벗은 없다

옛 사람들은 이제 떠나고
새로운 사람들은 낯설다[54]
오늘 나는 홀로 선정에 든다
비올 때 둥지 안에 든 새처럼
(테라가타 1041~1042)

세존의 장례 의식이 끝난 후 아난다는 자신에게 오직 한 가지 의무만이 남아 있음을 깨달았다. 부처님께서 이룰 수 있다고 수기해 주신 궁극적 해탈을 성취해야만 했다. 마하깟사빠는 말라족과 싸끼야족 근처에 있는 꼬살라국 숲에 들어가 수행하도록 조언했다. 그런데 부처님 시자가 인근 숲에서 홀로 수행하고 있다는 사실이 알려지자 찾아오는 신도들이 너무 많았다. 재가신도들은 부처님과 사리뿟따, 목갈라나, 그리고 정의롭고 사랑받았던 바사익왕이 열반하자 큰 슬픔에 잠겼다. 그들 모두는 같은 해에 세상을 떠났다. 신도들은 아난다의 위로가 필요했다. 아난다는 마을에서나 숲에서나 밤낮으로 신도들을 위로해야 했다. 결코 홀로 수행할 수 있는 환경이 아니었다. 숲에 사는 한 천신이 아난다의 수행을 걱정하며 게송으로 이렇게 조언했다.

숲속 깊은 곳 나무 아래 들어가
그대의 마음에 열반을 간직하고
고따마의 제자여 선정에 드시오 결코 방일하지 마시오
이 떠들썩한 곳에서 그대는 무엇을 할 수 있겠소
(아난다 경, 상윳따니까야 9:5)[55]

숲의 신으로부터 권고를 받은 아난다는 해탈을 성취해야겠다는 의지를 굳게 했다.

그 사이 마하깟사빠 존자는 부처님 가르침(법)과 계율을 바르게 지키고 보존하기 위해 승려 대회를 개최하기로 결정했다.[56] 당시 꼬살라국 정세가 불안정해 아자따삿뚜왕의 보호를 받아 라자가하에서 열기로 했다. 회의에는 500명의 비구가 참여해야 했다. 마하깟사빠는 499명의 비구를 선출했다. 그리고 부처님 가르침을 가장 많이 가장 잘 알고 있는 아난다가 참여해야 한다고 제안했다. 아난다가 아직 아라한에 이르지 못했더라도 결집회의에 없어서는 안 될 존재였다.

결집 날짜가 가까워지자 아누룻다 존자는 '아난다가 모든 번뇌를 끊고 아라한과를 얻어야만 회의 참석이 가능하다.'고 제안했다. 아누룻다는 아난다의 수행 열망을 자극하기 위해 제안을 했으며 효과가 있었다. 아난다는 이 소식을 듣고 궁극적인 해탈을 이루기 위해 밤을 지새워 정진했다. 밤새도록 좌선坐禪과 경행徑行을 반복하며 네 가지 근본 마음챙김(사념처四念處) 수행을 했다. 새벽이 되어 '지나치게 흥분해 바르게 정진하지 못했다.'는 생각을 하고, 두 발을 씻고 침상에 앉아 '쉬어야겠다.'며 몸을 침상에 누이려 했다. 두 발이 땅에서 떨어지고 머리가 베개에 닿기 전 모든 번뇌를 소멸했고, 해탈에 이르렀다.

마침내 제1차 결집회의(오백결집)가 시작되었다. 모두들 아난다가 아라한을 성취할 것이라고 확신했고, 그의 자리가 마련되었다. 다른 비구들이 모두 자리에 앉고 잠시 뒤 아난다는 신통력으로 공중에서 내려와 자리에 앉았다. 아누룻다와 마하깟사빠는 아난다가 목표에 도달했다는 것을 알았고 친형제처럼 기뻐했다. 마하깟사빠는 결집회의 시작을 선언했다.

마하깟사빠는 가장 먼저 지계제일 우빨리 존자에게 각각의 계율이 제정된 상황과 주제, 기원에 대해 물었다. 우빨리 존자의 답으로 비나야(율장)가 먼저 확립되었다. 다음으로 부처님 설법을 확립하고 모았다. 마하깟사빠는 아난다에게 가장 긴 법문인 디가니까야(장아함경長阿含經, 장부長部)에 관해 질문하고 확립했다. 다음으로 중간 길이의 법문을 모아 놓은 맛지마니까야(중아함경中阿含經, 중부中部), 상윳따니까야(잡아함경雜阿含經, 상응부相應部), 앙굿따라니까야(증일아함경增壹阿含經, 증지부增支部), 쿳다까니까야(소부小部) 등을 차례로 확립했다.

법과 율을 확립한 뒤 아난다는 부처님께서 유훈으로 남겨주신 문제들에 대해 말했다. 아난다는 부처님께서 '사소한 학습계율은 승가가 원한다면 폐기해도 좋다.'고 말씀하셨다고 전했다. 장로 수행승들은 사소한 학습계율이 무엇인지 부처님께 여쭈었는지 물었다. 아난다는 여쭈어보지 않았다고 답했다. 마하깟사빠가 상황을 정리했다. "지금 승가가 사소한 학습계율을 폐지하기 시작하면, 재가신도들은 세존께서 반열반 하시자 제자들이 나태해졌다고 할 것입니다. 사소한 학습계율이 어떤 것들을 의미하는지 알 수 없기 때문에 어떤 것도 폐지하지 않을 것입니다. 우리는 스승님의 뜻에 어긋나는 어떤 일도 하지 않아야 합니다." 그렇게 상황은 마무리되었다.

그때 장로 수행승들은 아난다에게 사소한 계율을 어긴 것에 대해 참회해야 한다고 지적했다. 먼저 세존께 사소한 학습계율이 어떤 것인지 여쭈어 보지 않은 것은 악작죄(惡作罪, 둑까따, 가벼운 죄, 참회죄)를 범했다고 했다. 아난다는 '자신은 악작죄를 지었다고 보지 않지만, 존자들이 그렇다고 믿고 있으니 참회한다.'고 했다. 존자들은 세존께서 우기에 입는 옷을 밟아 찢어 꿰맨 것도 악작죄라고 참회를 요구했다. 아난다는 같은 대답을 했다. 세 번째로 장로들은 여인들에게 먼저 세존의 사리에 예경을 드리게 한 일도 악작죄라고 지적했다. 아난다는 여인들이 장례의식을 치르고 먼저 예경을 드린다면 어두워지기 전에 집으로 돌아갈 수 있었기 때문에 그렇게 했다고 답했다. 그러나 아난다는 이 문제에 대해서도 '악작죄를 지었다고 보지 않지만 장로들께서 그렇게 믿고 있으니 참회한다.'고 인정했다. 장로 수행승들이 네 번째로 제기한 비판은 세존께서 반열반 하시기 전에 한 겁 동안 머물러 주시기를 간청드리지 않은 것에 관한 지적이었다. 아난다는 당시 마라에게 사로잡혀 있었기 때문에 악작죄로 보지 않는다며 스스로를 변호했다. 이러한 비판에 직면한 아난다의 행동은 모범적이었다. 그는 다른 장로들의 판단에 복종했다. 어떤 악작죄도 짓지 않았다고 있는 그대로의 사실을 말했지만, 장로들의 판결에 따랐다.

아난다는 이어서 세존께서 반열반 하시기 전에 '찬나 비구에게 아주 중한 처벌을 부과하라고 말씀하셨다.'고 보고했다. 장로 수행승들은 아난다에게 처벌을 하도록 했다. 아난다는 찬나 비구가 매우 폭력적이고 제멋대로여서 그렇게 할 수 없다고 했다. 장로 수행승들은 여러 비구와 함께 가서 처벌을 통보하도록 했다. 아난다는 여러 비구와 함께 꼬삼비로 갔다. 부처님의 마지막 유훈대로 찬나 비구에게 가장 강한 처벌(범단벌梵壇罰)을 내렸다.

부처님께서는 이 벌에 대해 말 조련사 께시에게 설명하신 일이 있었다.[57] 온화한 방편과 혹독한 방편으로도 고쳐지지 않는 제자들에게 내리는 처벌이었다. 그런 제자들은 '승가에서 죽은 사람'으로 여겨질 것이다. 찬나 비구는 '수행승들에게 원하는 것을 이야기하더라도 수행승들은 말을 걸거나 충고하거나 가르침을 줄 수 없다.'는 설명을 듣고 그 자리에서 쓰러져 기절했다. 찬나 비구는 정신이 들어, 세존께서 마지막 유훈으로 벌을 주도록 하셨다는 사실에 깊이 참회하고 부끄러워했다. 그는 크게 자극을 받아 홀로 떨어져 부지런히 정진했다. 찬나 비구는 얼마 지나지 않아 아라한과를 성취했다. 세존께서 찬나 비구에게 벌을 주도록 하신 것은 마지막으로 제자를 위해 자비를 베푸신 것이었다. 찬나의 이익과 행복을 위해 그렇게 조치하셨으며, 반열반 하신 후에도 가장 효율적인 가르침을 펼치셨던 것이다. 아라한이 된 찬나 비구는 아난다를 찾아가 형벌을 거두어 달라고 요청했다. 아난다는 찬나 비구가 번뇌에서 해탈하고 아라한이 되었을 때 이미 처벌은 철회되었다고 답했다.

세존께서 반열반에 드신 후 가장 존경받는 제자였던 마하깟사빠가 승가를 이끌었다. 그러나 그의 위상은 부처님과 같은 '귀의처'도 아니었고, '승가의 주인'도 아니었다. 그는 단지 수행승들 가운데 가장 권위 있고 존경받는 사람이었다. 마하깟사빠는 법과 율을 준수하는 상징적인 위치에 있었다.

제자들은 승가의 모든 일을 그가 결정하도록 했으며, 그에게 모든 것을 맡겼다. 마하깟사빠는 승단의 수석 장로가 되었다. 아난다는 두 번째 수석 장로가 되었으며, 두 번째로 존경받는 성자가 되어 승가를 보살폈다.

아난다는 40년 넘는 세월을 수행승으로 살았고, 부처님 반열반 이후 40년을 더 살았다. 25년 동안 그는 부처님 시자를 지냈고, 비슷한 세월을 아라한 가운데 으뜸으로 있었다. 세존 반열반 이후 100년이 지나 제2차 결집회의가 열렸다. 이때 아난다에게 출가했던 제자 쌉바까민이 생존해 있었다. 출가한 지 120년이나 된 구참 비구였다(비나야 삐따까 2:303).

아난다는 120세가 되었을 때 열반이 임박했음을 느꼈다. 스승께서 그리하셨던 것처럼 라자가하에서 웨살리로 유행을 떠났다. 마가다국과 웨살리의 왕들은 아난다가 곧 입멸入滅할 것이라는 소식을 들었다. 작별 인사를 드리기 위해 서둘러 왔다. 아난다는 자비로운 품성대로 마가다국과 웨살리국 모두에게 공평하게 사리를 나눌 수 있도록 입멸에 들었다. 아난다는 신통력으로 공중으로 떠올라 삼매의 불길에 몸을 맡겼다. 사람들은 아난다 존자의 사리를 공평하게 나누어 사리탑을 세웠다.

아난다가 세상을 떠난 후 경전 편집을 담당했던 장로들은 테라가타에 그의 게송 세 편을 추가했다.

많이 배우고 가르침을 받아 지닌

위대한 선인의 보물 창고를 지킨 자(법을 보존하는 보물창고)
온 세상의 눈 아난다가
완전한 열반에 들었다

많이 배우고 가르침을 받아 지닌
위대한 선인의 보물 창고를 지킨 자
온 세상의 눈 아난다는
암흑 속에서 어둠을 물리쳤다

많이 배우고 외우신 분
기억력은 뛰어났고 굳건했으며
바른 법을 받아 지닌 장로
아난다는 위대한 보물창고였다
(테라가타 1053~1055)

5. 아누룻다(아나율)

– 천안제일 –

헬무스 헥커

유년시절과 출가

아누룻다(아나율阿那律) 존자는 아난다처럼 부처님 사촌이었다. 아누룻다와 아난다의 아버지는 싸끼야족 아미또다나왕(감로반왕甘露飯王)이었다. 경전에서는 아누룻다와 아난다가 형제라고 하지 않고 다른 가정에서 자란 사이라고 하고 있다. 두 사람은 어머니가 다른 이복형제였을 것이다. 아누룻다의 친형은 마하나마摩訶那摩였으며 여동생은 로히니였다.

아누룻다는 어려서부터 풍요롭고 호화스러운 환경에서 자랐다. 경전에서는 아누룻다가 보낸 어린 시절이 고따마 싯다르타 왕자와 같았다고 기록하고 있다. "싸끼야족의 아누룻다는 섬세한 보살핌을 받으며 자랐다. 세 개의 궁전이 있었는데, 하나는 겨울을 하나는 여름을 또 하나는 우기를 위한 것이었다. 우기 넉 달 동안에는 남자 없이 기녀들에게 둘러싸여 궁전에서 내려오지 않았다(싸끼야족 여섯 명의 출가, 비나야삐따까 2:180)."

담마빠다(법구경) 주석서에는 아누룻다가 얼마나 풍요롭고 호사스럽게, 과잉보호를 받으며 자랐는지 상세하게 기록하고 있다. 아누룻다는 원하는 것은 무엇이든 다 가질 수 있었기 때문에 '없다'는 말을 들어본 적이 없었다. 어느 날 아누룻다는 다섯 명의 싸끼야족 왕자들과 과자 내기 구슬놀이를 했다. 세 번이나 져서 어머니에게 하인을 시켜 과자를 보내 달라고 했다. 네 번째에도 그가 져서 다시 과자를 보내달라고 했다. 어머니는 하인에게 이제 과자가 없다는 말을 전하게 했다. 아누룻다는 이제까지 '없다'는 말을 들어본 적이 없어 다른 종류의 과자일 것이라고 생각했다. 하인에게 '없다 과자'를 가져오라고 했다. 어머니는 아누룻다에게 '없다'라는 말의 뜻을 가르치기로 하고, 빈 황금접시를 보냈다. 행운은 여전히 그의 편이었다. 아누룻다가 본생에 지은 공덕으로 천신들이 빈 황금접시에 맛있는 천상의 과자를 채워 주었다. 아누룻다는 천상의 과자를 맛보고 이제는 결코 다른 과자를 먹지 않겠다고 다짐했다. 계속해서 어머니에게 '없다 과자'를 보내달라고 했고, 어머니가 빈 접시를 보낼 때마다 천신들이 천상의 과자를 채워 주었다.[1]

아누룻다는 어린 시절을 삶의 의미와 목적에 대해서는 거의 생각해 보지 않은 채 지냈다. 슬픔도 몰랐고 덧없는 즐거움에 빠져 보냈다. 인도 전역에서 명성이 높았던 사촌, 부처님께서 까삘라왓투를 방문했을 때 아누룻다는 인생의 전환점을 맞이했다. 부처님께서는 많은 친족들이 출가해 수행승으로서 수행하도록 이끄셨다. 아누룻다의 친형 마하나마는 어느 날, 싸끼야족은 많이 출가했는데 자신의 가문에서는 아무도 출가하지 않았음을 떠올렸다. 동생 아누룻다에게 "네가 출가하거나 내가 출가하면 어떨까?"라고 물었다.

아누룻다는 불평했다. "형님, 저는 아주 곱게 자랐습니다. 집에서 집 없는 곳으로 떠날 수는 없습니다. 형님이 출가하세요."

마하나마는 아누룻다에게 집에서 생활하면 얼마나 큰 짐을 지고 살아야 하는지에 대해 생생하게 일러 주었다. "먼저 밭을 갈아야 하고, 갈고 나서 씨를 뿌려야 하며, 씨를 뿌리고 물을 끌어와야 한다. 다시 물을 퍼내야 하고 잡초를 베어내야 하며, 그 다음에 수확을 해야 하고, 곡식을 거둬들여야 한다. 짚더미를 제거해야 하고 그 다음에 왕겨를 제거하고 다시 체로 쳐서 걸러 저장해야 한다. 해마다 똑같이 반복해서 일을 해야 한다(비나야삐따까 2:180)."

아누룻다가 물었다. "작업은 언제쯤이나 끝이 납니까? 언제 이 일에서 벗어날 수 있습니까? 우리는 언제 다섯 가지 감각적 쾌락의 욕망을 완전히 얻고 즐길 수 있습니까?"

형은 단호하게 답했다. "아누룻다여, 그 일은 끝나지 않는다. 아버지와 할아버지도 작업을 끝내지 못하고 세상을 떠나셨다."

형의 말이 끝났을 때 아누룻다는 이미 마음을 굳혔다. "형님이 집안일을 돌보십시오. 제가 집에서 집 없는 곳으로 출가하겠습니다."

고통과 싸우면서 끝없이 윤회하고 환생의 악순환을 반복해야 한다는 생각이 들자 아누룻다는 절박함을 느꼈다. 삶의 매 순간 끊임없이 고군분투하다가 죽고 다른 곳에서 다시 태어나야 하는 자신을 보았다.

현재의 삶이 덧없고 무의미하게 느껴졌다. 사촌을 따라 출가해 끝없이 반복하는 윤회의 악순환을 벗어나기 위해, 수행승으로서 정진하는 삶에서 희망을 보았다.

아누룻다는 즉시 어머니에게 출가를 허락해 달라고 청했다. 어머니는 아들과 헤어지고 싶지 않아 결코 출가를 허락하지 않았다. 아누룻다 역시 고집을 꺾지 않았다. 어머니는 출가 의지를 꺾기 위해 아누룻다의 친구이자 싸끼야족 왕자인 밧디야(발제拔提)가 함께 출가한다면 허락하겠다고 했다. 밧디야는 현재 정반왕의 뒤를 이어 싸끼야족을 통치하고 있었다. 어머니는 '밧디야가 왕위를 포기하지 않을 것이고 그렇게 되면 아누룻다 역시 출가할 수 없을 것'이라고 확신했다.

아누룻다는 밧디야왕을 찾아갔다. "내 출가가 그대에게 달려 있다네. 함께 집에서 집 없는 곳으로 출가하는 것이 어떻겠는가?" 밧디야가 답했다. "그대의 출가는 나와 관계없네. 나는 그대와 함께하겠네. 그대는 출가하게." 밧디야는 여기서 말을 멈추었다. '함께 출가하겠다.'고 하고 싶었지만 무엇인가 아쉬운 마음이 들어 말을 끊었다. 세속적인 권력과 쾌락을 향한 집착에 굴복한 밧디야는 "그대는 출가하게. 출가해서 그대의 소원을 성취하게."라고 말할 수밖에 없었다. 아누룻다는 계속 간청했다. "그대는 나에게 '그대의 출가가 나에게 달려 있건 달려 있지 않건 나는 그대와 함께하겠네. 그대는 출가하게' 라고 말하지 않았는가?" 당시 사람들은 말한 대로 실천했고, 약속한 대로 행했다. 밧디야는 아누룻다가 출가에 대한 의지가 얼마나 확고하고 진지한지 알게 되었다. 밧디야는 "7년 만 기다려주게. 7년 후에 둘이서 함께 집에서 집 없는 곳으로 출가하세."라고 말했다. 아누룻다는 "7년은 너무 긴 세월이네. 나는 7년을 기다릴 수는 없다네." 밧디야는 6년 5년 … 1년 … 7개월, 6개월 … 1개월 … 보름만 기다려 달라고 했다. 결국 7일 후에 함께 출가하기로 결정했다. 7일은 세속에 쌓인 문제를 해결하고 형제와 아들들에게 왕정을 맡기는 데 필요한 최소한의 시간이었다. 밧디야는 약속을 지켰고, 아누룻다는 마침내 아무런 제약 없이 출가할 수 있었다.

아누룻다가 출가한 후, 싸끼야족의 출가가 이어졌다. 위대한 친족인 부처님을 따르는 왕자 6명이 승가에 귀의했다. 그들은 궁중 이발사 우빨리와 무장한 호위 부대(사군四軍)[2]를 거느리고 궁을 빠져나왔다. 밧디야, 아누룻다, 아난다, 바구(테라가타 271~274), 낌빌라(금비라金毘羅, 테라가타 118, 155~56) 데바닷따(제바달다提婆達多)였다.

왕자들은 다른 사람들이 출가 사실을 알지 못하도록, 궁 밖에 있는 정원으로 나들이를 가듯 궁궐을 떠났다. 궁궐에서 먼 곳에 이르러, 호위 군대를 돌려보냈다. 다른 나라에 도착해 각자 몸에 지니고 있던 장신구와 보석을 우빨리에게 주며, '이 정도면 생계를 꾸리기에는 충분할 것이다. 이제 돌아가거라.'고 말하며 돌려보냈다. 우빨리는 돌아가는 도중에 멈춰 서서 생각했다. "싸끼야족은 강하고 사납다. 내가 젊은이들을 출가시켰다고 생각하고 나를 죽일 수도 있다." 우빨리는 보석꾸러미를 나무 위에 걸어두고, 왕자들에게 달려가 간청했다. "고귀한 분들이시여, 싸끼야족은 잔인합니다. 저를 죽일 수도 있습니다. 그리고 왕자님들도 출가하는데, 왜 저는 출가할 수 없습니까?"

젊은 싸끼야족들도 역시 우빨리가 돌아가지 않는 것이 나을 것이라고 판단했다. 세존을 뵙고 우빨리도 함께 출가할 수 있도록 해 달라고 요청드렸다. 스승 앞에 선 그들은 우빨리의 출가를 청하며 이렇게 덧붙였다. "우리 싸끼야족 사람들은 교만합니다. 스승이시여, 우빨리는 오랜 세월 이발사로서 저희의 시중을 들어 왔습니다. 스승이시여, 그가 먼저 출가할 수 있도록 해 주십시오. 그러면 우빨리는 저희의 선배가 될 것입니다. 저희는 그에게 합장하고 선배를 향한 예를 다해 공경할 것입니다. 그러면 우리 싸끼야족의 교만한 마음은 줄어들고 겸손을 배울 수 있게 될 것입니다." 부처님께서는 그들의 요청대로 우빨리를 가장 먼저 삭발해 주셨고, 이어서 다른 왕자들도 삭발해 주셨다(비나야삐따까 2:182-183).

싸끼야 족 왕자들은 출가한 지 1년 만에 대부분 영적인 성취를 이루었다. 밧디야는 처음으로 숙명통, 천안통, 누진통 등 세 가지 밝은 지혜(삼명三明)를 성취해 아라한과에 도달했다. 아누룻다는 천안통을 이루었고, 아난다는 예류과를 성취했다. 데바닷따는 세속의 신통력을 얻었다. 바구와 낌빌라, 우빨리는 아난다와 아누룻다처럼 나중에 아라한이 되었다. 데바닷따는 무모한 야망과 악행으로 지옥에 떨어졌다.

해탈을 향한 정진

천안통은 육신의 눈이 볼 수 없는 범위 너머까지 볼 수 있는 능력이며, 아누룻다가 이룬 천안의 능력은 일천 세계를 볼 수 있었다. 더 상세하게 살펴보겠지만, 아누룻다의 천안 능력은 본질적으로 세속적인 것이다.

이 능력을 가졌다고 해서 법을 완전히 깨달은 것은 아니었다. 아누룻다는 아라한이 되기 전에 천안을 이루었다. 더 높은 곳에 도달하기 위해서는 여전히 자신 안에 도사리고 있는 장애들을 극복해야 했다. 경전은 그가 깨달음을 이루기 위해 용맹정진했던 과정을 세 군데에 기록해 놓았다.

아누룻다 존자가 사촌인 난디야, 싸끼야족 귀족 출신 낌빌라와 함께 죽림정사에 머물고 있을 때였다. 부처님께서는 그들의 수행에 어느 정도 진전이 있는지 살피셨다. 아누룻다는 매우 높은 단계의 선정 수행을 하다 마주한 어려움에 관해 말씀드렸다. 선정 수행을 하면서 내면에서 빛을 느끼고 미묘한 색상을 보았다.[3] 그러나 빛과 광채는 바로 사라졌고, 그 까닭을 알 수 없었다.

부처님께서는 당신도 깨달음을 이루기 위해 정진했을 때 같은 어려움을 겪었으며, 그 어려움을 극복했다고 말씀하셨다. 부처님께서는 이러한 미묘한 상태를 완전히 경험하고 안정적으로 인식하기 위해서는 먼저 마음을 오염시키는 번뇌(수번뇌隨煩惱)를 끊어야 한다고 설하셨다.

마음을 오염시키는 첫 번째 번뇌는 '의심疑心'이다. 아누룻다가 경험한 내면의 빛과 그러한 현상이 실재實在하는지에 대해 의심하는 것이다. 물론 내면의 빛과 그러한 현상은 감각에 의지한 환상으로 보기 쉽다. 두 번째는 주의를 기울이지 않는 것(침체된 기분)이다. 수행하는 과정에서 내면의 빛에 온전한 주의를 기울이지 않고 무시한다. 주의하지 않거나 불필요한 것으로 여긴다. 세 번째는 무기력하게 가라앉음(해태懈怠, 혼침昏沈)이다. 네 번째는 두려움(공포恐怖)이다.

잠재의식에서 생겨나는 상相이나 생각에 갑자기 놀라서 생기는 두려움이다.

이처럼 마음을 오염시키는 결함(불완전함)을 통제할 수 있을 때 "환희歡喜"가 생긴다. 환희는 몸과 마음을 흥분시킨다. 번뇌를 잘 제어했을 때 일어나는 습관적인 반응이다. 고양된 기분이다.

"고양된 기분"이 사라지면 마음이 무거워진다. 마음이 무거워지면 지나친 정진을 하게 된다. 지나친 정진을 하다보면 느슨해진다(해태懈怠). 그러한 상태에서 바르게 집중하지 못하면 내면의 빛이 널리 퍼진다. 그러면 내면의 빛이 비추는 곳, 천계 또는 인간 세계에 있는 대상을 향한 갈망(갈애)이 생겨날 수 있다.

이 갈망은 매우 다양한 대상을 향한 것이어서 천상계에서든 인간 세계에서든 다양한 지각으로 이어진다. 또 하나의 불완전함이다. 이렇게 다양한 형상에 대한 지각이 일어나게 되면, 마음에 들든지 마음에 들지 않든지 하나의 형상에 집중하겠다는 마음이 일어난다. 그렇게 선택한 하나의 대상에만 집중하면, 열한 번째 불완전함인 지나친 명상(과도한 명상)을 하게 된다.[4]

부처님께서는 아누룻다와 두 도반에게 높은 단계의 선정 수행에 관해 설하셨다. 명상을 하면서 발생할 수 있고 마음을 오염시키는 11가지 번뇌들에 대해, 당신 스스로의 경험을 토대로 생생하게 설하시고, 극복할 수 있는 수행 방편에 대해서도 설명해 주셨다.

어느 때 선정 수행과 청정한 명상 지각 수행으로 해탈을 이루기 위해 정진하던 아누룻다가 사리뿟따를 찾아갔다. "도반 사리뿟따여, 나는 인간의 눈을 초월한 청정한 천안으로 일천 대천세계를 살펴볼 수 있다네. 나에게는 꺾이지 않는 정진이 생겼고, 마음챙김(새김)을 확립해 잊어버리는 것이 없고, 내 몸은 편안하여 흔들리지 않고, 마음은 완전히 한 곳으로 집중해 있다네. 그런데 아직 나는 집착에서 자유롭지 못하고, 마음에는 번뇌가 있다네."

사리뿟따가 답했다. "도반 아누룻다여! 그대가 천안天眼을 성취했다고 말하는 것은 '자만自慢'이라네. 그대가 꺾이지 않는 정진 등이라고 말한 것은 그대에게 '들뜸(도거掉擧)'이 생긴 것이라네. 마음이 번뇌를 다 끊지 못했다고 하는 것은 '후회'하는 것이라네. 이 세 가지 마음상태를 놓아버리고 불사의 경지인 해탈에 마음을 집중하게." 사리뿟따의 조언을 들은 아누룻다는 혼자 은둔하여 방일하지 않고 이 세 가지 매듭을 끊고 해탈에 이르러, 아라한이 되었다(아누룻다 경, 앙굿따라니까야 3:127).

얼마 후 아누룻다는 쩨띠야(지제支提)국 동쪽 대나무 숲(동 죽림정사)에 머물고 있었다. 아누룻다는 선정 수행을 통해 일곱 가지 '위대한 사람의 사유'에 대해 깨달았다.

'이 법은 바라는 바가 적은(소욕少慾) 자를 위한 것이지 많은 자를 위한 것이 아니다. 이 법은 만족할 줄 아는(지족知足) 자를 위한 것이지 만족하지 못하는 자를 위한 것이 아니다. 이 법은 홀로 은둔하여 사는(한거閑居) 자를 위한 것이지 무리지어 사는 것을 즐기는 자를 위한 것이 아니다. 이 법은 열심히 정진하는 자를 위한 것이지 게으른 자를 위한 것이 아니다. 이 법은 마음챙김을 확립한 자를 위한 것이지 마음챙김을 놓아버린 자를 위한 것이 아니다. 이 법은 삼매에 든 자를 위한 것이지 삼매에 들지 못한 자를 위한 것이 아니다. 이 법은

지혜를 갖춘 자를 위한 것이지 지혜가 없는 자를 위한 것이 아니다.'

이때 세존께서는 박가국 수도인 숨수마라기리성 근처 베사깔라 숲에 있는 녹야원에 머물고 계셨다. 세존께서는 아누룻다가 마음에서 일으킨 생각을 알아차리셨다. 마치 힘 센 사람이 팔을 구부렸다 펴는 것만큼이나 짧은 순간에 '마음으로 이루어진 몸(의성신意成身)'으로 아눗다라 존자 앞에 나타나셔서 자리에 앉으셨다. "아누룻다여, 그대는 대장부의 일곱 가지 사유(생각)를 잘 하였다. 그대는 여덟 번째로 '이 법은 사량분별思量分別이 없음(희론을 끊어냄)을 즐기는 자를 위한 것이지 사량분별을 좋아하고 즐기는 자를 위한 것이 아니다.'라는 생각을 해야 한다."[5]

부처님께서는 이어서 이러한 여덟 가지 생각[6]을 마음에 품고 있을 때 네 가지 선정(사선정)을 성취할 수 있다고 설하셨다. 아누룻다는 더 이상 세속적인 법의 영향을 받지 않게 되었다. 이제 그는 수행승들에게 필요한 가장 간단한 네 가지 요소(사종자구四種資具, 삼의三衣 걸식乞食, 주처住處, 약품)를 갖추는 것마저도 집에 머무는 사람들이 사치를 누리는 것과 같다고 생각하게 되었다. 이 청빈한 수행 생활이 기쁨과 평화를 주고, 열반을 성취하는 데 도움이 될 것이다.

부처님께서는 다시 녹야원으로 떠나시며, 아누룻다에게 그곳에 머물며 정진하라고 하셨다. 아누룻다는 동쪽 대나무 숲에 머물며 우기 안거를 지냈다. '태어남은 다했다. 청정범행을 성취하였다. 해야 할 일을 다 해 마쳤다. 다시는 어떤 존재로도 윤회하지 않을 것이다.'라는 최상의 지혜를 이루었다. 아누룻다는 마침내 아라한과를 성취하여 모든 번뇌를 여읜 해탈을 이루었다(아누룻다 경, 앙굿따라니까야 8:30).

아누룻다는 아라한과를 성취하고 세존께서 설해 주신 가르침에 깊은 예경을 드리며 게송을 읊었다.

세상의 위없는 스승께서는
내 마음을 읽으시고
신통력을 내시어
마음으로 이루어진 몸(의성신意成身)을 타고 내게 오셨다

내 안에 일곱 가지 사유가 생겼을 때
그분께서는 여덟 번째 사유를 설해 주셨다
사량분별 없음(희론을 여윔)을 즐기시는 세존께서는
내게 사량분별 없음을 가르치셨다

그분의 법을 이해하고
그분의 가르침에 기뻐하며 머물렀다
아라한의 세 가지 밝은 지혜(삼명지三明智)를 성취했으니
세존의 가르침을 실천하였다
(앙굿따라니까야 8:30, 테라가타 901~903)

아누룻다의 성취

존자 아누룻다는 두 가지 중요한 영적 성취를 이루었다. 첫째, 천안통天眼通과 숙명통, 누진통 등 세 가지 밝은 지혜를 성취했다. 둘째,

마음챙김의 네 가지 기초가 되는 사념처四念處를 닦았다.

천안은 천신이 볼 수 있는 것과 같은 것을 볼 수 있는 신통이다. 천신은 먼 거리에 있는 존재, 장애물 뒤에 있는 존재, 다른 차원에 있는 존재들을 볼 수 있다. 천안天眼은 선정 삼매를 닦아 성취하는 신통이다. 특정한 감각이 아니라 시각 기능에 깃든 밝은 지혜(명지明智)이다. 특히 불이나 빛 전체를 집중 관찰하는 선정 수행(편처遍處, 전체를 대상으로 하는 선정)으로 성취하는 지혜이다. 이로써 사선정을 성취하고, 사선정에서 바로 나와 선정과 가까운 상태(근접삼매近接三昧)라는 보다 낮은 삼매로 물러난다. 수행자는 빛을 주변 지역으로 점점 넓게 퍼뜨린다. 일반적으로는 알아차릴 수 없는 시각의 형상을 만들어낸다. 수행자가 빛을 발산하는 능력이 더 발달하면, 빛의 영역을 점점 더 멀리 떨어진 세계에까지 확장해서 비출 수 있다. 사람보다 낮은 차원의 존재(수라, 아귀, 축생), 또 사람보다 높은 차원의 존재(천상)로까지 빛을 보낼 수 있다. 천안은 결과적으로 평범한 인간이 볼 수 있는 세계를 넘어서고, 다른 차원의 존재까지도 볼 수 있는 신통력이다.

경전에서 천안의 특별한 위력(신통력)은 모든 존재(인간을 포함한 모든 중생)의 생사윤회를 꿰뚫어 바르게 알 수 있는 힘이다.[7] 이 지혜는 부처님께서 깨달음을 얻으신 날 밤에 성취한 것이다. 세 가지 밝은 지혜 가운데 두 번째로 성취한 것이다. 여섯 가지 신통력[8] 가운데 사신통四神通에 해당한다.

수행자는 천안天眼으로 중생이 이곳에서 죽어 다른 곳에서 환생하는 것을 볼 수 있다. 그러나 천안의 지혜, 능력은 여기에 그치지 않는다. 바르게 천안통을 활용해, 어떤 업을 지으면 환생하게 하는지도 알 수 있다. 그 능력을 활용해 어떤 업보가 어떤 환생에 이르게 하는지도 알아낼 수 있다. 이것이 '업에 따라 나는 곳을 있는 그대로 아는 지혜'[9]이다.

천안은 육도 윤회에서 가장 높은 천상부터 가장 낮은 지옥에 이르기까지 중생 전체를 꿰뚫어 비추어 보는 능력이다. 천안은 환생을 결정하는 업의 법칙도 알 수 있다. 이러한 능력은 오직 부처님만이 성취하는 궁극의 지혜이다. 천안을 성취한 제자가 볼 수 있는 중생의 우주 범위는 현대 과학이 개발한 가장 강력한 천체 망원경을 뛰어넘는다.

부처님께서는 아누룻다 존자를 천안제일 비구 제자로 칭하셨다. "천안을 가진 제자들 가운데 아누룻다가 으뜸이다(으뜸 품, 앙굿따라니까야 1:14)." 한번은 고씽가 사라나무 숲에서 뛰어난 제자들이 모였다. 숲을 아름답게 밝힐 수 있는 제자가 누구인지에 대해 토론했다. 아누룻다는 인간을 뛰어넘는 성스러운 눈(하늘눈)으로 천 개의 세계를 관찰하는 제자가 고씽가 사라나무 숲을 밝힐 수 있다고 답했다. 그런 제자는 높은 누각 위에 올라가 천 개의 수레바퀴를 둘러보는 것과 같이 천 개의 세계를 살펴볼 수 있다고 했다(고씽가 사라나무 숲 큰 법문 경, 맛지마니까야 32). 아누룻다는 또 다른 제자들이 천안을 성취할 수 있도록 돕기도 했다.[10] 천안통을 찬탄하는 게송을 남겼다.

다섯 갈래의 선정 삼매(오지선五支禪)[11]로
평화 고요한 마음으로
나는 안식을 이루었고

청정한 하늘눈을 성취했다

다섯 갈래 삼매로
중생들이 죽고 태어나는 것
중생들이 오고 가는 것을 알고
이 세상과 그 너머에서의 그들의 삶을 안다
(테라가타 916~917)

아누룻다가 수행한 또 다른 중요한 수행은 마음챙김의 네 가지 근본 토대에 관한 정진이었다. "몸(신身)에서 몸을 관찰하고 머문다. … 느낌(수受)에 머물고 느낌을 관찰하고 … 마음(심心)에 머물고 마음을 관찰하고 … 법法에 머물고 법을 관찰하고 … 세상에 대한 욕심과 싫어하는 마음을 버리면서 근면하게 분명히 알아차린다."[12]

마음챙김(새김, 알아차림)의 네 가지 토대를 닦는 것은 때로는, 선정과 신통력을 건너뛰고 깨달음을 빠르게 성취하는 방편이 되기도 한다. 그러나 아누룻다는 "마음챙김의 네 가지 토대를 닦는 것은 영적인 능력과 신통력을 성취하는 방편"이라고 말한다. 또한 열반에 이르는 방편이라고도 한다. 아누룻다는 여러 다른 제자들에게 이러한 사실을 늘 강조했다. 아누룻다 존자는 "어떤 법들을 많이 닦고 공부지어서 큰 신통의 지혜(대신통大神通, 육신통)를 성취했느냐?"는 질문을 받을 때마다 항상 "마음챙김의 네 가지 토대를 계발하고 닦았기 때문"이라고 답했다(세상 경, 상윳따니까야 47:28. 수따누 경, 상윳따니까야 52:3). 아누룻다는 "사념처 수행을 통해 과거 천 겁을 기억하고, 일천 대천세계를 다 꿰뚫어 볼 수 있다고 했다(천겁경千劫經, 상윳따니까야 52:11)."

아누룻다는 또한 마음챙김(念處)의 네 가지 토대를 닦음으로써 "성스러운 분들의 신통력을 성취할 수 있었다."고 말했다. 성스러운 분들의 신통력은 싫어하는 것과 싫어하지 않는 것 둘을 다 버린 뒤, 마음을 챙기고 알아차리면서 평온하게 머물 수 있게 하는 힘이다. 어떤 대상에 대해서도 감정적 반응을 완벽하게 통제할 수 있도록 해 준다(한적한 곳의 경, 상윳따니까야 52:1).

그는 마음챙김의 네 가지 토대를 수행하는 데 게으른 사람들은 괴로움의 소멸에 이르는 성스러운 길을 닦는 수행을 소홀히 하는 것이라고 강조했다. 또한 마음챙김의 네 가지 토대를 열심히 수행하는 사람들은 고통의 소멸로 바르게 이끌어주는 성스러운 도를 열심히 실천하는 것이라고 강조했다(한적한 곳의 경2, 상윳따니까야 52:2). 아누룻다는 또 이 네 가지 마음챙김의 토대로 갈애를 완전하게 소멸할 수 있다고 설했다(갈애멸진경渴愛滅盡經, 상윳따니까야 52:7). '갠지스강이 바다로 흘러가는 길에서 벗어나지 않는 것처럼 사념처四念堂를 닦는 수행자는 출가의 청정범행을 벗어나 세속의 삶으로 돌아갈 수 없다.'고도 역설했다(살랄라나무 집 경, 상윳따니까야 52:8).

어느 때 아누룻다가 심하게 앓았을 때, 비구들은 고통을 참아내는 그의 평정심에 크게 놀랐다. 비구들은 어떻게 그렇게 큰 고통을 평온하게 참고 있느냐고 물었다. 아누룻다는 네 가지 마음챙김의 토대를 닦았기 때문이라고 답했다(중병경重病經, 상윳따니까야 52:10). 또 한번은 사리뿟따가 어느 날 저녁 찾아와, 아누룻다의 감각기관은 고요하고 얼굴빛이 아주 맑고 환하게 빛나는데, 어떤 수행을 하고 있는지 물었다. 아누룻다는 네 가지 마음챙김의 토대를 닦는 데 시간을 보낸다고 답했다. 네 가지 마음챙김을 잘 닦아 확립하는 것이 바로 아라한의 수행이라고 했다. 이에 사리뿟따는 아누룻다가 이렇게 활기차게 말하는 것은 수행승들에게 참으로 크게 이익이 되는 일이라고 말하며 감탄을 금하지 못했다(암바빨리숲 경, 상윳따니까야 52:9).

또 어느 때 사리뿟따와 마하목갈라나가 아직 "배울 것이 있는 수행자(유학有學)와 배울 것이 없는 수행자(무학無學)는 어떤 차이가 있느냐?" 고 물었다. 아누룻다는 네 가지 마음챙김 수행에서 다르다고 했다. 유학(예류과, 일래과, 불환과) 수행승은 네 가지 마음챙김 가운데 일부만 닦았지만, 무학(아라한과) 수행승은 네 가지 마음챙김 모두를 완벽하게 닦았다고 설명해 주었다(가시덤불 숲 경, 상윳따니까야 52:4-5).

아누룻다는 또한 올바른 마음챙김 수행을 통해 "여래의 성스러운 열 가지 위신력(여래십력如來十力)"이라고 하는 경지를 성취할 수 있다고 자신 있고 분명하게 선언했다(행한 업의 경 등, 상윳따니까야 52:16~52:23. 그는 이 경전에서 네 가지 마음챙김으로 성취했던 신통력, 지혜, 선정, 숙명통 등에 관해 설명했다).

여래의 성스러운 열 가지 위신력은 다음과 같다. 과거와 미래와 현재에 지은 업의 조건, 원인, 과보에 대해 있는 그대로 꿰뚫어 안다. 모든 중생이 태어날 곳으로 인도하는 길과 태어나지 않는 곳으로 이끄는 길을 안다. 여러 요소, 즉 안이비설신의 등 감각 기관의 요소, 감각적 욕망의 요소, 세상의 요소(오온, 십이처, 십팔계)들을 있는 그대로 꿰뚫어 안다. 중생들의 다양한 성향(근기)을 있는 바르게 안다. 중생들의 믿음, 정진 등의 기능의 수승함과 저열함, 향상과 퇴보에 관해 있는 그대로 꿰뚫어 안다. 선禪과 해탈과 삼매와 성취의 깊고 얕음을 여실하게 안다. 수많은 본생의 갖가지 삶들과 본생의 갖가지 모습들을 그 특색까지 상세하게 기억해 안다. 천안으로 모든 중생이 업의 인연에 따라 윤회하는 것을 있는 그대로 꿰뚫어 안다. 번뇌가 없는 마음의 해탈(심해탈)과 지혜의 해탈(혜해탈)을 원만하게 갖추어 머문다.

아누룻다와 승단

빨리 경전을 살펴보면 아누룻다는 홀로 고요하게 수행하는 것을 좋아했던 듯하다. 사리뿟따, 마하목갈라나, 아난다 같은 수행승들과는 대조적이었다. 아누룻다는 다른 장로들처럼 부처님 전법 여정에 자주 등장하지 않는다. 장로게경에서 보이듯이 마하깟사빠 존자처럼 두타행을 선호했다.

탁발을 마친 그는
함께하는 벗 없이 홀로 머문다
번뇌를 여읜 해탈자 아누룻다는
쓰레기 더미에서 누더기(분소의)를 찾는다

번뇌에서 자유로운 현명한 이
해탈을 이룬 아누룻다는
누더기를 고르고 씻고 말려

염색해서 가사를 만들어 입었다

욕심이 많아 만족하지 못하고
교제를 즐기는 경솔한 이가 있다[13]
그의 성품은
사악하고 번뇌에 물들었다

마음챙김(새김)을 닦고 욕망을 버리고
만족하고 고뇌를 여의고
멀리 고요히 홀로 있음을 즐기고 기뻐하는 이는
용맹정진을 멈추지 않는다

이러한 성품들
깨달음을 돕는[14] 선하고 건전한 특성들이 있으니
그리하여 그는 번뇌에서 해탈한다고
위대한 선인께서 말씀하셨다
(테라가타 896~900)

나는 55년 동안 두타행을 하며
한 번도 눕지 않았고
혼침昏沈을 완전히 소멸한 지
25년의 세월이 지났다
(테라가타 904)

장로게경 게송은 아누룻다가 세 가지 고행, 즉 탁발걸식을 하고, 분소의를 입었으며, 눕지 않고 늘 좌선에 몰두했던 것으로 그리고 있다. 혼침을 소멸한 지 25년이 지났다는 것은, 아누룻다가 25년 동안 전혀 잠자지 않았음을 말해 준다. 잠을 자지 않아도 선정 삼매의 힘으로 항상 맑은 마음을 유지할 수 있었을 것이다. 그러나 장로게경 주석서에서는 말년에는 육체의 피로를 풀기 위해 잠시 잠을 잤다고 해설하고 있다.

아누룻다 존자는 여러 대중과 함께 있는 것보다는 홀로 수행하는 것을 즐겨했다. 그러나 온전히 혼자 은둔하며 지내지는 않았다. 부처님께서는 아누룻다에게 많은 제자가 있었고, 그들에게 천안통을 가르쳤다고 하셨다(포행경, 상윳따니까야 14:15). 주석서에서는 그가 500명의 제자들과 함께 여행을 했다고 하는데, 숫자는 다소 과장되었을 수도 있다. 또 다른 수행승과 지식이 많은 재가신도들과 함께 법에 대해 토론을 했다고도 전한다. 우리는 다행스럽게도 그 내용을 빨리 경전에서 찾아볼 수 있다.

어느 때 사왓티 왕궁의 목수인 빤짜깡가(오지五支)[15]가 아누룻다와 함께 다른 수행승들을 공양에 초대했다. 그는 법에 정통하고 용맹하게 수행 정진했던 재가신도였다고 한다. 공양을 마친 후 아누룻다에게 다소 미묘한 질문을 했다. "존자시여, 어떤 장로들은 제게 한량없는 마음에 의한 해탈[16]을 수행하라고 조언했습니다. 또 어떤 장로들은 광대한 마음에 의한 해탈[17]을 수행하라 합니다. 이 두 가지 해탈은 의미가 같은 것입니까?"

아누룻다는 두 가지 수행이 다르다고 답했다. 한량없는 마음에 의한 해탈 수행은 사범주四梵住, 즉 무량한 자비희사慈悲喜捨를 닦는 것이다. 광대한(고귀한) 마음에 의한 해탈은 마음을 하나의 대상으로 가득 채워 집중하여, 광대한 바다처럼 넓게 확장해 가며 수행하는 것이다.[18] 마음에 가득 채워 집중하는 대상(편처遍處)은 땅, 물, 불, 바람, 푸른색, 노란색, 빨간색, 흰색, 빛, 한정된 허공의 열 가지가 있다. 아누룻다는 계속해서 광채를 내는 천신들에 대해 설명한다.[19] 아누룻다는 빛이 흐르는 천신들(광음光音)이 모두 같은 천계에 속해 있지만 빛이 다르다고 설했다. 환생하기 전에 닦은 선정에 따라 무한한 빛을 내기도 하고, 제한된 빛을 내기도 한다고 설명했다. 그 빛이 맑거나 흐리거나 할 수 있다고 설해 주었다.

아비야 깟짜나 존자가 다시 아누룻다에게 '빛나는 천신들 가운데 어떤 천신들이 제한된 빛을 내는지(소광천少光天), 한량없는 빛을 내는지(무량광천無量光天)'에 대해 물었다. 아누룻다는 '어떤 천신은 고귀한 마음을 제한된 장소에 채우고, 어떤 천신은 고귀한 마음을 바다에 둘러싸인 대지와 같이 무량하게 채운다. 이 차이로 인해 어떤 천신은 소광천이 되고, 어떤 천신은 무량광천이 된다.'고 답해 주었다. 그러면서 아누룻다는 '오랜 세월 천신들과 함께 사귀었고, 그들과 대화를 나누었다.'고 하면서, '자신이 천신들에 관해 설명한 내용은 모두 직접 경험한 사실들'이라고 확인해 주었다(아누룻다 경, 맛지마니까야 127).

어느 때 세존께서는 많은 비구들에 둘러싸여 야외에 앉아 설법을 하셨다. 그런 다음 부처님께서는 아누룻다에게 제자들 모두가 청정한 수행 생활에 기뻐하고 있는지 물으셨다. 아누룻다가 '저희들 모두는 분명하게 청정한 삶에 기뻐하고 있습니다.'라고 말씀드렸다. 세존께서 설하셨다.

"비구들이여, 그대들은 어려서 출가하였다. 꽃다운 청춘에 집에서 집 없는 곳으로 출가한 것은, 왕의 명령 때문이 아니었다. 재산을 잃었거나 빚이 있어서도 아니었다. 공포 때문에 출가한 것도 아니었고, 가난해서 출가한 것도 아니었다. 그대들은 법에 대한 믿음과 해탈을 위해 출가하여 청정하게 살아가고 있다. 그대들이 아직 선정 삼매의 평화와 행복, 더 높은 경지를 이루지 못했다면, 정진해야 한다. 마음을 혼탁하게 하는 다섯 가지 장애[20]와 다른 번뇌들을 끊고, 더 높은 선정과 평온을 성취하기 위해 수행해야 한다."

설법을 끝내시면서 세존께서는 세상을 떠난 여래의 제자들은 평화로운 삶을 얻게 된다고 하셨다. 그렇게 세상을 떠난 제자들의 공덕과 과보에 대해 말씀하신 까닭은 '다른 제자들에게 오랫동안 이익과 행복을 주기 때문'이라고 하셨다(날라까빠나 법문 경, 맛지마니까야 68).

어느 때, 한 범천이 '범천의 세계까지 올 수 있는 어떤 사문이나 바라문도 없다.'는 생각을 했다. 부처님께서 그 범천이 일으킨 생각을 아시고, 힘센 사람이 구부렸던 팔을 폈다 구부리는 것만큼이나 짧은 순간에 범천의 세계로 가시어 그의 앞에 나타나셨다. 바로 그때 네 명의 위대한 제자 마하목갈라나 존자, 마하깟사빠 존자, 마하깝삐나 존자, 아누룻다 존자가 세존이 계시는 곳을 생각했다. 제자들은 천상의 눈으로 세존께서 범천계에 가부좌를 하고 앉아 계신 것을 보았다.

제자들은 신통력으로 천계에 올라가 부처님보다 낮은 자리에 가부좌를 틀고 앉았다. 이를 본 범천은 교만한 마음을 버리고 부처님과 제자들의 위신력을 인정하였다(어떤 범천 경, 상윳따니까야 6:5).

아누룻다 존자가 아나타삔디까 사원에 머물고 있을 때였다. 존자는 한밤이 지나고 새벽이 되었을 때 일어나 법의 구절들을 외웠다. '삐양까라'라는 어린 아들을 안고 있던 어머니 야차는 아들을 조용히 시켰다. 아누룻다 존자가 외우던 법의 구절을 듣기 위해서였다. 그리고 아들에게 말했다. "우리가 거룩한 말씀을 이해하고 법에 따라 살면 도를 닦을 수 있다. 그러면 우리에게 복될 것이며, 낮은 영혼의 세계에서 벗어날 수 있다(삐양까라 경, 상윳따니까야 6:5)."

꼬삼비에서 두 무리의 수행승들이 다툼을 일으킨 일이 있었다. 아난다 존자는 꼬삼비 고시따 원림에 계시던 부처님을 뵈러 갔다. 세존께서는 분쟁이 해결되었는지 물으셨다. 아난다는 아직 해결되지 않았다고 말씀드릴 수밖에 없었다. 그러면서 아누룻다의 제자인 바히야가 승가의 분열을 꾀하면서 머물고 있지만, 아누룻다가 단 한마디도 타이를 생각도 하지 않고 있다고 말씀드렸다. 아누룻다는 그 당시 난디야, 낌빌라 비구 등과 선정 수행에 전념하기 위해 고싱가 숲에 머물고 있었다. 아난다는 세존께 자신의 제자가 문제를 일으키고 있는데 은둔하고 있는 아누룻다가 잘못하고 있다는 말씀을 드린 셈이었다.

그러나 부처님께서는 아누룻다를 옹호하셨다. '사리뿟따, 마하목갈라나, 아난다 등이 분쟁을 해결할 능력이 있기 때문에, 아누룻다가 그 문제에 관심을 가질 필요가 없다.'고 하셨다. 세존께서는 이어 다른 이들이 다투는 것을 매우 기뻐하는 사악한 비구가 있다고 하셨다. '사악한 비구는 승가가 화합하면 자신을 파멸시킬 것을 염려하여 분열을 기뻐한다.'고 설하셨다(범계경犯戒經, 앙굿따라니까야 4:241).

세존께서 라자가하 죽림정사에 계실 때였다. 아난다의 상좌인 반다 비구와 아누룻다의 상좌인 아빈지까 비구가 누가 더 법을 잘 배웠는지 비교하려 했다. 아난다의 제자는 승가의 모든 일에 세심하게 주의를 기울이는 비구였다. 아누룻다의 제자는 홀로 고요히 있는 생활을 더 좋아했다. 그들은 스승의 영향을 받아 헛된 내기를 하려 했던 것이 아니었다. 각자 지니고 있던 성품에 따라 자신을 내세우려 했던 것뿐이었다(교계경教戒經, 상윳따니까야 16:6).

소뿔 모양의 사라나무 숲 작은 경(맛지마니까야 31)에서는 아누룻다의 우정과 화합에 대해 가장 잘 살펴볼 수 있다. 아누룻다는 한때 도반 난디야, 낌빌라와 함께 고씽가 사라나무 숲에 머물고 있었다. 세존께서 제자들이 있는 곳으로 오셨다. 제자들이 세존께 예경을 드렸다. 세존께서는 '서로 화합하고 서로 감사하며 우유와 물처럼 섞이며 서로 사랑스러운 눈빛으로 잘 지내고 있는지' 물으셨다. 아누룻다가 아뢰었다. "그러하옵니다. 세존이시여, 저희들은 서로를 존중하고, 논쟁하지 않으며, 우유와 물처럼 섞이고, 사랑스러운 눈빛으로 서로를 바라보며 살고 있습니다."

세존께서는 이어 제자들에게 어떻게 완전하게 화합하고 조화롭게 지내고 있는지 물으셨다. '대인관계를 잘 유지하는 가장 어려운 일'에 대해 아누룻다는 모범이 되는 완벽한 답을 올렸다. "세존이시여, 저는 이와 같이 청정한 삶을 사는 거룩한 도반들과 함께 사는 것은 저에게 크나큰 축복이며 행운이라고 생각하며 지내고 있습니다. 몸(행위)과 말과 마음으로 자애로움을 유지하고 있습니다. 제가 하고 싶은 것보다는 존자들이 하고 싶은 것을 따릅니다. 이와 같이 저희들은 몸은 다 다르지만 마음은 하나입니다."

부처님께서는 그들을 칭찬하신 후 다시 물으셨다. "아누룻다여, 그대들은 인간의 상태를 뛰어넘어 고귀한 분(아라한)이 갖추어야 할 지혜와 관觀을 성취해 평온을 누리고 있는가?" 아누룻다는 제자들이 사선정과 무한한 공간(공무변처정)·무한한 의식(식무변처정)·아무것도 없는 세계(무소유처정)·지각하는 것도 아니고 지각하지 않는 것도 아닌 세계(비상비비상처정)를 성취해 뛰어넘었다고 말씀드렸다. 이어 고귀한 분(아라한)이 갖추어야 할 지혜와 관을 성취했으며, 모든 번뇌를 부수었다고 말씀드렸다.

세존께서 떠나신 후 난디야와 낌빌라가 '어떻게 자신들의 성취를 알고 확신하며 말씀드렸는지' 아누룻다에게 물었다. 아누룻다는 두 존자들이 그러한 경지에 도달했다고 알려 준 적은 없었다고 답했다. 그러면서 이렇게 설명했다. "내 마음으로 미루어 그대들의 마음에 관해 알 수 있습니다. 나는 그대들이 이러한 경지를 성취한 것을 압니다. 천인들도 나에게 그대들의 성취에 대해 알려주었습니다."

그 사이 '디가 빠라자나'라고 하는 야차가 부처님께서 계신 곳을 찾아가, 아누룻다와 난디야, 낌빌라 세 제자들을 찬탄했다. 부처님께서는 우선 디가 빠라자나의 말을 칭찬하셨다. 이어서 세 제자들이 출가한 공덕에 대한 영광스러운 찬사를 덧붙이셨다.

"그러하다, 디가여, 그러하다! 이들 훌륭한 세 젊은이가 집에서 집 없는 곳으로 출가한 까닭에 그 젊은이들에게 청정한 믿음을 갖는다면, 그 집안과 집안의 권속들, 마을, 동네, 도시, 나라에 오랜 세월 지속되는 이익과 행복이 있을 것이다. 모든 귀족, 바라문, 상인, 하인들이 세 젊은이들에게 청정한 믿음을 갖는다면, 오랜 세월 지속되는 이익과 행복이 있을 것이다. 천신과 악마, 범천, 은둔 수행자와 바라문, 왕들과 백성들이 그들에게 청정한 믿음을 갖는다면 온 세상과 온 생명에게 이익과 행복이 있을 것이다. 디가여, 그 세 젊은이가 세상을 불쌍히 여겨 많은 사람들의 이익과 행복을 위해, 천신들과 인간의 행복을 위하여 어떻게 실천하는지 지켜보라."

아누룻다와 여인들

아누룻다가 등장하는 경전에는 유난히 여인과 관련된 부분이 많다. 아누룻다는 마음이 순수하고 정욕에서 완전히 벗어났지만, 그는 고귀한 전사 기질을 타고났다. 타고난 기질이 발산하는 매력으로 인간뿐만 아니라 천상계의 여인들에게도 큰 인기가 있었다. 아누룻다가 여인들을 만나게 된 것은 의심할 여지없이 과거의 업장에서 비롯된 것이었다. 아누룻다는 그러한 관계를 뛰어넘고 싶어 했지만 여인들은 여전히 깊은 영향을 받고 있었다.

아누룻다가 꼬살라 어떤 숲에 홀로 머물고 있을 때였다. 잘리니[21]라는 천상의 여인이 33천(도리천忉利天)에서 내려왔다. 그녀는 아누룻다가 본생에 제석천으로 33천을 다스릴 때 왕비였다. 잘리니는 아누룻다에게 오랜 갈애를 품어 왔고, 다시 함께할 것을 갈망했다. 잘리니는 아누룻다에게 다시 왕과 왕비로 지내자며, 33천으로 환생해 주기를 청했다(아누룻다 경, 상윳따니까야 9:6).

마음을 당신이 전에 살았던 곳으로 돌리십시오
모든 감각적 쾌락이 충족되는 33천에서
당신은 천상의 여인들에게 둘러싸여 존경받으며
빛날 것입니다

그러나 아누룻다는 단호했다.

자기 존재가 있다[22]고 확고하게 받아들이는
천상의 여인들은 불행하다
천상의 여인들에게 사로잡힌
그러한 중생들도 또한 불쌍하다

잘리니는 아누룻다의 게송을 이해하지 못했다. 33천이 얼마나 화려한지 설명하며 그를 유혹하려 했다.

영광스러운 천신들이 머무는 곳
33천에 속한
난다나(환희원歡喜園)를 보지 못한 이들

그들은 행복을 알지 못합니다

연기법으로 생겨난 모든 존재들이 무상함을 바르게 꿰뚫어 알고 있는 아누룻다는 다시 확고하게 말했다.

그대는 아라한들의 간결한 격언도 모르는가
생겨난 것들은 모두 헛되고 무상해
일어났다가는 사라지나니
그들이 가라앉는 것 그것이 참된 행복이라네

잘리니여, 내가 천상에서
다시 그들과 함께 다시 머물지 않을 것이다
태어나며 윤회하는 일은 끝났으니
나에게 다시 태어남은 이제 없을 것이다

어느 때 아누룻다는 꼬삼비의 고시따 원림에 있었다. 낮에 홀로 앉아 있었다. '아름다운 몸을 가진 천신들'[23]이라고 불리는 많은 여성 천신들이 아누룻다 앞에 나타났다. 천신들은 자신들이 경이로운 일들을 할 수 있다고 말했다. 그들은 원하는 색깔을 즉시 만들어 낼 수 있고, 원하는 소리를 낼 수 있으며, 원하는 행복이 무엇이든지 바로 줄 수 있다고 말했다. 아누룻다는 천신들을 시험하기 위해 파란색으로 장식하고 파랗게 되기를 바랐다. 천신들은 즉시 아누룻다의 생각을 읽고, 온통 파란색으로 변했다. 아누룻다가 계속해서 붉은색, 노란색, 흰색을 원할 때마다 그들은 그렇게 했다. 천신들은 아누룻다를 위해 아름답게 노래하고 매혹적인 춤을 추었다. 그러나 아누룻다는 감각기관을 제어하고, 그들에게서 관심을 거두었다. 천신들은 아누룻다가 '그들을 거들떠보지도 않는구나.'라고 생각하고 그 자리를 바로 떠났다.

아누룻다 존자는 왕자로서 예술과 음악에 매료되어 어린 시절을 보냈다. 천신들은 이 때문에 아름다운 춤과 음악으로 아누룻다를 유혹할 수 있다고 생각했을 것이다. 이때 아누룻다에게 나타난 천신들은 33천보다 높은 천신들이었다. 아누룻다가 집에서 집 없는 곳으로 출가해 해탈의 길을 가고 있지 않았다면 그 천신들 중 한 명으로 환생했을 것이다. 아누룻다는 낮 동안의 경험에 대해 세존께 말씀드릴 가치가 있다고 여겼다. 저녁에 세존을 뵙고 그 상황을 아뢰었다. 그리고 "여인이 아름다운 몸을 가진 천신으로 태어나려면 어떤 법을 갖추어야 합니까?" 이렇게 여쭈었다. 아누룻다는 지식에 대해 갈증을 느끼고 있었다. 그 때문에 천신들의 도덕적 수준을 알고 싶어 했을 것이다.

부처님께서는 기꺼이 천계에 태어나기 위한 여덟 가지 조건에 대해 설하셨다. 아내는 남편보다 먼저 일어나고 나중에 자고 시중을 잘 들고 행실이 곱고 예쁜 말을 해야 한다(남편에게 연민을 가지고 친절하게 대해야 한다). 남편이 사랑하고 존경하는 사람들, 아버지든 어머니든 사문이든 바라문이든 모두를 존중하고 존경하고 예배하고 공경해야 한다. 성실하고 세심하고 부지런하게 집안일을 해야 한다. 남편 집안의 식솔, 하인이든 일꾼이든 모두를 잘 돌보아야 한다.

남편의 재산을 낭비하지 않고 잘 간직해야 한다. 재가신도로서 부처님과 법, 승가에 귀의해야 한다. 오계五戒를 잘 지켜야 한다.[24] 도움이 필요한 사람들에게 아낌없이 도움을 베풀고, 보시하며 나누어 가지는 것을 좋아해야 한다(아누룻다 경, 앙굿따라니까야 8:46).

앞의 두 경우는 천신들이 나타났지만, 아누룻다가 먼저 천안(청정한 하늘 눈)으로 천신들을 살펴본 경우도 있었다. 아누룻다는 천안으로 여인들이 어떻게 해서 천계나 지옥에 태어났는지를 보기도 했다. 한번은 부처님께 여인들이 지옥으로 환생하는 까닭을 여쭈었다. 부처님께서는 다섯 가지 까닭으로 지옥에 태어난다고 답하셨다. 믿음과 양심, 부끄러움이 없는 여인들, 성내고 지혜가 없는(어리석은) 여인들이 지옥에 환생한다고 설하셨다. 더 나아가 원한과 질투와 탐욕을 내고, 계율을 어기며, 나태하고 마음챙김이 없는 경우에도 지옥에 태어난다고 하셨다. 반대의 조건들을 갖춘 여인들은 천계에 태어난다고 말씀하셨다(상윳따니까야 37:5-24).

어느 때 아누룻다는 어떤 여인이 죽은 후에 불행한 곳, 지옥에 태어나는지 세존께 여쭈었다. 부처님께서는 지옥에 태어나는 여인은 세 가지 특징이 있다고 하셨다. 오전에는 인색하고(탐욕이 가득하고), 낮에는 질투와 시기가 가득하며, 저녁에는 정욕에 사로잡힌 마음으로 지내는 여인들이 지옥에 태어난다고 답하셨다(아누룻다 경, 앙굿따라니까야 3:127).

아누룻다의 본생 이야기를 통해서도 여성들과의 관계에 대해 살펴볼 수 있다. 아누룻다가 본생에 짐승으로 태어난 경우는 한 차례뿐인데, 산비둘기로 태어났을 때였다. 아누룻다의 짝인 산비둘기가 매에

잡혀 먹었다. 암비둘기를 향한 사랑 때문에 깊은 슬픔에 잠겼다. 아누룻다는 이별의 아픔을 이겨낼 때까지 먹지 않기로 했다.

한때 암비둘기와 사랑에 빠져
이곳저곳을 함께 날아다녔다
그때 매가 덮쳐 짝을 잡아먹었다
내 마음을 뒤로하고 그녀는 나를 떠날 수밖에 없었다

우리가 강제로 헤어지고 난 후
내 마음에는 고통이 끝없이 밀려왔다
이제 나는 해탈을 이루는 성스러운 날까지
다시는 애욕에 사로잡혀 지내지 않을 것을 서원한다
(다섯 명 포살에 얽힌 본생 이야기 490)

한번은 아누룻다가 왕으로 살았을 때, 숲에서 만난 요정에게 한눈에 반했다. 그녀를 차지하기 위해 남편을 활로 쏘아 죽였다. 비통에 찬 그녀는 아누룻다의 잔인함에 비명을 질렀다. "나는 나를 죽여 결코 너와 함께하지 않을 것이다. 너는 정욕 때문에 죄 없는 내 남편을 죽였다!" 그녀의 비명에 아누룻다는 정신을 차리고 떠났다. 그때 아누룻다가 반한 요정은 야소다라였고, 죽은 남편은 지금 생에서 그의 스승인 고따마 싯다르타였다. 아누룻다는 본생에서 여인에 대한 욕망으로 그녀를 죽음으로 밀어 넣을 뻔했다(짠다 낀나라 여인의 본생 이야기 485).

아누룻다가 본생에 천신들의 왕인 제석천으로 살았을 때, 부처님은 유명한 음악가인 굿띨라였다. 굿띨라는 야심 가득한 제자 때문에 평판이 땅에 떨어졌다. 이때 제석천(아누룻다)이 굿띨라의 명성을 되찾도록 도와주었다. 아누룻다는 굿띨라가 비파를 연주할 때 천상의 요정 300명을 내려 보내 연주에 맞춰 춤을 추게 했다. 아누룻다가 일을 마치고 천상으로 올라가자 천상의 여인들은 굿띨라의 연주를 듣고 싶어 했다. 아누룻다는 굿띨라를 천상으로 초대했다. 굿띨라는 연주를 끝낸 후 천상의 여인들에게 어떤 공덕을 지어 천계에 환생했는지 물었다. 천상의 여인은 과거 깟사빠 부처님 시대에 한 수행승에게 최상의 옷을 보시하고 제석천의 시녀로 태어나 천 명의 요정을 거느리고 있다고 말했다. 또 다른 천상의 여인은 수행승에게 꽃 공양을 올렸으며, 수행승을 집으로 초대해 공양을 올리며 가르침을 들었다고 했다. 또 어떤 천상의 여인은 화를 내거나 교만한 마음을 내지 않았고, 자신이 얻은 몫을 나누어 먹는 계행을 갖췄다고 답했다. 굿띨라는 "제게 참으로 유익했고 제게 참으로 이득이었습니다. 저는 천상에 와서 조그마한 선행으로도 천상을 얻는다는 것을 배웠습니다. 지금부터 인간 세상에 가서 보시 등의 선행을 하겠습니다."라고 말했다(굿띨라의 본생 이야기 243).

이번 생에서 아누룻다는 누이동생 로히니가 부처님 법을 들을 수 있도록 도왔다. 어느 때 아누룻다가 500명의 비구들과 함께 고향 까삘라왓투를 찾았다. 친척들이 모두 찾아와 예경을 드렸는데 누이동생 로히니가 보이지 않았다. 아누룻다는 로히니가 자리에 함께하지 못한 까닭을 물었다. 친척은 로히니가 피부병을 앓고 있어서 대중 앞에 나서지 못했다고 답했다. 장로는 즉시 누이동생을 데려오라고 말했다.

로히니는 얼굴을 천으로 가리고 장로에게 왔다. 아누룻다는 누이동생에게 스님들이 모여 수행하고 공양도 할 수 있는 건물(승당僧堂)을 지어 공덕을 지으라고 권했다. 로히니는 보석을 팔아 승당을 짓도록 보시했다. 아누룻다가 공사를 지휘하고 싸끼야족 젊은이들이 일했다. 승당이 완성되어 가면서 누이동생 로히니의 피부병도 점점 가라앉았다. 로히니는 승당이 완공되자, 부처님과 제자들을 모시고 훌륭한 공양을 올렸다. 부처님께서는 공양을 마치시고 로히니를 데려오게 하셨다. 부처님께서는 로히니가 피부병에 걸린 까닭을 말씀해 주셨다.

본생에 로히니는 베나레스왕의 왕비였다. 왕비는 왕이 아끼던 춤추는 소녀를 질투했다. 그녀를 괴롭히기 위해 온몸을 가렵게 하는 열매('마하깟추'라는 열매) 가루를 몰래 소녀의 몸에 뿌리고 사람을 시켜 침대에도 뿌려 놓았다. 로히니 피부병의 원인은 본생에 저지른 악행이었다. 부처님 설법 끝에 로히니는 예류과에 들었다. 죽은 후에는 33천에 태어나 제석천왕이 가장 사랑하는 아내가 되었다(법구경 주석서 게송 221번 해설).

아누룻다 때문에 부처님께서 단순속죄죄[25] 계율을 제정하신 일이 있었다. 어느 때 아누룻다는 홀로 꼬살라국 사왓띠 근처 마을에 저녁 무렵에 도착했다. 마을에는 고행자와 수행승들만을 위한 숙소가 없었다. 대신 어떤 여인이 세운 여관(휴게소)이 있었다. 아누룻다는 하는 수 없이 여관에 가서 하룻밤 머물 것을 청했고, 허락을 받았다.

그 사이 많은 여행객들이 여관을 찾아왔기 때문에 북적거렸다. 여관 주인인 여인은 아누룻다에게 조용히 머물 수 있도록 안방에 침구를 마련할 수 있다고 말했다. 아누룻다는 침묵으로 동의했다. 그러나 여주인은 아누룻다에게 정욕을 품고 있었다. 여인은 안방에 침상을 마련하고 향수를 뿌리고 치장한 채로 아누룻다에게 다가갔다. "존자여, 존자께서는 잘생겼고 단아합니다. 저 또한 아름답고 단아합니다. 존자께서 저를 아내로 맞이하여 주십시오."

아누룻다는 침묵했다. 여인은 "존자여, 존자께서는 저뿐만 아니라 저의 모든 재산을 가지셔도 좋습니다."라고 유혹했다. 아누룻다는 여전히 침묵을 지켰다. 여인은 외투를 벗고 왔다 갔다 하다 침상에 누웠다. 아누룻다는 감각 기관을 잘 통제하고 있었으며, 눈길도 주지 않았고, 말도 걸지 않았다. 여인은 어떤 유혹에도 흔들리지 않는 아누룻다에게 감동해 이렇게 말했다. "존자시여, 많은 사람들이 제 손이라도 잡아보기 위해 수천 금의 재물을 주겠다고 했습니다. 존자께서는 저의 청을 받으시고도 아무것도 갖기를 원하지 않으셨습니다."

여인은 다시 옷을 추슬러 입고, 아누룻다 발 앞에 엎드려 머리를 조아리고 용서를 간청했다. 아누룻다는 그제야 입을 열어 여인에게 '스스로를 수호하라.'고 권고했다. 그녀는 방을 나섰다. 다음날 아침 여인은 아침 공양을 올렸고, 아누룻다는 법을 설해 그녀를 교화했다. 여인은 귀의해 신실한 재가신도가 되었다.

아누룻다는 사왓티에 도착해 수행승들에게 전날 밤 있었던 일을 말해 주었다. 부처님께서는 여인의 방에서 밤을 보낸 아누룻다를 질책하셨다. 그리고 "어떤 수행승이든지 여인과 동숙하면 단순속죄죄

를 범하는 것이다."라며, 그러한 행위를 금하는 계율을 선포하셨다.[26]

이 이야기는 아누룻다 존자가 자제력으로 관능적 욕망에 사로잡히지 않았다는 사실을 보여준 일화이기도 했다. 강직한 성품은 여인에게 깊은 인상을 주었고, 그녀는 참회하였으며 설법을 듣고 부처님께 귀의했다. 아누룻다의 절제는 스스로에게도 이익이 되었지만, 여인에게도 복된 결과를 가져왔다. 부처님께서는 그러나 자제력이 약한 사람들이 같은 상황을 만났을 때, 유혹에 굴복할까 염려해 아누룻다를 질책하셨다. 부처님께서는 자비심으로, 수행승들이 그런 위험에 노출되어서는 안 된다는 계율을 정하신 것이다. 마음 약한 수행승들이 자신을 과대평가해서 능력 이상의 것을 좇으려는 사태가 벌어지는 것을 부처님께서는 막으려 하셨던 일들을 빨리 경장에서는 자주 찾아볼 수 있다.

아누룻다의 본생 이야기

부처님의 다른 위대한 제자들처럼 아누룻다 존자도 십만 대겁 전 연화상 부처님 시대에 위대한 제자가 되겠다는 서원을 했다. 부유한 장자였던 그는 부처님께서 한 비구를 "천안을 가진 제자들 가운데 으뜸"이라고 선포하시는 것을 보았다. 자신도 천안제일 제자가 되고 싶어 부처님과 제자들을 초청해 공양을 올렸다. 부처님께서는 "지금부터 십만 대겁 후 고따마 부처님께서 출현하실 때 천안제일 제자가 될 것이며, 그때 이름은 아누룻다가 될 것"이라고 수기를 주셨다.

부처님께서 반열반에 드셨을 때, 제자들에게 천안을 얻기 위해 어떤 공덕을 지어야 하는지 물었다. 비구들은 등불 공양이 좋을 것이라고 답했다. 장자는 황금 사리탑 주위에 수천 개에 달하는 등불 공양을 올렸다. 가섭(迦葉, 깟사빠) 부처님 시대에서는, 부처님께서 반열반에 드신 후, 기름을 가득 담은 등잔을 올렸다. 불을 붙인 등잔을 머리에 얹고 밤새도록 사원 주변을 돌았다.

비유경譬喩經에서는 수미타(須彌陀, 수메다) 부처님 시대에 있었던 비슷한 이야기를 전하고 있다. 아누룻다는 수미타 부처님께서 나무 밑에서 홀로 선정에 드시는 모습을 보았다. 부처님 주위에 등을 세워 일주일 동안 환하게 밝혔다. 그 공덕으로 아누룻다는 삼십 겁 동안 제석천으로 살았고, 스물여덟 차례는 인간 세상을 다스렸다. 그때 사방으로 십 리(1유순由旬)를 볼 수 있는 천안을 가졌다.

아누룻다 본생 가운데 가장 긴 이야기는 그가 베나레스에서 가난한 집에 태어났을 때였다. 그때 이름은 '안나바라'였고, 음식을 나르는 사람이었다. 베나레스 재정관이자 부유한 상인이었던 '수마나'를 위해 일하며 생계를 이어가고 있었다. 어느 날 '우빠릿타'라는 벽지 부처님(벽지불辟支佛, 홀로 깨달음을 이루신 부처님)께서 멸진정滅盡定에서 나와 "오늘은 누구에게 부처님께 공양을 올릴 수 있는 공덕을 줄까?"라고 생각했다. 안나바라에게 기회를 주기로 결정하신 우빠릿타 벽지불은 신통력으로 안나바라 앞에 나타나셨다. 안나바라는 부처님을 뵙고 공양을 올리기로 했으며, 그와 아내는 준비한 음식으로 발우를 가득 채워드렸다.

부유한 상인 수마나는 자신을 위해 일하던 안나바라가 우빠릿타 벽지불께 공양 올린 사실을 알게 되었다. 큰 돈을 주고 공양의 공덕을 사고 싶어 했지만 안나바라는 팔지 않았다. 수마나는 계속 공덕을 팔아달라고 요구했다. 안나바라는 우빠릿타 벽지불을 찾아가 상의했다. 우빠릿타 벽지불은 '등잔에 있는 불을 다른 등잔으로 옮겨도 첫 번째 등불은 그대로 있고 등불은 계속해서 늘어나는 것처럼, 공양의 공덕을 나누어도 된다.'고 하셨다. 안나바라는 공양 올린 공덕을 수마나에게 나누어 주었다. 수마나는 감사해하며 왕에게 데려갔다. 안나바라는 왕에게도 공양의 공덕을 나누어 주었다. 왕은 새 집을 지을 수 있는 땅을 주었다. 일꾼들이 집을 짓기 위해 땅을 팔 때마다 보물 항아리가 나왔다. 안나바라는 뒤에 왕의 재정담당관이 되었다. 우빠릿타 벽지불께 공양 올린 공덕이 현실로 나타난 것이다. 이러한 공덕으로 아누룻다는 '없다'는 말을 들어보지 못할 만큼 풍족하고 부유한 어린 시절을 보냈다.

아누룻다 존자는 아라한과를 얻은 후 문득 이런 생각을 했다. "내 오랜 친구 수마나는 어디에 환생했을까?" 천안을 통해 멀지 않은 마을에 '쭐라수마나'라는 일곱 살짜리 아이로 환생해 살고 있는 것을 알게 되었다. 아누룻다는 그 마을로 가서 쭐라수마나 가족의 공양을 받으며 3개월 동안의 우기 안거를 보냈다. 안거가 끝나고 쭐라수마나에게 사미계를 주기로 했다. 아누룻다가 쭐라수마나를 삭발해 주려고 칼을 대자마자 소년은 아라한과를 이루었다.[27]

아누룻다는 자신의 본생에 대해 테라가타(장로게경)에서 게송으로 이렇게 노래했다.

나는 본생에
내가 살았던 처소를 잘 알고 있다
나는 제석천으로 태어나
33천에서 살았었다

나는 본생에
일곱 번
인간을 다스리는 왕으로서
나라를 다스렸다

사바세계 염부제(閻浮提, 잠부산다)의 군주로
온 세계를 정복했고 다스렸다
몽둥이나 칼을 들지 않고
부처님 법으로 정의롭게 통치했다

여기서 일곱 차례 저기서 일곱 번
열네 번을 윤회했는데
본생을 알고 있으니
그때 나는 천상계에 머물렀다
(테라가타 게송 913~915)

자타카에는 아누룻다 본생 이야기가 23개 이상 등장한다. 대부분의 경우에 천신들의 왕인 제석천으로 살았다(자타카 194, 243, 347, 429,

430, 480, 494, 499, 537, 540, 541, 545, 547). 한때는 천상계의 음악가인 빤짜시카인 동시에 제석천의 사자使者였다. 테라가타 게송 915번에서 말한 일곱 번의 인간 본생에서는 고행자(자타카 423, 488, 509, 522)였으며, 두 번은 보살의 형제였다. 다른 세 번의 인간 본생에서는 왕(485), 궁정 사제(515), 왕의 마차를 모는 마부(276)였다. 동물로는 한 차례 산비둘기(490)로 살았었다. 본생담에는 아누룻다 본생이 열다섯 번은 천신, 일곱 번은 인간, 한 번은 동물이었다고 전한다.

아누룻다가 천신들의 왕이나 세계를 다스린 왕으로 여러 차례 살았다는 것은 타고난 품성이 강인했다는 뜻이다. 그러나 그는 여성을 사랑하던 그리스 신들의 왕 제우스와도 달랐고, 사람들에게 종종 가혹한 형벌을 내리던 여호와와도 달랐다. 33천의 왕 제석천으로서 다른 이들을 보호하고 돕는 왕이었다. 보살(고따마 싯다르타의 본생)에게 도움이 필요하면 도왔고, 보살이 위기에 처했을 때는 보호해 주었다. 그때 보살은 사악한 왕(데바닷따)에게 누명을 쓰고 사형을 당하기 직전이었다. 보살의 아내였던 수잣따는 하늘을 향해 억울함을 호소했다. 제석천왕(미래의 아누룻다)은 수잣따에게 감동해 보살을 구했다(마니보주 도둑에 얽힌 본생 이야기 194).

또 다른 본생에서는 왕이었던 보살이 살생을 금지했다. 피에 굶주린 야차(夜叉, 마라)가 분노해 왕을 살해하려 했다. 제석천이었던 아누룻다가 나타나 다시 한 번 보살을 지켜주었다(쇠망치에 얽힌 본생 이야기 347).

또 다른 본생에서는 제석천왕으로 살면서, 왕으로 살던 보살이 계율을 철저하게 지킬 수 있도록 시험하기도 했다. 마지막 본생담인

벳싼따라의 본생 이야기(547)에서 제석천왕은 늙은 바라문으로 변장해 보살 앞에 나타났다. 그는 보살의 관용과 평정심을 시험하기 위해 왕비를 달라고 요구하기도 했다. 또 다른 본생에서는 보시에 대한 보살의 의지가 확고한지 시험하기 위해 제석천왕인 아누룻다가 눈을 달라고 요구한 경우도 있었다(씨비 왕의 본생 이야기 499).

보살이 수행자로 살았을 때 인욕을 시험하기 위해 보살이 타고난 추한 육신을 비난하기도 했다(앵무새의 큰 본생 이야기 429 / 앵무새의 작은 본생 이야기 430).

어느 본생에서는 보살(고따마 부처님)이 피부가 검게 태어났다. 보살은 제석천(아누룻다)을 만나 검은 피부를 타고나게 한 업에 대해 고백했다. 그 이후에는 선행을 하며 성스러운 삶을 찬탄하고 정진하고 있다며, 아누룻다에게 좋은 법을 설해 주었다. 제석천이 설법을 듣고, 소원을 들어주겠다고 말했다. 보살은 악의와 증오, 탐욕, 애착에서 벗어나기를 원했고 제석천은 소원을 들어주었다. 보살은 "그 누구도 나로 인해 상처받지 않기를 바란다."고 소원을 말했다. 제석천왕은 '천신이라고 해서 모든 것을 줄 수 있는 능력은 없다.'며, '스스로 계율을 철저하게 지키며 실천해 성취해야 한다.'고 설명했다(깐하의 본생 이야기 440). 제석천왕은 또 어느 본생에서는 앵무새 왕으로 태어난 보살이 진정으로 욕망을 여의고 살아가고 있는지를 시험하기도 했다(429, 430).

아누룻다 본생 가운데 세 번째 유형에서 제석천왕은 보살(미래의 고따마 부처님)을 천상으로 초대해 신비로운 천상계와 지옥을 보여주기도 했다. 앞에서 소개한 대로 음악가 굿띨라 본생 이야기이다

(543). 니미의 본생 이야기(541)와 싸디나의 본생 이야기(494)에서도 제석천왕은 보살을 천상계로 초대했다.

인간으로 태어난 아누룻다의 본생 이야기는 우리에게도 유익한 내용이 많다. 한때 아누룻다는 궁정 바라문이자 교사였다. 왕은 교사인 아누룻다에게 진실함과 선함이 무엇인지 물었다. 바라문은 정직하게 자신이 대답할 수 있는 문제가 아니라고 말했다. 대신 왕에게 현명한 조언자를 찾아 답을 구하라고 했다. 아누룻다가 찾으라고 한 현명한 조언자는 보살이었다(쌈바바의 본생 이야기 515).

아누룻다가 왕의 마차를 모는 마부로 살았을 때, 어느 길목에 이르러 폭풍우를 피하려고 채찍질을 하며 말을 재촉했다. 그 이후 말은 그 자리에만 오면 채찍을 맞을까 두려워 질주하기 시작했다. 이를 본 아누룻다는 말을 심하게 다루어 겁을 준 것을 후회했다. 그가 살던 꾸루국에서 전해 내려오는 덕행(미덕)[28]을 훼손했다는 사실을 깨달았으며, 다시는 그렇게 하지 않았다(꾸루족의 덕행에 얽힌 본생 이야기 276).

광대하고 다채로운 아누룻다 본생 이야기에는 공통점이 있다. 아누룻다가 지닌 미덕과 노력, 강인한 성품을 알 수 있다. 다른 사람들의 행복에 관심이 많았다는 사실도 볼 수 있다. 또한 아누룻다가 제석천왕으로 살아 온 본생을 토대로 이번 생에서 선정 수행과 천안통을 성취했다는 사실도 알 수 있다.

세존의 완전한 열반 이후

대반열반경(大般涅槃經, 디가까니까야 16)에 기록된 대로, 아누룻다는 부처님께서 반열반 하실 때 자리를 지켰다. 승가가 스승을 잃고 어려움에 처했을 때 중요한 역할을 했다. 부처님께서는 열반이 가까워졌음을 알고 선정에 드셨다. 멸진정에 이르셨을 때 아난다가 아누룻다에게 "존자여, 세존께서 열반에 드셨습니다."라고 말했다. 그러나 천안통을 지닌 아라한 아누룻다는 부처님께서 선정에 들어 계심을 볼 수 있었다. 아난다의 말을 바로잡아 주었다. "그렇지 않다네, 아난다여, 세존께서는 아직 반열반 하지 않으셨네. 세존께서는 지금 멸진정에 들어 계신다네."

그 후 세존께서는 멸진정에서 다시 초선에 드셨다가 이선정, 삼선정, 사선정에 드셨다가 마침내 반열반 하셨다.

깨달으신 분, 세존께서 열반에 드셨을 때 사함빠띠 범천(대범천大梵天)과 도리천의 제석천왕은 무상의 가르침을 되새기는 내용의 게송을 읊었다. 아누룻다가 뒤이어 게송으로 세존의 반열반을 노래했다.

더 이상 들숨 날숨이 없으신 분
확고한 마음에 머무시는 분
흔들림 없이 평온하실 때
세존께서는 반열반 하셨네

흔들리지 않는 마음으로

고통스러운 느낌을 감내하셨으니
등불이 꺼지듯 그렇게
그분의 마음은 해탈하셨네

세존께서 반열반에 드신 후 많은 비구들은 스승의 열반을 비통해하며 한탄했다. 아누룻다는 세존께서 설하신 무상의 가르침을 상기시키며 그들을 진정시켰다. "슬퍼하지 마십시오, 울지 마십시오. 세존께서는 사랑하고 마음에 드는 것과는 헤어지기 마련이고, 다 변하고 없어지기 마련이라고 말씀하지 않으셨습니까? 모든 것은 생겨나고 머물고 변화하고 사라지는데, 어떻게 소멸되지 않기를 바라겠습니까?"

아누룻다는 또 '천신들도 한탄하고 있다.'고 비구들에게 말해 주었다. "세속적인 마음을 가진 어떤 천신들은 머리칼을 쥐어뜯으며 울부짖고 이리 뒹굴고 저리 뒹굴며 한탄합니다. 그들은 '세존께서는 너무 일찍 반열반에 드시려 하는구나. 숭고한 님께서는 너무 빨리 반열반에 드시려 하는구나. 세간의 눈을 가지신 분이 세상에서 사라지려 하시는구나.' 이렇게 한탄하고 있습니다. 욕망이 없고 마음챙김이 분명하고 알아차리는 천신들은 '형성된 것들은 무상하다. 여기서 울부짖는다고 해서 무슨 소용이 있겠는가?'라고 하고 있습니다."

아누룻다와 아난다는 반열반에 드신 스승 곁에서 밤을 지새웠다. 아침이 되자 아누룻다는 아난다에게 이웃 마을인 꾸시나라로 가서 세존께서 반열반 하셨다는 소식을 전하도록 했다. 꾸시나라 장자 여덟 명이 세존의 존체를 장작더미 위에 들어 올리려 했다. 그러나 들어 올릴 수 없었다. 장자들은 아누룻다 존자에게 까닭을 물었다.

왜 부처님 법구를 들어 올릴 수 없는지 여쭈었다. 아누룻다는 천신들이 다른 방식으로 장례를 치르기를 원한다고 설명했다. 천신들의 뜻대로 장례 준비를 마쳤다.

다비를 준비하는 과정에서 장자들은 아난다 존자에게 조언을 구했다. 이를 통해 두 이복형제는 서로 다른 강점을 지니고 있음을 알 수 있다. 아누룻다는 천상계에 정통했으며, 아난다는 실용적인 일을 잘 처리했다.

부처님께서 반열반 하신 이후 아난다나 아누룻다 등 세존의 친족이 승가를 이끌지 않았다. 세존께서 공식적으로 후계자를 지명하지 않았지만, 수행승들과 재가신도들은 자연스럽게 마하깟사빠 존자를 지도자로 인정하고 있었다. 마하깟사빠는 500명의 아라한을 소집해 부처님 가르침을 모으기 위한 첫 번째 회의(제1차 결집회의)를 열었다.

아난다 존자는 아직 아라한과를 성취하지 못했다. 부처님 가르침을 모으는 회의가 열려도 참석할 수 없었다. 아누룻다가 이끄는 장로들은 결단을 내렸다. 아난다가 마지막 번뇌를 없애 궁극적인 깨달음에 도달할 수 있도록 정진하게 했다. 얼마 지나지 않아 아난다는 아라한과에 도달해 다른 장로들과 함께 결집회의에 합류할 수 있었다. 결집회의 기간 아난다는 많은 가르침을 암송했다. 결과적으로 그는 모든 비구들 가운데 부처님 가르침을 곁에서 "가장 많이 들었던 제자(다문제일多聞第一)"였다.

아누룻다는 이렇게 이복형제 아난다가 해탈에 이르도록 도움을 주었다. 승가를 위해 유익한 일이었다. 해탈의 길을 찾는 모든 이들에게도 이로운 일이 되었다. 부처님 가르침이 오늘에까지 전해지고 있으니, 오늘을 사는 우리들에게도 축복이 되었다. 디가니까야의 주석서에 따르면, 아누룻다는 결집회의에서 앙굿따라니까야를 모으는 중요한 역할을 맡았다.

아누룻다 존자의 열반과 관련한 내용은 한 곳에만 전해진다. 테라가타에 있는 아누룻다 관련 게송 스무 편 가운데 마지막 게송이다.

나는 목숨이 다하는 때에
왓지족이 사는 웰루와가마 마을
대나무 숲 아래에서
아무 번뇌 없이 열반(무여열반)에 들리라
(테라가타 게송 919)

6. 마하깟짜야나(대가전연)

– 논의제일 –

비구 보디

논의제일 대가전연(마하깟짜야나)

부처님께서는 뛰어난 스승으로서 제자들에게 법을 전달하기 위해 여러 가지 방편을 사용하셨다. 법에 대해 상세하게 설하시거나(광설廣說), 짧게 요약해서 주제를 일러주시거나, 간략(요점, 개요)하게 설하시기도 했다. 그리고 다시 의미를 해석해 주시고(의석義釋), 분석하고 그 안에 담긴 뜻을 이끌어내셨다. 때로는 비유比喩를 들어 설명하기도 하셨다. 처음 끄집어내신 주제를 중간에 다시 분석해 설명하시기도 했다. 그렇게 분석과 설명을 거친 처음 주제는 결론으로 다시 한 번 말씀하셨다. 그러나 어떤 경우에는 상세하게 가르치지 않으셨다. 대신 가르침을 요약해서 심오하게, 그리고 고도로 집중해서 그 의미를 짧게 설하셨다.

때로는 이해하기 어렵게 설하기도 하셨다. 부처님께서 이렇게 하신 까닭은 뜻을 비밀스럽게 전하기 위해서가 아니었다. 법을 듣는 사람들에게 울림을 주어 마음을 근본적으로 바꾸는 데 상세한 설명보다 더 효과적인 경우가 있기 때문이었다. 교리의 뜻에 대해 직접적으로 설명하면 내용을 더 효율적으로 전달할 수 있다. 그러나 가르침의 목적은 단순하게 정보를 전달하는 데 있지 않았다. 통찰력, 더 높은 지혜, 해탈로 인도하는 데 목적이 있었다. 제자들이 깊이 사유하고 반복해서 질문하며 서로 토론을 해서, 뜻을 이끌어내 해탈에 이를 수 있도록 설하셨다. 이것이 부처님 설법의 본래 목적이었다.

부처님께서 간략하게 설하신 가르침을 대다수 비구들은 이해하지 못했지만, 뛰어난 지혜를 가진 제자들은 쉽게 그 의미를 이해할 수 있었다. 이해하지 못한 비구들은 그런 상황에서 스승을 성가시게 하지 않았다. 부처님께서 명확하게 가르침의 뜻을 이해했다고 확인해 주신 제자들에게 설명을 요청했다.

이러한 전통은 초기 승가에서 매우 중요했다. 부처님께서는 이 때문에 "간략하게 설한 법에 대해 상세하게 그 뜻을 설명하는 자들 가운데서 으뜸"인 제자가 있다고 따로 선언하셨다. 부처님께서 "간략하게 설하신 법의 의미를 상세하게 설명하는 제자 가운데 으뜸"이라고 선택하신 비구가 존자 대가전연(大迦旃延, 마하깟짜야나)이었다. 일반적으로 바라문 가문의 성姓으로 쓰는 '깟짜나'와 구별하기 위해 '마하깟짜야나'라고 불렀다.

마하깟짜야나는 출가해 비구가 된 뒤 대개는 고향 아완띠에서 지냈다. 아완띠는 부처님께서 주로 머무시던 인도 중부에서 남서쪽으로 멀리 떨어진 곳에 자리하고 있었다. 다른 위대한 제자들과 달리 부처님 가까이에서 많은 시간을 보내지 않았다. 마하깟짜야나 존자는 초기 승가 역사에서 사리뿟따, 마하목갈라나, 아난다 같은 제자들처럼 자주 등장하지는 않는다. 그럼에도 마하깟짜야나는 빠른 이해 능력과 지성, 법에 대한 깊은 통찰력, 뛰어난 언어 능력을 갖추고 있었다. 그가 부처님 곁에서 법을 들을 때마다, 다른 비구들은 그에게 자주 도움을 청했다. 비구들은 그들이 잘 이해하지 못한 부처님의 짧은 설법이 있으면 마하깟짜야나에게 설명해 달라고 요청했다.

마하깟짜야나가 해설해 준 가르침은 빨리 경전에서 매우 중요한 위치를 차지하고 있다. 마하깟짜야나의 설명은 매우 정교하고 체계적이었다. 뛰어나고 세련된 분석을 통해, 부처님의 간략한 설법이 담고 있는 폭넓고 실질적인 의미를 매우 놀랍도록 명확하게 드러내 주고 있다. 부처님의 짧고 간략한 설법이 담고 있는 진정한 의미는, 설명이 없다면 바르게 이해하기 어려웠다.

마하깟짜야나의 윤회

부처님의 모든 위대한 제자들처럼 마하깟짜야나 존자가 승가에서 차지한 위상은 윤회하는 과정에서 심었던 씨앗이 꽃을 피운 결과였다. 그는 환생을 거듭하면서 헤아릴 수 없이 오랜 본생에서부터 점차적으로 씨앗을 키워 왔다.

마하깟짜야나의 전기를 살펴보면, 십만 대겁 전에 연화상 부처님 시대에 '승가에서 중요한 제자가 되고자 했던 서원'을 세웠음을 알 수 있다. 그는 부유한 장자 집안에서 태어났다. 어느 날 사원에서 부처님께서 한 비구를 "간략하게 설한 가르침의 뜻과 목적을 상세히 설명하는 제자 가운데 으뜸"이라고 선언하신 것을 보았다. 젊은 장자는 영예로운 자리에 오른 비구에게 깊은 감명을 받았고, 자신도 그러한 자리에 오르겠다는 서원을 세웠다.

본생의 마하깟짜야나는 고귀한 열망을 성취하기 위해 부처님과 비구들을 초청해 공양을 올리기로 했다. 일주일 동안 부처님과 승가에 공양을 올렸다. 마지막 날 그는 부처님 발 앞에 엎드려 마음에 품고 있던 서원을 말씀드렸다. 부처님께서는 걸림 없는 지혜로 미래를 내다보시고 서원을 성취할 것이라고 말씀하셨다. "그대는 고따마 부처님께서 가르침을 펴실 때 간략하게 설하신 법에 대해 그 뜻과 목적을 자세히 분석하고 설명하는 데 으뜸인 제자가 될 것"이라고 수기를 주셨다.

비유경譬喩經에서는 마하깟짜야나가 본생에 연화상 부처님을 위해 황금으로 장엄한 탑묘와 보좌를 건립했다고 전한다. 경전에 따르면 '고따마 부처님 시대 논의제일 제자가 될 것'이라는 수기를 받은 때는 황금 탑묘와 보좌 공양을 올린 직후였다. 이때 연화상 부처님께서는 마하깟짜야나의 현재와 관련된 또 다른 내용도 함께 말씀해 주셨다. 이 수기로 인해 우리는 그의 본생을 좀 더 구체적으로 엿볼 수 있다.

부처님께서는 장자가 쌓은 공덕의 과보로 삼십 겁 동안 천신의 왕이 될 것이라고 하셨다. 마하깟짜야나가 인간 세계로 환생해서 '광휘光輝'라는 전륜성왕이 되어 몸 전체에서 빛을 낼 것이라고 수기를 주셨다. 또 도솔천에서 천신으로 살다가 '깟짜나'라는 성을 가진 바라문 가문에서 환생할 것이고, 고따마 부처님의 위대한 제자로서 아라한을 성취할 것이라고 말씀하셨다.

비유경 뒷부분에서는 마하깟짜야나가 세웠던 서원에 대해 조금 다른 내용을 전하고 있다. 여기에서 마하깟짜야나는 연화상 부처님 시대에 히말라야에서 은둔 생활을 하는 수행자였다. 어느 날 신통력으로 하늘을 날아가다가 숲속에 앉아 계신 세존을 보았다. 하늘에서 내려와 가르침을 듣기 위해 부처님께 다가갔다. 그 자리에서 한 비구(그의 이름도 깟짜나였다)에게 "간략한 법을 설하는 제자들 가운데 으뜸"이라고 선언하신 것을 보았다. 마하깟짜야나는 히말라야로 날아가 꽃을 가져와 부처님께 공양 올렸다. 그 자리에서 자신도 "법을 잘 설명하는 으뜸가는 제자"가 되겠다는 서원을 세웠다. 연화상 부처님께서는 그의 서원이 미래 고따마 부처님 아래에서 이루어질 것이라고 수기를 주셨다.

비유경에서는 또 이렇게 마하깟짜야나가 부처님께 공양을 올린 공덕의 과보로 지옥과 짐승, 아귀계에 환생하지 않았다고 전한다. 항상 천상계나 인간계에서 윤회했다. 인간으로 환생했을 때에도 바라문이나 귀족이었으며, 평민이나 천민으로 환생하지 않았다.

마하깟짜야나는 가섭(깟사빠) 부처님 시대에 바라나시의 좋은 가문에서 태어났다. 깟사빠 부처님께서 반열반에 드신 후, 황금 사리탑을 세우기 위해 황금 벽돌을 보시했다. 마하깟짜야나는 황금 벽돌을 올리면서, "내가 다시 태어날 때마다 몸이 항상 황금빛을 띠기를 바란다."는 서원을 세웠다. 그 공덕으로 고따마 부처님 시대에 태어났을 때, 그의 몸은 아름다운 황금빛을 띠었고, 사람들에게 깊은 감명을 주었다. 마하깟짜야나가 타고난 황금빛 몸으로 인해 기이한 일이 생긴다.

마하깟짜야나의 출가

고따마 부처님께서 출현하셨을 때, 깟짜나는 중인도 남서쪽에 자리한 아완띠(아반제阿槃提)국 수도 웃제니(우선니優禪尼)성에서 태어났다. 아버지는 바라문 '띠리따왓차'로, 궁정 제사장祭司長이었고, 어머니는 '짠디마'였다. 가문은 역사가 가장 오래되고 가장 존경받는 바라문 깟짜나족이었다. 부모님은 아들이 태어나면서부터 몸이 황금빛을 띠었기 때문에 '황금'이라는 의미를 지닌 '깐짜나'라는 이름을 지어 주었다. 깐짜나는 바라문이자 궁정 제사장의 아들로 자라면서 브라만교의 전통 경전인 세 가지 베다[1]를 익혔다. 아버지가 세상을 떠난 후 궁정 제사장 자리를 이어받았다.

깟짜나가 궁정 제사관으로 있을 때 아완띠국을 다스리던 왕은 짠답빳조따(맹광猛光)였다. '난폭하고 예측할 수 없는 기질을 지니고 있다'는 뜻을 지닌 이름이었다. 짠답빳조따왕은 부처님께서 출현하셨다는 소식을 듣고 신하들에게 웃제니성으로 모시고 오도록 했다. 궁중 사제들은 깟짜나가 그 일을 가장 잘 해낼 것이라고 뜻을 모았다. 그런데 깟짜나는 세존을 모시고 오는 일에 한 가지 조건을 내걸었다. 깨달으신 분을 친견하게 되면 출가해서 수행승이 되겠다는 조건이었다. 국왕은 부처님을 만나기 위해서는 어떤 조건도 다 들어줄 생각이었기 때문에, 깟짜나의 청을 허락했다.

깟짜나는 일곱 명의 신하들과 함께 길을 떠났다. 부처님을 뵙고 가르침을 들었다. 설법이 끝날 때 깟짜나와 일곱 명의 신하들은 모두 네 가지 걸림 없는 지혜(사무애해지四無礙解智)를 이루고 아라한과를 성취했다. 부처님께서는 손을 들어 "비구들이여, 어서 오라."며 출가를 허락하셨고, 구족계를 주시었다.[2]

새로운 비구, 존자 마하깟짜야나는 부처님께 웃제니성의 아름다움에 대해 아뢰었다. 부처님께서는 새 제자가 고향으로 함께 가시기를 바란다는 사실을 아셨다. 그러나 이제 마하깟짜야나는 홀로 가도 법을 전할 수 있었고, 짠담빳조따왕을 만족시킬 수 있었다. 부처님께서는 '그대 홀로 가도 짠담빳조따왕은 존경할 것이다.'라고 하시며 마하깟짜야나 홀로 가도록 하셨다.

마하깟짜야나 일행은 웃제니성으로 돌아가는 길에 뗄라빠날리 마을에 도착해 탁발을 했다. 마을에는 두 처녀가 살고 있었다. 한 소녀는 아름다운 긴 머리를 가지고 있었지만 부모님이 모두 돌아가시고 유모에 의지해 살고 있었다. 또 다른 소녀는 부유한 집안의 딸이었지만 머리카락이 빠지는 병에 걸렸다. 가발을 만들기 위해 가난한 소녀에게 천 개의 동전을 주고서라도 머리카락을 사기 위해 애썼지만 사지 못했다.

가난한 소녀는 마하깟짜야나 일행이 빈 발우를 들고 탁발하려는 모습을 보았다. 그 모습을 본 소녀는 존자 일행에 대한 믿음과 보시를 하고 싶다는 열망이 솟구쳤다. 음식 공양을 올리기 위해서는 머리카락을 파는 방법밖에 없었다. 머리카락을 잘라 팔기로 했지만, 부유한 소녀는 이미 잘라낸 머리카락을 보고 값을 깎아 동전 여덟 개만 주었다.

소녀는 여덟 개의 동전으로 여덟 명의 수행승들을 위해 음식을 준비해 공양을 올렸다. 보시를 올린 후 그 자리에서 공덕의 과보가 꽃을 피웠다. 가난한 소녀의 머리카락은 바로 원래대로 자랐다.

마하깟짜야나 일행이 웃제니성으로 돌아와 깐답빳조따왕에게 이 일을 보고했다. 왕은 가난한 소녀를 데려와 왕비로 삼았다. 그때부터 왕은 마하깟짜야나를 크게 존경했다. 존자 마하깟짜야나의 설법을 들은 웃제니 사람들은 부처님 가르침에 신심을 내었고, 많은 사람들이 출가했다. 주석서에서는 이에 대해 "웃제니성에는 (수행승들이 많아) 주황색 가사가 마치 성인들의 깃발처럼 나부꼈다."고 전한다. 가난한 소녀였던 왕비는 마하깟짜야나 존자를 깊이 존경해 황금 대나무 정원을 지어 보시했다.

앙굿따라니까야 주석서에서는 아완띠국에 수행승이 넘쳐났다고 전한다. 그러나 경전은 주석과는 매우 다른 상황을 기록하고 있다. 비나야삐따까 마하왁가(대품大品)[3]에는 아완띠에 승가가 그리 번성하지 않았음을 알 수 있는 내용이 있다.[4]

마하깟짜야나는 그 무렵 아완띠국에서 가장 좋아하는 도시인 꾸라라가라에 있는 물수리가 많이 사는 산에 머물고 있었다. 재가신도 쏘나 꾸띠간나가 찾아와 마하깟짜야나에게 출가하고 싶다고 말했다. 깟짜나는 그가 아직 큰 걸음을 내딛을 준비가 되지 않았음을 알고 이렇게 말하면서 출가의 꿈을 접게 만들었다. "쏘나여, 목숨이 다할 때까지 혼자 잠자고, 하루 한 끼만 먹으며 청정한 수행자의 삶을 사는 것은 매우 어려운 일입니다. 재가신도로 지내면서 부처님 가르침을 따라 혼자 잠자고 하루 한 끼만 먹으며 청정한 삶을 살아 보십시오."

쏘나는 그 말을 듣고 출가하고자 하는 열망을 가라앉혔다. 얼마 후 또 출가를 하겠다는 마음이 들었지만, 존자 마하깟짜야나는 다시 생각을 접게 했다. 세 번째로 쏘나가 출가를 요청하자, 마하깟짜야나는 쏘나의 출가出家를 허락하고 사미계沙彌戒를 주었다.

부처님 시대에는 법에 대한 믿음이 확고하고 가르침에 정통한 제자들에게는 두 가지 계를 함께 주는 것이 관례였던 것으로 판단된다. 먼저 사미계를 주고 바로 이어서 더 높은 구족계具足戒를 줌으로써, 승가의 완전한 구성원인 비구가 될 수 있게 했다.

그러나 쏘나의 출가 당시 아완띠국에는 구족계를 받은 비구가 부족했다. 아완띠국은 부처님께서 주로 법을 펴시던 중심 지역에서 상당히 멀리 떨어져 있었다. 오늘날에도 일부 지역에서 지키고 있는 계율에 따르면, 적어도 열 명의 비구 승가(참모임)를 구성해야만 구족계를 줄 수 있었다. 아완띠국 상황은 그렇지 못했기 때문에 마하깟짜야나 존자는 쏘나에게 구족계를 줄 아홉 명의 비구도 쉽게 모으지 못했다. 3년이 지나서야 "많은 어려움을 겪고" 여러 곳에서 모은 열 명의 비구들로 참모임(승가)을 열어 쏘나에게 구족계를 줄 수 있었다.

쏘나는 구족계를 받아 비구가 된 후, 부처님을 뵙고 싶다는 열망이 생겼다. 스승이시며 세상에서 가장 존귀한 분이시고 귀의처이신 세존에 대한 찬탄을 듣기는 했지만, 직접 뵌 일이 없었다. 이제 그는 세존을 친견하고 예경을 드리고 싶은 마음을 참을 수 없었다. 쏘나는 그를 출가시킨 스승 마하깟짜야나에게 부처님이 계시는 사왓띠로 가는 것을 허락해 달라고 요청했다. 마하깟짜야나는 제자의 결심을 반겼다. 쏘나에게 부처님께 예경을 드리고, 아완띠국 남쪽 등 여러 지방에서는 사회적·지리적 요건에 맞게 계율을 완화해 주실 것을 요청드리라고 당부했다.

쏘나는 부처님을 친견하고 예경을 드린 후 마하깟짜야나의 간청을 전해드렸다. 부처님께서는 흔쾌하게 승낙하셨다. 우선 멀리 떨어진 지역(변방邊方)이 어떤 지역인지 정하셨다. 예를 들면, '동쪽으로 까장갈라라는 마을을 지나 마하쌀라라는 마을이 있는데, 그 밖은 변방이고 그 안쪽은 중앙지역(중간지역)'이라고 규정하셨다.[5] 그런 다음 중앙지역을 벗어나 멀리 떨어진 지역에서 적용하기 위해 개정한 계율을 선언하셨다.

수정한 계율은 다음과 같았다. 적어도 열 명의 비구들이 모여 승가를 구성한 후 구족계를 줄 수 있던 계율은, 변방 지역에서는 다섯 명의 비구만 모여도 구족계를 줄 수 있도록 했다. 그렇지만 다섯 명 가운데 한 명은 반드시 율장을 받아 수호하는 율사(律師, 율장호지사律藏護持師)여야만 했다. 이어 변방 지역은 땅이 거칠고 소가 많이 다녀 단단하기 때문에 수행승들이 여러 겹의 안창을 댄 신발을 신을 수 있게 허용했다. 아완띠국 남쪽 지방 사람들은 목욕을 중요하게 생각하고 물로서 청정해진다고 믿기 때문에 언제든지 목욕을 할 수 있게 했다. 양 가죽이나 염소 가죽, 사슴 가죽을 깔개(침구)로 사용할 수 있게 했다. 변방 지역에서는 그 지역을 떠난 수행승들의 옷을 다른 수행승들이 대신 받아 보관할 수 있도록 계율을 바꿨다. 보관할 수 있는 기간은 여분의 가사를 대신 받은 수행승 손에 닿은 직후부터였다.

마하깟짜야나와 승가

경전이나 주석서에는 마하깟짜야나 존자가 승가에서 함께 생활했던 일들이 많이 등장하지 않는다. 경전이나 주석서는 마하깟짜야나 존자가 비구들을 가르쳤던 일들, 특히 부처님께서 간략하게 설하신 법을 상세하게 설명한 일에 대해 전하고 있다. 마하깟짜야나가 등장하는 경전 서문(등장하게 되는 인연, 니다나, 경전의 도입부)과 내용을 살펴보면 그는 출가해서 구족계를 받은 후 대부분 아완띠국에서 보낸 것으로 보인다. 평소에는 조용히 홀로 수행하며 지냈지만 기회가 되면 다른 제자들에게 법을 해설해 주고 가르침을 주었던 것 같다.

마하깟짜야나는 정기적으로 부처님께서 머물며 법을 펴시던 중요한 장소를 방문했다. 때로는 부처님께서 설법을 위해 떠나시는 길에 함께하기도 했다. 마하깟짜야나가 맛지마니까야에서 해설자 역할로 등장하는 것은 세 번이다. 세 경전은 각각 까삘라왓투(카필라성), 라자하가(왕사성), 사왓티(사위성)에서 설해졌다. 이 도시들은 갠지스강을 사이에 두고 매우 멀리 떨어져 있었다. 이 때문에 마하깟짜야나는 부처님과 함께 오랜 시간 여행을 했고, 중간 중간 부처님께서 잠시 머무시던 사원으로 찾아갔음을 알 수 있다.

마하깟짜야나는 사리뿟따와 마하목갈라나, 아난다 등 승가를 이끌던 다른 수행승들과 친밀하게 지내지 않았다. 또 마하깟사빠처럼 은둔 생활을 강조하지도 않았고, 고행에 가까울 정도로 엄격한 수행을 하지도 않았던 것으로 보인다. 대중생활에도 그다지 큰 관심을 가지고 있지는 않았다.[6] 마하깟짜야나는 요청이 있으면 법을 해설하며 가르쳤다. 그는 항상 다른 수행승들에게 법을 해설하고 풀어서 가르치는 역할로 경전에 등장한다.

마하깟짜야나는 다른 장로들처럼 비구들과 일 대 일로 대화하지 않았다. 가장 지혜로운 비구 사리뿟따 존자도 자주 부처님께 질문을 했지만, 마하깟짜야나는 질문하는 모습이 없다. 고씽가 사라나무 숲 법문 큰 경(맛지마니까야 32)에도 그는 등장하지 않는다. 경전에서는 사리뿟따와 마하목갈라나, 아누룻다, 레와따, 아난다 등 위대한 제자들이 보름달 밤 고씽가 사라나무 숲에 모였다. 존자들은 고씽가 사라나무 숲을 아름답게 밝힐 수 있는 이상적인 비구가 누구인지에 관해 토론했다. 마하깟짜야나가 그 자리에 있었다면, '부처님의 짧은 가르침을 상세히 풀어 설명하는 데 으뜸인 제자가 숲을 아름답게 밝힐 수 있다.'고 말했을 것이다.

마하깟짜야나는 쏘나에게 구족계를 주었지만, 그의 제자는 많지 않았을 것이다. 그의 제자 가운데 한 명이 비구 이시닷따다. 이시닷따는 존자들 가운데 가장 나이가 어렸지만, 부처님께서 설하신 짧은 법에 대해 정확하게 뜻을 풀어 설명함으로써 나이가 많은 비구들에게 깊은 인상을 남겼다.[7] 이시닷따가 연로한 존자들도 해내지 못한 법에 대한 설명을 잘 해낸 것은 마하깟짜야나 문하에서 수행하면서 성취한 능력 덕분이었음이 분명하다.

어느 때 마하깟짜야나는 부처님께서 자주 머무시던 사왓티성 동쪽의 동원림정사東園林精舍 녹자모 강당鹿子母講堂으로 부처님을 찾아뵈었다. 그가 도착하기 전 천신들의 왕인 제석천왕이 내려와 부처님께 예경을 드렸다. 그날은 마침 안거가 끝나는 날이어서 부처님께서는 비구들과 함께 자자自恣[8]를 하시려는 중이었다. 마하깟짜야나는 법을 듣기 위해 멀리 떨어져 있어도 정기적으로 부처님이 계신 곳을 찾아왔다. 다른 장로들은 이 때문에 항상 그의 자리를 비워 두었다.

제석천왕은 부처님께 천상의 향과 꽃을 올리며 예경을 드렸다. 마하깟짜야나 장로가 자리에 없었기 때문에 속으로 생각했다. '마하깟짜야나 장로께서는 보이지 않는군. 그분이 함께 계신다면 정말 좋을 텐데.' 그 순간 마하깟짜야나가 도착해 자리에 앉았다. 삭까 천왕은 기쁜 마음으로 무릎을 꿇은 채로 다가와 그의 발을 잡고 "장로께서 오시니 정말 기쁩니다."라고 말하며, 천상의 향과 꽃을 올렸다. 젊은 비구들 가운데 일부가 삭까 천왕이 사람을 차별한다고 불평했다. 부처님께서는 그들을 꾸짖으셨다. "비구들이여, 나의 아들 마하깟짜야나 장로처럼 항상 감각의 문을 잘 단속하는 비구들은 천신과 인간 모두가 흠모한다." 부처님께서는 게송으로 설하셨다.

마부들에게 잘 길들여진 말들처럼
감각 기관(육근六根)을 잘 제어하여 고요한 사람
자만심과 번뇌를 다 파괴하고
해탈한 사람
천신들까지도 그를 존경한다
(법구경 게송 94)

마하깟짜야나가 실제로 감각 기관을 잘 다스리기 위해 정진한 수행승이었음은 그의 가르침을 통해 확인할 수 있다. 항상 '감각의

문'을 잘 다스려야 한다는 사실을 강조했다.

법구경 주석서는 마하깟짜야나와 관련해 두 가지 흥미로운 사건을 전하고 있다. 두 가지 사건은 황금빛을 내는 장로의 신체적 특성 때문에 일어났다.

부처님께서 사왓티에 계실 때, 중인도의 도시 마투라 동쪽에 자리한 쏘레이야 성에서 사건이 일어났다. 이름이 도시 이름과 같았던 '쏘레이야'라는 도시 재정담당관의 아들이 있었다. 쏘레이야는 친구들과 함께 목욕을 하러 마차를 타고 강으로 가고 있었다. 마하깟짜야나 존자는 그때 탁발을 하려고 성으로 들어가다 성문에서 두 겹 가사를 수하고 있었다. 쏘레이야는 황금빛 살결을 지닌 장로를 보고 마음에 애욕이 일었다. "오! 저 장로가 내 아내가 되었으면 좋겠다! 그렇지 않으면 내 아내가 황금빛 몸을 지녔으면 좋겠다!"

엉뚱한 생각이 머릿속을 스쳐 지나간 바로 그 순간, 쏘레이야는 여자 몸으로 바뀌기 시작했다. 그는 소스라치게 놀라 다른 사람들이 알아차리기 전에 마차에서 뛰어내려 달아났다. 친구들은 그를 찾을 수 없었고, 부모에게 알렸다. 끝내 쏘레이야를 찾지 못한 부모는 죽었을 것으로 생각하고 장례를 치렀다. 여자로 변한 쏘레이야는 딱까실라성으로 갔다.

딱까실라 재정담당관의 아들은 쏘레이야를 보고 한눈에 반해 그녀와 결혼했다. 결혼 후 쏘레이야는 아들 둘을 낳았다. 쏘레이야는 원래 고향에서 두 아들을 두었다. 이제 쏘레이야는 두 아들의 아버지이자 두 아들의 어머니로 모두 네 아들의 부모가 되었다.

어느 날 예전 쏘레이야의 친구가 사업을 위해 딱까실라에 왔다.

친구를 알아본 쏘레이야 부인은 하인을 보내 집으로 데려오게 했다. 그리고 남자에서 여자로 바뀌게 된 사연을 털어 놓았다. 친구는 쏘레이야가 마하깟짜야나 장로에게 공양을 올리고 그런 마음을 품은 것에 대해 참회해야 한다고 권했다. 마침 마하깟짜야나 장로는 딱까실라 근처에 머물고 있었다.

친구가 마하깟짜야나 장로를 찾아가 공양 올리기를 청했다. 다음날 쏘레이야의 집으로 초대받은 장로가 왔고, 맛있는 음식 공양을 올렸다. 친구는 쏘레이야 부인을 장로에게 데려와 오래전에 있었던 일을 말씀드리고, 용서를 구했다. 장로가 '당신을 용서합니다.'라고 말하자 쏘레이야 부인은 다시 남자 몸으로 바뀌었다. 두 번이나 엄청난 변화를 겪은 쏘레이야는 더 이상 세속 생활을 이어갈 수 없다는 결정을 했다. 마하깟짜야나에게 출가해 비구가 되었고, 얼마 지나지 않아 신통력을 성취했고, 아라한이 되었다.

아잣따삿뚜왕이 다스리던 마가다국 총리대신이던 왓사까라(우사禹舍)는 운이 좋지 않았다. 그는 어찌할 수 없는 외부의 힘 때문이 아니라 전적으로 자신의 자존심과 고집 때문에 큰 불행을 겪었다. 맛지마니까야 주석서에서는 왓사까라가 어느 날 영취산에서 내려오고 있던 마하깟짜야나 존자를 보고 "저 수행승은 원숭이처럼 생겼다."라고 외쳤다. 경전은 마하깟짜야나가 본래 잘생겼고 우아한 외모를 지녔다고 기록하고 있기 때문에 왓사까라의 평가는 이상한 것이었다. 어쨌든 이 사건이 널리 퍼져 부처님께서도 소문을 듣게 되었다.

세존께서는 왓사까라가 장로에게 용서를 구하면 모든 일이 잘 풀릴 것이며, 참회를 하지 않는다면 라자가하 대나무 숲에서 원숭이로 태어날 것이라고 하셨다. 왓사까라도 부처님의 말씀을 전해 들었지만 참회하지 않았다. 마가다 왕국의 총리대신으로서 거만함이 몸에 배어 차마 고개를 숙이고 용서를 구할 수 없었기 때문이었다. 그러나 부처님 말씀이 항상 옳았음을 믿었기 때문에, 운명에 몸을 맡기며 다음 생을 준비했다. 왓사까라는 대나무 숲에 더 많은 나무를 심고 경비를 두어 야생동물을 지키도록 했다. 그가 세상을 떠난 지 얼마 되지 않아 사람들이 '왓사까라'라고 부르면 가까이 오는 원숭이가 태어났다고 한다.

경전에는 마하깟짜야나 존자의 열반에 대한 기록이 없다. 그러나 마두라 설법의 경(마두라경摩偸羅經, 맛지마니까야 84) 끝부분에 마하깟짜야나가 "세존께서는 완전한 열반에 드셨다."고 말하는 장면이 전한다. 마하깟짜야나는 스승보다 더 오래 세상에 머물렀음이 분명했다.

간략한 설법을 명쾌하게 설명하는 제자

부처님께서는 마하깟짜야나에 대해 "짧게 설하신 법을 자세하게 설명하는 제자들 가운데 으뜸"이라고 존중해 주셨다. 마하깟짜야나의 뛰어난 능력은 니까야 경전 가운데 여덟 개에서 분명하게 확인할 수 있다. 맛지마니까야 세 개, 상윳따니까야 세 개, 앙굿따라니까야 두 개이다. 이밖에도 니까야 경전 여러 곳에서 부처님의 짧은 설법과 관련 없는 마하깟짜야나의 가르침을 발견할 수 있다.

마하깟짜야나의 가르침은 일관성과 독창적인 특성을 지니고 있다. 철저하게 균형을 유지하고 있으며, 신중하고도 세심하게 표현하고 있고, 충실한 내용과 예리한 이해를 담고 있으며, 잘 정리되어 있다. 특히 개인적인 감상을 담고 있지 않으며, 꾸밈없이 담담하게 가르침을 전하고 있다. 마하깟짜야나의 법문에는 어떠한 비유도 없다. 평범한 언어를 사용하면서도 흠잡을 데 없이 정확하다. 부처님이나 사리뿟따, 아난다처럼 마음에 감동을 주는 멋진 비유를 사용하지 않았다. 마하깟짜야나의 설법은 문학적으로 꾸미지 않으면서도, 뜻을 함축하고 있고 평이하며 직설적인 언어를 사용해 가르침의 핵심으로 바로 인도한다.

마하깟짜야나는 법을 잘 설명할 수 있었던 점에서는 사리뿟따 존자와 가장 비슷하다. 두 존자가 전하고자 하는 내용은 근본적으로 같았지만, 설명하는 방식에는 약간의 차이가 있다. 예를 들어 정견경(正見經, 바른 견해 경, 맛지마니까야 9)과 코끼리 발자국에 비유한 큰 경(대상적유경大象跡喩經, 맛지마니까야 28)에서 사리뿟따는 특정한 주제를 먼저 제시하고, 각각의 구성요소에 대해 단계별로 나누어 분석해서 차례대로 설명한다. (어떤 경우에는 더 세밀하게 나누기도 한다.)

마하깟짜야나는 대체로 주제를 먼저 제시하지 않는다. 직관적이고 시적詩的인 표현이나 훈계의 뜻을 담고 있는 부처님의 짧은 설법으로 가르침을 시작한다. 부처님께서 짧게 설하신 가르침을, 이미 잘 확립되어 있는 익숙한 교리의 틀에 연결시키는 방식으로 설명해 나간다. 그는 자주 여섯 가지 감각 요소와 감각을 잘 다스리는 수행 실천의 중요성을 강조했다. 그렇게 서로 방식은 다르지만 두 위대한 제자는 모두 체계적으로 분석하고 면도날처럼 예리하게 부처님 가르침을 해석하고 설명한다.

두 장로는 이 때문에 상좌부 불교 전통에서, 부처님 설법을 해석하는 방법론의 아버지로 추앙받는다. 사리뿟따는 아비담마(부처님께서 설하신 법에 대한 연구와 해석)를 체계화한 제자이다. 부처님께서 도솔천에서 천신들에게 아비담마를 가르치면서 정기적으로 인간 세계에 내려와 설명하신 개요를 기반으로 사리뿟따가 아비담마로 체계화한 것이다.

마하깟짜야나는 장석론(藏釋論, 부처님 가르침에 대한 입문서, 장훈藏訓)과 지도론(指導論, 수행 안내서)의 저자로 간주된다. 두 논서는 초기 불교 주석가들에게 지대한 영향을 주었다. 또한 후기에 편찬된 경전에 정식으로 포함되었다.

마하깟짜야나와 맛지마니까야

마하깟짜야나 존자가 등장하는 맛지마니까야 가운데 가장 중요한 경전은 꿀 과자 비유 경(밀환경蜜丸經, 맛지마니까야 18)이다. 이 경전은 제자가 설명한 가르침에 부처님께서 경전 이름을 붙여주신 특별한 사례이다.

경전은 세존께서 고향 싸끼야국 까삘라왓투 보리수 승원(용수원榕樹園)에 머물고 계실 때 일로 시작한다. 세존께서 어느 날 탁발을 마치시고 큰 숲으로 돌아와 어린 벨루와나무(모과나무 일종) 아래 앉으셨다. 그때 단다빠닌(집장執杖, 지팡이를 든 자)이라는 오만한 싸끼야족이 세존께 다가와 무례한 태도로 질문했다. “수행자는 무엇을 주장하는 자이고, 무엇을 선언하는 자입니까?(어떤 견해를 가진 자이고 무엇에 관해 설하는 자인가?)" 부처님께서는 단다빠닌이 갈등을 일으키기 위해 일부러 무례한 질문을 한 데 대해 이렇게 답하셨다. "벗이여, 수행자는 천신들과 악마들, 범천의 세계, 바라문과 은둔자들, 왕들과 백성들과 다투지 않는다는 사실을 주장하고 선언합니다. 또 감각적 쾌락을 멀리하고 의혹을 벗어나 근심걱정을 하지 않고, 번뇌를 부순 바라문(존재에 대한 어떤 갈애도 없는 바라문)은 더 이상 어떤 집착, 갈애의 해로운 영향을 받지 않는다는 사실을 주장하고 선언합니다."

단다빠닌은 부처님 말씀을 전혀 이해할 수 없었다. 이맛살을 찌푸리고 지팡이를 짚고 자리를 떠났다. 세존께서는 저녁 무렵 니그로다 승원에서 비구들에게 낮에 있었던 일을 전해 주셨다. 한 비구가 "세존께서 설하신 모든 다툼을 피하고 동시에 갈애의 해로운 영향에서 벗어날 수 있다는 가르침은 어떤 뜻입니까?"라고 여쭈었다. 부처님께서는 "비구들이여, 망상(희론戱論)에 물든 인식과 관념이 사람을 괴롭히는데, 그것에 대해 환희하지 않고 집착하지 않는다면 탐욕과 성냄과 무지를 끝내는 것이다. 몽둥이와 무기를 드는 것(갈등과 분쟁), 투쟁, 싸움, 말다툼, 논쟁, 이간질, 거짓을 끝내는 것이다. 여기서 악하고 불건전한 상태는 남김없이 사라진다."라고 답하셨다. 그리고 비구들에게 상세한 설명을 하지 않고 자리를 떠나 처소로 들어가셨다.

부처님께서 떠나신 후 비구들은 세존의 짧은 법문을 이해할 수 없었다. 비구들은 이렇게 생각했다. "존자 마하깟짜야나는 스승께서 칭찬하시고, 청정한 수행생활을 하며 지혜로운 도반들로부터 존경을 받는다. 세존께서 설하신 간략한 가르침에 대해 상세하게 설명할 수 있다. 존자 마하깟짜야나에게 그 의미를 물어보도록 하자."

비구들은 마하깟짜야나에게 가서 설명을 청했다. 마하깟짜야나는 그들이 세존께 요청드리지 않고 자신을 찾아온 사실을 먼저 지적했다. "도반들이여, 그대들이 나를 찾아온 것은 나뭇고갱이(목심木心, 심재心材)를 구하려는 사람이 뿌리와 줄기를 제쳐두고 나뭇잎과 가지에서 찾는 것과 같습니다. 세존께서는 참으로 눈이 있는 분, 앎이 있는 분, 진리가 있는 분, 거룩한 분, 법을 설하시는 분, 가르치시는 분, 궁극적 진리로 이끌어 주시는 분, 해탈로 이끌어 주시는 분, 가르침의 주인, 여래이십니다."

비구들은 장로의 지적이 옳다는 것을 인정했다. 그러면서도 마하깟짜야나 존자에게 부처님의 간략한 설법을 자세하게 설명해 달라고 간청했다. 존자는 그들의 청을 들어 주었다.

"도반들이여, 눈과 형상을 조건으로 안식眼識이 생깁니다. 눈과 형상, 안식을 조건으로 접촉이 생겨납니다. 접촉으로 인해 느낌이 생겨납니다. 느낀 것을 인식하고, 인식한 것을 생각하고, 생각한 것에 대해 망상(희론)을 냅니다. 망상은 과거와 미래, 현재에 걸쳐 눈으로 보는 형상에서 오염된 지각과 관념을 일으킵니다. 그렇게 오염된 지각과 관념은 사람을 고통스럽게 합니다."

마하깟짜야나는 같은 방식으로 코, 귀, 혀, 몸, 뜻 등 감각 기관에 대해 상세하게 설명한다. 이어 시각과 형상과 안식이 없으면 접촉이 생기지 않고, 접촉이 생기지 않으면 느낌이 없으며, 생각과 망상에 오염된 인식과 관념이 생기지 않는다고 설명을 이어나간다. 마하깟짜야나는 이렇게 감각 기관과 감각 대상, 인식을 연기법과 연결해 뜻을 전달했다. 연기법의 각 요소가 어떻게 직전 요소와 결합해 다음 요소를

일으키는지, 또 어떻게 소멸하는지 상세하게 풀어주었다.[9]

마하깟짜야나는 이렇게 스스로 망상을 일으켜 오염시킨 마음이, 어떻게 인식을 왜곡하고 집착을 일으키는지에 대해, 세밀하고 예리하게 설명을 해 주었다. 어떻게 사람의 마음이 번뇌에 물들고 괴로움을 주는지 직접적으로 설명하였다. 각 감각 기관의 의식은 감각 능력과 대상에 의해 일어난다. 다시 접촉(수受)과 느낌(애愛, 좋아하고 싫어함), 생각(상想)으로 자연스럽게 전개된다. 이 과정에서 감각 기관의 대상이나 존재들의 실상實相을 꿰뚫어 아는 지혜를 갖추지 못한 중생들은 망상[10] 때문에 바르게 인식하지 못한다. 망상에 물든 마음은 지각이나 인식 대상을 정확하게 파악하지 못한다.[11] '나(아我)', '나의 것', '본래의 나'라는 잘못된 생각에 사로잡혀 마음을 빼앗긴다. 바른 지혜를 성취하지 못한 중생들은 그렇게 망상에 오염된 지각과 관념[12]에 사로잡혀 고통 받는다.

이렇게 망상에 오염된 관념과 지각의 근원에는 세 가지 번뇌가 있다. 갈애(渴愛, 들러붙음), 자만(自慢, 재다, 비교하다), 그릇된 견해(사견邪見)이다. 세 가지 번뇌가 생각하는 과정을 통제하면 인지 능력이 마비되고 불행하게 만들며, 수많은 망상과 집착, 갈망을 쏟아낸다. 세존께서는 '망상에 오염된 지각과 관념이 일어나 사람을 괴롭힌다.'고 짧게 설하셨다. 마하깟짜야나는 이것을 풀어서 비구들에게 이렇게 설명하고 있는 것이다.

"'나의 것'이라는 오염된 관념과 인식을 벗어나 갈애로 인한 애착을 끊어야 한다. '나는 영원히 변하지 않는 존재이다.'라는 자만심과 이기심으로 인한 집착에서 벗어나야 한다. 이렇게 하면 모든 번뇌의 근원을 뿌리째 뽑아내 해탈에 이른 성인으로서, 시끄러운 갈등과 다툼 없이 청정하고 지혜롭게 살 수 있다."

마하깟짜야나의 설명을 들은 비구들은 세존께서 계신 곳을 찾아가 그대로 전했다. 세존께서는 "마하깟짜야나는 현명하다. 비구들이여, 마하깟짜야나는 위대한 지혜를 지녔다."고 최상의 칭찬을 하셨다. "비구들이여, 그대들이 나에게 짧은 설법에 대한 뜻을 알려달라고 했다면, 나는 마하깟짜야나가 설명한 것처럼 그대로 설명했을 것이다. 그와 같이 잘 새겨야 한다."

그때 곁에 있던 아난다 존자가 특별한 비유를 하며 마하깟짜야나의 설법에 대해 아름답다고 여쭈었다. "세존이시여, 쇠약해진 사람이 꿀 과자를 얻어 조금씩 먹으면 달콤한 맛을 느끼고 조금씩 기력을 회복할 수 있습니다. 그와 같이 지혜로운 수행승이 마하깟짜야나의 법문을 듣고 차츰 차츰 그 뜻을 찾아가면 기쁨을 얻고 마음에 확신을 얻을 수 있습니다. 세존이시여, 이 법문 이름을 무엇이라 하면 좋겠습니까?"

세존께서는 이렇게 답하셨다. "아난다여, 그렇다면 이 법문을 꿀 과자 비유 경(밀환경蜜丸經)이라 이름 붙이고, 잘 새기어라."

마하깟짜야나가 주인공으로 등장하는 다른 두 개의 경전, 하나는 맛지마니까야에 하나는 앙굿따라니까야에 있는 경전인데, 역시 같은 방식으로 전개된다. 부처님께서 짧은 법문을 하시고 거처로 돌아가셨다. 비구들은 마하깟짜야나에게 설명을 요청한다. 존자는 비구들이 부처님께 여쭙지 않고 자기에게 설명을 청하는 데 대해 꾸짖지만 결국 승낙하고 부처님의 짧은 법문에 대해 상세하게 설명해 준다.

비구들은 부처님께 가서 마하깟짜야나의 설명을 전해드린다. 부처님께서는 마하깟짜야나를 칭찬하신다.

한밤의 슬기로운 님의 경(맛지마니까야 133)[13]은 부처님께서 짧게 설해 주시고 다시 풀어 주신 게송으로 전개된다. 승가는 물론 세간에도 널리 알려진 게송 '밧데까랏따'이다.[14] 이 게송은 과거를 향한 집착과 미래를 향한 기대를 버려야 한다고 강조한다. 대신 지혜로써 현재를 바르게 살피기 위해 정진해야 한다고 촉구한다. 수없이 많은 수행승들과 신도들은 이 게송과, 부처님께서 뒷부분에 풀이해 주신 게송 해석을 암송하며 수행에서 영감을 얻었고 오늘날에도 얻고 있다. 설법의 주제로도 헤아릴 수 없이 많이 사용했다.[15]

경전에서 사마타娑彌陀라는 비구는 '밧데까랏따' 게송의 뜻은 고사하고 게송 자체에 대해서도 전혀 알지 못하고 있었다. 어느 날 자비로운 천신이 사마타에게 찾아와 '밧데까랏따' 게송과 해설에 대해 배우라고 권했다.

비구 사마타는 날이 밝아 부처님을 찾아뵙고 '밧데까랏따' 게송과 분석에 대해 설해 주실 것을 요청드렸다. 세존께서는 게송을 설하셨다.

과거를 되살리려 하지 말고
미래를 꿈꾸지 말라
과거는 이미 뒤에 남겨졌고
미래는 아직 오지 않았다

대신 그때그때 잘 관찰하라
현재에 일어나는 상태에 관해
정복되지 않고 흔들리지 않으며
그것을 잘 알고 수행하라

오늘 해야 할 일에 정진하라
내일 죽음이 찾아올지 누가 알 수 있겠는가
군대를 거느린 죽음의 신
그와 그의 군대를 멀리할 수 있도다

이와 같이 열심히 밤낮으로 쉼 없이
수행하는 사람
그 사람이 평화로운 현인賢人, 슬기로운 분이다
고요한 해탈에 이른 분이 그분이다

게송을 설하시고 세존께서는 자리에서 일어나 거처로 돌아가셨다.

사밋디와 함께 게송을 들은 수행승들은 게송에 대한 자세한 설명을 듣기 위해 마하깟짜야나 존자를 찾아갔다. 꿀 과자 비유 경에서처럼, 처음에는 세존께 여쭙지 않고 그에게 찾아온 비구들을 질책했다. 결국 게송에 대해 설명을 해 준다. 처음 두 구절을 주제로 여섯 가지 감각 기관에 연결해 과거와 미래, 현재에 대해 상세하게 설명한다.

“도반들이여, 어떻게 하면 사람이 과거에 매달리게 됩니까? 과거에 본 눈과 형상을 떠올립니다. 의식이 과거에 본 눈과 형상에 대한 욕망과 탐욕에 사로잡히고 즐거워하면 과거로 거슬러 올라갑니다." 마하깟짜야나는 다른 다섯 가지 감각기관과 그 대상들도 마찬가지라고 설명한다. "도반들이여, 사람이 어떻게 미래에 사로잡히게 됩니까? 미래에 나의 시각은 이러할 것이고, 그 형상은 이러할 것이라고 상상하며, 아직 얻지 못한 것을 갈망하고 즐거워하게 됩니다." 과거의 감각 경험에 대한 기억과, 미래의 감각 경험에 대한 갈망에 욕망과 탐욕을 내지 않아 묶이지 않는 사람, 그러한 사람이 "과거를 되살리거나 미래에 희망을 갖지 않는 사람"이라고 설명하고 있다. 이와 마찬가지로 "현재의 감각 기관과 그 대상에 대한 탐욕에 구속되어 있는 사람"은 "현재 일어나는 상태에 굴복한 사람"이라고 설명한다. 반면에 마음이 탐욕과 욕망에 묶여 있지 않은 사람은 "현재 일어나는 상태에 정복되지 않는 사람"이라고 해설해 주었다.

비구들이 다시 부처님을 찾아뵙고 마하깟짜야나가 설명해 준 내용을 아뢰었다. 세존께서는 "비구들이여, 그대들이 내게 물었다고 해도, 나도 마하깟짜야나가 설명한 그대로 바르게 설명했을 것이다."라고 답하셨다.

맛지마니까야에 세 번째로 마하깟짜야나가 주인공으로 등장하는 경전은 개요를 분석한 경(총설분별경總說分別經, 맛지마니까야 138)이다. 부처님께서는 "개요(요약, 웃데사)와 분석(分析, 위방가)에 대해 설하실 것"이라며 법문을 시작하셨다.

세존께서는 개요에 대해 이렇게 설하셨다. "비구들이여, 수행승들은 존재와 사물에 대해 관찰할 때 의식이 밖으로 산만하게 흩어지지 않게, 안으로 집착하지 않으면서 혼란하지 않도록 관찰해야 한다. 그런 수행승에게 미래에 태어나고 늙고 죽는 괴로움은 생기지 않는다."

그런 다음 세존께서는 더 이상 설명하지 않고 자리에서 일어나 그곳을 떠나셨다. 처음에 분석(분별)을 함께 설해 줄 것이라고 하셨는데, 이상한 일이었다. 수행승들은 그러나 길을 잃은 것처럼 느끼지 않았다. 그들에게는 마하깟짜야나 존자가 있었고, 그의 설명은 분명히 스승께서 인정해 주실 것이기 때문이었다.

마하깟짜야나는 다른 때처럼 먼저 가볍게 비구들을 질책한다. 그리고 세존께서 설하신 주제(개요槪要, 대강大綱)에 있는 구절들을 세밀하게 분석하며 설명을 시작한다. 의식은 어떻게 "밖으로 산만하게 흩어지게 됩니까?" "수행승이 눈으로(귀로, 코로, 혀로, 몸으로, 의식으로) 대상을 만날 때, 눈이 접촉한 순간 생기는 일시적 모습(표상表象)[16]에 유혹 당해 묶이고 만족하면 의식이 밖으로 산만하게 흩어지게 됩니다." 만일 비구가 눈으로 형상을 보고 그 형상에 대해 생기는 인상(印象, 표상)에 얽매이지 않는다면, 그의 의식은 "밖으로 산란하고 흩어지지 않는다."라고 설명했다.

만일 수행승이 "선정을 성취했어도 선정에서 생겨나는 희열과 행복을 추구하면, 그의 마음은 안으로 집착하고 묶이게 됩니다. 그렇다면 의식은 어떻게 안으로 집착하지 않게 됩니까? 그가 선정을 성취했어도, 멀리 여읨(초선정)에서 생겨나는 희열과 행복의 유혹에 묶이지 않습니다. 삼매(이선정)에서 생겨나는 희열과 유혹에 구속되지 않습니다. 평정과 행복(삼선정)의 유혹에 묶이지 않습니다. 괴롭지도 즐겁지도 않은 것(사선정)의 행복과 유혹에 구속되지 않습니다. 그러면 그의 마음은 안으로 집착하지 않는 것입니다."

"도반들이여, 오온五蘊을 참된 자기 자신이라고 생각하는 '배우지 못한 범부 중생(배우지 못한 일반 사람)'에게는 '집착으로 인한 혼란(번민, 초조함, 흔들림, 동요)'이 생겨납니다. 그러한 사람은 물질(색色, 형상), 느낌(수受), 지각(상想), 의지(형성, 행行), 의식(식識)이 변화하고 달라지면 혼란한 상태가 생겨나고 마음이 묶이게 됩니다. 그러나 잘 배운 고귀한 제자는 오온을 자기 자신으로 여기지 않습니다. 그러므로 모든 것이 변화하고 달라질 때 마음이 그 변화를 따르지 않습니다. 마음을 사로잡히지 않기 때문에 걱정과 우려와 근심, 혼란이 없습니다."

장로는 이렇게 설명했다. 비구들은 세존께서 간략하게 설하신 개요, 주제에 대해 상세하게 이해했다. 비구들이 세존께 있었던 일을 아뢰었고, 세존께서는 마하깟짜야나의 설명을 인정해 주셨다.

마하깟짜야나와 상윳따니까야

상윳따니까야에는 부처님의 짧은 법문을 마하깟짜야나 존자가 독창적으로 정교하게 다듬어 풀이해 주는 경전이 세 개 있다. 상윳따니까야 22:3, 22:4, 35:150 등 세 개의 경전이다.

이 경전들은 성격과 배경 모두가 맛지마니까야의 분석적 설명과는 다르다. 존자는 그때 부처님과 함께 머물지 않고 있었다. 마하깟짜야나 존자는 아완띠국 꾸라라가라 마을에 있는 물수리가 많이 사는 산에 머물고 있었다. 아마도 사람들이 쉽게 접근할 수 없는 곳이었을 것이다. 그때 할릿디까니(하리제가訶梨提迦) 장자가 찾아왔다. 장자는 법에 대해 많이 배운 재가신도로서, 부처님의 짧은 가르침에 대한 설명을 요청했다.

마하깟짜야나의 설법은 여러 비구들이 아니라 할릿디까니 장자 한 명을 위한 것이었다. 물론 경전 끝부분에서 마하깟짜야나의 설명에 대해 부처님께서 확인해 주시는 내용도 없다. 이때 일이 부처님께서 반열반에 드시기 전에 있었는지, 그 이후에 있었는지는 확인할 방법이 없다. 그러나 빨리 경전에 포함된 것으로 미루어, 분명히 이때 일이 승단 지도부에 보고되었을 것이다.

하리제가경訶梨提迦經에서 장자는 숫타니파타에 짧게 설해진 게송에 대한 풀이를 요청했다. 부처님께서 '여덟 게송의 품', '마간디야에게 한 설법 경'에서 설하신 게송이다.

집을 떠나 머무는 곳 없이 떠돌며
마을에서 친교를 맺지 않고 성자의 삶을 사는 이는
감각적 쾌락을 향한 욕망을 떠나 좋아하지 않고
사람들과 논쟁을 하지 않을 것이다
(숫타니파타 게송 844)

재가신도들의 요청에 답하는 마하깟짜야나의 설법은 맛지마니까야에서 보았던 설명과는 완전히 다른 방식으로 이어진다. 맛지마니까야에서는 부처님의 짧은 설법이 지닌 문자 그대로의 뜻을 상세하게 풀어 설명했지만, 이 경전에서는 그렇게 하지 않았다. 게송의 핵심 표현을 다른 차원의 법문으로 옮겨 이해할 수 있도록 하고 있다. 그는 게송에 사용하고 있는 용어들이 뜻을 모호하게 표현해서 단순한 설명으로 이해할 수 없다고 보았다. 바르게 이해할 수 있도록 돕기 위해 적절한 비유를 사용했다.[17] 이렇게 먼저 비유할 수 있는 용어를 선택해, 그 구절이 담고 있는 문자적 의미를 이끌어 낸다. 이어서 보다 체계적으로 정립된 교리 구조에 접목시켰다. 이런 설명은 후기 빨리어 경전이나 논서, 율장에 대한 주석 방법의 특징이 되었다. 어떤 의미에서는 마하깟짜야나의 방식을 주석의 원형으로 볼 수도 있다.[18]

마하깟짜야나는 "집을 떠난다(출가)."라는 구절에서 '집'이라는 단어를 단순히 사람들이 사는 곳이 아니라 '의식의 집'이라고 비유했다. 그는 '의식의 집'을 '네 가지 업을 짓는 의식의 거주처'라고 표현했다. 여기서 네 가지 요소는 '색(色, 물질, 형색)', '수(受, 느낌)', '상(想, 인식認識)', '행(行, 의지와 행동 작용)'[19]이다. 마음이 '네 가지 업을 짓는 의식이 머무는 곳'에 탐욕을 내어 묶여 있으면, 집에서 머문다고 했다. 마음이 '네 가지 의식의 집'에 대해 '욕망과 갈애, 쾌락, 애욕을 버리면 업을 짓는 의식의 집을 떠나 떠돈다(유행遊行).'고 비유했다. '의식의 집을 떠나 떠돈다.'라는 표현은 게송에서 실제로 사용하지 않은 용어이지만, 마하깟짜야나가 설명을 보충하기 위해 사용했다.

이어서 "머무는 곳 없이 떠돈다."라는 문구를 설명하기 위해 "거처에서 떠돈다."라는 대구를 사용한다. 이 역시 원문에는 없는 용어이다. 마하깟짜야나는 이 용어를 체계적인 교리적 관점에서 재구성하기 위해 비유를 들어 설명하고 있다. 이때는 오온 대신 여섯 가지 감각 기관의 대상들을 끌어들인다. 형색, 소리, 냄새, 맛, 감촉의 표상에 얽매어서 떠돌고 묶이는 것을 "거처에서 떠돈다(유행한다)."고 표현하고 있다. 반대로 형색 등의 표상에 묶이는 것을 제거하고 뿌리를 자른 경우를 "거처 없이 떠돈다."고 비유해 설명하고 있다.

게송의 남은 두 구절에 대해서는 부처님께서 설한 게송 표현 그대로를 상세하게 풀어서 설명하고 있다. "마을에서 친교를 맺지 않는" 사람은 재가신도와 섞이지 않고 세속적인 관심사를 멀리하는 비구로 정의하고 있다. 마하깟짜야나의 설명에 의하면, 그런 수행자는 기쁨과 슬픔, 즐거운 일과 괴로운 일들에 얽매이지 않는다. 감각적 쾌락에 대한 탐욕과 갈애를 없앤다. "기대하는 것이 없는 사람"이며, 미래를 갈망하지 않는 사람이다. 그리고 "사람들과 논쟁하지 않는" 사람은 법의 해석을 둘러싼 다툼과 논쟁에 휘말리지 않는 사람이다.

다음 경전(상윳따니까야 22:4)에서 바라문 할릿디까니는 세존께서 '제석문경(帝釋問經, 디가니까야 21)'에서 설하신 짧은 법문에 대해 설명해 달라고 요청한다. 이 경전에서 세존께서는 이렇게 설하셨다. "갈애를 부수어 해탈한 사문, 바라문들만이 궁극적인 완성을 이루고, 궁극적인 유가안은瑜伽安隱[20]을 얻고, 궁극의 청정범행을 닦고, 궁극적인 목적을 성취한다. 천신과 인간들 가운데 가장 뛰어나다."

마하깟짜야나는 이렇게 설명했다.

"장자여, 물질적 요소에 대한 욕구와 탐욕, 즐거워함, 갈애, 집착, 취착을 부수고 포기하고 소멸시키고 놓아 버리기 때문에 마음이 잘 해탈했다고 합니다. 느낌과 인식, 지각, 번뇌를 일으키는 의식에 대해서도 그렇습니다. 장자여, 그러므로 세존께서 경전에서 간략하게 설하신 뜻을 자세하게 알아야 합니다."

세 번째 경전(상윳따니까야 35:130)에서 할릿디까니는 세존께서 간략하게 설하신 짧은 법문에 대한 설명을 요청하지 않는다. 마하깟짜야나 존자에게 요소 상응품에 나오는 짧은 법문에 대해 직접적으로 질문을 한다. "세존께서는 '감각 기관의 대상이 되는 요소들이 다양하기 때문에, 감각 기관이 접촉하는 것이 다양하고, 접촉이 다양하기 때문에 다양한 느낌이 생긴다.'고 하셨습니다. 감각 접촉이 다양하다고 해서 어떻게 느낌이 다양하게 생겨납니까?"

부처님께서는 감각 기관이 요소를 만나 일어나는 것에 대해 설하셨다. 눈이 형색을 접촉해 그 대상에 대한 느낌이 생겨난다고 하셨다. 다른 감각 기관도 마찬가지라고 설하셨다. 마하깟짜야나는 부처님께서 짧게 설하시고 간략하게 설명하신 법문을 단순하게 반복하면서 해설하지 않는다. 더 세밀하게 분석해서 설명하고 있다.

"장자여, 여기 비구는 눈으로 마음에 드는 형색을 보고 '바로 이것이구나.'라고 마음에 들어 합니다. 눈으로 보면서 즐거움을 일으키는 감각 접촉 때문에 즐거운 느낌을 일으킵니다. 마음에 들지 않는 형색을 보고 괴로움을 일으킵니다. 그런 다음 비구는 눈으로 형상을 보고 평온하게 하는 형색을 봅니다. 그리고 괴롭지도 않고 즐겁지도 않게 느끼는 눈의 의식과 접촉으로 인해 괴롭지도 않고 즐겁지도 않은 느낌이 생깁니다." 마하깟짜야나는 같은 방식으로 다른 감각 기관에 대해 설명한다.

부처님께서는 감각 기관이 발휘하는 능력으로 인해 생기는 접촉과 느낌을 구별하셨다. 그러나 마하깟짜야나는 각각의 감각 기관이 접촉하고 일으킨 요소에 대해 좋은 것, 싫은 것, 좋지도 싫지도 않은 것으로 구분해 풀이하고 있다. 그런 다음 이 세 가지 느낌은 '인연에 의해 생겨난다.'고 설명한다. 이러한 모든 가르침을 이해할 수 있는 수행승들이 수행의 토대로 삼는다고 덧붙였다. 또 그러한 수행승들은 인연에 의해 생겨난 감정, 느낌, 인식에 묶이지 않고 해탈할 수 있는 능력이 있다고 설명했다.

마하깟짜야나와 앙굿따라니까야

앙굿따라니까야에는 마하깟짜야나 존자가 법을 해설하는 능력을 보여주는 경전 두 개가 있다. 먼저 깔리 경(앙굿따라니까야 10:26)이라는 짧은 경전이 있다. 이 경전에서 마하깟짜야나 존자는, 세존께서 설하신 법문에 대해 깔리라는 재가신도에게 설명해 주고 있다. 그 법문은 마라의 딸들 경(상윳따니까야 4:25)[21]에서 세존께서 짧게 설하신 것이다. 마하깟짜야나는 이 경전에서, 의미가 분명히 드러나 있는 짧은 게송에 대해 비유를 들어 설명한다. 그 안에 담긴 숨겨진 뜻을 끄집어내 해설을 해 주고 있다. 마라의 딸 땅하(갈애)는 세존께 '마을에서 친교를 맺지 못하고 왜 숲에서 혼자 선정 수행을 하고 있는지' 여쭈었다. 세존께서는 이렇게 답하셨다.

이익을 얻고 마음의 평화를 성취해

유혹하며 사랑스러운 모습을 한 군대를 이기고
홀로 선정 수행을 하며 행복을 깨달았다
나는 친구를 사귀지 않으며
어떤 사람과도 친교를 맺지 않노라

재가신도 깔리가 마하깟짜야나 존자에게 설명을 요청한 부분이 이 게송이다. 존자는 게송 구절 자체에서는 뜻을 이끌어내기 불가능한 것처럼 보이는 방식으로 설명을 해 주었다. 존자는 특정한 대상에 집중하는 명상에 대해 비유를 들어 설명하고 있다. 즉 '어떤 대상을 마음에 가득 채우는 수행(편처遍處)'에 대한 설명이었다.

사문이나 바라문들은 물의 편처와 불의 편처 등을 최고로 여기고 명상으로 이익을 성취했다. 그러나 세존께서는 물의, 불의, 바람의, 색의, 허공의 편처에 대해 '최상의 지혜로 아셨다.' 세존께서는 대상을 마음에 가득 채우는 수행을 통해 모든 것을 보셨기 때문에 이익을 얻었고 마음의 평화를 이루셨다.

마하깟짜야나 존자는 위의 게송에 대해 이런 방식으로 자세하게 이해해야 한다고 깔리에게 당부했다. 마라의 딸들 경에서 마라의 딸들은 깨달으신 분을 관능적인 모습으로 유혹하려 했다. 게송을 글자 그대로 해석하면, 세존께서는 감각적 쾌락과 사회적 접촉의 즐거움보다 홀로 은둔하며 선정을 닦는 행복을 찬탄하셨다. 마하깟짜야나는 게송의 의미를 보다 폭넓고 깊게 해석하고 있다. 감각적 쾌락과 명상의 행복을 대비해 설명하지 않았다. 특정한 대상을 마음에 가득 채우는 명상 수행을 통해, 사문과 바라문이 성취하는 경지와 세존께서 성취하신 경지를 대조해서 그 뜻을 설명한 것이다.

평범한 비구들과 바라문은 이 명상 수행으로 '누구나 성취할 수 있는 선정'과 '비범한 의식 상태'를 수행의 궁극적인 목표로 삼았으며, 명상의 기쁨과 평화에 집착한다. 명상의 기쁨과 평화도 무상하고 인연에 의해 생겨났다는 사실을 깨닫지 못한다. 그 때문에 '존재를 향한 갈애'에 사로잡히고 벗어날 수 없다. 궁극적인 해탈의 길을 찾을 수 없다. 그들은 마라에게 갇혀 남아 있게 된다. 그들이 아무리 숭고하더라도 "아름답고 사랑스러운 모습을 한 마라의 군대(딸들)"를 이길 수 없다. 그러나 부처님께서는 그러한 성취에 대한 갈애가 괴로움의 근원임을 보셨다. 고난을 불러일으킨다는 사실을 아셨다. 그것들로부터 벗어남, 즉 열반을 보셨다. 참된 길과 거짓된 길, 성스러운 팔정도八正道와 그릇된 길을 구분할 수 있는 지혜를 이루셨다. 네 가지 성스러운 지혜(사성제四聖諦)로써, 모든 번뇌가 완전히 소멸되었을 때만 성취할 수 있는 마음의 평화, 열반涅槃을 이루셨다.

방대한 앙굿따라니까야 거의 끝부분에는 맛지마니까야 세 개의 경전에서 보았던 방식으로 설명하는 경전이 하나 더 있다. 비법경(非法經, 앙굿따라니까야 10:172)은 세존께서 설하신 짧은 법문으로 시작한다. "법이 아닌 것(비법非法)과 법法을 알아야 하고, 해로운 것과 이로운 것을 알아야 한다. 이로운 것을 따라 수행해야 한다." 세존께서는 이렇게 설하시고 자리에서 일어나 거처로 들어가셨다.

비구들은 마하깟짜야나 존자에게 상세한 설명을 요청한다. 마하깟짜야나는 비구들이 세존께 직접 여쭈어 보지 않은 것을 가볍게 지적한 후, 열 가지 악한 업(불선업不善業)과 열 가지 선한 업(선업善業)을 통해 비법과 법에 대해 설명한다. 생명을 죽이는 것은 비법이고, 생명을 해치는 것을 삼가는 것은 법이다. 생명을 앗아가는 여러 가지 악惡한 상태가 해로운 것이다. 생명을 해치지 않는 것을 조건으로 여러 가지 유익한 법(선법)이 생기니 이것은 유익한 법이다. 마하깟짜야나는 도둑질, 삿된 음행, 거짓말, 중상모략, 거친 말(욕설), 이간질(잡담) 등과 탐욕, 악한 마음, 그릇된 견해 등도 같은 방식으로 설명을 이어간다. 이러한 것들은 비법이며, 여기에서 발생하는 악한 상태가 해로운 것이다. 탐욕이 없고, 선한 마음이 있으며, 바른 견해가 있는 것이 법法이다. 이 선한 법들을 조건으로 성취하는 선한 상태가 이로운 것이다.

마하깟짜야나의 설법

마하깟짜야나가 설한 가르침 전부가 부처님께서 설하신 짧은 법문에 대한 설명의 형식을 취한 것은 아니었다. 자신 만의 가르침을 설하기도 했다. 특별한 방식으로 법을 설함으로써 부처님을 따르고자 하는 사람들과 도반들에게 법에 대한 확신과 이해를 주는 데 능숙했다.

맛지마니까야에는 당시 인도 16대국 가운데 한 곳인 쑤라쎄나국 왕과 나눈 대화가 전한다. 당시 국왕은 아완띠뿟따왕이었다. 웃제니 왕가 출신으로 짠담빳조따왕의 손자였다. 빔비사라왕이 세상을 떠난 후에 쑤라쎄나국을 다스리고 있었다. 왕은 마두라성의 군다 숲에 머물고 있던 마하깟짜야나 존자의 소문을 들었다. "존자 마하깟짜야나는 현명하고 지혜롭고 총명하며, 아라한으로서 명성이 자자하다."

왕은 소문을 듣고 마하깟짜야나를 만나기 위해 군다 숲으로 찾아갔다. 그때 대화가 마두라 설법의 경(맛지마니까야 84)에 담겨 있다.

아완띠뿟따왕은 마하깟짜야나 존자에게 현실에 대한 정확한 통찰력과 지혜나 수행을 통한 깨달음과는 관계가 없는 질문을 했다. 바라문 바로 아래 계급으로, 국가를 다스리던 끄샤뜨리야(귀족) 계급이 처한 실질적인 문제와 관련이 있었다. 바라문들은 자신들이 신성하다는 것을 명분으로, 인도 전체를 다스리는 권력을 잡기 위해 애썼다.

아완띠뿟따왕은 이렇게 질문했다. "존자시여, 바라문(사제)들은 '바라문이 최상의 계급이고 다른 계급은 저열하다. 바라문은 밝은 계급이고 다른 계급은 어둡다. 바라문들은 청정하고 다른 계급은 그렇지 못하다. 바라문들은 브라흐마(힌두교에서는 창조의 신)의 아들이고, 브라흐마의 입에서 태어난[22] 이들이며, 브라흐마가 창조한 자들이며, 브라흐마의 상속자이다.'라고 말합니다. 존자께서는 이에 대해 어떻게 생각하십니까?"

마하깟짜야나 존자도 정통 바라문 혈통을 이어받았지만, 그들의 오만함과 자만심을 잘 알고 있었다. 바라문들의 주장은 "단지 세상의 말일 뿐"이며, 그들의 주장을 뒷받침할 만한 신성한 구속력은 없다고 말해 주었다. 그 사실을 증명하기 위해 강력한 논거를 제시했다. "귀족이나 평민이나 노예가 재산이 많고 곡식이 많고 금과 은 등이 많다면, 다른 계급 사람들이 그들에게 봉사하려고 노력할 것입니다. 천한 계급에 있는 사람이 부자라면, 바라문들도 그보다 먼저 일어나 나중에 자려고 할 것입니다. 그에게 봉사하려고 노력하고, 그를 기쁘게 하고 친절하게 말하려고 노력할 것입니다."

마하깟짜야나는 계속해서 그의 주장을 증명해 나간다. "살아 있는 생명을 죽이고, 도둑질하고, 삿된 음행을 하며, 거짓말을 하며 … 탐욕을 부리고 분노를 품으며 잘못된 견해를 갖는다면, 지옥에 태어날 것입니다. 어떤 계급에 속한 자라 해도 법을 어기면 처벌을 받을 것입니다. 어떤 계급에 속한 사람이라도 출가해서 수행자가 된 사람은 존경을 받을 것입니다."

마하깟짜야나의 가르침을 들은 아완띠뿟따왕은 "네 계급은 모두 평등합니다. 그들에게는 어떤 차이도 없습니다."라고 말했다. 대화가 끝나며 아완띠뿟따왕은 마하깟짜야나 존자에게 이렇게 선언했다. "존자시여, 저는 이제 존자께 귀의합니다. 그 가르침에 귀의합니다. 승가에 귀의합니다." 마하깟짜야나는 그에게 "대왕이시여, 그대는 내게 귀의하지 마십시오. 내가 귀의한 세존께 귀의하십시오."라고 답했다. 왕은 다시 물었다. "거룩한 분, 완전한 깨달음을 이루신 분, 세존께서는 지금 어디에 계십니까?" 마하깟짜야나는 이렇게 답했다. "세존께서는 지금 완전한 열반에 드셨습니다." 이 대답에서 우리는 부처님께서 반열반에 드신 후에도 마하깟짜야나는 생존했으며, 세존보다 나중에 열반했다는 사실을 알 수 있다.

상윳따니까야에는 마하깟짜야나 존자가 가르침을 통해 난폭한 바라문 청년들을 어떻게 다루었는지, 연륜 있는 바라문의 마음을 어떻게 바꾸었는지 알 수 있는 경전인 로힛짜 경(상윳따니까야 35:132)이 있다.

어느 때 존자가 아완띠국 한 숲에 있는 오두막에 머물고 있었다. 그때 바라문 학생들이 땔나무를 구하러 숲으로 들어왔다가 존자의 오두막에 이르렀다. 당시 바라문들은 부처님께 귀의한 수행승들에게 적대감을 품고 있었다. 청년들은 존자의 오두막 주위를 돌며 시끄럽게 떠들고 소란을 피우며 수행을 방해했다. 출가수행승들을 비하하는 표현을 써가며 존자를 모욕했다. "까까머리 사문, 비천한 깜둥이들은 브라흐마의 발에서 태어난 자들인데도 비천한 부자들에게 존경을 받고, 존중받으며 공경을 받는다네."[23]

존자 마하깟짜야나는 오두막에서 나와 바라문 청년들에게 본래 고귀한 바라문이 어떤 사람들이었는지, 당시 바라문들이 어떻게 타락했는지에 대해 게송으로 설했다.

고대의 규율을 기억하는 옛 바라문들은
계행을 지키는 데 으뜸가는 사람들이었다
감각의 대문을 잘 지키고 보호했으며
분노를 정복하며 살았다
옛날을 기억하는 바라문들은
열 가지 유익한 업의 길(십선업도十善業道)과
사선四禪과 사무색정四無色定을 즐거워했다

(요즘 바라문들은) 타락하여
입으로는 예로부터 내려오는 고귀한 가르침들을 암송한다고 주장
하면서도
타고난 계급(족성族姓)을 믿고 옳지 못한 짓을 하고
분노에 지배당해 여러 가지 몽둥이를 들고

약자에게나 강한 자들에게나 다 못된 짓을 한다

감각의 대문을 지키지 않는 자에게
(그가 한 모든 서약은) 헛된 것이니
꿈에서 얻은 재물과 같다
금식하며 땅바닥에서 자고
새벽에 목욕하며 성전(베다)을 공부하고
거친 짐승가죽으로 옷을 삼고
엉킨 머리카락, 더러움, 만뜨라(진언眞言, 주문) 암송,
서약, 의례의식, 고행,
위선적인 행동, 목욕재계 등
오늘날 바라문을 상징하는 이런 것들은
세속적인 하찮은 수행일 뿐이다

마음이 잘 삼매에 들고
청정하고 흐리지 않으며
모든 존재들에 대해 부드러운 것
이것이 참으로 브라흐마에 이르는 길이로다

게송을 들은 젊은 바라문들은 화가 나서 언짢아하며 스승인 로힛짜 바라문에게 돌아가, "사문 마하깟짜야나가 성스러운 바라문의 진언을 모욕하고 경멸했다."고 전했다. 로힛짜 바라문은 제자들이 전하는 말을 듣고 화가 났다. 분노가 지나간 후 '내가 제자들의 말만 듣고

사문 마하깟짜야나를 욕하고 비난하는 것은 옳지 않다. 직접 그에게 가서 진실을 알아봐야겠다.'고 생각했다.

로힛짜는 제자들과 함께 마하깟짜야나 존자를 찾아갔다. 제자들과 있었던 일에 대해 정중하게 물었다. 존자는 제자들에게 들려줬던 게송을 로힛짜 바라문에게 다시 들려주었다. 로힛짜는 깊은 감명을 받았다. 감각의 대문을 어떻게 지켜야 하는지 다시 질문했으며, 계속 이어진 대화에 더욱 깊은 인상을 받았다. 대화가 끝나고 로힛짜 바라문은 삼보에 귀의했다. 마하깟짜야나 존자를 집으로 초청했다. 로힛짜 바라문은 '존자께서 집을 방문해 주시면, 바라문 소년들과 소녀들이 모두 존자께 예경을 드리며 자리와 물을 올리고, 청정한 믿음을 일으킬 것이며, 바라문 제자들에게 이익이 되고 행복이 될 것'이라고 말했다.

마하깟짜야나 존자는 특히 다툼과 분쟁이 왜 일어나는지에 대해 깊은 통찰력을 가지고 있었던 것으로 보인다. 마두삥디카 숫따에서도 그렇고 로힛짜 숫따에서도 갈등이 왜 일어나는지, 어떤 인과 때문에 다툼이 생기는지를 정확하게 파악하는 능력을 발휘했다. 또 다른 경전에서도 그런 상황을 만날 수 있다(아라마단다 경, 앙굿따라니까야 2:4:6).

어느 때 존자는 베나레스 근처 와라나 마을의 강둑에 머물고 있었다. 바라문 아라마단다가 찾아와 물었다. "어떤 이유와 무슨 조건 때문에 끄샤뜨리야와 끄샤뜨리야가 싸우고, 바라문이 바라문과 싸우며, 장자와 장자가 싸웁니까?" 마하깟짜야나 존자는 이렇게 답했다. "감각적 욕망에 집착해 노예가 되고, 감각적 욕망에 집착해 벗어나지 못하며, 감각적 욕망에 집착해 얽매여 있기 때문에 싸웁니다." 아라마단다가 다시 물었다. "사문과 사문이 싸우는 것은 어떤 이유에서입니까?" "사문과 사문이 싸우는 것은 삿된 견해에 사로잡혀 노예가 되어 있고, 삿된 견해에 집착해 얽매여 있기 때문입니다." 바라문 아라마단다는 끝으로 감각적 욕망과 삿된 견해에 대한 집착을 극복한 분이 있느냐고 물었다. 마하깟짜야나 존자는 스스로도 감각적 욕망과 삿된 견해에 대한 집착을 극복한 아라한이었다. 그러나 겸허하게 다시 "사왓티에 세존 아라한 정등각께서 머물고 계신다."고 답해 주었다. 바라문 아라마단다는 자리에서 일어나 한쪽 어깨가 드러나게 윗옷을 고쳐 입고, 땅에 오른쪽 무릎을 꿇은 뒤, 세존이 계신 곳을 향해 합장하며 마음에서 우러나와 외쳤다. "그분 세존 아라한 정등각께 귀의합니다. 그분 세존 아라한 정등각께 귀의합니다. 그분 세존 아라한 정등각께 귀의합니다."

다음 경전인 깐다라야나 경(앙굿따라니까야 2:4:7)에서는 한 바라문이 마하깟짜야나 존자를 질책했다. 바라문 깐다라야나는 존자가 나이 든 바라문에게 존경심을 표하지 않는다고 지적했다. 이에 대해 마하깟짜야나 존자는, 세존께서 제시하신 '나이든 사람과 젊은 사람을 정하는 기준'을 설명하며 답을 대신했다. "바라문이여, 여든 살, 아흔 살, 백 살이 되더라도 감각적 욕망을 즐기고 집착하고 있다면, 그는 어리석은 장로라고 합니다. 젊어서 머리카락이 검고 혈기가 왕성하더라도 감각적 욕망을 즐기지 않고 집착하지 않으며 감각적 욕망에 불타지 않는다면 현명한 장로라고 합니다."

마하깟짜야나 존자는 또 다른 경전 깟짜나 경(앙굿따라니까야 6:26)에서, 여래(부처님)와 법, 승가, 계율, 보시, 천신 등 여섯 가지 대상에 대해 지속적으로 떠올리는 수행[24]에 대해 설했다. 존자는 "도반들이여, 참으로 경이롭습니다. 세존께서는 출가하지 않은 채 세간에 머물고 있는 이들에게 해탈에 이르는 길을 열어 주셨습니다."라고 찬탄했다. 마하깟짜야나는 여섯 가지 대상을 지속적으로 떠올리는 수행에 대해 설명하면서, 부처님께서 네 가지 마음챙김(사념처四念處) 수행을 설하실 때 사용한 표현과 정확하게 일치하는 용어를 사용해 설명했다. "중생들을 청정하게 하고, 근심과 탄식을 다 건너게 하며, 육체적·정신적 고통을 사라지게 하고, 옳은 방법을 터득하게 하고, 열반을 실현하게 하는 방편이 바로 여섯 가지 지속적으로 떠올리는 수행입니다."

어느 때 장로 비구들이 "존경받을 만한 비구(마음에 담아야 하는 비구)"를 친견하기 좋은 시간은 언제인지 토론을 하고 있었다(시간경, 앙굿따라니까야 6:28). 한 장로는 공양을 마친 후가 적당하다고 했고, 또 다른 비구는 저녁 시간을, 다른 비구는 이른 아침이 적당한 시간이라고 주장했다.

결론을 내지 못한 장로들은 마하깟짜야나 존자를 찾아갔다. 존자는 존경할 만한 비구를 친견하기에 적당한 시간은 여섯 가지 경우라고 답했다. "비구여, 감각적 욕망, 악의, 해태와 혼침, 들뜸과 후회, 의심에 사로잡혀 스스로 빠져나가지 못할 때 존경할 만한 비구를 찾아가야 합니다. 여섯 번째는 번뇌를 다 제거하기 위해(번뇌의 소멸, 누진漏盡) 적절한 명상 대상을 알지 못할 경우입니다. 이러한 여섯 가지 경우가 존경할 만한 비구를 친견하기에 적당한 때입니다."

마하깟짜야나 존자가 항상 법을 설함으로써 수행승들을 가르친 것은 아니었다. 때로는 선정에 잠겨 아무 말 없이 가르침을 설하기도 했다. 세존께서는 그런 경우에 게송으로 칭찬하셨다.

어느 날 저녁 부처님께서는 아나타삔디까 승원(기수급고독원)에 머무셨다. 마하깟짜야나가 멀지 않은 곳에서 참선을 하면서 몸에 대한 마음챙김을 잘 확립한 것을 보셨다. 세존께서는 그 의미를 아시고, 마음에서 저절로 우러나온 말씀을 하셨다(깟짜나 경, 자설경自說經 7:8).

어디에서나 항상 몸에 대한 마음챙김을 확립해
(업을 짓지) 않는다면
(오온도) 존재하지 않을 것이다
(업을 짓는 것은) 존재하지 않을 것이고
나에게는 (다시 태어남이) 없을 것이다
이렇게 차례대로 머무는(차제주次第住) 이는
적당한 때를 만나 집착(갈애)을 건널 것이다

우다나 주석서는 마하깟짜야나가 아라한을 성취하기 위해 수행한 방편을 아는 데 도움이 된다. 물론 앙굿따라니까야에서는 마하깟짜야나가 "순간적으로 깨달았다(돈오頓悟)."고 설명하고 있지만, 우다나에서 보다 더 현실적인 설명을 하고 있다. 우다나 주석서에서는 마하깟짜야나 존자가 아라한을 성취하기 위해 '몸에 대한 마음챙김(신지념身至念)' 수행을 했다고 설명하고 있다.

몸에 대한 마음챙김 선정을 기초로 해서, 관찰하며 꿰뚫어 보는(관

觀) 지혜를 성취한다. 여기서 성취한 지혜로 세속을 초월하는 길(도道)과 열매(과果)를 이룬다. 마하깟짜야나는 차례대로 여러 단계를 거쳐(차례대로 머묾, 차제주次第住) 마침내 아라한을 성취했다. 그 후 아라한과의 선정을 닦기 위해 몸, 느낌, 마음, 법에 대한 마음챙김 수행을 지속적으로 닦았다. 그렇게 함으로써 살아 있으면서도 열반의 행복을 경험할 수 있었다.

마하깟짜야나가 아라한과 선정에 들어 몰입하고 있을 때 세존께서 보시고 마음으로 우러나온 말씀으로 그를 칭찬하셨다. 부처님께서는 게송으로 '네 가지 방식의 공함(사변공四邊空)'을 설하셨다. 과거와 현재에 업을 짓는 것이 없다면 '나 자신(오온)'이 없을 것이고, '나'가 없다면 '나의 것'도 없을 것이라고 하셨다. 미래에 업을 짓는 것이 없다면 미래에도 '나'와 '나의 것'이 없을 것이라고 설하셨다. 세존께서는 이렇게 마음에서 우러나온 말씀으로 마하깟짜야나 존자를 칭찬하셨다. 이로써 세존께서는 마하깟짜야나를 '집착을 끊어내고 해탈과 열반에 이르기 위해 정진하는 수행승들의 모범'으로 삼으셨다.

마하깟짜야나의 게송들

테라가타에는 마하깟짜야나 존자의 게송 여덟 개가 전한다. 수행승들이 지켜야 하는 계율과 장자들에게 도움이 되는 수행 방편 등을 담고 있다. 로힛짜 바라문에게 설했던 가르침을 포함한 게송도 있다. 마하깟사빠나 사리뿟따, 왕기사 등 다른 장로들처럼 시적으로 뛰어난 게송은 아니다. 마하깟짜야나는 예술적 능력보다는 가르침에 대한 상세한 설명과 분석 능력이 탁월했던 제자였다.

마하깟짜야나의 게송 가운데 처음 두 개는 비구들을 훈계하는 내용이다. 어느 날 장로는 많은 수행승들이 일을 하거나, 재가신도들과 친교를 맺는 즐거움에 빠져 선정 수행을 소홀히 하고 있음을 보았다. 재가신도들이 올리는 맛있는 음식에 빠져 있다는 사실도 알았다. 마하깟짜야나는 수행승들을 이렇게 훈계했다.

너무 많은 일을 해서는 안 되며
사람들을 멀리해야 한다
신도들이 올리는 공양물에 빠져 정신없이 지내면
행복을 가져다주는 궁극적인 목표(해탈)를 놓치게 된다

재가신도들에게 초청 받아 예경과 공양을 받지만
그것을 진흙수렁으로 알아야 한다
날카로운 화살은 뽑아내기 어렵고
악한 사람은 예경과 공양 받는 것을 떨쳐내기 어렵다
(테라가타 494~495)

이어지는 여섯 개의 게송은 짠답빳조따왕을 위한 가르침을 담고 있다. 왕은 바라문을 믿고 동물을 제물로 바쳤다고 전한다. 매우 변덕스러웠고, 법에 의하지 않고 자기 마음대로 백성들을 처벌하거나 상을 주었다. 그렇게 충동적이었기 때문에 맹광猛光이라는 이름으로 불렸다. 마하깟짜야나는 짠답빳조따왕의 폭력적이고 무모한 기질을 경계하는 게송을 읊었다.

죽음에 이르게 하는 악한 업은
다른 사람 때문에 생기는 것이 아니다
스스로 악한 업을 짓지 말아야 한다
중생들은 업의 친척이기 때문이다

남의 말에 의해 도둑이 되는 것이 아니며
다른 사람의 말로 인해 성자가 되는 것도 아니다
자기 자신이 스스로를 아는 것대로
천신들도 그대로 안다

다른 사람들은 이해하지 못한다
우리 모두는 이 세상에서 죽을 수밖에 없다는 사실을
모두 여기에서 죽을 수밖에 없다는 사실을 알면
모든 싸움이 멈춘다

현명하고 지혜로운 사람은
재산을 잃어도 산다
지혜를 얻지 못하면
재산이 많아도 살지 못한다
(테라가타 496~499)

마지막 두 게송은 짠답빳조따왕이 전날 밤 불안한 꿈을 꾸고 마하깟짜야나에게 꿈의 내용을 말했을 때 들려준 게송이다.

사람은 귀로 모든 것을 듣고
사람은 눈으로 모든 것을 본다
지혜로운 사람이라면 본 것 들은 것
모든 것을 믿어서는 안 된다

눈이 있는 자는
오히려 보지 못하는 사람과 같아야 하고
귀 있는 자는
오히려 듣지 못하는 사람과 같아야 한다

지혜로운 이는 오히려 바보와 같아야 하며
힘이 센 자는 오히려 약한 자와 같이 해야 한다
사람은 누구나 뜻을 이루었을 때
죽음이라는 침상에 누워야 하기 때문이다
(테라가타 500~501)

주석서에서는 이 게송의 의미를 이렇게 해설하고 있다. '지혜로운 사람은 먼저 선한 것과 악한 것을 가려 살펴야 하고, 받아들일 것은 받아들이고 내버려야 할 것은 내버려야 한다. 눈이 있어 모든 것을 볼 수 있어도, 참으로 보아야 할 것과 보지 말아야 할 것을 잘 살펴야 한다. 귀가 있어 모든 것을 들을 수 있어도, 듣지 말아야 할 것과 들어야 할 것을 잘 가려들어야 한다. 총명하고 말 잘하는 사람은, 말하고 싶은 유혹을 받을 때 말을 가려서 할 말만 해야 한다. 힘이 센 사람은 하지 말아야 할 일에 대해서는, 힘없는 사람이 하지 못하는 것처럼 하지 말아야 한다.'

사람은 누구나 뜻을 이루었을 때 죽음이라는 침대에 누워야 한다는 구절은 해석하기 쉽지 않다. 빨리어 주석서에서는 두 가지로 해석하고 있다. '해야 할 일이 생겼을 때 옳은 일인지 잘 살펴서, 반드시 해야 할 일이라면 죽음이 눈앞에 왔더라도 반드시 해야 한다. 또 하지 말아야 할 일이라면 차라리 죽음으로 그 일을 하지 말아야 한다.' 그러나 수행이 잘된 장로들이 설한 게송들을 모아 놓은 책이 '테라가타(장로게경)'라는 점을 고려하면, "목표를 성취한 사람, 즉 아라한으로 죽어야 한다."고 해석하는 것이 옳을 듯하다.

마하깟짜야나가 남긴 주석서

마하깟짜야나 존자가 법을 전하신 세존의 성스러운 여정에 어떤 공헌을 했는지에 대한 탐구를 마치기 전에 두 개의 주석서는 간략하게라도 반드시 살펴보아야 한다. 상좌부 전통에서 마하깟짜야나가 저술한 것으로 알려진 두 개의 주석서가 있다. 부처님 가르침을 배우기 위한 입문서인 장석론(藏釋論, 장훈藏訓)과 경전을 이해하기 위한 입문서(지도론指導論) 두 저술이다. 두 주석서는 빨리어 정경正經에 포함되지는 않았지만(미얀마 정경에는 포함되었다.) 주석하는 방법을 크게 발전시켰다.

두 주석서를 모두 영어로 번역한 비구 냐나몰리는 지도론은 장석론에 담긴 주석을 더 발전시킨 저술이라고 주장하고 있다. 두 주석서는 본질적으로 부처님 가르침에 대해 동일한 방식으로 주석하고 있다. 세존께서 설하신 가르침에서 그 의미를 이끌어내고 이해하는 일관된 체계를 갖추고 있다.

냐나몰리 존자는 지도론은 법을 설명하고 해석하는 주석가를 위한 안내서라고 설명했다. 부처님 가르침 자체를 설명하는 것이 아니라 가르침에 대해 어떻게 설명해야 하는지, 부처님 가르침이 지니고 있는 구조를 알아내기 위한 방편이라는 뜻이다.

부처님께서 설하신 가르침(법)은 '표현(언설言說)'과 '뜻(의미)' 두 가지로 이루어져 있다. '표현'은 다시 16개의 방식으로 전달된다. 법은 '주고받음'으로써 전해진다. 말로 표현한 가르침과 그 가르침을 전하고 있는 문장 이면에는 동일한 원리가 숨어 있다. 특정한 가르침을 표현한 말과 문장 구조가 어떤 원리를 지니고 있는지 알아내기 위한 언어 논리적 분석 방편이, 바로 마하깟짜야나가 사용한 설명법이다.

가르침이 담고 있는 '뜻, 의미'는 세 가지 방법(지침指針)으로 다루어진다. 가르침은 열반을 성취해야 할 목표로 삼고, 그 목표를 달성하는 방편을 제시한다. 그런 다음 가르침을 전하는 말(표현, 언설)이 지닌 의미를 설명하는 방편을 제시한다.

두 주석서 끝에는 마하깟짜야나 존자가 남긴 서명과 기록이 남아 있다. 이 기록은 마하깟짜야나의 주석을 세존께서 승인하셨고, 제1차 결집에서도 암송되었다고 전한다. 서양의 불교학자들은 두 주석서를 마하깟짜야나가 저술했다는 사실을 받아들이지 않는 경향이 있다. 그러나 냐나몰리 존자는 영어 번역서 서문에서 마하깟짜야나가 두 주석서를 저술했다는 사실을 신뢰할 수 있다고 주장한다.

냐나몰리는 주석 방식을 만들어낸 사람과 주석서를 쓴 사람을 구별해야 한다고 제안한다. 아완띠국에 남아 있던 마하깟짜야나 존자와 그 제자들이 부처님의 가르침을 해석하기 위한 뛰어난 방식을 사용했다는 사실을 인정해야 한다고 보았다. 제1차 경전 결집회의에서 공식적으로 암송해 구두로 전해졌다는 사실도 받아들여야 한다고 제시했다.

세월이 흘러 마하깟짜야나의 주석 방식은 더욱 정교하게 다듬어졌으며, 특정한 경전을 해설하기 위한 방편을 담은 논서(논문)들이 저술되었을 것이라고 지적했다. 결국 이 논문들을 모아 놓은 주석서가 바로 장석론이며, 몇 백 년이 흐른 뒤 더 발전해서 지도론이 되었다고 냐나몰리는 주장했다.

두 주석서가 담고 있는 가르침의 해설 방식은 근본적으로 마하깟짜야나의 것이었으며, 최소한 마하깟짜야나에게서 나왔을 것이다. 후대에 주석서를 편찬한 사람들은 마하깟짜야나에 대한 존경심을 표현했다. 그리고 주석서가 인정을 받기 위해서라도 마하깟짜야나를 주석서의 저자로 인정했다. 스리랑카 출신으로 세계적으로도 뛰어난 불교학자 구나빨라 삐야세나 말라라세께라(1899~1973)는 빨리어 문법을 집대성하면서 화가라(和伽羅, 수기受記, 기별記別)의 저자는 부처님의 위대한 제자 마하깟짜야나일 것이라고 주장했다.

냐나몰리 존자와 말라라세께라 박사는 두 주석서에서 경전에 대한 상세한 분석 방식이, 마하깟짜야나 존자가 부처님의 짧은 가르침을 설명한 방식과 같다고 지적했다. 위대한 장로가 사용한 방편과 후대의 빨리어 논문은 서로 직접적인 연관은 없다고 할 수 있다. 그러나 부처님의 가르침을 상세하게 설명해 널리 세상에 전하려고 했던 정신은 오늘날까지도 전해진다.

부처님 가르침을 상세하게 설명한 마하깟짜야나의 마음은 경전을 통해 명확하게 전해지고 있다. 예리한 통찰력과 간결한 표현, 그 의미를 정확하게 알아내고 전달한 마하깟짜야나의 능력이 분명하게 드러나 있다. 그렇기 때문에 깨달으신 분, 세존께서는 마하깟짜야나에 대해 "간략하게 설한 법에 대해 그 뜻을 상세하게 설명하는 제자들 가운데 으뜸"이라고 칭찬하셨다. 이것만으로도 부처님의 성스러운 전법 여정에서 마하깟짜야나 존자가 얼마나 탁월하고 위대한 공헌을 했는지 잘 알 수 있다.

7. 부처님의 위대한 여성 제자들

헬무스 헥커

가장 위대한 후원자, 위사카

부처님 당시 인도 16대국 가운데 한 곳인 앙가국鴦伽國 밧디야(발제跋提)성에 멘다까(민대거사民大居士)라는 부자가 살고 있었다. 거사는 본생에 큰 가뭄이 들어 어려움을 겪고 있을 때, 가족이 먹을 식량 전부를 벽지 부처님(벽지불辟支佛)께 공양 올렸다. 벽지 부처님은 홀로 수행해 깨달음을 성취하신 분이었다. 멘다까 거사는 이때 자신을 이겨내고 심은 보시 공덕의 씨앗으로 현세에서 큰 복덕을 누렸다. 식량은 아무리 많이 소비하거나 나누어도 다 없어지지 않았다. 그의 밭은 늘 풍성한 곡식을 거두었다.

멘다까 장자가 이룬 복덕은 아내와 며느리, 자녀들, 하인들까지 다 누렸다. 그들 역시 본생에서 아낌없이 보시를 베풀었고, 현세에서 모두 신통력을 성취했다. 고귀한 보시 공덕으로 윤회를 하면서도 다 같이 함께 환생하며 헤어지지 않았다.

멘다까의 아들 다난자야와 며느리 수마나데위에게는 헤아릴 수 없이 오랜 본생부터 공덕을 쌓아온 위사카라는 어린 딸이 있었다. 위사카는 과거 십만 겁 본생에서부터 큰 공덕을 쌓았다. 연화상蓮華上 부처님 시대, 부처님과 승가를 위한 '보시제일 여시주'가 되겠다는 서원을 세웠다. 서원을 이루기 위해 위사카는 과거 많은 부처님 시대에 아낌없는 보시와 선행을 베풀었다. 수행도 게을리 하지 않았다. 이제 그 복덕과 선연善緣이 무르익어 열매를 맺으려 하고 있었다.[1]

위사카가 일곱 살이 되던 해에, 부처님께서 여러 위대한 제자들과 함께 밧디야성에 오셨다. 멘다까는 깨달으신 분께서 오셨다는 소식을 듣고 손녀에게 사람을 보내 이렇게 말했다. "위사카야, 스승께서 우리 성에 오셨다. 우리 모두에게 축복이 될 것이다. 500명의 시녀들과 함께 500대의 마차를 타고 마중 나가 부처님을 친견하도록 하여라."

위사카는 할아버지가 시키는 대로 따랐다. 하녀들과 함께 세존께 다가가 공양을 올리고 한쪽에 섰다. 부처님께서는 위사카와 하녀들을 위해 법을 설하셨다. 설법이 끝났을 때 위사카와 500명의 하녀들은 모두 예류과에 이르렀다. 멘다까 역시 그의 아내와 아들, 며느리, 하인들과 함께 법을 듣고 모두 예류과를 성취했다.

당시 앙가국은 신실한 빔비사라(빈비사라頻毘娑羅)왕이 다스리던 마가다 왕국에 속해 있었다. 꼬살라국의 빠세나디(바사익波斯匿)왕은 마가다국에 큰 복덕을 가진 부자 다섯 명이 살고 있다는 소문을 전해 들었다. 친구이자 처남인 빔비사라왕에게 '마가다국에 살고 있는 부자들 가운데 한 명을 꼬살라국으로 보내 달라.'고 요청했다. 이렇게 해서 멘다까의 아들 다난자야는 가족과 함께 꼬살라국으로 이주했다.

다난자야는 수도 사왓티 근처에 사께따(사지다娑祇多)라는 아름다운 도시를 건설했다. 그곳에서 위사카는 세존을 높이 받들고 비구들에게 공양을 올리며 지냈다. 위사카는 고귀한 가르침을 듣기 위해 자주 세존과 승가를 초청했다.

꼬살라국의 수도인 사왓티에는 미가라라는 부유한 장자가 살고 있었다. 미가라에게는 뿐냐왓다나라는 아들이 있었다. 아들이 성인이 되어 부모가 결혼을 권했지만 결혼할 생각이 없었다. 여러 차례 부모가 설득하자 다섯 가지 아름다움을 지닌 여자라면 결혼하겠다는 조건을 내세웠다. '머릿결과 피부, 치아, 입술이 아름답고 어린 소녀라면 아내로 삼겠다.'고 했다. 부모는 바라문들을 고용해 아들의 요구를 만족시킬 수 있는 소녀를 찾기 위해 전국으로 보냈다. 바라문들은 모든 도시를 다니며 부지런히 찾았지만 다섯 가지 아름다움을 모두 갖춘 소녀는 찾을 수 없었다. 다시 사왓티로 돌아가는 길에 사께따에 들렀다. 바라문들은 열대여섯 살이 된 위사카를 보았다. 젊은 주인이 내세운 조건 가운데 네 가지 아름다움을 지니고 있었다. 남은 한 가지 치아의 아름다움을 보기 위해 말을 걸었다.

바라문들이 위사카를 처음 보았을 때, 위사카와 친구들은 목욕을 하러 강으로 가고 있었다. 바로 그때 천둥 번개가 내리쳤다. 다른 소녀들은 젖지 않기 위해 급하게 뛰어갔지만, 위사카는 위엄을 잃지 않고 침착하게 걸었다. 바라문들은 위사카에게 왜 다른 소녀들처럼 급하게 뛰어가지 않았는지 물었다. 그녀는 이렇게 대답했다. "왕이 비를 피하기 위해 뛰어간다면, 체통 없이 평민들처럼 뛴다고 비난할 것입니다. 마찬가지로 여인이 뛰어간다면 남자처럼 뛴다고 비난할 것입니다. 또 부모가 딸을 키울 때에는 좋은 가정과 결혼시키기 위해 애지중지하며 키웁니다. 달려가다가 몸을 다칠 수도 있습니다. 집안에 부담이 됩니다."[2]

바라문들은 위사카와 나눈 대화에 깊은 인상을 받았다. 아버지 다난자야를 찾아가 미가라 장자의 아들과 결혼할 수 있도록 허락해 달라고 청했다. 다난자야는 받아들였다. 얼마 후 미가라 장자가 아들 뿐나왓다나와 온 가족과 함께 위사카를 데리러 갔다. 꼬살라국 바사익왕도 소식을 듣고 군사들과 신하들을 데리고 함께 갔다.

사께따에 도착한 그들은 신부 집에서 호화로운 대접을 받았다. 한편 세공사들은 신부를 위한 결혼 예물 장신구를 만들고 있었다. 세 달이 지나도록 장신구는 완성되지 않았다. 신부 집은 신랑 측 손님들을 대접하느라 땔나무를 너무 많이 사용했다. 보름 동안 장작을 마련하기 위해 오래된 집을 헐어 땔감으로 사용했다. 아직 장신구가 완성되지 않았다. 다난자야 가문 사람들은 천을 보관하는 창고를 열어 거친 천으로 심지를 만들고 기름항아리에 넣어 불을 붙여 요리했다. 보름이 더 지나 보석 장신구가 완성되었다. 미가라 장자 가족과 왕궁 사람들은 사왓티로 돌아가는 여행을 시작했다.

다난자야 장자는 비단과 금, 보석을 실은 수백 대의 수레를 위사카에게 지참금으로 주었다. 또 소 수만 마리를 함께 주어, 돌아가는 길이 다 막힐 정도였다. 장자는 이 정도면 충분하다고 생각해 소 우리를 닫으라고 했다. 그러나 위사카가 본생에 지은 복덕이 커서 수많은 황소와 젖소와 송아지들이 우리를 뛰어 넘어 위사카를 따라갔다. 다난자야 장자가 소유하고 있는 사께따 주위 열네 곳의 마을 사람들도 위사카를 따라 사왓티로 향했다. 위사카가 십만 대겁 전 연화상 부처님께 보시를 올려 공덕을 지었기 때문에, 엄청난 재산과 그녀를 따르는 사람들을 얻었다.

위사카가 떠나기 전 아버지는 시댁에서 지켜야 할 행동 규범 열 가지를 일러 주었다. 항상 관용과 보시의 미덕을 존중할 것을 당부했다. 또 식솔 여덟 명을 불러 많은 재산을 주고, 딸을 보호하도록 했다. 시댁에서 딸에게 잘못을 뒤집어씌우려고 하면 그들이 나서서 딸을 지켜 줄 것이었다. 아버지가 일러 준 열 가지 행동 규범은 이러했다. 첫째, 집안의 불을 집 밖으로 옮기지 말아야 한다. 둘째, 집 밖의 불을 집안으로 들이지 말아야 한다. 셋째, 돌려주는 자에게만 주어야 한다. 넷째, 돌려주지 않는 자에게는 주지 말아야 한다. 다섯째, 돌려주거나 돌려주지 않는 자에게 주어야 한다. 여섯째, 행복하게 앉아야 한다. 일곱째, 행복하게 먹어야 한다. 여덟째, 행복하게 잠이 들어야 한다. 아홉째, 불을 잘 돌보아야 한다. 열째, 가정의 신들을 존중해야 한다.

아버지가 당부한 행동 규범은 이런 의미를 담고 있었다. 첫째, 아내는 남편과 시부모를 헐뜯어서는 안 된다. 집안에서 일어나는 허물을 보아도 밖에 나가 흉보지 말아야 한다. 둘째, 아내는 이웃 사람들이 시아버지나 남편의 흉을 보거든 집에 돌아와 고자질하지 않아야 한다. 셋째, 농기구를 돌려주는 사람에게만 빌려 주어야 한다. 넷째, 농기구를 돌려주지 않는 사람에게는 빌려 주지 말아야 한다. 다섯째, 도움이 필요한 가난한 사람이나 친구들은 그들이 보답을 하지 않더라도 아낌없이 나누어 주어야 한다. 여섯째, 아내는 항상 시댁 식구들이나 남편을 맞이해야 할 곳에 앉아 있어서는 안 된다. 일곱째, 아내는 음식을 먹기 전에 시댁 식구들과 남편이 먼저 식사하도록 시중을 들고, 그들이 다 먹은 후에 홀로 먹어야 한다. 여덟째, 시아버지와 남편이 자기 전에 먼저 자서는 안 되고, 크고 작은 일들을 다 처리한 후에 침대에 누워야 한다. 아홉째, 시부모와 남편을 불꽃처럼 용왕처럼 섬겨야 한다. 열째, 시아버지와 남편을 신처럼 받들어야 한다.

위사카가 남편을 따라 사왓티에 도착한 날, 사왓티 사람들은 각자 형편에 맞게 선물을 마련해서 보내왔다. 위사카는 선물을 보내 온 모든 이들에게 정성이 가득 담긴 편지를 보냈다. 도시의 모든 사람들을 자신의 친척으로 여기고 편지와 함께 선물을 답례로 보내 주었다. 시댁에 온 첫날부터 사왓티 사람 모두에게 사랑을 듬뿍 받았다.

위사카는 얼마나 자애로운 성품이었는지, 동물들까지도 잘 보살폈다. 시집으로 온 첫날 위사카의 순종 암말이 한밤중에 새끼를 낳았다. 위사카는 즉시 시녀들에게 횃불을 들려 마구간으로 달려가 정성스럽게 암말을 보살폈다.

시아버지 미가라 장자는 자이나교의 나체수행자들을 추종했다. 부처님께서 근처 사원에 자주 머물고 계셨는데도 공양을 올리기 위해 초대한 일이 없었다. 결혼식이 끝난 후에는 나체수행자들을 초대해 공양을 올렸다. 500명의 나체수행자들이 도착하자, 미가라 장자는 며느리를 불렀다. "며늘아기야, 이리 와서 아라한들에게 인사를 드려라."

위사카는 "아라한"이라는 말을 듣고 기뻐하며 비구들을 만나러

서둘러 현관으로 들어갔다. 벌거벗은 채 식사를 하고 있는 나체수행자들을 본 위사카는 견딜 수 없었다. 시아버지에게 "부끄러움도 없고 최소한의 도덕적 양심도 없는 인간들을 어떻게 아라한이라고 할 수 있겠습니까? 아버님, 저를 왜 이런 수치스러운 곳으로 부르셨습니까?"라며 항의하고, 자기 방으로 돌아갔다. 나체수행자들은 고따마를 따르는 위사카를 당장 쫓아버리라고 항의했다. 미가라 장자는 겨우 그들을 달래 돌려보냈다.

어느 날 미가라 장자가 황금 접시에 맛좋은 우유죽을 담아 꿀을 타서 먹고 있었다. 한 스님이 탁발을 하러 장자의 집에 찾아왔다. 위사카는 시아버지에게 부채질을 해 드리고 있다가 스님을 보고 생각했다. 시아버지에게 스님이 오셨다고 말하는 대신 미가라 장자가 스님을 볼 수 있도록 옆으로 비켜섰다. 미가라는 스님을 보고도 못 본 체 고개를 숙이고 우유죽만 먹었다. 위사카는 스님에게 이렇게 말했다. "스님, 그냥 가십시오, 저희 시아버지는 지금 오래된 남은 음식을 드시고 있습니다."[3] 미가라는 "오래된 남은 음식을 먹고 있다."는 말에 화가 나서 며느리를 내쫓으려 했다. 그러나 집안 하인들은 모두 위사카가 데려온 하인들이었다. 친정아버지가 보낸 여덟 명의 보호자들에게 미가라 장자가 항의했다. 보호자들은 상황을 살핀 후에 위사카에게 잘못이 없다는 결론을 내렸다.

이 사건 후 위사카는 시댁 식구들에게 '저에게 잘못이 없다는 것이 밝혀졌으니 친정으로 돌아가겠다.'고 알렸다. 미가라 장자는 뒤늦게 용서를 구했고, 위사카는 부처님과 스님들을 초청해 공양을 올리겠다는 약속을 받고 나서야 시댁에 머물기로 했다. 미가라 장자는 마지못해 부처님과 스님들을 초청해 공양을 올렸지만 나체수행자들이 말리는 바람에 공양 자리에 가지 못했다. 공양을 마친 뒤에는 하는 수 없이 부처님과 스님들이 계신 곳에 장막을 치고 보이지 않는 곳에 앉았다. 그러나 부처님 가르침에 깊은 감동을 받았고, 모든 존재들의 참된 모습, 실상實相을 깨달아 예류과를 성취했다.

장자는 위사카에게 깊이 감사했으며, 자신의 어머니처럼 존경하겠다고 말했다. 위사카를 미가라의 어머니(미가라마따, 녹자모鹿子母)라고 불렀다. 미가라는 세존의 발아래 엎드려 발을 어루만지고 입을 맞추며, 삼보에 귀의하겠다고 맹세했다. 다음날도 위사카는 부처님을 초대해 공양을 올렸다. 시어머니도 부처님 가르침을 듣고 예류과를 성취했다. 그때부터 미가라 가족은 모두 깨달으신 분과 승가에 대한 청정하고 굳건한 믿음을 갖게 되었고, 영원히 삼보를 따랐다.

세월이 흘렀고 위사카는 열 명의 아들과 열 명의 딸을 두었고, 증손 대까지 모두 열 명씩의 딸과 열 명씩의 아들을 두어, 직계 후손은 팔천사백이십 명에 달했다. 위사카는 백이십 살까지 살았는데, 평생 열여섯 살 때 소녀의 모습을 유지했다. 위사카가 헤아릴 수 없이 오랜 본생부터 쌓아 온 무량한 공덕과 하루 종일 부처님 법을 닦으며 수행한 과보였다. 위사카는 코끼리 다섯 마리를 감당할 만큼 힘이 셌다. 매일 스님들께 공양을 올렸고, 사원을 찾았으며, 비구 비구니 가운데 음식과 옷과 거처, 침구, 의약품이 부족한 스님이 없도록 세심하게 살폈다. 무엇보다도 위사카는 세존께 가르침을 듣는 시간을 가장 좋아했다. 세존께서는 위사카를 “승가에 보시하는 여자 재가신도들 가운데 미가라마따 위사카가 으뜸이다.”라고 칭찬하셨다(앙굿따라니까야 1:14:7 으뜸 품).

위사카가 부처님과 승가를 위해 보시를 올린 모범적인 사례가 비나야삐따까에 전한다. 어느 날 위사카 미가라마따가 축제날이 되어 보석으로 몸을 치장하고 길을 나섰다. 위사카는 사원으로 가서 보석 장신구를 벗어 시녀에게 맡겨 두고 부처님 법문을 들었다. 법문이 끝난 후 시녀가 보석을 놔두고 사원을 나왔다. 부처님께서는 아난다를 시켜 치워놓게 하셨다(비나야삐따까 3:162). 위사카는 보시를 올릴 좋은 기회라고 여기고 보석을 팔아 승가에 공양하기로 결정했다. 하지만 사왓티성에는 그만한 보석을 사들일 수 있는 부자가 없었다. 위사카는 어쩔 수 없이 자신이 돈을 내고 다시 보석을 샀다. 보석을 다시 사들인 돈으로 사왓티성 동문 밖에 있는 공원(동원림東園林)에 큰 사원을 지어 승가에 보시했다. 그 사원이 녹자모 강당鹿子母講堂이었다. 이 사원은 많은 경전 서문에 등장하는데, 세존께서 자주 머무셨고 법을 설하셨기 때문이다. 세존께서는 또 다른 위대한 승가의 수호자이자 보시자인 아나타삔디까가 지은 제따와나 사원에 자주 머무셨던 것만큼이나 자주 녹자모강당에 머무셨다. 특히 마지막 20년 동안은 종종 이곳에 머무셨다.

빨리 경전에는 위사카의 생애에 관한 이야기가 많이 전한다. 어느 때 장자들이 위사카에게 자신의 아내들이 세존을 친견할 수 있게 해달라고 요청했다. 위사카의 주선으로 장자의 아내들은 세존을 뵐 수 있었다. 그런데 그녀들 가운데 일부가 술에 취해 부적절한 행동을 했다. 위사카는 세존께 술에 취하는 해로움은 왜 생기는지, 어떤 것이 있는지 여쭈었다. 세존께서는 옹기에 얽힌 본생 이야기(구반본생

경鳩槃本生經 512)를 들려주셨다.

어떤 사람이 우연히 숲속 나무에 생긴 구멍에서 발효된 과즙을 발견하고 맛을 보았다. 기분이 매우 좋아져서 계속 마시다가 얼마 지나지 않아 중독되었다. 그 사람은 친척과 친구들을 데려와 술을 마시게 했고, 그들은 차례로 다른 사람들에게 술을 권하기 시작했다. 천신의 왕 제석천이 나서지 않았다면 인도 전체가 술에 중독되었을 것이다. 제석천은 인간에게 나타나 술에 취하면 저지르게 되는 악한 행위와 과보에 대해 설명해 주었다.

어느 때 앙가국에 사는 친척들이 위사카에게 보석으로 장식한 선물을 보내왔다. 그런데 국경을 지키는 군인들이 지나치게 많은 세금을 매기려고 했다. 위사카는 빠세나디왕을 찾아갔는데, 왕은 다른 일 때문에 위사카의 일을 처리하지 못했다. 위사카는 세존께 찾아가 가르침을 청했다. 세존께서는 위사카의 근심을 덜어주는 짧은 게송을 설해 주셨다(위사카 경, 자설경 2:9).

남의 통제를 받는 것은 모두 괴로움이며
남을 다스리는 것은 즐거운 일이다
사람들은 함께하는 일로 고통을 겪으니[4]
속박을 벗어나는 일은 어렵기 때문이다

또 어느 때 뜨거운 태양이 내리쬐는 한낮 위사카가 젖은 옷과 젖은 머리카락을 하고 세존을 찾아뵈었다. 위사카는 그 무렵 손녀 닷따를 잃었다. 위사카가 비통해하고 있자 세존께서는 사왓티에 사는 사람만큼이나 많은 아들과 손자를 원하느냐고 물으셨다. 위사카는 기꺼이 그렇다고 아뢰었다. 세존께서는 다시 "사왓티에서 얼마나 많은 사람들이 매일 죽음을 맞이하겠는가?"라고 물으셨다. 위사카는 곰곰이 생각한 끝에 "사왓티에서 죽음을 맞이하는 사람이 없는 날은 없습니다."라고 말씀드렸다. 결국 위사카는 사왓티 사람들이 매일 슬픔을 느끼고 살아간다는 사실을 받아들여야 했다. 세존께서는 "사랑하는 사람이 백 명이 있는 사람에게는 백 가지 근심이 있고, 아흔… 다섯… 넷… 셋… 둘… 사랑하는 사람이 한 명 있는 사람에게는 하나의 근심이 있다. 사랑하는 사람이 없는 사람에게는 아무런 근심이 없다. 그들에게는 슬픔이 없고 괴로움도 없으며 절망도 없다고 나는 말하노라." 이렇게 설하셨다(위사카 경, 자설경 8:8).

앙굿따라니까야에는 위사카가 세존께 질문을 드리고 세존께서 답해 주신 경전이 셋 있다. 포살이 있던 날 위사카는 녹자모 강당으로 세존을 찾아뵈었다. 세존께서 찾아 온 까닭을 물으시자, 위사카는 "오늘은 포살일입니다. 저는 포살을 잘 지키고 있습니다."라고 아뢰었다. 세존께서는 이에 포살을 잘 지키는 올바른 방법과 잘못 지키는 두 가지 방법(목동과 나체수행자들의 포살)에 대해 설하셨다(여덟 가지 재계를 갖춘 포살 경, 팔관재계경八關齋戒經, 앙굿따라니까야 3:70).

세존께서는 두 가지 잘못된 포살에 대해 먼저 설하셨다. "목동과 재가신도의 포살은, 오늘은 계를 잘 지키되 내일 즐길 것을 생각하는 포살이다. 자이나교 나체수행자들인 사문(니간타)들은 일부 사람들에게만 자애를 베풀고, 포살일이 지나면 감각적 쾌락을 자유롭게 즐기는 포살을 한다. 이것은 거짓으로 준수하는 잘못된 포살이다."

세존께서는 또 올바른 포살에 대해 설하셨다. "성스러운 이들의 참된 포살은 여덟 가지 계율[5]을 잘 지키고 부처님과 가르침과 승가를 계속해서 생각함으로써 오염된 마음을 바른 방법으로 청정하게 하는 것이다. 또 여래를 계속해서 생각함으로써 오염된 마음을 바른 방법으로 청정하게 하는 것은 범천의 포살을 잘 지키는 것이다. 성스러운 제자는 또한 자신의 계율을 계속 생각함으로써 오염된 마음을 바른 방법으로 청정하게 한다. 이것이 계의 포살을 잘 지키는 것이다."

세존께서는 계속해서 "인간 세계에서 마가다국, 꼬살라국, 왓지국, 말라국 등 칠보가 가득한 열여섯 개의 큰 나라를 다스리는 영광도 천상 세계의 행복에 비하면 너무나 보잘것없다."고 설하셨다.

위사카는 또 세존께 죽은 뒤에 마음에 드는 몸을 가진 천신(아름다운 몸을 가진 천신)으로 태어나기 위해서는 어떻게 해야 하는지 여쭈었다. 세존께서는 여덟 가지 조건을 설하셨다(위사카 경, 앙굿따라니까야 8:47).

첫째, 남편보다 먼저 일어나고 나중에 자며, 시중을 잘 들고 행실이 곱고 예쁜 말을 한다. 둘째, 부모, 사문, 바라문 등 남편이 존중하는 사람 모두를 존중하고 공경한다. 셋째, 남편의 가내 공업이 무엇이든 근면하게 일하고 충분히 연구할 수 있는 아내가 되어야 한다. 넷째, 집안의 식솔들을 잘 감독하고 잘 돌보며 아픈 이를 돌보고 음식을 적절하게 주어야 한다. 다섯째, 남편이 벌어오는 재산을 잘 지키고 재산을 낭비하지 않는다. 여섯째, 청신녀가 되어 부처님과 법과 승가에 귀의한다. 일곱째, 오계를 잘 지켜야 한다. 여덟째, 보시를 좋아하고 나누어 가지는 것을 좋아해야 한다. 어리석음과 번뇌, 고통에서 벗어나는 것을 좋아해야 한다. 이렇게 여덟 가지 법을 갖춘 여인은 죽은 뒤에 아름다운 몸을 가진 천신들로 태어난다고 설하셨다.

세 번째로 여쭌 것은 지금 이 세상의 해로운 것을 피함으로써 극복하고, 목적을 성취하기 위해 갖추어야 하는 법에 대해서였다. 세존께서는 '맡은 일은 잘 처리하고, 하인들을 잘 관리하며, 남편의 마음에 들게 행동하고, 집안의 재산을 잘 지켜야 한다.'고 답하셨다. 믿음을 구족하고 계를 구족하며 보시를 구족하고 지혜를 구족함으로써, 내생에 번영을 누리게 된다는 의미이다.

위사카는 여러 가지의 승가 계율 제정과 선포에도 관련이 있다. 위사카의 손자가 사왓티성에서 안거하고 있던 수행승들을 찾아와서 출가를 청했다. 수행승들은 세 달 동안의 우기 안거 기간에는 출가를 받아들이지 않기로 결정했다. 이 때문에 위사카의 손자는 안거가 끝날 때까지 기다려야 했다. 안거가 끝났을 때 수행승들이 출가를 허락했지만, 손자는 출가를 포기했다. 위사카는 이 사실을 알고 분개했다. 세존께서 사정을 아시고, "법은 영원하며 법을 따르지 못할 시기는 없다."고 하셨다. 또한 "수행승들이여, 안거 동안에는 출가시키지 못하도록 협의해서는 안 된다. 그렇게 하면 악작죄를 범하는 것이다."라고 선포하셨다.

어느 때 세존께서 위사카의 초청으로 공양을 받으셨다. 위사카는 세존께 여덟 가지 서원誓願을 들어주실 것을 간청드렸다. 세존께서는 "여래는 서원을 뛰어넘으셨다."며 들어줄 수 없다 하셨다. 위사카는 "허용될 수 있는 서원이며, 허물이 없는 서원들, 올바른 서원들"이라며, 다시 간청드렸다. 세존께서 서원을 말해보라 하셨다. 위사카는 승가에 여덟 가지 공양을 올릴 수 있도록 청했다. 여덟 가지 공양은 다음과 같았다. 우기에 비를 피할 수 있는 옷, 사왓티에 처음 온 수행승들을 위한 공양, 유행을 떠나는 수행승을 위한 음식 공양, 아픈 수행승들을 돌보는 수행승을 위한 공양, 아픈 수행승들을 치료하기 위한 약 공양과 음식 공양, 정기적으로 올릴 수 있는 죽 공양, 강에서 목욕하는 비구니 수행승들을 위한 목욕용 옷 공양 등이었다.

세존께서는 위사카에게 왜 이런 공양들을 올리려고 하는지 특별한 이유가 있는지 물으셨다. 위사카는 자세하게 여덟 가지 공양이 필요한 상황에 대해 말씀드렸다.

"수행승들의 공양을 챙기기 위해 승원으로 하녀를 보냈습니다. 하녀는 옷을 벗고 비에 몸을 씻는 수행승들을 보고, 사명외도邪命外道라고 착각했습니다. 또 어떤 수행승들은 비를 맞으며 옷이 젖지 않도록 반은 벌거벗은 채 길을 걸었습니다. 역시 나체 수행자로 오해를 받았습니다. 이 때문에 우기에 입을 옷을 따로 공양 올리려 합니다.

사왓티에 처음 온 수행승들은 길에 밝지 못해 어렵게 탁발을 하러 다닙니다. 처음 오는 수행승들에게 음식 공양을 올린다면 나중에는 익숙해져서 쉽게 탁발을 다닐 것입니다. 이 때문에 처음 오는 수행승들에게 음식 공양 올리기를 원합니다.

유행을 떠나는 수행승들은 스스로 음식을 찾아다니다 뒤처지거나 처소에 때 아닌 때에 도착할 것입니다. 유행을 떠나는 수행승에게 음식 공양을 올린다면 쉽게 길을 갈 수 있을 것입니다.

아픈 수행승들은 적절한 음식과 약이 부족하면 반드시 고통을 받게 되고 세상을 떠날 수도 있습니다. 이 때문에 아픈 수행승들을 위한 적절한 음식과 치료하기 위한 약 공양을 올리기를 원합니다.

아픈 수행승들을 돌보는 수행승은 탁발을 제 시간에 할 수 없을 것이고, 공양을 할 수도 없습니다. 이 때문에 간병하는 수행승들에게 음식 공양을 따로 올리려 합니다.

세존께서는 다른 마을에서 이른 아침에 죽을 먹으면 열 가지 공덕이 있다고 하셨습니다. 저는 세존의 말씀을 따라 승가에 죽 공양 올리기를 원합니다.

비구니 수행승들이 얼마 전 기녀들과 함께 옷을 벗고 목욕하는 일이 있었습니다. 이 일로 수행승들은 기녀들에게 희롱을 당하기도 했습니다. 이 때문에 비구니 수행승들에게 목욕을 하면서 몸을 가릴 적절한 옷 공양을 올리기를 원합니다."

위사카가 여덟 가지 공양을 올림으로써 드러나는 이익에 대해 상세하게 말씀드렸다. 세존께서는 다시 어떤 공덕을 보면서 여덟 가지 공양을 올리려 하는지 물으셨다. 위사카의 대답을 보면, 외적인 덕행과 내적인 수행에 대해 얼마나 미묘하고 심오하게 이해하고 있는지 알 수 있다.

"세존이시여, 사방에서 안거를 보낸 수행승들이 있는데, 그들은 사왓티로 세존을 뵈러 왔습니다. 그들은 세존께 '이러이러한 수행승이 죽었습니다. 그의 갈 곳은 어디이고 미래의 운명은 무엇입니까?' 이렇게 여쭐 것입니다. 세존께서는 그에게 예류과와 일래과와 불환과와 아라한과에 들었다고 말씀하실 것입니다. 그때 저는 그들에게 다가가 이렇게 물을 것입니다. '존자시여, 존자께서는 예전에 사왓티에 오신 적이 있습니까?' 만일 그들이 온 적이 있다고 하면 저는 반드시 이렇게 생각할 것입니다. '내가 보시한 우기에 입는 옷, 처음 온 이들을 위한 음식, 유행을 떠나는 이들을 위한 음식, 병자들을 위한 음식, 간병하는 이들을 위한 음식, 병자들을 위한 약, 아침 쌀죽을 받았을 것이다.'라고 생각할 것입니다. 그것을 새기면서 저에게 희열이 생겨나고 기쁨이 생겨날 것입니다. 몸이 평안하게 되고 몸이 평안하게 되면 행복을 느끼고 행복을 느끼면 마음이 집중됩니다. 마음을 집중하면 수행을 위한 다섯 가지 마음의 능력(오근五根)과 수행을 위해 필요한 다섯 가지 힘(오력五力), 깨달음의 일곱 가지 요소(칠각지七覺支)를 닦게 될 것입니다.[6] 세존이시여, 저는 이러한 공덕을 보면서 여래께 여덟 가지 서원을 청해 올립니다."

"선재 선재로다, 위사카여. 그대가 이러한 공덕을 보면서 여덟 가지 서원을 청하는 것은 훌륭한 일이다. 그대의 여덟 가지 서원을 허용하노라." 세존께서는 이렇게 답하셨다.

이것이 '미가라의 어머니' 위사카의 위대한 삶이었다. 위사카는 삼보三寶에 대한 확고한 믿음을 갖고 예류과에 굳건히 정착했다. 위사카는 행복한 환생과 괴로움에서 벗어나는 해탈을 향해 나아갔으며, 여성 재가신도의 이상적인 본보기였다.

꽃의 여왕, 말리까

부처님 당시 사왓티에 꽃다발을 만들어 파는 장인들이 있었다. 장인 가운데 한 명에게 딸이 태어났다. 가난한 집의 딸이었지만, 아름답고 영리하고 예의바르며, 아버지에게 큰 기쁨을 주었다. 그녀가 바로 말리까(승만勝鬘)였다.

열여섯 살이 된 말리까는 어느 날 점심으로 바구니에 음식을 담아 친구들과 꽃이 가득한 정원으로 소풍을 나갔다. 성을 막 벗어나고 있을 때 수행승들이 탁발을 하러 성으로 들어오고 있었다. 그들 가운데 한 수행승이 너무도 위엄 있고 인상적이어서 말리까는 바구니에 든 음식을 전부 보시했다.

그 위대한 수행자는 바로 깨달음을 이루신 부처님이었다. 부처님께서는 말리까가 올리는 공양을 발우에 담도록 했다. 말리까는 누구에게 공양을 올렸는지도 모른 채 부처님 발 앞에 엎드려 절을 하고, 행복한 마음을 가득 안고 갔다. 부처님께서는 미소를 지으셨다. 깨달으신 분이 까닭 없이 웃지 않는다는 사실을 알고 있던 아난다가 왜 미소를 지으셨는지 여쭈었다. 부처님께서는 '그 소녀는 공양을 올린 공덕으로 바로 오늘 꼬살라국 왕비가 될 것'이라고 하셨다.

믿을 수 없는 일이었다. 꼬살라국 왕이 어떻게 하층민 여인을 왕비로 맞이할 수 있을까? 엄격한 신분제도를 유지하고 있던 당시 인도에서는 거의 불가능한 일이었다.

당시 갠지스강 유역의 베나레스와 꼬살라국을 다스리던 군주는 바사익왕이었다. 마가다국의 아사세왕과 전쟁 중이던 바사익왕은 전쟁에서 지고 퇴각하던 길이었다. 말을 타고 사왓티성으로 돌아가던 그는 꽃이 만발한 정원에서 한 소녀가 노래하는 것을 보았다. 위대한 성자를 만나 행복에 겨워 노래하던 말리까였다. 왕은 노랫소리에 끌려 정원으로 향했다. 말리까는 말을 탄 전사가 갑자기 나타났음에도 물러서지 않고 다가가, 말고삐를 잡고 왕의 눈을 똑바로 쳐다보았다. 그는 그녀에게 이미 결혼했느냐고 물었고 그녀는 아니라고 답했다. 지쳐 있던 왕은 말에서 내려 그녀의 무릎에 기대 잠시 쉬며 전투에서 패배한 자신을 위로해 달라고 부탁했다.

바사익왕은 위로를 받았고, 말리까를 말 뒷자리에 태워 그녀의 부모님 집으로 데려다 주었다. 왕은 저녁 무렵 말리까를 왕비로 맞이하기 위해 화려하게 차려입은 신하를 말리까 집으로 보냈다.

그때부터 말리까는 왕의 총애를 받았다. 그녀는 충실한 신하들과 여신과도 같은 아름다움을 지녔다. 그 후 말리까가 공양을 올린 덕분에 가장 높은 지위에 올랐다는 사실이 온 나라에 알려졌다. 말리까의 친절함과 관대함은 백성 모두에게 좋은 인상을 남겼다. 가는 곳마다 사람들은 환호했다. "저분이 바로 부처님께 세 그릇의 죽 공양을 올린 말리까 왕비다(죽에 얽힌 본생 이야기 415)."

왕비가 된 말리까는 어느 때 사왓티 기수급고독원으로 부처님을 찾아뵈었다. 마음에 품고 있던 궁금증을 풀어 달라고 간청드렸다. "무슨 인연으로 어떤 여자는 아름답고 부유하고 권력을 갖고 있습니까? 어떤 여자는 아름답지만 가난하고 권력이 없고, 어떤 여자는 못생겼지만 부자이고 권력이 크며, 어떤 여자는 못생겼고 가난하고 권력도 갖지 못하게 되는 것입니까?" 이런 상황은 일상생활에서도 쉽게 만날 수 있다. 평범한 사람들은 운명이나 타고난 가문, 우연에 의해 이렇게 될 것이라고 생각하고 대수롭지 않게 넘기기 쉽다. 그러나 말리까 왕비는 원인 없이 일어나는 일은 없다고 확신했기 때문에 자세하게 알기를 원했다.

부처님께서는 사람들의 품성과 생활여건은 본생에 지었던 업을 반영한다고 자세하게 설명하셨다. 아름다움은 인내와 친절에서 오고, 부는 관대함에서 오며, 권력은 다른 사람의 성공을 질투하지 않고 기뻐하며 칭찬하는 데서 나온다. 이 세 가지 덕을 실천한 사람들은 아름다움과 부, 권력을 함께 타고난다. 그러나 이 셋을 함께 가진 여인은 매우 드물다. 말리까는 부처님 설법을 들은 후, 자신의 신하들에게 항상 온유하게 대하고 성을 내지 않겠다고 다짐했다. 모든 비구들과 바라문들과 가난한 사람들에게 항상 베풀고 행복한 사람을 결코 시기하지 않기로 결심했다. 말리까는 부처님 설법 후에 삼보에 귀의하여 죽을 때까지 신실한 평신도로 지냈다(말리까 경, 앙굿따라니까야 4:197).

말리까는 정기적으로 부처님과 승가에 공양을 올렸다. 특히 수행승들이 법에 관해 토론할 수 있도록 흑단나무로 장엄한 강당을 지어 보시했다. 말리까는 자비로우며 넉넉하고 따스한 마음을 지닌 재가신도였다(수행자 만디까의 아들에 대한 경, 맛지마니까야 78, 뽓타빠다 경, 디가니까야 9).

말리까는 완벽한 아내가 갖추어야 하는 다섯 가지 덕목을 지녔으며 실천했다. 남편보다 항상 먼저 일어났고 늦게 잤으며, 항상 남편의 말을 따랐고, 겸손했고 부드러운 말을 했다. 수행승들이 계율에 관해 토론할 때조차 말리까의 온화한 마음과 보시행을 칭찬할 정도였다.

얼마 지나지 않아 말리까에게 질투심에서도 자유로운 여인이라는 사실을 증명해야 할 일이 생겼다. 빠세나디왕이 부처님의 사촌과 결혼하기로 하고, 두 번째 왕비로 삼기 위해 궁으로 데려왔던 것이다. 말리까는 서운함이나 나쁜 마음을 전혀 품지 않았으며, 두 번째 왕비에게 잘 해 주었다. 빠세나디왕의 두 왕비는 부처님 재가신도로서 평화롭고 화목하게 지냈다. 둘째 왕비는 아들을 낳았고 말리까는 딸만 낳았지만 조금도 시기하거나 질투하지 않았다. 어느 때 빠세나디왕은 말리까 왕비가 딸만 낳았다고 부처님께 하소연했다. 부처님께서는 '여자가 남자보다 뛰어나고 훌륭하며, 위대한 왕의 왕비가 되어 전륜성왕을 낳을 수도 있을 것'이라고 말씀해 주셨다(딸 경, 상윳따니까야 3:16).[7] 실제로 말리까가 낳은 빠세나디왕의 딸 와지리 공주는 자라서 마가다국 왕비가 되었다.

말리까는 청정한 믿음을 지닌 재가신도가 된 후 빠세나디왕이 세존께 귀의하도록 이끌었다. 어느 날 밤 왕은 열여섯 번이나 좋지 않은 꿈을 꾸었다. 꿈을 꾸는 동안 네 번이나 정체를 알 수 없는 끔찍한 소리를 들었다. 꿈에서 들은 소리는 '악(惡, 악한), 고(苦, 고통), 종(終, 끝), 여기'[8]였다. 왕은 두려움에 사로잡혀 한밤중에 깨어나 몸을 떨며 해가 뜨기를 기다리며 침대에 앉아 있었다. 다음날 바라문 사제들이 문안을 왔을 때 꿈에 대해 털어놓았다. 어떻게 해야 악몽을 이길 수 있는지 물었다. 바라문들은 악령을 진정시키기 위해 큰 희생물을 바쳐야 한다고 했고, 두려움에 떨던 왕은 제안을 받아들였다.

바라문들은 제사를 지내면 생길 예물을 챙길 속셈으로 준비를 시작했다. 제단을 세워 많은 짐승들을 기둥에 묶은 채 제물로 바쳤다. 제사가 큰 효과를 거두기 위해서는 사람도 제물로 바쳐야 한다고 주장했다. 네 명이 기둥에 묶인 채로 죽음을 맞이해야 했다.

말리까 왕비가 뒤늦게 이 사실을 알았다. 왕에게 가 바라문들이 왜 제사를 바삐 서두르고 무엇인가를 기대하며 즐거운 표정으로 돌아다니는지 까닭을 물었다. 왕은 왕비가 그동안 자신에게 소홀했으며, 자신이 겪은 두려움도 알아주지 않았다고 대답했다. 왕은 꿈 이야기를 들려주었다. 말리까는 왕에게 꿈의 의미에 대해 천신과 인간 세상에서 가장 존귀한 분이시고, 바라문 가운데 가장 위대하신 분과 상의했는지 물었다. 왕은 깨달으신 분의 조언을 듣기로 결심하고 제따와나 사원으로 갔다.

꿈 이야기를 들으신 세존께서는 이렇게 답해 주셨다. "왕이여, 아무것도 아닙니다. 열여섯 번의 꿈은 왕께서 도덕적으로 해이해졌기 때문에 왕국이 불행해질 것을 미리 알려주는 현상입니다. 왕께서 명상을 하면서 백성의 안녕을 염려했기 때문에 앞날에 일어날 일들을 볼 수 있었던 것입니다."

그가 꿈에서 들은 끔찍한 소리는 사왓티 베나레스에 살던 네 명의 사내들 것이었다. 그들은 이웃의 아내들에게 몹쓸 짓을 저지르고 지옥에 갔다. 지옥에서 시뻘겋게 달군 가마솥에서 죄업의 과보를 받았다. 뜨거운 기름에 빠져 바닥까지 가라앉았다가 위로 솟구치며 불에 타는 것 같은 고통을 삼만 년 동안 받았다. 기름 솥에서 위로 솟구쳤을 때 숨을 쉬며 간신히 한 음절씩만 내뱉을 수 있었다. 바로 왕이 꿈에서 들었던 끔찍한 소리였다. 한 문장씩을 말하고 싶었지만 그들이 저지른 죄업의 과보가 너무도 컸다. 오랫동안 말을 하지 못해 말도 할 수 없었다. 그들이 내뱉은 '악(惡, 악한), 고(苦, 고통), 종(終, 끝), 여기'에 대해 세존께서는 이렇게 풀이해 주셨다.

'악'을 외친 사내가 말하고 싶었던 것은 바로 이러했다.

우리는 참으로 '악'한 삶을 살았다
많은 재산을 가지고 있었지만
누구에게도 보시를 할 생각조차 하지 않았다
쾌락에 빠져 귀의할 곳을 찾지도 않았다

'고'를 외친 사내는 이런 말을 하고 싶었다.

'고'통을 자처한 자의 슬픈 운명은 언제나 끝이 날까
지옥에서 이미 육만 년을 보냈지만
고통은 끝이 없다
이 끔찍한 지옥에서

'끝'을 외친 사내는 이렇게 한탄했다.

우리가 처한 고통의 운명은
'끝'이 보이지 않는다
누가 악행을 저질렀는가
우리가 참회해야 한다

'이곳'을 외친 사내는 이렇게 다짐했다.

나는 '이곳' 지옥을 벗어나
사람으로 환생해
관대하고 바르게 살며
선행을 많이 베풀고 선한 업을 쌓으리라

세존의 설명을 들은 왕은 말리까 왕비가 간청한 대로 실행했다. 제단을 없애고 제물로 바친 짐승과 사람들을 풀어 주었으며, 제사를 지내지 않도록 함으로써, 바른 선택을 했다(큰 꿈에 얽힌 본생 이야기 77, 쇠솥에 얽힌 본생 이야기 314).

신심 깊은 재가신도가 된 바사익왕은 어느 날 세존을 찾아갔다. 그 곳에서 한 남성 재가신도가 세존을 모시고 앉아 있는 모습을 보았다. 재가신도는 세존께 예경을 드리느라, 왕에게 인사도 하지 않고 일어나 맞이하지도 않았다. 세존께서는 '그 신도는 많이 배우고 지혜로워 감각적 쾌락을 향한 욕망을 소멸했다.'고 왕에게 칭찬하셨다. 뒤에 왕궁에서 그 재가신도를 만난 왕은 왕비들에게 법을 전해 달라고 청했다. 재가신도는 '가르침은 오직 깨달으신 분께서 나온 것이며, 세존의 제자들만이 그렇게 할 수 있다.'고 답했다. 왕은 세존께 수행승을 보내 왕비들에게 법을 설해 주도록 간청드렸다. 부처님께서는 아난다 존자를 궁으로 보내셨다. 말리까 왕비는 교육을 받지 않았음에도 부처님 법을 쉽게 이해했다. 그러나 부처님 사촌이자 왕세자의 어머니인 와사바캇띠야 왕비는 집중하지 못했고, 법을 이해하는 데 어려움을 겪었다(내궁에 대한 학습계율, 비나야삐따까 3:158).

어느 날 왕과 왕비가 왕궁 누각에서 강을 내려다보니 한 무리의 수행승들이 물놀이를 하고 있었다. 그들은 '열일곱 무리 비구(십칠군비구十七群比丘)'라고 알려진 수행승들이었다. 세간에서는 젊고 계율을 잘 지키는 비구들이라는 평판을 듣고 있었다. 이것을 본 왕은 말리까 왕비에게 다소 조롱하는 말투로 "말리까여, 저 거룩한 님(아라한)들이 물놀이를 하고 있군요."라고 말했다. 말리까 왕비는 "대왕이시여, 세존께서 아직 놀이에 관한 계율을 선포하지 않으셨거나, 수행승들이 항상 암송하는 계율에 포함되지 않아 잘 모르고 있기 때문에 물놀이를 하고 있을 것입니다."라고 답했다.

왕과 왕비는 부처님께 법을 잘 배운 스님들이, 법을 배우지 못한 세간의 사람들처럼 물놀이를 하고 즐기는 것은 문제가 있다고 생각했다. 재가신도들과 법에 대한 믿음이 아직 확고하지 않은 스님들에게 좋은 인상을 주지 못할 것이라는 데 뜻을 함께했다. 빠세나디왕은 수행승들의 평판이 나빠지는 것을 원하지 않았다. 이 사실을 지혜롭게 세존께 알려 계율을 확고하게 세우고 싶었다. 왕은 수행승들에게 커다란 꿀 과자를 주며, 세존께 전해 올려 드리라고 전했다. 수행승들은 세존께 공양을 전해 드렸다. 세존께서는 수행승들에게 어디서 빠세나디왕을 만났는지 물으셨고, 그들은 사실대로 고백했다. 세존께서는 물놀이에 대한 계율을 새로 세워 선포하셨다(물놀이에 대한 학습계율, 비나야삐따까 3:112).[9]

어느 날 왕은 왕비와 함께 왕궁 누각에 함께 올라 왕비에게 "그대 자신보다 더 사랑하는 사람이 있습니까?"라고 물었다. 왕은 말리까를 왕비로 삼아 명예와 부를 안겨 주었다고 생각하고 있었기 때문에 내심 '왕을 가장 사랑한다.'는 말을 듣고 싶었다. 말리까 왕비는 물론 왕을 사랑했지만 진실했다. "폐하, 제게는 저 자신보다 더 사랑하는 사람이 없습니다."라고 답했다. 왕비는 왕에게 같은 질문을 했다. 빠세나디왕도 역시 '가장 사랑하는 사람은 자기 자신'이라는 사실을 인정할 수밖에 없었다. 왕은 세존께 가서 상황을 말씀드리고, 성스러운 분들은 어떻게 생각하시는지 여쭈었다.

세존께서는 "세상 모든 중생들에게는 자기 자신이 가장 사랑스러운 것"이라고 왕이 말한 의미를 아시고 게송으로 자비와 비폭력에 대한 가르침을 주셨다.

마음으로 사방을 다 찾아보아도
자신보다 사랑스러운 이는 찾을 수가 없다
누구에게나 자기 자신이 가장 사랑스러운 법
그러므로 자기 자신을 사랑하는 이는
남을 해치지 말아야 한다
(말리까 경 상윳따니까야 3:8 / 더 사랑스러움 경, 우다나 5:1)

어느 때 외아들을 잃은 한 장자가 비통해하며 부처님을 찾아왔다. 그는 먹을 수도 없었고 일을 할 수도 없었다. 큰 슬픔에 잠겨 하루 종일 묘지에서 시간을 보내며 울부짖었다. "너는 지금 어디 있느냐, 내 하나뿐인 아들이여. 너는 어디에 있느냐, 내 하나뿐인 아들이여." 부처님께서는 그에게 "슬픔, 비탄, 고통, 근심, 절망은 사랑하는 사람들로부터 생겨난다."고 장자가 받아들이기 어려운 말씀을 해 주셨다. 장자는 "세존이시여, 환희와 즐거움은 사랑하는 사람들로부터 생겨납니다."라고 말하며 자리를 떠났다.

이 일은 바사익왕에게도 전해졌다. 왕은 말리까 왕비에게 "세존께서 '사랑하는 사람에게서 슬픔이 생겨난다.'고 설하셨는데, 정말 그런 것인지" 물었다. 왕비는 "대왕이시여, 세존께서 그렇게 설하셨다면 그럴 것입니다."라고 답했다.

왕은 말리까 왕비가 스승의 가르침을 있는 그대로 받아들이는 제자처럼 답하자, 다소 언짢은 기색을 내비쳤다. 왕비는 정확한 상황 파악을 위해 세존께 사람을 보냈다. 세존께서는 그렇게 말씀하셨다는 사실을 확인하시고, 좀 더 상세한 설명을 해 주셨다. 세존을 찾아뵙고 자세한 말씀을 듣고 온 사람은 말리까 왕비에게 있는 그대로를 전했다. 왕비는 세존의 가르침을 있는 그대로 왕에게 전하지 않았다. 비유를 들어 왕이 세존의 말씀을 이해할 수 있도록 했다.

왕비는 "대왕이시여, 두 번째 왕비 와사바캇띠야를 사랑하십니까, 왕자 위두다바를 사랑하십니까? 대왕이시여, 저를 사랑하십니까, 꼬살라국을 사랑하십니까?" 이렇게 물었다. 그리고 왕이 사랑하는 이 모든 것들에 무슨 일이 생기면, 슬픔, 비탄, 고통, 근심이 생겨나지 않겠느냐고 다시 물었다. 왕은 "세존께서는 모든 것을 지혜로써 꿰뚫어 보시고 꿰뚫어 아십니다."라며 답했다. 왕은 자리에서 일어나 옷을 한쪽 어깨에 걸치고 세존께서 계신 곳을 향해 어깨를 드러내 세 번 예경을 드리며 세 번 찬탄의 말을 했다. "세상에서 존경받는 분, 거룩하신 분, 원만하게 올바른 깨달음을 이루신 분, 세존께 귀의합니다. 세상에서 존경받는 분, 거룩하신 분, 원만하게 올바른 깨달음을 이루신 분, 세존께 귀의합니다. 세상에서 존경받는 분, 거룩하신 분, 원만하게 올바른 깨달음을 이루신 분, 세존께 귀의합니다(사랑하는 사람들에게서 생겨난 것에 대한 경, 맛지마니까야 87)."

왕과 왕비의 결혼생활이 항상 순탄하지만은 않았다. 어느 날 왕은 왕비가 지켜야 하는 의무를 두고 말싸움을 했다. 왕은 무슨 까닭에서였는지 말리까 왕비에게 화를 냈으며, 왕비가 없는 것처럼 무시했다. 세존께서 다음날 공양을 위해 궁궐을 찾으셨을 때, 항상 세존을 모시던 왕비가 보이지 않았다. 세존께서 왕비를 찾으시자, 왕은 눈살을 찌푸리며 말했다. "말리까는 자신이 누리고 있는 명성에 취해 제정신이 아닙니다." 세존께서는 말리까 왕비의 명성을 높인 사람은 빠세나디왕 자신이었다며, 화해하고 잘 지내라며 이렇게 말씀하셨다. "왕이시여, 왕께서 왕비에게 영예를 안겨 주었는데, 이제 와서 왕비가 저지른 사소한 잘못을 참지 못하는 것은 왕의 잘못입니다." 그제야 왕은 마지못해 왕비를 그 자리에 오게 했다. 세존께서는 두 사람에게 평화롭게 지내라며 축복해 주셨다. 왕과 왕비의 다툼은 없었던 일처럼 잊혀졌다(쑤자따의 본생 이야기 306).

어느 때 왕과 왕비가 또다시 다투었다. 왕은 이때도 왕비가 없는 것처럼 그녀를 외면했다. 부처님께서 공양을 받으시기 위해 궁궐에 오셨는데, 그 자리에 말리까 왕비가 보이지 않았다. 세존께서 까닭을 물으셨고, 왕은 "왕비는 그녀가 누리고 있는 풍요로움에 취해 제정신이 아닙니다."라고 말씀드렸다. 세존께서는 두 사람이 본생에 천신으로 살면서 서로를 사랑했던 시절 이야기를 들려주셨다. 본생에서 두 사람은 서로를 깊이 사랑했지만, 어느 날 밤 강물이 넘쳐흘러 서로 떨어져야만 하는 일이 생겼다. 그들이 천 년을 함께하면서 가장 슬펐던 그 밤을 한탄했다. 그들은 평생 다시는 헤어진 일이 없었고, 생을 마칠 때까지 서로를 깊이 아끼고 사랑하며 헤어질 것을 두려워했다. 왕은 본생 이야기를 듣고 크게 감동하여 왕비와 화해했다. 그때 말리까 왕비는 게송으로 세존께 찬탄을 올리고 예경을 드렸다.

거룩하신 분이시여
저는 기꺼이 세존께서 저희의 행복을 위해 설해 주신
가르침을 듣습니다
세존의 가르침으로 제 슬픔은 멀리 사라졌습니다
저의 위대하신 고행자 세존이시여
오래도록 저희와 함께해 주시옵소서
(발라띠야의 본생 이야기 504)

부처님께서는 왕과 왕비의 세 번째 본생에 관해 말씀해 주셨다. 오랜 본생에서 빠세나디는 왕세자였고, 말리까는 아내였다. 어느 때 나병癩病에 걸린 빠세나디는 왕위를 포기하고 스스로 숲으로 들어갔다. 말리까는 그를 돌보기 위해 함께 숲으로 들어가 살았다. 호화스럽고 풍요로운 삶을 사는 대신, 거친 숲에서 지내며 지극한 정성으로 남편을 돌봤다. 말리까가 정성스럽게 보살핀 덕에 빠세나디의 병은 완쾌되었고, 왕궁으로 돌아가 왕위에 올랐다. 그러나 왕위에 오른 왕은 말리까를 제쳐두고 아름다운 소녀들과 함께 쾌락에 빠져 살았다.

어느 날 문득 말리까가 자신을 돌보고 병을 낫게 해 준 일을 떠올렸고, 그동안의 생활을 뉘우쳤다. 빠세나디는 참회하며 말리까에게 용서를 구했고, 말리까와 함께 계율을 지키며 행복한 삶을 누렸다(쌈불라의 본생 이야기 519).

말리까 왕비는 당시 악마의 꼬임에 빠져 단 한 차례 계율을 어겼다. 한번은 그녀가 목욕 후 몸을 말리고 있을 때, 그녀의 애완견이 뒤에서 다가와 음행을 했다. 그녀는 개를 밀어내는 대신 계속 놔두었다. 왕은 열린 창문을 통해 이 기이한 사건을 엿보았고 나중에 말리까의 악행을 꾸짖었다. 그러나 왕비는 자신의 죄를 인정하지 않고 왕을 속이며 결백을 주장했다(법구경 주석서 게송 151).

말리까는 세상을 떠났고, 생전에 지었던 위대한 공덕을 다 잊어버리고, 죽는 순간에 단 한 차례 저지른 죄업만을 생각했기 때문에 지옥에 태어났다. 말리까 왕비는 생전에 지은 위대한 공덕으로 지옥에서 일주일 동안만 고통을 받고 죽은 후 도솔천에 다시 태어났다. 말리까가 세상을 떠나고 바사익왕은 깊은 슬픔에 잠겼다. 세존께서 그녀가 도솔천에 태어났다고 위로해 주셨지만, 슬픔에서 좀처럼 헤어 나오지 못했다(꼬살라 경, 앙굿따라니까야 5:49).

사랑으로 생겨난 슬픔에 대한 왕의 애착은 너무도 강했다. 아내가 죽어 어디에 환생했는지 알기 위해 매일 부처님을 찾아갔다. 홀로 남겨진 세상에서 그녀가 어디에 환생했는지 만이라도 알고 싶어 했다. 부처님께서는 왕이 무엇 때문에 찾아왔는지 기억하지 못하게 일주일 동안 기쁜 마음을 일으키는 좋은 법문을 해 주셨다. 왕은 궁으로 돌아가서야 왜 부처님을 찾아갔는지 기억해 낼 수 있었다.

여덟 번째 날이 되어서야 세존께서는 왕의 질문에 "말리까 왕비가 행복한 천신들의 하늘 도솔천에 다시 태어났다."고 말씀해 주셨다. 왕이 슬퍼하지 않도록 일주일 동안 지옥에서 고통 받은 사실은 말씀하지 않으셨다. 말리까는 아주 짧은 기간 지옥에 머물렀다. 말리까는 살아 있는 동안 예류과를 성취하지 못했다. 예류과를 성취하면 지옥地獄, 아귀餓鬼, 축생畜生, 아수라阿修羅 등 네 가지 악한 곳(악도惡道)으로 윤회하지 않는다. 말리까는 그러나 지옥에서 받은 고통으로 죄업을 씻었고, 살아서 수없이 많이 들었던 가르침으로 인해 얼마 지나지 않아 예류과를 성취했다.

지혜가 으뜸인 비구니 제자, 케마

부처님께서는 사리뿟따와 목갈라나를 비구 상수제자로 임명하셨다. 비구니 승단에서도 두 명을 비구니 상수제자로 삼으셨다. 신통제일은 웁빨라완나(연화색蓮華色) 비구니였고, 지혜제일은 케마(참마讖摩) 비구니였다(으뜸 품, 앙굿따라니까야 1:14). 부처님께서는 두 상수제자를 모든 비구니가 본받아야 할 모범으로 삼았으며, 비구니 수행승들의 표준으로 삼으셨다.[10]

'케마'는 '안온(安穩, 안락하고 평온함)'이라는 뜻이며, 빨리어로 닙바나(Nibbāna, 열반)와 같은 의미이다. 케마 비구니는 마가다국 왕족이었다. 매우 아름다웠으며, 결혼할 수 있는 나이가 되어 빔비사라(빈비사라頻婆娑羅)왕의 왕비가 되었다. 빔비사라왕은 예류과에 들었으며, 부처님의 큰 시주였다. 왕은 대나무 숲 사원(죽림정사竹林精舍)을 승가에 보시했으며 항상 지극한 마음으로 수행승들을 모셨다. 케마는 왕을 통해 부처님에 대해 자주 들었다. 처음에는 그녀가 강하게 집착하던 감각적 쾌락이 허상이라고 부처님께서 설하신 법문을 듣고 찾아뵙기를 꺼려했다. 왕은 왕비가 부처님을 찾아뵙고 가르침을 들을 수 있도록 방법을 찾았다. 왕은 시인들에게 대나무 숲 사원의 아름다움을 찬미하는 시를 짓게 하고, 악사들에게 숲이 지닌 조화로움, 평화로움, 아름다움을 찬탄하는 노래를 부르도록 했다.[11] 케마는 자연을 사랑했기 때문에 노래를 듣고 죽림정사를 찾아가기로 결정했다.

케마 왕비는 비단옷과 백단 향으로 화려하게 치장하고 죽림정사를 찾았다. 부처님께서는 왕비가 오는 것을 아시고 사부대중에게 법을 설하셨다. 부처님께서는 왕비의 마음을 읽으시고, 신통력으로 젊고 아름다운 여인들을 만들어 법을 설하시는 단상 옆에서 부채질을 하게 하셨다. 케마는 사랑스럽고 아름다운 여인들에게 감탄했다. "이처럼 아름다운 여인을 본 적이 없다. 내가 아름답다고는 하지만 저 아름다움에 비하면 아무것도 아니다. 사람들은 분명히 부처님을 잘 알지 못하고 있었다." 그때 부처님께서는 신통력으로 만든 여인들을 순식간에 늙게 하셨다. 이가 빠지고 백발이 되고, 피부가 쭈글쭈글해지며 마침내 생명이 끝날 때까지 변화시켜 가며 보여 주셨다. 그때서야 케마는 밖으로 드러난 아름다움과 스스로 집착하고 있던 삶이 얼마나 무상한지 깨달았다. '아, 저 젊고 아름다운 여인의 몸이 어찌 그렇게 무너질 수 있겠는가? 내 몸도 반드시 그런 운명을 맞이할 것이다. 오온으로 이뤄진 이 몸은 무상하고 실체가 없구나.'라고 생각했다.

부처님께서는 케마의 마음을 읽고 다시 설하셨다.

케마여, 어리석은 이들이 집착하는
오온(몸)을 보라
늙고 병들고 분비물과 배설물이 흐르는 불결한 그 몸을 보라
이 오온 덩어리에 집착하는 것은 참으로 어리석은 일이다

케마는 부처님의 게송을 듣고 예류과를 얻었다. 부처님께서는 계속해서 법을 설하셨고, 게송으로 설법을 마무리하셨다.

마치 거미가 제 스스로 만든 거미줄에 걸리듯이
탐욕에 물든 이들은 탐욕의 물살에 휩쓸려간다
지혜로운 이들은 그 모든 것을 끊고
괴로움에서 벗어나 해탈의 길로 나아간다
(담마빠다 게송 347)

케마는 부처님의 가르침을 온전하게 받아들여 그 자리에서 깨달음을 이루었다. 아직 왕비 옷을 입고 있었지만 아라한과를 성취했으며 네 가지 걸림 없는 지혜를 이루었다. 빔비사라왕의 승낙을 받고 출가해 비구니 승단에 귀의했다.

평범한 사람들은 케마가 성취한 경지에 대해 경이로움을 느끼지만, 세존께서는 그 이상을 보셨다. 케마가 우연하게 행운으로 해탈에 이르지 않았다는 사실을 알고 계셨다. 번개가 치는 것같이 단박에 이룬 그러한 성취는 오랫동안 지혜의 씨가 무르익어 공덕이 완전히 성숙된 사람만이 가능한 것이었다.

헤아릴 수 없이 오랜 본생 동안 케마는 많은 과거 부처님 회상에서 공덕의 뿌리를 심었다. 케마는 태생적으로 최상의 진리에 끌렸기 때문에 항상 진리의 소유자인 부처님이 계신 곳마다 태어났다. 이미 십만 겁 전에 아름다운 머리카락을 팔아 빠두뭇따라(연화상) 부처님께 공양을 올렸다. 구십일 겁 전 위빠시(비바시) 부처님 시대에는 비구니이자 법사法師였다. 또 고따마 부처님 이전 세 분의 부처님[12] 가르침 시대에는 승가를 위한 사원을 지어 보시하고, 행복을 누렸던 재가신도였다.

부처님 시대 대부분의 중생들이 천상계나 지옥계를 떠돌며 윤회하는 동안, 케마는 항상 지혜의 근원에 가까이 가려고 노력했다. 부처님께서 세상에 출현하지 않는 동안 케마는 벽지 부처님 시대에 환생했거나, 미래의 고따마 부처님인 보살과 늘 가까이 있었다. 어떤 생에서는 '항상 가족들에게 계율을 지키고 보시를 실천하며, 무상함을 깨닫기 위해 정진하라.'던 보살의 아내로 살았다(뱀에 얽힌 본생 이야기 354).

그 당시 생에서 케마의 외아들이 독사에게 물려 갑자기 세상을 떠났다. 케마는 그럼에도 완전한 평정심을 유지했다. 그때 제석천은 아들을 잃은 어머니가 슬픔에 빠져 비탄해 하지 않고 평정심을 유지하는 것을 보고 어떻게 그리할 수 있는지 물었다. 그녀는 게송으로 이렇게 말해 주었다.

아들은 부르지 않았는데도 왔고 스스로 재촉해서 떠나갔다
왔지만 곧 떠나갔다
여기에 무슨 까닭이 있겠는가

아무리 슬퍼한다고 해도
시신을 화장한 재를 만질 수 있는 친구는 없다
내가 슬퍼해야 할 까닭은 무엇인가
아들은 단지 스스로 가야 할 길을 떠났다
내가 먹지 않고 통곡한다고 해서
무슨 유익함이 있겠는가
가족과 친척들만 더 불행해질 것이다

그녀의 말을 들은 제석천은 청정한 믿음을 내어 이렇게 말했다. "그대들은 방일하지 않고 죽음에 대한 새김을 닦았다. 그대들은 지금부터 손수 일하지 마시오. 내가 그대들의 집을 무한한 칠보로 채워주리니 그대들은 보시를 행하고, 계행을 지키고 포살행을 하시오. 방일하지 마십시오."[13]

케마는 여러 생에서 보살에게 가르침을 받기를 서원하다 실제로 가르침을 받은 왕비이기도 했다(사슴 로한따의 본생 이야기 501 / 백조의 본생 이야기 502). 케마가 왕비였을 때 왕은 미래의 사리뿟따였다. 왕은 보시, 지계, 감각적 욕망에서 벗어남, 충성, 인자함, 인욕, 화목, 해를 끼치지 않음, 겸손, 정의 등 열 가지 덕목을 갖추었다. 이 공덕으로 왕은 행복했고 축복을 받으며 살았다. 케마 또한 계행을 지키며 왕과 함께 행복한 삶을 누렸다(백조의 큰 본생 이야기 534). 케마가 부처님을 처음 뵙고 가르침을 들은 그 순간 눈 깜짝할 사이에 궁극적인 진리를 깨달을 수 있었던 것은 공덕의 씨앗이 무르익었기 때문이었다. 케마는 헤아릴 수 없이 오랜 본생에서부터 궁극적 진리를 성취하기를 열망했고, 가르침에 따라 수행을 멈추지 않았다.

케마가 감각적 쾌락과 관능적 매력에 대해 완전히 마음을 바꾼 사실은 테리가타(장로니게경長老尼偈經)에 기록된 게송을 통해 알 수 있다. 테리가타에 있는 케마 장로니 게송 주석은 마라(악마)가 케마를 유혹하려 했다고 전한다. 마라는 케마가 아라한과를 성취해 해탈을 이루기 위한 수행에 전념하지 못하도록 유혹했지만 실패했다.

당신은 젊고 아름답습니다
나(마라) 또한 젊고 청춘이라오
케마여, 어서 오시오
다섯 가지 악기를 연주하며 즐겨봅시다

이 병들고 무너져가며
부패해 가는 육신에
괴로워하고 부끄러워한다
나는 감각적 쾌락에 대한 갈애를 뿌리 뽑았다

감각적 쾌락의 욕망은 창칼과 같고
존재의 다발(오온)은 형틀과도 같다
그대가 감각적 쾌락의 욕망이라고 하는 것
그것은 이제 나에게는 전혀 기쁘지 않으며 불쾌한 것이다

모든 곳에서 환락은 무너졌다

어둠의 다발은 부서졌다
악마여 이와 같이 알라
죽음의 신이여 그대는 패배했다
(테리가타 139~142)

부처님께서는 케마를 '지혜를 이룬 비구니 제자 가운데 으뜸(지혜제일)'이라고 칭찬하셨다. 상윳따니까야는 케마가 이룬 지혜가 빠세나디왕에게 얼마나 큰 영향을 주었는지에 대해 기록하고 있다. 빠세나디왕이 꼬쌀라국 시골 마을에서 하룻밤을 묵게 되었다. 왕은 신하에게 그 마을에 영적인 대화를 할 수 있는 현명한 수행자나 바라문이 있는지 찾아보라고 명령했다. 신하는 여기저기 찾아다녔지만 찾을 수 없었다. 마침내 그 마을에 부처님 제자인 비구니 수행승이 있음을 알게 되었다. '현명하고 유능하고 슬기롭고 박식하며 재기 있고 총명한 분'이라고 명성이 높은 성자 케마였다. 소식을 들은 빠세나디왕은 케마가 있는 곳으로 찾아가 인사하고 한쪽으로 물러앉았다. 왕은 케마에게 해탈하신 성자, 여래께서 세상을 떠난 후의 상태에 대해 질문했다.

"자매여, 여래께서는 사후에 존재합니까?"

"대왕이여, '여래는 사후에 존재한다.'고 세존께서는 설하지 않으셨습니다."

"자매여, 그러면 여래께서는 사후에 존재하지 않습니까?"

"대왕이여, '여래는 사후에 존재하지 않는다.'라고 세존께서는 설하지 않으셨습니다."
"자매여, 그러면 여래는 사후에 존재하기도 하고 존재하지 않기도 합니까?"
"대왕이여, '여래는 사후에 존재하기도 하고 존재하지 않기도 한다.'라고 세존께서는 설하지 않으셨습니다."
"자매여, 그러면 여래는 사후에 존재하는 것도 아니고 존재하지 않는 것도 아닙니까?"
"대왕이여, 여래는 '사후에 존재하는 것도 아니고 존재하지 않는 것도 아니다.'라고 세존께서는 설하지 않으셨습니다."

빠세나디왕은 이 네 가지 질문에 대해 세존께서 답하지 않으신 까닭을 알고 싶었다. 세존께서 그러한 질문에 답하지 않으신 이유를 알기 위해서는 네 가지 질문이 담고 있는 의미를 먼저 이해해야 한다. 왕이 던진 네 가지 질문은 '여래(여래)'와 관련한 것이다. 여래는 부처님을 뜻하며, 해탈을 이룬 모든 성인을 포함한다. 그런데 왕이 던진 네 가지 질문은 여래(부처님)를 '영원히 변치 않는 자아自我를 지닌 사람'으로 판단하고 던진 질문이다. '자아'를 지닌 중생, 존재는 무상하다. 그런데도 해탈을 이룬 성인을 '자아'를 지닌 중생에 포함시켜 버린 것이다.

첫 번째 질문은 궁극적인 목표를 성취한 여래 등 성인들이 사후에도 형이상학적 방식이나 초월적 존재로 계속 있을 것이라는 그릇된 견해에서 출발한다. 후기 불교 주석가들 가운데도 이런 주장을 한 사람들이 있다. 물론 다른 대부분의 종교에서는 전지전능한 '신神'과 같은 초월적 존재가 있다고 믿는다.

두 번째 '여래는 사후에 존재하지 않느냐?'는 질문은 여래를 사후에 완전히 소멸하는 운명을 지닌 자아로 보고 있는 것이다. 여래는 더 이상 갈애(번뇌)가 없는 존재로, 완전히 소멸한다는 잘못된 생각에서 나온 질문이다.

세 번째 질문은 첫 번째와 두 번째 질문을 섞어 놓은 것이다. 여래께서는 무상한 존재로서, 죽을 때 완전히 소멸하지만 영혼은 남아 영원히 존재한다고 보는 것이다.

네 번째 질문은 첫 번째와 두 번째 질문을 다 부정하는 '이중 부정' 논법을 사용함으로써 곤란한 상황을 벗어나려는 시도이다. 일종의 회의론이지만, 여래를 '진정한 자아, 영원한 자아'로 보는 견해는 포기하지 않고 있는 질문이다.

부처님께서는 네 가지 질문에 모두 답변하지 않으셨다. 그 질문들은 세상과는 완전히 다른 '자아'가 있는 주장을 담고 있기 때문이다. 그들이 주장하는 '자아'는 영원하며 실체로서 존재하는 것이거나, 완전히 소멸해 죽음이라는 심연深淵에 던져지는 것이다. '자아'와 '세계'는 다섯 가지 집합인 오온五蘊을 바탕으로 한 추상적인 개념에 불과하다. 깨달음을 이루신 분들과 현명한 제자들만이 이러한 사실을 있는 그대로 판단하고 꿰뚫어 볼 수 있다. 수행을 통해 지혜를 성취하지 못한 사람들은 (직접 경험하거나 체험하지 않고 생각으로만 세운) 그릇된 네 가지 견해 가운데 하나를 선택한다. 본질적으로 영원한 '자아'로서 '나'가 있다고 가정한다. 그들이 잘못 세운 '자아'는 탄생과 죽음을 오가며 윤회한다고 판단한다. 해탈을 함으로써 신성한 범천(브라만)의 세계에 이를 때까지 점점 더 높은 경지로 올라가고 있다고 생각한다. 그들에게 해탈은 단순히 자아를 파괴하는 것일 뿐이다. 그릇된 견해들을 한데 섞어 마치 바른 견해인 것처럼 제시하지만 결국 회의론에 빠지게 된다.

그러나 부처님께서는 영원히 존재하거나 완전히 소멸하는 진정한 '나' 또는 '자아'는 없다고 하셨다. 그렇게 실체(무상하지 않고 영원히 존재하는)로서의 '자아'는 본래 없기 때문에, 생사윤회를 거듭하며 방황하지 않는다. 우리가 '나'라고 부르는 것과 '세계'라고 부르는 것은 실제로는 끊임없이 흘러가는 변화의 과정이다. 변화하는 과정에서 '나'와 '세계'에 대한 환상을 형성한다. 과거를 되돌아보게 하고 미래의 운명을 예측하게 만든다. '나'에 대해 사색하며 습관적으로 갖게 되는 그릇된 견해를 버릴 때 해탈에 이르는 길로 들어설 수 있다. '자아'에 대한 그릇된 견해를 만들어내는 과정, 즉 몸과 마음이 흐르고 변화하는 현상에 대해 직접 사색하고 탐구해야 한다.

해탈은 관념과 생각으로만 가설을 세워서는 성취할 수 없다. 마음챙김 수행을 통해 색·수·상·행·식 등 다섯 가지 모임(오온)이 일어나고 소멸하는 것을 관해야 성취할 수 있다. 모든 것이 생겨나는 데에는 반드시 원인이 있다. 원인이 있기 때문에 원인이 사라지면 소멸하는 무상한 존재들은 영원하지 않다. '오온'은 병들고 썩어 없어지게 마련이고, 참된 '나 자신'이나 참된 '나의 것'이 있을 수 없다. 그들은 업과 조건을 통해 생겨나는 공허한 현상일 뿐이다.

'자아'가 실체로서 존재한다는 그릇된 견해는 망상과 헛된 마음에서 생겨난 것일 뿐이다. '여래가 죽은 후'를 가정하고 던진 질문들은 무엇인가가 영원히 존재해야 한다는 갈망에서 비롯된 환상일 뿐이다. 케마처럼 부처님 가르침을 따랐던 모든 제자들은 부처님께서 '자아가 있어 소멸한다.'고 설하지 않으셨다는 사실을 명확하게 깨달았다. 우리는 끊임없는 파괴와 통제할 수 없는 변화의 세계에 살고 있다. 죽음이라는 영역에 도달하면 우리가 '나'와 '내 것'이라고 여겼던 모든 것이 사라지게 마련이며, 그러한 일은 늘 일어나고 있다.

이처럼 그릇된 견해를 벗어나야만 진정으로 안전한 귀의처에 도달할 수 있다. 이 때문에 세존께서는 "열반의 문은 항상 열려 있으나 귀 있는 이들만이 청정한 믿음으로 들어갈 수 있다."고 하셨다.

케마는 빠세나디왕과 토론하면서 비유를 들어 설명했다. 케마는 먼저 왕에게 '갠지스강에 모래알이 얼마나 되는지 계산할 수 있는 수학자가 있는지' 물었다. 왕은 '갠지스강의 모래알은 헤아릴 수 없이 많기 때문에 그런 사람은 없다.'고 답했다. 이번에는 '바닷물이 얼마나 되는지 계산할 수 있는 사람이 있느냐?'고 물었다. 왕은 '없다.'고 답했다. 케마는 여래께서는 바로 그런 분이라고 말해 주었다. "여래는 색·수·상·행·식으로 헤아릴 수 없다. 그분은 깊고 측량할 수 없으며 큰 바다처럼 헤아릴 수 없는 분이다." 그러므로 "여래에 대해 '사후에 존재하거나 존재하지 않는다.'고 말하는 것은 적절하지 않다. 여래를 헤아려 보려고 하지만 그 무엇으로도 헤아리고 '어떠어떠한 분이시다.'라고 규정할 수 없다."

빠세나디왕은 비구니 케마가 명쾌하게 설명해 주자 매우 기뻤다. 나중에 세존을 만나 뵙고 똑같은 질문을 드렸다. 스승께서는 제자가 답했던 그대로 설하셨다. 왕은 매우 감탄하며 지혜 제일 비구니 케마와나눴던 대화를 말씀드렸다.

빠르게 최상의 지혜를 이룬 제자, 밧따 꾼달라케사[14]

마가다 왕국 수도 라자가하에 밧다 꾼달라께사(타마陀摩)라는 소녀가 살고 있었다. 부유한 상인의 외동딸이었다. 부모는 밧다가 너무도 아름답고 매력적이어서 7층 저택 꼭대기 방에 가두어 살게 하였다. 어느 날 밧다는 거리에서 소란이 일어나 창밖을 내다보았는데, 강도가 처형 장소로 끌려가는 것을 보았다. 밧다는 강도를 보자마자 첫눈에 반해 버렸다. 밧다는 강도와 결혼을 하겠다며 식음을 전폐하고 앓아누웠다. 부모는 딸을 만류했지만 밧다가 결혼을 하지 못하면 죽어버리겠다고 했다. 아버지는 하는 수 없이 사형집행관에게 후한 뇌물을 주고 강도를 집으로 데려와 달라고 부탁했다.

사형집행관은 노숙자를 대신 사형시키고 강도를 밧다의 집으로 데려왔다. 아버지는 이 일로 딸이 바뀌기를 바라며 강도와 결혼시켰다. 결혼식을 올리고 며칠이 지나자 강도는 아내의 보석을 차지하고 싶은 탐욕이 일었다. 밧다에게 '처형장으로 끌려가는 동안 살아날 수만 있다면 강도들의 절벽에 사는 신에게 제물을 바치겠노라.'고 맹세했다고 꼬드겼다. 강도는 밧다에게 비싼 보석으로 치장하고 함께 절벽으로 가 제물을 바치자고 요구했다. 그곳은 범죄자들을 처형하는 곳이어서 '강도들의 절벽'이라고 했는데, 둘이 절벽에 도착했을 때 밧다를 죽이고 보석을 빼앗으려고 했다. 밧다는 꾀를 써서 강도를 절벽으로 밀어 죽이고 살아남았다.

밧다는 더 이상 집으로 돌아갈 수 없었고, 세속적인 삶에 환멸을 느꼈다. 유행승(遊行僧, 출가하여 떠돌아다니며 수행하는 사문, 부처님 제자 이외의 출가 수행자)이 되기로 결정했다. 밧다는 떠돌다가 자이나교 교도로 들어갔다. 처음 삭발을 할 때 머리카락이 뿌리까지 뽑혔는데, 다시 머리카락이 자라났다. 새로 자란 머리카락이 곱슬곱슬했기 때문에 '곱슬머리'를 의미하는 '꾼달라께사'라고 불렸다.

밧다는 자이나교 가르침에 만족할 수 없었다. 홀로 인도 전역을 떠돌며 수행했다. 많은 스승들을 만나 교리를 배웠고, 종교 경전과 철학을 배우며 뛰어난 성과를 이루었다. 밧다는 특히 토론에 빼어났으며, 얼마 지나지 않아 인도에서 가장 이름 높은 논쟁가가 되었다. 밧다는 마을에 들를 때마다 모래더미를 만들어, 그 위에 잠부나무 가지를 꽂아 놓았다. 누구든지 논쟁을 하고 싶다면 잠부나무 가지를 밟아 도전하라고 선언했다. 간혹 도전하는 이가 있어도 밧다를 이기지 못했고, 이제는 누구도 선뜻 도전하지 못했다.

어느 날 밧다는 사왓티에 도착해 모래 언덕을 만들고 잠부나무 가지를 꽂아 놓았다. 제따와나 사원에 머물고 있던 사리뿟따 존자는 탁발을 나왔다가 나뭇가지 주변에 몰려 있던 소년들을 보았다. 나뭇가지가 왜 꽂혀 있는지 설명을 들은 존자는 소년들에게 나뭇가지를 밟도록 했다. 밧다는 누가 나뭇가지를 밟게 했는지 알았고, 저녁 무렵 논쟁을 하기 위해 제따와나로 존자를 찾아갔다. 이 일이 사왓티에 소문이 나 많은 사람들이 밧다를 뒤따랐다.

밧다는 사리뿟따에게 천 개의 질문을 했고, 존자는 모두 답했다. 존자는 밧다에게 더 질문할 것이 없는지 물었다. 더 이상 질문이 없다고 하자 밧다에게 질문했다. "하나는 무엇입니까?" 단 하나의 질문에 밧다는 큰 충격을 받았다. 존자가 질문한 의도를 알 수 없었고, 아무런 말도 할 수 없었다. 사리뿟따 존자가 질문한 '하나'가, '신'이나 '브라만', '무한한 것'을 의미하지 않는다는 사실은 분명했다. 존자가 질문한 그 '하나'는 무엇이었을까? 그녀는 그가 질문한 '하나'가 '신'이나 '브라만' 또는 '무한'을 가리키는 것은 아니라고 생각했다. 그렇다면 그 하나는 무엇이었을까? 모든 생명은 먹을 것으로 삶을 유지하기 때문에 답은 '먹을 것(식食)'이었을 것이다. 논쟁에서 졌음을 인정한 밧다는 답을 물었지만, 존자는 부처님 제자가 되어야 답을 알려주겠다고 했다. 존자는 부처님께 밧다를 데리고 가 비구니로 출가시켰다. 부처님께서는 법을 설하셨고, 법문을 들은 밧다는 아라한과를 성취했다. 부처님께서는 직접 밧다에게 비구니계를 주셨다.

담마빠다 주석서(법구경 주석서)에서도 밧다가 부처님을 뵙고 출가하게 된 이야기가 기록되어 있다. 테리가타(장로니게경)에는 담마빠다 주석서와 조금 다른 이야기를 담은 게송이 남아 있다.

머리카락을 잘라 삭발을 했으나 때가 낀 채
한 벌 옷을 걸치고 떠돌며 수행을 했다
잘못되지 않은 것을 잘못된 것으로 알았고
잘못된 것을 잘못되지 않은 것으로 알았다

어느 날 한낮에
영취산 독수리 봉우리에서 휴식을 한 뒤

티끌을 여읜 깨달으신 분께서
한 무리 수행승들에 둘러싸여 계신 것을 보았다

그분 앞에 서서 합장하고
무릎을 꿇고 예경을 드렸다
그분께서는 '밧다여, 오라'고 하셨고
그것으로 나는 그분께 구족계를 받았다
(테리가타 107～109)

테리가타 게송에서는 밧다가 부처님을 뵌 곳이 사왓티가 아니라 라자가하 근처 영취산이라고 전하고 있다. 공식적인 출가 의식을 치르지 않았으며 부처님께서 '어서 오라, 밧다여.'라고 맞이하신 선언만으로 비구니 구족계를 받았다. 부처님과 밧다 사이에 오고간 대화 내용은 자세히 기록하지 않았지만, 밧다는 매우 빠르게 깨달음을 성취했을 것이다. 이 때문에 부처님께서는 나중에 밧다를 '빠르게 최상의 지혜(속통달지速通達智)를 이룬 비구니 가운데 으뜸'이라고 선언하셨다. 테리가타 주석서에서는 밧다 꾼달라께사의 게송에 주석을 달면서, 더 오래된 주석서인 담마빠다 주석서를 어느 정도 반영했다. 담마빠다 주석서에도 밧다가 아주 신속하게 깨달음을 이룬 내용이 담겨 있기 때문이다. 담마빠다 주석서에서는, 밧다가 사리뿟따에게 패배를 인정한 후 경의를 표했으며, 존자는 밧다를 부처님께 데려갔다. 위대한 스승께서는 밧다의 지혜가 무르익었다는 것을 아시고 게송을 설해 주셨다.

이로움을 주지 못하는
수 백 편의 게송을 읊조린다고 해도
들으면 마음이 평온해지는
한 구절의 법문이 더 가치 있다
(담마빠다 게송 102)

게송을 들은 후 밧다는 그 자리에서 '네 가지 걸림 없는 지혜(사무애해지四無碍解智)'를 성취하고 아라한을 이루었다. 밧다는 출가하여 계를 받기 원했고, 부처님께서는 승낙하시고 구족계를 주셨다.

비유경譬喩經에는 밧다의 깨달음과 관련해 또 다른 이야기가 전한다. 밧다는 처음 자이나 교단에 들어가 자이나교의 철학 체계를 공부했다. 어느 날 홀로 앉아 교리를 깊이 새기고 있을 때, 개가 잘라진 사람의 손을 물고 와 밧다 앞에 놓아두었다. 밧다는 그 손이 벌레처럼 기어가는 것을 보고 영적으로 큰 충격을 받았다. 밧다는 누가 그 일에 대해 설명해 줄 수 있는지 수소문했다. 부처님 제자들을 만나게 되었고, 마침내 부처님을 뵙게 되었다.

나는 법을 배웠다
오온과 십이처와 십팔계에 대해
부처님께서는 나에게
더러움과 무상, 괴로움, 무아에 대해 설하셨다

부처님께서 설해 주신 법을 듣고

나는 청정한 법안法眼을 성취했다
참된 법을 다 이해하고
출가하여 구족계를 받았다

부처님께 계를 받기를 간청드리자
부처님께서는 이렇게 말씀하셨다
밧다여 어서 오라
구족계를 받은 후 예류과에 살짝 발을 들여 놓았다

예류과에 발을 들인 후
나는 생사를 알게 되었다
그리고 모든 생겨난 존재들의 참모습(실상)은
완전히 같다는 것을 알았다

그 자리에서 마음이 평온해졌고
집착을 다 끊고 완전히 해탈에 이르렀다
여래께서는 나를
빠르게 최상의 지혜를 성취한 비구니 제자들 가운데 으뜸이라고
선언하셨다

(비유경譬喩經 3:1 / 하늘나라 일 경, 천궁사경天宮事經 38~46)

게송 가운데 끝 두 행은 세존께서 밧다를 '이해력이 가장 뛰어난 비구니 제자들 가운데 제일'이라고 선언하신 것을 표현한 것이다.

부처님께서 법을 설하셨을 때 그 자리에서 바로 아라한을 성취한 비구로는 바히야가 있었다. 밧다와 바히야는 가장 빨리 최상의 지혜를 성취한 제자들이었다. "볼 때는 단지 보는 것만 있을 것이고, 들을 때에는 단지 듣는 것만 있어야 하며, 느낄 때에는 느끼는 것만 있어야 하고, 알 때는 단지 아는 것만 있을 것이다(자설경自說經 1:10)." 세존께서 바히야에게 설해 주신 가르침이다. 이 법문을 듣고 바히야는 바로 아라한을 성취했다. 밧다와 바히야는 가장 높은 진리를 너무도 빠르게 성취했으며, 너무 깊이 꿰뚫어 찰나에 세속 단계에서 아라한의 단계로 올라갔다.

밧다는 말년에 인도 북부 지방을 다니며 법을 설했으며, 다른 제자들도 해탈에 이르도록 이끌었다.

깨달음을 성취한 후
앙가국과 마가다국과 왓지국과 꼬살라국을 떠돌며
빚 없이 오십오 년 동안
여러 나라에서 탁발음식을 먹었다

모든 집착과 구속에서 벗어난 비구니 밧다에게
옷을 보시한 재가 남자 신도는
많은 공덕을 지었으니
그 재가신도는 참으로 지혜롭다
(테리가타 110~111)

죽은 아이를 안고 약을 찾아다닌 어머니, 끼사고따미

사왓티에 고따미(구담미瞿曇彌)라는 가난한 소녀가 살고 있었다. 매우 말랐기 때문에 모두가 그녀를 "말라깽이 고따미(끼사고따미)"라고 불렀다. 키가 크고 마른 고따미가 걸어 다니는 것을 보면서 그녀가 품고 있는 내면의 아름다움과 미덕을 알아볼 수 있는 사람은 없었다. 그녀의 진면목을 알아본 사람이 있었다면 이렇게 노래했을 것이다.

고따미는 아름다움을 품고 있다네
겉에서 그 불꽃을 볼 수 있는 이는 없다네

고따미는 가난했고 겉으로는 매력이 없어 보여 결혼을 하지 못했고, 크게 실망한 채로 지냈다. 그런데 어느 날 부유한 상인이 고따미를 며느리로 선택해 아들과 결혼시켰다. 그녀가 지닌 내면의 아름다움과 풍요로움을 꿰뚫어 보고, 가문의 배경이나 외모보다 더 높이 평가했다. 그러나 시아버지와 남편을 제외한 시댁 식구들은 그녀를 경멸하고 천대했다. 이 때문에 남편은 부모에 대한 효심과 아내를 향한 사랑 사이에서 고심했다.

그러다 끼사고따미가 아들을 낳자 시댁에서는 마침내 가족의 일원으로 받아들였다. 고따미는 이제껏 지고 있던 큰 짐을 내려놓을 수 있었고, 행복한 생활을 누릴 수 있었다. 어머니로서 갖는 모성애와 함께 아들에 대한 특별한 애착을 가졌다. 아들이 결혼 생활에서 행복을 찾아주었고, 마음의 안락을 가져다 준 셈이기 때문이었다.

얼마 지나지 않아 고따미의 행복은 마치 환상처럼 사라져 버렸다. 아들이 갑자기 병으로 세상을 떠난 것이다. 너무도 감당하기 어려운 비극이 고따미에게 닥쳐왔다. 가족들이 다시 업신여기고 아들을 낳을 수 없다고 천대할까 걱정했다. 마을 사람들이 '끼사고따미 때문에 그런 일이 생겼다.'고 말을 만들어 퍼뜨릴 것이라고 두려워하기도 했다. 사랑하던 남편도 등을 돌리고 다른 여자를 찾지 않을까 염려했다. 비극적인 상상은 그녀에게서 떠나지 않았고, 먹구름이 그녀의 마음을 뒤덮었다. 고따미는 아들이 죽었다는 사실을 받아들일 수 없었다. 아들이 그저 병에 걸려 아플 뿐이고 치료할 약을 찾으면 회복할 수 있다고 믿게 되었다.

고따미는 죽은 아들을 업고 이집 저집 찾아다니며 약을 구하러 다녔다. "내 아들을 살릴 수 있는 약을 주세요." "내 아들을 살릴 방법을 혹시 아시나요?"라고 외쳤다. 사람들은 모두 죽은 아이를 살릴 약은 없다고 일러 주었다. 소용없었다. 고따미는 아들이 죽었다는 사실을 받아들이지 못했고 계속해서 약을 찾으러 다녔다. 대부분의 사람들이 고따미를 비웃고 조롱했다. 마침내 고따미가 아들의 죽음 때문에 정신을 잃었다는 사실을 알아차린 현명하고 친절한 사람을 만났다. "여인이여, 아이를 살릴 수 있는 방법을 알고 있는 분을 알고 있습니다. 그분은 바로 부처님이십니다." 그는 고따미에게 부처님을 찾아갈 것을 권했다.

고따미는 그 말을 듣자마자 부처님께서 머물고 계시던 제따와나 사원으로 달려갔다. 희망을 품고 도착한 고따미는 죽은 아들을 안고 호소했다. 부처님께서는 "그대가 직접 약을 구해 와야 합니다. 그

약은 겨자씨입니다." 부처님께서 하신 말씀에 자리에 함께 있던 모든 사람들이 놀라움을 금치 못했다.

고따미는 어디에서 어떻게 구해 와야 하는지 여쭈었고, 부처님께서는 "아들도 딸도 어떤 식구도 죽은 적이 없는 집에서 한 줌의 겨자씨를 구해 오라."고 하셨다. 고따미는 세존의 말씀을 믿고 마을로 갔다. 첫 번째 집에서 겨자씨를 얻을 수 있는지 물었다. 집 주인은 흔쾌히 겨자씨를 내 주었다. 고따미는 그때까지 별로 신경 쓰지 않고 있던 사실을 물었다. "이 집에서 죽은 사람이 있습니까?" 당연히 죽은 사람이 없는 집은 없었다. 어떤 집에서는 최근에 누군가가 세상을 떠났고, 또 어떤 집에서는 일이 년 전에 죽은 가족이 있었다. 아버지가 돌아가신 집이 있었고, 어머니나 아들이나 딸이 세상을 떠난 집도 있었다. 고따미는 아무도 죽지 않았던 집을 찾을 수 없었다. 마침내 진실을 받아들이고 한탄했다. "내가 스스로 무거운 짐을 지고 있었구나. 나만 아들을 잃은 줄 알았는데 모든 집이 산 사람보다 죽은 사람이 많구나!"

저녁 무렵 고따미는 가족이나 사랑하는 사람의 죽음으로 괴로워하는 사람이 자기 혼자가 아니라는 사실을 깨달았다. 모든 사람이 짊어지고 가야 하는 운명이었던 것이다. 어떤 상황에서도 받아들일 수 없었던 진실이, 고따미 스스로 집집마다 찾아다니면서 분명해졌다. 고따미는 존재의 법칙, 끊임없이 되풀이되는 삶의 과정이 담고 있는 무상과 죽음의 법칙을 이해했다. 부처님께서는 이렇게 그녀가 놓지 못했던 집착과 갈망을 치유하셨다. 끼사고따미는 더 이상 아들이 죽었다는 사실을 거부하지 않고 받아들였다. 죽음은 모든 존재가 지닌 운명이라는 것을 이해했다.

부처님께서는 이렇게 슬픔에 빠져 집착하고 있는 사람들을 치료하셨고, 결코 벗어날 수 없을 것 같은 혼란에서 건져 주셨다. 그런 사람들은 자신이 겪은 상실감으로 인해, 편협한 생각으로 세상을 바라보는 미망에 사로잡힌 사람들이었다. 아버지의 죽음을 한탄하는 사람에게는 아버지라는 사람이 진정으로 누구인지 물으셨다. 이번 생의 아버지인지, 본생의 아버지인지 물으셨다. 한 아버지의 죽음을 슬퍼한다면 다른 아버지의 죽음에도 슬퍼하는 것이 당연했다(아귀사경餓鬼事經 8).[15] 또 어느 때는 아들을 잃어 슬픔에 잠겨 있는 어머니와 형제자매들에게 죽음이란 모든 존재가 맞이해야 하는 운명임을 일깨워 주셨다. 그리고 '그대들은 지금 아들의 빈 몸뚱이를 향해 비통해하고 있다.'고 하시며 슬퍼하지 않고 담담하게 죽음을 받아들이게 하신 일도 있었다(아귀사경 12, 뱀에 얽힌 본생 이야기 354).

끼사고따미는 미망에서 벗어났다. 아들의 시신을 내려놓으며 다시 한 번 깨달음을 얻었다. 다시 찾아뵈었을 때, 부처님께서는 겨자씨를 가져 왔느냐고 물으셨다. "세존이시여, 겨자씨 일은 끝났습니다. 제가 부처님께 귀의할 수 있도록 허락하여 주십시오." 세존께서는 게송을 읊으시며 법을 설하셨다.

아들과 가축에 집착하는 마음을 가진 그 사람은
죽음이 잡아가 버린다
마치 거대한 홍수가
잠들어 있는 마을을 휩쓸어 버리듯

(담마빠다 287)

시련을 겪으며 마음이 성숙한 고따미는 이 게송을 듣고 예류과를 성취했다. 고따미는 출가를 허락해달라고 말씀드렸다. 세존께서는 비구니 승단에 보내 계를 받게 하셨다. 구족계를 받은 뒤에도 여전히 끼사고따미라고 불렸다.

구족계를 받은 고따미는 법을 닦으며 출가 생활을 이어갔다. 어느 날 저녁, 기름등잔을 켜는 당번을 맡았는데, 불꽃이 타오르다가 가물거리며 사그라지는 것을 보았다. "살아 있는 모든 존재는 불꽃처럼 피어올랐다 사그라지게 마련이다. 열반을 성취한 사람만이 불꽃처럼 일었다 사라지는 생사가 없을 것이다." 세존께서는 고따미가 완전한 열반에 이를 수 있는 준비가 된 것을 아시고, 다시 게송으로 설하셨다.

죽음이 없는 열반을 보지 못하고
백 년을 사는 것보다는
죽음이 없는 열반을 보고
단 하루를 사는 삶이 더 가치가 있다
(담마빠다 114)

끼사고따미는 이 게송으로 모든 속박(족쇄)을 벗어던지고 해탈함으로써 아라한과를 성취했다. 끼사고따미는 테리가타 게송을 통해 부처님께서 주신 큰 환희를 노래하며, 고귀하고 거룩한 사람들과의 우정을 찬탄했다.

성인께서는 세상에서
선한 벗[16]과 사귀는 것을 칭찬하셨다
선한 벗과 사귀면
어리석은 이도 지혜로운 이가 되리라

존중할 만한 가치가 있는 이들과 사귀어야 하니[17]
그런 이들과 사귀는 사람에게는 지혜가 자라난다
존중할 만한 지혜를 갖춘 이들과 사귀면
모든 괴로움에서 벗어나리라

괴로움과 괴로움의 원인과 소멸
고귀한 여덟 가지 열반에 이르는 길(팔정도八正道)
즉 네 가지 성스러운 진리(사성제四聖諦)
그 법들에 대해 알아야 하리라
(테리가타 213～215)

끼사고따미는 고귀한 우정의 가치에 대해 직접 경험함으로써 잘 알고 있었다. 가장 고귀한 친구이신 대자비 부처님께서 끔찍한 환생의 고통에서 구해 주셨기 때문이었다. 계속해서 고따미는 테리가타 게송을 통해 여성들만이 겪어야 하는 여러 가지 고통을 묘사하고 있다. 그녀가 그려낸 여성만의 고통을 보면, 해탈의 길을 열어 주신 부처님을 향한 지극한 감사의 마음을 읽을 수 있다.

여자는 참으로 괴로운 존재라고
사람을 길들이시는 분께서 말씀하셨다
남편이 아내를 두고 여러 여자를 두는 것도
한 번 아이를 낳는 것도 괴로움이다

연약한 여자들은 목을 자르고
독약을 먹기도 한다
어미를 죽이는 아이가 태중으로 들어가면
어미와 아이 둘 다 죽기도 한다

테리가타에 끼사고따미가 남긴 마지막 두 게송은 고통을 한탄하고 슬퍼하는 것이 아니라, 승리의 환호성이었다. 모든 고통을 벗어나 해탈을 이루는 환희로움을 나타내고 있다.

불사不死에 이르는 여덟 가지 길
그 고귀한 길을 나는 닦았다
부처님 법을 비추는 거울을 들여다보았다
마침내 나는 열반을 깨달았다

나는 번뇌와 고통의 화살을 부수었고
짐을 내려놓았으며 할 일을 다 했다
장로비구니 고따미는
해탈한 마음으로 이와 같이 읊었다

(테리가타 222~223)

끼사고따미가 읊은 게송 가운데 몇몇 게송은 마라 빠삐만(마왕 파순魔王波旬)과 나눈 대화에 관한 것이다. 상윳따니까야에서도 찾아볼 수 있다. 마라는 어느 날 항상 그래왔던 대로 선정에 들어 있는 끼사고따미를 흔들어 놓기 위해 나타나 조롱했다.

아들을 잃고 눈물 가득한 얼굴로
왜 그대 홀로 앉아 있는가
숲속 깊이 혼자 들어와
남자를 찾고 있는가

끼사고따미는 생각했다. '게송을 읊는 이 자는 누구인가. 인간인가 비인간인가. 아! 이 자는 사악한 마라 빠삐만이구나. 나에게 두려움과 공포를 일으켜 선정에서 멀어지게 하려고 게송을 읊어대는구나.' 그녀는 이렇게 게송으로 답했다.

나는 과거에 아들을 잃었다
그것으로 남자를 찾는 일도 끝났다
도반이여 더 이상 슬퍼하지도 울지도 않는 나는
그대를 두려워하지 않는다

모든 곳에서 즐기는 일은 파괴되었고

어둠은 흩어졌다
죽음이라는 사악한 군대를 정복해
나는 이제 번뇌 없이 편안하게 머문다
(고따미 경, 상윳따니까야 5:3)

끼사고따미는 마라 빠삐만을 향해 '도반'이라고 부름으로써, 평정심을 유지하며 그를 두려워하지 않음을 보여 주었다. 정체를 들킨 마라 빠삐만은 괴로워하고 실망하며 바로 도망갔다. 자신에게 닥친 커다란 비극을 최고의 성스러운 덕으로 승화시킨 고따미였다. 부처님께서는 고따미를 '거친(남루한) 옷을 입은 비구니 제자들 가운데 으뜸'이라고 칭찬하셨다(앙굿따라니까야 1:14 으뜸 품).

자녀들에게 버림받은 어머니, 쏘나

사왓티에 열 명이나 자녀를 둔 주부가 있었다. 항상 아이를 낳고, 양육하고, 돌보고, 교육하고, 결혼을 시키는 일에 몰두했다. 쏘나의 인생은 아이들을 중심으로 이루어졌기 때문에 "많은 자녀를 둔 쏘나"로 알려졌다.

쏘나의 남편은 부처님을 따르는 재가신도였다. 장자로서 계율을 철저히 지키며 생활하다 성스러운 생활에 전념하기로 하고 출가해 비구계를 받았다. 쏘나는 남편의 출가를 받아들이기 쉽지 않았지만 후회와 슬픔으로 시간을 허비하지 않았다. 스스로도 더 신실한 삶을 살기로 결심했다. 쏘나는 열 명의 자녀를 불러 모아 상당한 재산을 물려주었으며, 자신을 위해서는 삶을 유지하는 데 반드시 필요한 만큼만 남겼다.

얼마 동안은 이 생활이 순조롭게 이어졌다. 생활을 유지하기 위해 필요한 지원을 받았으며, 부처님 가르침을 듣고 배우는 데도 충분한 시간을 보낼 수 있었다. 오래지 않아 쏘나는 자녀들에게 짐이 되었다. 자녀들은 아버지가 출가한 사실을 마음으로 인정하지 않았으며, 어머니가 불교 교단에 헌신하는 것도 마땅치 않게 여겼다. 부자로 쾌락을 누리며 살 수도 있는 부모가 그렇게 사는 것을 이해할 수 없었다. 자녀들에게 어머니 아버지는 정신적으로 불안하고, 종교에 빠진 광신자였을 뿐이다. 어머니에 대한 존중이 경멸로 바뀌는 데에는 그리 오래 걸리지 않았다.

자녀들은 이제 어머니 아버지가 재산을 물려주었다는 사실도 애써 외면했다. 부모님이 얼마나 정성을 다해 키웠는지, 부모에게 얼마나 큰 빚을 지고 있는지도 잊었다. 어머니는 이제 그저 짐일 뿐이었다. 진심으로 감사할 줄 아는 사람은 참으로 드물다는 부처님 가르침을 증명해 주는 사건이기도 했다.[18]

쏘나에게는 남편과의 이별보다 자녀들이 모질게 대하는 것이 더 고통스러웠다. 마음속으로 비통함이 물결처럼 밀려왔고, 아이들을 향한 원망과 뒤섞였다. 이타적인 사랑이라고 생각했던 순수한 모성애가 사실은 보답을 기대하는 이기적인 사랑이라는 것을 알게 되었다. 남편이 떠난 후 자녀들에게 전적으로 의지했었다. 오랜 세월 키운 보답으로 자녀들이 부양해 줄 것이라고 확신했다. 감사하고 고맙게 여기며 자녀들과 함께하면 보상을 받을 수 있을 것이라고 생각했다.

쏘나는 '늙어서 만나게 될 두려움과 외로움 때문에 아이들에게 사랑을 쏟았던 것은 아니었을까?'라고 되돌아봤다. 자신의 내면을 차분하게 살펴보고, 깨달으신 분의 가르침만이 진리였음을 확인했다. 재물, 권력, 능력에 의지하지 않고 오직 자녀에게만 의지하는 것은 여자의 길이었던 반면, 스스로의 수행에만 의지하는 것은 고행자의 길이었다.[19]

쏘나는 스스로를 성찰한 끝에 출가하기로 결심했다. '천대를 받으며 집에 머물 이유가 있을까?' 쏘나에게 집에서의 생활은 어두웠고 수행승으로서의 삶은 밝고 아름다웠다. 남편을 따라 출가해 비구니가 되었다.

출가한 지 얼마 지나지 않아 새로운 삶과 낯선 환경에서 살아야 한다는 사실을 알았다. 살아오면서 몸에 밴 습관들은 늙어서 출가한 쏘나가 수행승의 길을 가는 데 장애가 되었다. 몸에 배어 있는 생활습관과 일을 처리하는 방식은 비구니들과 너무도 달랐다. 비구니들에게 비난을 받았고, 젊거나 어린 비구니들도 쏘나의 생활 방식을 질책했다.

쏘나는 성스러운 깨달음을 성취하는 것이 그리 쉬운 일이 아님을 알았다. 비구니 승가 생활은 상상했던 대로 낙원이 아니었다. 집에서 아이들과 함께 살며 안정을 찾지 못했던 것처럼, 비구니가 되었다는 사실만으로는 안락하고 평온한 삶을 유지할 수 없다는 사실도 알았다. 여전히 여성의 몸에 묶여 있었다. 여성의 몸은 약점이 되었고, 남자처럼 되고 싶어 하는 것만으로는 충분하지 않다는 사실도 느꼈다. 스스로 변하지 않으면 안 되었고, 변하기 위해 어떻게 해야 한다는 것도 알았다. 이미 늙었을 뿐만 아니라 지금까지 몸에 밴 여자로서의 미덕은 걸림돌이 될 것이었다. 쏘나에게 부족했던 것은 정진과 신중함이었다. 쏘나는 낙심하지 않았고, 가야 할 길이 너무 힘들다고 생각하지도 않았다.

쏘나는 자신의 고집과 가벼운 처신 등을 극복하기 위해 열심히 수행해야 함을 알았다. 마음챙김과 알아차림을 닦아야 하고, 스스로의 마음을 치유할 수 있는 가르침을 항상 염두에 두어야 한다는 사실을 이해했다. '감정에 휩쓸려 가장 중요한 때를 알아차리지 못하고, 부처님 가르침이 없었다면 모든 지식과 서원이 무슨 소용 있겠는가?' 이러한 생각들이 마음을 스쳐 지나갔고, 수행에 전념해야겠다는 의지는 더욱 확고해졌다.

쏘나는 나이가 많이 들어 승가에 들어갔기 때문에 더 절박한 마음으로 수행했다. 최소한의 잠만 자면서 밤새 좌선을 했다. 한밤중에는 기둥을 붙잡고 계단을 내려가 경행을 했다. 깜깜한 밤이어서 머리를 나무에 부딪칠까 가지를 붙잡고 조심스럽게 걸음을 옮기며 수행을 계속했다. 오직 부처님께서 가르쳐주신 법을 깊이 생각하며 정진했다. 쏘나는 이렇게 용맹 정진하며 깨달음을 향해 갈 수 있는 토대를 빠르게 쌓아갔다.

쏘나가 아라한과를 성취한 것은 자연스러운 일이었다. 쏘나는 아빠난다(비유경)에 남긴 게송을 통해 아라한과를 성취하게 된 상황에 대해 설명했다.

다른 비구니들은

승원에 나를 홀로 남겨두고 나가며
나에게
물을 끓여 놓으라고 시켰다

물을 가져와
가마솥에 부었다
가마솥을 불 위에 놓고 앉으면
마음이 고요하게 가라앉았다

오온이 무상한 것을 관하고
오온을 괴로움과 무아로 보았다
마음의 번뇌를 모두 부수었고
그 자리에서 아라한과를 이루었다
(비유경 3:6, 하늘 일 경 234~236)

비구니들이 돌아와 따뜻한 물을 달라고 했으나, 쏘나는 아직 물을 끓이지 않은 상태였다. 그 자리에서 신통력을 이용해 바로 물을 데워 필요한 비구니들은 가져가라고 했다. 비구니들은 쏘나가 아라한과를 성취했음을 알고 부처님께 아뢰었다. 부처님께서는 그녀의 성취를 칭찬하셨다.

위없는 법을 알지 못하고
백 년을 사느니

위없는 법을 깨달아
단 하루를 사는 것이 더 낫다[20]
(담마빠다 115)

쏘나는 테리가타에서 자신이 지나온 삶을 다섯 개의 게송으로 노래했다.

나는 오온으로 이루어진 이 몸으로
열 명의 자식을 낳았으니
그 후 허약하고 늙어
비구니를 찾아갔다

그 비구니는 나에게 가르침을 알려 주었다
오온과 감각 영역(십이처)과 인식 세계(십팔처)에 대해
가르침을 듣고
머리를 깎고 출가했다

비구니 구족계를 받지 못했을 때
청정한 신통의 눈을 성취해
예전 내가 살았던
본생에 대해 알게 되었다

마음을 집중해 잘 정립하고

무상無相을 닦아
그 자리에서 해탈을 이루고
집착하는 것 없이 적멸에 들었다

나는 오온을 완전하게 깨달아
뿌리째 뽑았다
고통스러운 늙은 몸이 부끄럽다
그러나 이제 다시 태어남은 없다
(테리가타 102~106)

세존의 여동생, 난다

난다가 태어났을 때 세존의 아버지 정반왕과 두 번째 왕비였던 마하빠자빠띠 고따미(대도애大道愛)는 크게 기뻐하며 '난다'라는 이름을 지어주었다. 환희, 만족, 큰 즐거움이라는 뜻을 지닌 이름이었다. 난다는 많은 교육을 받으며 자랐고, 우아하고 아름다웠다. 동명이인들과 구별하기 위해 루빠 난다 또는 순다리 난다라고 불렀는데, 둘 다 '아름다운 난다'라는 뜻이다.

난다는 싸끼야족 왕자 가운데 한 명이 완전한 깨달음을 이루신 부처님이 되었다는 사실에 영향을 받았다. 난다 역시 출가해 수행승의 삶을 살았다. 이미 남동생인 아난과 사촌들, 어머니 등 많은 싸끼야족 사람들이 출가한 뒤였다. 난다의 출가는 위대한 스승과 가르침에 대한 확신 때문이 아니었다. 친족들에 대한 사랑, 그들과 함께하고 싶은 마음에서였다.

아름답고 우아한 부처님의 이복 여동생이 얼마나 사랑을 받았는지 상상하기는 어렵지 않다. 사람들은 비구니로서 세존과 가까이 있는 공주에게 감동했다. 그러나 수행에 정진해야 하는 비구니로서의 난다에게는 그리 좋은 상황이 아니었다. 난다는 본생에 지은 선한 업의 결과였던 아름다움과 인기가 많다는 사실에만 신경을 썼다. 선한 업의 과보인 아름다움은 난다에게 좋지 않게 작용했다. 스스로를 정화하고 열심히 수행하는 데 신경을 쓰지 않았기 때문이다. 사람들 기대에 부응하지 못했다. 출가했던 귀족 출신 수행승들이 정진해 성취한 결과와는 커다란 차이가 있었다. 난다 스스로도 그 사실을 느꼈다. 많은 사람들이 구족계를 받았음에도 그녀는 뒤처졌다. 바른 길을 가는 대신 책망이 두려워 온갖 핑계를 대며 세존을 피해 다녔다.

어느 날 부처님께서 모든 비구니들에게 한 명씩 와서 가르침을 받으라고 하셨다. 난다는 응하지 않았다. 부처님께서 특별히 불러 가게 되었는데, 부끄러워하고 안절부절 했다. 부처님께서는 난다가 지닌 장점들을 일깨워 주시고 법을 설해 주셨다. 난다는 마침내 세존의 가르침을 듣고 즐거워했다. 세존께서는 드디어 난다가 가르침을 받아들일 준비가 되었음을 아셨지만, 다른 제자들에게 하셨던 것처럼 바로 사성제에 대해 설하지 않으셨다. 난다가 사성제를 바로 꿰뚫어 보고 깨달을 수 있을 정도로 충분히 성숙하지 않았기 때문이었다. 대신 방편을 사용해 가르침을 주셨다.

난다 스스로가 아름답다는 사실을 알고 있었기 때문에, 부처님께서는 신통력으로 난다보다 훨씬 아름다운 여인의 환영幻影을 만드셨다.

순식간에 그 아름다운 여인이 늙어가는 과정과 모습을 난다에게 보여주셨다. 난다는 보통 수십 년에 걸쳐 일어날 변화를 한 순간에 보았다. 사람들은 종종 익숙함과 습관 때문에 젊음과 아름다움은 사라져 가고 늙음과 죽음이 찾아온다는 사실을 잊고 지낸다. 난다는 충격을 받았고, 내면에 큰 변화가 생겼다.

세존께서는 방편으로 무상함을 생생하게 느끼게 함으로써, 네 가지 성스러운 진리를 바르게 꿰뚫어 보고 예류과에 들어 해탈을 향해 갈 수 있는 토대를 마련해 주셨다. 난다에게 몸의 무상함과 더러움에 대한 명상[21]을 하도록 화두를 주셨으며, 난다는 오랫동안 밤낮을 가리지 않고 정진했다. 난다는 테리가타에 남긴 게송을 통해 이렇게 노래했다.

난다야 오온으로 이루어진 몸을 보라
병들고 더럽고 부패하는 몸을 보라
마음을 통일하고 바르게 세워
더러움(부정不淨)에 대해 명상하고 마음을 닦아라[22]

이것처럼 저것이 그러하고
저것처럼 이것이 그러하다[23]
썩어가며 악취를 내뿜으나
어리석은 자는 그것을 즐긴다

밤낮으로 게으르지 않고

이와 같이 그것을 있는 그대로 관찰하면
마침내 자신의 지혜로
분석하여 실상實相을 보게 되리라

게으르지 않게
이치에 맞게 내가 바르게 보고 닦으니
이 몸을 있는 그대로 보았다[24]
몸 안팎을

그리하여 몸을 싫어하여 떠나
내 안의 애착이 사라져서
쉬지 않고 정진하고 결박[25]에서 벗어났으니
적정에 들어 적멸을 성취했다
(테리가타 82~86)

난다는 자신의 육체적 아름다움에 취해 있었기 때문에, 몸이란 무상하고 더럽다는 바른 명상을 닦아야 했다. 육체에 대한 집착을 극복한 난다는 어떤 것도 마음의 평화를 방해할 수 없는 경지를 성취했다. 진정으로 영원한 아름다움을 만나게 된 것이다.

뒷날 세존께서는 여동생을 '선정을 성취한 비구니들 가운데 난다가 으뜸이다.'라고 칭찬하셨다. 난다가 분석을 통해 살펴보는 수행(관觀) 뿐만 아니라 안온하게 머무는 선정禪定을 잘 닦았다는 의미이다. 난다는 청정하고 참된 행복을 즐기면서 더 이상 낮은 즐거움에 집착하지 않았다. 친족들에 대한 사랑과 함께 있고 싶은 마음 때문에 완전한 해탈을 이루었고, 존경하는 오빠이자 위대한 스승의 영적 상속자가 되었다.

자비의 화신, 사마와띠 왕비

깨달음을 이루신 분이 인도에 출현했던 행운의 시대, 사마와띠라는 매우 아름다운 외동딸을 둔 부모가 있었다. 밧다와띠야 장자 가족이었는데, 행복하고 화목하게 살고 있었다. 어느 날 재앙이 닥쳤다. 역병이 발생했고 부부는 다 자란 딸과 함께 병을 피해 고향을 떠났다.

아버지의 오랜 친구이자, 왕의 재무대신이었던 고싸까에게 도움을 받기 위해 갠지스 강 유역에 있던 왕사(발차跋蹉)국 수도 꼬삼비로 향했다. 꼬삼비에는 난민들을 위한 임시 숙소가 있었다. 사마와띠는 난민들을 위해 배급하는 음식을 타러 갔다. 사마와띠는 첫째 날에는 세 사람 몫, 둘째 날에는 두 사람 몫, 셋째 날에는 한 사람 몫만 받았다. 음식을 배급하던 밋따라는 관리가 '세 사람 몫, 두 사람 몫을 타 가더니 이제야 네 음식량을 알게 되었느냐.'고 비아냥거렸다. 사마와띠는 담담하게 대답했다. "첫날에는 부모님과 저까지 해서 세 식구였는데, 아버지가 그날 전염병으로 돌아가셨습니다. 둘째 날에는 어머니와 저 두 사람 먹을 음식이 필요했습니다. 식사 후 어머니가 돌아가셨고, 그래서 오늘은 저 혼자 먹을 음식이 필요합니다." 밋따는 진심으로 용서를 구했다. 오랜 시간 대화를 나누었다. 세상에 홀로 남겨진 사마와띠를 양녀로 삼았다. 사마와띠는 밋따의 집으로 들어

갔다.

어느 날 사마와띠는 식량 배급을 하던 양아버지를 도와 난민들을 보살폈다. 식량 배급은 늘 소란스러웠는데 사마와띠의 지혜로 소란 없이 잘 진행되었다. 난민들은 이제 새치기도 하지 않았고, 다투지도 않았으며, 모두가 만족할 만큼 식사를 할 수 있었다.

왕의 재정담당관 고싸까는 얼마 지나지 않아 식량 배급이 질서 있게 이뤄지고 있음을 알게 되었다. 그는 사마와띠의 아버지 밧다와띠야와 친구였다. 사정을 알게 된 고싸까는 식량을 나눠주던 밋따를 칭찬했고, 밋따는 수양딸 덕분에 그렇게 할 수 있었다고 답했다. 이렇게 고싸까는 세상을 떠난 친구의 딸 사마와띠를 만나게 되었다. 지혜롭고 현명한 사마와띠를 자신의 딸로 입양하기로 결정했다. 밋따는 아쉬웠지만 사마와띠에게 펼쳐진 운명을 방해하고 싶지 않았다. 고싸까는 사마와띠를 집으로 데려갔다. 이제 고싸까의 막대한 재산을 물려받을 상속자가 되었고, 꼬삼비에서 가장 고귀한 사람들과 어울렸다.

당시 꼬삼비를 다스리던 왕은 우전왕優塡王(우데나왕)이었다. 우전왕에게는 이미 두 명의 왕비가 있었다. 첫째 왕비는 와술라닷따로 짠답빳조따왕의 딸이었다. 우전왕은 정치적인 목적 때문에 그녀와 결혼했다. 두 번째 왕비는 마간디야 왕비였는데, 아름답고 총명했지만 매우 이기적이었다. 두 왕비 모두 왕이 원하던 진정한 사랑과 편안함을 주지 못했다.

어느 날 사마와띠를 본 우전왕은 첫눈에 사랑에 빠졌다. 사랑스럽고 온화한 성격에 마법처럼 빠져들었다. 사마와띠는 다른 왕비들이 갖지 못한 품성을 지니고 있었다. 왕은 재정담당관 고싸까에게 사마와띠와 결혼을 허락해 달라고 사신을 보내왔다. 고싸까는 고뇌에 빠졌다. 사마와띠를 누구보다 아꼈으며, 없어서는 안 될 존재가 되어 있었다. 사마와띠는 고싸까에게 삶의 기쁨 자체였다. 한편으로는 왕의 기질을 잘 알고 있었기 때문에 거절하기에는 두려웠다. 결국 사마와띠를 아끼는 마음이 더 컸다. 딸 없이 사는 것보다는 죽는 것이 낫다고 생각했다.

늘 그랬던 것처럼 왕은 이성을 잃었다. 분노한 왕은 고싸까를 재정담당관에서 파면했고 왕국에서 추방했으며 사마와띠를 데려가지 못하도록 했다. 재산을 몰수하고 대저택도 빼앗았다. 사마와띠는 고싸까가 자기로 인해 너무 큰 고통을 겪었고, 모든 재산을 빼앗기고 홀로 내쫓겼다는 사실에 매우 슬퍼했다. 너무도 큰 은혜를 베풀어 준 양아버지를 위해 왕궁으로 찾아가 왕비가 되겠다고 자청했다. 왕은 즉시 고싸까를 불러들였고, 재산과 관직을 되돌려 주었다.

모든 사람을 사랑하고 내면의 힘이 강했던 사마와띠의 성품을 고려하면 자연스러운 결정이었다. 어디에 살게 되었는지는 중요하지 않았다. 재정담당관의 집에서 양딸로 살던 때나, 궁전에서 왕이 가장 아끼는 왕비로 살고 있거나, 부모님과 함께 평온하게 살았던 때에나, 가난한 난민으로 살았던 때에도 항상 마음이 평화로웠고, 환경에 상관없이 행복하게 살 수 있었다.

사마와띠는 왕실에서 행복한 나날을 보냈다. 사마와띠의 하인들 중 쿳줏따라라는 시녀가 있었다. 외모는 아름답지 않았지만, 아주 총명한 시녀였다. 왕비는 매일 금화 여덟 개를 주어 꽃을 사와 궁전을 장식하게 했다. 쿳줏따라는 항상 금화 네 개만 꽃을 사는 데 쓰고 나머지 네 개는 자신이 챙겼다. 어느 날 꽃을 사러 갔을 때 꽃집 주인이, 오늘 부처님과 스님들을 공양에 초대했다며 쿳줏따라에게도 참여할 것을 권했다. 공양 후에 부처님께서는 법을 설하셨고, 부처님의 법문이 곧바로 쿳줏따라의 마음에 와 닿았다.

그녀는 온전하게 집중해 고요한 마음으로 모든 가르침을 받아들였다. 그날의 설법이 자신만을 위한 것처럼 완전히 흡수했다. 법문이 끝났을 무렵 깨달음을 이루고 예류도와 예류과를 성취했다. 자신에게 무슨 일이 일어났는지도 모른 채 완전히 변했다. 삼보에 청정한 믿음을 갖게 되었고, 계율을 지키게 되었다. 과거에는 그토록 분명하고 현실적이었던 세상이 이제는 꿈같았다.

찬란한 내면의 변화가 있은 후 가장 먼저 한 일은 과거 정직하지 못했던 삶에 대한 참회였다. 그날부터 금화 여덟 개를 모두 꽃을 사는 데 사용했다. 왕비는 왜 갑자기 이렇게 꽃이 많아졌느냐 물었고, 왕비의 발 앞에 엎드려 그동안 했던 도둑질에 대해 자백하고 참회했다. 사마와띠는 관대하게 용서해 주었고, 사정을 물었다. 쿳줏따라는 왕비에게 부처님 가르침 덕분에 마음에서 우러나와 진심으로 삶을 바꾸게 되었다고 말했다. 가르침이 어떤 내용이었는지 구체적이고 자세하게 설명할 수는 없었다. 왕비는 부처님 가르침이 어떻게 그녀를 바꿔 놓았는지 알 수 있었다. 쿳줏따라를 왕비의 전담 시녀로 임명해, 매일 사원을 찾아 법문을 듣고 왕비는 물론 궁전에 살고 있는 다른 여인들에게 전하라고 명령했다.

쿳줏따라는 뛰어난 기억력을 가지고 있었고 한 번 들은 법문은 완전히 외워 전할 수 있었다. 날마다 사원에서 돌아오면 궁궐의 귀족 여인들은 그녀를 높은 자리에 앉히고 마치 그녀가 부처님인 것처럼 그 아래에 앉아 설법을 듣곤 했다. 나중에 쿳줏따라가 부처님께 들었던 짧은 설법들이 지금의 빨리어 경전인 여시어경(如是語經, 이시웃따까)이 되었다. 여시어경은 부처님께서 꼬삼비에서 설하신 산문과 운문이 섞인 112개의 경전으로 되어 있다. 왕비와 시녀 500명이 가르침을 전해 듣고 예류과에 들었다.

부처님께서는 '내 재가 여자신도들 가운데 경전을 많이 듣고 법을 잘 설하기로는 쿳줏따라가 으뜸'이라고 칭찬하셨다.

우데나왕이 사랑하는 사마와띠에게 무엇이든 소원이 있으면 말하라고 했을 때, 그녀는 부처님께서 매일 궁전에 오셔서 공양을 하고 가르침을 펼 수 있게 되기를 청했다. 왕은 사신을 보내 부처님을 모시겠노라고 청했지만, 부처님께서는 아난다를 보내셨다. 그때부터 아난다 존자는 매일 궁궐에 가서 공양을 하고 법문을 설했다. 왕비는 쿳줏따라가 전해 주었던 부처님 가르침을 이미 잘 알고 있었고, 얼마 지나지 않아 깨달음을 이루고 예류도를 성취했다.

왕비와 시녀는 이제 부처님 가르침을 똑같이 이해한 동등한 처지가 되었다. 짧은 시간에 부처님 가르침은 왕비의 궁전 전체에 퍼졌다. 깨달으신 분의 제자가 되지 않은 여인이 없었다. 사마와띠의 양아버지이자 재정담당관 고싸까도 가르침에 깊은 감동을 받았다. 그는 큰 사원을 승가에 보시해 스님들이 꼬삼비를 방문할 때마다 훌륭한 거처에서 지낼 수 있도록 했다. 부처님께서도 꼬삼비를 방문하실 때마다 고시따 원림(미음정사美音精舍)에 머무셨고, 다른 수행승들과 아라한들도 거기에서 안거를 했다.

가르침을 받은 사마와띠는 더 집중해 타고난 근기를 끌어올리기로 결심했다. 사마와띠가 지닌 가장 큰 능력은 모든 존재를 향한 자비였다. 그녀는 사랑과 친절, 연민을 통해 누구에게나 자비를 베풀었고, 진정으로 보살폈다. 부처님께서는 '내 재가 여자신도 가운데 자비심을 펼치는 데 사마와띠가 으뜸'이라고 하셨다.[26]

그 무렵 우전왕이 사마와띠를 총애하자, 두 번째 왕비 마간디야가 크게 질투했다. 마간디야는 끔찍한 일을 저지르게 된다. 본래 마간디야는 부처님과 승가에 강렬한 증오를 품고 있었다. 몇 년 전 마간디야의 아버지가 부처님을 만난 일이 있었다. 잘생긴 수행승을 본 아버지는 수행승과 계율에 대해 알지 못했고, 딸인 마간디야를 부처님과 결혼시키려 했다.

마간디야는 매우 아름다웠고 많은 젊은이들이 그녀와 결혼하고 싶어 했다. 그런데 부처님께서는 몸의 더러움을 일깨우는 게송으로 마간디야를 거절했다.[27] 이 게송이 마간디야의 허영심에 상처를 주었지만, 부모에게는 큰 깨달음을 주었다. 부모는 그 자리에서 불환과에 이르렀다. 마간디야는 부처님께서 결혼을 거절한 사실을 큰 모욕으로 받아들였고, 증오심을 품게 되었다. 그 뒤에 부모는 마간디야를 우데나왕에게 보냈고, 왕은 첫눈에 반해 왕비로 맞이했다.

우전왕이 사마와띠를 세 번째 왕비로 삼았을 때에는 기꺼이 그 사실을 받아들였다. 당시 인도에서는 왕이 여러 아내를 두는 것이 관례였다. 그런데 사마와띠가 부처님 제자가 되어 궁전의 다른 여인들까지 부처님께 귀의하게 했다. 이것은 용납할 수 없었다. 부처님께

품었던 증오가 이제는 사마와띠에게 향했다.

마간디야는 여러 가지 모략으로 사마와띠를 제거하려 했다. 총명한 머리가 오히려 악행들을 불러 일으켰다. 처음에는 사마와띠가 왕의 목숨을 빼앗고 반역을 하려 한다고 말했다. 왕은 사마와띠가 모든 생명을 얼마나 사랑하는지 잘 알고 있었기 때문에 전혀 받아들이지 않았다. 두 번째로 마간디야는 시녀에게 부처님과 제자들에 대한 비방을 퍼뜨리도록 했다. 사마와띠도 함께 평판이 나빠졌다. 마간디야의 계략은 어느 정도 성공을 거두었다. 교단을 향한 혐오와 나쁜 소문이 도시 전체에 퍼졌다. 아난다는 부처님께 꼬삼비를 떠나자고 요청드렸다. 부처님께서는 미소를 지으시며 승단이 청정하기 때문에 일주일이면 잠잠해질 것이라고 하셨다. 왕은 승단에 대한 나쁜 소문이 있었는지도 알지 못했다. 마간디야의 두 번째 음모도 결국 실패로 돌아갔다.

얼마 후 마간디야는 닭 여덟 마리를 우전왕에게 올렸다. 왕에게는 '사마와띠와 500명의 시녀들은 틀림없이 살아 있는 닭을 죽여 식사 준비를 할 것'이라고 말했다. 계략을 꾸며 시녀들이 닭요리를 하게 했지만, 우데나왕은 사마와띠가 얼마나 생명들을 존중하는지 알고 있었기 때문에 이 일도 대수롭지 않게 넘겼다. 마간디야는 네 번째 시도를 했다. 우전왕이 사마와띠 처소에 머무는 때가 되었을 때, 마간디야는 미리 독사를 숨겨놓았다. 그녀는 사마와띠가 왕을 해치기 위해 독사를 들였다고 모략했다. 우전왕이 뱀을 발견했을 때는 모든 증거가 사마와띠를 범인으로 몰았다. 왕은 분노에 사로잡혀 통제력을 잃었다. 사마와띠에게 화살을 쏘았지만 해를 끼치지 못했다. 사마와띠의 자애 삼매력이 화살을 튕겨낸 것이다. 왕은 보이지 않는 힘이 방패처럼 그녀를 보호하는 것을 보고 모든 상황을 알아차렸다.

왕은 평정심을 되찾았다. 화살이 사마와띠를 해치지 못하는 기적을 보았고 감동했다. 사마와띠에게 용서를 구했으며, 사마와띠를 향한 사랑은 더욱 깊어졌다. 이제 왕은 사마와띠에게 그러한 힘을 준 부처님 가르침에 대해 관심을 갖게 되었다. 바로 그 무렵 사마와띠의 아버지가 보시한 고시따 원림에 삔돌라 바라드와자라는 이름난 스님이 머물고 있었다. 왕은 삔돌라 바라드와자 존자를 찾아가 가르침을 구했다. 젊은 수행승들이 어떻게 금욕하며 오래도록 청정한 수행생활을 이어 나갈 수 있는지 물었다. 삔돌라는 세존께서 이렇게 설하셨다고 일러 주었다. "비구들이여, 그대들은 어머니 연배의 여인들에게는 어머니라는 마음을 확립하라. 누이 연배의 여인들에게는 누이라는 마음을 확립하라. 딸 연배의 여인들에게는 딸이라는 마음을 확립하라." 우데나왕은 이 가르침을 전해 듣고 감명을 받아 부처님께 귀의하고 재가신도가 되었다(바라드와자 경, 상윳따 니까야 35:127).

사마와띠는 부처님 가르침, 법의 경이로움과 업의 복잡한 영향에 관해 생각했다. 가난한 난민으로 꼬삼비에 왔고, 식량배급을 담당하던 관리는 편안하게 살 곳을 마련해 주었다. 재정담당관은 양딸로 삼았다. 왕비가 되었다. 시녀가 부처님 가르침을 전해 주었다. 사마와띠는 부처님 제자가 되었고 예류도를 성취했다. 궁전의 모든 여인들과 아버지 고싸까와 우전왕에게도 부처님 가르침을 전했다. 참으로 경이로운 일이었다. 사마와띠는 이제 모든 생명들에게 자애가 깃들어 행복하고 평화롭게 되기를 기원했다.

왕은 부처님께 귀의한 후 자신의 불같은 성격을 고치고 탐욕과 증오를 정복하기 위해 치열하게 정진했다. 사마와띠와의 대화가 큰 도움을 주었다. 수행에 성과를 거두기 시작하면서 다른 왕비들을 향한 성적 욕망은 버리지 못했지만, 더 이상 사마와띠를 육체적 쾌락의 대상으로 보지 않게 되었다. 사마와띠가 얼마나 청정한 영혼의 소유자인지 알게 되었고, 이제 연인이 아니라 여동생인 동시에 도반이 되었다. 사마와띠가 해탈을 향해 가는 길을 방해하지 않고 기꺼이 수행에 전념할 수 있도록 도왔다. 사마와띠는 곧 일래과에 도달했고, 불환과를 향해 정진을 계속했다.

마간디야는 한동안 중단했지만 사마와띠를 향한 증오와 복수를 멈추지 않았다. 여러 계략을 세운 끝에 교활하고 비열하며 참혹한 방식으로 사마와띠를 제거했다. 몇몇 친척을 동원해 사고처럼 위장해 사마와띠의 궁에 불을 지르기로 했다. 계획은 성공적이었다. 마간디야는 의심을 피하기 위해 미리 궁을 떠나 있었다.

불은 나무로 된 궁전을 완전히 태웠으며, 불길이 하늘까지 치솟았다. 사마와띠와 함께 궁전에 머물던 500명의 시녀들까지 모두 불에 타 숨졌다. 비극이 일어났다는 소식은 매우 빠르게 꼬삼비 전체로 퍼져 나갔다. 계를 받은 지 얼마 되지 않은 몇몇 수행승들도 동요했다. 공양을 마치고 부처님께 가서, 사마와띠가 이끌던 여자 재가신도들이 태어날 곳은 어디인지, 다음 생에 어떻게 될 것인지에 대해 여쭈었다.

깨달으신 분께서는 마음을 가라앉히고 아주 짧게 답해 주셨다. "비구들이여, 그 청신녀들 가운데는 예류과를 성취한 이도 있고, 일래과를 성취한 여인도 있으며, 불환과에 이른 이들도 있다. 비구들이여 그 청신녀들은 모두 결실 없이 죽은 것은 아니다(우전왕 경, 우다나 7:10)."

부처님께서는 이 가르침에서 법의 처음 세 가지 성취, 예류과와 일래과, 불환과에 대해 말씀하셨다. 사마와띠와 500명의 시녀들은 악처(지옥, 아귀, 축생)로 환생하지 않으며, 완전한 해탈이라는 궁극적 성취를 이룰 수 있는 토대 위에 서 있었다. 이 사실이 사마와띠와 500명의 시녀들의 삶과 죽음에서 가장 중요한 점이었으나, 부처님께서는 더 자세히 설명하지 않으셨다.

나중에 수행승들은 이 신실하고 청정한 재가 여자신도들이 그렇게 끔찍하게 함께 살해된 것이 얼마나 온당치 못한 일인지에 대해 얘기를 나누고 있었다. 부처님께서는 그녀들이 여러 본생을 통해 함께 업을 지었기 때문이라고 설명하셨다. 과거 오랜 본생에서 사마와띠는 베나레스의 여왕이었다. 시녀들과 함께 하루 종일 물놀이를 하고 강가로 나왔다. 물놀이로 몸이 차가워진 시녀들은 따뜻한 불에 몸을 녹이고 싶었다. 덤불을 태우기 위해 불을 질렀다. 그런데 덤불 속에는 벽지 부처님(벽지불)께서 선정에 들어 있었다. 벽지 부처님을 발견했을 때는 너무 늦었다. 부처님은 멸진정에 들어 있었기 때문에 조금도 다치지 않았다. 시녀들은 잘 살펴보지 않고 불을 질러 처벌을 받을까 두려워했다. 부처님 주위에 장작을 둘러 쌓아놓고 기름을 붓고 불을 지르고 자리를 피했다. 부처님께서는 아무런 상처도 입지 않았지만, 악한 의도와 살생을 저지르려 했던 마음은 업의 씨앗을 심었고, 이번 생에서 고통스러운 과보를 받게 되었다.

부처님께서는 자애로움을 닦는 유익함은 불과 독, 화살 등 무기가 그를 해칠 수 없는 데 있다고 하셨다. 이는 우전왕이 쏜 화살이 사마와띠를 해치지 못했을 때 증명되었다. 사실은 자애로움이 밖으로 저절로 우러나오는 사람은 상처를 입지 않는다고 이해해야 한다. 그러나 수행자도 결점을 지니고 있었다. 사마와띠는 불환과를 성취했고, 탐욕과 분노, 어리석음을 완전히 뿌리 뽑았다. 불에 타버린 것은 마음이 아니라 육체였을 뿐이다. 자애로움과 자비가 가득한 사마와띠의 마음은 무너질 수 없는 성이었으며, 불길도 닿을 수 없었다. 성스러운 제자가 살해당하거나 부처님께서 살해 위협을 당하는 일은 거의 없다. 마찬가지로 불환과에 이른 제자가 잔인하게 살해되는 일도 드물다. 성스러운 제자와 부처님, 불환과에 이른 사람들은 어떠한 폭력에도 전혀 영향을 받지 않는다.

사마와띠는 불타면서 이런 말을 남겼다. "부처님 지혜로도 우리가 시작 없는 윤회를 하면서 몇 번이나 몸이 불에 타는지 정확히 알기 어렵다. 그러므로 방일하지 말라!" 사마와띠가 남긴 말에 감동한 궁녀들 500명은 괴로움에 대해 깊이 새기고 성스러운 도와 과를 성취했다.

꼬삼비에서 일어난 비극에 대해 부처님께서는 제자들에게 게송으로 설하셨다.

세상은 어리석음에 묶여 있어도
(도와 과의 법을 증득할) 가능성을 지니고 있다
그러나 어리석은 자는 윤회에 묶여 있고
어둠에 휩싸여 있구나

영원한 것처럼 보이지만 멸진하나니
살펴보면 (윤회에 묶어두는 무명과 갈애, 삿된 견해 등) 그 어떤 것도 없다
(우전왕 경, 우다나 7:10)

우전왕은 사마와띠의 죽음으로 큰 슬픔에 빠졌다. 누가 이 끔찍한 일을 저질렀는지 곰곰이 생각했다. 마간디야의 소행이 틀림없다는 결론에 이르렀다. 마간디야가 부인할 것을 알고 있었기 때문에 직접 심문하고 싶지 않았다. 마간디야의 자백을 끌어내기 위해 신하들에게 이렇게 말했다. "지금까지 사마와띠는 나를 죽이려고 끊임없이 시도해 왔기 때문에 이제 편안하게 잘 수 있을 것이다." 신하들은 왕에게 누가 사마와띠를 죽였는지 물었다. 왕은 "나를 진정으로 사랑하는 사람이었을 것이다."라고 답했다. 왕 근처에 있던 마간디야는 그 말을 듣고 앞으로 나와 '사마와띠와 시녀들을 죽음으로 내몬 화재는 자신이 저질렀다.'고 자랑스럽게 말했다. 왕은 '마간디야와 함께 그 일에 참여한 마간디야 친척에게 은혜를 베풀겠다.'고 말했다.

마간디야의 친척들이 다 모인 후, 왕은 공개적으로 그들을 불태웠고, 시신이 타고 남은 재마저도 땅을 갈아엎어 흔적도 남기지 않았다. 대량 살생을 저지른 마간디야를 처형하는 것은 왕의 의무이자 책임이었지만 분노는 끝이 없었고 여전히 복수를 원했다. 왕은 마간디야에게 참혹한 고문을 하며 극도로 잔인하게 살해했다. 마간디야는 저승에서 만나게 될 끔찍한 고문과 고통을 살아서 맞이해 참혹한 죽음을 당했다.

마간디야와 친척들을 참혹하게 처형한 왕은 복수심에 불타는 행동

을 후회했다. 왕은 모든 존재를 자애로 대하고, 심지어 적까지도 사랑으로 대한 사마와띠의 얼굴을 떠올렸다. 사마와띠가 세상을 떠났을 때보다 자신의 격렬한 분노 때문에 사마와띠에게서 더 멀어졌다고 느꼈다. 왕은 점차 분노를 다스리고 부처님 가르침을 열심히 닦았다.

그 사이 사마와띠는 다시 윤회하지 않고 열반에 이를 수 있는 순수한 하늘(정거천淨居天)로 환생했다. 사마와띠와 마간디야의 서로 다른 삶과 죽음으로 자애와 증오가 어떤 결과를 낳는지 확실하게 알 수 있다. 어느 날 수행승들이 두 왕비의 죽음에 대해 토론하고 있을 때, 부처님께서 오셔서 이렇게 설하셨다. '마간디야는 살면서도 살아 있는 것이 아니었고, 사마와띠는 죽었지만 진정으로 살아 있다.' 그리고 게송으로 설하셨다.

마음챙김은 죽음을 벗어나는 길
마음챙김이 되어 있지 않음은 죽음의 길
바르게 마음챙김을 닦는 사람은 죽지 않는다
마음챙김이 되지 못한 사람은 죽은 사람과 같다

이 같은 진실을 완전하게 알아
항상 마음을 집중시키는 현자에게
마음챙김은 기쁨(법희法喜)을 주고
언제나 성스러운 길에 머물게 한다

지혜로운 이는 쉬지 않고 마음챙김을 수행하여

내적 고요함과 평화를 성취하나니
열반은 모든 얽매임으로부터 벗어난 경지
열반은 위없는 참된 기쁨이며 행복이다

부처님께서는 사마와띠를 "자애慈愛[28]에 머무는 재가 여자신도 가운데 으뜸"이라고 선언하셨다.

계율에 정통한 비구니 가운데 으뜸, 빠따짜라

빠따짜라는 사왓티의 매우 부유한 상인의 딸이었다. 열여섯 살이 되어 아름답게 자라자 부모는 젊은이들과 어울리는 것을 막기 위해 7층 꼭대기에 방을 마련해주고 경호원을 두어 지키게 했다. 그럼에도 빠따짜라는 하인과 사랑에 빠졌다.

부모가 같은 계급 젊은이와 결혼시키기 위해 나서자, 빠따짜라는 연인과 도망을 가기로 결심했다. 하녀로 변장하고 꼭대기 방에서 탈출해, 미리 기다리고 있던 연인과 함께 사왓티에서 멀리 떨어진 마을로 갔다. 남편은 작은 땅을 일궈 생계를 꾸렸고, 젊은 아내는 부모님 집에서 하인들이 해주던 귀찮은 집안일을 해야만 했다.

빠따짜라가 아이를 가졌을 때 남편에게 친정에 가서 아이를 낳고 싶다고 간청했다. 어머니와 아버지는 늘 딸에게 관대하고 온화했으며 어떤 잘못도 용서해 주었기 때문이었다. 남편은 빠따짜라 부모가 그를 잡아 가두거나 죽일까 두려워 함께 가려고 하지 않았다. 남편의 결심이 확고한 것을 확인한 빠따짜라는 혼자 친정으로 가기로 결심했다. 어느 날 남편이 일하러 간 사이 홀로 길을 나서 사왓티로 향했다. 집에 돌아온 남편은 사정을 알고 그녀를 뒤따라 길을 재촉했고, 곧 만날 수 있었다. 집으로 돌아가자고 설득했지만, 빠따짜라는 고집을 꺾지 않았다. 부부가 사왓티에 도착하기 전 길을 가는 중에 아이를 낳았다. 더 이상 친정으로 갈 이유가 없었다. 집으로 발걸음을 돌렸다.

얼마 후 빠따짜라는 둘째 아이를 가졌다. 다시 남편에게 친정으로 데려가 달라고 했지만 남편은 거절했다. 빠따짜라는 첫째 아들을 데리고 남편 모르게 길을 나섰다. 남편이 뒤따라 와 집으로 돌아가자고 했지만 역시 말을 듣지 않았다. 사왓티로 가던 길에 천둥 번개와 함께 폭우가 내렸고, 계절에 맞지 않게 무서운 폭풍이 몰아쳤다. 그때 진통이 시작되었다.

남편에게 비바람을 피할 수 있는 곳을 마련해 달라고 부탁했다. 임시 거처를 짓기 위해 남편은 나무를 구하러 갔다가 독사에게 물려 그만 세상을 떠나고 말았다. 빠따짜라는 남편을 기다리고 기다렸지만 헛된 일이었다. 얼마 지나지 않아 둘째 아들을 낳았다. 밤새도록 몰아치는 폭풍우에 겁에 질린 두 아이들은 숨이 막힐 정도로 비명을 질렀다. 빠따짜라가 할 수 있는 일은, 오랜 생활고에 지치고 아이를 낳아 쇠약해진 몸으로 아이들을 안아주는 것뿐이었다.

날이 밝자 빠따짜라는 갓난아이를 품에 안고 한 손에는 첫째 아들을 안고 남편이 갔던 방향으로 길을 나섰다. 굽이굽이 길을 재촉하여 가다 판자처럼 뻣뻣하게 몸이 굳어 죽어 있는 남편을 발견했다. "아, 사랑하는 아들들아, 아버지가 우리 곁을 떠났구나!" 빠따짜라는 비통함으로 울부짖으며 자신 때문에 남편이 죽었다고 자책하며 계속 길을 갔다.

얼마 후 사왓티 근처를 흐르는 아찌라와띠 강에 도착했다. 비 때문에 강물이 불어 허리까지 차올랐고 물결은 거셌다. 몸이 쇠약해져 두 아이와 함께 건널 수 없었던 빠따짜라는 큰 아들을 강둑에 남겨두고 갓난아이를 품에 안고 강을 먼저 건넜다. 아기를 강둑에 누여 놓고 첫째 아들을 데리러 강을 건너기 시작했다. 강 중간쯤 갔을 때 먹이를 찾는 매가 갓 태어난 아기를 보고 먹잇감으로 착각해 아이를 덮쳐 발톱으로 움켜쥐고 날아가 버렸다. 빠따짜라는 망연자실해 비명을 질렀다. 첫째 아들은 강 중간에서 소리치는 어머니가 강으로 들어오라고 부르는 줄 알고 강물에 발을 내디뎠다. 어린아이가 버티기에는 물살이 너무 거셌다. 첫째 아들은 강물에 휩쓸려 떠내려갔다.

빠따짜라는 한탄하고 통곡하면서 하루 만에 남편과 두 아들을 잃은 충격으로 반쯤 정신이 나간 채 친정을 향해 걸었다. 엄청나게 큰 불행이 빠따짜라를 기다리고 있었다. 그녀가 사왓티에 도착했을 때 도시에서 나오는 사람들을 만나, 친정에 대해 물었다. 그는 "그 집안일은 묻지 말아 달라."며 고개를 내저었다. 계속 알려달라고 재촉하자, 하는 수 없이 말해 주었다. "어젯밤 끔찍한 폭풍우가 몰아치는 동안 집이 무너져 노부부와 아들이 모두 죽었습니다. 조금 전 세 가족을 저기에서 화장했습니다." 멀리서 휘돌아 하늘로 올라가는 옅은 파란 연기를 가리키며 말을 이었다. "저기 보이는 연기가 그 가족을 화장하는 곳에서 피어오른 연기입니다."

연기를 본 빠따짜라는 완전히 정신이 나갔다. 옷을 벗고 벌거벗은 채로 뛰어다니며 울며 통곡했다. "아들 둘이 다 죽었고 남편은 길에서 죽었으며, 어머니와 아버지와 형제는 한 장작더미에서 화장되었다." 고 울부짖었다. 사람들은 미친 바보라고 놀렸고, 쓰레기와 흙덩이를 던지며 때렸다. 빠따짜라는 사왓티 변두리에 도착할 때까지 계속 통곡하며 걸었다.

그때 부처님께서는 많은 제자들에 둘러싸여 제따와나 사원에 머물고 계셨다. 사원 입구에 도착한 빠따짜라를 보시고, 과거 연화상 부처님 때 공덕을 지었고 서원을 세운 여인이었음을 아셨다. 세존께서는 이제 그녀가 가르침을 받아들일 수 있을 만큼 공덕의 씨앗이 무르익었음을 꿰뚫어 보셨다. 재가신도들은 알몸인 빠따짜라를 보고, "이 미친 여자를 막아라!"고 소리쳤다. 부처님께서는 "방해하지 말라. 그녀가 나에게 오게 하라."고 하셨다. 그녀가 가까이 왔을 때 부처님께서는 말씀하셨다. "여인이여, 정신을 차려라." 부처님의 신통으로 제정신을 찾은 빠따짜라는 부끄러움과 죄의식이 몰려왔다. 한 친절한 남자가 빠따짜라에게 외투를 벗어 던져 주었다. 빠따짜라는 옷을 입고 부처님께로 가 발 앞에 엎드린 채 자신이 겪었던 비극을 말씀드렸다.

큰 스승께서는 자비심으로 참을성 있게 그녀의 말을 들어 주셨고, 이렇게 일러 주셨다. "빠따짜라여, 더 이상 괴로워하지 말라. 이제 그대를 보호해 주고 그대가 의지할 수 있는 곳에 왔다. 그대가 끝없이 윤회하면서 부모, 자식, 형제, 사랑하는 사람을 잃고 흘린 눈물은 이루 헤아릴 수 없이 많다. 바닷물보다 많으니라." 부처님 말씀에 빠따짜라의 고통은 눈 녹듯이 사라졌다. 부처님께서 윤회의 고통에 대해 설해 주시는 동안 슬픔이 가라앉았다. 부처님께서는 게송으로 가르침을 마무리하셨다.

슬픔이 몰려오고 비탄에 잠겨 흘린 눈물에 비하면
저 사대양의 물은 오히려 적다
그런데도 여인이여
왜 방일하게 살고 있느냐
(담마빠다 게송 113)

아들도 지켜 줄 수 없고
부모나 친척도 피난처가 아니다
죽음의 신에게 사로잡힌 이는
누구도 지켜 줄 수 없다

이러한 사실을 잘 알아
지혜로운 이는 계행을 확고하게 지키고
열반으로 향하는 길을
서둘러 청정하게 닦아야 한다
(담마빠다 게송 288~289)

깨달으신 분의 설법은 빠따짜라의 마음 깊은 곳까지 파고들었다. 빠따짜라는 모든 존재(인연으로 생겨난 것들)가 무상하고 본래 다 고통이라는 진리를 깨달았다. 설법을 마치셨을 때, 부처님 발아래 엎드려 있는 이는 슬픔에 잠긴 광인이 아니었다. 예류과를 성취했고 법을 알아 궁극의 해탈을 확신하는 수행자였다.

빠따짜라는 예류과를 성취하자마자 출가를 허락해 달라고 간청드렸다. 부처님께서는 비구니 승가에 보내 계를 받게 하셨다. 비구니가 된 후 빠따짜라는 매우 열심히 법을 수행했다. 그녀의 노력은 곧 결실을 맺었고 목표를 달성했다. 빠따짜라는 테리가타 게송을 통해 자신이 수행했던 여정을 노래하고 있다.

젊은이들은
쟁기로 밭을 갈고
땅에 씨를 뿌리고
아내와 자녀를 부양하고 부를 얻는다

그런데 계행戒行을 갖추고
스승님의 가르침을 실천하는 나는
게으르지도 들뜨지도 않았는데
어찌하여 열반을 성취하지 못하고 있는가

두 발을 씻고 발 씻은 물을 바라보는데
발 씻은 물이 낮은 곳으로 흘러가는 것을 보고
근기와 성품이 뛰어난 준마를 조련하듯
나는 마음을 확고하게 세웠다

등불을 들고

방으로 들어갔다
침상을 살펴본 후에
침대 위로 올라가 앉았다

집게를 들어
등불 심지를 꺼냈다
등불이 소멸된 것처럼
내 마음은 완전한 해탈을 성취했다
(테리가타 장로니게경 112~116)

빠따짜라는 물이 기울어진 곳으로 흘러내리는 것을 주의 깊게 관찰했다. 정진에 정진을 거듭하던 어느 날, 그녀는 물 항아리에 물을 채워 가져와서 조금씩 부으면서 발을 닦고 있었다. 그녀가 첫 번째로 물을 부었을 때 물은 조금 흘러가더니 이내 땅속으로 스며들었다. 두 번째로 물을 부었을 때 조금 더 흘러가더니 사라져 버렸다. 세 번째는 거기에서 좀 더 멀리 가더니 사라져 버렸다. 빠따짜라는 이런 광경을 관찰의 대상으로 삼아 세 가지의 현상에 마음을 집중하면서 이렇게 숙고했다. '첫 번째 부은 물은 약간 흘러가더니 사라져 버렸다. 이와 같이 이 세상의 중생들은 어린 나이에 죽는다. 내가 두 번째로 부은 물은 좀 더 가더니 사라져 버렸다. 이와 같이 중생들은 꽃다운 나이에 죽는다. 내가 세 번째로 부은 물은 좀 더 멀리 가더니 사라져 버렸다. 이와 같이 중생들은 나이가 들어 죽는다. 모든 중생은 죽음의 신이 손을 뻗어 움켜쥐고 있으며 누구도 그 손아귀에서 벗어날

수 없다.'

빠따짜라가 이렇게 깨달음을 성취했을 때 바로 마음의 안정을 되찾았다. 빠따짜라는 지속적인 선정 수행으로 무상, 괴로움, 무아를 깨달았다. 그렇게 치열하게 정진하는 가운데 성취도 있었지만 궁극적인 해탈을 위한 마지막 관문을 깨뜨리지 못하고 있었다. 피곤해진 빠따짜라는 밤에는 쉬기로 결정했다. 처소에 들어와 침대에 앉았을 때 등잔불을 끄자 열심히 수행을 하면서 닦아온 모든 힘이 마침내 결실을 맺었다. 찰나의 순간! 등잔불이 꺼지는 것과 동시에 최상의 지혜가 생겼다. 탐욕, 증오, 미혹의 불을 영원히 끄고 열반이라는 목표에 도달했다.

비구니로 수행하며 살아가는 동안 빠따짜라는 부처님께 "계율을 잘 지키는 비구니들 가운데 으뜸"이라는 칭찬을 받았다. 비구들 중 계행을 가장 잘 지니고 수행하는 장로(지계제일 장로)는 우빨리였다. 빠따짜라가 지계제일 비구니가 된 것은 수없이 오랜 본생에서부터 이어온 서원의 결실이었다. 빠두뭇따라(연화상) 부처님 시대, 부처님께서 한 비구니에게 "계율에 정통한 비구니들 가운데 제일"이라고 칭찬하시는 것을 보았다. 그 장면은 마치 부처님께서 그 비구니에게 도리천 문을 열고 들어가는 것을 허락하시는 것처럼 보였다. 빠따짜라도 결심하고 서원을 세웠다. "저도 저 비구니 스님처럼 언젠가 미래의 부처님 아래에서 계율에 정통한 비구니 가운데 으뜸이 되기를 서원합니다!"

빠두뭇따라 부처님께서는 미래를 내다보시고 서원이 이루어질 것임을 아셨으며, 그렇게 되리라고 수기를 주셨다.

빠따짜라는 어린 시절 저지른 무모한 행동의 과보로 쓰라린 고통을 받았다. 이 때문에 더 계율에 관심이 많았던 것으로 보인다. 비구니 승가에서 계율을 집중적으로 수행하는 것이, 평온하고 평화롭게 청정 범행을 이어가기 위해 반드시 필요하다는 사실을 배웠다. 더욱이 자신의 경험을 통해 인간의 마음을 깊이 이해하고 다른 비구니들의 수행을 도왔다. 많은 비구니들이 그녀에게 도움을 요청했고 그녀의 조언에 큰 위안과 도움을 받았다.

장로 짠다 비구니는 테리가타 게송을 통해 빠따짜라에게 깊은 감사를 표했다.

나를 불쌍히 여겨
빠따짜라 님께서는 나를 출가시켰다
출가한 뒤에도 도움을 주어
궁극적인 해탈로 나아갈 수 있도록 깨우쳐 주었다

그 존귀하신 빠따짜라의 말씀을 듣고
그 훈계를 나는 따랐으니
존귀하신 빠따짜라의 충고는 헛되지 않았다
세 가지 밝은 지혜를 이루고 번뇌를 다 부수었다
(테리가타 125~126)

또 다른 비구니 웃따라는 빠따짜라가 한 무리의 비구니들에게 수행과 계율에 관해 어떻게 가르쳐 주었는지 게송을 남겼다.

실천하고 후회가 없는
깨달으신 분의 가르침에 마음을 다하라
서둘러 두 발을 씻고
처소에 들어가 한쪽에 앉아라

마음을 일깨워
마음을 집중하고 잘 확립해
이루어진 것들을
자기가 아니라 다른 것이라고 관찰하라[29]
(테리가타 175~176)

웃따라도 빠따짜라의 설법을 마음에 새기고 세 가지 밝은 지혜를 이루었다.

테리가타에는 빠따짜라가 다른 비구니들을 가르쳤던 방법과, 가르침을 받은 비구니들이 어떤 점에서 구체적으로 도움을 받았는지 설명해 놓은 부분이 있다. 이 게송들은 빠따짜라의 조언을 듣고 아라한을 성취한 서른 명의 장로 비구니들이 낭송했다.

절구 공이를 들고
젊은이들은 곡식을 빻는다
처자식을 부양하며
젊은이들은 재산을 얻는다

행하고 후회하지 않는
부처님 가르침과 법을 실천하라
서둘러 발을 씻고
한쪽으로 물러나 앉아
마음의 멈춤을 닦아
깨달으신 분의 가르침과 법을 실현하라

빠따짜라 님의 가르침
그 비구니의 훈계를 듣고
서둘러 발을 씻고
처소에 들어가 한쪽으로 앉았다
마음의 멈춤을 닦아
부처님의 교법을 실현했다

이른 밤에
본생을 기억해 냈고
밤이 한창 무르익어
천안을 청정하게 했다
밤이 깊어져 새벽이 다가올 무렵
어둠의 다발을 부수었다

서른 명의 장로 비구니들은 일어나
빠따짜라 발에 예경을 드렸다

당신의 가르침과 법은 실현되었습니다
삼십삼천 천신들이
전쟁에서 한 번도 패하지 않은 제석천을 섬기듯
저희는 당신을 섬기겠습니다
저희들은 세 가지 밝은 지혜를 이루었고
번뇌를 다 부수었습니다
(테리가타 117~121)

빠따짜라는 본생에서부터 서원을 굳게 세우고 해탈을 이루는 데 필요한 근기를 쌓아 왔다. 이 때문에 그녀는 성급하고 제멋대로인 어린 소녀에서 비구니 승가에서 존경받는 장로로 아주 빠르게 변할 수 있었다. 과거 부처님들 아래서 그녀는 여러 차례 비구니로 살며 수행했다. 빠따짜라가 성취한 지혜는 다음 생에서 올바른 계기를 만나 무르익기를 기다리고 있었다. 스승 고따마 부처님께서 세상에 나오셨을 때, 고통과 무의식적인 끌림으로 부처님께 가는 길을 찾아냈다. 시작 없는 윤회에서 벗어나 해탈할 수 있는 성스러운 길을 걷기 위해 빠르게 부처님께 가는 길을 찾았다. 깨달으신 분과 그분이 설하신 해탈의 가르침에 이끌린 빠따짜라는 출가했고, 최상의 해탈(무위해탈 無爲解脫)을 성취했다.

몸 팔던 여인, 암바빨리

세계 여러 종교의 초기 단계에는 유명한 몸 파는 여인들이 공통적으로 등장한다. 그들의 변화와 내적 성장은 인간이 처한 상황보다 진리와 선의 힘이 훨씬 강력하다는 사실을 증명한다. 신약 성경에 나오는 막달라 마리아, 이집트에서 태어나 성녀가 된 마리아, 수피교(이슬람교의 한 종파) 초기에 등장하는 라비 등이 그러했다. 부처님 시대에도 암바빨리와 시리마가 있었다. 그들의 삶을 살펴보면 차별과 편견에서 벗어날 수 있다. 밑바닥 생활을 하면서도 내면에 잠재해 있던 지혜와 성스러움이 어떻게 꽃을 피우는지 알 수 있다. 비참한 환경에 처해 있어도 그들이 지닌 지혜와 성스러운 품성은 결코 사라지지 않음을 볼 수 있다.

암바빨리의 삶은 처음부터 평범하지 않았다. 암바빨리는 웨살리성에 살던 기녀妓女였다. 릿차위왕 정원을 관리하던 정원사가 망고나무 아래 버려진 여자 아기를 발견했다. 그는 망고를 뜻하는 단어 '암바'와 다리를 뜻하는 단어 '빨리'를 합쳐 암바빨리라는 이름을 지어 주었다. 그녀는 아름답고 매력적인 여인으로 자랐다. 릿차위족 왕자 가운데 몇 명이 그녀를 차지하려 했다. 왕자들은 오랜 다툼 끝에 '암바빨리가 어느 한 사람의 부인이 되어서는 안 되고 모두가 소유해야 한다.'고 자기들끼리 결정해 버렸다. 이 때문에 암바빨리는 보통 몸 파는 여인과는 매우 다른 처지에 놓였다. 왕궁에서 모두에게 쾌락을 제공하는 여인으로 살 수밖에 없었다. 그러나 그녀가 타고난 훌륭한 성품은 릿차위 왕자들에게 긍정적인 영향을 주었다. 왕자들은 그녀의 영향으로 자선을 베푸는 데 많은 재산을 썼다. 암바빨리는 릿차위 왕국에서 왕비가 되지는 못했지만 사실상 여왕처럼 대접 받았다.

암바빨리의 명성은 널리 퍼졌고, 마가다국 빔비사라왕도 암바빨리에 대해 알게 되었다. 당시 라자가하에는 살라와띠라는 매력적인 여성이 있었는데, 왕자가 그녀를 취했다. 살라와띠는 뒤에 궁중 의사가 되는 지와까(기파耆婆)를 낳았다. 빔비사라왕은 암바빨리를 찾아갔다. 그녀의 아름다움에 한눈에 반한 빔비사라왕은 결국 그녀를 취했다. 암바빨리는 빔비사라왕의 아들 위말라 꼰단냐를 낳았다.

부처님께서는 당시 열반을 앞두고 떠난 마지막 여행 도중 웨살리에 들러 암바빨리 망고 숲에 머물고 계셨고, 암바빨리가 부처님께 예경을 드리기 위해 찾아왔다. 부처님께서는 긴 법문으로 그녀를 일깨워 주셨고, 암바빨리는 부처님과 제자들에게 공양을 올리기 위해 다음날 와주시도록 초대했다. 그녀가 가장 좋은 마차를 타고 급히 집을 향해 가고 있을 때, 역시 가장 좋은 마차를 타고 가던 릿차위 왕자들이 왜 그렇게 서두르는지 물었다. 암바빨리는 깨달으신 분과 제자들을 집으로 모셨다며, 완벽하게 준비하기 위해서라고 답했다. 귀족들은 암바빨리에게 부처님과 제자들을 모실 기회를 양보해 달라며, 금화 10만금을 주겠다고 제안했다. 암바빨리는 아무리 많은 보물과 웨살리 전부를 준다고 해도 공양 기회를 팔지 않을 것이라고 답했다. 릿차위 귀족들은 부처님을 찾아뵙고 내일 공양은 자신들이 올릴 수 있도록 해 달라고 간청드렸다. 세존께서는 이미 암바빨리의 초청을 받아들였으므로 거절하셨다. 릿차위 귀족들은 머리를 치고 발을 구르며 외쳤다. "우리는 망고나무 소녀에게 졌다. 우리는 망고나무 소녀에게 속았다!" 다음날, 부처님께서 암바빨리의 집에서 공양을 마치셨다. 암바빨리는 부처님께 어제 법을 설해 주셨던 망고나무 가득한 정원을 승가에 보시하겠다고 말씀드렸다.

암바빨리가 낳은 빔비사라왕의 아들 위말라 꼰단냐는 출가해 아라한과를 이루었다. 암바빨리 역시 아들에게 법을 듣고 비구니가 되었다. 그녀는 몸을 관하는 수행을 하면서 그 무상함과 고통을 꿰뚫어 봄으로써 아라한과를 얻었다. 암바빨리는 노년에 남긴 게송들에서 이전의 아름다움과 몸이 늙어 초라한 상태를 감동적으로 비교했다.

내 머리카락은 말벌처럼 윤기 나는 검정이었고
끝은 부드럽게 말려 올라가 있었으나
이제 늙어서 대마 껍질처럼 거칠어졌으니
진리를 설하시는 분의 말씀은 틀림없다

좋은 향을 담은 상자처럼
내 머리는 꽃으로 덮여 있었으나
이제 늙어 토끼털처럼 냄새가 나니
진리를 설하시는 분의 말씀은 틀림없다

예전에는 무성하게 자란 수풀처럼
빗으로 잘 다듬은 내 머리카락은 아름다웠으나
이제 늙어 듬성듬성하니
진리를 설하시는 분의 말씀은 틀림없다

부드럽고 향기가 났으며 금으로 장식해
땋아 내린 머리카락은 참으로 아름다웠으나

이제 늙어 다 빠졌으니
진리를 설하시는 분의 말씀은 틀림없다

예전에 내 눈썹은
화가가 그린 초승달처럼 아름다웠으나
이제 늙어 주름지고 축 늘어졌으니
진리를 설하시는 분의 말씀은 틀림없다

예전 내 눈은 짙은 푸른색으로
보석처럼 빛나고 반짝거렸으나
이제 늙어 흐리멍덩해졌으니
진리를 설하시는 분의 말씀은 틀림없다

부드럽게 솟아오른 산봉우리처럼
젊을 때 내 코는 아름다웠으나
이제 늙어 말라비틀어져 쭈글쭈글해졌으니
진리를 설하시는 분의 말씀은 틀림없다

막 돋아난 파초 새싹처럼
예전 내 이빨은 아름다웠으나
이제 늙어 부서지고 누렇게 변했으니
진리를 설하시는 분의 말씀은 틀림없다

수줍게 부풀어 올라 봉긋하여
예전 내 가슴은 아름다웠지만
이제 늙어 빈 물주머니처럼 늘어졌으니
진리를 설하시는 분의 말씀은 틀림없다

잘 다듬은 황금 기둥처럼
예전 내 몸은 아름다웠지만
이제 늙어 쭈글쭈글한 주름이 가득하니
진리를 설하시는 분의 말씀은 틀림없다

코끼리 코와 같이 잘 뻗어
예전 내 허벅지는 아름다웠으나
이제 늙어 대나무 줄기처럼 볼품없으니
진리를 설하시는 분의 말씀은 틀림없다

오온으로 쌓인 몸은 이제 쇠약해져
마치 회반죽이 떨어져 나간 낡은 집처럼
온갖 고통이 머무는 곳이 되었으니
진리를 설하시는 분의 말씀은 틀림없다
(장로니게경, 테리가타 252~270 중 일부)

암바빨리는 선정 수행을 계속해 가면서 존재의 실상에 대해 깊이 깨달아 갔다. 숙명지宿命智를 성취해, 윤회를 하면서 겪었던 삶을 볼 수 있었다. 때로는 몸을 파는 여인이었으며, 때로는 비구니로 수행을 했다. 수없이 많은 좌절과 실패를 경험했지만, 많은 보시 공덕을 지어 다음 생에서 축복을 받았던 일도 보았다. 암바빨리는 항상 아름다웠지만 육체적 매력은 시들어 갔고, 병들고 늙어 가며 죽음을 피할 수 없었다. 이제 마지막 생에서 번뇌와 어리석음을 완전히 끊음으로써 해탈을 성취했으며, 불멸의 아름다움을 얻었다. 암바빨리는 비유경譬喩經에서 게송으로 "진정한 부처님의 딸"이 되었다고 선언했다.

헤아릴 수 없이 많은 생을 보고
출가해 정법에 머물렀다
물러나지 않는 아라한과를 성취함으로써
나는 진정한 부처님의 딸이 되었다

마음대로 몸을 바꾸는 신통력을 성취했으며
천이통의 주인이 되었다
위대한 성인으로
다른 이들의 마음을 읽을 수 있다

숙명지를 성취해 본생을 알며
천안통을 이루었고
모든 번뇌를 끊는 누진통을 성취했으니
이제 더 이상 윤회는 없다

(비유경 213~215)

청정한 믿음을 지닌 웃따라와 기녀 시리마

담마빠다 주석서에는 라자가하에 살던 부유한 상인 뿐나(부루나)의 딸 '웃따라'와 기녀 '시리마'의 이야기가 실려 있다. 뿐나와 웃따라는 부처님 제자였다. 뿐나는 예전 수마나라는 부유한 재정담당관의 하인으로 일했다. 수마나는 부자가 되어 재정담당관이 된 뿐나의 딸 웃따라와 자신의 아들을 결혼시키고 싶었다. 뿐나는 청혼을 거절했다. 수마나는 '뿐나가 오래도록 자신의 하인으로 일하며 많은 돈을 벌 수 있었다.'며 결혼을 요구했다. 뿐나는 '수마나 집안이 부처님을 따르지 않지만, 제 딸 웃따라는 부처님과 가르침, 승가 없이는 살 수가 없다.'며 제안을 받아들이지 않았다. 수마나는 많은 귀족들과 고관들에게 뿐나의 딸과 자신의 아들의 결혼이 성사될 수 있도록 도와달라고 요청했다. 뿐나는 마침내 웃따라를 수마나의 아들과 결혼시킬 수밖에 없었다.

웃따라는 우기 안거가 시작될 무렵 결혼했다. 시댁으로 이사한 웃따라는 더 이상 스님들을 만나거나 공양을 올리고 법을 들을 기회가 없었다. 두 달 보름이 지나도록 법을 듣지 못하는 괴로움을 견뎠다. 결국 친정부모에게 편지를 보내 호소했다. "아버지께서는 왜 저를 이런 감옥에 가두셨습니까? 부처님과 가르침을 따르지 않는 집안으로 시집을 보낸 것보다는 저를 노예로 파는 편이 나았을 것입니다. 저는 시집온 이후 단 한 번도 공덕을 지을 기회가 없었습니다."

뿐나는 편지를 받고 몹시 마음이 아팠다. 딸을 너무도 사랑한 뿐나는 웃따라에게 부처님 법을 들을 수 있는 기회를 만들어 주기로 했다. 편지와 함께 금화 만 오천 냥을 보냈다. "나의 딸 웃따라여, 라자가하에는 '시리마'라는 고급 기녀가 있다. 시리마와 하룻밤을 보내려면 금화 천 냥이 있어야 한다. 함께 보낸 돈으로 시리마를 고용해 보름 동안 네 남편 시중을 들게 하고, 그 사이에 부처님과 스님들께 공양을 올리고 법을 듣도록 하여라. 아비가 해 줄 수 있는 일은 이것밖에 없구나." 웃따라는 아버지 조언대로 시리마를 집으로 데려왔다. 남편은 아름다운 시리마에게 빠져 웃따라가 원하는 대로 부처님께 공양을 올리고 가르침을 들을 수 있게 해 주었다.

마침 우기 안거가 끝나기 보름 전이었다. 안거가 끝나면 수행승들은 만행을 떠날 예정이었다. 웃따라는 부처님을 찾아뵙고 보름 동안 집에서 공양을 올릴 수 있도록 해 달라고 간청드렸다. 부처님께서는 자비심으로 초대에 응하셨고, 웃따라는 공양을 올리며 많은 법을 들을 수 있었다. 안거가 끝나기 전날 웃따라는 부엌에서 공양 준비로 분주했다. 창가에서 아내가 바삐 돌아다니는 것을 본 남편은 웃따라가 어리석다고 생각했다. 온몸은 땀으로 뒤범벅되어 있고, 얼굴에는 숯검정이 묻어 있었다. 남편은 아내를 바라보며 이렇게 생각했다. '저 여자는 참으로 어리석구나. 안락하고 호사스런 생활을 즐기지 못하고, 삭발한 수행자를 섬기며 이리저리 뛰어다니고 있구나!' 그는 아내를 비웃으며 자리를 떴다.

남편이 웃따라를 비웃고 있을 때, 기녀 시리마는 왜 웃는지 궁금했다. 창밖을 내려다보니 웃따라가 있었고, 시리마는 착각했다. 남편이 웃따라를 깊이 사랑하기 때문에 웃었다고 여겼다. 시리마는 당황했고 분노했다. 보름 동안 자신이 안주인이라고 여기며 호화로운 생활을 즐겼지만, 이 일로 그저 첩 노릇을 하고 있었을 뿐이라고 생각했다. 웃따라에게 극심한 질투를 느끼며 그녀에게 고통을 안겨 주고 싶었다. 부엌으로 가서 끓는 기름을 한 국자 퍼서 웃따라에게 다가갔다. 웃따라는 시리미가 오는 것을 보고 생각했다. '이 여인은 나에게 큰 은혜를 베풀었다. 시리마가 베푼 은혜를 생각하면 세상은 좁았고, 범천은 너무 낮았다. 내가 공양을 올리고 가르침을 들을 수 있었던 것은 시리마 덕분이다. 내 마음에 그녀를 향한 원망이나 분노가 조금이라도 있다면 저 기름은 나를 태울 것이고, 그렇지 않다면 저 펄펄 끓는 기름도 내 몸을 태우지 못할 것이다.' 웃따라는 증오심에 가득 차 끓는 기름을 들고 오는 시리마를 향해 자애(사무량심四無量心, 자비희사慈悲喜捨)의 마음을 내며 삼매에 들었다. 시리마가 웃따라의 머리에 기름을 부었는데, 시원한 물처럼 흘러내렸다.

화가 더 난 시리마는 웃따라를 기어코 해치기 위해 끓는 기름 한 국자를 더 퍼서 웃따라에게 다가갔다. 하녀들이 달려와 시리마를 주먹으로 때리고 발로 차 땅바닥에 넘어뜨렸다. 기름을 뒤집어 쓴 웃따라는 움직이지 못하다가 가까스로 하녀들을 떼어놓으며 시리마에게 물었다. "왜 그런 짓을 했나요?"

웃따라는 시리마를 데리고 가 따뜻한 물로 목욕시키고 정성껏 약을 발라주며 치료해 주었다. 정신을 차린 시리마는 자신이 고용된 첩이었다는 사실을 깨달았다. '남편이 웃따라를 보고 웃었다는 이유로 머리에 끓는 기름을 부었다. 참으로 악한 짓을 했다. 그런데도 화를 내지도 않았다. 하녀들을 말리며 나를 보호해 주었다. 내가 용서를 구하지 않는다면 머리가 일곱 조각으로 쪼개질 것이다.' 시리마는 웃따라 발 앞에 엎드려 용서를 빌었다. 웃따라는 "제 아버지께서 당신을 용서한다면 나도 그렇게 할 것입니다." 시리마가 말했다. "그럼 재정관이신 당신의 아버지 뿐나 님께 가서 용서를 구하겠습니다."

웃따라는 이렇게 말해 주었다. "뿐나는 나를 고난의 길로 인도한 세간의 아버지입니다. 나를 고통스러운 윤회에서 빠져나오도록 한 출세간의 아버지께서 당신을 용서한다면 나도 그렇게 할 것입니다."

"당신을 고난의 굴레에서 건져 주신 그분은 누구십니까?"

"위없는 깨달음을 이루신 분입니다."

"저는 그분을 믿고 따르지 않습니다. 제가 어떻게 해야 할까요?"

"스승께서는 내일 수행승들과 함께 이곳에 오실 것입니다. 당신이 그분께 올릴 수 있는 공양물을 가지고 와서 용서를 구하십시오."

시리마는 집으로 돌아가, 500명의 시녀들과 정성껏 음식을 마련했다. 다음날 음식을 웃따라의 집으로 가져왔다. 시리마는 자신이 저지른 나쁜 행동을 부끄러워하며 스님들 발우에 음식을 올리지 못하고 한쪽에 서 있었다. 웃따라가 시리마를 대신해 공양을 올렸다. 공양이 끝나고 시리마는 부처님 발 앞에 엎드려 삼배를 올리며 용서를 구했다. "무엇 때문에 용서를 구하십니까?" 시리마는 부처님께 전날 있었던 일에 대해 말씀드렸다. 부처님께서는 웃따라에게 시리마가 끓는 기름을 가지고 다가오는 것을 보았을 때 어떤 생각을 하고 있었는지 물으셨다. "저는 크게 감사하는 마음을 가지고 있었습니다." 웃따라가 고했다.

"선재로다, 웃따라여, 선재로다!" 세존께서 말씀하셨다. "그것이 바로 분노를 이기는 올바른 방법이다." 이어서 게송으로 설하셨다.

성내지 않음으로써 분노를 이기고(분노는 자비로 이겨내고)
선한 행위로 악행을 이겨내라
인색은 보시로 이겨내며
거짓은 진실한 말로 이겨내라
(담마빠다 게송 223)

부처님께서는 이어 자리에 동참한 모든 이들에게 법을 설하시고 사성제에 관해 설명하셨다. 설법이 끝났을 때 웃따라는 일래과에 이르렀고, 그때까지 법을 믿지 않았던 남편과 시댁 식구들 모두 예류과를 성취했다.

시리마 역시 예류과에 들었다. 계속 기녀로 살기를 원하지 않았던 시리마는 스님들을 공양하고 많은 불사를 했다. 매일 여덟 명의 스님들을 집으로 모셔 공양하도록 초대했고, 승가에 초대장을 드렸다. 매일 집으로 오는 스님들께 공양을 올리며 헌신했고, 직접 시중을 들었다. 음식은 항상 넉넉해 1인분으로도 서너 명의 스님들이 공양하기에 충분했다.

어느 날 시리마의 집에서 공양을 한 여덟 명 스님 가운데 한 명이 5km 가량 떨어진 사원으로 돌아갔다. 장로들이 그에게 공양이 어땠는지 물었다. 공양을 하고 돌아온 스님은 매일 여덟 명이 공양하고 있다고 말했다. 장로들은 음식이 맛있는지 물었고, 그는 말로 표현하기 어려울 정도로 맛있다고 설명했다. 스님들께 올리는 음식은 항상 가장 좋은 것만 골라 준비했고, 양도 매우 넉넉해 1인분으로도 서너 명이 먹을 수 있는 양이라고 말해 주었다. 특히 시리마의 미모는 여전히 뛰어났으며, 매우 아름다웠고 매력이 넘친다고 말했다.

공양을 하고 온 스님이 그렇게 상세하게 설명하자, 한 번도 그 집에서 공양한 일이 없던 스님 한 명이 시리마를 연모하게 되었다. 다음날 아침 일찍 그 스님은 시리마를 만나러 가기 위해 공양 초대장을 구했다. 마침 그날 시리마가 아파 화려하게 장식한 겉옷을 벗고 침대에 누워 쉬고 있었다. 스님들이 왔다는 말을 듣고도 일어설 기력도 없어 하녀들에게 공양을 올리게 했다. 발우가 채워지고 스님들이 공양을 시작하자, 시리마는 억지로 침대에서 일어났다. 몸이 몹시 아팠지만 하녀들의 부축을 받아 밖으로 나와 스님들께 예경을 드렸다. 시리마는 너무 아파 몸이 덜덜 떨릴 지경이었다. 시리마를 연모하던 스님은 그녀를 보고 이런 생각에 빠졌다. '저 여인이 아프지 않아서 화려하게 장식하고 있었더라면 얼마나 아름다웠겠는가!' 오랫동안 억눌러 놓았던 열정이 강력하게 솟구쳤고, 음식을 제대로 먹을 수조차 없었다. 발우를 들고 사원으로 돌아와 침대에 누웠다. 도반들이 공양을 하라고 재촉했지만 아무것도 먹을 수 없었다.

그날 저녁 시리마가 세상을 떠났다. 빔비사라왕은 부처님께 "스승이시여, 지와까의 여동생이 죽었습니다."라는 전갈을 보냈다.[30] 부처님께서는 시리마의 시신을 바로 화장하지 말고 납골당에 넣어 까마귀와 다른 짐승들이 해치지 못하도록 잘 지키라고 당부하셨다. 빔비사라왕은 시리마의 시신을 보호했다. 사흘 만에 시신이 썩어 부풀어 오르고 벌레가 기어 다녔다. 마치 밥솥이 끓어올라 거품이 솟아오르는 것 같았다. 그런 다음 빔비사라왕은 라자가하에 사는 모든 어른들에게 시리마의 시신을 보도록 했다. 이를 어길 경우 금화 여덟 냥을 벌금으로 내야만 했다. 동시에 부처님께 제자들과 함께 납골당으로 오시도록 전갈을 보냈다.

시리마를 연모하던 스님은 4일 동안 식사를 하지 않았고, 발우에 담긴 음식에도 이제 벌레가 기어 다니고 있었다. 도반들이 와서 말했다. "도반이여, 스승님께서 시리마를 보러 가신다네." 그는 '시리마'라는 말에 활기를 되찾아 발우를 비우고 다른 이들과 함께 시리마를 보러 갔다. 많은 사람들이 모여 있었다. 부처님과 비구들이 한쪽에 섰고, 그 다음에는 비구니들이, 그 다음에는 왕이 신하들과 함께, 그 다음에는 재가신도들이 서 있었다.

부처님께서는 빔비사라왕에게 "대왕이시여, 이 분이 누구십니까?" 라고 물으셨다. "지와까의 여동생인 시리마입니다." "바로 이 사람이 시리마입니까?" "알겠습니다." "그러면 북을 쳐서 금화 천 냥을 내는 사람은 시리마의 시신을 가질 수 있다고 하소서."

그러나 이제 시리마를 원하는 사람은 아무도 없었다. 더 낮은 가격에도, 단 한 냥에도, 심지어 공짜로도 시리마의 시신을 가져간 사람은 없었다.

그러자 부처님께서 말씀하셨다. "비구들이여, 전에는 그녀와 하룻밤을 보내기 위해 많은 남자들이 기꺼이 금화 천 냥을 지불했다. 그러나 이제 아무도 그녀를 갖지 않을 것이다. 썩기 쉽고 부서지기 쉬운 몸, 장신구로 꾸며야만 매력 있는 몸, 아홉 개의 구멍이 있는 상처 더미, 삼백 개의 뼈로 묶인 상처 더미, 끝없이 고통스러운 짐이 바로 이것이다. 어리석은 자들은 그런 덧없는 고통스러운 몸에 환상을 일으켜 집착한다." 이어서 게송으로 이렇게 설하셨다.

보라 온갖 장식으로 꾸며진
오온으로 이루어진 이 살덩어리를
병들고 번뇌 망상으로 가득한 몸일 뿐이다
그 어디에 굳건하고 영원함이 있는가

부처님께서는 이렇게 시리마의 시신을 놓고 장례식에서 가르침을 주셨다. 그 후 시리마를 연모했던 스님은 욕정에서 해방되었다. 그는 몸에 집중해 선정 수행을 이어갔고, 아라한과를 이루었다.

그런데 시리마도 자신의 장례식을 보고 있었다. 시리마는 도리천에서 천상의 여인으로 환생했다. 인간 세계를 내려다보며 부처님과 스님들, 많은 사람들이 자신의 시체 옆에 서 있는 것을 보았다. 휘황찬란한 광명과 함께 그녀는 500대 수레에 탄 500명의 천녀와 함께 하늘에서 내려왔다. 시리마는 수레에서 내려 세존께 예경을 드렸다.

승단에서 가장 뛰어난 시인인 왕기사(바기사婆耆舍) 존자가 시리마가 어디에서 왔는지, 예류과를 성취하기 위해 어떤 수행 공덕을 지었는지 물었다. 시리마는 게송으로 이렇게 답했다.

언덕 사이 아름답고 잘 건설된 도시에서
나는 뛰어나고 훌륭한 왕의 시종이었습니다

춤과 노래를 완벽하게 익혔으며
라자가하에서는 저를 시리마라고 불렀습니다

부처님 세존 위없는 스승께서는
저에게 고통의 원인과 고통의 소멸에 대해 가르쳐 주셨습니다
궁극적으로 고통을 소멸하는 길
이 길은 구부러지지 않고 곧은길이며 상서로운 길입니다

궁극적인 해탈에 이르는 길
위대한 여래의 가르침을 듣고
저는 계율에 완전하게 복종하였으며
부처님께서 설하신 법으로 가장 뛰어난 사람이 되었습니다

번뇌를 여읜 완전한 해탈의 길
위대한 여래께 받은 가르침
바로 그곳에서 저는 선정에 이르렀습니다
저는 안온하게 머물렀습니다

가장 뛰어난 불사의 지혜를 얻었으니
저의 운명은 확고해졌으며 꿰뚫어 살펴 아는 지혜를 이루었습니다
번뇌에서 벗어나 많은 사람들에게 존경을 받으며
저는 기쁨과 행복을 누렸습니다

이제 저는 불사의 길을 보는 천상의 여인이며
위대하신 여래의 여자 제자이고
처음 법을 듣고 깨달음을 이루어 예류과를 성취했으며
해탈을 이뤄 악한 곳으로 윤회하지 않습니다

위대하신 법의 대왕 세존을 받들며
위없이 높으신 분께 예경을 드리러 왔습니다
선한 기쁨을 주는 영적인 수행승들
상서로운 승가를 공경합니다

여래 조어장부
깨달으신 분을 친견하고 환희로웠으며
갈애를 끊고 바르게 인도하시는 분
대자비하신 분께 저는 예경을 드립니다
(위마나왓투, 천궁사경天宮事經 137～149)

세 명의 남편에게 버림받은 여인, 이씨다씨

아소까왕이 마가다국을 다스릴 때 수도로 삼았던 빠딸리뿟따(화씨성華氏城)에는 부처님 가르침에 정통하고 선정 수행을 잘해 이미 모든 번뇌에서 해탈한 이씨다씨와 보디라는 두 비구니가 있었다. 두 도반이 어느 때 탁발을 마치고 공양을 한 후 나무 그늘에 앉아 세속에서 살았던 이야기를 나누고 있었다. 나이가 많았던 비구니 보디는 출가하기 전 많은 고통을 겪었던 듯했다. 보디는 어린 도반 이씨다씨가 출가하게 된 동기가 궁금했다. 이씨다씨는 여전히 젊고 아름다웠으며 조금의 어려움도 겪지 않은 것처럼 보였다. 보디는 살면서 어떤 고통을 겪었으며, 무슨 까닭으로 출가했느냐고 물었다.

고귀한 이씨다씨여
그대는 아직 젊고 아름다운데
어떤 일을 겪었습니까
그대를 출가로 이끈 일은 무엇입니까
(테리가타 403)

이씨다씨는 그녀가 살아 온 이야기를 해 주었다. 이씨다씨는 인도 남쪽에 자리한 아완띠 왕국 수도인 웃제니에서 태어났다. 부유한 아버지가 사랑하던 외동딸이었다. 아버지 친구였던 부유한 상인이 이씨다씨를 며느리로 맞아들이고 싶어 했는데, 아버지는 딸이 친구 집으로 시집가게 된 일을 매우 기뻐했다. 이씨다씨는 가정교육을 잘 받았고 바르게 자랐다. 집에서 늘 부모님을 존경하던 대로 시부모 역시 깊이 존경했다. 시댁 모든 식구들에게 온화하게 대하고 친근한 사이를 유지했으며, 신중하고 겸손하게 지냈다. 매우 근면하고 성실한 주부이기도 했다. 남편을 깊이 사랑했으며 잘 섬겼다. 남편 시중드는 일은 하인들에게 맡기지 않았으며 직접 요리를 했다.

직접 밥을 짓고

그릇들을 씻었으며
어머니가 외아들을 대하듯
남편을 보살폈습니다

이처럼 정숙하고 헌신적이며
충실하고 겸손하고
일찍 일어나고 게으르지 않고
부덕婦德을 갖춘 여인이었던 저를
남편은 싫어했습니다
(테리가타 412~413)

이씨다씨는 사실 지극하게 남편을 섬기던 인도에서 아주 이상적인 아내였다. 남편이라면 모든 것을 갖춘 그런 아내를 만난 것을 기뻐해야만 했다. 일반적으로 온화한 성품으로 알려진 인도 여성들 중에서도 그녀는 참으로 훌륭한 아내였으며 진정한 보물이었다. 그런데 이상하게도 남편은 아내를 참지 못하고 부모에게 찾아가 불만을 토로했다. 그러나 부모는 며느리를 칭찬하며 이씨다씨를 왜 좋아하지 않느냐고 되물었다. 남편은 당황했다. 이씨다씨는 남편에게 조금도 해가 되는 일은 하지 않았고 아무런 욕설도 하지 않았다. 지극하게 섬겼고 사랑으로 받들었다. 그런데도 그는 그저 싫어했다. 남편은 이씨다씨 꼴이 보기 싫으니 집을 나가겠다고 선언했다(테리가타 414~416).

시부모는 너무 화가 났으며 아들을 이해할 수 없었다. 이씨다씨를 불러 아들과의 일을 들려주며, 질책하지 않을 것이니 무엇을 잘못했는지 고백하라고 다그쳤다. 그들은 아들이 숨기는 것이 있으리라 짐작하고 이씨다씨에게 솔직하게 말하라고 했다. 이씨다씨를 아끼던 시부모였지만 아들에게 문제가 있을 것이라고 생각하지 않았다. 아들은 이씨다씨에게 잘못을 저지르지 않았으며, 그저 스스로 집을 떠나겠다고만 했다. 시부모는 며느리가 어떤 잘못을 저질렀든지 용서할 준비가 되어 있었다. 이씨다씨는 정직하게 답했다.

저는 아무런 잘못도 하지 않았습니다
남편에게 해를 끼치지도 않았고 어떤 욕설도 하지 않았습니다
남편이 그냥 저를 미워하는데
제가 무엇을 할 수 있겠습니까
(테리가타 418)

사실 아무 일도 없었다. 남편도 왜 이씨다씨가 싫은지 몰랐으며, 그저 그녀를 미워하는 이유에 대해 설명할 수 없었다. 시부모는 상황을 수습할 수 없었지만, 아들을 잃을 수는 없었기에 며느리를 친정으로 돌려보낼 수밖에 없었다. 시부모는 며느리처럼 훌륭한 여인은 반드시 좋은 남편을 만나 행복하게 지낼 수 있을 것이라고 믿었다. 이씨다씨에게는 아주 비참한 일이었다. 남편에게 버림받은 아내가 되어 부모에게 돌아왔을 때 이씨다씨는 몹시 고통스럽고 절망스러웠다.

시부모는 저를 친정으로 보냈습니다
시댁에서 쫓겨나며 몹시 괴로웠습니다

시부모는 아들 편을 들어주려다 보니
우리는 아름다운 행운의 여신을 잃는구나 이렇게 말했습니다
(테리가타 419)

친정아버지는 외동딸 이씨다씨를 다시 거두었다. 무슨 일인지 이해할 수 없었지만 딸을 위해 다른 남편감을 찾기 시작했다. 잘 아는 사람들 중에서 바르고 부유한 남자를 찾았다. 재산의 절반을 지참금으로 주면서 결혼시켰다. 이씨다씨는 새로운 남편을 지극하게 섬기고 살았지만, 이상하게도 겨우 한 달 만에 똑같은 일이 반복되었다. 두 번째 남편도 그냥 그녀를 싫어했고, 다시 친정으로 돌려보냈다.

이씨다씨와 아버지는 망연자실했다. 얼마 지나지 않아 수행자가 탁발을 하러 집에 왔다. 그는 그다지 엄격하게 금욕을 지키며 수행하는 사람은 아니었으며, 아버지는 그에게 이씨다씨를 보내야겠다고 생각했다. 아버지는 고행자에게 넝마 옷과 발우를 버리고 호화로운 집에서 아름다운 아내와 안락하게 살 것을 제안했다. 금욕주의자는 제안을 흔쾌하게 받아들여 같이 살았다. 그런데 불과 보름 만에 장인에게 와서 넝마 옷과 발우를 돌려 달라고 간청했다. 이씨다씨와 함께 하루를 더 사느니 차라리 가난한 거지로 굶어 죽겠다고 했다. 온 가족이 매달려 무엇을 원하든지 모든 것을 들어주겠다고 했다. 한 가지만 소원을 들어달라며, 이씨다씨와 한 지붕 아래 살지 않게 해 달라고 했다. 결국 그는 떠났다(테리가타 422~425).

이씨다씨는 극도로 비참했고, 고통을 견디기보다는 자살을 생각하며 하루하루를 보냈다. 어느 날 지나닷따 비구니가 탁발을 하러 왔다.

지나닷따의 평온한 모습을 본 이씨다씨는 자신이 비구니가 되어야겠다고 결심했다. 이씨다씨는 출가하겠다고 했지만 아버지는 외동딸을 잃을 수 없었다. 얼마든지 집에 살면서도 축복을 받을 수 있는 공덕을 쌓을 수 있을 것이라고 했다. 이씨다씨는 울며 자신을 놓아달라고 애원했다. 이씨다씨는 이해할 수 없는 자신의 운명이 본생에서 만들어진 근원적인 이유, 어떤 악업 때문이었다는 사실을 깨달았다. 마침내 아버지는 마음을 바꾸었다.

저는 아버지께
울면서 합장하며 간청했습니다
악업은 제가 지은 것입니다
제가 지은 그 업을 소멸하려 합니다

아버지는 저에게 이렇게 말씀하셨습니다
최상의 가르침과 깨달음을 이루어라
인간 가운데 가장 위대하신 분께서 이루신
열반을 성취하여라
(테리가타 431~432)

이씨다씨는 이렇게 부모와 친척들을 떠나 집을 나섰다. 지나닷따 비구니를 따라 사원으로 가 출가 생활을 시작했다.

이씨다씨는 출가하여 용맹 정진했고 이레 만에 세 가지 밝은 지혜(삼명지三明智)를 성취했다. 본생을 보았고(숙명지宿命智), 중생이 나고 죽음을 알았으며(천안지天眼智), 번뇌를 끊어 없앤 아라한의 지혜(누진지漏盡智)를 이루었다. 이번 생에서 결혼에 계속 실패한 근본 원인과 윤회의 굴곡에 감춰진 많은 까닭을 낱낱이 다 알게 되었다.

이씨다씨는 본생에 아주 젊고 잘생겼으며 부유한 금 세공인이었다. 이씨다씨는 아름다운 외모에 이끌려 여인들을 탐했다. 나비가 이 꽃에서 저 꽃으로 날아다니듯 다른 남자의 아내들을 차례로 만나 사랑을 나누었다. 카사노바나 돈 후안[31]처럼 사랑을 즐겼고, 자신이 저지른 악행에 대해 아무런 양심의 가책도 느끼지 않았다. 원했던 것은 오로지 여인들과 만나 얻는 쾌감과 자극적인 탐욕이었다. 책임감도 없었고, 진정으로 사랑하지도 않았으며, 아무런 의무감도 없었다. 그저 즐기기만 했으며 계속 다른 여자들을 찾아다녔다. 그의 탐욕과 쾌락에 희생된 여인들의 마음에 고통을 주었지만 조금도 관심이 없었다. 그는 여인들과 그 남편들의 마음을 아프게 하든 말든 전혀 신경을 쓰지 않았다. 그저 불타는 화산 꼭대기에서 불꽃이 다 타오를 때까지 잠깐 헛된 춤을 춘 셈이었다.

그는 스스로 저지른 악행으로 판 어두운 심연에 빠졌다. 울부짖고 이를 악물어야 할 만큼 고통스러운 지옥에 태어났다. 자신이 다른 사람들에게 안겨 준 고통보다 천 배는 더 고통을 받았다. 생전에 지은 악업이 잔인하고 무자비했기 때문에, 지옥에서 자비도 연민도 동정도 없는 형벌을 받았다. 삿된 음행을 저지른 죄인들은 잎사귀 하나하나가 칼날로 된 나무가 가득한 숲을 쉬지 않고 쫓겨 다니며 칼날에 온몸을 베인다. 그들은 멀리서 아름다운 여성을 보고 그녀를 뒤쫓아 가다 면도날처럼 날카로운 칼날에 베였다. 아름다운 여성은 곧 손에 잡힐 듯 보이지만 결코 잡을 수 없다. 욕망에 사로잡힌 게으름뱅이는 스스로 칼날 숲에 몸을 던진다. 수없이 숲을 헤매며 온 몸이 갈기갈기 찢겨나간다. "그리고 나는 거기에서 죽어 오랜 세월 지옥에서 고통을 겪었습니다. 지옥에서 나와서는 암 원숭이 태에 들어갔습니다(테리가타 436)." 이씨다씨는 금 세공인으로 살면서 저지른 악행을 뚜렷하게 기억했고, 왜 지옥에서 형벌을 받는지 잘 알고 있었다.

지옥에서 고통을 받은 이씨다씨는 윤회를 계속한다. 다음 생에서는 모든 것을 잊고 원숭이로 다시 태어났다. 자신이 저지른 악행으로 최악의 과보를 받으면서, 내면에서부터 서서히 깨어났다. 자신이 유혹해 쾌락을 즐겼던 여인들을 내팽개치고, 그 남편들을 멸시하며 조롱했던 일에 대해 참회했다. 그러나 여전히 그에게는 갈애에 대한 동물적 충동이 남아 있었기 때문에 원숭이로 태어났다. 사람은 자신이 욕망하는 대로 이끌려가게 마련이다. 하염없이 방탕하던 그는 이제 이성이 아니라 욕망에 따라 살아가는 동물로 태어났으며, 인간에 가장 가까운 원숭이가 되었다. 원숭이 무리 대장은 미래의 경쟁자를 제거하기 위해 그가 태어난 지 이레 만에 성기를 물어뜯어 거세해 버렸다.

무리를 이끌던 대장 원숭이가
태어난 지 이레 만에 거세했으니
다른 사람의 아내를 범한
내 업의 과보를 받았습니다
(테리가타 437)

원숭이로 살다 죽은 이씨다씨는 절름발이에 외눈박이인 산양의 새끼로 태어났다. 거세 당한 채로 십이 년 동안 장 내에 붙어사는 기생충에 시달리며, 비참한 상태로 살았다. 거세되었기 때문에 성욕을 채울 수도 없었다. 세 번째로 소로 태어났으나 다시 거세 당했고, 쉬지도 못한 채 일 년 내내 쟁기를 옮기고 수레를 끌어야 했다(테리가타 440~441).

금 세공인으로 방탕하게 살면서 항상 나태하게 지냈던 과보로 열심히 일을 해야 했다. 거세된 채로 해야 할 일은 많았고 즐거움은 없었다. 하루 종일 무거운 짐을 져야 했으며 어느 순간 앞을 볼 수도 없게 되었다.

금 세공인은 지옥을 거쳐 원숭이로, 산양으로, 소로 태어나며 윤회를 하다 다시 사람으로 태어났다. 하녀 집에 태어났는데, 여자도 남자도 아닌 상태로 태어났다(테리가타 442). 본생에서 자신의 성기와 여인의 성기에 너무 집착했기 때문에 두 가지를 동시에 가지고 태어난 것이다. 시녀의 아들로 시궁창에서 태어났으며, 삼십 년 동안 불행하게 살다 세상을 떠났다.

남자에서 지옥으로, 지옥에서 동물로, 동물에서 자웅동체로 윤회한 존재는 여자로 다시 태어났다. 몇 생을 윤회하며 성性을 바꾸게 되었다. 그는 이제 본생에 그가 욕망의 대상으로 삼았던 여자가 되었다. 욕망은 사람을 그가 원하는 것으로 만든다. 이번 생에서는 가난하고 빚을 많이 진 마부의 딸로 태어났다. 빚쟁이들은 그를 괴롭혔다. 부유한 상인은 빚을 없애주고 약간의 웃돈을 주고 딸을 노예로 끌고 갔다. 아무리 울부짖고 슬퍼했지만 소용없었다. 열여섯 살이 되어 아름다운 소녀로 성장했을 때, '기리다싸'라는 그 집 아들이 탐내 첩으로 삼았다. 그는 이미 헌신적이고 사랑스러우며 덕이 많은 아내가 있었다. 이씨다씨는 첫 번째 아내를 질투했으며, 남편을 독차지하기 위해 온갖 일을 마다하지 않았다. 그들 사이가 멀어지도록 이간질도 서슴지 않았다. 극도로 빈곤한 삶의 비참함, 노예 생활의 처절함을 겪은 그녀는 부자의 아내 자리를 탐냈다. 마침내 그 집 아들의 첫 번째 아내를 쫓아내는 데 성공했다(테리가타 443~446).

인간으로 태어난 복덕을 제 발로 걷어차 버리고 살다가 죽어 이씨다씨로 다시 태어났다. 본생에 저지른 악행의 과보를 다 받았기 때문에 비로소 정상적인 사람으로 태어났다. 그러나 바로 직전 생에서 다른 여자를 집에서 쫓아내고, 그녀의 복덕을 가로챘다. 이 때문에 이번 생에서는 세 명의 남편에게서 계속 버림받았다. 이씨다씨가 사랑했던 세 남자들은 누구도 그녀를 원하지 않았다. 모두 그녀를 멸시했으며 아내로 인정하지 않고 거부했다. 겉으로 보기에는 아무런 이유가 없었지만 실제로는 이씨다씨가 본생에 저지른 악한 업의 과보였다. 다행스럽게도 이씨다씨는 이번 생에서 분노하거나 거칠게 반응하지 않고 항상 좋은 아내가 되기 위해 노력했다. 비구니가 된 후 이씨다씨는 매우 빠르게 선정 삼매에 들 수 있었다. 신비로운 운명의 열쇠를 찾았다.

이씨다씨는 윤회와 죄업이 어떻게 연결되는지 보았으며, 마음 내키는 대로 쾌락적 욕망을 즐긴 업이 어떤 결과를 낳았는지 깨달았다. 그 과정에서 어떻게 다른 사람들에게 고통을 주었으며, 자신만을 생각하게 되는지도 알았다. 이제 이씨다씨는 욕망에서 완전히 벗어나고자 하는 마음이 생겼다. 인과관계를 깨닫고 생을 거듭하며 고통스러운 윤회에서 벗어나고 싶어졌다. 과거의 생과 현재의 생이 서로 영향을 주는 상호작용을 하고 있으며, 다른 사람에게서도 마찬가지라는 사실을 천안통으로 보았다. 부처님의 가르침을 따라 수행하며 모든 번뇌를 소멸하는 밝은 지혜(누진지漏盡智)를 성취했다. 고통을 없애는 네 가지 성스러운 진리(사성제四聖諦)를 깨달았다. 이씨다씨는 드디어 성스러운 아라한이 되었다. 음탕한 생활로 인한 과보 때문에 지옥에서 방황하다, 짐승의 수컷으로 세 번 태어났으며, 자웅동체로 태어났고, 가난한 집안의 딸로, 마침내 버림받은 아내로 윤회를 거듭했던 이씨다씨였다. 여덟 번의 삶은 혼란과 애착과 증오로 가득했다. 이씨다씨는 여덟 번의 생으로 충분했으며, 이제 마침내 해탈을 이루었다고 선언할 수 있었다.

나는 그들을 여종처럼 섬겼지만
그들이 나를 져버리고 떠난 것은
내 업의 결과였다
나는 마침내 그 모든 것을 끝냈다
(테리가타 447)

8. 앙굴리말라

－살인자에서 성자로－

헬무스 헤커

연쇄살인자가 되다

앙굴리말라는 경전에서 아주 많이 알려진 인물이다.[1] 수백 명을 죽인 연쇄 살인자였던 앙굴리말라가 청정한 해탈을 이루고 아라한을 성취했던 이야기는 불교 국가 어린이들에게도 널리 알려져 있다. 불교 국가에서는 앙굴리말라가 아이를 가진 어머니들을 지켜 준다고 믿으며, 그의 가피와 축복으로 무사히 아이를 낳을 수 있다고 받아들인다.[2] 부처님께서는 늘 겉모습과 드러난 행위만으로 사람을 평가하지 말라고 하셨다. 부처님께서는 위대한 지혜로 다른 사람의 마음을 정확하게 꿰뚫어 보셨다. 부처님께서는 앙굴리말라가 이번 생에서 환생과 끝없는 윤회로 받게 될 모든 고통에서 벗어나 해탈할 수 있는 가능성을 보셨다. 신앙심이 깊은 사람들은 그런 사례들에서 깊은 감동을 받았지만, 사람은 근본적으로 바뀔 수 없다고 믿는 사람들도 있다. 그러나 앙굴리말라는 완전히 바뀐 사람의 좋은 본보기가 될 것이다.

부처님 시대, 박가와 각가라는 학식 높은 바라문이 있었다. 꼬쌀라국 빠세나디왕 밑에서 최고 관직인 왕실 사제를 지냈다. 어느 날 밤 아내 만따니가 아들을 낳았다. 아들 운세를 보았는데, 놀랍게도 '도둑 별자리'를 타고 태어나 범죄자가 될 가능성이 높았다. 충격적이고 예상치 못한 결과를 본 아버지는 세상이 무너지는 듯했다.

다음날 아침 바라문은 여느 때와 같이 출근해 왕에게 지난 밤 잘 잤는지 물었다. 왕이 답했다. "어젯밤에는 제대로 잘 수 없었다. 한밤중 깨었는데, 침상 아래 놓여 있던 칼이나 창 이런 무기들이 번쩍번쩍 빛나고 있었다. 너무 두려워 다시 잠에 들지 못했다. 왕국이나 나에게 위기가 왔다는 사실을 암시하는 징조가 아닌가?"

바라문은 사실대로 말했다. "왕이시여, 두려워하지 마십시오. 어젯밤 성 전체에 같은 일들이 일어났는데, 왕과는 관련이 없는 일입니다. 어젯밤 제 아내가 아들을 낳았는데 불길하게도 아들 별자리가 도둑자리였습니다. 그 때문에 칼이나 창이 번쩍거렸을 뿐입니다."

"자네 아들은 그저 혼자 도둑이 되겠는가, 아니면 무리를 이끄는 우두머리가 되겠는가?"

"외톨이가 될 것입니다, 폐하. 지금 아들을 죽여 앞으로 일어날 범죄를 막아야겠습니다."

"자네 아들이 그저 혼자 도둑질을 하게 된다면, 잘 가르쳐 바르게 키우게. 타고난 운명은 바뀔 수도 있다네."

박가와 바라문은 아들의 이름을 "누구에게도 해를 끼치지 않는 자"라는 뜻을 담은 아힝사까라고 지었다. 아들이 이름대로 항상 선하고 품성 좋은 사람으로 자라기를 바라는 마음에서였다. 아힝사까는 잘 자라 주었다. 건강하고 강인한 육체를 가지게 되었고, 품행도 단정하고 총명했으며, 지적이었다. 공부에도 열심이었기 때문에, 부모는 매우 기뻐했다. 종교적인 가정교육으로 아들이 타고난 악한 기질이 바뀌었다고 생각했다.

아버지는 아힝사까를 인도에서 최고의 대학이던 탁까실라로 보냈다. 아힝사까는 대학에서 최고의 스승에게 인정받았으며, 매우 성실하게 공부해 성적이 가장 뛰어났다. 항상 겸손했으며 선생님들을 존중했기 때문에 가장 총애하는 제자가 되었다. 선생님들은 자주 집으로 초대해 식사를 함께했다. 같이 대학을 다니던 학생들은 아힝사까를 시기하고 질투했고, 학교에서 그를 몰아내려고 했다. "젊은 아힝사까가 학교에 온 후 우리는 잊혀졌다. 아힝사까와 선생님들 사이를 떼 놓아야 한다." 그러나 아힝사까는 가문도 훌륭한데다 매우 열심히 공부했기 때문에 그들의 시도는 성공하지 못했다. 그들은 급기야 세 번에 걸쳐 직접 선생님들을 찾아가 아힝사까에 대한 험담을 늘어놓기로 했다.

첫 번째 무리가 선생님을 찾아가 아힝사까가 선생님 부인과 관계를 맺었다고 모략했다. 이 말을 들은 선생님은 흥분하여 그들을 꾸짖었다. "물러가라, 이 녀석들아, 나와 내 제자 사이에 불화를 일으키려고 하지 마라!" 얼마 후, 두 번째 무리들이 같은 내용을 전했다. 세 번째 무리가 찾아와 "선생님께서 믿지 않으신다면 저희들이 직접 증거를 가져오겠습니다."라고 말했다. 드디어 선생님의 마음에 의심이라는 독의 씨앗이 자리 잡았다. 선생님은 머리도 좋고 매우 건강한 아힝사까가 그를 해치려 한다고 믿게 되었다. 항상 의심은 없는 사실도 있는 것처럼 보이게 만들고, 결국 확신으로 바뀌게 마련이다. 결국 선생님은 "내가 죽기 전에 아힝사까를 죽여야겠다."고 마음먹었다. "아힝사까는 매우 강하다. 그를 죽이기는 쉽지 않을 것이다. 게다가 내 학생으로 있을 때 죽으면 내 명예는 땅에 떨어질 것이다. 나를 찾는 제자들이 없게 될 것이다. 아힝사까를 없애기 위해 다른 방법을 써야겠다."

얼마 지나지 않아 아힝사까가 공부가 끝나고 집으로 돌아갈 무렵이 되었다. 선생은 아힝사까를 불렀다. "사랑하는 아힝사까여, 졸업을 앞둔 제자는 스승에게 명예로운 선물을 해야 한다. 너도 존경을 담아 선물을 마련해 와야 한다." "잘 알겠습니다, 스승님. 어떤 선물을 드려야 할까요?" "너는 내게 사람의 오른손 새끼손가락 천 개를 가져와야 한다. 이것이 네가 졸업하기 위해 치르는 마지막 의식이 될 것이다."

선생은 아마도 아힝사까가 타고난 폭력적인 성향을 알아차리고, 천 명의 새끼손가락을 가져오기 위해 악행을 저지르다 붙잡혀, 처형당하거나 스스로 목숨을 끊게 될 것으로 예상했을 것이다. 아힝사까가 타고난 별자리를 알고, 폭력적인 성향을 자극하려고 했을 것이다.

터무니없는 요구를 받은 아힝사까는 이렇게 외쳤다. "오 스승이시여, 어떻게 그럴 수 있겠습니까? 저희 가족은 폭력을 사용한 적이 없고, 누구에게도 해를 끼치지 않은 집안입니다." "그동안 네가 배운 학문에 적절한 예의를 표하지 않는다면, 너는 학업을 마칠 수 없고, 졸업도 못하게 될 것이다." 그렇게 설득 당한 아힝사까는 제안을 받아들이고 스승에게 인사한 후 길을 떠났다.

아힝사까 이야기를 담고 있는 문헌들에서는 스승이 아힝사까를 설득한 내용이 무엇인지 정확하게 전하지 않았다.[3] 다만 아힝사까는 어려서부터 스승에게 무조건적으로 순종하는 것이 제자의 첫 번째 의무라고 믿었기 때문에 그 터무니없는 요구를 받아들였을 것으로 보인다. 그러나 그가 스승의 말을 따르기로 했던 결정적인 원인은 타고난 폭력 성향이었을 것이다. 그 때문에 아힝사까는 스승의 말에 이상하게 끌렸을 수도 있고, 어쩌면 그렇게 하는 것이 남자다운 일이라고 생각했을 수도 있을 것이다.

전해 오는 이야기에 따르면 아힝사까는 본생에 강력하고 악한 영적인 존재, 야차夜叉로서 인육을 먹기 위해 신통력을 사용해 살인을 했다. 자타카에 기록된 그의 본생에는 두 가지 특징이 있다. 육체적으로 매우 강인했고, 자비심이 없었다. 본생에서 지은 악한 업이 이번 생에 스며들어와 어린 시절에 가졌던 선한 성품과 좋은 교육, 훌륭한 자질을 덮어 버렸다.

사실 아힝사까는 다른 사람을 해치지 않고서도 스승의 요구를 들어줄 수 있었다. 당시 인도에서는 묘지가 개방되어 있었는데, 이미 세상을 떠난 시체의 손가락을 모을 수도 있었다. 그러나 그 방법은 생각조차 하지 못했고 다른 길을 선택했다. 아힝사까는 큰 칼과 활 등을 갖추고 고향인 꼬살라국에 있는 잘리니('그물에 걸린'이라는 뜻을 가진 이름) 숲으로 들어갔다. 잘리니 숲에서 사람들이 오고가는 길을 내려다보는 높은 벼랑 위에 자리를 잡았다. 사람들이 다가오는 것을 보면 급히 뛰어 내려가 죽이고 손가락 하나를 잘라갔다. 시체가 생기면

새들이 날아와 살을 파먹고 뼈만 남기는 나무에 손가락을 매달아 두었다. 뼈가 땅에 떨어지면 실을 꿰어 목걸이로 만들었다. 그때부터 그는 "손가락 목걸이"라는 뜻의 앙굴리말라라는 별명을 얻었다.

앙굴리말라, 비구로 다시 태어나다

앙굴리말라가 살인을 거듭하자 잘리니 숲 근처에 얼씬거리는 사람이 없었다. 땔감을 구하러 오는 사람도 없었다. 앙굴리말라는 이제 마을 근처까지 내려와 숨어 살며, 주민들을 공격해 죽이고 손가락을 잘라가 목걸이를 채워갔다. 여러 마을을 돌며 살인을 했다. 앙굴리말라가 워낙 잔혹해 누구도 저항할 수 없었기 때문에 사람들은 집을 버리고 도망쳤으며, 마을은 황폐해졌다. 마을을 등지고 떠난 사람들은 사왓티로 도망쳐 성 밖에 천막을 치고 살았다. 왕궁으로 찾아가 울고 통곡하며 바사익왕에게 호소했다. 왕은 단호하게 조치를 취했다. 북을 쳐서 사람들을 모아 놓고 선포했다.

"하루빨리 살인마 앙굴리말라를 잡아들여라. 모든 군대는 출동준비를 하고 명령을 이행하도록 하라!"

앙굴리말라가 어느 집안 출신인지, 진짜 이름이 무엇인지는 아직 알려지지 않았지만, 어머니는 직감적으로 탁까실라에서 돌아오지 않은 아들임을 알았다. 어머니는 왕의 포고를 듣고, 아들이 타고난 운명대로 사악한 길로 빠져 들었다고 확신했다. 남편 박가와 바라문에게 가서 말했다. "저 무서운 살인마, 앙굴리말라는 우리 아들입니다. 이제 군인들이 아들을 잡으러 갑니다. 군인들보다 먼저 가서 아들에게 사정해서 집으로 데려오십시오. 그렇지 않으면 처형당할 것입니다.” 박가와 바라문은 단호했다. “나에게는 그런 아들이 없소. 왕께서 처리하시는 대로 지켜 볼 것이오.” 어머니는 연약했지만 아들을 사랑하는 마음은 강했다. 앙굴리말라가 숨어 있는 숲으로 혼자 떠났다. 아들에게 간청해 칼을 버리고 집으로 데려오기 위해서였다.

당시 앙굴리말라는 선생이 제시한 천 개의 손가락을 채우기 위해 단 한 개만 남겨 놓은 상태였다. 이미 999명을 죽여 손가락을 모았다. 임무를 끝내기 위해 어머니를 죽였을 수도 있었다. 어머니를 해치는 것은 지옥에 떨어지는 다섯 가지 극악무도한 죄업(오역죄五逆罪) 가운데 하나였다. 앙굴리말라는 알지 못하는 사이에 지옥에 아주 가까이 다가가고 있었다.

부처님께서 법을 펴신 지 십이 년이 되던 해 대자비심으로 세상을 살피다 앙굴리말라가 처한 사정을 아시게 되었다. 본생을 꿰뚫어 보시는 부처님께 앙굴리말라는 낯설지 않았다. 본생에서 만났던 여러 번의 삶에서 보살은 앙굴리말라의 육체적 힘을 정신의 힘으로 굴복시켰다. 앙굴리말라가 보살의 삼촌으로 살았던 경우도 있었다(자얏디싸의 본생 이야기 513). 두 사람은 엇갈린 채 윤회를 거듭했고, 이번 생에서는 부처님께서 앙굴리말라가 큰 위험에 처한 것을 보셨다. 돌이킬 수 없는 영적인 재앙에서 앙굴리말라를 구하기 위해 부처님께서는 주저하지 않고 백이십 리 길을 걸어오셨다.

앙굴리말라 경(맛지마니까야 86)은 그때 일을 이렇게 전하고 있다.

길을 지나던 소치는 이, 가축을 키우는 이, 농부들이 세존께서 살인마 앙굴리말라가 있는 곳을 향해서 걸어가시는 것을 보았다. 세존께 이와 같이 말씀드렸다. "수행자여, 이 길로 가지 마십시오. 수행자여, 이 길 끝에는 앙굴리말라라는 살인마가 있습니다. 잔인하여 손에 피를 묻히고 살육을 일삼고, 생명에 대한 자비가 없습니다. 마을과 도시와 지방을 황폐하게 만들었습니다. 사람을 죽여서 손가락뼈로 목걸이를 만들고 있습니다. 수행자여, 이 길을 열 사람, 스무 사람, 서른 사람, 마흔 사람, 쉰 사람이 모여서 가도, 오히려 흉적인 앙굴리말라의 손아귀에 떨어질 것입니다." 이 말을 들었을 때 세존께서는 조용히 나아가셨다. 사람들이 두 번째, 세 번째 경고했지만 세존께서는 여전히 묵묵하게 앞으로 나아가셨다.

그때 앙굴리말라는 멀리서 어머니가 오는 것을 보았다. 어머니를 알아보았지만, 그의 마음은 폭력과 무자비한 살생에 사로잡혀 있었다. 자신을 이 세상으로 데려온 바로 그 여인을 죽여 천 개의 손가락 목걸이를 완성할 작정이었다. 바로 그 순간 부처님께서 앙굴리말라와 그의 어머니 사이에 나타났다. 그를 보고 앙굴리말라는 생각했다. "다른 사람이 있는데 내가 왜 손가락 하나 때문에 어머니를 죽여야 하지? 어머니를 살려줘야겠다. 저 수행자를 죽이고 손가락을 잘라야겠다." 경전은 계속된다.

앙굴리말라는 칼과 방패를 든 채 활과 화살을 메고 세존 뒤를 바싹 쫓았다. 그때에 세존께서는 신통력을 쓰시어 앙굴리말라가

온 힘을 다해 달려도 보통 걸음으로 걷고 있는 세존을 따라 잡을 수가 없었다. 앙굴리말라는 이렇게 생각했다. '참으로 놀라운 일이다. 참으로 이전에 없었던 일이다. 나는 뛰어가는 코끼리도 따라 잡을 수 있었다. 나는 질주하는 말도 따라 잡을 수 있었다. 나는 말이 끄는 수레도 따라 잡을 수 있었다. 그런데 지금은 온 힘을 다해 달려도 보통 걸음으로 걷고 있는 이 수행자를 따라 잡을 수가 없다.' 그는 멈추어서 세존께 이와 같이 말했다. "수행자여, 멈추어라. 수행자여, 멈추어라."

"나는 멈추었다, 앙굴리말라여, 그대도 멈추어라."

그때 앙굴리말라에게 이런 생각이 들었다. "이 수행자는 싸끼야족의 아들로 진리를 말하고 진실을 주장하는 자이다. 그런데 이 수행자는 걸으면서 '나는 멈추었다, 앙굴리말라여, 그대도 멈추어라.'고 말한다. 이 수행자에게 그것에 대해 물어보면 어떨까?"

앙굴리말라는 게송으로 이렇게 물어보았다.

수행자여 그대는 걸어가면서 나는 멈추었다고 말하고
걸음을 멈춘 나에게 그대는 멈추라고 말한다
수행자여 나는 그대에게 그 뜻을 묻겠다
어찌하여 그대는 멈추었고 나는 멈추지 않았는가

세존께서는 이렇게 게송으로 설하셨다.

앙굴리말라여 나는 언제나

모든 살아 있는 존재에게 폭력을 멈추고 있다
그러나 그대는 살아 있는 생명을 해치는 일을 멈추지 않는다
그러므로 나는 멈추었고 그대는 멈추지 않았다

앙굴리말라는 세존의 가르침을 듣고, 두 번째로 마음의 큰 변화를 겪었다. 지난 몇 년 동안, 아주 오랫동안 막혀 있던 고귀하고 순수한 성품이 한순간에 솟구쳐 올라왔다. 그는 자신 앞에 있는 수행자가 평범한 비구가 아니라 세존 그분임을 깨달았다. 스승께서 몸소 자신이 처해 있는 비참하고 끝없는 심연에서 건져 올리기 위해 숲으로 오셨음을 알았다. 깊은 감동을 받았고, 무기를 버리고 완전히 새로운 삶을 향해 가겠다고 마음먹었다.

오 드디어 이 수행자가 위대한 선인으로
나를 위해 이 커다란 숲에 나타나셨네
나에게 진리를 가르쳐 준 그대의 가르침을 듣고
나는 참으로 영원히 악함을 버렸네

이렇게 말하면서 살인마 앙굴리말라는 칼과 흉기를
깊이 갈라진 틈의 구덩이에 던져 버리고
살인마는 바르게 잘 가신 분(선서善逝)의 두 발에 예경드리고
거기서 그는 출가를 허락해 달라고 간청했네
부처님께서는 참으로 자비로운 위대한 선인
신들과 사람들의 스승이네

이때에 오라 수행승이여 라고 말씀하시니
앙굴리말라는 수행승이 되어 있었다네

경전이나 주석서 등 어떤 문헌에서도 앙굴리말라의 내적 변화에 대해 상세하게 전해 주지는 않는다. 그렇지만 부처님께서는 사악한 행위로 고통 받는 앙굴리말라에게 찰나에 바른 길을 보여 주셨음을 알 수 있다. 앙굴리말라가 저지른 사악한 업이 익어갈 때 그를 기다리던 더 큰 비극을 막아 주셨다. 앙굴리말라는 맹목적인 어리석음으로 자신이 어떻게 희생되어 가고 있었는지를 깨달았을 것이다. 자신을 끊임없이 괴롭히는 어두운 과보를 피할 수 있는 유일한 방법은 모든 윤회와 고통의 뿌리를 뽑는 것뿐이라는 사실도 분명하게 알았을 것이다. 이렇게 세상에서는 더 희망이 없었음을 알았고, 스스로를 속이는 행위를 극복해야 함을 꿰뚫어 보았을 것이다. 이 어둡고 비참한 세계에서 해탈할 수 있다는 희망에 자신을 맡기기로 했다. 앙굴리말라는 출가함으로써 그를 제도해 주신 분이요, 의지처이시며, 깨달으신 분의 영적인 아들이 되었다. 아주 빠르게 모든 번뇌를 소멸하고 아라한을 성취했다.

얼마 지나지 않아 부처님께서는 많은 제자들과 수행승이 된 앙굴리말라와 함께 사왓티로 향해 가셨다. 서두르지 않고 느긋하게 사왓티에 도착했다. 사왓티 사람들은 아직 앙굴리말라의 위대한 변화를 알지 못했다. 바사익왕이 살인마를 잡기 위해 군대를 보내는 것을 너무 오래 주저하고 있다고 불평했다. 부처님께서 사왓티에 도착하신 그때 바사익왕은 정예군을 이끌고 앙굴리말라가 숨어 살던 잘리니 숲을 향해 출발하고 있었다. 도중에 부처님께서 방금 도착한 제따와나 사원을 지나게 되었다. 왕은 부처님을 청정하게 믿고 따르고 있었기 때문에 예경을 드리기 위해 행군을 멈췄다.

부처님께서 군대를 보고 왕에게 이웃 나라와 전쟁을 하러 가던 길인지 물으셨다. 왕은 전쟁은 아니고, 단 한 명의 남자, 살인마 앙굴리말라를 잡으러 가는 길이라고 아뢰었다. 그러면서 많은 군대를 이끌고 가지만 그를 이길 수 없을 것이라고 걱정했다.

그러자 세존께서 물으셨다. "대왕이여, 앙굴리말라가 머리카락과 수염을 깎고 출가하여 가사를 입고 수행승이 된 것을 보시게 된다면, 생명을 죽이는 것을 삼가고 어리석은 거짓말을 하지 않는 것을 보시게 된다면, 하루 한 끼만 탁발을 해서 공양을 하고 계율을 지키고 가르침을 따르는 것을 보시게 된다면 왕께서는 그를 어떻게 대하겠습니까?"

"세존이시여, 저희는 그에게 경의를 표하고 일어서서 환영하여 자리를 마련해 초대하고, 비구가 갖춰야 하는 네 가지 필수품(옷과 음식, 처소, 약품, 사종자구四種資具)을 선물하고, 법답게 보살피고 보호하고 지켜드릴 것입니다. 그러나 세존이시여, 그는 사악한 성품을 지닌 자입니다. 그런 그가 어떻게 계율을 지키고 살 수 있겠습니까?"

세존께서는 오른팔을 뻗어 왕에게 말씀하셨다. "대왕이시여, 이 수행승이 바로 앙굴리말라입니다."

왕은 크게 두려워하며 온몸의 털이 솟구쳤다. 악명 높은 앙굴리마라를 보고 완전히 평정심을 잃어 버렸다. 부처님께서는 "두려워하지 마소서, 대왕이시여. 대왕께서 그를 두려워해야 할 것은 없습니다."라고 말씀하셨다.

왕은 평정심을 되찾고 앙굴리말라 존자에게 다가갔다. 수행승을 잔인한 행위에서 비롯된 이름으로 부르는 것은 적절한 일이 아니라고 생각했고, 아버지와 어머니의 성이 무엇인지 물었다. 아버지는 바라문 박가와이고 어머니는 만따니라는 말을 듣고, 앙굴리말라가 자신의 왕실 사제 아들이라는 사실에 크게 놀랐다. 앙굴리말라가 태어났을 당시를 기억했다. 세존께서 이 잔인한 사람을 고귀한 수행승으로 바꾸셨다는 사실에 깊이 감동했다. 왕은 이제 수행승에게 필요한 네 가지 필수품, 옷, 음식, 거처, 필수약품을 보시해 "고귀한 박가와 각가와 만따니의 아들"을 지원하겠다고 제안했다. 그러나 앙굴리말라는 네 가지 두타행頭陀行을 지키며 수행하겠다고 말했다. 숲에서 살며, 탁발을 하며 걸식하고, 분소의를 입고, 세 가지 옷만 지니겠다고 했다. 앙굴리말라는 이렇게 말했다. "대왕이시여, 저는 단지 세 벌의 옷으로 만족합니다."

그런 다음 왕은 다시 세존께 다가가 이렇게 말씀드렸다. "세존이시여, 다스릴 수 없는 자를 다스리시고, 난폭한 자를 달래시고, 열반에 들 수 없는 자를 열반에 들게 만드셨습니다. 저희들이 몽둥이와 칼로 다스리는 자를 세존께서는 몽둥이도 칼도 없이 다스리셨습니다. 저희들은 이제 그만 물러가겠습니다."

앙굴리말라는 아침 일찍 탁발을 하러 마을로 갔다. 사람들은 그를 보기만 해도 두려워서 도망쳤고 문을 걸어 잠갔다. 앙굴리말라는 먼저 사왓티성 바깥 마을로 갔고, 성 안에서도 눈에 띄지 않게 탁발을 하려고 했지만, 어디에서나 마찬가지였다. 탁발을 하는 동안 한 숟가락의 음식이나 죽 한 국자도 보시를 받을 수 없었다.

비나야삐따까(1:74)는 앙굴리말라가 가사를 입은 것을 본 사람들이 분개하며 비난했다고 기록하고 있다. “어떻게 싸끼야의 아들들이 악명 높은 앙굴리말라를 출가시킬 수 있단 말인가?” 수행승들은 사람들이 비난하는 것을 듣고 세존께 고했다. 세존께서는 선언하셨다. “비구들이여, 악명 높은 범죄자는 계를 받을 수 없다. 출가시키면 악작죄(惡作罪, 행위와 말로 계율을 어기는 가벼운 죄)를 범하는 것이다.” 부처님께서는 범죄자에게서 선함의 씨앗을 보실 수 있었지만, 제자들에게는 그러한 능력이 없음을 아셨다. 또 악한 범죄자를 완전히 바꿔놓을 능력이 없는 사실도 잘 알고 계셨다. 이미 악한 범죄자를 수행승으로 받아들이게 되면, 진심으로 참회하지 않은 악인들이 처벌을 피하기 위해 승가를 이용할 가능성도 차단하셨다.

부처님께서 내리신 판단을 따른 일부 사람들만이 앙굴리말라가 탁발을 하러 왔을 때 보시를 했지만, 대부분의 사람들은 여전히 적대적으로 그를 대했다. 앙굴리말라는 고향에서 탁발을 하는 것이 헛된 일임을 깨달았지만 자신이 저지른 죄업을 참회해야 하는 의무가 있었다. 그는 멈추지 않았다.

앙굴리말라, 아라한을 성취하다

어느 때 앙굴리말라가 탁발을 하다가 아이를 낳는 데 큰 어려움을 겪고 있는 여성을 봤다. 바로 그에게 연민이 생겨 이렇게 생각했다. ‘모든 생명은 얼마나 괴로운가! 참으로 모든 생명은 얼마나 괴로운가!’ 사원으로 돌아와 세존께 그 일을 아뢰었고, 세존께서는 이렇게 말씀하셨다. "앙굴리말라여, 그렇다면 지금 사왓티로 가거라. 그리고 그 여인에게 이렇게 말해 주거라. 저는 태어난 이래 살아 있는 생명을 의도적으로 빼앗은 일이 없습니다. 이러한 진실로 인해 당신은 무사하고 아이도 무사히 태어날 것입니다."

앙굴리말라는 다시 이렇게 여쭈었다. "세존이시여, 저는 제 의지로 많은 생명을 해쳤는데, 그렇게 하면 제가 의도적으로 거짓말을 하게 되지 않습니까?"

"그렇다면 앙굴리말라여, 지금 사왓티로 가서 그 여인에게 이렇게 말해 주거라. 여인이여, 저는 고귀하게 다시 태어난 이후로 고의적으로 생명을 빼앗은 일이 없습니다. 이 진실로 인해 그대는 건강할 것이고, 그대의 아이는 안전할 것입니다!"

앙굴리말라는 다시 오겠다고 그 여인에게 약속했었다. 사람들은 그녀의 방에 장막을 치고, 스님이 앉을 의자를 마련해 놓았다. 앙굴리말라는 여인의 집으로 가, 부처님 지시에 따라 '진실 선언'을 했다. 그의 말은 참으로 옳았다. 앙굴리말라가 부처님께 계를 받았을 때 고귀한 탄생, 영적 환생을 했기 때문이다. 그 변화는 예전에 그가 생명을 해치고 파괴했던 과거의 능력보다 훨씬 강력하게 다른 생명을 돕고 치유하는 능력을 주었다. 앙굴리말라가 선언한 진실의 서약으로 산모는 무사히 아이를 낳을 수 있었다.

부처님께서는 보통은 '죽은 사람을 살리는 일'이나 '영적 치유'에 관여하지 않으셨다. 부처님께서는 다시 살아난 사람들이 언젠가 죽을 것이라는 사실을 알고 계셨다. 부처님께서는 궁극적인 열반에 이르는 진리와 열반을 성취하는 수행 방편을 설하실 때, 위대한 자비를 보이셨다. 그런데 왜 앙굴리말라에게는 치유의 목적으로 진리의 힘을 사용하라고 가르치셨을까? 고대 주석가들은 이때 일에 대해 이렇게 풀이하고 있다.

"세존께서 왜 비구에게 의사의 일을 맡기셨는지" 묻는 사람들이 있을지 모른다. 그 질문에 이렇게 답한다. "그때 일은 부처님께서 행하신 일이 아니다. 진실 선언은 치료 기능이 아니었다. 자기의 덕행을 되돌아보고 행한 일이다. 세존께서는 사람들이 앙굴리말라를 보고 겁에 질려 도망갔기 때문에 탁발이 부족하다는 것을 아셨다. 그러한 상황에서 앙굴리말라를 돕기 위해 진실한 행동을 하도록 하셨다. 사람들은 그러한 앙굴리말라를 보고 자애로움을 떠올리게 되었다. 앙굴리말라는 이제 진실한 행위로 사람들을 지켜 줄 수 있다고 믿게 되었을 것이다. 더 이상 그를 두려워하지 않을 것이었다. 그 일이 있고나서부터 앙굴리말라는 원만하게 탁발을 할 수 있었을 것이고, 수행승으로서 두타행을 실천할 수 있게 되었을 것이다."

그때까지 앙굴리말라는 근본적인 명상에 마음을 집중할 수 없었다. 밤낮으로 수행했음에도, 자신이 수많은 사람을 해쳤던 잘리니 숲이 떠올랐다. 생명을 살려달라는 사람들의 목소리를 들었다. '제발 목숨만은 살려주시오. 나는 가난하고 아이들도 있습니다.' 죽음의 공포에 몸부림치는 그들을 보았다. 그런 기억을 마주했을 때 깊은 회한이 그를 사로잡았고, 명상을 하기 위해 편안하게 앉아 있을 수 없었다. 이 때문에 세존께서는 앙굴리말라가 고귀한 가문(성인)에 다시 태어날 수 있도록 '진실 선언'을 하게 하셨다. 앙굴리말라가 수행승으로 다시 태어난 일을 아주 특별하게 받아들이도록 하셨다. 앙굴리말라 스스로 그 일을 통해 지혜를 키우고, 아라한을 성취할 수 있는 계기가 될 수 있기를 원하셨다.

이 일은 앙굴리말라에게 크게 도움이 되었다. 그는 할 수 있는 최선의 방편으로 부처님께서 맡겨 주신 과제를 해냄으로써 스승에게 보답해 드렸다.

앙굴리말라 존자는 홀로 머물고, 은거하며, 정진하고 선정 수행을 이어나갔다. 통찰력 있는 지혜를 갖춰 깨달음을 이뤘다. 출가한 목적을 이루기 위해 정진했으며, 성스러운 수행자의 삶을 살며 가장 고귀한 열매를 이루었다. 그는 스스로 알았다. '악한 삶은 끝났고 거룩한 삶이 확립되었다. 해야 할 일은 다 마쳤으며, 더 이상 윤회는 없다.' 그리고 앙굴리말라 존자는 아라한과를 성취했다.

드디어 '누구에게도 해를 끼치지 않는 자'라는 뜻을 가진 본래 이름 '아힝사까'가 어울리게 되었다. 출산에 어려움을 겪던 여인과 만난 이후 사람들은 그가 완전히 바뀌었다는 사실을 믿게 되었다. 이제 사왓티에서 탁발을 해도 공양하기에 충분한 음식을 보시했다. 그러나 여전히 앙굴리말라가 사랑하는 사람들을 해쳤다는 사실을 잊지 못했고 분노하는 사람들이 있었다. 법으로 복수할 수 없었던 사람들은 탁발하기 위해 길을 가는 앙굴리말라에게 몽둥이를 휘두르고 돌을 던졌다. 머리에서 피가 흐르고 발우가 깨졌으며 옷이 찢어진 채 사원으로 돌아오는 일이 있을 정도로 난폭한 공격을 받았다. 부처님께서는 앙굴리말라에게 이렇게 설하셨다. "참아라, 앙굴리말라여! 그대는 지옥에서 수 년, 수백 년, 수천 년 동안 고문을 받고 고통당해야 하는 과보를 지금 여기에서 받고 있다."

앙굴리말라의 내면은 아라한으로서 확고했다. 그러나 업의 상징이자 과보인 몸은 여전히 악행의 과보를 받고 있었다. 부처님께서도 이전 행위의 과보로 사악한 사촌 데바닷따 때문에 가벼운 부상을 당하시기도 했다. 두 명의 상수제자도 신체적 폭력을 당했다. 사리뿟따는 야차에게 머리를 맞았고, 목갈라나는 잔인하게 살해당했다. 세존과 두 위대한 제자도 과보를 피할 수 없었는데, 그토록 많은 악행을 저질렀던 앙굴리말라가 그 운명을 어떻게 피할 수 있었겠는가? 그러나 고통과 상처를 입은 것은 몸뿐이었다. 마음은 평정을 유지하고 있었다. 아라한 앙굴리말라에게는 위로나 격려가 필요 없었다. 세존께서 앙굴리말라에게 해 주신 말씀은 '원인이 되고 과보를 받는 업'에 대한 가르침이었다. 앙굴리말라가 완전히 개과천선하고 수행승이 되고 아라한이 되었어도 과보는 반드시 받아야 하고, 스스로 감내해야 하는 일이었다.

앙굴리말라의 게송

앙굴리말라의 말년에 대한 기록은 스스로 테라가타에 남긴 게송 외에는 없다. 게송을 통해 앙굴리말라는 숲, 동굴, 산에서 홀로 머물며 인생의 바른 선택을 했고, 행복한 나날을 보냈다고 노래했다.

한때 게으르게 살았다 하더라도
그 뒤에 열심히 정진하면
세상을 밝게 비춘다
구름을 벗어난 달과 같이

악행을 저질렀어도
착하고 건전한 일로 덮으면(아라한의 길을 가면)
세상을 밝게 비춘다
구름을 벗어난 달과 같이

수행승이 아직 어리다고 해도
깨달으신 분의 가르침을 믿고 따르면
세상을 밝게 비춘다
구름을 벗어난 달과 같이

나의 적[4]들은 법문을 들어라
부처님 가르침을 따르라
부처님 가르침을 믿고 따르는 수행승에게 인도하는
훌륭한 사람들과 사귀어라

나의 적들은 인욕을 설하시고
원한을 없애시는 것을 찬탄하시는 분께서 펴시는 가르침을
올바른 때에 듣고
그 가르침을 따라 수행하라

이와 같이 하면 반드시
다른 생명을 해치지도 않고 나도 해치지 않는다
그는 최상의 평온을 성취해
약한 생명이든 강한 생명이든 다 보호한다

물길을 다스리는 사람은 물길을 이끌고
화살을 만드는 이는 화살을 다루고
목공은 나무를 다듬고
현명한 이는 자신을 잘 다룬다

어떤 사람들은 채찍이나 몽둥이나 갈고리로
사람을 길들인다
나는 몽둥이를 내려놓고 칼을 들지 않으신 그 분
존귀하신 분에 의해 길들여졌다

예전에 살생을 저질렀던 나는
이제 살생을 하지 않는 자이다
오늘 나에게는 진실한 이름이 있으니

누구도 해치지 않는 자(아힝사까)이다

나는 한때 앙굴리말라(손가락 목걸이)로
흉악한 살인자였다
네 가지 거센 흐름에 휩쓸렸으나
세존께서 안식처를 주셨다

예전에 나는 손에 피를 묻힌
앙굴리말라라고 불렸다
그러나 갈애渴愛를 끊고
내가 귀의처를 찾은 것을 보라

참으로 나쁜 곳으로 이끄는
그처럼 많은 악업을 짓고
아직 그 업의 과보를 받고 있지만
거룩한 분께 보시하는 빚지지 않는 공양을 한다

지혜가 없는 이들
어리석은 사람들은 게으름(방일放逸)에 사로잡히지만
지혜로운 이들은
가장 뛰어난 보석을 지키듯 성실함(불방일不放逸)을 지킨다

게으름에 사로잡히지 말고

감각적 쾌락의 욕망을 멀리하라
방일하지 않고 선정에 드는 분은
광대한 열반의 궁극적인 복락을 얻는다

내가 스승에게 출가하겠다고 한 일
그것은 잘못된 선택이 아니었다
모든 가르침들 가운데
최상의 가르침에 나는 이르렀다

내가 스승에게 출가하겠다고 한 일
그것은 잘못된 선택이 아니었다
세 가지 밝은 지혜를 이루었으니
깨달으신 분의 가르침이 나에게서 실현되었다

한적한 숲속이나
나무 밑이나 산속이나 동굴에서 살았다
나는 어디에 머물러도
그때는 불안한 마음으로 지냈다

이제는 안락하게 눕고
안락하게 서 있고 안락하게 생활하니
악마의 손에서 벗어나
아 스승께서 아껴 주시는 그 자비를 받고 있다

예전에 나는 고귀한 바라문 가문에 태어나
아버지 어머니 모두 고귀한 가문 출신이었다
이제 나는 바른 길로 잘 가신 분(선서善逝)
진리의 왕이신 스승의 아들이 되었다

갈애를 다 끊고 집착 없이
감각 기관을 잘 지켜 다스렸으며
죄악의 뿌리를 모두 뽑아냈으니
모든 번뇌를 부수었다

스승을 잘 섬기어서
나에게서 부처님의 가르침이 실현되었으니
무거운 짐은 다 내려놓았고
새롭게 윤회하는 모든 길은 사라졌다
(테라가타 871~891)

9. 아나타삔디까(급고독 장자)

- 부처님의 가장 위대한 시주 -

헬무스 헥커

아나타삔디까, 세존의 제자가 되다

“이와 같이 나는 들었다.[1] 어느 때 세존께서는 사왓티성, 아나타삔디까(급고독 장자給孤獨長者)가 보시한 사원 제따와나(기원정사)에 머물고 계셨다.” 수많은 경전이 이렇게 시작한다. 부처님께서는 제따와나 사원에서 많은 가르침을 설하셨다. 이 때문에 재가신도이자 위대한 시주施主 아나타삔디까는 불자들이라면 누구나 한 번쯤은 들어 보았을 이름이다. 그의 이름은 “외롭고 도와줄 사람이 없는 사람(고독孤獨)들”에게 끊임없이 “도움을 주는(급給) 사람(장자長者)”이라는 뜻이다. 사왓티성에 살던 수닷따 장자[2]를 높여 부르는 이름이다. 그는 누구였으며, 어떻게 부처님을 만나게 되었을까? 부처님 가르침과 아나타삔디까는 어떤 관계일까? 여러 불교 경전과 문헌에서 해답을 만날 수 있다.

아나타삔디까와 부처님의 첫 만남은 깨달음을 이루시고 세 번째 우기 안거를 마친 후에 이루어졌다. 법을 펴시던 초기, 부처님께서는 수행승들이 어디에 어떻게 머물러야 하는지에 관해서는 계율을 정하지 않으셨다. 비구들은 숲속, 나무뿌리, 튀어나온 바위 아래, 계곡, 동굴, 납골당, 야외 등에서 머물며 수행했다.

어느 날 마가다국 수도 라자가하(왕사성)에 살던 부유한 상인이 재가신도가 되었고, 수행승들이 어떻게 살고 있는지 알아보았다. 스님들께 "수행승들이 한곳에 머물러 살 수 있도록 허용해 주실 것"인지에 대해 부처님께 여쭈어 보면 어떻겠느냐고 제안했다. 부처님께서 허락하시자, 부유한 상인은 바로 스님들이 머물 수 있는 예순 채의 거처(정사精舍)를 지어 승가에 보시했다. 부호는 세존께 공덕을 쌓기 위해 정사를 지었다고 말씀드렸다. 이제 불교 사원이 생겼고, 법을 펴기 위한 근거가 마련되었으며, 수행을 위한 종합적인 시설이 갖추어졌다.[3]

사원을 지어 시주한 부호에게는 수닷따라는 처남이 있었는데, 그가 바로 아나타삔디까이다. 사왓티에서 가장 부유한 상인이었다. 어느 때 아나타삔디까가 이웃 나라인 마가다국에서 사업을 위해 라자가하를 방문했다. 그리고는 여느 때처럼 항상 반갑게 맞이해 주는 처남에게 갔다. 처남 집에 도착했을 때 다른 때와 다르게, 처남이 자신이 온 것을 알아차리지 못했다는 사실에 놀랐다. 전에는 도착하자마자 처남이 나와 기쁘게 맞이하고 다른 가족들도 반갑게 맞이해 주었기 때문이다. 아나타삔디까는 처남댁 가족 모두가 매우 바쁘게 움직이며 무엇인가를 준비하고 있는 것을 보았다. 바삐 일하는 처남에게 무엇을 하고 있는지 물었다. "결혼식을 치르는가? 제사를 지내는가? 아니면 대왕께서 오시는가?" 처남은 이렇게 설명했다. "내일 깨달으신 분과 그 제자들께 공양을 올리기 위해 초대했습니다."

아나타삔디까가 되물었다. "깨달으신 분이라고 했는가?" 처남이 답했다. "예 그렇습니다. 내일 깨달으신 분께서 오십니다." 자신이 무슨 소리를 들었는지 믿을 수 없었던 아나타삔디까는 여러 차례 같은 질문을 했다. "깨달으신 분이라고 했는가?" 깊은 한숨을 내쉬었다. "이 세상에서 '깨달으신 분(부처님)'이라는 이름을 듣는 것 자체가 매우 희유한 일일세. 나도 그분을 친견할 수 있을까?" 처남은 "오늘은 어렵겠지만 내일 아침 일찍 그분을 뵈러 갈 수 있습니다."라고 답했다.

그날 밤, 잠자리에 든 아나타삔디까는 벅찬 감동에 사로잡혔다. 다음날 부처님을 친견할 생각에 들떴다. 자다가 세 번이나 깨었다. 그때마다 아직 어두운 밤이었다. 마침내 동 트기 전에 일어나 성 밖으로 나가 사원을 향했다. 성에서 나왔을 때 칠흑 같은 어둠이 깔려 있었다. 두려움이 일었고, 온몸의 털이 곤두서 다시 성으로 돌아가려 했다. 그때 야차들의 왕이 몸을 감추고 이렇게 말했다.

십만 마리의 코끼리와
십만 마리의 말과
십만 마리의 노새가 끄는 수레
보석과 귀고리로 장식한 십만 명의 처녀도
여기서 내딛는 한 걸음에 비하면 십육 분의 일의 가치도 없다오
장자여, 앞으로 나아가시오

장자여, 앞으로 나아가시오
장자여, 앞으로 나아가는 것은 좋고
뒤로 물러서는 것은 좋지 않다오

그날 밤 아나타삔디까는 야차왕의 격려로, 두려움과 공포를 물리치고 세존께서 계시는 씨따 숲을 향해 나아갔다. 잠시 후 그는 안개 낀 새벽 고요하게 포행을 하고 있는 사람을 보았다. 세존께서는 새벽이 되어 포행을 하시다가 멀리서 아나타삔디까가 오는 것을 보시고 말씀하셨다. "어서 오너라. 수닷따여!"

아나타삔디까는 매우 놀랐다. 그의 본래 이름을 부르는 사람은 없었기 때문이었다. 그는 그저 "어려운 이들을 돕는 사람(급고독 장자給孤獨長者)"이라고만 알려져 있었고, 다른 이들은 그의 부모님이 지어 준 본명 '수닷따'라는 이름은 알지 못했다.[4] 그때까지 아나타삔디까는 자신 앞에 계신 분이 참된 깨달음을 이루신 부처님이라는 사실을 알지 못했다. 이렇게 부처님을 뵙게 되리라고는 기대하지 못했다. 이제 그는 깨달은 분 앞에 있음을 확신했다. 그렇게 세존을 뵙게 된 사실에 크게 감동해 부처님 발아래 엎드려 예경을 드리고 여쭈었다. "세존이시여, 세존께서는 편히 주무셨습니까?" 이 의례적인 질문에 세존께서는 이렇게 답하시며 모습을 보이셨다.

완전한 열반을 성취한 성인
감각적 욕망에 흔들리지 않는 분
청량해서 번뇌가 없는 그분은

언제나 아주 편하게 잠을 자노라

모든 집착을 끊고
마음의 근심을 다 없애고
마음의 적멸(평화)을 이루어
평온하게 잘 잔다

세존께서는 이어 아나타삔디까에게 차례로 법을 일러 주셨다. 보시와 계행, 하늘, 감각적 쾌락에 끌리는 욕망이 갖는 위험, 마음의 오염, 번뇌를 멀리 떠남 등에 관해 설하셨다. 세존께서는 아나타삔디까가 충분히 가르침을 받을 준비가 되어 있음을 아셨다. 그는 마음이 유연하고 걸림이 없으며, 청정한 믿음으로 가득 차 있었다. 모든 깨달음을 이룬 분들이 칭찬하시는 괴로움과 괴로움의 원인, 괴로움의 소멸, 괴로움을 소멸하는 길(사성제四聖諦)에 대해 설해 주셨다. 아나타삔디까는 번뇌를 여의고 진리의 눈(티끌 없이 청정한 진리의 눈, 청정법안淸淨法眼)을 떴다. 아나타삔디까는 진리(사성제)를 보고 진리를 성취했으며, 스승의 가르침에 대한 의심과 의혹을 끊었다. 어떠한 흔들림도 없이(두려움 없이) 다른 것에 의지하지 않게 되었다. 마침내 예류도와 예류과를 성취했다.

그는 이어 세존께 다음날 처남 집에서 공양을 올리고 싶다고 초대했고, 부처님께서는 침묵으로 허락하셨다. 다음날 아침 일찍 제자들과 함께 오셔서 공양을 하셨다. 공양을 마친 후 아나타삔디까는 자신의 고향인 사왓티에 사원을 지어도 되는지 여쭈었다. 부처님께서는 이렇게 답하시며 승낙하셨다. "정등각자 부처님(여래)들은 고요한 곳에 머물기를 즐기느니라."

"세존이시여, 알고 있습니다. 세존이시여, 잘 알고 있습니다." 아나타삔디까는 세존께서 사원을 짓고 싶다는 청을 들어주신 것에 크게 기뻐하며 이렇게 말씀드렸다.

아나타삔디까는 고향 사왓티에 사원을 건립하기 위해 사리뿟따 존자와 함께 길을 떠났다. 여행 도중 들르는 곳마다 사람들에게, '세존께서 이 길을 따라 곧 오실 것이니 공경의 마음을 담아 맞이하라.' 고 당부했다. 사왓티에 도착한 즉시 사원 건립을 위해 적합한 곳을 찾았다. 도심에서 너무 가깝지도 너무 멀지도 않은 장소여야 했다. 낮에는 사람들에게 방해를 받지 않아야 했고, 밤에는 시끄럽지 않아야 했다. 사원을 찾는 사람들이 쉽게 올 수 있어야 했고, 고요하게 은둔 생활을 원하는 사람들도 이용할 수 있어야 했다. 마침내 도시를 둘러싸고 있는 구릉지에 자리한 아름다운 숲속에서 사원 건립에 딱 맞는 터를 발견했다. 빠세나디왕의 아들인 제따(기타祇陀) 왕자의 정원인 제따의 숲, 제따와나(기원祇園)였다.

아나타삔디까는 궁전으로 제따 왕자를 찾아가, 숲을 사겠다고 요청했다. 왕자는 당시 적절한 가격이었던 황금 억만 냥에도 팔지 않겠다고 답했다. "지금 바로 억만 냥을 지불하겠다."는 아나타삔디까의 제안도 거절했다. 결국 그들은 합의를 하지 못하고 중개인을 찾았다. 중개인은 그 땅 전체를 덮을 만큼의 금화가 적절하다고 중재했고, 금화 억만 냥에 팔고 사기로 합의했다.[5]

아나타삔디까는 수레에 가득 실은 금화를 가져와 땅을 덮기 시작했다. 마침내 입구의 작은 땅 한 곳만 덮지 못하고 있었다. 아나타삔디까는 더 많은 금을 가져오라는 지시를 내렸다. 그러자 제따 왕자는 아나타삔디까를 말렸고, 황금을 덮지 못한 빈 땅을 보시하기로 하였다. 제따 왕자는 그 자리에 거대한 문과 탑을 세우겠다고 했고, 많은 돈을 들여 7층으로 된 문과 탑을 건립했다. 이 위풍당당한 현관 건물(현관옥玄關屋)은 바깥세상과 소음들로부터 사원을 보호했다. 세속과 성스러운 곳을 구분하는 경계가 되기도 했다. 아나타삔디까는 건물을 짓고 가구를 들이는 데 금화 억만 냥을 더 지출했다. 수행승 개인별로 쓸 수 있는 거처와 강당, 회의실, 식당, 창고, 통로, 화장실, 우물, 목욕을 위한 연못을 마련했다. 사원 주변에는 웅장한 담을 세워 보호했다. 마침내 숲속 빈터에는 사원이 들어섰고, 불교 성지가 되었다(비나야삐따까 2:158-159). 사원을 건립해 보시한 두 사람을 기리기 위해 '제따 태자의 숲에 있는 아나타삔디까 사원'이라는 명칭을 사용한다. 한자로는 제따(기타) 태자와 급고독 장자를 더해 '기수급고독원祇樹給孤獨園'이라고 한다.

사원 건립과 모든 준비가 끝났다. 세존께서는 제자들과 함께 '제따 태자의 숲 아나타삔디까 사원'을 찾아 머무셨다. 아나타삔디까가 세존을 찾아뵙고, 공양 올릴 것을 청했다. 세존께서는 침묵으로 승낙하셨다. 다음날 아침 일찍 세존과 제자들을 공양에 모셨다. 아나타삔디까는 세존께 '제따와나를 보시하는 데 어떤 방식으로 해야 하는지' 여쭈었다. 부처님께서는 "현재와 미래의 사방 승가에 사원을 받들어 보시하라."고 답하셨다. 아나타삔디까는 그렇게 했다. 세존께서는 게송으로 아나타삔디까를 기쁘게 해 주셨다.

제따와나 숲 아나타삔디까 사원에서
추위와 더위, 맹수
뱀과 모기, 서늘한 비를 피한다
두려운 뜨거운 바람(열풍熱風)이 일어나도 막아내니
잘 지켜 주는 곳에서 안락함을 유지하며
선정 수행과 지혜를 이루기 위한 것이다

참모임(승가)에 정사(사원)를 보시하면
최상의 보시라고 부처님께서 칭찬하셨으니
정사를 보시하는 사람은
참으로 자신의 유익을 위하는
현명한 사람이다

기쁘게 사원을 지으니
그 안에 많이 배운 수행승들이 살 수 있고
맑고 청정한 마음으로
그들을 위해 먹을 것과 마실 것
침상과 좌복(누울 곳과 앉을 곳)을
공양 올릴 것이다

수행승들은 그를 위해
모든 괴로움을 없애는 가르침을 설하니
그는 진리를 곧바로 깨달아

번뇌 없이 열반을 성취한다
(비나야삐따까 2:164-165)

"정사는 여러 위험으로부터 보호해 주고 편안하게 수행을 실천할 수 있도록 도와주는 등 승가에 매우 큰 이익을 준다. 정사를 보시하는 이러한 이익을 마음에 새겨야 한다. 승가에 정사를 건립하여 보시하는 것은 으뜸가는 공덕이다. 시주자는 그곳에 머무는 비구들에게 필수품을 보시해야 하고, 거주하는 비구들은 법을 설하여 시주자들로 하여금 윤회에서 벗어나도록 이끌어 주어야 한다."

수행승들을 위한 공양 후에 모든 사람에게 선물을 주는 호화로운 개원 축하 행사가 열렸다. 아나타삔디까는 여기에도 억만 냥의 금화를 사용했다. 세존께서는 "보시를 올리는 이들 가운데 수닷따, 급고독 장자가 으뜸이다."라고 칭찬하셨다(앙굿따라니까야 1:14:6:2).

한량없는 보시

사원을 건립해 보시한 후에도 아나타삔디까는 승가에 지원을 아끼지 않았다. 사원에 머무는 모든 수행승들에게 필수품을 공양 드렸다. 매일 아침 죽을 올렸고 저녁에는 의복, 발우, 의약품 등 필요한 모든 것을 공급했다. 제따와나 사원에 필요한 모든 유지 보수는 아나타삔디까의 하인들이 맡았다. 무엇보다 매일 수백 명의 스님들이 7층 집으로 찾아와 아침 공양을 했다. 날마다 공양 시간이 되면 아나타삔디까의 집은 주황색 가사 물결이 넘실거렸고, 성스러운 분위기가 가득했다.

빠세나디왕(바사익왕)도 아나타삔디까의 보시를 알고, 본받기 위해 매일 500명의 스님들에게 공양을 올렸다. 어느 날 왕은 이상한 이야기를 들었다. 매일 왕이 공양 올리는 음식을 스님들이 신도들에게 가져다주면, 신도들이 다시 스님들에게 공양을 올린다는 이야기였다. 왕은 항상 최상의 음식을 공양했기 때문에 이해할 수 없었다. 부처님을 찾아가 까닭을 물었다. 부처님께서는 '신하들이 궁궐에서 주는 음식에는 공경하는 마음이 담기지 않았다.'고 하셨다. 신하들은 창고를 청소하거나 범죄자들을 법정에 데려가 처벌하는 일처럼, 그저 형식적으로 음식을 나누어주고 있었다.

궁궐에서 음식을 나눠주는 사람들은 믿음이 없었고, 스님들을 공경하는 마음도 없었다. 많은 사람들이 '수행승들은 일하는 사람들에게 얹혀산다.'고 생각하고 있었다. 그런 마음으로 음식을 주었으니, 아무리 맛있는 음식이라 해도 누구도 편안하게 받을 수 없었다. 이와는 달리 아타나삔디까와 위사카(여시주 가운데 으뜸)는 수행승들을 반가운 마음으로 맞이했다. 수행승들은 모든 사람들의 유익과 평온을 위해 수행하는 영적인 스승이었고 도반이었다. 도반들이 공양 올리는 식사는 아무리 소박하다 해도, 아무런 마음 없이 그저 기부하는 호화롭고 훌륭한 식사보다 훨씬 좋은 음식이었다. 세존께서는 빠세나디왕이 공양을 올리면서 반드시 새겨야 하는 게송 하나를 들려주셨다.

맛이 있거나 맛이 없거나
적거나 또는 많거나
신뢰가 있기에 먹는 것이니

신뢰야말로 최상의 맛이다
(께싸바의 본생 이야기 346)

아나타삔디까와 위사카는 사왓티에서 가장 중요한 시주자였다(자타카 337, 346, 465). 또 재가신도들과 관련해 처리할 일이 있으면 세존께서는 항상 그들에게 위임하셨다. 아나타삔디까의 재산도 무궁무진하지는 않았다. 어느 날 금화 천팔백만 냥이 바다에 휩쓸려갔다. 더욱이 친구에게 빌려준 천팔백만 냥도 받지 못했으나 돌려 달라는 말을 못하고 있었다. 아나타삔디까는 재산 가운데 오분의 삼을 사원 건립에 사용한 상태였기 때문에, 재산은 바닥을 드러내고 있었다. 백만장자 아나타삔디까는 돈이 떨어져 갔다. 그래도 그는 멀건 죽 한 그릇이라도 마련해서 매일 스님들께 공양을 올리고 있었다.

그 당시 아나타삔디까의 7층 저택 대문 위에는 야차가 살고 있었다. 부처님과 성스러운 제자들이 집에 들어올 때마다 야차는 그들을 공경하기 위해 자리를 떠나야만 했다. 야차는 매우 불편했고, 스님들을 집에 오지 못하게 하려고 했다. 하인에게 모습을 드러내 공양을 중단하자고 제안했지만 하인은 신경도 쓰지 않았다. 야차는 아나타삔디까의 아들을 꼬드겼으나, 역시 실패했다. 마침내 야차는 신통력으로 아나타삔디까에게 나타나, 지금은 돈이 다 떨어졌으니 공양을 중단하는 것이 현명하지 않겠느냐고 설득했다. 위대한 시주, 아나타삔디까는 '내가 아는 재산은 부처님, 법, 승가라는 세 가지 보물밖에 없다.'고 답했다. 확고하게 이 세 가지 보물을 지켜 나갈 것이라고 했다. 부처님을 공경하지 않는 자들은 이 집에 있을 곳이 없다며 쫓아냈다.

이제 야차는 '집주인에게 쫓겨나면 그 집에 더 이상 머물 수 없다.'는 종족의 법칙에 따라 아나타삔디까의 집을 떠나야 했다. 야차는 사왓티성의 수호 천신에게 가서 새롭게 머물 거처를 배정해 달라고 요청했다. 천신은 어찌하지 못하고 사천왕에게 보냈으나, 사천왕도 역시 결정을 하지 못했다. 결국 그 야차는 천신의 왕 삭까(제석천왕)에게 보내졌다.

그러는 동안 야차는 잘못을 깨닫고, 제석천왕에게 용서를 구했다. 제석천왕은 야차에게, 속죄하는 의미에서 아나타삔디까의 재산을 되찾아 주도록 명령했다. 야차는 먼저 바다에 가라앉은 황금을 되찾아 주어야 했다. 그런 다음 땅속에 묻혀 있는 주인 없는 보물들을 찾아 아나타삔디까에게 갖다 주었다. 그리고 아나타삔디까에게 돈을 빌린 사람들 꿈에 나타나 빚을 갚도록 설득했다. 야차는 노력 끝에 많은 일을 해냈다. 아나타삔디까는 사원을 보시하기 전에 보유했던 막대한 재산을 다시 갖게 되었다. 예전처럼 아낌없이 베풀며 살아갈 수 있었다.

아나타삔디까의 재산을 모두 되찾아 준 야차는 부처님을 찾아뵙고 저지른 악행에 대해 참회하고 용서를 구했다. 세존께서 설해 주신 법을 들은 후에 부처님 제자가 되었다. 부처님께서는 원만한 보시는 야차나 천신이나 악마나 죽음도 막을 수 없다고 설하셨다(자타카 340).

아나타삔디까가 모든 부를 되찾고 나서 한 바라문이 시기했다. 바라문은 아나타삔디까를 부자로 만든 근원을 빼앗기로 했다. 행운의 여신 씨리의 화신化身이 그를 돕는다고 생각해 납치하려 했다. 바라문은 행운의 여신을 빼앗으면 아나타삔디까의 행운이 자신에게 올 것이라고 생각했다. 아나타삔디까는 아낌없이 베푼 선행에 대한 보상을 받은 것이지만, 바라문은 그 집에 행운의 여신이 살고 있기 때문에 부자가 되었다고 잘못 알고 있었다.

바라문은 아나타삔디까의 집으로 가서 행운의 여신이 어디에 살고 있는지 염탐했다. 당시 인도 사람들 가운데는 요가 수행을 통해 투시력을 가진 사람이 많았다. 바라문은 아나타삔디까 집 황금 새장에 있는 흰 수탉 안에 행운의 여신이 있는 것을 볼 수 있었다. 바라문은 아나타삔디까에게 자신이 가르치는 학생들을 아침 일찍 깨울 수 있도록 수탉을 달라고 부탁했다. 너그러웠던 아나타삔디까는 주저 없이 수탉을 그에게 주었다. 그런데 그 순간 행운의 여신이 보석 속으로 들어갔다. 바라문은 그 보석도 달라고 해서 넘겨받았다. 다시 행운의 여신은 보석에서 나와 호신용 지팡이에 숨어들었다. 바라문은 지팡이도 요청해서 얻었다. 행운의 여신 씨리의 화신은 다시 아나타삔디까 아내인 뿐냐락카나(공덕상功德相, 복덕을 원만하게 갖춘 사람)의 머릿속으로 들어갔다. 뿐냐락카나는 아나타삔디까 집안의 관대함과 선함을 상징하는 사람이었으며, 신들의 보호를 받았다. 바라문은 결국 겁에 질려 "그의 아내를 달라고 요청할 수 없다!"고 외쳤다. 바라문은 사악한 의도를 고백하고 모든 선물을 되돌려 준 후 몹시 부끄러워하며 아나타삔디까 집을 떠났다.

아나타삔디까는 깨달음을 이루신 분께 가서 도저히 이해할 수 없었던 이상한 일이 일어났다고 말씀드렸다. 세존께서는 그 바라문과 아나타삔디까의 본생의 인연에 대해 말씀해 주셨다. 그리고 선한 일을 하면 세상이 어떻게 변하는지, 청정한 계행으로 바른 지혜를 성취한 사람들이 어떻게 모든 것을 이루는지, 나아가 열반까지 성취할 수 있는지에 대해 설해 주셨다(길상吉相에 얽힌 본생 이야기 284).[6]

부처님께서 사왓티에 머무실 때마다 아나타삔디까가 찾아와 예경을 드렸다. 세존께서 사왓티에 계시지 않을 때에는 예경을 드릴 대상이 없어 허전했다. 어느 날 아난다 존자에게 예경을 드릴 탑묘를 짓고 싶다고 말했다. 아난다 존자는 세존께 이 일을 말씀드렸다. 부처님께서는 예경을 드릴 수 있는 탑묘에는 세 가지가 있다고 선언하셨다. 첫 번째는 여래께서 완전한 열반에 드신 후 사리를 봉안한 탑묘(사리탑)를 세울 수 있다. 두 번째는 깨달음을 이루신 분께서 사용했던 발우나 가사, 물병, 좌복, 보리수, 발자국 등 상징물을 모신 탑묘를 세울 수 있다. 세 번째는 눈에 보이지 않는 상징물로 건립한 탑묘가 있다. 첫 번째는 세존께서 아직 완전한 열반에 드시지 않아서 옳지 않았고, 세 번째는 구체적 대상이 없어 단지 상상으로만 가능한 탑묘였기 때문에 세울 수 없었다.

아난다삔디까에게는 부처님께서 육년 고행 끝에 깨달음을 이루신 마을 우루벨라 마을의 보리수가 세존을 대신해 예경을 드릴 최고의 상징이었다. 보리수 아래에서 세존께서는 해탈의 문을 여셨고, 깨달음을 이루신 후에는 3주 동안 삼매에 들어 계셨다. 아난타삔디까는 우루벨라 마을의 보리수에서 얻은 씨앗을 사왓티에 심기로 했다. 마하목갈라나 존자는 신통력으로 하늘을 날아 우루벨라로 가서, 저절로 떨어졌지만 땅바닥에 닿지 않은 보리수 씨앗을 가져왔다. 제따와나 사원 문 앞에 보리수를 심기 위해 왕궁 신하들과 뛰어난 스님들, 평신도 등과 함께 보리수 씨앗을 심는 의식을 치르기로 했다. 아난다 존자는 보리수 씨앗을 빠세나디왕에게 바쳐 심도록 했다. 빠세나디왕은 '왕국은 영원히 자신의 것이 아니며, 자신은 그저 왕국을 지키는 청지기로 봉사하고 있을 뿐'이라며 보리수 씨앗을 다른 사람에게 심도록 했다. 부처님과 가르침, 승가에 더 가까운 사람이 심는 것이 옳을 것이라며, 옆에 있던 아나타삔디까에게 씨앗을 넘겨 심도록 했다.

그때 심은 보리수는 잘 성장했고, 청정한 믿음을 가진 재가신도들에게는 신심의 대상이 되었다. 세존께서는 아난다가 요청드린 대로 그 보리수에 또 다른 가피와 공덕을 심어 주시기 위해 나무 아래에서 하룻밤을 보내셨다. 아나타삔디까는 제따와나 사원 문 앞에 심은 보리수를 자주 찾았다. 그는 항상 세존께 예경을 드리는 것처럼 보리수를 대했고, 거기에 앉아 선정 수행을 했으며, 많은 성과를 이루었다(깔링가와 보리수에 얽힌 본생 이야기 479).

아나타삔디까의 가족

아나타삔디까는 행복한 결혼 생활을 했다. 아나타삔디까의 아내 뿐냐락카나는 '원만한 공덕과 복의 상징'이라는 이름에 맞게 살았다. 아내는 보시를 베푸는 가풍을 상징하는 존재였다. 하인들을 잘 보살폈으며, 탁발을 하러 오는 수행승들을 잘 섬겼다. 역시 부처님의 초기 재가신도 가운데 한 명이었던 오빠(사왓티의 부호인 수닷따)처럼 부처님과 법과 승가에 헌신했다.

아나타삔디까에게는 세 명의 딸과 아들 한 명이 있었다. 첫째인 큰 수밧다와 둘째 작은 수밧다는 아버지를 따라 부처님께 귀의해 예류과를 성취했다. 두 딸은 영적으로 아버지를 따랐듯이 세상일에서도 아버지를 따랐다. 둘 다 행복한 결혼 생활을 했다. 막내딸 수마나는 가족들 가운데 가장 지혜로웠다. 수마나는 부처님 설법을 듣고 바로 성스러운 수행의 단계인 두 번째, 일래과를 성취했다. 수마나는 결혼을 하지 않고 지냈지만, 결혼을 포기한 것은 아니었다. 사실 수마나는 두 언니가 결혼해서 행복하게 사는 모습을 보고 외로웠다. 수마나의 성취는 우울증을 극복하는 데 도움이 되지 않았다. 가족들이 깊이 슬퍼하는 가운데, 음식을 끊은 채 죽었다. 수마나는 욕계에서 가장 높은 하늘, 도솔천에 다시 태어났다. 수마나는 도솔천에서 바깥 대상들을 향한 욕구, 다른 사람에게 의존하려는 욕망을 다 끊어냈다.[7]

아나타삔디까의 외아들은 '깔라'였다. '암흑'이라는 뜻이었다. 깔라는 가문의 골칫덩이였다. 아들은 법에 대해 알고 싶어 하지도 않았고, 오직 돈을 버는 일에만 관심이 있었다. 어느 날 아버지가 거룩한 날, 포살布薩을 잘 지키면 금화 백 냥을 주겠다고 약속했다. 깔라는 약속했고, 포살 재일齋日을 지키러 사원으로 갔다. 그러나 법문은 듣지 않고 조용한 곳에서 밤새도록 잠만 자고 아침 일찍 돌아왔다. 아버지는 아들이 돌아오자 "포살을 지키느라 배가 고플 텐데, 밥을 먹어라."고 권했다. 그러나 아들은 돈을 받기 전에는 먹지 않겠다며, 기어이 돈을 손에 쥐고 나서야 밥을 먹기 시작했다. 아버지는 두 번째로 사원에 가서 부처님께 마음을 다해 법문 한 구절을 배우면 금화 천 냥을 더 주겠다고 제안했다. 깔라는 기꺼이 동의했다. 이것이 그의 인생의 전환점이 되었다. 깔라가 한 구절을 배울 때마다 부처님께서는 의도적으로 잘 이해하지 못하게 설하셨다. 그는 매우 집중해서 반복해서 법을 들어야 했다. 깔라는 법의 의미에 집중해서 듣다가 감명을 받아 바로 예류과에 들었다. 아들은 이렇게 법에 귀의했고, 이제 돈에는 큰 관심을 갖지 않게 되었다. 깔라 또한 승가에 헌신적으로 보시를 함으로써 "작은 아나타삔디까"라는 이름으로 널리 알려졌다.

깔라는 역시 헌신적인 보시로 유명했던 재가신도, 위사카의 동생 쑤자따(선생善生)와 결혼했다. 쑤자따는 친정과 시댁이 큰 부자라는 사실에 자만심을 가지고 있었다. 쑤자따는 부에 대한 집착 때문에 내면이 공허했고, 모든 일에 불만이 가득했으며, 성품이 올곧지 않았다. 한편으로 자신이 불행한 까닭을 다른 사람들 탓으로 돌려 종들을 때렸으며, 집 안 사람들을 힘들게 만들었다. 쑤자따는 인도 사회에서 매우 중요하게 여겼던, 시부모와 남편에 대한 예절도 제대로 지키지 않았다.

어느 날 아나타삔디까의 집에서 부처님께서 공양을 마치고 설법을 하고 계셨다. 사람들이 시끄럽게 큰 소리로 떠드는 소리가 들렸다. 부처님께서는 설법을 중단하고 아나타삔디까에게 "왜 그대의 집 안에서 어부가 물고기들을 끌어올리는 것처럼 시끄러운 소리가 들리는가?"라고 물으셨다. 장자는 며느리가 하인들을 꾸짖고 있는 소리라고 아뢰었다. 며느리가 성품이 곱지 않아 남편이나 부모에게 예의를 갖추지 않고 자선을 베풀지도 않으며, 불성실하고 신심이 없고 끊임없이 갈등을 일으키고 있다고 말씀드렸다.

그때 세존께서는 며느리를 불러오라고 하셨다. 며느리가 왔고 부처님께서는 일곱 가지 아내가 있다고 하셨다. 쑤자따에게 '그대는 어떤 아내인지' 물으셨다. 쑤자따는 간략하게 설해 주신 그 뜻을 이해하지 못한다며 더 자세한 설명을 요청했다. 부처님께서는 다시 일곱 가지 종류의 아내에 대해 상세하게 설명하셨다.

미워하는 마음 가득하고 자비심이 없으며
다른 남자들을 탐하고 남편을 멸시하며
돈으로 아내를 사 온 남편을 죽이려는 여인[8]
이러한 아내가 살인자 같은 아내이다

남편이 농사나 상업이나 기술로
벌어들인 재산을
조금이라도 자신을 위해 가져가려는 아내
이런 아내가 도둑 같은 아내이다

아무것도 하는 일 없이 게으르고 많이 먹고
욕설을 하며 고약하고 나쁜 말을 하고
부지런한 남편을 성가시게 하는 아내
이런 아내가 악덕한 안주인 같은 아내이다

항상 남편이 이롭기를 바라고 친절하며
마치 어머니가 외아들에게 하듯이 남편을 돌보고
남편이 벌어들인 재산을 잘 모아서 지키는
이런 아내가 어머니 같은 아내이다

마치 여동생이 언니를 대하듯
남편을 지극하게 공경하며 양심을 가지고
남편이 바라는 대로 하는
이런 아내가 누이 같은 아내이다

오랜 만에 만난 친구를 대하듯
남편을 보고 기뻐하며 좋은 가문 태생으로
계행을 지키고 헌신하는 아내
이런 아내가 친구 같은 아내이다

몽둥이도 두려워하지 않고 성내지 않으며
잘 참아내고 마음은 고요하고 청정하며
남편의 뜻을 순순히 따르는 아내
이런 아내가 하녀 같은 아내이다

살인자 같은 아내 도둑 같은 아내
악덕한 안주인 같은 아내는
계행이 나쁘고 말이 거칠며 존경받지 못하나니
몸이 무너지면 지옥으로 가노라

어머니 같은 아내 누이 같은 아내
친구 같은 아내 하녀 같은 아내는
계행을 잘 지키고 오랜 세월 몸과 말과 마음을 잘 단속하여

몸이 무너지면 좋은 곳으로 가노라
(아내 경, 앙굿따라니까야 7:59)

세존께서는 이어 예리하게 물으셨다. "쑤자따여, 이러한 아내가 일곱 부류의 아내이다. 그대는 어떤 부류의 아내인가?"

깊은 감동을 받은 쑤자따는 그때부터 하녀와 같은 아내가 되기 위해 노력하겠다고 답했다. 깨달은 분의 말씀은 그녀가 아내로서 어떻게 행동해야 하는지 일깨워 주었다. 쑤자따는 부처님의 신실한 제자가 되었고, 세존께서 그녀를 제도해 주신 일에 대해 항상 감사하며 지냈다.

쑤자따가 달라졌다는 소식은 빠르게 퍼졌다. 어느 날 저녁 부처님께서 제따와나 사원 강당에 오셨을 때, 제자들이 모여 이야기를 하고 있었다. 세존께서 무슨 이야기를 하고 있느냐고 물으시자, 제자들은 이렇게 말씀드렸다. "전에는 난폭한 아내였던 쑤자따를 훌륭한 아내로 바꿔 놓으신 스승님의 가르침, 부처님의 설법이 보여 준 기적에 대해 얘기를 하고 있었습니다." 그러자 부처님께서는 본생에 이미 그녀를 바꿔 놓으신 인연에 대해 설하셨다. 본생에서 쑤자따는 보살(미래 부처님)의 어머니였다. 어머니는 잔인하고 가혹한 여인이었다. 보살은 아름다운 노래를 부르는 뻐꾸기와 혐오스럽게 울부짖는 까마귀를 비교하는 게송을 설하심으로써, 어머니를 부드럽고 자비로운 여인으로 바꾸어 놓으셨다(쑤자따의 본생 이야기 269).[9]

아나타삔디까의 조카는 금화 사천만 냥을 유산으로 물려받은 행운아였다. 술과 도박을 즐기고 기녀와 여인을 탐했으며, 친구들과 어울리기를 좋아해 재산을 낭비하며 살았다. 조카는 물려받은 재산을 탕진하고 부유한 삼촌 아나타삔디까에게 도움을 청했다. 많은 돈을 주었지만 또 모든 돈을 써 없애 버리고 다시 지원을 요청했다. 아나타삔디까는 금화 오천 냥을 주며, 이번이 마지막이 될 것이라고 경고했다. 그럼에도 조카는 이번에도 물 쓰듯 다 써 버리고 다시 돈을 구걸했다. 아나타삔디까는 조카에게 옷 두 벌을 주고 보냈지만, 그 역시 팔아서 써 버렸다. 네 번째로 삼촌을 찾아왔지만 이번에는 도움을 주지 않았다. 조카가 아니고 평범한 거지처럼 도움을 청했다면 빈손으로 돌아가지는 않았을 것이다. 그러나 조카는 그렇게 하지 않았다. 조카는 그를 구제해 줄 도움을 바란 것이 아니라, 낭비할 돈을 원했다.

조카는 성실하게 살아가기에는 너무 게을렀으며, 삶을 유지하기 위해 구걸하지 않았고, 낭비하기 위해 돈을 바랐다. 그렇게 비참하게 살다 삶을 마감했다. 조카는 성벽 옆에 쓰러져 죽었고 시체는 쓰레기 더미에 버려졌다. 아나타삔디까는 이 소식을 듣고 이 비참한 결말을 막을 수 없었는지 스스로에게 물었다. 부처님께 사실대로 말씀드리고 조카를 좀 더 도왔어야 했는지 여쭈었다. 세존께서는 조카가 바닥이 뚫린 항아리처럼 탐욕스러웠으며, 쾌락에 몸을 던져 살았다고 설명하셨다. 그와 같은 삶을 살 수 있는 사람은 매우 드물었다. 조카의 본생 이야기를 들려주심으로써 아나타삔디까의 걱정을 풀어 주셨다. 조카는 본생에서도 무모한 생활을 하며 생을 낭비하다 세상을 떠났다 (행운의 단지에 얽힌 본생 이야기 291).[10]

아나타삔디까와 친구들

예류과를 성취한 아나타삔디까는 계율을 철저하게 지키고 마음을 청정하게 유지하며, 주위 사람들에게도 법을 전하기 위해 정진했다. 부처님 가르침을 믿고 따르는 동료들과 함께 어울리며 청정한 삶을 유지했다. 가족들과 하인들도 자비를 실천하고 오계와 우뽀사타(포살) 재일을 잘 지켰다(씨리와 깔라깐니의 본생 이야기 382). 아나타삔디까의 집을 중심으로 친절하고 인자하며, 선한 마음이 퍼져 나갔다. 주변과 친구, 동료들도 그를 본받기 시작했다. 자신의 생각을 강요하지도 않았고 일상생활에서 생기는 문제들도 원만하게 해결해 나갔다. 당시 아나타삔디까의 삶에 대한 상세한 내용이 경전에 전한다.

한 번은 사왓티에서 술꾼들이 돈이 떨어졌다. 술을 더 마시기 위해 부유한 아나타삔디까에게 약을 먹여 의식을 잃게 하고 강도짓을 하려고 했다. 그들은 아나타삔디까가 왕을 만나러 가기 위해 항상 정해진 길을 택한다는 것을 알고 있었다. 그 길에 작은 술집을 차렸다. 아나타삔디까가 왔을 때 같이 술을 한잔 하자고 권했다. 아나타삔디까는 그러나 '부처님을 믿고 따르는 신도가 어떻게 술을 마실 수 있단 말인가.' 이런 생각을 하며 거절하고 궁궐로 가는 길을 재촉했다.

타락한 술꾼들은 아나타삔디까가 궁에서 돌아오는 길에 다시 한 번 유인했다. 아나타삔디까는 그들에게 '그 술에 약을 타지 않았다면 그대들이 마셨을 것이다. 나를 쓰러뜨려 강도짓을 할 계략이 아니라면 그대들이 먼저 이 술을 마셔보라.'고 맞섰다. 아나타삔디까가 이렇게 대응하자 그들은 겁에 질려 도망갔다(가득 찬 술병에 얽힌 본생 이야기

53).

아나타삔디까는 스스로는 술을 마시지 말라는 계율을 지켰지만 그로 인해 다른 사람들을 불편하게 만들지는 않았다. 예를 들면, 독한 술을 파는 친구가 있었지만 아나타삔디까는 그와의 우정을 이어갔다. 한번은 직원이 술을 만드는 과정에서 잘못 판단해 소금을 넣는 바람에 그 친구는 큰 손실을 입었는데 지원을 아끼지 않았다. 그저 일상에서 불행을 만난 다른 친구들처럼 변함없이 대했다. 스스로는 계행을 지키며 본보기가 되었지만, 다른 사람들에게 강요하지 않았고 다른 사람들의 결점을 지적하지도 않았다(술을 망친 자의 본생 이야기 47).[11]

한번은 아나타삔디까가 산적이 들끓는 지역에 혼자 있게 되었다. 그는 몹시 지치고 힘들었지만 거기서 머물며 산적들의 공격을 받는 위험을 감수하지 않았다. 피곤하기는 했지만 밤새도록 멈추지 않고 길을 갔다(적대자에 얽힌 본생 이야기 103). 아나타삔디까는 교만과 자만심으로 위험(번뇌)을 맞닥뜨리기보다는 지혜롭게 피할 줄 알아야 한다는 부처님 가르침에 충실했다(모든 번뇌의 경, 맛지마니까야 2 참조).[12]

아나타삔디까가 강도를 피했던 일은 또 있었다. 어린 시절부터 함께해 온 '불행한 새'라는 뜻의 이름을 가진 깔라깐니라는 친구가 있었다. 친구가 돈이 필요할 때마다 도와주었고 일자리를 주기도 했다. 다른 친구들은 하층 계급 가문 출신에 '불행한 새'라는 뜻의 이름을 지닌 친구를 가까이 한다고 아나타삔디까를 비난했다. 아나타삔디까는 그러나 "이름이 그렇다고 해서 그가 불행하다거나 불운한 친구는 아니다. 지혜로운 이는 어리석고 잘못된 견해에 주의를 기울이지 않는다."며 친구를 옹호했다. 어느 때 출장을 가게 되었는데 깔라깐니에게 집을 부탁했다. 아나타삔디까가 집을 비웠다는 소식을 들은 강도들이 몰려왔다. 그들이 집을 에워싸고 기회를 엿보고 있는데, 난데없이 집 안에서 잔치가 벌어진 듯 북소리와 악기소리가 울려 퍼졌다. 강도들은 아나타삔디까가 집을 떠나지 않은 것으로 착각해 달아났다. 아나타삔디까는 나중에 이 일을 알고 친구들에게 "내가 자네들의 말을 들었다면 강도를 당했을 것이네(깔라깐니의 본생 이야기 83, 길상초 줄기에 얽힌 본생 이야기 121)."라고 말해 주었다.

아나타삔디까의 친구 대부분은 불교 신도들이었지만, 일부는 당시 인도에 널리 퍼져 있던 여러 종파의 유행승(방랑 수행승)들을 따랐다. 어느 날 아나타삔디까가 친구들에게 부처님의 가르침을 들으러 가자고 제안했다. 친구들은 기꺼이 함께 갔고 깨달으신 분의 설법에 깊은 감동을 받아 이제부터 부처님을 따르겠다고 공언했다. 그때부터 그들은 정기적으로 사원을 방문해 보시를 하고 계율과 포살(우뽀사타) 재일을 지켰다. 그런데 부처님께서 사왓티를 떠나자마자 그들은 부처님 법을 등지고, 유행승들을 매일 만났으며 다시 그들을 따르기 시작했다.

몇 달 후 부처님께서 사왓티로 돌아오셨을 때, 아나타삔디까는 다시 친구들을 데려갔다. 세존께서는 이번에는 교리의 뜻을 자세하게 설하셨다. 이어 모든 괴로움을 끊기 위해서는 부처님과 법, 승가에 귀의하는 것보다 뛰어난 것이 없다고 경고하셨다. 세상에서 더 이상 그들을 잘 제도해 줄 귀의처는 만나기 어려울 것이라고 설하셨다.

참으로 삼보에 귀의하는 자는 지옥을 벗어나 세 가지 복, 즉 선한 인간이나 천상으로 환생하며, 열반을 성취할 것이라고 하셨다.

부처님께서는 아나타삔디까의 친구인 상인들에게 삼보에 대한 청정한 믿음은 때에 따라 저버릴 수 있는 것이 아니라는 사실을 심어 주셨다. 그때그때 상황에 맞춰 임시방편으로 벗어날 수 있도록 해 주는 거짓 귀의처는 전혀 이롭지 않다고 설하셨다. 친구들은 마음 깊이 가르침을 받아들였다. 세존께서는 네 가지 성스러운 진리(사성제 四聖諦), 즉 괴로움과 괴로움의 원인, 괴로움의 소멸과 괴로움을 소멸하는 길에 대해 설해 주셨다. 친구들은 모두 예류과를 성취했다. 아나타삔디까가 먼저 부처님 가르침을 받아들이고 실천해 이룬 성취가, 친구들에게는 축복이 되었다(확실한 행도行道에 대한 본생 이야기 1).

세존께서 설해 주신 가르침들

세존께서는 사십오 년 동안 법륜을 굴리시면서 열아홉 번의 우기를 사왓티 제따와나 숲 아나타삔디까 사원에서 지내셨다. 세존께서 안거를 나기 위해 서너 달씩 오셨을 때마다, 아나타삔디까는 대개는 하루 두세 차례씩 가르침을 듣기 위해 찾아뵈었다. 그러나 세존께 직접 질문을 드리는 것은 가급적 삼갔다. 승가의 가장 위대한 시주자로서, 그는 개인적인 조언을 듣기 위해 보시를 올렸다는 소리를 듣고 싶지 않았다. 아나타삔디까가 올린 보시는 대가를 바란 것이 아니라 그저 마음에서 우러나온 자연스러운 행위였다. 보시를 올릴 수 있는 것 자체가 그에게는 충분한 보상이었다. 부처님과 제자들이 가르침을 펴시는 까닭은 누군가에게 무엇인가를 갚기 위해서가 아니라, 중생을 향한 자비심에서 자연스럽게 우러나와 주시는 선물이라고 여겼다.

아나타삔디까는 항상 부처님을 찾아뵙고 예경을 드린 후 조용히 한쪽에 앉아서 세존께서 가르침을 설하시는 것을 기다렸다. 깨달으신 분께서 아무 말도 하지 않으실 때는 자신에게 있었던 일을 말씀드렸다. 세존께서 자신의 행동을 옳다고 하시거나 고쳐 주실 말씀이 있는지 기다렸다. 일상에서 있었던 일을 계기로 가르침을 주시는 일도 있었다. 아나타삔디까는 일상의 모든 일들을 가르침의 계기로 삼았다.

빨리 경전에는 세존께서 아나타삔디까에게 설해 주신 많은 법문이 기록되어 있다. 재가신도들이 지켜야 하는 폭넓은 계율이 세존께서 아나타삔디까에게 설해 주신 가르침에서 나왔다. 아나타삔디까는 부처님 가르침을 따르려는 수많은 재가신도들에게 모범이 되었다. 앙굿따라니까야에는 세존께서 아나타삔디까에게 설해 주신 '재가신도들을 위한 기본적인 가르침'이 전한다.

> "장자여, 성스러운 재가 제자들은 이름을 얻고 천상에 태어나기 위한 합당한 네 가지 법을 다 갖추고 도를 닦는다. 무엇이 넷인가? 장자여, 여기 성스러운 제자는 비구 승가를 잘 섬긴다. 성스러운 제자는 옷과 탁발음식, 거처, 병구완을 위한 약품으로 비구 승가를 잘 섬긴다. 이러한 네 가지 법을 구족한 성스러운 재가의 제자는 명성을 얻고 천상에 태어나기에 합당한 도를 닦는다(재가자에게 합당한 경, 앙굿따라니까야 4:60)."

"장자여, 재가자가 얻어야 할 네 가지 행복이 있다. 무엇이 넷인가? 소유하는 행복, 재물을 누리는 행복, 빚 없는 행복, 비난받을 일이 없는 행복이다.

어떤 것이 소유하는 행복인가? 열정적인 노력으로 얻었고, 팔의 힘으로 모았고, 땀 흘려 성취한 재물이 있으며, 법답게 법에 따라서 얻은 재물이 있다. 그 사람은 '내게는 열정적인 노력으로 얻었고, 팔의 힘으로 모았고, 땀 흘려 성취한 재물이 있으며, 법답게 법에 따라서 얻은 재물이 있다.'고 행복을 얻고 기쁨을 얻는다. 장자여, 이것이 소유하는 행복이다.

장자여, 재물을 누리는 행복은 무엇인가? 여기 선남자는 '열정적인 노력으로 얻었고, 팔의 힘으로 모았고 땀 흘려 성취했으며 법답고 법에 따라서 얻은 재물을 누리고 공덕을 짓는다.'라고 행복을 얻고 기쁨을 얻는다. 장자여, 이것이 재물을 누리는 행복이다.

장자여, 빚 없는 행복은 무엇인가? 장자여, 여기 선남자는 적건 많건 어떠한 빚도 없다. 그는 '적건 많건 어떠한 빚도 없다.'라고 행복을 얻고 기쁨을 얻는다. 장자여, 이것이 빚 없는 행복이다.

장자여, 비난 받을 일이 없는 행복은 무엇인가? 성스러운 제자는 비난받을 일이 없는 몸의 업과 비난받을 일이 없는 말의 업과 비난받을 일이 없는 마음의 업을 갖춘다. 장자여, 그는 '비난받을 일이 없는 몸의 업과 비난받을 일이 없는 말의 업과 비난받을 일이 없는 마음의 업을 다 갖추었다.'라고 행복을 얻고 기쁨을 얻는다.

장자여, 이것이 성스러운 재가신도가 얻어야 할 네 가지 행복이다(비난받을 일 없음 경, 앙굿따라니까야 4:62)."

"장자여, 누구나 바라고 좋아하고 마음에 들어 하지만 세상에서 얻기 어려운 다섯 가지 법이 있다. 무엇이 다섯인가? '오래 사는 것, 아름다운 것, 행복한 것, 명예, 천상' 이 다섯 가지는 바라고 좋아하고 마음에 들어 하지만 세상에서 얻기 어려운 다섯 가지이다. 장자여, 이 다섯 가지는 바란다고 해서 얻어지지 않고 기도한다고 해서 얻어지지 않는다. 그렇게 얻을 수 있다면 누가 기도하거나 빌지 않겠는가?

장자여, 오래 살기를 바라는 성스러운 제자가 오래 살기를 빌거나 기뻐하는 것은 옳지 않다. 장자여, 오래 살기를 바라는 제자는 거기에 도움이 되는 합당한 길(보시와 지계 등)을 가야 한다. 그러한 길을 따르면 천상이나 인간의 수명을 얻는다.

장자여, 성스러운 제자가 아름다움, 명예, 행복, 천상을 원한다면 그것을 얻기 위해 빌거나 기뻐하는 것은 옳지 않다. 아름다움, 명예, 행복, 천상을 가져오는 도를 닦아야 한다. 그런 길을 따라가면 아름다움, 명예, 행복, 천상을 얻는다(원하는 것의 경, 앙굿따라니까야 5:43)."

"장자여, 재물을 벌어 부자가 되어야 하는 다섯 가지 이유가 있다. 무엇이 다섯인가?

장자여, 여기 성스러운 제자는 열정적인 노력으로 재물을 얻었고 팔의 힘으로 재물을 모았고 땀 흘려 모았다. 법답게 법에 따라서 얻은 재물로 자신을 행복하게 하고 만족하게 하고 바르게 행복을 지키게 한다. 아들과 아내와 하인과 일꾼들을 행복하게 하고 만족하게 하고 바르게 행복을 지키게 한다. 장자여, 이것이 재물을 벌어 부자가 되어야 하는 첫 번째 이유이다.

이렇게 재물을 얻어 친구와 친척들을 행복하게 하고 만족하게 하고 바르게 행복을 지키게 한다. 장자여, 이것이 재물을 벌어 부자가 되어야 하는 두 번째 이유이다.

이렇게 재물을 얻어 모든 재난, 즉 불과 물과 왕과 도둑과 나쁜 마음을 가진 상속인 등으로부터 자신을 보호한다. 그것은 자신을 안전하게 지켜 준다. 장자여, 이것이 재물을 벌어 부자가 되어야 하는 세 번째 이유이다.

이렇게 재물을 얻어 친지에게 하는 헌공獻供, 손님에게 하는 헌공, 조상신들에게 하는 헌공, 왕에게 하는 헌공(세금), 신에게 하는 헌공을 한다. 장자여, 이것이 재물을 벌어 부자가 되어야 하는 네 번째 이유이다.

이렇게 재물을 얻어 사문, 바라문들에게 정성을 다한 보시를 한다. 보시를 받은 사문과 바라문들은 교만하거나 방일하지 않고, 인욕하고 온화하게 살면서 각자 자신을 길들이고 제어하고 각자 완전한 열반에 든다. 이러한 사문과 바라문들에게 하는 보시는 고귀한 성취를 하도록 하고 성스러운 결말을 가져다준다. 이런 사문과 바라문들에게 보시를 하는 것은 행복의 씨앗을 무르익게 하고 천상에 태어나게 한다. 장자여, 이것이 재물을 벌어 부자가 되어야 하는 다섯 번째 이유이다.
장자여, 성스러운 제자가 재물을 벌어야 하는 이러한 다섯 가지 이유에 마음을 써도 재물이 사라진다면 그는 이렇게 생각할 것이다. '나는 재물을 벌어야 하는 다섯 가지 이유를 잘 알고 마음을 썼어도 내 재산은 다 사라졌구나.'라고 생각하여 후회하지 않는다.
장자여, 성스러운 제자가 재물을 벌어야 하는 다섯 가지 이유를 알고 유념하여 재산이 늘어나면, '참으로 내가 그 이유를 듣고 유념하여 재산이 늘어났구나!'라고 생각하여 후회하지 않는다(이유 경, 앙굿따라니까야 5:41)."

부처님께서는 다른 방식으로 위에서 설하신 가르침의 중요성을 더욱 강조하기도 하셨다. 이렇게 설하셨다.

"장자여, 원하고 좋아하고 마음에 들어 하지만 세상에서 얻기 어려운 네 가지 법이 있다. 무엇이 넷인가?
'나에게 법답게 재물이 생기기를!' 이것이 원하고 좋아하고 마음에 들어 하지만 세상에서 얻기 어려운 첫 번째이다.
'법답게 재물을 얻고, 친척들과 스승들과 더불어 명예가 나에게 오기를!' 이것이 원하고 좋아하고 마음에 들어 하지만 세상에서 얻기 어려운 두 번째이다.
'법답게 재물을 얻고, 친척들과 스승들과 더불어 명예를 얻은 뒤, 나는 오래 살고 긴 수명을 갖게 되기를!' 이것이 원하고 좋아하고 마음에 들어 하지만 세상에서 얻기 어려운 세 번째이다.

'법답게 재물을 얻고 오래 살고 죽은 뒤에는 좋은 곳(선처善處), 천상에 태어나기를!' 이것이 원하고 좋아하고 마음에 들어 하지만 세상에서 얻기 어려운 네 번째이다.

장자여, 이렇게 원하고 좋아하고 마음에 들어 하지만 세상에서 얻기 어려운 네 가지 법을 얻기 위해서는 네 가지 조건을 갖춰야 한다. 무엇이 넷인가? 청정한 믿음과 계율과 보시(자비)와 지혜를 원만하게 갖추어야 한다.

성스러운 제자는 여래의 깨달음에 믿음을 가진다. 여래께서 어떤 분인지에 대해 믿음을 갖는 것이다. 여래는 마땅히 공양을 받으실 분(아라한, 응공應供), 완전히 깨달은 분(정등각正等覺), 밝은 지혜와 실천을 구족하신 분(명행족明行足), 피안으로 잘 가신 분(선서善逝), 세간을 잘 알고 계신 분(세간해世間解), 위없이 존귀하신 분(무상無上), 사람을 잘 길들이시는 분(조어장부調御丈夫), 하늘과 인간의 스승(천인사天人師), 깨달으신 분(불佛), 세존世尊이라고 믿는 것이다.

장자여, 계율을 잘 갖춘다는 것은 다섯 가지 계율(오계五戒)을 청정하게 지키는 것이다.

장자여, 보시를 잘 갖춘다는 것은 '인색함이 없는 마음으로 집에 머물러 살고 아낌없이 보시하고 청정한 손[13]을 지녔으며, 주는 것을 좋아하고, 다른 사람이 원하는 것에 부응하고 나누어 가지는 것을 좋아하는 것'이다.

장자여, 지혜를 잘 갖춘다는 것은 탐욕에 사로잡혀 하지 않아야 할 일을 하고 해야 할 일을 하지 않는 잘못을 저지르지 않는다는 의미이다. 장자여, 다섯 가지 장애 즉 탐욕, 분노(악한 마음), 의심, 무기력함과 나태함(혼침昏沈, 해태懈怠), 불안과 근심(도거掉擧, 들뜸)에 사로잡혀 있으면 해야 할 일을 하지 않고 하지 않아야 할 일을 하게 된다. 그렇게 잘못을 범하면서 명예와 행복을 잃게 된다. 그러므로 다섯 가지 장애를 극복하면 지혜를 성취할 수 있다.

장자여, 고귀한 제자가 믿음과 계율, 보시, 지혜를 잘 갖추고 재물과 명예와 긴 수명을 얻고, 죽어서 몸이 무너진 뒤에는 좋은 곳(선처善處, 천상세계)에 태어나는 네 가지 선한 과보를 성취하게 된다.

고귀한 제자는 그렇게 얻은 재물로 자신과 부모와 아들과 딸과 아내와 하인과 일꾼을 행복하게 하고 만족하게 하고 바르게 행복을 지킨다. 모든 재난으로부터 자신을 보호하고 안전하게 지킨다. 친지와 손님과 조상신들과 왕과 신에게 헌공한다. 사문과 바라문들에게 정성을 다한 보시를 한다.

이 네 가지를 위해서가 아니라 다른 것을 위해 재물을 사용하게 되면 그 재물은 목적을 이루지 못하고 허무하게 낭비하게 된다. 이 네 가지 목적을 위해 재물을 사용해 재산이 줄었다면, 의미 있고 바르게 사용한 것이 된다(합리적인 업의 경, 앙굿따라니까야 4:61)."

부처님께서는 또 감각적 욕망에 사로잡혀 폭력과 부당한 방법을 사용해 재산을 모아 어떤 잘못된 행위를 하는지에 대해서 설하셨다.

가장 어리석은 사람은 속임수로 재물을 빼앗아 자기 자신도 누릴 수 없을 뿐만 아니라 남을 위해 쓰지도 못하는 사람이다. 조금 덜 어리석은 사람은 부당한 방법과 정당한 방법을 다 동원하여 재물을 모아 자신을 위해 쓰지만 다른 사람을 위해 나누어 가지지도 않고 공덕을 짓지도 않는다. 그나마 나은 사람은 부당한 방법과 정당한 방법을 통해 재산을 모아 자신을 행복하게 하고 다른 사람과 나누어 가지고, 공덕을 짓기도 한다.

평범한 사람들은 부당한 방법과 폭력적인 방법으로 재산을 모으는 사람들에게 분노하고 무차별적으로 비난한다. 세존께서는 그렇게 재산을 모은 사람들이 재산을 모아 사용하는 행위와 태도에서 미세한 차이가 있다는 사실을 설명하셨다.

재물을 모으는 근본적인 목적을 알고 있는 사람은 정직하게 얻은 재산으로 더 많은 이익을 구할 수 있다. 그렇게 모은 재물로 다른 사람을 행복하게 해 주는 사람은 더 큰 행복을 느낄 수 있다. 부당한 방법으로 재산을 모으면 그 과정에서 남들에게 피해를 주고 고통을 준다. 그러나 정당한 방법으로 재물을 모으면 누구에게도 피해를 주지 않고, 누구도 해치지 않는다.

부당한 방법과 정당한 방법으로, 폭력을 쓰기도 하고 폭력을 쓰지 않기도 하면서 돈을 버는 사람들이 있다. 그렇게 재산을 모아 자신도 행복하지 못하고 다른 사람들과 나누어 가지지도 않고 공덕을 짓지도 못하는 사람들이 있다. 자신을 행복하게 하지만 나누어 가지지도 않고 공덕을 짓지 못하는 사람들도 있다. 자신도 행복하고 나누어 가지기도 하고 공덕을 짓는 사람들도 있다.

또 정당한 방법으로 폭력을 쓰지 않고 재산을 모으는 사람들이 있다. 그런 사람들은 재산을 모아 자신을 행복하게 하고 나누어 가지며 공덕을 짓는다. 그러나 그런 사람 가운데에도 재산에 강하게 집착하고 위험을 보지 못하고 완전히 정신을 빼앗겨 거기에서 벗어나려고 하지 않는 사람이 있다. 또 재산에 집착하지 않고 위험을 보고 거기에서 벗어나려고 하는 사람도 있다.

부처님께서는 이런 방식으로 재물과 관련해 감각적 욕망을 즐기는 사람들은 열 가지 부류가 있다고 설하셨다(감각적 욕망을 즐기는 사람경, 앙굿따라니까야 10:91).

어느 때 부처님께서는 아나타삔디까에게 "그대의 가문에서는 보시를 하는가?"라고 물으셨다. 가난한 이들에게 보시를 하는지 물으신 것이다. 아나타삔디까가 이미 부처님과 승가에 뛰어난 보시를 하는지 알고 계셨기 때문이다. 세존께서는 보시를 하는 마음가짐에 대한 가르침을 설하셨다.

"장자여, 보시를 하면서 존중하는 마음 없이 보시하고, 자기 손으로 직접 보시하지 않고, 보시의 과보에 대한 확신 없이 보시를 한다면, 보시의 과보가 생기더라도 마음은 훌륭한 음식과 옷과 수레를 즐기는 것으로 가지 못한다. 다섯 가닥의 훌륭한 감각적 욕망[14]을 즐기는 것으로 기울지 못한다. 그뿐만 아니라 그의 자녀들과 아내와 종들과 일꾼들이 그에게 순종하지 아니하며 그의 말을 듣지 아니하며 그가 한 말을 마음에 새기지 않는다. 무슨 이유 때문인가? 존중하는 마음 없이 한 행동의 과보이기 때문이다."

부처님께서는 이와 관련해 본생에 웰라마라는 부유한 바라문으로 사셨을 때 이야기를 들려주셨다.

"웰라마가 황금과 칠보 등 엄청나게 큰 보시를 했을 때 보시 받아 마땅한 사람이 없었다. 받을 자격이 없는 이들에게 큰 보시를 하는 것보다 자격이 있는 이들에게 보시를 하는 것이 훨씬 더 큰 공덕이 있다. 예류과에 든 백 명보다 한 명의 일래과를 성취한 이에게 하는 보시가, 백 명의 일래과에 든 이보다 불환과를 성취한 한 명에게 하는 보시가, 불환과에 든 백 명보다 한 명의 아라한에게 공양을 올리는 것이, 아라한 백 명보다 한 분의 빳쩨까 부처님(벽지불)께 공양을 올리는 것이 훨씬 공덕이 크다.

백 명의 빳쩨까 부처님보다 한 분의 여래, 아라한, 정등각께 공양을 올리는 것이 더 낫다. 비구 승가에게 공양을 올리는 것이 더 낫고, 사방승가를 위해 사원을 짓는 것이 더 낫다. 청정한 마음으로 부처님과 법과 승가에 귀의하는 것이 더 공덕이 크다. 오계를 잘 지키는 것이 공덕이 더 크며, 잠깐 동안이라도 모든 생명을 향한 자비의 마음을 닦는 것이 공덕이 더 크다. 가장 공덕이 수승한 것은 손가락을 한 번 튕기는 동안만이라도 무상함을 깨닫는 지혜를 닦는 것이다(웰라마경, 앙굿따라니까야 9:20)."

이 가르침은 수행 실천을 단계별로 설명하고 있다. 보시와 지계, 모든 생명을 향한 자비 명상, 모든 존재가 본래 무상하다는 가르침을 깨닫는 것이다. 보시와 지계, 모든 생명을 향한 무량한 자비가 없이는 무상함을 깨닫는 것이 불가능하다.

세존께서는 어느 때 마음과 몸과 말의 업에 대해 이렇게 설하셨다. "장자여, 마음이 청정하지 않으면(보호되지 않으면) 말로 짓는 업도 청정하지 못하며, 몸으로 짓는 업도 청정하지 못하다. 그런 사람은 감정에 이끌려 마음의 업과 몸의 업과 말의 업이 썩게 되어 불행한 죽음을 맞이하게 된다. 마치 누각의 지붕을 잘못 덮으면 서까래도 보호되지 못하고 벽도 보호되지 못하는 것과 같다. 누각도 빗물에 젖고 서까래도 빗물에 젖으며, 벽도 젖는다. 누각도 서까래도 벽도 다 썩는 것과 같다(누각 경, 앙굿따라니까야 3:105-106)."

아나타삔디까가 수백 명의 재가신도들과 함께 세존을 찾아뵈었을 때 세존께서는 이렇게 말씀하셨다.

"장자여, 그대들은 옷과 탁발음식과 거처와 병구완을 위한 약품으로 비구 승가를 잘 섬겼다. 그러나 그대들은 그것만으로 만족해서는 안 된다. 그대들은 자주 고요하게 머물며 선정의 기쁨(초선정初禪定과 이선정二禪定을 바탕으로 생긴 희열)에 머물기 위하여 공부해야 한다."

이렇게 설하시자 곁에 있던 사리뿟따 존자가 세존께 말씀드렸다.

"성스러운 제자가 선정의 기쁨을 갖추어 머물 때 그에겐 다섯 가지가 존재하지 않습니다. 감각적 욕망에 속박된 육체적 고통과 정신적 고통이 없습니다. 그에게는 감각적 욕망에 사로잡힌 육체적·정신적 즐거움이 없습니다. 그에게는 선하지 않음(불선不善, 해로움)과 관계된 육체적·정신적 고통이 없습니다. 그에게는 선하지 않음(불선不善, 해로움)과 관계된 육체적·정신적 즐거움이 없습니다. 그에게는 선(善, 유익함)과 관계된 육체적·정신적 고통이 없습니다(희열경喜悅經, 앙굿따라니까야 5:176)."[15]

아나타삔디까가 수백 명의 재가신도들과 함께 세존을 찾아뵈었을 때, 세존께서는 사리뿟따 존자를 불러 이렇게 말씀하셨다.

"사리뿟따여, 그대가 아는 어떤 흰옷을 입은 재가신도가 있다. 그는 오계를 잘 지키고, 바로 지금 여기에서 행복하게 하는 네 가지 높은 마음(증상심增上心)을 원하는 대로 얻고 힘들이지 않고 성취하며, 어려움 없이 얻는다. 그러한 재가신도는 '나는 지옥과 짐승과 아귀와 처참한 곳, 불행한 곳, 파멸에 이르는 곳을 다하였다(악처에 윤회하는 것을 다하였다). 나는 예류과에 들었으니 악취에 떨어지지 않고 해탈과 바른 깨달음으로 나아가는 자이다.'라고 선언한다.

그가 그의 행위(업)를 제어하는 다섯 가지 학습계목(오계)은 무엇인가? 살생과 주지 않는 것을 갖는 것, 삿된 음행, 거짓말, 나태하게 하는 근본이 되는 술과 중독성 물질을 멀리 여읜다. 이러한 다섯 가지 학습계목으로 자신의 행위를 잘 제어한다.

바로 지금 여기에서 행복하게 하는 네 가지 높은 마음은 무엇인가? 사리뿟따여, 여기 성스러운 제자는 여래께서 '마땅히 공양을 받으실 분(아라한, 응공應供), 완전히 깨달은 분(정등각正等覺), 밝은 지혜와 실천을 구족하신 분(명행족明行足), 피안으로 잘 가신 분(선서善逝), 세간을 잘 알고 계신 분(세간해世間解), 위없이 존귀하신 분(무상無上), 사람을 잘 길들이시는 분(조어장부調御丈夫), 하늘과 인간의 스승(천인사天人師), 깨달으신 분(불佛), 세존世尊'이라고 흔들림 없이 청정하게 믿는다(첫 번째 높은 마음).

사리뿟따여, 여기 성스러운 제자는 법에 대한 흔들리지 않는 청정한 믿음(두 번째 높은 마음)과 승가에 대한 흔들리지 않는 청정한 믿음(세 번째 높은 마음)을 갖는다.

사리뿟따여, 여기 성스러운 제자는 성자들이 좋아하는 계율을 구족한다. 훼손되지 않고 깨지지 않았으며, 오점이 없고, 번뇌에서 자유롭게 하며, 지혜로운 사람들이 찬탄하고, 삼매에 도움이 되는 계율을 원만하게 갖춘다(네 번째 높은 마음).
사리뿟따여, 흰옷을 입은 재가신도는 바로 지금 여기에서 행복하게 하는 네 가지 높은 마음을 원하는 대로 얻고 힘들이지 않고 얻으며, 어렵지 않게 성취한다(재가신도 경, 앙굿따라니까야 5:179)."

어느 때에는 세존께서 아나타삔디까가 홀로 있을 때 예류과를 성취하는 네 가지 방편에 대해 설해 주셨다.

"장자여, 성스러운 제자로서 다섯 가지 두려움과 증오가 가라앉고 예류도를 성취하기 위한 네 가지 구성요소를 원만하게 갖추고 지혜로 바르게 꿰뚫어 알면 스스로를 예류과에 들었다고 선언할 수 있다.
생명을 죽이며, 주지 않는 것을 갖고, 삿된 음행을 하며, 거짓말을 하고, 술에 취하는 자는 금생(현재)과 내생(미래)에 다섯 가지 두려움과 증오를 일으키며, 괴로움과 슬픔을 겪게 된다. 다섯 가지 학습계목을 잘 갖추면 다섯 가지 두려움과 증오가 가라앉는다.
부처님과 법과 승가에 대한 흔들림 없는 청정한 믿음을 지니고 삼매에 도움이 되는 계율을 지니면 예류도를 성취하기 위한 네 가지 구성요소를 원만하게 갖춘다.

성스러운 방법을 지혜로 잘 보고 잘 꿰뚫어 깨달으면 예류도를 성취하기 위한 네 가지 구성 요소를 원만하게 갖춘다. 성스러운 방법을 지혜로 잘 보고 잘 꿰뚫어 깨닫는다는 것은, '이것이 있을 때 저것이 있다, 이것이 일어날 때 저것이 일어난다, 이것이 멸할 때 저것도 멸한다.'고 아는 것이다(증오 경, 앙굿따라니까야 10:92)."

어느 날 이른 아침 아나타삔디까는 세존을 친견하기 위해 사왓티를 나섰다. 그런데 너무 이른 시간이어서 '세존을 친견하기에는 적당한 시간이 아니다.'라는 생각이 들었고, 외도 유행승들이 머무는 숲으로 갔다. 외도 유행승들은 아나타삔디까가 세존의 제자라는 사실을 알고 있었기 때문에, '사문 고따마는 어떤 견해를 갖고 있는지' 그에게 물었다. 아나타삔디까는 "저는 세존의 견해를 모두 알지 못한다."고 답했다. 유행승들은 다시 '비구들이 어떤 견해를 갖고 있는지' 물었다. 아나타삔디까는 "저는 비구들의 견해를 모두 알지 못한다."고 말했다. 유행승들은 이번에는 아나타삔디까가 어떤 견해를 갖고 있는지 물었다. 아나타삔디까는 "제가 어떤 견해를 가졌는지 말하는 것은 어렵지 않습니다. 그러나 먼저 존자들의 견해가 어떤지 설명해 주시면 제가 어떤 견해를 가졌는지 설명하는 것이 어렵지 않을 것입니다."라고 답했다.

외도 유행승들은 세계에 대해 그들이 갖고 있는 견해에 대해 말했다. 어떤 유행승은 세계가 영원하다고 주장했고, 어떤 유행승은 영원하지 않다고 말했다. 또 어떤 유행승은 세계가 끝이 있다고 말했고, 어떤 유행승은 세계가 끝이 없다고 주장했다. 어떤 유행승은 생명과 몸이 동일하다고 믿었고, 또 다른 유행승은 생명과 몸이 별개의 것이라고 주장했다. 여래께서 죽은 뒤에 존재한다고 믿는 유행승도 있었고, 존재하지 않는다고 주장하는 유행승도 있었다. 또 다른 유행승은 여래께서 죽은 뒤에 존재하기도 하고 존재하지 않기도 한다고 주장했다.

그런 다음 아나타삔디까는 다음과 같이 말했다. "존자들이여, '생겨나고 형성되고 조건을 따라 일어나는 것은 무상합니다(일시적으로 머물 뿐입니다). 무상한 것은 괴로움을 수반합니다. 괴로운 것은 내 것이 아니며 내가 아니며 나의 자아가 아닙니다.' 저는 이러한 견해를 가졌습니다."

외도 유행승들은 "연기緣起에 의해 생겨난 모든 것은 무상합니다. 무상한 것은 괴로움입니다. 장자는 그 괴로움에 집착하고 있고, 그 괴로움에 장자는 굴복한 것입니다."라고 반박했다. 아나타삔디까는 "생겨난 모든 것은 무상하고 무상한 것은 괴로움이며, 괴로움은 내 것이 아니고 괴로움은 내가 아니며 괴로움은 나의 자아가 아니라는 사실을 저는 있는 그대로 바른 지혜로 잘 봅니다. 나는 그 괴로움에서 궁극적으로 벗어나 해탈에 이르는 길을 있는 그대로 꿰뚫어 압니다."라고 말해 주었다. 유행승들은 아무런 말도 하지 못했으며, 고개를 숙이고 조용히 앉아 있었다.

아나타삔디까는 세존을 찾아뵙고 유행승들과 사이에 있었던 일을 말씀드렸고, 세존께서는 "장하고 장하다 장자여, 그대가 옳도다. 그런 착각에 빠져 있는 사람들(경전 원문에는 쓸모없는 사람들로 표현되어 있다)을 이치에 맞게 이끌어 주어야 한다."고 말씀해 주셨다. 세존께서는 이어 법을 설해 격려해 주셨다. 아나타삔디까가 떠난 후 세존께서는 "비구들이여, 이 법과 율에서 백 년을 지낸 비구일지라도 아나타삔디까가 했던 것처럼, 외도 유행승들의 삿된 견해에는 이치에 맞게 논박해야 한다."고 말씀하셨다(견해 경, 앙굿따라니까야 10:93).

아나타삔디까가 중병에 걸려 고통에 시달리고 있을 때였다. 아나타삔디까는 사람을 보내 아난다 존자와 사리뿟따 존자를 모시고 와서 가르침을 받기를 청했다. 먼저 아난다 존자가 병문안을 왔다. 아난다 존자는 '배우지 못해 네 가지 법이 부족한 범부는 죽는 것을 두려워하고 다음 생에 어찌 될지 두려워한다.'고 말해 주었다. 그런 사람은 부처님과 법과 승가에 대한 흔들리지 않는 청정한 믿음이 없으며, 고귀한 제자들이 좋아하는 계율을 지키지 않는다고 했다. 아나타삔디까는 죽는 것과 죽은 뒤 어떻게 될지에 대해 두려워하지 않는다고 답했다. 아나타삔디까는 부처님과 법가 승가에 대한 확고한 믿음을 지니고 있었고, 재가자들이 지켜야 하는 계율도 범하지 않고 잘 지키고 있었다. 아난다는 그를 칭송하며, "장자여, 이것은 그대에게 참으로 유익합니다. 이것은 그대에게 참으로 큰 이득입니다. 그대는 삼보에 청정한 믿음을 지니고 있고 계율을 잘 지켰으니, 스스로 예류과를 성취했음을 지금 선언했습니다."라고 말해 주었다(아나타삔디까 경, 상윳따니까야 55:27).

사리뿟따 존자는 병문안을 와서 아나타삔디까가 '배우지 못한 범부와 달리, 삼보에 대한 흔들리지 않는 청정한 믿음을 지녔고, 계율을 잘 지키고 있다.'고 말해 주었다. 아나타삔디까가 지금 병으로 몹시 괴롭지만, 삼보에 대한 확고한 믿음과 계율을 범하지 않았음을 잘 집중해 관찰한다면 괴로운 느낌이 가라앉을 것이라고 위로해 주었다.

"장자여 그대에게는 잘못된 생각, 그릇된 의도, 그릇된 말, 그릇된 행동, 그릇된 생활, 삿된 정진, 삿된 마음챙김, 잘못된 삼매, 바르지 못한 지혜, 잘못된 해탈이 없습니다. 장자여, 그대가 열 가지 성스러움을 지니고 있고 바른 지혜와 바른 깨달음이 그대에게 있다는 사실을 잘 관찰하고 명상하면 괴로운 느낌은 사라질 것입니다."

아나타삔디까는 사리뿟따의 조언대로 스스로 위대한 부처님의 고귀한 제자가 되었던 커다란 행운을 회상했고, 그러자 괴로움이 사라졌으며 병이 나았다. 아나타삔디까는 자리에서 일어났다. 자신의 밥그릇에 공양을 채워 사리뿟따 존자와 아난다 존자에게 올렸다. 사리뿟따 존자는 게송으로 아나타삔디까를 격려하고 기쁘게 해 주었다.

여래를 향해 흔들리지 않는
확고한 청정한 믿음을 가지고
선하고 성자들이 좋아하고 칭송하는
계율을 지니고 있으며

승가에 청정한 믿음이 있고
올곧은 이들을 보는 이
그는 가난하지 않다고 일컬어지니
그의 삶은 헛되지 않도다

그러므로 슬기로운 이는
부처님들의 가르침을 잘 새기며
믿음과 계율과 청정한 믿음과
법을 보는 데 정진할 지어다
(아나타삔디까 경, 상윳따니까야 55:26)

세존께서 아나타삔디까에게 설해 주신 가르침 열여덟 가지를 간략하게 살펴보았다. 열네 가지는 세존께서 직접 설해 주신 것이다. 하나는 아나타삔디까가 세존께 질문을 드렸을 때 설해 주신 것이며, 또 하나는 그가 세존께 보고 드린 것이었다. 나머지 둘은 아난다 존자와 사리뿟따 존자에게 가르침을 받은 것이었다. 이들을 통해 우리는 세존께서 재가신도들에게 어떤 법을 설하셨는지, 또 재가신도들이 수행할 수 있도록 어떻게 이끄셨는지를 분명하게 알 수 있다.

아나타삔디까의 열반

세존을 섬기고 승가를 후원한 가장 위대한 시주의 열반은 '아나타삔디까에 대한 가르침 경(맛지마니까야 143)에 상세하게 기록되어 있다. 장자가 세 번째로 큰 병에 걸렸는데, 고통은 매우 심했으며, 좀처럼 가라앉지 않았다. 다시 사리뿟따 존자와 아난다 존자에게 도움을 청했다. 사리뿟따 존자는 아나타삔디까가 임종을 앞두고 있음을 보았다. 존자는 이렇게 권했다. "장자여, 여섯 가지 감각 기관(육근六根, 안이비설신의眼耳鼻舌身意)에 집착하지 말아야 합니다. '나는 육근에 의존하지 않을 것이다.'라고 닦아야 합니다. … 여섯 가지 감각 대상(육수六受, 색성향미촉법色聲香味觸法) … 여섯 가지 의식(육식六識) … 여섯 가지 세계(육계六界) … 다섯 가지 무더기(오온五蘊), 사무색계(四無色界, 무한한 공간·무한한 의식·아무것도 없는 세계·지각하는 것도 아니고 지각하지 않는 것도 아닌 세계)에 집착하지 말아야 합니다. '나는 그것들에 의존하지 않을 것이다.'라고 닦아야 합니다."

아나타삔디까는 마음속으로 사리뿟따가 설해 준 가르침을 따랐다. 거룩하고 현명한 사리뿟따의 설법을 듣는 동안 이미 그렇게 수행을 하고 있었으며, 가르침대로 성취했다. 설법이 끝나자 아나타삔디까 눈에는 눈물이 고였다. 아난다 존자가 "장자여, 그대는 낙담하고 있습니까?"라고 물었다. 아나타삔디까는 그렇지 않다고 답했다. "존자 아난다여, 저는 낙담하지 않습니다. 저는 오랜 세월 스승님과 마음을 닦는 수행승들을 모셔왔지만, 이렇게 심오한 법문을 들어본 적이 없습니다."

그러자 아난다가 말해 주었다. "장자여, 흰 옷을 입은 재가신도들에게 이러한 법문은 주어지지 않는 것입니다. 장자여, 출가수행승들에게 이러한 법문이 주어지는 것입니다."[16]

아나타삔디까는 이렇게 요청했다. "사리뿟따 존자님이시여, 흰 옷을 입은 재가신도들에게도 이런 법문을 설해 주십시오. 눈에 먼지가 덜 들어간(때가 덜 낀) 훌륭한 가문의 사람들도 있습니다. 그런 이들은 이런 심오한 법을 듣지 못한다면 쇠퇴할 것입니다. 이렇게 심오한 법문을 이해할 수 있는 재가신도들이 있을 것입니다."

사리뿟따 존자와 아난다 존자가 아나타삔디까에게 해 준 법문은 지금까지 세존께서 그에게 설해 주신 가르침과는 많은 차이가 있다. 이 법문은 기초적인 이론들뿐만 아니라 실천 수행함으로써 가장 궁극적인 해탈과 깨달음에 이를 수 있는 내용들을 담고 있다. 아나타삔디까는 예류과를 성취한 재가신도로서 오온의 덧없음(무상함)을 깨달아 알고 있었다. 연기로 인해 생겨나는 모든 존재들은 본래 무상하고 괴로우며 무아라는 것을 꿰뚫어 보고 있었다. 그러나 이것을 듣고 명상하는 것과 실제로 실천하고 적용하는 것에는 큰 차이가 있다. 부처님께서 재가신도들을 가르치시면서 사용한 방편과 출가수행승들을 가르치시면서 사용한 방편은 근본적으로 차이가 있었다.

세존께서는 재가신도들에게 무상과 괴로움, 무아에 대해 설해 주셨다. 처음에는 비구들에게도 이런 정도의 가르침을 주셨다. 그러나 실천 수행을 통해 도道를 이루고 더 높은 단계에 이른 출가수행승들이 등장했다. 부처님께서는 이들을 위해 바로 있는 그곳에서 지금 완전한 해탈을 성취하는 수행을 할 수 있도록 더 심오한 법을 설해 주셨다.

사리뿟따 존자는 아나타삔디까에게 실질적으로 열반에 이르기 위한 단계들을 설명해 주었다. 이렇게 핵심적인 설법을 아나타삔디까는 지금까지 들어보지 못했다. 아나타삔디까는 죽음을 눈앞에 두고 이미 세속적 근심에서 멀어졌다. 법을 생각하면서 육신은 물론 세속적으로 소유하고 있던 모든 것에 대한 집착도 버렸다. 아나타삔디까는 매우 높은 단계의 성취를 이룬 출가수행승과 비슷한 상황을 맞이했던 것이다. 사리뿟따 존자는 이 때문에 커다란 영향을 줄 수 있는 가르침(교계敎誡)을 아나타삔디까에게 설해 줄 수 있었다.

사리뿟따와 아난다 존자는 아나타삔디까에게 심오한 법을 설해주고 자리에서 일어나 그곳을 떠났다. 얼마 지나지 않아 장자 아나타삔디까는 세상을 떠났다. 먼저 세상을 떠난 막내딸이 태어난 도솔천에서 환생했다. 아나타삔디까는 세존과 승가에 대한 깊은 존중과 존경의 마음으로, 제따 숲을 아름다운 빛으로 환하게 밝히며 세존을 찾아뵈었다. 세존께 예경을 드리고 게송으로 이렇게 노래했다.

여기가 바로 제따 숲
선인仙人의 승가(비구승가)가 머물고
가르침의 왕(법왕法王)이 계시니
나에게 희열이 생기는 곳이네

사람은 선한 의지와 밝은 지혜 삼매
계율을 지키는 올바른 생활로
청정해지는 법
가문이나 재산 때문이 아니라네

슬기롭고 지혜로운 이는
자신의 이익이 어디에 있는지 꿰뚫어 보아
바르게 법을 탐구하여
거기에서 청정해지네

사리뿟따 존자께서는 지혜와 계행
고요함을 두루 갖추셨나니

저 언덕에 이른 비구가 있다면
사리뿟따 존자가 가장 뛰어나시네

젊은 천신으로 환생한 아나타삔디까는 이렇게 찬탄을 하고 세존께 예경을 드리고 오른쪽으로 세 번 돌고 나서 그 자리에서 사라졌다.

다음날 세존께서 비구들을 불러 이 일을 말씀해 주셨다. "비구들이여, 간밤에 어떤 젊은 천신이 아름다운 빛으로 와서 제따 숲을 환하게 밝히고, 게송으로 노래했다." 그러자 아난다가 바로 아뢰었다. "세존이시여, 그 젊은 천신은 분명히 아나타삔디까였을 것입니다. 아나타삔디까 장자는 사리뿟따 존자를 흔들리지 않은 청정한 믿음으로 따랐습니다." 세존께서는 아난다 존자의 말이 맞았음을 확인해 주셨다. "선재로다 아난다여, 그대의 생각이 옳다. 아난다여, 그 천신은 다름 아닌 아나타삔디까였느니라(아나타삔디까에 대한 가르침 경, 맛지마니까야 143 / 아나타삔디까 경, 상윳따니까야 2:20)."

10. 세존의 특별한 제자들

장자 찟따

어느 때 부처님께서는 비구들에게 깨달음을 성취한 위대한 재가신도 제자(청신사淸信士) 21명에 대해 말씀하셨다. 그 가운데 사왓티 근처 도시 맛치까싼다의 찟따(질다質多) 장자를 특별하게 언급하셨다(발리까디 경, 앙굿따라니까야 6:120).

어느 때 세존께서는 비구들에게 이렇게 말씀하셨다. "비구들이여, 신심 있는 청신녀는 사랑스럽고 소중한 외동아들에게 이렇게 말해 주어야 한다. '애야, 너는 찟따 장자와 알라위에 사는 핫타까(상동자象童子)[1]처럼 되어라.'라고. 비구들이여, 찟따 장자와 핫타까는 내 청신사 제자들의 모범이고 표준이기 때문이다. '애야, 네가 만약 집을 나가 출가한다면 너는 사리뿟따와 목갈라나처럼 되어라.'라고 원해야 한다. 비구들이여, 사리뿟따와 목갈라나는 내 비구 제자들의 모범이고 표준이기 때문이다(외동아들 경, 상윳따니까야 17:23)."

세존께서는 청정하고 흔들림 없는 믿음을 지닌 재가신도들은 찟따와 핫타까처럼 되겠다는 마음을 키워야 하고, 비구 제자들은 사리뿟따와 마하목갈라나를 본받으려는 서원을 세워야 한다고 강조하셨다. 세존께서는 재가신도들의 경우 출가수행승들을 본보기로 삼지 말고, 재가신도들 가운데 모범이 되는 제자를 선택해 본보기로 삼아야 한다고 하셨다. 출가수행승들은 재가신도가 아니라 출가수행승 가운데 모범이 되는 제자를 선택해 본보기로 삼아야 한다고 하셨다. 재가신도와 출가수행승들이 살아가고 수행하는 방식은 매우 다르고, 같은 방식의 삶을 사는 제자를 본보기로 삼는 것이 더 효과적이기 때문이었다. 사리뿟따를 닮고 싶어 하는 재가신도는 출가해 가사를 입고 지내야 한다. 출가하지 않고 장자로 살면서 진리(법)를 익히고 실천하고자 한다면 찟따 장자와 핫타까를 모범으로 삼아 우러러보아야 한다.

세존께서는 분야별로 가장 뛰어난 제자들을 꼽으시면서, 법을 설하는 제자 가운데 으뜸으로 세 명의 제자를 선택하셨다. 먼저 비구들 가운데에는 뿐나 만나니뿟따(부루나 존자富樓那 尊者)를 꼽으셨다. 비구니 제자로는 담마딘나(법시 장로니法施 長老尼)가 으뜸이라고 하셨다. 재가신도 가운데는 찟따 장자를 법을 설하는 제자들 가운데 으뜸이라고 꼽으셨다.

찟따 장자는 마가다국 맛치까산다 근처 미가빠타까라는 작은 마을과 망고나무 숲(암바따까와나)을 소유한 부유한 상인이었다. 장자는 망고나무 숲을 승가에 보시하고, 정사精舍를 지어 마하나마 장로를 모셨다. 세존을 향한 헌신과 믿음은 본생에서부터 이어져 왔다. 찟따는 본생에 미래의 부처님이신 보살의 종으로서 보살과 함께 고행을 했다(연뿌리에 얽힌 본생 이야기 488). 헌신적인 청신사, 재가신도인 찟따 장자와 관련된 경전은 열한 개 이상이다. 경전을 통해 그가 어떤 품성을 지니고 있었는지, 어떤 제자였는지 잘 알 수 있다.

찟따 장자는 망고나무 원림에 정사를 세워 승가에 보시했다. 수담마 장로가 정사를 관리하며 머물고 있을 때였다. 장자는 수담마 장로를 존중해, 다른 비구 제자들을 초청하기 전에는 항상 존자와 상의했다. 어느 날 사리뿟따 존자, 목갈라나 존자, 아누룻다 존자, 아난다 존자, 라훌라 존자와 함께 여러 장로들이 맛치까산다 마을을 찾았다. 찟따 장자가 맞이했는데, 사리뿟따가 심오한 법을 설해 주었다. 장자는 설법을 듣고 일래과一來果를 성취했다. 장자는 다음날 성스러운 분들을 공양에 초대했다. 그런데 항상 수담마 존자와 상의했던 그가 이번에는 미리 존자와 상의하는 것을 잊어버렸다. 곧바로 존자에게 성스러운 분들을 모셨으니 자리를 함께해 달라고 청했다. 수담마 존자는 '찟따가 전에는 항상 나에게 허락을 구하고 수행승들을 초대했는데, 이번에는 제 멋대로 초청했다. 나를 무시하고 배려하지 않았다.'고 질투심을 내어 거절했다. 찟따는 두 차례 더 존자를 정중하게 초대했지만 거절당했다. 찟따는 수담마 존자가 완고하게 고집을 피우고 있으나 자신의 일은 아니라고 생각했다. 고집을 부리는 일은 수담마 존자의 몫이라고 판단했다. 집으로 돌아가 다음날 공양을 정성껏 준비했다.

그런데 다음날 수담마 장로는 찟따가 어떤 음식들을 준비했는지 보고 싶은 마음이 들어, 아무런 일도 없었다는 듯 공양 자리에 함께했다. 장로는 찟따가 정성껏 준비한 공양이 훌륭하다고 칭찬했다. 장로는 그러나 공양이 끝난 후 "찟따 장자는 오늘 훌륭한 음식을 많이 준비했습니다. 그런데 진정으로 좋은 공양이 되려면 참깨와 당밀로 만든 떡(호마병胡麻餠)이 있어야 했는데, 없습니다."라고 냉소적으로 비꼬았다.

찟따 장자는 수담마 장로가 비꼬며 한 말에 대해 이렇게 맞받아쳤다. "예전 어떤 상인들이 암탉 한 마리를 동쪽 지방에서 사 온 일이 있었습니다. 그 암탉은 수까마귀와 함께 있다가 병아리를 낳았는데, 병아리는 닭소리와 까마귀 울음소리를 다 냈습니다." 장자는 수담마 장로가 비구로서 바른 처신을 하지도 못했으며, 재가신도에게 지켜야 하는 예의도 지키지 못했다는 사실을 꼬집었다. 질투심에 초대를 거절하는 것은 수행승으로서 옳지 않은 일이었으며, 공양 음식을 지적하는 것은 장자에게도 초대받은 스님들에게도 옳지 못한 일이었다. 특히 스님들을 초청한 집주인에게 예의를 지키지 못한 행동이었다. 그러나 수담마 존자는 "장자여, 그대는 나를 모욕했습니다. 나는 떠나겠습니다."라고 통보했다. 장자는 세 번이나 평생 그를 모시겠다고 했지만 수담마는 세존께서 머물고 계시는 사왓티로 가겠다고 고집을 부렸다. 찟따는 존자에게 '오늘 있었던 일을 상세하게 세존께 말씀드려 달라.'며, '돌아오면 언제든지 환영하겠다.'고 말했다.

수담마에게 그 일에 대해 상세하게 들으신 세존께서는 이렇게 말씀하셨다. "어리석은 자여, 적절하지 않고 자연스럽지 않으며, 알맞지 않고 수행자의 삶이 아니고, 부당하고, 해서는 안 될 일을 행한 것이다. 어리석은 자여, 어찌 그대는 신심 있고 청정한 믿음을 지녔으며 자비롭고 유능하며, 승가를 후원하는 장자 찟따를 사소한 것으로 질책하고, 사소한 것으로 모욕을 주었는가?"라고 꾸짖으셨다. 세존께서는 수행승들을 모아 '수담마가 장자 찟따에게 용서를 구해야 한다.'고 결정하셨다.

수담마는 승가로부터 찟따 장자에게 사죄해야 한다는 판결을 받고, 맛치까산다로 돌아갔다. 부끄러워서 찟따 장자에게 용서를 구할 수 없었다. 다시 사왓티로 돌아왔을 때 수행승들이 용서를 구했느냐고 물었다. "도반들이여, 맛치까산다에 갔지만 부끄러워서 찟따 장자에게 용서를 구할 수 없었습니다."라고 답했다. 수행승들은 그 사실을 세존께 아뢰었고, 세존께서는 이번에는 다른 비구와 함께 가서 용서를 구하도록 하셨다. 수담마는 수행승과 함께 가 찟따 장자에게 용서를 구했으며, 장자는 그를 용서했다(비나야삐따까 2: 15-18).[2]

상윳따니까야 가운데 찟따 장자와 관련된 열 개의 경전이 있다. 세 개는 찟따 장자가 비구들에게 가르침에 대해 질문한 내용을 다루고 있다. 세 개는 비구들이 찟따 장자에게 질문하는 것을 담고 있으며, 네 개는 찟따 장자에게 일어난 일들을 기록하고 있다.

어느 때 찟따 장자는 망고 원림에 세운 정사에 머물던 장로 비구들을 공양에 초대했다. 다음날 장로 비구들이 공양을 위해 집에 도착했다. 찟따 장자는 가장 연장인 장로에게 부처님께서 설하신 '요소(계界)들의 다양함'에 대해 질문했다. 두 번 세 번 질문을 거듭했으나 가장 연장인 장로는 침묵하고 있었다.

그때 가장 젊은 비구인 이시닷따 존자가 가장 연장인 존자에게 대신 답을 해도 되겠느냐고 요청했고, 허락을 받았다. 이시닷따는 마하깟짜야나(마하가전연摩訶迦旃延) 존자의 제자였다. 이시닷따 존자는 찟따 장자에게 세상을 이루는 열여덟 가지 요소에 기초해, 여섯 가지 감각기관(육근六根)과 여섯 가지 감각 기관의 대상(육경六境), 여섯 가지 알음알이 요소(여섯 가지 의식, 육식六識)에 대해 명쾌하게 설명해 주었다.

찟따 장자는 이시닷따 존자가 부처님 가르침을 상세하고 분명하게 설명해 준 데 대해 기뻐하며 감사드리고 훌륭한 공양을 올렸다. 비구들이 망고나무 원림 정사로 돌아가는 길에 가장 연장인 존자는, 이시닷따 존자를 칭찬했다. 다음에 또 그런 상황이 있으면 주저하지 말고 나서서 법을 가르치라고 말했다. 가장 연장인 장로에게는 부러움 대신 어린 도반의 깊이 있는 성취가 기꺼웠으며, 함께 기쁨(희열喜悅)을 느꼈다. 이시닷따에게도 자만심이 일지 않았으며, 가장 나이 많은 장로와 가장 젊은 비구는 이상적인 수행자의 길을 따랐다(이시닷따 경, 상윳따 니까야 41:2).

어느 때 찟따 장자는 맛치까산다 망고나무 원림 정사에서 장로 비구들에게 부처님 설법에 대해 질문 했다. 찟따 장자는 '세존께서 범망경梵網經에서 설하신 예순두 가지 잘못된 견해는 어떻게 생겨나는지' 질문했다. 예순두 가지 잘못된 견해는 '세상은 영원하다거나 영원하지 않다거나, 세상은 유한하다거나 세상은 무한하다거나, 여래는 사후에 존재한다거나 사후에 존재하지 않는다거나' 하는 등의 견해였다. 가장 연장인 장로는 그 질문에 또 답하지 못했고, 이시닷따 존자가 답해 주었다.

이시닷따 존자는 "예순두 가지 그릇된 견해는 항상 영원히 변하지 않는 자신이 존재한다는 견해[3] 때문에 생겨난다."고 답해 주었다. 찟따 장자는 다시 '불변하는 자신이 존재한다.'는 견해는 어떻게 생겨나는지 물었다. 이시닷따 존자는 "성스러운 제자들을 친견하지 못하고, 성스러운 법을 잘 배우지 못하고, 성스러운 법을 만나지 못한 범부들은, 물질을 자아라고 관찰하고, 물질이 자아 안에 있다고 관찰하며, 물질 안에 자아가 있다고 관찰합니다. 색수상행식色受想行識 오온을 '나' 또는 '나의 것', '나의 자아'라고 관찰합니다. 오온과 같은 무상하고 공허한 것들에 대해 '나', '나의 것', '나의 자아'라고 집착합니다. '자아'라는 환상에 사로잡혀 잘못된 견해를 만들어냅니다."라고 답해 주었다.

찟따는 이시닷따의 가르침에 크게 기뻐했고, 존자가 어디에서 왔는지 물었다. 이시닷따는 인도 십육 대국 가운데 한 곳인 아완띠 출신이었다. 장자는 이시닷따 존자에게 "아완띠에는 이시닷따라는 선남자가 있다고 들었습니다. 아직 한 번도 뵌 적이 없는데, 출가했다고 전해 들었습니다. 존자께서는 그 선남자에 관해 들으신 적이 있습니까?"라고 물었다. 이시닷따는 침묵했다. 장자가 다시 물었다. "존자시여, 혹시 스님께서 바로 그 이시닷따라는 분이십니까?" "그렇습니다. 장자여." 찟따 장자는 연락만 주고받던 친구가 실제로 출가해서 지금 그 앞에 있다는 사실에 매우 기뻤다. 장자는 존자에게 망고나무 원림 정사에서 머물기를 청했다. 의복과 음식과 거처와 병구완을 위한 약품을 올리며 정성껏 모시겠다고 말했다. 그러나 이시닷따 존자는 거처를 정돈하고 발우와 가사를 챙겨 맛치까산다를 떠나 다시는 돌아오지 않았다(이시닷따 경, 상윳따니까야 41:3).

주석서에서는 이시닷따가 장자의 간청에도 맛치까산다를 떠난 이유에 대해 설명하지 않았다. 이름이 알려지지 않기를 바랐던 것으로 생각된다. 찟따 장자와의 대화로 자신이 누구인지 알려진 상황에서 더 이상 그곳에 머물지 않겠다고 결심했을 것이다. 이시닷따 존자에 대한 소식은 테라가타(장로게경 120)에서 찾아볼 수 있다. 존자는 '모든 번뇌를 끊고 아라한과를 성취했다.'는 게송을 테라가타에 남겼다.

찟따 장자가 세 번째 질문을 드렸을 때 설명해 준 존자는 뛰어난 지혜를 성취한 까마부 비구였다. 찟따는 존자에게 얼마나 많은 작용(행行, 상카라)[4]이 있는지, 어떻게 하면 소멸시킬 수 있는지 물었다(까마부 경, 상윳따니까야 41:6). 이 물음은 마가다국 귀족의 아들이었던 재가신도 위사카 장자가, 비구니 수행승 담마딘나[5]에게 했던 질문과 같은 주제에 대한 질문이다(작은 교리문답 경, 맛지마니까야 44).

상윳따니까야에서 찟따 장자가 장로 비구들의 질문을 받고 대답한 처음 경전은 중생을 윤회에 묶어 놓는 족쇄(足鎖, 결박結縛)에 관한 내용을 담고 있다. 어느 때 장로 비구들은 탁발 공양을 마치고 돌아와 감각 기관, 감각 대상들이 족쇄가 되는지 아닌지에 대해 토론하고 있었다. 찟따 장자가 다가갔을 때 장로 비구들은 장자에게 의견을 물었다.

장자는 검은 황소와 흰 황소를 예로 들어 족쇄에 관해 설명했다. "존자들이시여, 예를 들면 검은 황소(감각 기관)와 흰 황소(감각 대상)가 하나의 밧줄이나 멍에에 묶여 있을 때 검은 황소와 흰 황소가 서로에게 묶여 있다고 한다면 바르게 말한 것입니까?" "장자여, 두 황소는 서로에게 족쇄가 되는 것이 아니라 하나의 밧줄이나 멍에에 묶여 있을 뿐입니다." "존자들이시여, 그와 같이 눈이 형상을 본다면 눈이 형상을 묶어 놓고 있는 족쇄가 아닙니다. 마찬가지로 형상이 눈을 묶어 놓고 있는 족쇄가 아닙니다. 눈과 형상을 조건으로 일어나는 욕탐이 바로 족쇄입니다. 귀는 소리에 묶여 있지 않고 소리는 귀에 묶여 있지 않습니다. 그 둘을 조건으로 일어나는 욕탐이 그 둘을 묶어 놓고 있는 족쇄입니다. … 코와 냄새 … 혀와 맛 … 촉각과 감각 … 뜻(마음)과 법 … 그 둘을 조건으로 일어나는 욕탐이 족쇄입니다." 장로 비구들은 "장자여, 그대는 부처님의 심오한 가르침에 정통한 지혜의 눈(혜안慧眼)을 가졌으니 이것은 그대에게 참으로 큰 이득입니다."라며 기뻐했다(족쇄 경, 상윳따니까야 41:1).

사리뿟따 존자와 아난다 존자는 찟따 장자가 설명한 내용을 두 번이나 다른 경전에서 똑같은 비유를 들어 법을 설했다(상윳따니까야 35:191-192). 세존께서는 눈과 형상, 귀와 소리, 코와 냄새, 혀와 맛, 몸과 감촉, 뜻(의意, 마음)과 그 대상인 법을 조건으로 하는 갈애(渴愛, 욕탐)가 족쇄라고 명확하게 설하셨다(족쇄 경, 상윳따니까야 35:109 / 35:122).

이 가르침은 감각기관과 외부의 감각 대상을 놓고 어떤 것이 우리를 묶어 놓고 있는 족쇄인지에 대한 헛된 논쟁을 피하기 위해 설하신 것이다. 우리를 묶어 놓고 있는 것은 감각 기관의 기능과 대상이 아니라 우리의 내적 욕망과 탐욕이기 때문이다.

찟따 장자가 장로 비구들에게 가르침에 대해 설명해 준 경전은 까마부 숫따이다. 까마부 존자는 이 경전에서 찟따 장자를 스승으로 대하듯 가르침을 청한다. 까마부 비구는 세존께서 설하신 게송을 암송하고, 그 뜻에 대해 해석해 달라고 찟따 장자에게 요청한다.

"장자여, 세존께서는 이렇게 설하셨습니다."

흠집 없는 바퀴와 흰 차일
하나의 바퀴살을 가진 마차가 구르나니
근심 없고 흐름을 끊었으며
속박 없이 오는 저 마차를 보라[6]

찟따 장자는 먼저 그 게송을 세존께서 설하셨는지 까마부 존자에게 확인했다. 찟따 장자에게는 오직 세존께서 설하신 가르침만이 깊이 생각할 가치가 있었다. 장자는 잠시 가르침에 대해 새겨 볼 시간을 달라고 한 뒤, 존자에게 이렇게 해석해 주었다. "존자시여, 마차가 구른다는 것은 '몸이 나아가고 물러나는 것'을 두고 한 말입니다. 흠집이 없다는 것은 '계행戒行이 원만하다.'는 뜻입니다. 하나의 바퀴살은 '마음을 하나로 집중하는 수행(마음챙김)'을 가리킵니다. 흰 차일은 해탈을 뜻합니다. 저기 오는 것은 '아라한'을 두고 하신 말씀입니다. 아라한은 탐욕과 분노, 어리석음을 없애고 갈애의 바다에서 안전합니다. 흐름은 갈애를 뜻하며, 흐름을 끊었다는 것은 미래에 다시 갈애가 일어나지 않게 했다는 것입니다. 그러므로 번뇌를 다한 비구는 흐름을 끊었다고 합니다. 탐욕은 속박입니다. 번뇌를 다한 비구는 이것들을 끊었으므로 번뇌를 다한 비구는 속박이 없다고 한 것입니다."

장자의 설명이 끝나자 까마부는 "장자여, 그대는 부처님의 심오한 가르침에 정통한 지혜의 눈(혜안慧眼)을 가졌으니 이것은 그대에게 참으로 큰 이득입니다."라며 기뻐했다(까마부 경 상윳따니까야 41:5).

찟따 장자가 세 번째로 부처님 가르침에 대해 설명해 준 장로 비구는 고닷따 존자였다. 고닷따 존자는 본생에 과거 부처님들 아래서 수행을 하고 해탈을 위해 공덕을 쌓았던 부유한 상인이었다. 지금 생에서는 사왓티성에서 장사하던 대상隊商 가문에서 태어났다. 고닷따 존자의 가르침은 테라가타 게송(659~672)에서 만날 수 있다.

어느 때 고닷따 존자는 맛치까산다 망고나무 원림 정사에서 찟따 장자와 함께 있었다. 존자는 장자에게 무량한 마음의 해탈, 무소유의 마음의 해탈, 공한 마음의 해탈, 표상 없는 마음의 해탈[7]에 관해 설명해 달라고 요청했다. 장자는 해탈의 여러 종류에 대해 뜻은 같고 표현하는 문자만 다르다고 설명했다. 이 네 가지 해탈은 모두 뜻은 같지만 이름만 다를 뿐이다. 탐욕과 분노, 어리석음에 흔들리지 않는 아라한의 굳건한 해탈을 의미한다(고닷따 경, 상윳따니까야 41:7).

다른 경전들에는 부처님의 가르침에 대한 문답이 아닌 개인적인 만남들이 기록되어 있다. 어느 때 찟따 장자는 장로 비구들을 공양에 초대했다. 다음날 공양이 끝난 후 찟따 장자는 장로 비구들과 함께 망고나무 원림 정사로 향했다. 매우 더운 날씨였고 공양까지 한 직후라 모두들 땀을 많이 흘리며 길을 갔다. 그때 함께 길을 가던 장로 비구 가운데 가장 젊은 마하까 존자가 가장 연장인 존자에게 시원한 바람이 불고 비가 내리면 좋겠다고 말했다. 가장 연장인 존자가 동의하자, 마하까 존자는 시원한 바람을 불게 하고 비를 내리게 하는 신통을 보였다. 찟따 장자는 가장 젊은 마하까 존자가 신통력으로 모두를 시원하게 해 주었기 때문에 깊은 인상을 받았다. 정사에 도착한 찟따 장자는 마하까 존자에게 다른 신통 변화를 보여 달라고 요청했다.

찟따 장자는 인간을 능가하는 초자연적인 신통력을 처음 보았기 때문에 호기심이 생겼다. 마하까 존자는 장자의 윗옷을 마루 위에 놓고 풀 더미를 깔아놓게 했다. 존자는 승방으로 들어가 열쇠구멍으로 불길을 내보내 풀 더미를 태웠지만, 윗옷은 멀쩡했다.

찟따 장자는 마하까 존자를 평생 섬기겠다고 제안했다. 마하까 존자는 그러나 이시닷따 존자처럼 맛치까산다를 떠나 다시는 돌아오지 않았다(마하까 신통 경, 상윳따니까야 41:4). 비구는 재가신도들에게 인간을 뛰어넘는 신통 변화를 보여주는 것이 금지되어 있다(비나야삐따까 2:112).[8] 마하까 존자는 젊었으며, 신통 변화는 그에게 새로웠고 자극적인 것이어서 찟따 장자의 요청을 거절할 수는 없었다. 그렇지만 마하까 존자는 즉시 자신의 행위를 되돌아보고 맛치까산다를 영원히 떠나기로 결정했던 것이다. 그의 선택은 옳았다.

찟따 장자가 살던 마을에는 비구 수행승들뿐만 아니라 다른 종파의 수행자들도 찾아왔다. 그들 가운데 자이나교를 이끌던 니간타 나따뿟따가 있었다. 나따뿟따가 맛치까산다에 도착했을 때 찟따 장자는 많은 재가신도들과 함께 그를 만나러갔다. 나따뿟따는 "사문 고따마께서 '일으킨 생각(심구尋究)이 없고 지속적인 고찰(사伺)이 없는 삼매가 있고, 일으킨 생각과 지속적인 고찰의 소멸이 있다.'고 설하신 것을 믿습니까?"라고 물었다.[9] 찟따는 "믿음으로 다가가지 않는다."고 답했다.

나따뿟따는 의기양양하게 "찟따 장자는 올곧고 정직하고 남을 현혹시키지 않는다. 일으킨 생각과 지속적인 고찰을 소멸시킬 수 있다고 생각하는 사람은 그물로 바람을 잡으려 하는 것과 같다."고 대중에게 외쳤다. 그는 찟따 장자가 자이나 교단에 들어오기를 바랐다. "생각의 흐름을 멈추게 하는 것은 맨손으로 갠지스강의 흐름을 막으려는 것과 같이 불가능하다."고 말했다.

나따뿟따는 찟따 장자가 '믿음으로 다가가지 않는다.'고 대답한 말의 정확한 뜻을 파악하지 못했다. 찟따 장자가 다시 질문했다. "존경하는 분이시여, 지혜와 믿음 가운데 어떤 것이 더 수승합니까?" "장자여, 믿음보다는 지혜가 더 수승합니다."라고 나따뿟따가 답했다. 찟따 장자는 "저는 원하기만 하면 초선에서 사선에 이르기까지 선정 삼매를 성취할 수 있고, 성취했습니다. 그러니 '일으킨 생각과 지속적인 고찰이 없는 삼매가 있다. 일으킨 생각과 지속적인 고찰의 소멸은 존재한다.'라고 한 것에 대해 제가 어떻게 믿음으로 다가가겠습니까?"라고 말했다. 찟따 장자에게 부처님의 가르침이 절대적으로 옳다는 사실은 믿음의 문제가 아니라 직접 체험함으로써 성취한 지혜의 문제였다.

그러자 나따뿟따는 조금 전에 '찟따 장자는 올곧고 정직하고 남을 현혹시키지 않는다.'고 칭찬했던 말을 그대로 뒤집어 비난했다. 찟따 장자는 나따뿟따가 칭찬했던 말과 비난했던 말 가운데 어느 것이 진실이고 거짓인지에 대해 추궁했다. 나따뿟따는 찟따 장자와의 논쟁에서 패배했다. 나따뿟따는 찟따 장자에 대해 어떤 마음을 가졌던 것일까? 진정으로 정직했던 사람이라고 여겼을까? 아니면 올곧지 못하고 남을 현혹시키는 사람이라고 생각했을까?(니간타 나따뿟따 경, 상윳따니까야 41: 8)

찟따 장자는 나따뿟따의 대답을 듣지 못했을 것이다. 자이나교를 이끌던 지도자는 정확한 대답을 하기보다는 침묵으로 남을 이기는 것을 좋아했기 때문이다. 이 일은 유명한 철학자나 종교지도자도 자존심이 상하면 모순에 빠질 수 있다는 사실을 보여 주었다. 더구나 나따뿟따는 스스로를 단순한 철학자를 뛰어넘는 경지를 성취했다고 주장해 왔다. 그러면서도 높은 선정 삼매에 도달하지 못했기 때문에, 그런 경지는 신화에 불과하다고 편하게 결론 내렸다. 그런데 지금 부처님의 제자로서 완전히 신뢰할 수 있는 사람이 실제로 그러한 차원의 선정 삼매를 성취했다고 선언해 버렸다. 한 종파를 이끌고 있는 지도자로서 패배했고, 그동안 주장해 왔던 이론도 틀렸다는 사실이 증명되었다. 더군다나 나따뿟따는 오랫동안 극도의 금욕주의자로 수행해 왔는데, 찟따 장자는 그저 평범한 재가신도로서 자신을 뛰어넘었기 때문에 자존심에 상처를 받았을 것이다. 나따뿟따가 아연실색해서 그 자리를 떠난 것은 당연한 일이었다.

찟따 장자가 개인적으로 만난 세 번째 일을 기록한 경전은 나체 수행자인 깟사빠와의 일을 기록하고 있다. 깟사빠는 몇 년 만에 고향을 찾았는데, 찟따 가족과 오랜 친분이 있었다. 찟따 장자는 얼마나 오랫동안 금욕적인 삶을 살았는지 물었고, 깟사빠는 출가한 지 30년이 되었다고 답했다. 찟따 장자는 30년 동안 출가해 수행을 하면서, 인간의 법을 초월하고[10] 지혜를 성취했는지 물었다. 깟사빠는 단지 나체로 살면서 삭발을 하고 자리를 터는 먼지털이를 가지고 있을 뿐이라고 답했다. 이것이 그가 30년 동안 출가 수행을 하면서 성취한 전부였다.

이제 깟사빠가 찟따 장자에게 질문했다. "장자여, 그러면 그대는 얼마나 오랫동안 재가신도로 있었습니까?" "30년입니다." "그대는 30년 동안 인간의 법을 초월하고 성스러운 이들이 갖춰야 하는 지와 견을 이루어 편안하게 머무릅니까?" "존자시여, 저는 원하기만 하면 초선에… 이선에… 삼선에… 사선에 들어 머뭅니다. 존자시여, 만일 제가 세존보다 먼저 세상을 떠난다면, 세존께서는 '찟따 장자에게는 이 세상으로 다시 돌아오게 할 그러한 족쇄가 남아 있지 않다.'고 하실 것입니다."

찟따 장자가 깨달음의 네 가지 단계 가운데 세 번째 단계인 불환과不還果를 성취했다는 것을 의미했다. 깟사빠도 이미 잘 알고 있는 놀라운 성취였다. 고통스러운 금욕 수행을 30년 동안이나 해 오던 깟사빠는 재가신도가 그렇게 높은 성취를 했다는 사실에 크게 놀랐다. 깟사빠는 '부처님 가르침을 받은 재가신도가 이렇게 높은 성취를 했다면 비구는 더 높은 경지에 이를 수 있을 것'이라고 생각했다. 깟사빠는 찟따 장자에게 부처님 제자로 출가할 수 있게 도와 달라고 요청했다. 깟사빠는 부처님 법과 계율에 출가했고, 구족계를 받았다. 오래지 않아 아라한과를 성취했다.

찟따 장자와 예전에 이런 방식의 대화를 나눈 다른 세 명의 친구도 출가해 비구 수행승이 되었다. 고닷따, 이시닷따, 깟사빠가 바로 그들이었다. 오래 전부터 찟따 장자와 알고 지냈고, 서신을 주고받으며 대화를 나누기도 했던 세 친구는 모두 궁극적으로 해탈을 성취했다. 찟따 장자는 출가하지 않고 장자로서 재가신도로 남았다.

찟따 상윳따에 기록된 열 개의 경전 가운데 마지막 경전은 찟따가 세상을 떠날 때의 일을 기록하고 있다. 그가 중병에 걸렸을 때 천신들이

나타나 '미래세에 전륜성왕이 되리라.'는 마음을 갖도록 서원을 세우라고 권했다. 찟따는 '전륜성왕도 무상하고, 버리고 가야 하는 것'이라며 거절했다. 찟따는 그보다 더 높고 고귀하고 청정한 평정을 목표로 하고 있었다. 그가 추구했던 것은 열반이었다. 찟따에게 전륜성왕이 되라고 권했던 천신들은 이미 장자가 성취한 경지를 알지 못했다. 찟따 장자가 다시는 윤회하지 않을 것임을 알지 못했던 것이다. 장자는 이미 인간을 윤회와 환생에 묶어두는 감각적 욕망에 대한 갈애라는 족쇄를 풀어 버렸다.

가족과 친척들은 천신을 볼 수 없었다. 찟따가 정신이 혼미해져 헛소리를 하고 있다고 생각했다. 찟따는 천신들이 와서 대화하고 있다고 설명해 안심시켰다. 그런 다음 가족과 친척들이 조언과 가르침을 달라고 요청하자, "항상 부처님과 가르침, 거룩한 승가에 흔들림 없는 청정한 믿음을 원만하게 갖추고 있어야 한다."고 했다. 그리고 집안에 있는 보시할 수 있는 것은 무엇이든지 쌓아두고 혼자 사용하지 말고, 계행을 잘 갖추고 선한 성품을 가진 분들, 부처님과 법과 승가에 보시하도록 당부했다.

찟따는 부처님과 부처님의 가르침, 승가를 흔들림 없이 청정한 믿음으로 공양하고 섬겼던 위대한 재가신도였다. 찟따는 후계자들에게 자신이 평생 지켰던 재가신도로서의 삶을 이어받도록 했다. 찟따는 일생 동안 재가신도로서 수행하며 영광스럽고 빛나는 업적을 남겼다. 그가 이룬 성취는 감각 세계의 괴로움으로부터 해탈을 이루도록 했고, 궁극적인 목표인 열반으로 이끌었다.

비구 찟따

비구 찟따[11]는 코끼리 조련사의 아들이었다. 젊었을 때 발우에 훌륭한 탁발음식을 들고 돌아오는 연로한 비구를 만났다. 비구는 맛있는 음식을 탐하지 않았기 때문에 찟따에게 주었다. 찟따는 크게 기뻤다. 비구가 되면 일을 하지 않고도 매일 맛있는 음식을 먹을 수 있을 것이라고 생각해서 출가해 승가에 합류했다. 찟따는 일하지 않고도 생계를 꾸려나가겠다는 생각에 출가했기 때문에 수행을 할 수 없었다. 얼마 지나지 않아 가사를 벗고 집으로 돌아갔다.

그러나 잠깐 경험한 승가의 성스러운 정신은 찟따의 마음속 깊이 자리 잡았다. 세속 생활에 만족할 수 없었던 그는 다시 출가해 계를 받았다. 그리고 다시 세속으로 돌아갔다. 찟따는 출가와 환속을 다섯 차례나 반복했으며, 결혼을 했다. 어느 날 밤, 좀처럼 잠을 이루지 못하고 옆에 잠들어 있는 부인을 보았다. 부인은 임신을 하고 있었다. 불현듯 쾌락에 이끌려 세속으로 돌아왔다는 자책이 일었다. 노란 가사를 들고 사원을 향해 밤길을 서둘렀다. 고요한 밤, 출가 생활을 하던 시절 심어 놓은 공덕의 씨앗이 꽃을 피웠고 예류과를 성취했다.

사원에 도착했으나, 전에 함께 수행하던 도반들은 찟따가 여섯 번째로 출가해 구족계를 받는 것을 거부하기로 했다. 도반들은 그동안 충분히 기회를 주었다고 생각했으며, 출가와 환속을 반복한 찟따는 승가의 불명예였다. 찟따가 성스러운 출가수행승으로서의 삶을 유지하기에 적합하지 않았다고 판단한 것이다. 도반들이 논의하는 동안 찟따가 다가왔다. 그의 표정은 행복에 가득 차 있었고, 고요하고 온화했으며 밝게 빛나고 있었다. 도반들은 찟따가 다시 출가해 구족계를 받는 것을 거부하기로 했으나, 왜인지 모르게 찟따를 받아들였다. 찟따는 바로 그때 순식간에 사선정에 들어 표상 없는 마음의 삼매(무상삼매無相三昧)를 성취했다.

표상 없는 마음의 삼매를 성취한 찟따는 크게 기뻤다. 자신이 성취한 열매를 도반들에게 자랑하고 싶었다. 어느 때 아라한과를 성취한 도반들 몇몇이 모여 수승한 법에 대해 이야기하고 있는데, 찟따가 계속 끼어들어 방해했다. 그 자리를 이끌고 있던 수행승 마하꼿티따 존자가 중간에 끼어들지 말고 토론이 끝날 때까지 기다리라고 조언했다. 그러자 함께 수행했던 찟따의 도반들은 그가 현명한 수행승이고 장로 비구들과 함께 수승한 법에 대해 함께 토론할 수 있는 자격이 있다고 말했다.

마하꼿티따 존자는 "다른 사람의 마음을 알지 못하는 자들이 수승한 법을 알기는 어렵다."고 지적했다. "도반들이여, 여기 어떤 비구는 스승과 동료 수행승들에 의지해 머물 때는, 친절하고 겸손하고 평화로운 사람으로 있을 수 있습니다. 그러나 스승과 동료 수행승들에게서 멀어지면, 세상 사람들과 섞여 지내면서 애욕으로 마음이 물들게 됩니다. 예를 들면 풀을 뜯던 황소가 외양간에 갇히면 밧줄을 끊거나 외양간을 부수고 다시 들판으로 돌아가는 것과 같습니다."

"초선에서 사선까지 성취한 어떤 수행승은 기쁨과 슬픔을 다 끊으며, 괴롭지도 않고 즐겁지도 않으며 평온한 선정에 들어 머뭅니다. 그는 '나는 사선정에 들었다.'라고 하며, 비구들과 비구니들과 청신사와 청신녀와 왕과 왕의 신하들과 외도들과 외도들의 제자와 섞여

지냅니다. 이렇게 사람들과 섞여서 지내고 게을러지고 잡담을 일삼으면서 지내면 그의 마음은 애욕으로 물들게 됩니다. 그는 수행으로 성취한 열매들을 버리고 재가자의 삶으로 돌아갑니다. 마치 왕이나 왕의 신하가 군대를 이끌고 원정을 떠나 어떤 밀림에서 하룻밤 야영을 하면, 코끼리 소리와 말의 소리, 전차 소리, 북 소리 등으로 귀뚜라미 소리가 들리지 않을 것입니다. 그렇다고 해서 그 밀림에는 귀뚜라미 소리가 영원히 들리지 않을 것이라고 한다면 바르게 말한 것이 아닙니다(코끼리 조련사 아들 찟따 경, 앙굿따라니까야 6:60)."

찟따는 얼마 지나지 않아 여섯 번째로 출가 생활을 그만두고 집으로 돌아갔다. 찟따의 도반들은 마하꼿티따 존자에게 찟따의 환속을 마음으로 읽었는지, 천신들이 알려 주었는지 물었다. 존자는 마음으로 읽기도 했고, 천신들도 알려 주었다고 답했다. 도반들은 세존을 찾아 뵙고 이 일을 말씀드렸다. 세존께서는 '찟따는 다시 승가로 돌아올 것'이라고 말씀해 주셔서 찟따를 걱정하는 도반들의 마음을 풀어 주셨다.

찟따는 어느 때 유행승 뽓타빠다와 함께 사왓티 제따 숲 기수급고독원으로 부처님을 뵈러 갔다. 뽓타빠다는 세존께 '계율을 구족하는 것', '마음챙김', '선정수행', '세상은 영원한지, 영원하지 않은지 등 열 가지 그릇된 견해', '사성제四聖諦' 등에 대해 여쭈었다. 세존께서는 그 법들에 대해 상세하게 설명해 주셨다. 뽓타빠다는 법을 듣고 그 자리에서 재가신도로서 삼보에 귀의했다. 곁에서 세존의 가르침을 듣고 있던 찟따는 이미 선정을 경험했기 때문에 더 깊은 주제에 관해 여쭈었고, 세존께서는 상세하게 풀어 설해 주셨다. 찟따는 그 자리에서 일곱 번째로 출가할 것을 요청드렸고, 일곱 번째로 구족계를 받았다. 찟따는 그때부터 혼자 머물며 열심히 정진했다. 오래지 않아 청정범행과 최상의 지혜를 잘 갖추어 머물렀다. 코끼리 조련사의 아들 찟따는 아라한과를 성취했다(뽓타빠다 경, 디가니까야 9).

뽓타빠다 숫따 주석서에서는 찟따가 왜 아라한과를 성취하기까지 일곱 번이나 출가와 환속을 반복했는지에 대해 설명하고 있다. 헤아릴 수 없이 오랜 겁 전에 찟따는 깟사빠 부처님께서 법을 펴셨던 시대에 살았다. 깟사빠 부처님 승가에 출가한 두 친구가 있었다. 한 친구가 비구 생활을 너무 힘들어하다 집으로 돌아갈 생각을 했다. 출가수행승으로서 잘 지내던 다른 친구는 자신이 그보다 더 우월하다는 자만에 빠져 그 친구에게 환속하도록 부추겼다. 찟따는 고따마 부처님 시대에 그 옳지 못한 행위에 대한 과보를 받았다. 그 때문에 찟따는 여섯 번 환속하고 일곱 번 출가하는 굴욕적인 상황을 맞이해야 했다.

찟따 비구의 사례는 업의 힘이란 너무도 강력해서 누구도 그 과보를 피할 수 없음을 보여 주는 본보기가 된다. 업을 지으면 절대로 그 과보에 저항할 수 없고, 감수하고 인내하는 수밖에 없다. 그렇다고 해서 삶의 방향과 여정이 어떤 업의 영향을 받았는지 또는 받지 않았는지는 알 수 없다. 또 그 과보는 언제나 끝날 것인지도 알 수 없다. 때문에 업의 과보를 청정하게 만들기 위해 수행하고 정진해야 한다. 그러한 노력은 반드시 또 다른 결과를 이끌어낸다. 지금 생에서는 헛된 것처럼 보일 수도 있지만 궁극적으로는 유익한 열매를 맺을 것이다. 인과因果 법칙은 수행과 정진하는 힘이 헛되이 낭비되지 않는다는 사실을 일깨워 준다.

인과 법칙은 쉽고 편하게 이해하고 인식할 수 있는 가르침은 아니다. 그렇다고 해도 부처님 가르침은, 삶에 대해 불안해하고 노력으로 어찌할 수 없다는 무기력함에서 자유롭게 해 준다. 숙명론은 부처님 가르침에서는 설 자리가 없다. 또 인과 법칙은 오히려 실패에 굴하지 않고 다시 일어날 수 있도록 격려해 준다. 갈애와 무지와 싸우면서 쓰러지고 가슴 아픈 좌절을 맛보기도 한다. 그러나 참된 부처님 제자는 아무리 쓰러지고 패배해도 궁극적으로는 승리한다. 훌륭하고 뛰어난 전사처럼, 마지막 전투에서 승리를 거두기까지 항상 질 수 있다는 각오를 가져야 한다. 인욕하고 인욕하며, 정진하고 정진하며 최종 승리자가 되고야 말겠다는 신념과 확신으로 나아가야 한다.

장자 나꿀라삐따와 아내 나꿀라마따

세존께서는 성스러운 전법 여정 동안 마흔다섯 번 우기 안거에 드셨는데, 갠지스강 유역 박가국(바지국婆祇國) 수도 근처에 있는 악어산(숭수마라기리산)에서 한 철 우안거를 나셨다. 세존께서 마을을 지나고 계실 때, 한 노인이 절을 하고 발 앞에 엎드려 외쳤다. "사랑하는 아들아, 왜 우리를 한 번도 보러 오지 않느냐? 이제 너의 늙은 어머니가 너를 보살필 수 있도록 집으로 돌아오거라!"

노인은 제정신이 아니었다. 노인과 노인의 아내는 본생에 500번이나 보살(고따마 부처님)의 부모로 살았으며, 삼촌과 숙모, 할아버지와 할머니로 살았던 생은 훨씬 더 많았다. 노인에게는 본생에 대한 기억이 희미하게 남아 있었고, 세존을 만나 모든 기억이 떠올랐다. 노인은 본생에 대한 강렬한 기억으로 스스로를 통제할 수 없었다. 사실 오늘날에도 이런 일들이 아시아 몇몇 나라에서 가끔 일어난다.

수없이 많은 본생에서부터 고따마 부처님과 인연이 깊었던 그 노인은 나꿀라삐따 장자였으며, 아내는 나꿀라마따(나꿀라의 어머니)였다. 세존께서는 나꿀라 부부에 대해 "나와 가까운 사람들 가운데 나꿀라삐따와 나꿀라마따가 으뜸이다."라고 하셨다. 빨리어 경전에서는 두 부부가 얼마나 서로에게 충실하고 헌신적인 부부였는지, 세존을 향한 청정한 믿음이 얼마나 굳건했는지 묘사하고 있다.

부처님께서는 나꿀라 부부의 집으로 가셨다. 나꿀라삐따 장자는 세존께 그들이 부부로 살아 온 날들에 대해 상세하게 말해 주었다. 결혼한 지 수십 년이 지났어도 마음으로라도 단 한 번도 아내의 믿음을 저버린 일이 없었다. 몸으로 나쁜 행실을 저지른 일도 없었다. 아내도 마찬가지였다. 부부는 단 한 순간도 서로에게 충실하지 않은 적이 없었다.

부부는 서로를 향한 헌신과 믿음, 사랑을 지속해 다음 생에서도 함께하고 싶다고 세존께 말씀드렸다. 소원을 이루기 위해 무엇을 해야 하는지도 여쭈었다. 세존께서는 부부에게 소원을 이루기 위한 조건에 대해 기꺼이 말씀해 주셨다. "남편과 아내가 지금 생에서 함께 행복하게 살고, 다음 생에서 다시 만나기를 원한다면 함께 동등한 공덕을 쌓아야 합니다. 동등한 믿음과 동등한 계행, 동등한 보시와 동등한 지혜를 지니도록 해야 합니다. 그러면 다음 생에서 다시 만날 수 있습니다." 그리고 게송으로 설하셨다.

둘 다 청정한 믿음을 지니고 서로의 뜻을 알며
절제하고 법다운 삶을 사는
그러한 남편과 아내는
서로에게 사랑이 가득하리라

서로 사랑스러운 말을 나누니
그들에게 여러 가지 유익함이 있고 편안함이 생겨나리라
적들은 상심하게 되나니
둘 다 동등한 계행을 갖추었기 때문이다

여기 이 세상에서 둘 다 법에 따라 살았으니
동등한 계행을 갖추고 포살을 지키니
다음 생에는 천신들의 세상에서
많은 즐거움과 기쁨을 누리게 되리라
(어울리는 삶 경, 앙굿따라니까야 4:55)

세존께서는 다른 경전에서 고귀한 열망을 지닌 남편과 아내가 어떻게 하면 다음 생에서도 천신들의 세상에서 함께 살 수 있는지에 대해 설하셨다. 그 경전에서는 '부부가 모두 오계를 지키고 도움을 청하는 사람들을 거절하지 않으며, 사문과 바라문들을 향해 욕설을 하거나 비방하지 않아야 한다.'고 하셨다(함께 삶 경, 앙굿따라니까야 4:54). 이 가르침에서 어떤 삶을 사는 사람이 이상적인 배우자인지 알 수 있다. 부처님 가르침에 청정하고 흔들리지 않는 믿음이 있어야 하고, 일상생활에서도 옳지 못한 일을 하지 않으며, 훌륭한 성품을 바탕으로 생활해야 한다. 경전에서는 흰 옷을 입은 재가신도는 부탁을 거절할 줄 모르며, 자신의 쾌락은 잘 포기할 줄 안다고 설하고 있다. 사람과 물건에 집착하지 않음을 뜻한다. 이런 삶을 사는 사람들은 해탈을 이루고 지혜를 닦는 수행의 바른 길을 갈 수 있다. 절제하는 행동, 집착을 내려놓는 것, 마음의 지혜, 이 세 가지가 어우러져 조화롭고 자비로운 삶을 유지할 수 있게 한다.

그 당시 인도에서는 환생과 더 좋은 곳으로 환생할 수 있는 조건에 대해 알고 싶어 하는 것이 일반적인 관심사였다. 나꿀라 부부는 실제로 본생에 있었던 일들을 기억하고 있었기 때문에 더 이상의 자세한 설명은 필요 없었다. 세존께서 설해 주신 간결한 말씀만으로도 충분했다.

세존께서는 화목하고 좋은 결혼 생활을 위해 남편이 아내를 어떻게 섬겨야 하는지에 대해 설하셨다. "아내를 존중해야 하고, 얕보지 않아야 하며, 바람을 피우지 않아야 한다. 가정에서 아내에게 권한을 넘겨주어 권위를 세울 수 있게 해 주어야 한다. 가진 재산으로 적절하게 장신구를 제공함으로써 스스로를 가꿀 수 있도록 해주어야 한다. 남편이 그렇게 할 때 아내는 맡은 일을 잘 처리하고 주위사람들을 잘 챙기며, 바람피우지 않고 재산을 잘 보호하고, 해야 할 일을 잘 해낼 수 있다. 아내는 그렇게 남편을 사랑으로 돌본다(싱갈로를 가르치신 경, 디가니까야 31)."

나꿀라삐따 장자가 좋은 환생에만 관심을 가진 것은 아니었다. 고통스럽고 무상한 삶에 관한 가르침과 궁극적인 열반에 대해서도 깊은 관심을 가지고 있었다. 어느 때 나꿀라삐따 장자는 세존께 '어떤 사람이 바로 지금 여기에서 열반에 이르고, 어떤 사람이 바로 지금 여기에서 열반에 들지 못하는지' 여쭈었다. 세존께서는 "원하고 좋아하고 마음에 들고 사랑스럽고 감각적 쾌락을 일으키는 것들에 대해 집착하지 않는 이들이 열반에 들 것"이라고 설해 주셨다(나꿀라삐따경, 상윳따니까야 35:131). 많이 수행하고 법에 대해 많이 배운 이들만이 완전히 이해할 수 있는 매우 간결한 법문이었다. 나꿀라삐따 장자는 그 자리에서 바로 그 뜻을 이해할 수 있었다.

나꿀라삐따 장자가 늙고 쇠약해졌을 때의 일이다. 장자는 세존을 뵙기 위해 찾아갔다. 예경을 드리고 이렇게 여쭈었다. "세존이시여, 저는 이제 늙고 병들었으며 끊임없이 병고에 시달리고 있습니다. 이 때문에 제가 마음에 새겨야 할 고귀한 비구들을 거의 만나지 못하고 있습니다. 세존께서 저를 가르쳐주소서. 그러면 제게 오래도록 이익이 되고 행복이 될 것입니다." 세존께서는 "'나의 몸은 병들었지만 마음은 병들지 않을 것이다.' 이와 같이 닦아야 한다."고 설해 주셨다.

나꿀라삐따 장자는 세존께 예경을 드리고 사리뿟따 존자에게 다가갔다. 사리뿟따 존자는 온화하고 친절하게 말했다. "장자여, 그대의 감각 기관들은 참으로 고요하고 얼굴은 맑고 빛이 납니다. 세존을 찾아뵙고 어떤 법문을 들으셨습니까?"

"그렇습니다. 존자시여, 오늘 저는 세존을 찾아뵙고 저를 위로해 주시고 이끌어 주신 가르침을 들었습니다." 사리뿟따는 세존께서 간결하게 설해 주신 법문에 대해 자세히 설명해 주었다. "장자시여, 어떤 것이 몸은 병들었지만 마음은 병들지 않은 것입니까? 오온에 끌려가지 않는 것이 몸은 병들었지만 마음은 병들지 않은 것입니다. '나는 오온이다. 오온은 내 것이다.'라는 견해에 사로잡히지 않으면 오온이 변하고 소멸해 간다고 해도, 그에게는 근심·탄식·육체적 고통·정신적 고통·절망이 일어나지 않습니다. 담담하게 오온의 소멸을 바라볼 뿐입니다(나꿀라삐따 경, 상윳따니까야 22:1)."

나꿀라삐따 장자의 아내 나꿀라마따도 죽음의 두려움과 고통을 극복할 수 있는 지혜를 지니고 있었다. 나꿀라삐따 장자는 병에 걸려 극심한 고통에 시달리고 있었다. 경전에서는 장자의 아내 나꿀라마따가 장자를 어떻게 위로했는지 상세하게 묘사하고 있다.

"애착을 가지고 죽음을 맞이하지 마십시오. 세존께서는 애착을 가지고 죽음을 맞이하는 것을 나무라셨습니다. 장자시여, 제가 홀로 남겨지는 것 때문에 괴로워하지 마십시오. 저는 솜을 타고 실을 만드는 일에 능숙합니다. 당신이 가신 뒤에도 아이들을 양육하고 집안일을 돌볼 수 있습니다. 장자시여, 장자께서 떠나시면 제가 다른 집으로 시집을 갈지도 모른다고 걱정하실 수 있습니다. 걱정하지 마십시오. 장자시여, 제가 16년 동안 집에서 순결한 삶을 살았다는 사실을 당신은 잘 알고 있습니다. 당신이 떠나시고 난 후에는 더욱더 많이 세존을 찾아뵈려 할 것이고, 비구 승가를 더 자주 찾아뵐 것입니다. 장자시여, 저는 계율을 성취한 흰옷 입은 여신도들 가운데 한 명입니다. 장자시여, 저는 이미 마음의 평화를 성취했습니다. 장자시여, 저는 이미 법과 계율에서 확고한 발판을 얻고 흔들림 없는 믿음을 얻었습니다. 이미 해탈을 향해 가고 있습니다."[12]

아내 나꿀라마따의 위로 덕분에 나꿀라삐따 장자는 완쾌할 수 있었다. 병이 완전히 낫고 세존을 찾아뵙고 아내가 해 주었던 말을 전해드렸다. 세존께서는 그러한 아내를 맞이하고 살 수 있었던 것은 참으로 커다란 축복임을 확인해 주셨다. "장자여, 그대의 아내 나꿀라마따는 계를 성취하고 마음이 고요하며, 법에 확고하게 자리 잡고 흰옷을 입은 재가 여신도 가운데 한 사람이다. 장자여, 그러한 아내를 둔 것은 그대에게 진정한 이득이고, 참으로 큰 이득이로다(나꿀라경, 앙굿따라니까야 6:16)."

나꿀라삐따와 나꿀라마따 부부의 결혼 생활은 언뜻 보기에 두 가지 삶의 방식이 충돌하고 있는 것처럼 보인다. 남편과 아내가 서로 깊은 애정을 가지고 사는 세간의 삶과 해탈을 추구하는 삶은 상반되는 것처럼 보인다. 그러나 부부의 삶은 서로에 대한 사랑과 해탈을 향한 노력이 어떻게 조화를 이루고 있는지를 잘 보여준다. 나꿀라 부부처럼 모범적인 결혼 생활을 하면 굳이 출가할 필요가 있는지 여겨질 수도 있다. 또 애정과 애정에 대한 집착을 내려놓는 것이 가능한지에 대해서도 의문을 가질 수 있다. 그러나 자세하게 살펴보면 고귀한 이 부부처럼 사는 것이 결코 쉽지 않음을 알 수 있다.

서로에 대한 관심과 애정, 배려만으로는 그렇게 살 수 없다. 젊은 시절 감각적 쾌락을 함께 누려온 부부들은 노년기에 접어들면 육체적 접촉이 급격하게 줄거나 없어진다. 자발적으로 금욕 생활을 하는 것이 아니다. 나꿀라 부부는 16년 동안 육체적 관계없이 삶을 영위

했다.

해탈의 길을 가기 위해 서원을 세운 사람은 가정생활을 하면서도 감각적 쾌락과 욕망을 내려놓기 위해 스스로 정진해야 한다. 세존께서 승가를 이끌고 계실 때에는 그리 어려운 일이 아니었을 것이다. 오늘날 승가 공동체에서도 대중생활이 어울리지 않는다고 느끼는 수행승들은, 나꿀라 부부처럼 금욕적인 생활을 할 수 있는 자질이 부족할 수도 있다. 세속적인 삶을 충실하게 사는 것과 해탈을 향해 나아가는 수행생활 모두 집착을 내려놓아야 한다는 공통점이 있다.

주

서문

1 〔역주〕 여기서 '승가'가 지니는 본래 의미에 대해 논쟁이 있다고 한 것은, 불법승 삼보 가운데 승보에 대한 해석 차이 때문이다. 승보는 승가僧伽 비구중比丘衆, 비구니중比丘尼衆, 즉 비구와 비구니로 이뤄진 승단僧團을 뜻한다. 일부에서는 승단에 대해 교단敎團을 의미하는 것으로 사용하고 있다. 불교 교단은 비구, 비구니, 우바새중(優婆塞衆, 청신사淸信士), 우바이중(優婆夷衆, 청신녀淸信女) 등 사부 화합중으로 이루어져 있다. 이 때문에 저자는 승가가 지닌 정확한 의미에 대한 논쟁이 있다고 한 것이다.

2 〔역주〕 빨리(Pāli) 경전은 부처님 열반 후, 부처님께서 설하신 가르침을 모을 당시 부처님께서 사용하던 마가다어로 정리한 경전을 가리킨다. 이 마가다어가 바로 빨리어인데, 이 때문에 경전어經典語, 성전어聖典語라는 뜻을 가지게 되었다. 마가다어, 빨리어는 부처님 가르침을 담아낸 언어라고 해서 근본어根本語라고도 한다.

3 〔역주〕 이 표현은 경전에서 부처님께 예경을 드리는 10가지 표현 가운데 두 가지를 합한 것이다. 가장 위대한 분(무상사無上士)과 사람을 잘 가르쳐 깨달음으로 이끄시는 분(조어장부調御丈夫) 두 가지 칭호를 합한 표현이다. 즉 사람을 잘 가르쳐 깨달음으로 이끄시는 가장 위대한 분이라는 뜻이다.

4 〔역주〕 불자출판협회(BUDDHIST PUBLICATION SOCIETY, BPS)는 1958년 스리랑카에서 부처님의 가르침을 널리 알리기 위해 설립되었다.

5 〔역주〕 냐나뽀니까 장로(Nyanaponika Thera, 1901~1994): 독일 출신으로 1936년 수계를 받음. 유럽인 최초의 비구이자 대 학승인 고故 냐나띨로까 스님(1878~1953, 독일 출신)의 제자이다. 스리랑카에 주석하면서 불자출판협회(BPS)를 창설하여 30여 년간 이끌었다. 저서로는 『아비담마 연구』, 『선과 악의 뿌리』, 『염처-불교 명상의 핵심』, 『삼법인』, 『업과 과보』, 『내면의 자유로 가는 길』 등이 있다.

http://calmvoice.org/book/

6 케네스 로이 노먼Kenneth Roy Norman: 1925~2020. 영국 문헌학자. 케임브리지 대학의 인도 연구 명예교수. 빨리어와 중세 인도-아리아어 연구의 권위자.

7 비구 보디(Bhikkhu Bodhi): 본명은 제프리 블록(Jeffrey Block, 1944~)이다. 뉴욕의 유대인 가정에서 태어났고, 클레어몬트 대학원에서 철학박사 학위를 받았다. 그는 처음 미국에서 베트남 불교를 만났고, 두 번째는 스리랑카에서 불교를 접했다. 1972년 스리랑카에서 사미계와 비구계를 받고 남방 상좌부 전통의 비구스님이 되었다. 불자출판협회의 영어 편집자를 거쳐서 1988년부터 2002년까지 회장 직을 수행했다. 보디 스님은 상좌부 빨리어 경전을 영어로 번역하는 데 큰 업적을 남겼다. 2002년부터 미국으로 돌아가 뉴저지주의 조그마한 포교당에 있다가, 뉴욕에 있는 27만 평에 달하는 장엄사莊嚴寺 조실로 주석했다. 보디 스님은 현재 미국불교협회장을 맡고 있으며, 2004년에 설립한 불교국제구호단체를 이끌고 있다. 보디 스님은 흔히 서양 출신 승려들이 명상에만 빠져드는 것을 경계했다. 그는 철저하게 경전어經典語인 빨리어를 습득하고 삼장(三藏: 경율론)에 매진했고, 이를 영역英譯하는 데 오랜 시간을 보냈다.

https://blog.naver.com/kangsmin

편저자 서문

---

1 〔역주〕 따타가따Tathāgata: '여래'는 따타(Tathā), 즉 '있는 그대로', '진실로'라는 뜻이다. 따타(tatha)는 '진실', 아가따(agata)는 '다다르다/도달하다', '오다(來)'라는 뜻이다. 이 때문에 여래는 '진실로 오신 분'이라는 의미를 지닌다. 세친보살(世親菩薩, 바수반두Vasubandhu)은 "열반을 여如라 이름하고, 알아 이해함을 래來라 이름한다." 즉 "열반을 바르게 깨달은 까닭에 여래라 이름한다."고 하였다. 용수보살(龍樹菩薩, 나가르주나Nāgārjuna)도 "여실한 도에서 오셨기 때문에 여래라 이름한다(如實道來故名爲如來)."고 풀었다. http://meisterjhj3.tistory.com/32

2 〔역주〕 빨리어로는 빤냐(pañña), 즉 반야 지혜이다.

3 원문 각주: 부처님의 열 가지 능력은 사자후에 대한 큰 경(맛지마니까야 12)에 있다.

4 〔역주〕 대사자후경에는 여래의 열 가지 능력을 다음과 같이 설하고 있다. 대림 스님과 전재성 박사의 번역을 소개한다.

1. 여래는 원인을 원인이라고, 원인이 아닌 것을 원인이 아닌 것이라고 있는 그대로 꿰뚫어 안다(대림). / 여래가 조건을 갖춘 경우와 조건을 갖추지 못한 경우를 여실히 안다(전재성).
2. 여래는 과거 현재 미래에 행하는 업의 과보를 조건에 따라, 원인에 따라 있는 그대로 안다(대림). / 여래는 과거 미래 현재의 업보에 관해 조건과 원인을 살펴 여실히 그 과보를 분명히 안다(전재성).
3. 여래는 모든 태어날 곳(행처行處, 갈 곳)으로 인도하는 길을 있는 그대로 안다(대림). / 여래는 모든 운명으로 인도하는 길에 관해 분명히 안다(전재성).
4. 여래는 여러 요소(계界)와 다양한 요소를 가진 세상을 있는 그대로 안다(대림). / 여래는 많은 세계로 구성된 다양한 세계의 세계에 관해 분명히 안다(전재성).
5. 여래는 중생들의 다양한 성향을 있는 그대로 안다(대림). / 여래는 뭇 삶들의 여러 가지 경향에 관해 분명히 안다(전재성).
6. 여래는 다른 중생들과 인간들의 기능(근기)의 수승한 상태와 저열한 상태를 있는 그대로 꿰뚫어 안다(각묵). / 여래는 뭇 삶들의 능력의 높고 낮음에 관해 분명히 안다(전재성).
7. 여래는 선禪과 해탈과 삼매와 증득의 오염원과 깨끗함과 출현을 있는 그대로 안다(대림). / 여래는 선정, 해탈, 삼매, 성취에 대해서 오염과 청정과 벗어남을 분명히 안다(전재성).
8. 여래는 한량없는 본생의 갖가지 삶들을 기억한다(대림). / 여래는 그의 본생의 여러 가지 삶의 형태를 구체적으로 상세히 기억한다(전재성).
9. 여래는 인간을 넘어선 신성한 눈(천안天眼)으로 중생들이 죽고 태어나고, 천박하고 고상하고, 잘생기고 못생기고, 좋은 곳에 가고 나쁜 곳에 가는 것을 보고, 중생들이 지은 바 그 업에 따라 가는 것을 꿰뚫어 안다(대림). / 여래는 인간을 뛰어 넘는 청정한 하늘눈으로 뭇 삶들을 관찰하여, 죽거나 다시 태어나거나, 천하거나 귀하거나, 아름답거나 추하거나, 행복하거나 불행하거나 업보에 따라서 등장하는 뭇 삶들에 관하여 분명히 안다(전재성).
10. 여래는 모든 번뇌가 다하여 아무 번뇌가 없는 마음의 해탈과 통찰지를

통한 해탈을 바로 지금 여기에서 스스로 최상의 지혜로 알고 실행하여 구족하여 머문다(대림). / 여래는 번뇌를 부수어 번뇌 없는, 마음에 의한 해탈과 지혜에 의한 해탈을 지금 여기에서 스스로 잘 알고 깨달아 성취한다(전재성).

5 〔역주〕 "아난다여, 비구나 비구니나 청신사나 청신녀가 '출세간出世間'에 이르게 하는 법을 닦고, 합당하게 도를 닦고, 법을 따라 행하며 머무는 것이 참으로 최고의 예배로, 여래를 존경하고 존중하고 숭상하고 예배하는 것이다."(대반열반경大般涅槃經, 디가니까야 16)

6 〔역주〕 여기서 믿음이란 절대자나 교리에 대한 맹목적인 믿음이 아니라, 부처님 가르침인 법, 즉 진리에 대한 올바른 이해와 지혜, 깨달음이 바탕이 된 믿음을 의미한다.

7 〔역주〕 원문에는 '아리야 상가(Ariya Saṅgha)', 즉 '성스러운 승가'로 되어 있다. 삼보 중 승가에는 '아리야 상가와 삼무띠 상가(Sammuti Saṅgha)'가 있다. 아리야 상가는 예류도 예류과(預流道, 預流果)·일래도 일래과(一來道, 一來果)·불환도 불환과(不還道 不還果)·아라한도 아라한과(阿羅漢道, 阿羅漢果) 네 쌍의 성스러운 경지를 성취한 여덟 무리 제자(사쌍팔배四雙八輩)를 의미한다. 이를 성스러운 분들이라는 의미로 성승가라 한다. 삼무띠 상가는 구족계를 받은 비구와 비구니 승단을 가리키는데 이를 범부의 승가(관습적 승가, 존재하는 승가)라고도 한다. 이는 승가의 고유한 일들, 즉 출가의식, 포살, 결제, 자자 등 승가의 고유한 행사들을 하는 승가라는 의미이다. 대중공사를 하는 승단을 뜻한다.

8 경전에서 아리야 사와까(ariya sāvaka)라는 표현은 두 가지 의미로 사용할 수 있다. 넓은 의미에서는 '성스러운 분의 제자', 즉 부처님의 제자를 뜻한다. 그리고 좀 더 제한적이고 전문적인 의미에서 여덟 가지 유형의 성스러운 개인, 즉 영적으로 고귀한 경지에 도달한 제자를 나타낸다. 여기서는 두 번째 의미이다.
〔역주〕 아리야 상가와 같은 예류預流·일래一來·불환不還·아라한阿羅漢의 도와 과를 증득한, 네 쌍의 성스러운 경지를 성취한 여덟 무리 제자(사쌍팔배四雙八輩)를 가리킨다.

9 〔역주〕 손톱 끝 경(상윳따니까야 13:113)에서는 법의 눈을 얻고 법을 관통한 제자들에 대해 이렇게 설하고 있다. "비구들이여, 그와 같이 견해를 구족하고 관통을 갖춘 성스러운 제자에게는 괴로움이 대부분 멸진하고 해소되어 남아 있는 괴로움

은 아주 적다." 결국 법의 눈을 얻고 법을 관통한 이는 예류도에 이른 제자들을 뜻한다. 상윳따니까야 제2권, p.364, 각묵 스님 옮김, 초기불전연구원, 2021.

10 〔역주〕 위빳사나 수행은 마음챙김(정념正念)을 통해 청정한 마음과 반야 지혜를 이뤄 열반에 도달하려는 수행법이다. 청정한 마음은 모든 번뇌를 제거한 상태이고, 반야 지혜는 무상과 무아를 깨달아 아는 것을 뜻한다. 위빳사나 수행을 위해서는 삼보에 대한 믿음, 수행 방편에 대한 믿음이 굳건해야 하고, 수행을 하려는 의지가 있어야 한다. 본문에서 수행에 필요한 전제 조건을 충족해야 한다는 것은 이런 의미이다.

11 "유행자 디가나카에게는 때가 없고 더러움이 없는 진리의 눈, '무릇 생겨난 것들은 어떠한 것이든 모두 소멸하는 것이다'라고 보는 눈이 생겼다. 이와 같이 해서 유행자 디가나카는 가르침을 보고, 가르침을 파악하고, 가르침을 알고, 가르침에 들어가고, 의심을 뛰어넘고, 의혹을 끊고, 두려움 없음을 성취하고, 다른 것에 의존하지 않고, 스승의 가르침 가운데 사는 자가 되었다(디가나카 숫따Dīghanakha sutta, 디가나카 경, 맛지마니까야 74)." 맛지마니까야, p.811, 전재성 역주, 한국빠알리성전협회, 2009.

12 〔역주〕 올바른 깨달음(정각正覺, 삼보디sambodhi)은 바르고 원만한 깨달음(정등각正等覺, 삼마삼보디sammasambodhi), 홀로 이룬 깨달음(독각獨覺, 빳쩨까삼보디paccekasambodhi), 가르침을 듣고 배워 이룬 깨달음(성문각聲聞覺, 사와까삼보디savakasambodhi), 이 세 가지를 뜻한다. 바르고 원만한 깨달음은 바로 부처님의 깨달음이다. 사성제를 체험적으로 완벽하게 이해한 깨달음은 홀로 이룬 깨달음이다.

13 〔역주〕 오온을 자아라고 집착하게 하는 어리석음(치癡, 모하moha)도 비슷한 번뇌이지만 조금 다르다. 마음이 어둡거나 지혜가 약할 때 일어나는 상태이다.

14 〔역주〕 디가니까야 14경은 대전기경大傳記經이다. 여기에서는 일곱 분의 부처님에 대해 설하고 있다.

15 〔역주〕 디가니까야 26경은 전륜성왕사자후경轉輪聖王獅子吼經이다. 여기에서 부처님은 "비구들이여, 인간들이 8만 살의 수명을 가질 때 미륵(멧떼야)이라는 세존이 세상에 출현할 것이다. 그는 전륜성왕이다."라고 설하셨다.

16 고따마 부처님 이전 24명의 부처님은 붓다왕사(불종성경佛種姓經)에 설해져 있다.

지금 이 이야기는 보살이 연등불을 만나는 장면으로 불종성경 2권에 나온다.

17 〔역주〕 빨리 경전에서 제시하는 열 가지 바라밀은 다음과 같다. ① 보시布施 ② 지계持戒 ③ 출리出離; 감각적 욕망과 욕계, 색계, 무색계에서 벗어나려는 의지 ④ 지혜智慧 ⑤ 정진精進 ⑥ 인욕忍辱 ⑦ 진실眞實; 바르고 정직한 말 ⑧ 결심決心 ⑨ 자애慈愛 ⑩ 평온(평정平定).

https://blog.naver.com/jhya0318/222438280494

18 벽지 부처님(빳쩨까붓다)은 스승의 도움 없이 홀로 깨달은 분으로, 최상의 부처님과 달리 가르침을 세우지 않는다. 최상의 부처님 가르침이 없는 동안에만 활동한다.

19 〔역주〕 산경(山經, 상윳따니까야 15:5)에는 겁에 대한 가르침이 설해져 있다. 어느 때 세존께서는 겁이 얼마나 긴지 여쭙는 제자에게 비유로 이렇게 답하셨다. "예를 들면 11km의 거리와 11km의 넓이와 11km의 높이를 가졌으며 균열이 없고 단단하게 뭉쳐진 큰 바위산이 있다고 하자. 그리고 어떤 사람이 백 년마다 한 번씩 이 산에 와서 비단 옷으로 스친다 하자. 비구여, 이런 방식으로 해서 그 큰 바위산이 다 멸진되어 없어진다고 해도 겁은 다하지 않는다." 상윳따니까야 2권, pp.445~446, 각묵 스님 옮김, 초기불전연구원, 2021.

20 수행해야 하는 세월에 대해서는 숫타니파타 주석서에 나온다. 겁은 우주가 진화하고 소멸하는 데 걸리는 시간이다. 유사한 내용은 상윳따니까야 15:5에도 있다.

21 〔역주〕 여섯 가지 계속해서 집중하고 생각하며 관하는 대상(수념처隨念處)이다. 부처님을 계속해서 생각함, 법을 계속해서 생각함, 승가를 계속해서 생각함, 계를 계속해서 생각함, 관대함(자비로움)을 계속해서 생각함, 천신을 계속해서 생각함 등 여섯 가지이다.

22 청정도론 7장.

〔역주〕 청정도론 제7장 여섯 가지 계속해서 생각함(수념隨念) 가운데 승가를 계속해서 생각함(승수념僧隨念)이다.

"승가를 계속해서 생각함을 닦기를 원하는 자도 조용히 혼자 머물러 '세존 제자들의 승가는 잘 도를 닦고, 세존 제자들의 승가는 바르게 도를 닦고, 세존 제자들의 승가는 참되게 도를 닦고, 세존 제자들의 승가는 합당하게 도를 닦으니,

곧 네 쌍의 사람들(四雙)이요, 여덟 가지 성스러운 성취를 한 사람들(八輩)이시다. 이러한 세존 제자들의 승가는 공양 받아 마땅하고, 선사 받아 마땅하고, 보시 받아 마땅하고, 합장 받아 마땅하며, 세상의 위없는 복 밭(복전福田)이시다.'라고 성스러운 승가의 덕을 계속해서 생각해야 한다." 청정도론 제1권, pp.518~519, 대림 스님 옮김, 초기불전연구원, 2004년.

23 〔역주〕 싱할라어(Singhalese)는 스리랑카 공용어이다.

1. 사리뿟따(사리불): 지혜제일, 법을 수호하는 대장군

1 〔역주〕 아소까(Asoka)왕(아육왕阿育王)이 기원전 3세기 부처님 진신사리를 봉안하고 건립한 산치(Sanchi) 대탑은 오랜 세월 묻혀 있었다. 1818년 영국군 장교가 발견했다. 1851년 영국 고고학자 알렉산더 커닝햄(Alexander Cunningham)이 산치 대탑 발굴 조사를 하면서 사리뿟따와 마하목갈라나의 사리를 모신 사리함을 발견했다.

2 사리뿟따의 초기 생애에 대한 내용은 앙굿따라니까야 1권, 으뜸 품과 담마빠다(법구경)에서 가져왔다.

3 〔역주〕 라자가하는 고대 인도 왕국 마가다국의 수도인 왕사성이고, 우빠띳사와 꼴리따는 마을 이름이다. 마을 이름인 동시에 각각 사리뿟따와 목갈라나 존자가 태어난 가문의 성姓이기도 하다. 특히 사리뿟따가 태어난 우빠띳사 마을이 있던 지역에는 나중에 세계 최초의 불교 대학인 나란다 대학이 들어서기도 했다.

4 쭌다 숫따(Cunda Sutta, 쭌다경, 상윳따니까야 47:13)와 상윳따니까야 주석서에 따르면 마을 이름은 날라까(Nālaka), 또는 나라가마(Nālagāma)였다. 아마도 유명한 나란다 마을에서 가까웠을 것이다. 사리뿟따의 아버지는 바라문 와간따(Vaganta, 와간달瓦干達)였다.

5 〔역주〕 사리불의 이름 사리뿟따(Sāriputta)는 어머니 루빠사리(Rūpasārī)에서 유래한 이름이다. 사리뿟따는 사리(sārī)의 아들(putta), 즉 사리자舍利子라는 의미이다. 사리조舍利鳥는 인도에서 지혜를 상징하는 새인데, 사리조처럼 아름다운 눈을 지녔다는 의미로, 사리자를 한자로 의역해 추로자鶖鷺子라고도 한다.

6 〔역주〕 목갈라나 존자의 어머니이다. 목갈라나(Moggalāna)라는 이름은 어머니에

게서 따온 것이다.

7 〔역주〕 산자야(Sañjaya)는 부처님 당시 육사외도 가운데 한 명으로 회의론자(불가지론자)였다. 그는 진리를 있는 그대로 기술하는 것은 불가능하다고 믿는 형이상학적 회의론자였다. 우빠띳사와 꼴리따는 그의 제자로 수행을 했다.

8 〔역주〕 빠립바자까(paribbājaka)는 부처님의 출가 제자를 제외한, '돌아다니는 수행자'를 말하며, 유행승遊行僧이라고 한다.

9 〔역주〕 '불사不死'는 인도 수행자들이 추구하는 불멸, 영생을 뜻한다. 불교에서는 모든 고통을 끊고 생사윤회에서 벗어나는 열반涅槃을 가리킨다.

10 〔역주〕 죽림정사竹林精舍는 불교 최초의 사원이다. 가란타 죽림迦蘭陀竹林이라고도 한다. 마가다 왕국의 수도였던 라자가하(오늘날의 비하르 주 라자기르)에 위치하고 있었다. 가란타장자迦蘭陀長者가 소유하고 있던 대나무 정원으로 처음에는 니건자(尼犍子, 자이나) 교도들이 소유하고 있었으나, 장자가 불교에 귀의하면서 이곳을 불교의 승원으로 보시했고, 빔비사라왕이 가람을 짓게 하였다.

11 〔역주〕 앗사지(Assaji)는 한문으로 아설시阿說示, 마승馬勝이라고 한다. 앗사지 존자는 초전법륜 오비구 가운데 맨 마지막으로 언급된 분이며, 오비구 가운데 마지막으로 예류과預流果에 들었다.

12 사리뿟따와 앗사지 존자가 처음 만나는 이야기는 사리뿟따와 목갈라나의 이야기(비나야삐따까 1:39)에 상세하게 전한다.

13 이 게송의 빨리어 원문은 다음과 같다.

Ye dhammā hetuppabhavā 예 담마 헤뚭빠바와
Tesaṃ hetuṃ tathāgato āha 떼상 헤뚱 따타가또 아하
Tesañca yo nirodo 떼산짜 요 니로도
Evaṃ vādi mahāsamaṇo 에왕 와디 마하사마노

이 게송은 가장 많이 알려졌고 가장 널리 전해진 게송이 되었다. 사리뿟따가 처음 법을 만났음을 상기해 주고, 그의 위대한 스승인 앗사지를 기리는 의미 있는 가르침으로 영원히 남아 있다.

〔역주〕 한문으로는 이렇게 번역한다.

제법종연기 여래설시인 諸法從緣起 如來說是因
피법인연진 시대사문설 彼法因緣盡 是大沙門說,

모든 법은 원인에 의해 생겨납니다
여래는 그 원인을 설하십니다
또한 그 법의 소멸함도 설하십니다
위대한 수행자께서는 이렇게 설하시는 분입니다

사리뿟따 존자는 첫 번째 두 줄의 게송을 듣고 예류도에 이르렀고, 뒤의 두 구절을 듣고는 예류과를 얻었다고 한다. 그 후로 부처님을 만나 아라한이 된 사리뿟따 존자는 항상 앗사지 존자를 스승의 예로 큰 경의를 표했다고 한다.

14 〔역주〕 사무애해四無礙解(거리낌 없는 이해 능력 또는 언어 표현 능력), 또는 사분석지四分析智로 번역한다. 모든 아라한 중에서도 특별히 본생의 바라밀이 있는 경우에 아라한과와 더불어 걸림 없는 지혜를 성취한다. 대부분 아라한과와 더불어 이루지만 아난다 장로와 여성 재가신도 쿳줏따라 등은 수다원과만 갖추고도 더 수행해야 하는 유학有學의 지혜를 얻기도 했다.

(1) 의미 분석지혜: 부처님의 모든 가르침의 의미, 목적, 결과와 기능적 필요성을 이해하는 능력.
(2) 법 분석지혜: 인과법, 연기법, 팔정도 등 법과 관련된 범위 내에 있는 모든 지식을 이해하는 능력.
(3) 언어표현 분석지혜: 실재를 표현하는 언어에 관한 지식으로 언어로 표현하는 데 걸림이 없는 능력.
(4) 앎 분석지혜: 앞의 세 가지 지혜를 잘 알고 사용하여, 법의 의미에 대해 누구나 쉽게 알아듣도록 자유자재로 설명하는 능력을 말한다.

https://gall.dcinside.com/mgallery/board/view/?id=theravada-buddhism&no=245

15 이 계산은 앙굿따라니까야 〈제일의 품, 으뜸 품〉 주석에서 가져왔다.
〔역주〕 이 주석에 따르면 믿음(신信)을 지닌 보살이 되려면 수기를 받은 후 팔 아승기겁과 십만 겁 동안 더 바라밀을 닦아야 하고, 반야 지혜를 이룬 보살이 되기 위해서는 수기를 받은 후 사 아승기겁과 십만 겁 동안 더 닦아야 한다. 벽지보살(빳쩨까 보디삿따)이 되려면 수기를 받은 후 이 아승기겁에 십만 대겁을 더 수행해야 한다. 상수제자上首弟子를 성취하기 위해서는 수기를 받은 후 일 아승기겁에 십만 대겁을 더해 바라밀을 닦아야 한다.

16 〔역주〕 멸진정: 모든 마음 작용이 소멸된 선정, 인식이 있는 것도 아니고 인식이 없는 것도 아닌 선정(비상비비상처정非想非非想處定)이다.

17 〔역주〕 무량심無量心은 성스러운 마음으로 범주梵住라고도 한다. 무량삼매라고도 한다. 사무량심은 ①자(慈, 멧따mettā): 모든 생명이 행복하기를 바라는 성스러운 마음. ②비(悲, 까루나kāruṇā): 모든 생명이 고통에서 벗어나기를 바라는 성스러운 마음. ③희(喜, 무다따mudatā): 모든 생명의 행복함을 함께 기뻐하는 마음. ④사(捨, 우뻭카upekkhā): 치우치지 않고 모든 생명을 평등하며 평온하게 대하는 마음.

18 〔역주〕 락카나미가 자타카(Lakkhaṇamiga jātaka 11, 사슴 락카나의 본생 이야기): 마가다 왕국 라자가하에 어떤 왕이 있었고, 고따마 부처님이 될 보살이 수천 마리의 사슴을 이끌고 있었다. 그에게는 락카나(Lakkhaṇa, 행운)라는 아들 사슴과 깔라(Kāḷa, 불운)라는 아들 사슴이 있었다. 보살은 늙어서 각각 500마리의 사슴 무리를 이끄는 책임을 두 아들 사슴에게 넘겼고, 락카나는 무리를 잘 이끌었고, 깔라는 무리를 파멸로 이끌었다. 바로 여기서 락카나는 사리뿟따, 깔라는 데바닷따였다.

19 〔역주〕 욱까쩰라 숫따(Ukkacela sutta, 욱까쩰라 경) "비구들이여, 지금의 나에게 사리뿟따와 목갈라나라는 고결한 두 상수제자가 있듯이 과거의 세존·아라한·정등각자들께도 고결한 두 상수제자가 있었다. 비구들이여, 지금의 나에게 사리뿟따와 목갈라나라는 고결한 두 상수제자가 있듯이 미래의 세존·아라한·정등각자들께도 고결한 두 상수제자가 있을 것이다." 상윳따니까야 제5권, p.486, 각묵스님 옮김, 초기불전연구원, 2019.

20 〔역주〕 라꾼따까 밧디야(Lakuṇṭaka Bhaddiya): 라꾼따까는 난쟁이라는 뜻이다.

난쟁이 밧디야는 사왓티에 사는 부자였는데, 키가 매우 작고 추한 모습을 하고 있었다. 어느 날 부처님 설법을 듣고 신심을 내어 출가해 비구가 되었다.

21 〔역주〕 이 구절은 초전법륜경(初轉法輪經, 상윳따니까야 56.11)에 있는 널리 알려진 법문이다.

22 〔역주〕 테라가타(장로게경) 게송 81은 다음과 같다.

예전의 다른 생을 살다가
어떤 악행이든 내가 저질렀다면
이 생에서 과보를 겪어야만 하리
달리 근거가 있는 것은 아니다

마지막 구절(달리 근거가 있는 것은 아니다)은, 행 즉 모든 것으로부터 집착이 끊어졌기 때문에 연료가 없이 꺼진 불처럼 최후의 마음이 소멸되어 더 이상 업에 묶여 다시 태어날 근거가 소멸했다는 뜻이다. 궁극적인 해탈을 선언한 것이다. 테라가타, p.588, 전재성 역주, 한국빠알리성전협회, 2019.

23 〔역주〕 예류도를 성취하기 위한 네 가지 요소: 바른 사람을 섬김, 바른 법을 경청함, 지혜로운 마음챙김(주의, 집중), 출세간법에 이르게 하는 법을 닦음. https://blog.naver.com/satobom/222879765951

24 〔역주〕 아나타삔디까를 위해 설하신 경(맛지마니까야 143)에 있는 게송이다. "사리뿟따처럼 지혜와 계율과 고요함(선정)으로써 저 언덕에 도달한 수행승은 그야말로 가장 수승하네." 맛지마니까야, p.1543, 전재성 역주, 한국빠알리성전협회, 2009.

25 〔역주〕 바라문들은 동, 서, 남, 북, 위, 아래의 여섯 방향을 향해 예배를 드렸다. 바라문들이 이렇게 하는 것은 여섯 방위에 있는 신들의 보호를 받기 위한 관습이었다. 비구들이 사리뿟따를 비판한 것은 이 풍습을 따라한 것으로 오해했기 때문이다.

26 〔역주〕 안거 마침 경(앙굿따라니까야 9:11), 사자후경獅子吼經이라고도 한다. 담마빠다 주석서 게송 95도 같은 내용이다.

27 〔역주〕 성문 기둥처럼 견고하다는 것은 인드라(삭까 천왕)가 머무는 궁전의

기둥처럼 높고 견고한 기둥을 뜻한다. 인다킬라(indakhīla)의 합성어인데 인다는 인드라, 킬라는 기둥을 뜻한다. 성에는 기둥을 세울 때 돌이나 나무로 기둥의 반을 땅에 묻어 견고하게 세운다고 한다. 법구경 이야기 2권, p.205, 무념·응진 역, 옛길, 2008.

28 〔역주〕 테라가타 게송 1040

모든 방향이 모호하고
가르침들도 나에게 분명하지 않다
선한 벗이 간 뒤에는
세상 모든 것이 암흑처럼 보인다

여기서 '선한 벗이 간 뒤에는'이라는 구절은 선지식, 사리뿟따가 완전한 열반에 들었다는 의미이다. 테라가타, p.1133, 전재성 역주, 한국빠알리성전협회, 2019.

29 〔역주〕 테라가타 게송 1041

친구가 떠나가 버리고
스승께서 열반에 든 나에게
몸에 대한 새김과 같은
그만한 벗은 없다

여기에서 몸에 대한 새김(신지념身至念)은 몸에 대한 관찰(신수관身隨觀), 즉 몸에 대한 마음챙김 수행을 뜻한다. 테라가타, p.845, 전재성 역주, 한국빠알리성전협회, 2019.

30 〔역주〕 쭌다 숫따는 여러 가지가 있다. 본문에서 인용한 경전은 상윳따니까야 47:13이다. 쭌다는 사리뿟따의 동생으로 구족계를 받기 전이어서 쭌다 사미라고 불리었다. 쭌다 사미는 사리뿟따가 열반에 든 후 존자의 발우와 가사를 가지고 사왓티 아나타삔디까 원림(급고독원)으로 아난다를 찾아가 열반을 알렸다. 아난다는 세존께 가 소식을 전해 드리며 이렇게 아뢰었다. "세존이시여, 사리뿟따 존자가 완전한 열반에 들었다는 말을 듣고 저의 몸은 무겁기만 합니다. 방향

감각도 잃어버렸고, 법들(교리 문답의 법들)도 제게 분명하게 나타나지 않습니다." 상윳따니까야 제5권, p.482, 각묵 스님 옮김, 초기불전연구원, 2019.

31 〔역주〕 우빠세나는 여러 가지 두타행을 닦았고 많은 대중을 이끌었다. 그는 설법을 잘 하기로 유명했으며, 많은 사람들이 그를 통해 부처님 제자가 되었다. 이 때문에 부처님께서는 그를 "청정한 믿음을 내게 하는 자 가운데 으뜸"이라고 하셨다(앙굿따라니까야 1:14, 으뜸 품).

32 〔역주〕 세존께서는 사리뿟따가 선정 수행을 하면서 "사유思惟, 숙고熟考, 희열, 행복, 마음의 통일, 접촉, 느낌, 지각, 의도, 마음, 의욕, 결정, 정진, 새김, 평정, 정신활동을 기울이는 정신적인 현상들에 대해 빠져들지 않고 묶이지 않고 결박되지 않고 자유로운 마음으로 지냈다."고 설하셨다. 맛지마니까야, p.1233~1234, 전재성 역주, 한국빠알리성전협회, 2009.

33 〔역주〕 아홉 가지 단계의 선정(구차제정九次第定): 색계사선정色界四禪定, 무색계사선정無色界四禪定, 멸진정滅盡定을 합해 구차제정이라고 한다.

34 〔역주〕 이것은 연기법 환멸문에 관한 설명이다.

"무명이 남김없이 사라져 소멸하면 행(行, 상카라)이 소멸하고, 행이 소멸하면 의식이 소멸하고, 의식이 소멸하면 정신과 물질이 소멸하고, 정신과 물질이 소멸하면 여섯 감각 장소가 소멸하고, 여섯 감각 장소가 소멸하면 접촉이 소멸하고, 접촉이 소멸하면 느낌이 소멸하고, 느낌이 소멸하면 갈애가 소멸하고, 갈애가 소멸하면 취착이 소멸하고, 취착이 소멸하면 존재가 소멸하고, 존재가 소멸하면 태어남이 소멸하고, 태어남이 소멸하면 늙음, 죽음, 슬픔, 탄식, 육체적 고통, 정신적 고통, 절망이 소멸한다. 이와 같이 모든 괴로움의 무더기가 소멸한다. 사성제가 명백히 드러났을 때 열렬히 수행하는 고귀한 이는 마군을 물리치고 홀로 우뚝 서 있다. 찬란히 빛나는 태양처럼."

https://blog.naver.com/mudita_upekkha/222596093045

35 〔역주〕 공성에 머무름(공성주空性住), 즉 공성을 관하는 마음이 통일되어 여러 단계에 안주한 것을 비롯한 7단계에 걸친 공성주空性住에 머물러 해탈하는 것을 시사한다. 7단계의 공성주는 ① 삼림이라는 개념구상에 근거한 공성주, ② 대지, ③ 공무변처, ④ 식무변처, ⑤ 무소유처 등의 개념구상에 근거한 공성주, ⑥ 무상심정無相心定에 근거한 공성주, ⑦ 아라한의 6근을 가진 신체에 근거한

공성주 등을 말한다.

36 〔역주〕 이 구절은 "보름 만에 사무애해에 대해 완전하게 이해하고 알았습니다. 의무애해義無礙解, 법무애해法無礙解, 사무애해辭無礙解, 변무애해辯無礙解를 남김없이 깨달았습니다."라며, 사무애해에 대한 깨달음을 성취했음을 말하고 있는 것이다.

37 〔역주〕 자양분滋養分: 한역에서는 사식四食으로 번역한다.
첫째, 단식段食이다. 거칠거나 미세한, 덩어리진 음식을 말한다. '물질적 음식'을 뜻한다. 인도인들은 손으로 음식을 먹기 때문에 덩어리로 만들어 먹는다. 거칠거나 미세한 덩어리는 만든 재료가 거칠거나 부드럽다는 뜻이다. 이 덩어리진 음식은 인간의 신체를 유지하는 데 없어서는 안 되는 필수품이다.
둘째, 촉식觸食이다. '감각접촉의 음식'이라는 뜻이다. 이른바 눈의 감각접촉 등 여섯 가지 감각접촉이 이에 속한다. "감각접촉의 음식은 즐겁거나 괴롭거나 즐겁지도 괴롭지도 않은 세 가지 느낌이 생기게 한다."
셋째, 의사식意思食이다. 마음의 의도의 음식을 말한다. "마음의 의도의 음식은 업業을 통해서 욕계欲界·색계色界·무색계無色界라는 삼계를 생기게 한다."
넷째, 식식識食이다. 알음알이의 음식을 말한다. "알음알이의 음식은 내생에 다시 태어나게 하는 조건이 된다.
이러한 네 가지 음식은 무엇이 그 근원이며, 무엇으로부터 일어나고, 무엇으로부터 생기며, 무엇으로부터 발생하는가? 네 가지 음식은 갈애渴愛가 그 근원이며, 갈애로부터 일어나고, 갈애로부터 생기며, 갈애로부터 발생한다.
http://sungchol.org/bbs/board.php?bo_table=magazine&wr_id=1780&location=new

38 〔역주〕 평등한 마음을 가진 천신들이란 마음의 미세한 상태가 동등하기 때문에 마음이 평등하다는 뜻이다. 천신들은 모두 동일한 경지를 증득한 이들이었고, 동일한 감각대상을 지녔기 때문에 평등한 마음이라 한다. 앙굿따라니까야 1권, pp.220~221, 대림 스님 옮김, 초기불전연구원, 2006.

39 〔역주〕 아라한 마힌다(기원전 285년~기원전 205년)는 인도 아소까 황제(아육왕阿育王, 기원전 268년~기원전 232년 재위)의 맏아들로 테라와다(상좌부上座部)의 장로였다. 아소까 황제의 명령을 받아 스리랑카로 가서 불교를 전했다.

40 〔역주〕 이상의 열 가지 법에 대한 내용은 디가니까야 권3(pp.470~471, 각묵 스님 옮김, 초기불전연구원, 2006년)에서 가져와 정리했다.

41 〔역주〕 마하나마(Mahānāma) 장로는 불교 역사에 두 명이 등장한다. 한 명은 최초로 부처님 가르침을 들은 다섯 비구 가운데 한 명이고, 여기에 나오는 마하나마 장로는 청정도론을 쓴 붓다고사 존자 이후에 활약한 논사이자 주석가이다.

42 〔역주〕 여기서 법의 요소란 인연의 형태를 완벽하게 드러내 보여 줄 수 있는 제자가 갖추어야 할 지혜를 뜻한다. 부처님들에게는 과거와 미래와 현재의 법들에 대한 일체지지一切知智가 분명하듯이 장로에게도 제자가 완전하게 갖추어야 할 지혜가 있으며, 제자가 갖추어야 할 지혜의 영역에 속하는 법들을 모두 안다는 뜻이다. 상윳따니까야 권2, p.220, 각묵 스님 옮김, 초기불전연구원, 2021.

43 사천왕은 욕계에서 가장 낮은 천신이다. 동쪽을 지키는 지국천왕, 남쪽을 지키는 증장천왕, 서쪽을 지키는 광목천왕, 북쪽을 지키는 다문천왕을 가리킨다. 수미산에 사는 그들은 불법을 수호하고 사방을 지키며 악귀가 중생을 해치지 못하도록 수호한다.

44 〔역주〕

①부처님께 귀의하는 예경문

그분, 존귀하신 분, 모든 번뇌 떠나신 분, 스스로 완전히 깨달으신 분께 귀의합니다.

②부처님의 덕성을 찬탄하는 예경문

그런 고로 그분 세존, 모든 번뇌 떠나신 분, 스스로 완전히 깨달음을 이루신 분, 지혜와 덕행 갖추신 분, 진리의 길을 보이신 분, 세상일을 훤히 아시는 분, 어리석은 이도 잘 이끄시는 위없으신 분, 신과 인간의 스승, 깨달으신 분, 세존이시다.

https://blog.naver.com/hrsmc/222243799178

45 〔역주〕 사리뿟따는 이때 초선에서부터 시작하여 제2선, 제3선, 제4선, 공무변처정, 식무변처정, 무소유처정, 비상비비상처정, 멸진정에 순서대로 들어갔다. 다시 거꾸로 비상비비상처정에서 차례로 내려와서 초선을 거쳐서 선정에서

나왔다. 다시 초선에서부터 선정에 들어가기 시작하여 차례로 제4선까지 들어갔다.

46 사리뿟따 존자의 동생 쭌다 사미를 가리킨다.

47 〔역주〕 여기에서 말하는 모든 것은 법들을 뜻하며, 교리 문답에 관련된 법들을 가리킨다고 한다. 상윳따니까야 제5권, p.482, 각묵 스님, 초기불전연구원, 2019.

48 〔역주〕 섬은 디빠(dīpa)의 역어이다. 빠알리 dīpa에 해당하는 산스끄리뜨 단어는 드위빠(dvīpa, 섬)와 디빠(dīpa, 등불)가 있다. 상좌부에서는 이 문맥에 나타나는 dīpa를 모두 섬(산스끄리뜨 dvīpa)으로 해석하고 있다. 그러나 북방에서는 등불, 산스끄리뜨 dīpa로 이해했다. 그래서 중국에서는 이 부분을 자등명自燈明과 법등명法燈明으로 옮겼다. 디가니까야 2, p.205, 각묵 스님 옮김, 초기불전연구원, 2010.

산스끄리뜨 디빠는 등불과 피난 섬이라는 의미를 지니고 있다. 인도는 3개월간 우기를 맞는데, 평야지대이기 때문에 주거지와 농경지가 폭넓게 침수된다. 이때 인도인들은 고지대로 피난을 가는데, 이를 피난 섬이라고 한다. 붓다순례, p.332, 자현, 불광출판사, 2014.

49 〔역주〕 이 경전에서 세존께서는 탐욕, 악의, 화내는 것, 원한, 저주, 격분, 질투, 인색, 속임, 기만, 고집, 선입견, 자만, 오만, 교만, 방일의 열여섯 가지 번뇌가 마음을 오염시킨다고 설하셨다.

50 〔역주〕 영어 원문에서는 죄(도덕률을 위반한 죄 또는 성냄)를 지었다고 표현하고 있다. 경전 원문에서는 이를 '(탐욕과 성냄, 어리석음으로 인한) 더러움(전재성 번역본)' 또는 '흠(대림 스님 번역본)'으로 표현하고 있다.

51 〔역주〕 마하꼿티따(Mahākoṭṭhita)장로: 마하구치라摩訶俱絺羅 장로. 부처님 제자 가운데 무애해제일無碍解第一 비구.

52 〔역주〕 사량분별思量分別은 모든 존재가 연기緣機에 의해 생겨나고 머물고 소멸한다는 진리를 보지 못하는 것이다. 여섯 가지 감각 접촉으로 생겨난 것(보는 모양, 듣는 소리, 냄새, 맛, 몸으로 느끼는 감각, 마음의 대상)들에 집착함으로써 갈애와 자만, 사견이 생겨난다.

53 〔역주〕 영지는 타심통, 숙명통, 누진통이다. 덕행은 계행이다. 계戒로써 감각

기능을 단속하고, 음식을 적당량 취하며, 깨어 있으려는 노력 등을 해야 한다. 성스러운 제자들은 영지와 덕행으로 스스로 실천하고, 궁극적인 깨달음으로 가기 때문에 실천이라고 한다. 앙굿따라니까야 권2, pp.385~386, 각묵 스님 옮김, 초기불전연구원, 2006

54 〔역주〕 사리뿟따 자신이 증득한 열반은 마음이 함께한 것이었다는 의미이다. 앙굿따라니까야 권6, p.79, 대림 스님 옮김, 초기불전연구원, 2006.

55 〔역주〕 동쪽 콧타까 경(뿝바꼿타까 숫따Pubbakoṭṭhaka sutta)에서 동(뿝바pubba, 동쪽) 콧타까는 쉬라바스티 미가라마따(녹자모) 강당 근처에 있었던 목욕하는 곳이라고 한다. https://cafe.daum.net/bulwon/Q4Qx/620

56 〔역주〕 무너지지 않는 네 가지 청정한 믿음이라고 해서 사불괴정四不壞淨이라고도 한다. 불佛·법法·승僧·계戒에 대한 믿음이 견고하고 청정함을 뜻한다. https://blog.naver.com/ldh5111/223012556702

2. 마하목갈라나(대목건련): 신통제일, 승단의 수호자

1 〔역주〕 맛지마니까야 63경은 말룽끼야뿟따에 관한 작은 경이고, 72경은 밧차고따의 큰 경이다. 말룽끼야는 꼬살라국 대신의 아들이었으며, 뒤에 출가해 아라한이 되었다. 부처님과 나눈 대화 가운데 독화살의 비유는 너무도 유명하다. 밧차고따는 유행승이었다. 맛지마니까야, p.712, p.798, 전재성 역주, 한국빠알리성전협회, 2009.

2 〔역주〕 나무심에 비유한 큰 경(맛지마니까야 29)에 나오는 구절이다. 인도의 젊은이들이 출가하는 이유에 대해 설명하고 있다. 고통의 끝, 즉 고통이 어떤 것인지에 대한 진리와 고통에서 벗어나는 길을 찾기 위해 출가한다는 내용이다.

3 부처님과 가장 가까웠던 세 제자, 아난다와 사리뿟따, 목갈라나가 직접 부처님 가르침을 받지 않고 예류과를 성취했다는 사실은 매우 흥미롭다. 아난다는 그의 스승이었던 아라한 뿐나 만따니뿟따(설법제일 부루나 존자)의 가르침으로, 우빠띳사는 아라한 앗사지 존자의 가르침을 받고, 꼴리따(목갈라나)는 친구 우빠띳사(사리뿟따)에게서 가르침을 전해 듣고 예류과를 성취했다. 꼴리따가 예류과를 성취할 수 있었던 것은 친구 우빠띳사와 진리를 향한 신뢰와 확신이 있었기 때문에

가능했을 것이다. 꼴리따는 우빠띳사를 완벽하게 믿고 있었다.

4 〔역주〕 사리뿟따와 목갈라나의 출가 이야기(비나야삐따까 1:42)에는 이때의 일이 상세하게 기록되어 있다. 사리뿟따와 목갈라나는 산자야에게 세존께 간다고 세 번이나 말했다. 산자야는 세 차례에 걸쳐 함께 무리를 이끌자고 권했으나 두 친구는 끝내 세존께로 향했다.

5 〔역주〕 법구경 주석서(法句經 註釋書)에서는 이때 두 상수제자가 본생부터 쌓아온 공덕으로 가사와 발우가 저절로 갖춰졌고, 마치 안거를 예순 번이나 지낸 장로처럼 되었다고 전하고 있다. 법구경 이야기 1권, p.231, 무념·응진 역, 옛길, 2008.

6 〔역주〕 가나까 목갈라나는 사왓티 동쪽원림 녹자모 강당에서 부처님께 법을 듣고 출가한 바라문이다. 고빠까 목갈라나는 세존께서 완전한 열반에 드신 후 라자가하에서 아난다 존자에게 '세존께서 성취한 모든 특징을 갖춘 수행승이 단 한 명이라도 있는지' 물었던 바라문이다. 아난다는 그런 수행승은 단 한 명도 없다고 답했다. 맛지마니까야 107, 108경이 두 바라문과 관련된 경전이다.

7 〔역주〕 목갈라나 존자가 아라한과를 성취한 중요한 경전이다. 경전 전문을 소개한다. 경의 이름은 빠짤라 숫따(Pacalā Sutta, 졸고 있음 경, 앙굿따라니까야 7:58)이다.

1. 이와 같이 나는 들었다. 한때 세존께서는 박가에서 숨수마라기리의 베사깔라 숲에 있는 녹야원에 머무셨다. 그 무렵에 목갈라나 존자가 마가다의 깔라왈라뭇따 마을에서 졸면서 앉아 있었다. 세존께서는 청정하고 인간을 넘어선 신성한 눈(天眼)으로 마하목갈라나 존자가 마가다의 깔라왈라뭇따 마을에서 졸면서 앉아 있는 것을 보셨다. 그것을 보시자 마치 힘 센 사람이 구부렸던 팔을 펴고 폈던 팔을 구부리는 것만큼이나 짧은 순간에 숨수마라기리의 베사깔라 숲에 있는 녹야원을 떠나 마가다의 깔라왈라뭇따 마을에 있는 마하목갈라나 존자의 앞에 나타나셔서 마련된 자리에 앉으셨다. 세존께서는 자리에 앉으셔서 마하목갈라나 존자에게 이렇게 말씀하셨다.

   "목갈라나여, 그대는 졸고 있지 않는가? 목갈라나여, 그대는 졸고 있지 않는가?"

   "그렇습니다, 세존이시여."

2. "목갈라나여, 그러므로 그대가 어떤 인식을 가져서 머물 때 혼침이 생기면

그런 인식을 가지지 말라. 그런 인식을 많이 [공부]짓지 말라. 그대가 그렇게 머물 때 혼침이 제거될 수도 있다."

3. "목갈라나여, 그대가 이와 같이 머물러도 혼침이 제거되지 않으면 그대는 들은 대로 배운 대로 법을 사유하고 고찰하고 마음으로 숙고해야 한다. 그대가 그렇게 머물 때 혼침이 제거될 수도 있다."
4. "목갈라나여, 만일 그대가 이와 같이 머물러도 혼침이 제거되지 않으면 그대는 들은 대로 배운 대로 법을 자세하게 독송해야 한다. 그대가 그렇게 머물 때 혼침이 제거될 수도 있다."
5. "목갈라나여, 만일 그대가 이와 같이 머물러도 혼침이 제거되지 않으면 그대는 두 귓불을 잡아당기고 손으로 사지를 문질러야 한다. 그대가 그렇게 머물 때 혼침이 제거될 수도 있다."
6. "목갈라나여, 만일 그대가 이와 같이 머물러도 혼침이 제거되지 않으면 그대는 자리에서 일어나 물로 눈을 씻고는 사방을 둘러보고, 별자리와 별들을 쳐다보아야 한다. 그대가 그렇게 머물 때 혼침이 제거될 수도 있다."
7. "목갈라나여, 만일 그대가 이와 같이 머물러도 혼침이 제거되지 않으면 그대는 광명상光明想을 마음에 잡도리하여 '낮이다.'라는 인식에 집중하면 된다. 낮에 (광명을 본 것)처럼 밤에도 (광명을 보고), 밤에 (광명을 본 것)처럼 낮에도 (광명을 본다). 이와 같이 열려 있고 방해받지 않은 마음으로 그대는 마음을 밝게 만들어야 한다. 그대가 그렇게 머물 때 혼침이 제거될 수도 있다."
8. "목갈라나여, 만일 그대가 이와 같이 머물러도 혼침이 제거되지 않으면 그대는 감각 기능들을 안으로 돌이켜 마음이 밖으로 향하지 않도록 한 채, 앞과 뒤를 똑바로 인식하면서 경행에 마음을 확고히 해야 한다. 그대가 그렇게 머물 때 혼침이 제거될 수도 있다."
9. "목갈라나여, 만일 그대가 이와 같이 머물러도 혼침이 제거되지 않으면 그대는 (언제) 일어날 것이라는 인식을 마음에 잡도리한 채 마음챙김(사띠sati)을 확립하고 알아차리면서(정념정지正念正知) 발로써 발을 포개고 오른쪽 옆구리로 사자처럼 누워도 된다. 그리고 다시 깨어나면 '나는 드러눕는 즐거움이나 기대는 즐거움이나 자는 즐거움에 빠지지 않으리라.'라고 생각하며 빨리 자리에서 일어나야 한다. 목갈라나여, 그대는 이렇게 공부지어야 한다."

앙굿따라니까야 4권, pp.466~468, 대림 스님 옮김, 초기불전연구원, 2013.

8 〔역주〕 합송경(合誦經, 함께 노래한 부처님 말씀) 가운데 〈네 가지로 구성된 법들〉에 있다. "도반들이여, 그러면 어떤 삼매 수행을 닦고 많이 공부 지으면 지와 견을 획득하게 될까요? 도반들이여, 여기 비구는 광명상光明想을 마음에 잡도리합니다. 낮에 광명을 보는 것처럼 밤에도 광명을 보고, 그런 밤처럼 낮에도 광명을 보는 낮의 인식을 회고하게 합니다." 디가니까야 권4, p.389, 각묵 스님 옮김, 초기불전연구원, 2006년.

9 〔역주〕 유가안은瑜伽安隱. 속박(요가)에서 벗어난 안은(안락하고 한가로움에 머묾)을 뜻한다. 아라한을 성취함, 열반과 같은 의미로 쓰인다.

10 〔역주〕 오개五蓋: 다섯 가지 장애, 다섯 가지 덮개. 탐욕貪欲·진애瞋恚·혼침昏沈·도거掉擧·의疑를 다섯 가지 장애라고 한다.

감각적 쾌락에 대한 탐욕, 분노, 해태와 혼침(수면과 혼침), 흥분과 회환, 회의적 의심을 말한다. 이와 같은 장애를 오개五蓋라고도 한다. 마음을 가리고 진리를 덮는 다섯 가지 덮개라는 뜻이다.

https://bolee591.tistory.com/16160529

11 〔역주〕 두 번째 선정의 단계에서는 일으킨 생각(심尋, 대상에 대해 그 뜻과 이치를 찾는 것)과 계속해서 세밀하게 분별하고 살피는 것(사伺)을 가라앉혔기 때문이다.

12 〔역주〕 제이선경第二禪經~표상 없음 경, 상윳따니까야 40:2-40:9.

13 〔역주〕 다 갖춘 해탈(구해탈俱解脫)을 이룬 아라한이 되었다. 구분해탈자俱分解脫者, 즉 마음에 의한 해탈(심해탈心解脫)과 지혜에 의한 해탈(혜해탈慧解脫)을 모두 성취한 사람이라고도 한다.

14 〔역주〕 팔해탈八解脫, 여덟 가지 해탈은 마음에서 일어나는 번뇌의 속박에서 벗어나기 위한 여덟 가지 선정禪定을 이룬 것을 뜻한다.

(1) 내유색상관외색해탈內有色想觀外色解脫: 마음 속에 있는 색상色相에 대한 번뇌煩惱의 속박束縛에서 벗어나기 위하여 외부 대상의 빛깔이나 모양에 대하여 부정관不淨觀을 성취함.

(2) 내무색상관외색해탈內無色想觀外色解脫: 마음속에 색상色相에 대한 번뇌의 속박은 없지만, 그 상태를 계속하여 유지하기 위하여 부정관不淨觀을 계속하여 닦음.

(3) 정해탈신작증구족주淨解脫身作證具足住: 부정관不淨觀을 떨쳐버리고, 외부 대상의 빛깔이나 모양에 대하여 비록 청정한 경계를 대할지라도 탐심이 일어나지 않고, 그 상태를 몸으로 완전히 체득하여 안주함.

(4) 공무변처해탈空無邊處解脫: 색상色相에 대한 번뇌의 속박을 멀리 버리고, 허공같이 끝이 없고 무한한 선정에 들어감.

(5) 식무변처해탈識無邊處解脫: 허공같이 끝이 없고 무한한 선정까지 떠나서, 무한하고 끝이 없는 마음 작용의 선정에 들어감.

(6) 무소유처해탈無所有處解脫: 무한하고 끝이 없는 마음의 작용의 선정까지 벗어나, 일체의 모든 유有가 공空한 선정에 들어감.

(7) 비상비비상처해탈非想非非想處解脫: 일체의 모든 유有가 공한 선정까지 여의고, 생각이 있는 것도 아니고, 생각이 없는 것도 아닌 경지의 선정을 이룸.

(8) 멸수상정해탈滅受想定解脫: 일체의 모든 마음 작용이 완전히 소멸된 상태의 선정을 성취함.

https://cafe.daum.net/jrahn/Xuib/171?q

15 〔역주〕 목갈라나 존자가 설한 경전의 이름은 다음과 같다.
추론경(推論經, 맛지마니까야 15), 갈애의 부숨에 대한 작은 경(맛지마니까야 37), 목갈라나 경(상윳따니까야 44:7), 왓차곳따 경(상윳따니까야 44:8).

16 〔역주〕 데바닷따의 음모(비나야삐따까 2:188)
데바닷따는 이때, "세존이시여, 세존께서는 늙고 연로하고 나이가 들고 만년에 이르러 노령에 달했습니다. 세존이시여, 이제 평안하게 지금 여기의 행복한 삶을 영위하십시오. 저에게 수행승들의 참모임을 부촉하여 주시면, 제가 수행승들의 참모임을 이끌겠습니다."라고 세 차례나 말했다. 세존께서는 이에 대해 "데바닷따여, 그만두라. 수행승들의 참모임을 이끌려고 하지 말라. 데바닷따여, 사리뿟따와 목갈라나에게도 나는 수행승들의 참모임을 부촉하지 않았다. 하물며 6년간이나 가래침을 삼킨 자에게 말해서 무엇하랴?" 여기서 가래침을 삼킨 자라는 말씀은 '사악한 생활 형태로 인해 생겨난 필연적인 결과물은 고귀한 사람에게는 타액唾液처럼 거부되어야 한다.'는 뜻이다. 비나야삐따까, p.1133, 전재성 역주, 한국빠알리성전협회, 2020.

17 〔역주〕 끼따기리(Kītāgiri): 까시 지방에서 사왓티로 가는 사이에 있던 마을,

앗싸지와 뿌납바쑤까 등 육군 비구의 본거지였다.

18 〔역주〕 여기서 더러움은 탐욕의 더러움, 성냄의 더러움, 어리석음의 더러움이다. 맛지마니까야 5, p.118, 전재성 역주, 한국빠알리성전협회, 2009.

19 〔역주〕 고씽가(gosiṅga)는 소(go)의 뿔(siṅga)이라는 뜻이다. 이 숲에는 아주 오래된 나무 한 그루가 있었는데, 이 나무 몸통에서 소뿔과 같은 모양의 가지가 뻗어 나와 있었다. 이 때문에 이 숲을 고씽가 사라나무(소뿔 모양을 한 사라나무) 숲이라고 한 것이다. 맛지마니까야 권2, p.85, 대림 스님 옮김, 초기불전연구원, 2012.

20 〔역주〕 탑묘경(塔墓經, 상윳따니까야 51:10)
"아난다여, 여래는 네 가지 성취수단(사여의족四如意足)을 닦고 정진하고, 수레로 삼고, 기초로 삼고, 확립하고, 굳건히 하고, 부지런히 닦았다. 여래는 원하기만 하면 일 겁을 머물 수도 있고 겁이 다하도록 머물 수도 있다." 상윳따니까야 제6권, p.97, 각묵 스님 옮김, 초기불전연권, 2020.

21 〔역주〕 고빠까 목갈라나경(맛지마니까야 108)
세존께서 열반에 드신 뒤에, 아자따삿뚜왕(아사세왕)의 총리대신이던 바라문 밧싸까라가 아난다 존자에게 존경하고 존중하고 공경하여 의지할 만한 수행승이 있느냐는 질문에 답한 내용이다. 아난다 존자는 "세존께서 설하신 열 가지 청정한 믿음의 원리가 있으며, 그것을 원만하게 갖춘 수행승이라면 존중하고 존경해서 의지하며 산다."고 답했다. 열 가지 원리는 다음과 같다. 1) 계행을 닦고 계율을 갖추고 계율의 항목을 수호하고 지켜서 행동규범을 완성하고, 사소한 잘못에서 두려움을 보고 학습계율을 받아 배운다. 2) 많이 배워서 배운 것을 기억하고 배운 것을 모은다. 3) 자신의 옷과 음식, 처소, 필수의약품에 만족한다. 4) 자신이 원하는 대로 난관이나 어려움 없이 보다 높은 마음을 이루는 네 가지 선정을 얻어, 지금 여기에서의 행복한 삶을 영위한다. 5) 여러 가지 신통의 종류를 체험한다(신족통). 6) 청정해서 인간을 뛰어넘는 하늘 귀로, 멀고 가까운 하늘 사람들과 인간의 두 가지 소리를 듣는다(천이통). 7) 자신의 마음으로 미루어 다른 사람들의 마음을 분명히 안다(타심통). 8) 자신의 본생의 여러 가지 삶의 형태를 구체적으로 상세하게 기억한다(숙명통). 9) 인간의 눈을 뛰어넘는 하늘눈으로 중생들의 윤회를 분명히 안다(천안통). 10) 번뇌를 부수어 번뇌 없이 마음에 의한 해탈과 지혜에 의한 해탈을 지금 여기에서 스스로 증득하고 깨달아 성취한다(누진통). 맛지마니까야, pp.1214~1216, 전재성 역주, 한국빠알리성전협회, 2009.

22 〔역주〕 '계목戒目'으로 옮긴 원어는 빠띠목카(pātimokkha)이다. 청정도론에서는 다음과 같이 설명한다. "여기서 계율의 항목이란 학습계목의 계율을 뜻한다. 이것을 보호하고 지키는 사람을 해탈에 이르게 하고, 나쁜 곳(악처惡處)에 떨어지는 등의 고통으로부터 벗어나게 한다. 그래서 계목이라고 한다." 수브하 경(디가니까야 10)
https://blog.naver.com/hrsmc/222712873448

23 〔역주〕 비나야삐따까 2:236-237
어느 때 세존께서는 포살일을 맞아, 사왓티 미가라마뚜 강당에 계셨다. 아난다 존자는 세존께 "세존이시여, 한밤이 지났고, 수행승들은 오랫동안 앉아 있었습니다. 세존이시여, 수행승들에게 의무계율을 설해주십시오."라고 세 차례 간청드렸다. 비나야삐따까, p.1202, 전재성 역주, 한국빠알리성전협회, 2020.

24 〔역주〕 데바닷따와 아자따삿뚜왕(아사세왕)과 관련된 내용이다. 본래 꼴리야족 출신의 까꾸다는 목갈라나의 시자였는데 세상을 떠나 정거천淨居天에 천신으로 태어났다. 까꾸다는 목갈라나 존자를 찾아와 "데바닷따가 '자신이 승단을 이끌겠다'는 욕망을 일으켜 데바닷따의 신통력이 사라졌다."는 경고를 해 주었다. 목갈라나는 이를 세존께 아뢰었으나, 세존께서는 그 사실을 비밀로 하라고 하셨다. 비나야삐따까, pp.1129~1130, 전재성 역주, 한국빠알리성전협회, 2020.

25 〔역주〕 목갈라나가 사용한 신통력은 바로 위에서 녹자모 강당을 흔들었던 신통력이다. 이 신통력은 '물을 두루채움(수편水遍)'이라는 힘이다. 즉 견고한 땅에 물을 채워 흔들었다는 의미이다. 맛지마니까야, p.460, 전재성 역주, 한국빠알리성전협회, 2009.

26 〔역주〕 세존께서 제자들과 함께 웨란자 마을에 계실 때의 일이다. 이때는 바라문 웨란자가 세존께 귀의하고 재가신도가 되어 세존과 500명의 비구들을 초청해 웨란자 마을에서 안거를 하도록 한 이후였다. 이때 기근이 심해 마을 사람들조차도 끼니를 잇지 못하는 상황이었다.

27 〔역주〕 마가다국 수도인 라자가하(왕사성)는 다섯 산봉우리로 둘러싸여 있다.

다섯 개의 산은 빤다와, 깃자꾸따(독수리봉, 영취산靈鷲山), 웨바라, 이씨길리(선탄산仙呑山), 웨뿔라 산들이다. 이 때문에 라자가하를 산의 요새라고 부른다.

28 〔역주〕 삼매三昧와 명지(明智, 본생에 대해 아는 밝은 지혜)에 정통해 궁극에 이르렀다는 의미이다.

29 〔역주〕 깔라실라(Kāḷasilā)라는 단어를 옮긴 것이다. 이 검은 바위는 이씨길리 산 중턱에 있었는데, 부처님 당시 제자들이 수행처로 매우 좋아했던 곳으로 보인다. 비나야삐따까 3:41에는 다음과 같이 기록하고 있다. "많은 도반들이자 친구들인 수행승들이 이씨길리 산록에 오두막을 만들고 안거에 들어갔다." 비나야삐따까, p.1619, 전재성 역주, 한국빠알리성전협회, 2020.

30 〔역주〕 욱까쩰라 경(상윳따니까야 47:14)

"비구들이여, 여래의 입장에서 보자면 그들은 경이롭다. 비구들이여, 여래의 입장에서 보면 그들은 놀랍다. 왜냐하면 이러한 두 제자가 완전한 열반에 들었는데도, 여래에게는 근심과 탄식이 없기 때문이다. 비구들이여, 그러니 여기서 그대들이 슬퍼한들 무슨 소용이 있겠는가? 비구들이여, 태어났고 존재했고 형성된 것은 모두 부서지기 마련인 법이거늘, 그런 것을 두고 '절대로 부서지지 말라.'고 한다면 그것은 있을 수 없는 일이다. 그런 경우란 존재하지 않는다."라고 설하셨다. 상윳따니까야 제5권, pp.486~487, 각묵 스님 옮김, 초기불전연구원, 2019.

---

3. 마하깟사빠(마하가섭): 승단의 아버지

---

1 〔역주〕 부처님을 닮은 제자는 빨리어로 '붓다 빠띠바가 사와까(Buddha-paṭibhāga-sāvaka)'를 옮긴 말이다. 빠띠바가는 '닮은'이란 말로, 부처님을 닮은 성문 제자를 가리킨다. 여기서 사와까는 부처님 가르침을 듣는 제자를 뜻한다.

2 마하깟사빠는 아홉 단계의 선정(구차제정九次第定)을 모두 성취했으며, 여섯 가지 신통력을 갖춘 아라한이었다.

3 〔역주〕 청정한 믿음을 내게 하는 열 가지 법 십종덕행十種德行은 고빨라 목갈라나 경(맛지마니까야 108)에 있다. ①계를 잘 지니며 바른 행위를 갖추고 학습계목을 받아 지녀 공부한다(정도正道). ②많이 배우고(多聞) 배운 것을 잘 지니고 배운

것을 잘 정리한다(다문多聞). ③분소의와 탁발음식, 거처, 병구완하는 약품에 만족한다(지족知足). ④지금 여기에서 행복하게 머물게 하는 높은 마음인 네 가지 선을 원하는 대로 얻고 힘들이지 않으며 얻고 어렵지 않게 얻는다(사선四禪). ⑤여러 가지 신통 변화하는 신통력이 있다(신족통神足通). ⑥인간의 능력을 넘어선 청정하고 신성한 귀의 신통력을 이루었다(천이통天耳通). ⑦마음으로 다른 중생들과 다른 인간들의 마음을 꿰뚫어 안다(타심통他心通). ⑧한량없는 본생의 갖가지 삶들을 기억한다(숙명통宿命通). ⑨인간을 넘어선 신성한 눈으로 중생들이 지은 업에 따라 가는 것을 꿰뚫어 안다(천안통天眼通). ⑩모든 번뇌를 없애 마음의 해탈(심해탈心解脫)과 지혜를 통한 해탈(혜해탈慧解脫)을 바로 지금 여기에서 스스로 최상의 지혜로 알고 실현하여 구족하여 머문다(누진통漏盡通).

4 농부가 이해하고 있는 업의 과보는 불교에서 의미하는 업의 과보와 일치하지 않는다. 부처님께서는 업의 과보는 의지에 따라 만들어진다고 설하셨다. 빽팔리가 땅 속에 사는 벌레들의 생명을 일부러 해칠 의도를 갖고 있지 않았기 때문에, 살생에 대한 도덕적 책임, 업의 과보를 받지 않는다.

5 〔역주〕 샤프란 꽃(붓꽃) 암술에서 채취한 염료로 물들인 천으로 만든 옷. 당시 인도에서 수행자들은 이 색깔의 옷을 입었다.

6 〔역주〕 세 가지 밝은 지혜(삼명지三明智)는 아라한이 갖추는 무애한 지혜를 뜻한다. 자기와 중생의 본생과 현생을 다 아는 지혜(숙명지宿命智), 천안통으로써 자기와 중생의 생사를 꿰뚫어 아는 지혜(생사지生死智), 사성제의 도리를 깨달아 모든 번뇌를 끊는 지혜(누진지漏盡智)이다.

7 〔역주〕 단순속죄죄법 제33조: "어떠한 수행녀든지 수행녀에게 의도적으로 폐를 끼치면 단순속죄죄를 범하는 것이다." 비나야삐따까 4:290

8 〔역주〕 단순속죄죄법 제35조 : "어떠한 수행녀든지 수행녀에게 방사를 준 뒤에 화가 나고 불만에 가득 찬다고 해서 끌어내거나 끌어내게 한다면, 단순속죄죄를 범하는 것이다." 비나야삐따까 4:292

9 〔역주〕 "마하깟싸빠를 위해서 삼 가부따 거리를 마중해 가서 세 가지 교훈으로 구족계를 주셨다." 자타카 전서, p.1791, 전재성 역주, 한국빠알리성전협회, 2023.
여기서 가부따는 인도 거리 단위 가유따(gāvuta)로서 3~4km 정도 거리이다.

1/4 요자나(유순由旬)이다.

10 〔역주〕 본래는 일종의 무화과나무로 니그로다, 용수榕樹라고 한다. 벵골보리수로서 반얀나무라고도 한다.

11 〔역주〕 편안함이 함께한 몸에 대한 마음챙김은 부정관不淨觀과 들숨날숨에 대한 마음챙김으로 증득한 초선初禪을 통해 얻은 행복이 깃들어 있는 몸에 대한 마음챙김이다. 상윳따니까야 권2, p.515(가사경袈裟經 16:11), 각묵 스님 옮김, 초기불전연구원, 2021.

12 〔역주〕 재가신도가 집으로 초대해 올리는 공양이 허락되는 경우가 있다. "만약 대중스님들에게 올리는 음식을 드십시오."라는 식으로 말하지 않고 "저희 집에서 대중스님들이 공양을 드십니다. 스님께서도 공양을 드십시오."라고 말하고 주는 것은 받아도 된다. 청정도론 1, p.233, 대림 스님 옮김, 초기불전연구원, 2004.

13 〔역주〕 마하깟사빠 존자가 아난다 존자에게 한 대화이다. 빚진 사람이란, "오염원이라는 빚을 가진 자" 즉 더러움에 물든 빚을 진 사람이라는 뜻이다. 백성들이 주는 공양을 먹었다는 뜻은 믿음으로 올린 공양을 했다는 뜻이다. 상윳따니까야 2권, pp.515~516, 각묵 스님 옮김, 초기불전연구원, 2021.

14 〔역주〕 이 두 비구는 아난다의 상좌인 반다 비구와 아누룻다의 상좌인 아빈지까 비구이다. 상윳따니까야 권2, pp.486~487, 각묵 스님 옮김, 초기불전연구원, 2021.

15 교계경教戒經3, 상윳따니까야 16:8의 본문을 의역했다.

16 〔역주〕 달은 하늘을 가로질러 가면서 그 누구와도 친교를 맺지 않고, 애정이나 애착을 갖지 않으며, 좋아하거나 바라는 바도 없으며, 그 누구도 사로잡지 않지만 많은 사람들이 달을 좋아하고 마음에 들어 한다. 이와 같이 신도 집을 방문해야 한다. 또 달이 어둠을 몰아내고 광명을 발하듯이 비구들도 오염원의 어둠을 몰아내고 지혜의 광명을 내어야 한다. 상윳따니까야 권2, p.476, 각묵 스님 옮김, 초기불전연구원, 2021.

17 〔역주〕 법구경 주석서 118번 게송과 관련된 일화이다. 세존께서는 이때 천녀 라자에게 이렇게 설하셨다. "천녀여, 나의 아들 마하깟사빠가 두타행을 하는 것은 그의 본분사本分事이다. 그러니 그를 귀찮게 하지 말라. 그렇다고 공덕을

쌓지 말라는 것은 아니다. 공덕 쌓는 것이 꼭 필요하다고 생각하고 반드시 공덕을 쌓아야 한다. 공덕을 쌓으면 이 세상과 다가오는 세상에서 행복이 찾아온다." 그리고 게송을 설하셨다.

선행을 했거든
계속해서 행해야 하리
선행을 하면
복덕이 쌓여
행복이 찾아든다

법구경 이야기 2, p.320, 무념·응진 역, 옛길, 2008.

18 〔역주〕 이때 마하깟사빠 장로는 멸진정滅盡定에 들어 있었다. 멸진정은 아라한이 성취한 최고의 선정 삼매로, 멸진정에 들었다 나온 성인에게 공양을 올리면 무한한 공덕이 있다. 법구경 이야기 1, p.601, 무념·응진 역, 옛길, 2008.

19 〔역주〕 테라가타(장로게경) 1088~1090

이들 많은 천인들은
신통력을 갖추고 명성을 지녔는데
수만 명의 천인들은
모두가 범천에 속한다

법의 대장군 마군을 물리친 영웅
위대한 선정 수행자 삼매에 든 님
사리뿟따에게 예경하고
합장하며 서 있다

예경 드립니다 오 더없이 뛰어난 분이시여
예경 드립니다 오 지고한 분이시여
당신이 든 선정의 경지
그 경지가 어떠한지 우리는 알지 못합니다

20 〔역주〕 "나는 장로의 이름을 감히 부를 수가 없습니다. 장로께서는 나의 스승이기 때문입니다." 비나야삐따까, p.207, 전재성 역주, 한국빠알리성전협회, 2020.

21 〔역주〕 '승가에서 부처님을 대신해서 법을 설한 깟사빠를 말리고, 비구니는 제지하지 않았다.'라고 생각하며, 아난다와 그 비구니 사이에 무슨 친분이나 애정이 있는 것 아닌가라고 검증할 것이라는 뜻이다. 상윳따니까야 권2, p.506, 각묵 스님 옮김, 초기불전연구원, 2021.

22 〔역주〕 깟사빠가 이렇게까지 직접적으로 자신과 아난다를 비교해가며 훈계하는 것은 아마도 툴라띳사 비구니를 향한 질책이었을 것으로 보인다.

23 〔역주〕 마하깟사빠가 아난다에게 '아이'라는 표현을 사용하며 훈계한 것은 아난다가 감각 기능을 제어하지 않은 신참 비구들과 함께 적절하지 못한 여행을 했기 때문이었다. 주석서에서는 "이렇게 젊은이들과 함께 돌아다녔으니 젊은이라 부를 만하다."고 하였다. 상윳따니까야 권2, pp.511~512, 각묵 스님 옮김, 초기불전연구원, 2021.

24 〔역주〕 어느 때 부처님께서 웨살리에 계실 때 일이었다. 그때 여섯 무리의 수행승들이 순 흑색 양모로 깔개를 만들게 했다. 사람들이 분개하고 비난했다. "어찌 감각적 쾌락의 욕망을 즐기는 재가자처럼 순흑색 양모로 깔개를 만들게 할 수 있단 말인가?" 이에 세존께서는 "어떠한 수행승이든지 순흑색 양모로 깔개를 만들게 하면 상실속죄죄喪失贖罪罪를 범하는 것이다(흑모와구계黑毛臥具戒)." 비나야삐따까, pp.1995~1997, 전재성 옮김, 한국빠알리성전협회, 2020.
〔역주〕 바일제(波逸提, 속죄죄, 빠찟띠야pācittya): 속죄하지 않으면 지옥에 떨어지는 죄. ①상실속죄죄: 계율을 어긴 것에 해당하는 재물(발우나 깔개, 옷 등)을 내놓으며 속죄하는 죄. ②단순속죄죄: 버릴 재물이 필요 없는 죄로 단지 상대에게 참회하고 속죄하는 죄(욕설 등).

25 〔역주〕 툴라난다 비구니가 마하깟사빠 존자를 외도라고 비난한 것은 존자의 스승이 알려지지 않았기 때문이며, 스스로 물들인 가사를 입고 출가했기 때문이다. 상윳따니까야 권2, pp.511~512, 각묵 스님 옮김, 초기불전연구원, 2021.

26 〔역주〕 화엄경에서는 세간정안世間淨眼이라고 한다. 세간의 유정중생과 무정중생을 꿰뚫어 아시는 분이라는 뜻이다. 여래의 열 가지 명호 가운데 세간해(世間解, 로까위두lokavidu)와 같은 의미이다.

27 비나야삐따까 제2권 소품小品 오백결집의 다발.

28 〔역주〕 "이때 존자 아난다는 '내일 집회가 있는데 내가 학인으로서(아직 아라한과에 들지 못했으므로) 집회에 가는 것이 맞지 않다.'라고 생각하고 몸에 대한 새김을 확립하고 그날 밤의 대부분을 보낸 뒤에 밤이 지나 새벽녘에 '나는 누워야겠다.'라고 몸을 기울였다. 그의 머리가 베개에 닿기 전에 바닥으로부터 발이 떨어지는 그 사이에 번뇌로부터 마음을 해탈했다. 그래서 존자 아난다는 거룩한 분의 집회에 갔다." 비나야삐따까, p.1261, 전재성 역주, 한국빠알리성전협회, 2020.

29 주석서에서는 결집회의 당시 마하깟사빠가 120세였다고 하지만 정확하지 않다. 마하깟사빠는 부처님보다 40세가 더 많았고, 처음 부처님을 만났을 때는 적어도 75세였다.

30 〔역주〕 "군중의 환대를 받아 유행하지 말라. 재가의 가정에 자주 드나들지 말라. 탐욕을 일으켜 맛에 이끌리지 말라. 가정에서의 의식과 공양으로 공경받는 것은 악인이 버리기 어렵다." 테라가타, pp.1150~1151, 전재성 역주, 한국빠알리성전협회, 2019.

31 〔역주〕 마하깟사빠가 공손하게 나병환자에게 다가가 곁에 섰다는 것은 맛있는 탁발음식을 보시하는 자에게 가는 것처럼 다가갔다는 의미이다. 그렇게 한 까닭은 나병 환자가 공덕을 지어 크나큰 성취를 얻게 하기 위함이었다. 테라가타, p.1151, 전재성 역주, 한국빠알리성전협회, 2019.

32 〔역주〕 이 상황은 마하깟사빠가 혐오스러운 것에 대해 혐오스럽다는 지각이 일어나지 않는 고귀한 신통이 탁월했기 때문에, 그것을 먹는 데 혐오를 일으키지 않았다는 의미이다. 테라가타, p.1151, 전재성 역주, 한국빠알리성전협회, 2019.

33 '동서남북 네 방향을 지닌 사람'은 어떤 조건에도 만족하고 어느 곳에서도 살 수 있다는 뜻이다.

〔역주〕 "동서남북 네 방향을 지닌 사람"의 뜻은 어디에서도 장애 없이 어떤 지역에서도 살 수 있는 사람이라는 뜻이다. 그러나 본래는 연각 부처님에 관한 내용이라고 한다. 연각부처님 시대에 바라나시왕이 궁정 창문 아래를 지나가는 수행자들을 보고 초대해 공양을 올리고, "당신들은 어떤 사람입니까?"라고 묻자, 그들은 '사방을 닦는 자'라고 답했다고 한다. 여기서 네 방향이란 네 가지 청정한 수행자의 삶(사범주四梵住), 곧 네 가지 한량없는 마음(사무량심四無

量心)을 뜻한다. 테라가타, p.1153, 전재성 역주, 한국빠알리성전협회, 2019.

34 〔역주〕 두려움의 원인인 오염을 제거했기 때문에 두려움과 공포가 버려진 것이다. 테라가타, p.1154, 전재성 역주, 한국빠알리성전협회, 2019.

35 〔역주〕 탐욕 등의 열한 가지 불길로 중생이 불타고 있는 가운데, 오염에 의한 열뇌(熱惱, 극심한 마음의 괴로움)가 없기 때문에 불이 꺼져서 청량해진 것을 뜻한다. 테라가타, p.1154, 전재성 역주, 한국빠알리성전협회, 2019.

36 〔역주〕 붉은색 또는 흰색의 갑충甲蟲인데 투구풍뎅이를 가리킨다. 인드라신, 즉 제석천이 보호하는 자라는 의미이다. 테라가타, p.510, 전재성 역주, 한국빠알리성전협회, 2019.

37 원문각주: "아랑 메 앗타까맛싸(Alaṃ me atthakāmassa, 열망하는 나에게 알맞은)"라는 구절은 마하깟사빠가 이미 아라한과를 성취했기 때문에, '깨달음을 이루기 위한 강한 의지, 열반의 선정 삼매에 들어가기를 원한다는 것'으로 읽어야 한다.

38 〔역주〕 중앙아시아가 원산지인 한해살이풀로 가장 오래된 직물섬유의 하나다. 줄기에서 얻은 섬유로 아마실과 아마포(리넨)를 만들며 아마 씨로는 기름(아마유)을 짜낸다. 한국에는 일본을 거쳐 1900년대에 들여온 것으로 알려졌다. 주로 북부지방에서 재배했으나, 1970년 이후로 재배면적이 감소해 지금은 거의 재배하지 않고 있다.

https://100.daum.net/encyclopedia/view/b14a1249a

39 〔역주〕 다섯 악기 1) 아따따: 한 쪽이 가죽으로 된 북. 2) 위따따: 양면이 가죽으로 덮인 드럼. 3) 아따따위따따: 비파처럼 가죽으로 덮인 머리에 줄로 묶여 있는 현악기. 4) 쑤씨라: 피리나 소라 고동, 나팔과 같은 관악기. 5) 가나: 징이나 심벌즈, 탬버린과 같은 악기. 테라가타, p.806, 전재성 역주, 한국빠알리성전협회, 2019.

40 빨리 불전 문학에는 불국토(佛國土, 찰토刹土)라는 관념에 대한 비유가 얼마 등장하지 않는다(우리는 마하깟사빠 게송에서 이것을 보고 있다).

41 〔역주〕 무거운 짐은 오온五蘊이라는 짐을 뜻한다. 윤회하는 존재로서 중생은 감각적 욕망에 대한 갈애渴愛 때문에 고통을 짊어지고 끝없이 윤회한다. 존재의 통로는 중생이 끝없이 윤회를 하는 길이다. 오온이라는 무거운 짐 때문에 열려

있는 길이다.

4. 아난다(아난): 세존의 시자, 법의 보고

1 〔역주〕 아난다 존자의 스승(친교사親教師, 나이 어린 제자를 가르치는 스승)이다. 벽지 부처님 당시 법을 듣고 믿음을 얻어 출가했다. 사문의 법을 행하며 해탈을 위한 필요조건을 성취하지 못해 특별한 것을 이룰 수 없었다. 그는 해탈을 위한 토대가 되는 많은 선행을 쌓고 천신과 인간들 중에 윤회하면서, 31겁 전에 웻사부 부처님을 뵙고 기쁜 마음으로 마뚜룽가(구연과枸櫞果, 레몬, 공작왕이 지니고 있던 네 가지 물건 가운데 하나로, 조복調伏을 뜻한다.) 열매를 공양 올렸다. 그 공덕으로 천상에 태어난 후, 고따마 부처님 당시 사왓티 바라문 가문에 태어났다. 세존께서 완전한 깨달음을 성취하시기 이전에 우루벨라 가섭에게 출가한 후 불을 숭배하였다. 뒤에 세존께서 우루벨라가섭에게 법을 설하셨을 때 함께 듣고 아라한과를 성취했다.
https://cafe.daum.net/25570303/TOs7

2 〔역주〕 안냐 꼰단냐 존자의 여동생이었던 어머니 만따니의 아들인 뿐나 만따니뿟따 존자는 까삘라왓투 근처 도나왓투의 바라문 가문에서 태어났다. 꼰단냐 존자가 아라한이 된 후 그를 출가시켰다. 그는 까삘라왓투에 머물면서 수행하여 아라한이 되었다. 사리뿟따 존자가 그의 명성을 듣고 시험한 내용을 담은 경전이 맛지마니까야 24 역마차 경이다. 이 경전에서 뿐나는 세존의 가르침을 일곱 가지 청정으로 요약하여 설명해 사리뿟따 존자가 감탄을 금하지 못했다. 이 내용은 뒤에 불교 수행의 핵심으로 정착했다. 이런 이유로 세존께서는 뿐나 만따니뿟따를 "법을 설하는 자들 가운데서 으뜸"이라고 칭찬하셨다.
https://cafe.daum.net/samathavipassana/ryVx

3 〔역주〕 "도반들이여, 뿐나 만따니뿟따 존자는 우리가 신참 비구였을 때 많은 도움을 주었습니다. 그는 우리들에게 이와 같이 교계教戒를 하였습니다. 나는 뿐나 만따니뿟따 존자의 설법을 듣고 법을 관통하였습니다." 여기서 법을 관통했다는 것은 지혜에 의해 사성제의 법을 관통하여 예류도를 성취했다는 뜻이다. 상윳따니까야 권3, p.318 아난다 숫따(ānanda-sutta, 아난다경), 각묵 스님 옮김,

초기불전연구원, 2019.

4 〔역주〕 새김은 사띠(sati, 념念)의 번역어이다. 중생을 청정하게 하고 슬픔, 고통, 근심을 소멸하게 하며, 바른 방편을 이루고 열반을 실현하는 길은 네 가지 새김의 토대라고 한다. 네 가지 새김은 열심히 노력하고 올바른 알아차림을 갖추고 새김을 확립하여, 세상의 탐욕과 근심을 제거한다. 몸에 대해 몸이라고 바르게 알아차린다. 느낌에 대해 느낌이라고 바르게 알아차린다. 마음에 대해 마음이라고 바르게 알아차린다. 법에 대해 법이라고 바르게 알아차린다.

몸에서 몸을 관찰한다(신수관身隨觀). 느낌에서 느낌을 관찰한다(수수관受隨觀), 마음에서 마음을 관찰한다(심수관心隨觀). 법에서 법을 관찰한다(법수관法隨觀).

5 '배우는 이, 수행하는 이'를 가리킨다. 깨달음을 향해 가는 성인 가운데 예류과, 일래과, 불환과를 가리킨다. 아라한과는 더 이상 배울 것이 없으므로 무학無學이라고 한다.

〔역주〕 "다시 비구들이여, 유학인 비구는 다섯 가지 기능을 꿰뚫어 안다. 그것은 믿음의 기능, 정진의 기능, 마음챙김의 기능, 삼매의 기능, 지혜의 기능이다. 그러나 그는 아직 그것의 목적지와 그것의 궁극적 경지와 그것의 결실과 그것의 귀결점을 몸으로 직접 체득하여 머물지는 못한다. 그렇지만 지혜로 꿰뚫은 뒤에 그것을 안다."(각묵 스님은 지혜를 통찰지로 번역했다.) 상윳따니까야 48:53 제5권, p.605, 각묵 스님 옮김, 초기불전연구원, 2019.

6 〔역주〕 이 일로 세존께서는 "집안에 보관하여 집안에서 요리하거나, 집안에 보관하여 집밖에서 요리하거나, 집밖에서 보관하여 집안에서 요리하거나, 집밖에서 보관하여 집밖에서 요리하는 것은 모두 악작죄를 범하는 것"이라고 선언하셨다. 뒤에 기근이 들고 집밖에 곡물을 보관했는데, 해충들이 먹거나 도적들이 가져가는 일이 있었다. 이 때문에 세존께서는 집안에 보관하는 것을 허용하셨고, 집안에서 요리하는 것을 허용하시기도 했다. 비나야삐따까, pp.386~387, 전재성 역주, 한국빠알리성전협회, 2020.

7 〔역주〕 수행승 옷은 원칙적으로 분소의糞掃衣와 삼의三衣이다. 분소의란, 쓰레기장이나 길거리에 버려진 헌 옷이나 헝겊 조각을 이어 붙여 만든 옷이다. 시신을 싸서 묘지에 버린 총간의(塚間衣, 수의)도 분소의에 포함된다. 더 이상 쓸모없어진 헌 옷감을 가져다 만든 옷이 분소의이다. 옷을 탐내거나 집착하는 마음을 일으키

지 않는다는 의미이다. 삼의는 안타회(安陀會, 아래 가사, 하의), 울다라승(鬱多羅僧, 위 가사, 상의), 승가리(僧伽梨, 대가사)로 구성된 세 가지 옷이다. 수행승들은 분소의로 만든 이 세 가지 옷만 지녀야 했다. 엄밀하게 말하면 가사袈裟는 까사야(물들인 옷)를 음역한 것이라서 위의 삼의가 모두 다 가사에 해당한다. 출가자는 반드시 물들여서 삼의를 입어야 하기 때문이다.
https://blog.naver.com/msyoon7/220821769623

8 〔역주〕 의복경(衣服經, 상윳따니까야 16:11)의 내용이다. 한때 아난다 존자는 많은 비구들과 함께 라자가하 남쪽에 있는 닥키나기리(남산南山)으로 유행을 떠났다. 그 무렵 아난다 존자의 상좌 비구 30명이 가사를 벗어던지고 재가신도로 돌아갔다. 아난다는 여행을 마친 후 라자가하 대나무 숲에 있는 마하깟사빠 존자를 만나러 갔다. 아난다가 예경을 올리고 자리에 앉자 깟사빠는 이렇게 말했다. "그런데, 도반 아난다여, 어찌하여 감각 기관을 절제하지 않고 음식에 적당한 양을 알지 못하는 '깨어 있지 못한 젊은 비구들'과 함께 여행을 가셨습니까? 사람들은 그대가 들에서 곡식을 짓밟고, 신도 집에 피해를 주면서 유행했다고 생각할 것입니다. 그대를 따르던 모임은 부서졌고, 그대의 젊은 상좌들은 떨어져 나갔소. 그런데 이 아이는 그것조차 모르다니!"

9 〔역주〕 삼천대천세계에서 삼천은 천의 3제곱, 즉 10억을 뜻한다. 1,000개의 소천세계가 있고, 그 천 배가 되는 중천세계가 있으며, 다시 그 천 배가 되는 1,000개의 대천세계가 있다. 이를 삼천대천세계라 한다.

10 〔역주〕 공空에 대한 큰 경(맛지마니까야 122). 싸끼야국 까삘라왓투에 있는 니그로다 사원에 계실 때의 일이다. 이때 깔라케마까 처소(니그로다 사원에 있는 처소)에 아난다가 많은 수행승들과 함께 있었다. 부처님께서는 저녁 무렵 홀로 선정에 드셨다가, 수행승들이 많이 무리지어 머물고 있는 것에 대해 아난다에게 이렇게 훈계하셨다. "아난다여, 수행승이 모임을 즐기고 모임의 즐거움에 빠지고 모임의 즐거움에 탐닉하고, 무리를 즐기고 무리의 즐거움에 빠지고 무리의 즐거움에 탐닉한다면 빛날 것이 없다." 그리고 아난다에게 공에 대해 설하셨다. 맛지마니까야, pp.1341~1350, 전재성 역주, 한국빠알리성전협회, 2009.

11 〔역주〕 세존께서는 어느 때 아난다와 함께 닥키나기리 언덕으로 유행을 떠나셨다. 세존께서는 사각형으로 이어지고, 둑과 둑이 경계를 나눈 것처럼 이어지고,

계단식으로 배열되고 십자로로 연결되는 마가다국의 논밭들을 보셨다. 그리고 아난다에게 수행승들을 위해 논밭 모양의 옷을 만들 수 있느냐고 물으셨고, 아난다는 만들 수 있다고 아뢰었다. 세존께서는 법문을 설하시고 수행승들에게 "아난다는 총명하고 지혜롭다. 내가 간략하게 설하더라도 그 의미를 이해하고 있다."고 하셨다. 그리고 천 조각으로 재단해 만든 대가사와 상의, 하의를 허용한다고 하셨다. 비나야삐따까 1:287, p.475, 전재성 역주, 한국빠알리성전협회, 2020.

12 〔역주〕 "아난다여, 우리가 거기서 즐거움을 찾고 즐거움을 취하는 단 하나의 형상(形相, 육체를 뜻한다)이라도 슬픔, 비탄, 고통, 불안, 절망을 일으키지 않는 형상을 나는 결코 보지 못한다. 그 형상은 변화하고 무너지고 소멸하기 때문이다(공에 대한 큰 경, 맛지마니까야 122)." 맛지마니까야, p.1343, 전재성 역주, 한국빠알리성전협회, 2009.

13 〔역주〕 세속적인 마음이라는 것은 오욕락, 즉 다섯 가지 근원적인 욕망이다. 눈·귀·코·혀·몸과 관련된 재물욕, 성욕(색욕), 식욕, 수면욕, 명예욕이다.

14 〔역주〕 옹기장이가 생 진흙을 다루는 방법과 진흙을 구워 만든 옹기를 다루는 방법이다. 마치 옹기장이가 구워 만든 옹기 가운데 금이 가고 잘못 만들어진 것은 버리고 시험에 통과한 것만을 보관하듯 다룬다는 뜻이다. '제자들을 시험하면서 반복적으로 충고하며 가르칠 것이다. 그대들 가운데 착하고 건전한 제자가 길(향向)과 경지(과果)를 성취하고 시험을 통과할 것'이라는 의미이다. 맛지마니까야, p.1350, 전재성 역주, 한국빠알리성전협회, 2009.

15 〔역주〕 부처님께서는 으뜸 품(앙굿따라니까야 1 :14)에서 비구, 비구니, 우바새, 우바이 가운데 각 분야에서 으뜸인 제자들을 꼽으셨다. 다른 제자들은 모두 한 가지에서 으뜸이라고 하셨지만, 아난다는 다섯 가지 분야에서 으뜸이라고 하셨다.

"비구들이여, 많이 들은(다문多聞) 나의 비구 제자들 가운데서 아난다가 으뜸이다. 마음챙김을 가진 자들 가운데서 아난다가 으뜸이다. 총명한 자들 가운데서 아난다가 으뜸이다. 활력을 가진 자들 가운데서 아난다가 으뜸이다. 시자들 가운데서 아난다가 으뜸이다."

여기서 총명한 자들 가운데서 아난다가 으뜸이라고 한 것은 "한 구절을 통해서

6천 개의 구절을 수지하면서 스승이 말씀하신 방법대로 모든 구절들을 알기 때문에 총명한 자 가운데서 으뜸이라고 하셨다."고 한다.

앙굿따라니까야 1권, pp.126~127, 대림 스님 옮김, 초기불전연구원, 2006.

16 〔역주〕 향실香室을 정돈하는 등의 스승에 대한 모든 실천과 의무를 자애로운 신체적 행위로 한 것을 뜻한다. 테라가타, p.1135, 전재성 역주, 한국빠알리성전협회, 2019. 즉 세존을 모시며 몸을 써서 해야 하는 모든 일을 한 것이다.

17 〔역주〕 설법 시간을 알려드리는 등 자애로운 언어적 행위를 한 것을 뜻한다. 테라가타, p.1136, 전재성 역주, 한국빠알리성전협회, 2019.

18 〔역주〕 홀로 계실 때 스승에 대해 안녕을 기원하는 정신 활동을 뜻한다. 테라가타, p.1136, 전재성 역주, 한국빠알리성전협회, 2019.

19 〔역주〕 삼명三明: 과거생의 모든 일을 꿰뚫어 아는 지혜(숙명명宿命明, 즉 숙명통). 모든 번뇌를 끊는 지혜(누진명漏盡明, 즉 누진통). 중생의 모든 고락苦樂을 꿰뚫어 아는 지혜(천안명天眼明, 즉 천안통).

20 흔들림 없는 삼매(아넨쟈 사마디aneñja samādhi): 아라한과가 성취한 삼매, 사선정 또는 사무색정이다.

21 〔역주〕 오온을 주제로 한 법을 설하신 경전은 아난다 경(상윳따니까야 22:159)이다. 여섯 감각 기관에 대해 설하신 경전은 간략한 법 경(상윳따니까야 35:86)이다.

22 〔역주〕 쭐라난디야의 본생 이야기 222에 있는 내용이다.

이 본생에서 부처님과 아난다는 원숭이 형제였다. 두 형제는 8만 마리의 원숭이를 거느렸으며, 어머니는 눈 먼 원숭이였다. 어느 날 사냥꾼이 어머니를 해치려 하자, 먼저 형 원숭이가 화살에 몸을 던졌고, 동생 원숭이도 따라서 몸을 던져 어머니를 구했다. 사냥꾼은 데바닷따였다.

23 〔역주〕 새김(사띠)이란 대상을 놓치지 않는 집중력과 바뀌는 대상을 계속 좇아가며 관찰할 수 있는 마음, 즉 깨어있음의 기능이다. '따라가며 있는 그대로 본다'는 의미가 있다. 부처님께서는 마음-깨어있음을 수행하는 것이 마음을 청정하게 하고, 슬픔과 비탄을 극복하고, 고통과 고뇌를 넘어서서 성스러운 길에 이르게 하며, 열반을 성취하게 하는 단 하나의 길이라고 말씀하셨다.

사띠는 대상을 놓치지 않는 기능을 가지고 있다. 사띠가 있는 한은 또는 마음-깨어있음이 있는 한은, 우리는 현재의 대상을 놓치지 않을 것이다. 마음-깨어있음은 대상을 잃지 않음이며 또는 대상을 잊지 않는 것이다. 그것은 문을 지키는 수위와 같다. 이것이 우리가 말하는 사띠, '마음-깨어있음'이 의미하는 것이다. 마음-깨어있음은 대상을 그저 얼핏 스쳐가는 것이 아닌, 대상에 대해 온전히 알아차리고 있는 것이다.

https://cafe.daum.net/abhidhamma/RspK/

24 미얀마(버마)에는 45권이나 되는 빨리 삼장(율장律藏, 경장經藏-5부 니까야, 논장論藏) 전체를 외우는 수행승이 있었다.

25 〔역주〕 "비구들이여, 그대들은 아난다가 많은 비구들과 함께 포행하는 것을 보는가?" "그렇습니다. 세존이시여." "비구들이여, 저 비구들은 모두 많이 배운 자들이다." 포행경(布行經, 경행경經行經), 상윳따니까야 제2권, p.404, 각묵 스님 옮김, 초기불전연구원, 2021.

26 〔역주〕 "수행승들이여, 아난다는 학인이다. 그러나 그의 지혜를 견줄 만한 사람을 발견하기는 쉽지 않다."(전재성 박사 역) "비구들이여, 아난다는 유학有學이지만 그와 동등한 통찰지를 가진 자는 쉽게 얻지 못한다."(각묵 스님 역) 시중듦 경, 섬김의 경(앙굿따라니까야 3:78)

27 〔역주〕 행동거취는 가띠(gati)의 번역이다. 취趣 또는 도道라고도 한다. 중생이 자신이 지은 행위 곧 업에 의해 이끌려가는 세계를 가리킨다. 지옥, 아귀, 축생, 아수라, 인간, 하늘(천天)의 육취六趣이다.

28 〔역주〕 숫따 삐따까(Sutta Piṭaka, 경장經藏)와 비나야 삐따까(Vinaya Piṭaka, 율장律藏)에는 각각 21,000개의 법의 무더기(법온法蘊)가 있는 것에 비해, 아비담마 삐따까(Abhidhamma Piṭaka, 논장論藏)에는 42,000개의 법의 무더기가 있다고 한다. 따라서 띠삐따까(삼장三藏)에는 84,000개의 법의 무더기가 있다.

https://blog.naver.com/hojanyun/222621005897

29 〔역주〕 아난다는 비구니 승단 설립과 출범을 위해 세존께 간청드린다. 세존께서는 여덟 가지 사항을 제시하신 후 수행녀들이 받아들인다는 조건으로 승낙하셨다. 비나야삐따까 2:253-256, 수행녀들의 여덟 가지 공경의 원리, 비나야삐따까, pp.1223~1226, 전재성 역주, 한국빠알리성전협회, 2020.

30 부처님께서는 고따미의 출가를 완전히 승낙하지 않으려고 하지는 않으셨을 것이다. 출가에 대한 의지가 얼마나 확고한지 시험하셨던 것으로 보인다. 싸끼야

의 귀족 여성들이 출가해 비구니 수행자로서 숲속에서 고행을 하며 탁발을 해서 삶을 유지하는 것은 매우 힘든 일이었을 것이다.

31 주석가들은 이 선언과 부처님께서 완전한 열반에 드신 지 500년이 훨씬 지나도록 정법이 이어지고 있다는 현실이 서로 모순되지 않는다는 사실을 설명하기 위해 많은 노력을 하고 있다.

32 〔역주〕 인식이 전도, 즉 뒤바뀌었다는 것은 무상하고 고통이고 무아이고 부정한 대상에 대해, 영원하고 행복하고 자아가 있으며(실체가 있으며) 청정하다고 아는 것이다.

33 〔역주〕 무상無相을 가리킨다. 모든 것은 무상無常하고 연기緣起로 인해 생긴 것이어서, 공空하고, 고정불변인 속성을 지닌 성질(자성自性)이 없다. 따라서 지금 아난다는 왕기사 존자에게 아름다움이라는 상相을 일으켜 애욕에 빠지기 쉬우니 그 상을 일으키지 않는 수행을 하라고 일러 주고 있다.

34 〔역주〕 찬나 비구는 부처님께서 출가하실 당시 마차를 몰던 마부 찬나였다. 뒤에 출가했지만 세존과 가까운 사이였다는 생각에서 자만심이 있었고 오만했다. 다른 비구들을 험담하기도 했다.

35 〔역주〕 여기서 중도中道에 의한 법, 중도에 의한 가르침은 12연기를 가리킨다. 즉 모든 존재는 '있다'거나 '없다'거나 한 것이 아니다. 연기에 의해 생겨났기 때문에 영원히 있는 것도 아니고 영원히 없는 것도 아니다. 이 때문에 찬나 비구는 영원히 있다고 착각한 자아에 대한 집착을 깨뜨릴 수 있었던 것이다.

36 그러나 부처님 가르침 가운데 경전에 상세한 설명이 없거나 기록되지 않은 법도 많다. 예를 들어 완전한 열반에 들기 전 말년에 설하신 가르침들은 설하셨다는 사실만 있거나 제목만 기록한 경우도 많다.

37 〔역주〕 이렇게 설법을 시작하신 경전들로는 가띠까라의 경(맛지마니까야 81), 마카데와왕의 경(맛지마니까야 83), 가웨시 경(앙굿따라니까야 5:180), 깐하의 본생 이야기 440 등이 있다.

38 〔역주〕 연기는 부처님들의 영역에 속하는 심오한 가르침인데, 이를 두고 아난다가 '자신에게 이제 분명하게 드러난다.'고 하자, 부처님께서는 아난다의 성급한 말을 제지하시며, 연기의 가르침에 대해 심오한 설명을 하셨다. 디가니까야 제2권, p.115, 각묵 스님 옮김, 초기불전연구원, 2010.

39 〔역주〕 '바나와라(bhāṇavāra)'는 사구게四句偈 250게송, 팔천 음절이다. 쉬지 않고 한 번에 계속해서 암송할 수 있는 길이이다.

40 〔역주〕 널리 알려진 대로 위두다바왕은 빔비사라왕의 아들이다. 당시 인도 최강국이던 꼬살라국을 다스리던 빔비사라왕은 세존을 존경하고 흠모했다. 때문에 세존과 인척 관계를 맺고 싶어 해 싸끼야족 출신 공주를 왕비로 맞이했다. 그러나 싸끼야족은 순수혈통에 대한 자부심이 매우 강했다. 당시 싸끼야족을 다스리던 아누룻다 존자의 형 마하나마왕은 하녀와의 사이에서 난 딸 와사바캇띠야를 대신 보냈다. 빠세나디왕은 왕비와의 사이에서 위두다바 왕자를 낳았다. 왕자는 뒤에 어머니 고향을 찾았다가 서자라고 멸시 당했다. 그러자 왕이 되어 복수하기 위해 싸끼야족을 멸망시켰다.

41 〔역주〕 부처님께서 이때 설하신 일곱 가지 법들은 왓지족이 번영할 수 있는 일곱 가지 항목들을 승가에 적용하신 것이다. 승가에 적용하였기 때문에 번영이 아니라 '향상'이라는 용어로 옮겼다. 디가니까야 권2, p.169, 각묵 스님 옮김, 초기불전연구원, 2010.

42 〔역주〕 세존께서는 빠딸리 마을에서는 계행이 나쁘고 계를 파한 이에게 생기는 다섯 가지 위험과 계를 받들어 지니는 이에게 생기는 다섯 가지 이익을 설하셨다. 꼬띠까마에서는 네 가지 성스러운 진리(사성제) 등 비구들에게 많은 법을 설하셨다. 나디까에서는 마을의 청신사들이 해탈과 바른 깨달음으로 나아가는 것에 관해 설하셨고, 법의 거울(법경法鏡)이라는 법문을 통해 바른 깨달음과 해탈에 이르는 길을 설하셨다.

43 〔역주〕 '강제로 법을 억누르지 않는다.'고 옮긴 원문은 '여래가 가르친 법들에는 스승의 주먹(사권師拳)이 따로 없다.'고 표현되어 있다. 인도의 전통적인 우빠니샤드는 비밀리에 전수(비전秘傳)한다. 그러나 부처님께서는 제자들에게 남김없이 다 차별 없이 가르침을 전하셨다. 당당하게 '눈 있는 자는 와서 보라(에히빳시까 ehipassika, 와서 보라, 래견來見).'고 숨김없이 설하셨다. 디가니까야 권2, pp.203~204, 각묵 스님 옮김, 초기불전연구원, 2010.

44 무상심해탈無相心解脫: 조건 지워진 존재(무상한 존재)의 표상이나 표식을 초월한 깊은 삼매의 상태를 말한다.

45 〔역주〕 탑묘는 쩨띠야(cetiya)에서 파생된 명사로서, 돌이나 흙, 벽돌 등을 쌓아서

만든 기념물, 분묘를 지칭한다. 아마도 조상신이나 그 지역의 토지신 아니면 유력한 신을 모시고 그 지방 부족들이 모여서 제사를 지내거나 숭배하던 장소를 말하는 것일 것이다. 초기 경전에서 쩨띠야는 불교 탑묘를 지칭하는 말로서는 거의 쓰이지 않는다. 불교의 탑묘는 대체로 투빠(thūpa, 산스크리뜨어 스투파 stūpa)라는 단어를 사용한다. 초기 경전에서 쩨띠야는 불교 이전부터 있었던 신성한 곳을 말하며, 불교 수행자들뿐만 아니라 여러 종교의 수행자들이 머물던 곳이며, 부처님께서도 이런 쩨띠야에 많이 머무셨다. 디가니까야 제 2권, p.207, 각묵 스님 옮김, 초기불전연구원, 2010.

46 〔역주〕 바른 깨달음과 열반을 성취할 수 있는 네 가지 성취수단으로 의욕(열의), 정진(精進, 바른 노력, 사정근四正勤), 마음, 사유(思惟, 고찰考察)이다.

47 〔역주〕 "대지는 물에 놓여 있고 물은 바람에 놓여 있고 바람은 허공에 놓여 있다. 아난다여, 큰 바람이 불기 시작하면 큰 바람은 물을 흔들고, 물은 흔들려서 땅을 흔든다. 이것이 큰 지진이 일어나는 원인이다." 디가니까야 권2, p.219, 각묵 스님 옮김, 초기불전연구원, 2010.

48 〔역주〕 여덟 가지 무리(팔회중八會衆): 끄샤뜨리야 회중, 바라문 회중, 장자 회중, 사문沙門 회중, 사대천왕 회중, 삼십삼천 회중, 마라 회중, 범천 회중. 디가니까야 제2권, p.222, 각묵 스님 옮김, 초기불전연구원, 2010.

49 〔역주〕 수까라 맛다와(sūkara-maddava): 부드러운(maddava) 돼지(sūkara)고기라는 뜻이다. 주석서에서는 '지나치게 어리지 않고 지나치게 늙지도 않은 큰 돼지고기 요리'라고 한다. 부드럽고 기름진 음식이다. 그러나 수까라 맛다와는 버섯 이름이기도 하다. 한자로는 전단수이旃檀樹耳라고 번역한다. 전단수에 기생하는 버섯이라고도 한다. 후각이 발달한 돼지를 이용해 채취하므로, 수까라 맛다와라고도 한다. 그러나 "율장에 의하면, 비구는 자신을 위해 요리한 짐승의 고기를 먹어서는 안 된다. 그런데 부처님을 위해 돼지고기를 요리해서 공양한다는 것은 납득하기 어려운 일이다. 따라서 전단수이 버섯이 맞을 것이다."라고 보는 학자들도 있다. https://blog.naver.com/hrsmc/222757553393

50 〔역주〕 찬나 비구는 부처님께서 출가하실 때 마부였다. 부처님께서 깨달음을 이루시고 고향 까삘라왓투를 찾으셨을 때 출가했다. 부처님과 가깝다는 이유로 수행에 게을렀으며 자만심도 강했다.

51 〔역주〕 찬나에게 내려진 벌은 '비구들은 결코 그에게 말을 걸어서도 안 되고 훈계를 해서도 안 되고 가르침을 주어서도 안 된다.'는 벌이었다. 찬나는 이 벌을 받고 정신을 차려 홀로 머물며 정진했으며, 아라한이 되었다.

52 〔역주〕 세존께서는 초선에서 사선에 이르는 색계 사선정四禪定, 무색계 4선정인 공무변처정空無邊處定, 식무변처정識無邊處定, 무소유처정無所有處定, 비상비비상처정非想非非想處定을 지나 상수멸정相受滅定에 이르셨다. 다시 상수멸정에서 초선에 이르셨으며, 초선에서 사선에 드셨다가 나와 반열반하셨다. 이 아홉 가지 선정삼매에 대해 간략하게 정리하면 다음과 같다.

〈색계 사선정〉

초선정初禪定: 모든 욕심과 좋지 못한 법을 여의었으나 심(尋: 거친 마음)과 사(伺: 미세한 마음)가 있으며, 이생희락정離生喜樂定이라 한다.

이선정二禪定: 심尋과 사伺를 쉬고 마음이 깨끗하며 한 곳에 마음을 집중해서 심과 사가 없으며, 정생희락정定生喜樂定이라 한다.

삼선정三禪定: 기쁨을 탐하지 아니하고 보시행을 좋아하며 몸이 경쾌하고 묘한 즐거움을 얻으며, 이희묘락정離喜妙樂定이라 한다.

사선정四禪定: 즐겁다는 생각을 끊고 괴롭다는 생각도 없으며, 기뻐하는 마음도 없고 고뇌하는 마음도 없으며 괴로움과 즐거움이 없으며, 사념청정정捨念清淨定이라 한다.

〈무색계 사선정〉

공무변처정空無邊處定: 허공은 끝이 없음을 관하는 선정 삼매.

식무변처정識無邊處定: 심식은 끝이 없음을 관하는 선정 삼매.

무소유처청無所有處定: 의식意識의 인식 대상으로 인식할 수 있는 것은 어떤 것도 없음(무소유)을 관하는 선정 삼매.

비상비비상처정非想非非想處定: 지각하는 것도 아니고 지각하지 않는 것도 아닌 선정 삼매.

https://blog.naver.com/ldh5111/222934903871

53 〔역주〕 몸에 대한 마음챙김은 신수심법身受心法 사념처四念處 가운데 신념처身念處이다. 몸에 대해 바르게 관하고 꿰뚫어 아는 것을 몸에 대한 마음챙김(새김)이라 한다. 1) 들숨과 날숨에 대해 분명하게 아는 것. 2) 걷는 것, 서 있는 것, 앉아

있는 것, 누워 있는 것(행주좌와行住坐臥)에 대해 바르게 아는 것. 3) 몸이 나아가고 돌아오고, 앞을 보고 뒤를 보며, 굽히고 펴는 것 등을 올바로 알아차리는 것. 4) 몸의 기관과 피, 땀, 뼈, 골수 등을 관찰하는 것. 5) 몸을 이루는 네 가지 근본 요소인 사대(四大; 지수화풍地水火風)를 관찰하는 것. 6) 몸에 대해 시체를 보듯 관하여 마음을 가라앉히고 집중하는 것. 이 여섯이 몸에 대한 마음챙김(새김)이다. 맛지마니까야, pp.170~184, 전재성 역주, 한국빠알리성전협회, 2009.

54 게송 첫 구절의 도반은 사리뿟따를 가리킨다. 옛 사람들은 사리뿟따와 목갈라나 같은 오랜 도반들이다. 새로운 사람들은 새로 출가한 젊은 수행승들인데, 승가에서 몇몇 문제를 일으켰을 것이다.

55 〔역주〕 테라가타에 왓지뿟따 존자의 게송(119)이 있다.

우거진 숲 나무 아래 들어가
열반을 마음에 새겨 명상하라
고따마의 제자여 방일하지 말라
걱정한들 그대에게 무슨 소용이 있겠는가

56 제1차 결집회의 내용은 비나야삐따까 2:284 오백결집의 다발 내용을 간추렸다.

57 〔역주〕 "께시여, 만일 그대가 말을 길들일 때 그 말이 온화한 방법으로도 길들여지지 않고 혹독한 방법으로도 길들여지지 않고 온화함과 혹독함 둘 다로도 길들여지지 않는다면, 그 때는 어떻게 하는가? 세존이시여, 그때는 말을 죽여 버립니다. … 세존이시여, 만일 세존께서 사람을 길들이실 때 그 사람이 온화한 방법으로도 길들여지지 않고 혹독한 방법으로도 길들여지지 않고 온화함과 혹독함 둘 다로도 길들여지지 않는다면, 그때는 어떻게 하십니까? … 께시여, 여래는 그럴 때 그를 훈도해서는 안 된다고 생각하고 교계해서는 안 된다고 생각하고, 청정범행을 닦는 지혜로운 동료 수행자들도 그를 훈도해서는 안 된다고 생각하고 교계해서는 안 된다고 생각한다. 께시여, 여래가 훈도해서는 안 된다고 생각하고 교계해서는 안 된다고 생각하고, 청정범행을 닦는 지혜로운 동료 수행자들이 훈도해서는 안 된다고 생각하고 교계해서는 안 된다고 생각하는 그런 사람은 참으로 이 성스러운 율律에서 살해된 자이니라." 께시 경(앙굿따라니까야 4:111)

5. 아누룻다(아나율): 천안제일

1 담마빠다 앗따까타(법구경 주석서) 제17번 게송 이야기

2 〔역주〕 고대 인도의 군대는 코끼리 부대, 기마부대, 전차부대, 보병부대 등 네 개의 군대(사군四軍)으로 구성되어 있었다. 비나야삐따까, p.419, 전재성 역주, 한국빠알리성전협회, 2020.

3 내면의 빛(빛에 대한 인식)은 완전한 집중을 준비하는 단계에서 생겨나는 광명이 비춘 내면의 상相이다. 드러난 형색을 본다는 것은 천안天眼으로 형색을 보는 것이다.

4 〔역주〕 마음의 오염원에 대한 경(맛지마니까야 128)에 나오는 11가지 수번뇌는 다음과 같다. 의혹, 부주의, 해태와 혼침, 두려움, 고양된 기분, 침체된 기분, 지나친 정진, 느슨한 정진, 갈망, 다양한 대상에 대한 지각, 하나의 대상에 대한 지나친 집중.

5 사량분별은 희론戱論이다. 따라서 사량분별이 없다(희론을 끊음)는 것은 열반이다. 열반은 방대하고 복합적인 번뇌 망상을 완전하게 끊어낸 궁극적 열반이다. 따라서 사량분별은 본래의 모습을 알지 못하고 뒤집힌 번뇌 망상에 사로잡힌 중생들이 좋아하고 즐기는 것이다.

6 〔역주〕 위대한 사람(해탈에 이른 사람)의 사유 여덟 가지를 정리하면 다음과 같다.

1) 이 법은 욕심 없는 자의 것이지, 욕심 많은 자의 것이 아니다.

2) 이 법은 만족함을 아는 자의 것이지, 불만족스러워 하는 자의 것이 아니다.

3) 이 법은 멀리 떠남을 기뻐하는 자의 것이지, 무리지어 즐기는 자의 것이 아니다.

4) 이 법은 노력하는(정진하는) 자의 것이지, 게으른 자의 것이 아니다.

5) 이 법은 지금 일어나는 것을 알아차리는 자의 것이지, 어리석은 자의 것이 아니다.

6) 이 법은 마음이 통일된 자의 것이지, 마음이 혼란스러운 자의 것이 아니다.

7) 이 법은 지혜가 있는 자의 것이지, 지혜가 없이 무지한 자의 것이 아니다.

8) 이 법은 번뇌 망상이 없음을 기뻐하고 번뇌 망상 없음을 즐기는 자의 것이지,

번뇌 망상을 기뻐하고 번뇌 망상을 즐기는 자의 것이 아니다.
https://alfl6843.tistory.com/1522

7 〔역주〕 이 능력이 바로 중생들이 죽어서 업에 의해 태어나는 곳을 있는 그대로 바르게 아는 지혜이다. 사생지력死生智力, 즉 천안天眼으로써 일체중생이 죽고 태어나는 때를 꿰뚫어 알고, 미래에 선악업의 인연을 있는 그대로 바르게 아는 지혜를 가리킨다. 천안통天眼通이라고 한다.

8 〔역주〕 본생을 기억하는 지혜(숙명지宿命智, 숙명통宿命通), 중생들의 죽음과 다시 태어남을 아는 지혜(천안지天眼智, 천안통天眼通), 모든 번뇌를 소멸하여 다 아는 지혜(누진지漏盡智, 누진통漏盡通) 여기까지가 삼명三明이다. 여기에 자유자재로 신통변화하는 신통력(신족통神足通), 신성한 귀의 지혜(천이통天耳通), 남의 마음을 꿰뚫어 아는 지혜(타심통他心通) 이 셋을 더해 육신통六神通이라고 한다.

9 〔역주〕 수업취지(隨業趣智, 업에 따라 가는 곳을 아는 지혜), 여행업지(如行業智, 업에 따라 있는 그대로 가는 곳을 아는 지혜)라고도 한다.

10 〔역주〕 "비구들이여, 그대들은 아누룻다가 많은 비구들과 함께 포행하는 것을 보는가? 그렇습니다. 세존이시여. 비구들이여, 저 비구들은 모두 천안을 가졌다(포행경布行經)." 상윳따니까야 권2, p.404, 각묵 스님 옮김, 초기불전연구원, 2021.
포행은 산책, 경행徑行이다. 도를 닦는다는 뜻도 있다. 따라서 함께 포행을 했다는 것은 함께 수행했다는 의미이다.

11 〔역주〕 각覺·관觀·희喜·낙樂·일심一心의 오지五支.

12 대념처경大念處經(디가니까야 22)과 마음챙김(새김) 토대에 관한 경(맛지마니까야 10) 참조

13 〔역주〕 재가자나 출가자와 부적절한 교제로 즐기고 마음이 흩어져 산만한 자를 뜻한다. 테라가타(장로게경), p.1063, 전재성 역주, 한국빠알리성전협회, 2019.

14 〔역주〕 깨달음을 돕는 서른일곱 가지, 삼십칠조도품三十七助道品, 삼십칠보리분법三十七菩提分法을 가리킨다. 테라가타(장로게경), p.1064, 전재성 역주, 한국빠알리성전협회, 2019.

15 〔역주〕 빤짜깡가(오지)라는 이름은 다섯 가지 연장을 가지고 있다는 뜻이다. 도끼와 끌, 막대, 곤봉, 흑승(黑繩, 검은 끈)을 가리킨다. 맛지마니까야, p.669,

전재성 역주, 한국빠알리성전협회, 2009.

16 〔역주〕 무량심해탈無量心解脫은 사무량심四無量心, 즉 사범주四梵住를 가리킨다. 무량하다는 것은 불, 보살님께서 중생을 향해 베푸시는 한량없는 자비심이라는 뜻이다. 자慈, 비悲, 희喜, 사捨 네 가지 마음이 사무량심이다.

17 〔역주〕 광대심해탈廣大心解脫은 고귀한 마음의 해탈이다.

18 〔역주〕 어떤 대상을 마음 가득 채워 집중하는 것을 편처(遍處, 편만遍滿, 일체一切, 까시나kasiṇa)라고 한다. 한정된 범위의 대상을 마음에 가득 채워 점차 집중을 해 나간다. 그럴 때 나타나는 닮은 모습(닮은 표상)의 대상으로 점점 확장해 가면서 수행하는 것이 고귀한(광대한) 마음에 의한 해탈 수행이다.

19 광채를 내는 천신들을 빛이 흐르는 천신들(광음光音, 극광極光)이라고 한다. 이들은 색계色界 이선정二禪定에 해당한다.

20 〔역주〕 마음을 가리는 다섯 가지 장애: 탐욕貪欲, 진애(瞋恚, 분노), 혼침昏沈과 수면睡眠, 도거(掉擧, 잡념이나 망상으로 인한 들뜸, 산란함), 의심疑心.

21 〔역주〕 잘리니(Jālinī)는 글자 그대로 하면 '그물에 거는 여자(욕망 등으로 얽어매는 여자)'라는 뜻이다. 갈애(渴愛, 땅하taṇhā)의 동의어로도 쓰였다. 상윳따니까야1, p.644, 각묵 스님 옮김, 초기불전연구원, 2021.

22 〔역주〕 자기 존재가 있다(유신有身): 몸은 본래 집착의 대상이 되는 오온으로 이루어진 것이며, 무상하고 괴로운 것이다. 이것을 실체로 있다고 믿어 영원하고 변하지 않는다고 믿는 견해가 유신견有身見이다. 유신견의 원인은 탐욕과 성냄, 어리석음, 자만 등이다.

23 〔역주〕 아름다운 몸을 가진 천신들은 '마음에 드는 몸을 가진 천신들'이라는 의미이다. 가의중천可意重天이라고도 한다.

24 오계(빤짜실라pañcasīla)는 부처님께서 제정하신, 재가신도들을 위한 근본이 되는 다섯 가지 도덕적 항목이다. 살생하지 않고(불살생不殺生), 도둑질 하지 않으며(불투도不偸盜), 삿된 음행을 하지 않아야 하고(불사음不邪婬), 거짓말을 하지 않으며(불망어不妄語), 술과 중독성 있는 물질을 멀리한다(불음주不飮酒).

25 〔역주〕 단순속죄죄: 참회할 필요가 있는 죄, 바일제波逸提, 단타죄單墮罪.

26 〔역주〕 제5장 단순속죄죄법 제5-1-6 제6조, 동숙에 대한 학습계율2(비나야삐따까 3:19). "'동숙하면'이라는 것은 석양이 질 때 여인이 누워 있는 장소에 수행승이

누우면 단순속죄죄를 범하는 것이다. 수행승이 누워 있는 장소에 여인이 누워도 단순속죄죄를 범하는 것이다. 양자가 동시에 누워도 단순속죄죄를 범하는 것이다. 일어섰다가 그들이 다시 누워도 단순속죄죄를 범하는 것이다." 비나야삐따까, p.2162, 전재성 역주, 한국빠알리성전협회, 2020.

27 담마빠다 앗따까타Dhammapada Aṭṭakathā, 법구경 주석서 게송 382번 주석

28 〔역주〕 이때 보살은 다난자야왕의 태자로 태어났다. 부왕이 돌아가시자 열 가지 통치자의 미덕을 지키며 꾸루족의 덕행을 준수했다. 열 가지 통치자의 미덕은 보시, 지계, 희생, 정직, 온화함, 고행, 원한과 증오와 분노가 없음(무분無忿), 생명을 해치지 않고 누구에게도 해를 끼치지 않음(불상해不傷害), 인내, 화합이다. 꾸루족의 덕행은 다섯 가지 계율을 지키는 것이었다.

6. 마하깟짜야나(대가전연): 논의제일

1 〔역주〕 마하깟짜야나는 세 가지 베다(Veda)에 정통해, 삼베다학자(吠多學者)라고 한다. 세 가지 베다는 다음과 같다.

리그 베다: 베다 가운데 가장 오래됨. 브라만교의 신들에 관한 찬가. 인도 신화의 근원을 이룬다. 특히 번개의 신 인드라나, 불의 신 아그니 등 자연신에 관한 찬가가 많다.

사마베다: 제례 의식에서 사용하는 찬가와 음률 등을 모아 놓은 베다. 리그베다와 내용은 비슷하다. 후대에 형성된 베다이다.

야주르베다: 바라문교 제례의식과 신들에 대한 찬가를 기록한 베다이다.

2 주석서에서는 이들의 출가 장면을 이렇게 전한다. 부처님께서는 그들을 반기시며 승가에 귀의하도록 하셨다. 그 순간 마하깟짜야나와 일곱 명 신하들의 삭발이 저절로 이루어졌다. 부처님께서는 신통력으로 만드신 발우와 가사를 내리셨다.

3 비나야삐따까 1:194-198, 우다나(자설경自說經, 우러나온 말씀 5:6, 소나경)에서는 수행승이 그리 많지 않아 계율이 제대로 확립되어 있지 않았다고 한다.

4 〔역주〕 비나야삐따까 1:197 "세존이시여, 아완띠국 남쪽 지방에는 수행승들이 적어서 천신만고 끝에 그곳에 열 명으로 수행승의 참모임을 모이게 하여 제가 구족계를 주었습니다. 세존이시여, 아완띠국의 남쪽 지방에서는 적은 수의 무리

로도 구족계를 주는 것을 허용해 주시기 바랍니다." 비나야삐따까, p.369, 전재성 역주, 한국빠알리성전협회, 2020. 이 내용으로 미루어보면 아완띠국에서는 승가가 그리 번성하지 않았음을 알 수 있다.

5 〔역주〕 비나야삐따까, p.369, 전재성 역주, 한국빠알리성전협회, 2020.

6 비나야삐따까 2:299 세존께서 반열반 하신 후 100년이 지나 제2차 결집이 이뤄졌다. 비나야에서는 이 당시 계율을 송출할 당시 상황을 전하고 있다. 이 때 아완띠국 남쪽에 사는 아라한 80명이 북인도 갠지스강 상류 지역에 있는 아호강가 산기슭에 모였다. 이들은 엄격하게 은둔 생활을 하며 철저하게 수행을 했던 말라국 빠와 마을에서 온 아라한 60명과 달리, 개별적인 수행생활을 했다. 이때 모인 아완띠국 아라한들은 마하깟짜야나의 뒤를 이은 수행자들로 판단되는데, 엄격한 금욕생활을 하지 않았다. 이로 미루어 마하깟짜야나는 단체로 엄격한 금욕생활을 강조하기보다는, 개인적으로 계율을 지켜가며 수행하도록 이끌었던 것이 아닐까 한다. 〔역주〕 60명의 빠와 지역 출신 수행승들이 모였다. 모두 숲속에 거주하며, 탁발걸식을 했고, 분소의를 걸쳤으며, 세 벌 옷을 입었다. 모두가 거룩한 님(아라한)이었다. 80명의 아완띠국 남쪽 지역에 사는 수행승들이 모였다. 그들은 일부는 숲속에 머물렀고, 일부는 탁발 걸식을 했으며, 일부는 분소의를 걸쳤고, 일부는 세 벌 옷을 걸쳤다. 모두가 거룩한 님(아라한)이었다. 비나야삐따까, p.1278, 전재성 역주, 한국빠알리성전협회, 2020.

7 이시닷따와 관련한 내용은 이시닷따 경 1-2(상윳따니까야 41:2-3)에 나온다. 첫 번째 경에서 이시닷따는 눈과 형색, 귀와 소리, 혀와 맛, 몸과 감촉 등 다양한 요소(계界)에 관해 설명했다. 두 번째 경에서는 '세상은 영원하다, 영원하지 않다.' 등 잘못된 견해에 대해 상세하게 해설해 주었다.

8 〔역주〕 자자(빠와라나)는 안거가 끝나는 날 안거에 동참했던 대중들이 다른 제자들에게 자신이 안거 기간 저지른 잘못을 지적해 달라고 해서 참회하는 의식이다. 포살(布薩, 우뽀사타)은 본래 계를 설하는 날이라는 뜻인데, 안거 기간 동안 보름마다 수행승들이 자신이 지은 죄업을 고백하고 참회하는 날이다.

9 〔역주〕 마하깟짜야나가 여기서 설명하고 있는 것은 십이연기 요소 가운데 다음 요소들이다. 육처(六處, 여섯 감각기관), 촉(觸, 여섯 감각대상), 수(受, 좋고 싫음을 형성하는 감각), 애(愛, 갈애渴愛, 강한 욕구와 열망, 마음속에 일어나는 애증), 취(取,

집착, 취사선택하는 실제 행위, 살생·도둑질·사음·거짓말·욕설 등이 포함된다).

10 〔역주〕 망상妄想은 빠빤짜(papañca)를 옮긴 말이다. 보통은 희론戱論으로 번역한다. 빠빤짜는 본래 '개념을 여러 가지로 다양화 한다'는 의미이다. 즉 실상을 바르게 보지 못해 정확한 의미를 알지 못하고, 이것저것 가치부여를 하고 집착한다는 뜻이다. 망상은 감각적 쾌락에 집착해 바르게 꿰뚫어 보지 못하고 살생·도둑질·사음·거짓말·욕설 등 계율이나 도덕에 어긋나는 행위를 하는 것을 의미한다.

11 〔역주〕 실상實相을 바르게 꿰뚫어 보는 지혜를 이루지 못한 중생은 '나 자신'을 포함해 모든 대상에 대해 전도된 생각을 갖는다. 눈으로 보는 형상이나 귀로 듣는 소리 등으로 일어난 인식 대상, 즉 재산이나 명예, 사랑, 쾌락을 주는 대상이 본래부터 변하지 않고 영원히 유지된다고 망상을 일으킨다. 이 때문에 그것들에 집착하고 갖기 위해 부도덕한 행위를 한다. 갖지 못하면 갖지 못해 고통스럽고, 갖게 되어도 영원히 유지할 수 없기 때문에 고통 받는다.

12 〔역주〕 망상과 희론이 일어나는 과정에서 중요한 술어가 있다. 그것은 "희론에 오염된 지각과 관념"이라는 말이다. 이 말의 빠알리 원어는 '빠빤짜싼냐쌍카(papañcasaññāsaṅkhā)'이다. 이 술어에 대한 쉬운 설명이 있다. 주석에서는 다음과 같은 비유로 설명하고 있다. "마술사가 뼈다귀에 생명을 불어 넣어서 만든 호랑이가 오히려 마술사를 잡아먹는다." 자신이 만든 것에 잡혀 먹히는 것이 빠빤짜싼냐쌍카, 즉 희론에 오염된 지각과 관념인 것이다. 화가가 귀신 그림을 그려 놓고 그 귀신에게 지배당하는 것도 해당된다.
https://bolee591.tistory.com/

13 〔역주〕 한자로는 온천림천경(溫泉林天經, 중아함 43권)이다. 온천림천경에 번역된 게송은 다음과 같다.

신막념과거愼莫念過去 과거에 사로잡히지 말고
역물원미래亦勿願未來 또한 미래를 바라지 말라
과거사이멸過去事已滅 과거의 일은 이미 다했고
미래복미지未來復未至 미래는 아직 오지 않았다

14 〔역주〕 밧데까라따 경에 나오는 게송으로 널리 알려진 게송이다. 밧데까라따

경은 여러 가지 말로 번역한다. '경사스러운 하나에 몰입함 경', '지복한 하룻밤 경', '날마다 좋은 날 경', '행복에 전념하는 사람 경' 등으로 옮긴다. 한자로는 '현선일야경賢善一夜經'이라고 번역한다.

15 맛지마니까야에는 밧데까랏따 게송과 관련한 경전 네 개가 있다(맛지마니까야 131~134). '밧데까랏따'라는 제목은 그 자체로 풀기 어려운 수수께끼이다. 존자 냐나몰리(Ven. Ñāṇamoli, 영국 출신 비구. 빨리어 문학 번역가. 많은 경전과 논서를 번역했다. 1905~1960)는 이에 대해 '하나의 운 좋은 애착'으로 번역했다. 존자 냔나난다(Ven. Ñāṇananda. 스리랑카의 수행자. 학자. 1940~2018)는 '고독한 이상적인 연인'으로 옮겼다. 두 사람 다 '랏따(ratta)'를 '랏자띠(rajjti, 집착하다)'의 과거분사형으로 받아들여서, '집착하고 있다', '애착하고 있다'라고 보았다. 그러나 여기에 쓰인 '랏따(ratta)'는 '랏띠(ratti)'와 같은 의미의 '밤'으로 쓰였을 가능성이 높아 보인다. 이 때문에 '밧데까랏따'는 게송에 나타난 것처럼, 밤낮으로 명상수행에 정진하는 것을 뜻한다. 필자는 이 게송을 번역하면서 랏따를 '밤'으로 해석했다.

16 〔역주〕 눈이 형상을 접촉하면서 생기는 일시적 모습을 형상에 대한 인상이라 한다. 표상이라고도 한다. 이 일시적 모습에 끌리고 묶이는 사람을 형상에 이끌리는 범부라고 한다.

17 〔역주〕 예를 들면 '집을 떠나'라고 표현한 구절에 대해 이런 비유를 든다. '업을 짓는 알음알이(업을 짓는 인식, 업을 짓는 마음)의 집에서 떠난다.'고 비유했다.

18 〔역주〕 그의 설명에서 보듯이, 마하깟짜야나 존자는 본 게송의 첫 번째 구를 설명하면서 단어의 문자적인 뜻은 설명하지 않는다. 오히려 그는 이런 일상적인 단어들을 통해서 본 게송이 드러내고자 하는 상징적인 의미를 설명하려 한다. 이렇게 해서 게송에서는 분명하게 드러나지 않지만 교학상의 전문적인 용어들을 사용하여 본 게송에서 전달하고자 하는 교학적인 뜻을 드러내고자 한다. 이러한 해석 방법은 주석서 문헌들의 중요한 특징이 되었다. 상윳따니까야 제3권, p.121, 각묵 스님 옮김, 초기불전연구원, 2019.

19 〔역주〕 네 가지 요소(계界)는 '색(色, 물질, 형색), 수(受, 느낌), 상(想, 인식認識), 행(行, 의지와 행동 작용)' 이 넷을 가리킨다.

20 〔역주〕 유가안은瑜伽安隱: 속박을 여의고 안락하고 평온하다는 뜻이다. 아라한을

성취했다는 의미이다.

21 〔역주〕 마라의 딸들 경은 세존께서 깨달음을 이루신 후 35일째 되던 날 마라의 딸들이 세존을 찾아와 유혹하려 한 장면을 담고 있는 경전이다. 이때 마라의 딸들 이름은 땅하(Taṇhā), 아라띠(Arati), 라가(rāga)인데, 갈애와 탐애, 애욕이라는 뜻을 지닌 이름이다.

22 〔역주〕 당시 인도 사성계급四姓階級에서, 바라문(성직자, 사제)들은 창조의 신 브라흐마의 입에서 태어난다고 한다. 끄샤뜨리야(귀족, 왕족) 계급은 옆구리(팔)에서, 평민 계급은 허벅지에서, 천민은 발에서 태어난다고 했다. 끄샤뜨리야 출신인 고따마 싯다르타는 마야 왕비 옆구리에서 태어났다고 전하는데, 힌두 세계관을 반영한 것이다.

23 〔역주〕 까까머리, 비천한 자, 검둥이, 범천의 발에서 태어난 자(천민), 이런 표현들은 바라문들이 스님들을 비하하기 위해 사용하던 말들이다. 상윳따니까야 제4권, p292, 각묵 스님 옮김, 초기불전연구원, 2019.

24 〔역주〕 육수념六隨念: 여섯 가지 대상을 꾸준히 떠올림으로써 닦는 수행 방편이다.

7. 부처님의 위대한 여성 제자들

1 위사카의 본생과 현세의 삶에 관한 이야기는 주로 법구경 주석서 53번 게송 주석과 앙굿따라니까야 으뜸 품에서 가져왔다.

2 당시 인도에서는 결혼 전에 신랑 집에서 신부 집에 일정량의 황금을 지불하는 것이 관례였다. 이 때문에 위사카는 자신이 다치면 집안에 부담이 된다고 한 것이다.

3 오래된 남은 음식(식은)은 낮은 계급의 사람들, 하인들, 걸인들이 먹는 음식이었다. 위사카는 시아버지 미가라 장자가 본생에 지은 복덕으로 부자로 살고 있지만, 앞으로의 복덕을 위해 더 좋은 업을 지어야 하는데, 복덕을 짓지 않는다는 사실을 지적한 것이다.

4 〔역주〕 "함께하는 일로 고통을 겪으니"라는 구절은 "남의 통제를 받는 것은 모두 괴로움"이라는 구절이 지닌 뜻을 드러낸 것이다. 통제를 받아 자신이 성취하지 못하게 되어 괴로워지기 때문이다. 마지막 구절은 감각적 욕망과 삿된 견해,

어리석음에 집착해 묶여 있으니 벗어나기 어렵다는 뜻이다. 우다나, p.189, 각묵 스님 옮김, 초기불전연구원, 2021.

5 〔역주〕 포살일에 지키는 여덟 가지 계(팔관재계八關齋戒)는 불자들이 매일 새기고 지켜야 하는 오계五戒에 세 가지를 더한 것이다. 팔관은 여덟 가지를 삼가고 금지한다는 뜻이고, 재계는 몸과 마음을 청정하게 한다는 뜻이다. 오계는 살생을 하지 않고, 주지 않은 물건을 갖지 않으며, 삿된 음행(부적절한 성적 행위)을 하지 않고, 거짓말을 멀리하며, 게으름(방일放逸)의 원인이 되는 술이나 약물을 먹지 않는 것이다. 여기에 하루 한 끼만 먹고 해가 중천에 뜬 정오 이후에는 먹지 않는 것, 즉 때 아닌 때에 먹지 않는 것, 춤과 노래, 연극 등을 보지 않으며 꽃이나 화장품으로 단장하지 않는 것, 높고 큰 침상을 삼가고 낮은 침대나 풀로 엮은 깔개에서 잠을 자는 것 세 가지를 더한 것이 팔계이다.

6 〔역주〕 오근五根: 수행을 위한 다섯 가지 마음의 기능.

1) 신信은 바른 이해를 갖춘, 또는 바른 이해를 통한 믿음을 뜻한다.
2) 정진精進은 불굴의 노력 또는 수행을 뜻한다.
3) 염念은 마음챙김 또는 한결같고 지속적인 마음챙김을 뜻한다.
4) 정定은 깊은 마음집중을 뜻한다.
5) 혜慧는 지혜, 꿰뚫어 보는 앎 또는 깨달음을 뜻한다.

https://blog.naver.com/jck1267

오력五力: 오신력五信力이라고도 한다. 수행에 필요한 다섯 가지 힘. 오근이 뿌리가 되어 실제로 활동하는 구체적인 다섯 가지 힘이다.

1) 신력信力: 불법을 믿고 진리 아닌 것은 따르지 않는 힘.
2) 정진력精進力: 선을 짓고 악을 버리기 위해 부지런히 수행에 전념하는 힘.
3) 염력念力: 바르게 생각해 그릇된 생각을 버리며 오로지 수행에만 전념하는 힘. 흔히 마음챙김의 힘이라 한다.
4) 정력定力: 선정禪定을 닦아 어지러운 생각이 일어나지 않게 하는 힘.
5) 혜력慧力: 지혜를 닦아 사성제四聖諦를 깨닫는 힘.

칠각지七覺支: 일곱 가지 깨달음의 요소. 지혜로써 진眞 망忘, 선善 악惡을 분별하는 일곱 가지 방법. 들숨과 날숨을 알아차리는 수행을 거듭함으로써 사념처四念處

가 성취되고, 사념처를 거듭 수행함으로써 성취되는 '일곱 가지 깨달음의 요소'가 칠각지이다.

1) 염각지念覺支: 가르침을 명심해 깨어 있는 마음챙김으로 바른 견해를 생각해 지키는 것. 명상 대상인 신체(身), 느낌(受), 마음(心), 사실(法), 이 넷에 대해 올바로 알아차리고 새김을 확립하는 것, 그래서 새김이 깨달음의 고리라고도 한다.
2) 택법각지擇法覺支: 택법이란 법을 간택簡擇한다는 말이다. 반야 지혜로써 법의 진위眞僞를 간택하는 것이다. 지혜로써 모든 것을 살펴 진실한 가르침만을 선택하고 그릇된 가르침은 버리는 것이다.
3) 정진각지精進覺支: 여러 가지 수행을 할 때 쓸데없는 고행은 그만두고 바른 도에 전력해 게으르지 않는 것, 일심一心으로 정진하는 것이다.
4) 희각지喜覺支: 정진을 통해서 마음이 청정해지면서 기쁨이 생긴다. 이것이 희열의 깨달음의 고리이다. 마음에 좋은 법을 득得해 환희가 일어나는 것이다.
5) 경안각지輕安覺支: 경안輕安이란 심신이 유연하고 가벼운 것, 심신이 가볍고 편안해지는 것, 안도, 이런 뜻이다. 거칠고 무거운 번뇌를 없애므로 몸도 마음도 가벼워지고 편안하게 되는 것을 말한다. 육체든 마음이든 경직된 자세는 금물이다.
6) 정각지定覺支: 안온의 상태를 통해서 집중이 생겨난다. 선정력이 더욱 깊어져 마음이 한곳으로 모이는 집중력을 가리킨다. 이것을 집중의 깨달음의 고리라고도 한다. 마음을 집중해서 흔들리지 않도록 하는 것, 마음을 한 경계에 머물게 해서 산란치 않게 하는 것이다.
7) 사각지捨覺支: 모든 망념妄念을 버리고, 일체법一切法을 버리고, 있는 그대로 받아들여 순역順逆과 고락苦樂에 따라 마음이 흔들리지 않는 평정상태를 말한다.

https://blog.naver.com/ldh5111/222972050781

7 [역주] 디따 숫따에서 부처님께서는 빠세나디왕에게 게송으로 이렇게 설하셨다. "만백성의 왕이여, 여인이 남자보다 더 훌륭할 수도 있습니다. 현명하고 덕행을 갖춘 헌신적인 아내가 되어 시부모를 공경하고 남편을 섬길 수 있습니다. 왕국의 주인이여, 그녀가 낳은 아들은 영웅이 될 수도 있습니다. 그런 훌륭한 여인의

아들이 왕국을 제대로 다스릴 수도 있습니다."

8 〔역주〕 원문에서는 두(Du) 싸(Sa) 나(Na) 쏘(So) 등 빨리어 소리로 되어 있다. 내용과 상황에 맞게 고쳤다.

9 〔역주〕 물놀이를 하면 단순속죄죄를 범하는 것이다. 수중희계水中戲戒.

10 〔역주〕 "비구들이여, 신심 있는 청신녀가 사랑스럽고 소중한 외동딸에게 바르게 원한다면 이렇게 원해야 한다. '얘야, 만일 네가 집을 나가 출가한다면 너는 케마 비구니와 웁빨라완나 비구니처럼 되어라.'라고 원해야 한다. 케마 비구니와 웁빨라완나 비구니는 내 비구니 제자들의 모범이고 표준이기 때문이다."(외동딸경, 상윳따니까야 17:24)

11 〔역주〕 케마가 들었던 웰루와나의 아름다움을 찬탄하는 노래는 다음과 같다. "부처님께서 머무시는 대나무 숲 웰루와나를 보지 못한 불행한 사람은 천상의 환희동산을 보지 못한 것과 같네. 세상이 칭송하고 백성들이 사랑하는 군주 라자가하의 빔비사라왕이 소중하게 여기는 곳, 바로 그 웰루와나를 본 사람은 거기에서 제석천왕의 환희동산을 보았네. 도리천 천신들이 환희동산을 떠나 잠부디빠(남섬부주)에 내려와 웰루와나를 보고 그 아름다움에 감탄했네. 천신들은 온갖 근심 걱정을 잊고 웰루와나에서 눈을 떼지 못하네. 웰루와나는 왕의 복덕으로 생겨나 부처님께서 장엄하셨으니 어느 시인이 이 한량없는 공덕을 다 노래할 수 있으랴." 법구경이야기, p.322, 무념·응진 역, 옛길, 2008.

12 〔역주〕 과거 일곱 분 부처님 가운데 석가모니 부처님 이전 세 분의 부처님을 가리킨다. 구류손불拘留孫佛, 구나함모니불拘那含牟尼佛, 가섭불迦葉佛 세 분이다. 석가모니 부처님까지 네 분을 현겁現劫 부처님이라고 한다. 과거 일곱 분 부처님 가운데 세 분은 과거 겁 부처님이라고 한다. 비바시불毗婆尸佛, 시기불尸棄佛, 비사부불毗舍浮佛이다.

13 〔역주〕 자타카전서, pp.1471~1474, 전재성 역주, 한국빠알리성전협회, 2023.

14 〔역주〕 '빠르게 최상의 지혜를 얻은 제자들 가운데 으뜸'이다. 최상의 지혜는 '곧바른 앎(승지勝智, 전재성 박사 역), 세간적인 초월지(超越智, 즉 신통지神通智, 대림 스님 역)'라고도 한다. 마음의 근원을 깨달은 까닭에 구경각究竟覺이라고도 한다.

15 〔역주〕 이 가르침은 쑤자따 자타카(쑤자따의 본생 이야기 352)에도 있다. 여기서는

아버지를 잃은 쑤자따의 아버지가 너무도 슬퍼하자, 부처님께서 그 슬픔을 치료해 주셨다. 쑤자따에게 성 밖에 죽어 있던 소 앞에 풀과 물을 가져다주고 '어서 풀과 물을 먹으라.'고 재촉하게 하셨다. 그것을 본 마을 사람들이 쑤자따의 아버지에게 '아들이 죽은 소에게 풀과 물을 주고 먹으라고 한다.'며 '미쳤다.'고 전했다. 쑤자따의 아버지는 그렇게 시킨 부처님께 따졌다. 부처님께서는 '당신은 이미 땅에 묻힌 아버지 때문에 슬픔에 잠겨 헤어 나오지 못하고 있다. 그러나 이 소는 아직 네 발과 머리와 꼬리가 이렇게 남아 있으니 살아날 수도 있을 것이다.'라고 말씀하셨다. 쑤자따의 아버지는 그 말씀을 듣고 정신을 차려 슬픔에서 벗어나 현실을 받아들일 수 있었다.

16 〔역주〕 선한 벗은 한역으로 선지식善知識이다. 계행 등의 덕성을 갖추고 근심을 제거해 주고 이익을 주는 사람으로서, 온갖 형태로 도움을 주는 친구를 뜻한다. 테리가타. p.420, 전재성 역주, 한국빠알리성전협회, 2017.

17 〔역주〕 '존중할 만한 가치가 있는 이들'은 '지혜를 갖추어 존중할 만한 사람(벽지불과 세존의 제자들)'을 가리킨다.

18 〔역주〕 얻기 어려움 경(앙굿따라니까야 3:112), 삥기야니 경(앙굿따라니까야 5:195) "비구들이여, 여래 아라한 정등각의 출현은 세상에서 아주 드물다. 여래가 설하신 법과 율을 설하는 사람은 세상에서 아주 드물다. 은혜를 알고 은혜에 보답할 줄 아는 사람은 세상에서 아주 드물다."

19 〔역주〕 불방일경(不放逸經, 앙굿따라니까야 6:53) "고따마 존자시여, 그것을 닦고 많이 공부하면 금생과 내생의 이익 둘 다를 잘 성취하여 머물 수 있는 그러한 하나의 법이 있습니까?" "바라문이여, 방일하지 않음이 그 하나의 법이니, 그것을 잘 닦고 많이 공부하면 금생의 이익과 내생의 이익 둘 다를 잘 성취하여 머물 수 있다."

20 〔역주〕 부처님께서는 출가생활을 힘들어하다 온 힘을 기울여 정진해 아라한과를 성취한 비구에게도 같은 내용의 게송을 설하신 일이 있었다.

"정진하지 않고 게으르게
백 년을 사느니
단 하루라도

용맹스럽게 정진하는 것이 더욱 값지다."
(담마빠다 112)

21 〔역주〕 부정관不淨觀: 중생은 사람의 몸에 집착한다. 아름답다거나 멋지다거나 깨끗하다고 착각하고 집착한다. 더러운 것을 깨끗하다고 여기고 집착한다. 몸은 더러움으로 가득 차 있다. 배설물로 가득 차 있고, 세균과 소화되지 않은 음식찌꺼기 등 더러움이 가득하다. 몸이란 본래 더러운 것이라고 바르게 보면 집착하지 않게 된다.

22 이 명상은 여러 신체 기관과 조직에 대해 깊이 살펴보고, 썩어가는 시체를 보며 무상함과 더러움을 바르게 깨달아 아는 명상이다.

23 〔역주〕 욕망이 있음으로 더러운 몸이 아름답게 보이니, 이것이 욕망이고 아름다운 것은 저것이다. 이 구절은 연기법의 일반원리, 즉 '이것이 있을 때 저것이 있다(약유차즉유피若有此卽有彼).'는 구절보다 더 오래된 원형에 가까운 형태로 판단된다. 여기서 이것(이담idam)은 '의식이 없는 시체'를 말하고 저것(에땀etam)은 '의식이 없는 시체를 관찰하는 의식이 있는 몸'을 말한다.
https://cafe.daum.net/msosolgil/

24 〔역주〕 몸을 다섯 가지 존재의 다발(오온五蘊)이라고 표현했다.

25 〔역주〕 열 가지 결박(十結)
낮은 단계의 다섯 가지 결박(오하분결五下分結)
①개체가 있다는 그릇된 견해(유신견有身見)
②회의적 의심(疑)
③형식적 계율과 의례의식에 집착함으로써 해탈할 수 있다고 잘못 판단함(계금취견戒禁取見)
④감각적 쾌락에 대한 탐욕欲貪
⑤분노(진애瞋恚, 유대有對)

높은 단계의 다섯 가지 결박(오상분결五上分結)
①미세한 물질계에 대한 탐욕(色貪)
②비물질계에 대한 탐욕(무색탐無色貪)
③자만(慢)

④ 흥분과 들뜸(도거掉擧)

⑤ 무명無明

https://cafe.daum.net/msosolgil/P4x2/1315

26 〔역주〕 "자애가 가득한 마음으로 머무는 자들 가운데서 사마와띠가 으뜸이다." 으뜸 품, 앙굿따라니까야 1:14, 앙굿따라니까야 제1권, p.142, 대림 스님 옮김, 초기불전연구원, 2006.

27 〔역주〕 "땅하와 아리따, 라가(이들은 모두 악마의 딸들이다. 갈애와 혐오와 탐욕을 의미한다.)를 보고도 육체적 쾌락에 대한 욕망이 일지 않았습니다. 그 오줌과 똥으로 가득 찬 것이 도대체 무엇인가. 두 발조차 그것을 건드리고 싶지 않았습니다." 숫타니파타 게송 835, p.419~420, 전재성 역주, 한국빠알리성전협회, 2008.

28 〔역주〕 자비慈悲에서 자慈는 자애慈愛의 마음으로 즐거움을 함께 하는 것이고, 비悲는 연민憐愍의 마음으로 고통苦痛이나 슬픔悲哀을 나누어 가지려는 행위로 구분할 수 있다. 그러나 초기불교에서 자비관慈悲觀은 모든 생명이 괴로움(고통, 번뇌)을 벗어나 모두가 행복한 삶을 누리도록 기원하는 것을 그 내용으로 하고 있다. 결국 자애는 모든 생명이 몸과 마음에서 고통을 다 끊고 행복하고 평안하기를 기원하는 것이다.

https://story.kakao.com/_FR7VY4/2Ck2Ji8Fj59

29 〔역주〕 모든 존재, 모든 생명은 무상無常하고 괴롭고(苦) 실체가 없다(無我)라고 관찰하라.

30 시리마의 가족관계는 다음과 같다. 마가다국 빔비사라왕의 아들 아바야 왕자는 라자가하의 살라와띠라는 기녀와 사랑에 빠졌다. 그 둘 사이에서 궁중의사가 되는 지와까(기파嗜波)가 태어났다. 살라와띠는 또 뒤에 시리마를 낳았다. 시리마는 지와까의 여동생이었고, 빔비사라왕의 손녀가 되는 셈이다. 이 때문에 빔비사라왕은 시리마의 죽음에 관심을 가질 수밖에 없었다.

31 〔역주〕 자코모 지롤라모 카사노바 데 세인갈트(Giacomo Girolamo Casanova de Seingalt, 1725~1798): 이탈리아 베네치아 출신으로, 많은 여성과 사랑을 나눈 인물로 유명하다. 돈 후안(Don Juan)은 17세기 스페인의 전설 속 인물로, 역시 많은 여성을 탐했다.

8. 앙굴리말라: 살인자에서 성자로

1 앙굴리말라 이야기는 맛지마니까야 86, 담마빠다 게송 173, 테라가타, 자타카 등에 전한다.

2 〔역주〕 앙굴리말라가 살인자에서 아라한이 된 후 사왓티 성에서 탁발을 하다가, 어떤 부인이 난산으로 고통 받는 모습을 보았다. 세존께 이 일을 말씀드렸는데, 세존께서는 그 부인에게 가서 다음과 같이 말하라고 하셨다. "자매여, 내가 고귀한 태어남으로 거듭난 이래(아라한이 된 이후) 나는 의도적으로 생명을 빼앗은 적이 없습니다. 이러한 진실로 당신이 잘 되고 당신의 아이가 잘 되길 바랍니다." 앙굴리말라는 그 길로 사왓티에 가 그 부인에게 그대로 말했고, 산모도 아이도 모두 무사했다(앙굴리말라 경, 맛지마니까야 86). 상세한 내용은 책 본문에 나온다.

3 〔역주〕 담마빠다 주석서 게송 173번 이야기에서는 졸업을 위한 마지막 비밀스러운 가르침을 주겠다며 앙굴리말라를 설득했다고 전한다.

4 앙굴리말라 때문에 친지를 잃는 괴로움을 겪어, 앙굴리말라도 고통을 당해야 한다고 생각하는 사람들.

9. 아나타삔디까(급고독 장자): 부처님의 가장 위대한 시주

1 〔역주〕 경전은 '여시아문如是我聞'으로 시작한다. 빨리어는 '에밤 메에 숫땀(evam me suttam)'이다. 세존께서 설하신 법문을 아난다 존자가 들었다는 의미이다. 그래서 '이와 같이 나는 들었다.'고 옮긴다. 그러나 빨리어 표현을 있는 그대로 옮기면, '이와 같이 나에게 들렸다.'가 된다. 세존께서 설하신 가르침 그대로를 아난다 존자가 전한다는 의미이다.

2 〔역주〕 수닷따 장자는 사왓티의 상인 수마나의 아들이다. '다툼 없이 머무는 제자 가운데 으뜸(여기서 다툼은 마음을 오염시키는 번뇌와 싸우는 것이다. 따라서 다툼이 없다는 뜻은 번뇌가 없다는 의미이고, 평화롭게 머문다는 뜻이다)', '최상의 공양을 받을 만한 제자 가운데 으뜸'인 수붓띠 존자의 삼촌이 바로 수닷따 장자, 아나타삔디까이다. 수붓띠 존자는 해공제일解空第一 수보리須菩提 존자이다.

3 〔역주〕 세존께서 왕사성 벨루와나(벨루 숲) 깔란다까니바빠 공원에 계실 때였다. 세존께서는 당시 수행승들에게 수행하며 지낼 거처를 지정해 주지 않으셨다. 아침 일찍 라자가하 부호가 수행승들이 여기저기 있는 것을 보았다. 수행승들에게 다가가 "존자들이여, 제가 정사(사원)를 짓는다면 거기 머무시겠습니까?"라고 물었다. 수행승들은 세존께서 정사를 허용하지 않으셨다고 답했다. 부호는 세존께 여쭈어 달라고 요청했고, 세존께서는 허용하셨다. 다섯 가지 종류의 거처를 허락하셨다. 정사精舍, 지붕 한 끝이 굽어진 거처(평부옥平覆屋), 전당殿堂, 누옥(樓屋, 하나의 지붕 아래 있는 긴 직사각형 모양의 집), 벽돌이나 돌로 이루어진 동굴 등 다섯 가지이다. 예순 채의 정사를 지어 보시한 부호는 세존을 찾아뵙고 이렇게 말씀드렸다. "세존이시여, 저는 공덕을 위하여, 천상에 환생하기 위하여 이곳에 예순 채의 정사를 지었습니다. 그 정사들을 어떻게 하면 되겠습니까?" 세존께서는 현재와 미래의 사방승가에 보시하도록 하셨다. 그리고 여러 게송을 설해 주셨다. 그 가운데 "참모임(승가)에 정사를 보시하면, 최상의 보시라고 부처님께서 칭찬하셨으니, 자신의 이익을 참되게 바라는 현자이다." "기쁘게 정사를 지으면 많이 배운 이들이 거기 머물 수 있고, 맑고 청정한 마음으로 수행승들에게 먹을 것과 마실 것 눕고 앉는 도구를 그가 보시하리." "거기 머무는 수행승들은 그를 위해 일체의 괴로움을 없애는 가르침을 설하니 그는 그 진리를 곧바로 알아 여기서 번뇌 없이 열반에 든다." 정사건립 인연(비나야삐따까 2:146, pp.1074~1075), 전재성 역주, 한국빠알리성전협회, 2020.
세존께서 설하신 게송은, 부호가 정사를 지어 보시한 공덕은 어떤 것인지 여쭌데 대한 답이기도 하다.

4 〔역주〕 "장자는 가면서 '내가 어떻게 스승이 깨달으신 분인지를 알 수 있을까?'라고 생각하였다. 그는 이렇게 생각했다. '사람들은 대부분 급고독이라는 나의 공양하는 덕德에서 생긴 이름만을 알고 있다. 그러나 가문에서 지어준 이름인 수닷따라는 이름은 아무도 모른다. 만일 그분이 부처님이시라면 본래 이름으로 불러주실 것이다.' 세존께서는 그의 마음을 아시고 이렇게 '수닷따'라고 부르신 것이다." 상윳따니까야 1권, p.682, 각묵 스님 옮김, 초기불전연구원, 2021.

5 〔역주〕 비나야삐따까에는 땅을 팔고 사는 과정이 상세하게 전한다. 제따 왕자를 찾아간 아나타삔디까는 "왕자여, 저에게 정원을 주시면 승원을 짓겠습니다."라고

말했다. 제따 왕자는 "장자여, 억만금을 깔아도 승원으로 내 줄 수 없습니다."라고 답했다. 그러자 아나타삔디까는 "왕자여, (그 땅은) 승원으로 팔렸습니다."라고 말했고, 왕자는 승원으로 팔리지 않았다고 했다. 이에 두 사람은 계약을 중개할 대신을 찾았다. 대신은 '왕자가 억만금이라는 땅의 가격을 정했으니 승원으로 팔린 것이 맞다.'고 했다. 이런 과정을 거쳐 계약이 성사되었다. 비나야삐따까, p.1088, 전재성 역주, 한국빠알리성전협회, 2020.

6 〔역주〕 신들과 인간들의
모든 감각적 욕망을 채워주는 보물
무엇이든 그들이 원하는 것은
모두 이 공덕으로 얻는 것이다.

천상세계에서도 기쁨인
인간의 성취도
그리고 열반의 성취도
모두 이 공덕으로 얻는 것이다.

자타카전서, p.1359, 전재성 역주, 한국빠알리성전협회, 2023.

7 수마나의 이야기를 전하고 있는 담마빠다 게송 18 주석에서는 수마나가 결혼하지 않은 이유에 대한 설명이 없다. 당시 중인도 지역에서는 일반적으로 딸의 결혼은 부모가 선택했기 때문에, 가문을 생각하면 수마나가 결혼하려고 했으면 못할 이유가 없었을 것이다.

8 〔역주〕 고대 인도에서는 마나바 다르마샤스트라(마누 법전)라고 하는, 힌두교도들이 지켜야 하는 법전에서 유래하는 결혼지참금 제도가 있었다(1961년 법적으로 금지되었지만 여전히 성행하고 있다). 통상 여자들이 내야 하는 결혼지참금이 남자들보다 7배 이상 많다고 한다. 마누 법전은 기원전 1세기에 만들어졌지만 여전히 인도 사회를 지배하는 강력하고 실질적인 윤리 체계이다.
https://100.daum.net/encyclopedia/view/b06m3814a

9 〔역주〕 보살이 어머니에게 들려준 게송은 다음과 같다.

아름다움을 갖추었더라도
소리가 감미롭고 겉모습이 사랑스럽더라도
이 세상에서나 저 세상에서나
거친 목소리는 사랑스럽지가 않다

이 검은 새를 그대는 보지 않는가
색깔이 밉고 반점이 많은 새
뻐꾸기는 그 소리가 부드럽기에
많은 중생들의 사랑을 받는다

그러므로 상냥한 목소리
진실을 말하고 들뜨지 않고
가르침과 의미를 설명하면
그가 말하는 것이야말로 감미롭다
(그러한 수행승의 말은 감미롭다. 해석만을 하고 경전을 제시하지 않는 자나, 경전만을 제시하고 해석을 하지 않는 자나, 그 어느 것도 하지 않는 자는 감미롭게 말하는 자가 아니다.) 자타카 전서, p.1325, 전재성 역주, 한국빠알리성전협회, 2023.

10 〔역주〕 온갖 소망을 채워주는 단지
악한에게 그 단지가 굴러들어왔다
그것을 잘 보존하는 한
그는 행복하게 번영하리라

그러나 취하고 오만하고
방일하였으니 단지를 부수었다
알몸으로 넝마를 걸친 채 마침내
그 어리석은 자는 고난을 겪는다

이와 같이 재물을 얻어도

그는 방일하게 다 없애 버렸으니
결국 악한은 단지를 깨뜨렸듯
어리석은 자로서 고통을 겪는다

자타카전서, p.1370, 전재성 역주, 한국빠알리성전협회, 2023.

11 〔역주〕 이익에 관하여 밝지 못한 자는
이익을 도모해도 행복을 얻지 못한다
꼰당냐(술 만드는 직원)가 술에 소금을 넣는 것처럼
슬기롭지 못한 자는 이익을 놓친다

자타카전서, p.960, 전재성 역주, 한국빠알리성전협회, 2023.

12 〔역주〕 세존께서는 이 경에서 비구들에게 모든 번뇌에서 자신을 수호하는 법문을 하셨다. 그 가운데 "피함(회피, 도피)으로써 끊어야 하는 번뇌"에 대해 설하셨다. 이치에 맞게 피함으로써 사나운 코끼리, 사나운 말, 사나운 소, 사나운 개, 가시덤불, 갱도, 절벽 등을 피하고, 적당하지 않은 자리, 적당하지 않은 장소, 악한 친구를 피한다고 설하셨다. 맛지마니까야, pp.97~98, 전재성 역주, 한국빠알리성전협회, 2009.

13 〔역주〕 청정한 손을 가졌다는 것은 베풀기 전에 자신의 손을 물에 적시는 인도 풍습에서 나온 말이다. 앙굿따라니까야 제1권, p.388, 대림 스님 옮김, 초기불전연구원, 2006. 손을 씻어 깨끗한 손으로 보시한다는 것은 보시하는 마음과 보시하는 행위, 보시물이 다 청정해야 한다는 의미이다.

14 〔역주〕 재가신도는 감각적 쾌락을 출가수행승처럼 완전히 끊을 수 없다. 삼보에 귀의하고 오계를 청정하게 지키며, 보시를 실천하는 재가신도가 행복과 만족을 위해 사는 것은 당연한 일이다.

15 감각적 욕망과 관계된 고통은 불건전한 목표를 이루지 못할 때 생기는 고통, 불건전한 목표를 이룰 때에 발생하는 고통, 건전한 목표를 달성하지 못할 때 생기는 고통을 뜻한다.

16 〔역주〕 아난다 존자가 설명한 뜻은 부처님께서 가르침을 설하시면서 배타적이거나 독단적이었다는 뜻이 아니다(재가자와 출가자를 차별했다는 뜻이 아니다). 재가

신도들은 가족과 재산, 생업을 보살펴야 하므로 완전하게 욕망을 벗어나는 것을 가르치는 설법은 적절하지 않은 것이었다. 맛지마니까야, p.1542, 전재성 역주, 한국빠알리성전협회, 2009.

10. 세존의 특별한 제자들

1 〔역주〕 알라위에 사는 핫타까: 알라위 왕의 아들로 사섭법四攝法을 실천하는 재가신도 가운데 으뜸이라고 세존께서 칭찬하셨다. 어렸을 때 야차에게 잡아먹힐 뻔했는데 세존께서 구해 주셨다. 자라서 세존의 가르침을 듣고 불환과를 성취했고, 500명의 재가신도들을 거느렸다고 한다. 알라위는 사왓티와 라자가하 중간에 있는 도시국가로, 세존께서는 몇 번 알라위에 머무셨고, 16번째 우기 안거를 알라위에서 보내셨다. 상윳따니까야 제2권, pp.546~547, 각묵 스님 옮김, 초기불전연구원, 2021.

2 〔역주〕 수담마 존자로 하여금 찟따 장자에게 가서 용서를 구하도록 한 판결을, '용서를 구하도록 강요하는 갈마'라고 한다. 재가자를 꾸짖고 비방하여 재가자의 분노를 산 비구를 재가자와 화해하도록 하는 갈마를 가리키며, 용서를 구하도록 중재하는 판결이다. 하의갈마下意羯磨라고도 한다.

3 〔역주〕 자아가 무상하지 않고 영원히 변함없이 실체로서 존재한다는 견해(유신견)를 가리킨다.

4 〔역주〕 상카라(Saṅkhāra)는 함께한다는 뜻을 지닌 단어이다. 한자로는 행行으로 옮겼다. 말(口)과 마음(意)으로 짓는 세 가지 행위인 신행身行·구행口行·의행意行을 가리킨다. 신행身行·구행口行·의행意行은 각기 신업·구업·의업의 삼업三業과 일치하고, 이 경우 행은 업業이라고 하는 말과 연결된다. '행'은 현재 진행형이고, '업'은 과거에 이미 행한 것을 말한다. 무엇인가 형성되는 것, 우리가 행동하고, 어떤 말을 하고, 어떠한 마음을 썼을 때, 그것들이 마치 어떤 무엇인가 하나의 자취, 즉 업을 만들어낸다. 길을 가면 발자국이 남듯이 자취가 남는다. 그것이 진행형일 때는 행이라고 하고, 그것이 과거에 마친 때는 업이라 한다. https://blog.naver.com/ldh5111/222908964480

5 〔역주〕 담마딘나는 위사카 장자의 부인이었다. 출가하자마자 거룩한 경지를

성취했다. 세존께서는 담마딘나를 '가르침을 설명하는 데 으뜸인 비구니 수행승'이라고 꼽으셨다.

6 〔역주〕 '흠집 없는 바퀴'는 결점이 없는 것을 가리킨다. 수레에서 가장 중요한 부분인 바퀴가 완벽하다는 의미이다. '흰 차일'은 마차 위에 (해를 가리거나 비를 피하도록) 펼쳐 놓은 양털 천이다. 흰 차일은 지극히 청정한 아라한과의 해탈을 뜻한다. '근심 없음'이란 번뇌로 흔들림이 없다는 뜻이다. '흐름을 끊음'이란 서른여섯 가지 갈애의 흐름을 완전히 끊었다는 뜻이다. '속박 없음'이란 보통의 수레는 흔들림을 방지하기 위해 밧줄 등으로 많이 묶어 놓지만, 이 수레는 모든 족쇄들이 제거되었기 때문에 속박이 없다고 한 것이다. 상윳따니까야 제4권, p.581, 각묵 스님 옮김, 초기불전연구원, 2019.

이 게송은 라꾼따까 밧디야 숫따(Lakuṇḍakabhaddiya sutta) 라꾼따까 밧디야 경. 자설경 7:5에도 수록되어 있다.

7 〔역주〕 무량한 마음의 해탈은 성스러운 네 가지 한량없는 마음의 해탈(사무량심四無量心, 자비희사慈悲喜捨)이다. 무소유의 마음의 해탈(무소유심 해탈無所有心 解脫)은 탐·진·치를 다 끊어 집착하지 않으며, 욕락欲樂도 갈애도 없는 해탈이다. 여기서 무소유라는 것은 해탈을 성취하는 데 장애가 되는 어떠한 것도 가지고 있지 않다는 의미이다. 공한 마음의 해탈(공심 해탈空心 解脫)은 무아를 깨달아 이루는 지혜로 해탈에 이르는 것을 가리킨다. 표상 없는 마음의 해탈(무상심 해탈無相心 解脫)은 대상에 대한 인식, 표상이 없는 해탈로서, 열반을 체험하는 선정으로 이룬 해탈을 뜻한다.

8 〔역주〕 어느 때 라자가하의 한 부호가 전단나무로 만든 발우를 대나무 끝에 걸어놓고는 신통 자재한 이는 발우를 내려 가져가라고 시험을 했다. 삔돌라 바라드와자(사자후를 지닌 제자들 가운데 으뜸) 존자가 공중으로 날아올라 발우를 가져왔다. 이에 대해 세존께서는 바라드와자 존자를 질책하셨다. "재가자들에게 인간을 뛰어넘는 원리로서의 신통 변화를 보여주는 것은, 아직 청정한 믿음이 없는 자를 불신으로 이끌고 이미 청정한 믿음이 있는 자 가운데 어떤 자들을 타락시키는 일이다." 그리고 세존께서는 재가자들에게 인간을 뛰어넘는 원리로서의 신통 변화를 보여주는 것은 악작죄를 범하는 것이라고 하셨다. 비나야삐따까, pp.1027~1029, 전재성 역주, 한국빠알리성전협회, 2020.

9 〔역주〕 심사尋伺: 논리적이며 합리적 판단으로 일으킨 생각(법法)과 비이성적이며 감각적 욕망 등에 빠져 일어나는 생각(비법非法). https://cafe.daum.net/pali-study/

심사尋伺: 심尋은 개괄적으로, 대강 사유하는 마음작용이고 사伺는 세밀하게, 정밀하게 사유하는 마음작용이다. https://gall.dcinside.com/mgallery/

10 〔역주〕 인간의 법이란 열 가지 유익한 업의 길(십선업도十善業道)이다. 몸으로 짓는 세 가지(살생, 투도, 사음), 입으로 짓는 네 가지(거짓말, 욕설, 이간질, 꾸미는 말), 마음으로 짓는 세 가지 업(탐욕, 분노, 어리석음)을 짓지 않는 것이다. 여기서 인간의 법을 초월했다는 것은 선정과 명상과 도道와 과果를 성취했다는 뜻이다. 상윳따니까야 제4권, p.600, 각묵 스님 옮김, 초기불전연구원, 2019.

11 〔역주〕 비구 찟따의 이름은 찟따 핫티사리뿟따로, 한자로는 상수사리불象首舍利弗 또는 질다사리불質多舍利弗이다. 본생의 업연業緣으로 출가와 환속을 반복하다 일곱 번이나 출가했다. 본생에 환속을 하려고 하는 비구에게 재가자의 삶을 칭송하며 환속하라고 권했기 때문이었다.

12 여기서 '집에서 순결한 삶을 살았다'는 것은 16년 동안 부부가 잠자리를 하지 않았다는 뜻이다. 마지막 구절은 나꿀라마따가 예류과에 이르렀음을 뜻한다.

지은이 마냐나뽀니까 장로
(Nyanaponika Thera, 1901~1994)

독일 출신으로 1936년에 수계를 받았다. 유럽인 최초의 비구이자 대학승인 고故 냐나띨로까 스님(1878~1953, 독일 출신)의 제자이다. 스리랑카에 주석하면서 불자출판협회(BPS)를 창설하여 30여 년간 이끌었다. 저서로는 『아비담마 연구』, 『선과 악의 뿌리』, 『염처-불교 명상의 핵심』, 『삼법인』, 『업과 과보』, 『내면의 자유로 가는 길』 등이 있다.

지은이 헬무스 헥커(Hellmuth Hecker, 1923~2017)

독일의 법학자이자 저명한 불교 작가, 빨리 경전 번역가로 상윳따니까야, 앙굿따라니까야 등을 독일어로 번역했다. 독일 최초의 출가 수행승이다.

엮은이 비구 보디(Bhikkhu Bodhi)

본명은 제프리 블록(Jeffrey Block, 1944~)이다. 뉴욕의 유대인 가정에서 태어났으며, 클레어몬트 대학원에서 철학박사 학위를 받았다. 1972년 스리랑카에서 사미계와 비구계를 받고 남방 상좌부 전통의 비구스님이 되었다. 불자출판협회 회장을 지냈으며, 현재 미국불교협회 회장을 맡고 있다. 『빨리 경전(Der Pali-Kanon)』, 『독일의 불교(Buddhismus in Deutschland)』 등 많은 저서와 번역서를 남겼다.

옮긴이 김충현

성균관대학교 철학과를 졸업하고, 동국대학교 불교학과 박사과정에서 공부했다. 현재 춘천불교방송 총국장으로 있다. 저서로 『명상여행 마음』, 역서로 『자비명상』, 『당신의 적이 당신의 스승입니다』, 『하버드의 달라이라마』, 『쿤둔』, 『네 발 달린 명상가』, 논문으로 「승조의 보편적 인식 체계 연구」, 「달라이라마 그는 누구인가」 등이 있다.

대원불교 학술총서 08 부처님의 위대한 제자들

초판 1쇄 인쇄 2023년 7월 28일 | 초판 1쇄 발행 2023년 8월 7일
지은이 냐나뽀니까 장로, 헬무스 헥커 | 엮은이 비구 보디 | 옮긴이 김충현
펴낸이 김시열
펴낸곳 도서출판 운주사
(02832) 서울시 성북구 동소문로 67-1 성심빌딩 3층
전화 (02) 926-8361 | 팩스 0505-115-8361

ISBN 978-89-5746-751-0 03220 값 40,000원
http://cafe.daum.net/unjubooks 〈다음카페: 도서출판 운주사〉